Hervé Ryssen

DER
JÜDISCHE FANATISMUS

Hervé Ryssen

Hervé Ryssen (Frankreich) ist Historiker und ein profunder Kenner der jüdischen Geisteswelt. Er ist Autor von zwölf Büchern und mehreren Videodokumentationen über die Judenfrage. Im Jahr 2005 veröffentlichte er *Planetarische Hoffnungen*, ein Buch, in dem er die religiösen Ursprünge des globalistischen Projekts aufzeigt. *Psychoanalyse des Judentums*, veröffentlicht 2006, zeigt, wie das intellektuelle Judentum alle Symptome einer hysterischen Pathologie aufweist. Es ist keine „göttliche Wahl", sondern die Manifestation einer Störung, die ihren Ursprung in der Praxis des Inzests hat. Freud hatte sich geduldig mit dieser Frage befasst und sich dabei auf die Beobachtungen in seiner eigenen Gemeinschaft gestützt.

Frankreich ist die Heimat einer der größten jüdischen Gemeinden in der Diaspora mit einem sehr intensiven kulturellen und intellektuellen Leben. Hervé Ryssen konnte sein umfangreiches Werk auf der Grundlage zahlreicher internationaler und französischer historischer und zeitgenössischer Quellen entwickeln.

JÜDISCHER FANATISMUS

Le Fanatisme juif: Égalité - Droits de l'homme - Tolérance, Levallois-Perret, Baskerville, 2007.

Übersetzt und herausgegeben von
Omnia Veritas Limited

www.omnia-veritas.com

© Omnia Veritas Limited - Hervé Ryssen - 2023

Alle Rechte vorbehalten. Kein Teil dieser Veröffentlichung darf ohne vorherige Genehmigung des Herausgebers in irgendeiner Form vervielfältigt werden. Das Gesetz zum Schutz des geistigen Eigentums verbietet Kopien oder Vervielfältigungen zur gemeinsamen Nutzung. Jede vollständige oder teilweise Wiedergabe oder Vervielfältigung ohne die Zustimmung des Herausgebers, des Autors oder ihrer Rechtsnachfolger ist rechtswidrig und stellt einen Verstoß dar, der nach den Artikeln des Gesetzbuchs für geistiges Eigentum geahndet wird.

TEIL 1 .... **13**

REVOLUTIONÄRE HOFFNUNGEN **13**

1. Der Ausgang aus dem Ghetto *14*
    Die „Heimzone 14
    Die Mission der Juden 24
    Der revolutionäre Kämpfer 31
    Judäo-Bolschewismus 38
    Stalin und die Juden 43
    Der Spanische Bürgerkrieg 56
    Die deutsche Invasion 64
    Widerstand gegen den Nationalsozialismus 71
    UDSSR 1945 83
    Der ungarische Aufstand 92
    Polen von seinen „Gespenstern" befreit. 103
    Befreites Rumänien 111
    Lustration in der Tschechoslowakei 117
    Ostdeutschland 120
    Zuflucht in Israel 121

2. Planetarische Demokratie *131*
    Die kosmopolitische Mutation 131
    Das planetarische Projekt 137
    Dem Islam Einhalt gebieten 147
    Das liberale Modell 151
    Kriege und Revolutionen, „im Namen der Menschenrechte". ... 160
    Ein Weltkrieg, wenn nötig 168

TEIL ZWEI **178**

DER TALMUDISCHE GEIST **178**

1. Die kosmopolitische Mentalität *178*
    Auf unseren Knien vor Israel 178
    Große Intoleranz gegenüber Frustration 188
    Die Diktatur der Medien 194
    Kritik an Israel 201
    Lügen und Verleumdung 211
    Repressionen gegen Historiker 214
    Grausamkeit 221
    Die Theologie der Rache 236
    Die Leidenschaft zu zerstören 243
    Unverschämtheit 252
    Die Befriedung der Welt 258

2. Antisemitismus *266*
    Der Sündenbock 268
    Die Torheit der Menschen 274
    Unschuld 279
    Die anklagende Umkehrung 292
    Antizionismus als anklagende Projektion 299
    Laternen und Lügengeschichten 302

    3. Jüdische Identität *311*
        Die Hyper-Patrioten 311
        Doppeltes Eigentum 318
        Duplizität 327

TEIL DREI **333**

PSYCHOPATHOLOGIE DES JUDENTUMS **333**
        Paradies Mombasa 333
        Sexbesessene 339
        Verstöße in der Psychiatrie 346
        Pädokriminalität 355
        Sexuelle Ambiguität 361
        Feminismus 375
        Inzest 384
        Jüdische Ängste 396
        Demenz 413

ANDERE TITEL **431**

Das jüdische Volk setzt sich für ein Projekt für die gesamte Menschheit ein; ein grandioses Projekt, das es seit Jahrhunderten gegen alle Widerstände durchführt: die Schaffung eines universellen Friedens auf der Erde. Der Begriff „Frieden" ist das Herzstück des Judentums, und es ist kein Zufall, dass dieses Wort (hebräisch: *Schalom*) so häufig in allen Reden der Juden der Welt auftaucht. Es ist nicht nur ein religiöses Konzept oder ein Glaube an eine bessere Welt, ein Werk Gottes in ferner Zukunft, sondern ein Leitprinzip, das das Engagement und die Handlungen der Juden in ihrem täglichen Leben bestimmt. In der Tat arbeiten Juden durch ihre Arbeit, ihr Handeln und ihr politisches Engagement jeden Tag daran, „Frieden" zu schaffen.

In dieser perfekten Welt, die sie aufbauen, werden alle Konflikte endgültig von der Erdoberfläche verschwunden sein, vor allem die Konflikte zwischen den Nationen. Aus diesem Grund setzen sich die Juden, wo immer sie sind, unermüdlich für die Abschaffung der Grenzen und die Auflösung der nationalen Identitäten ein. Nationen sind angeblich Erzeuger von Krieg und Unordnung und müssen daher geschwächt und schließlich zugunsten einer Weltregierung abgeschafft werden, die als einzige in der Lage ist, Glück und Wohlstand auf Erden zu garantieren.

Diese Idee findet sich, mehr oder weniger ausgeprägt, sowohl in den Schriften marxistischer Intellektueller - von Karl Marx bis Jacques Derrida - als auch in den Diskursen liberaler Denker wie Karl Popper, Milton Friedman, Alain Minc oder Guy Sorman. Ziel ist es, die Welt mit allen Mitteln zu vereinheitlichen und alle kulturellen Unterschiede, die angeblich zu Konflikten führen, zu nivellieren. Für dieses Ziel arbeiten jüdische Intellektuelle in der ganzen Welt unermüdlich. Ob links oder rechts, marxistisch oder liberal, gläubig oder atheistisch, zionistisch oder „perfekt integriert", sie sind die eifrigsten Verfechter des globalen Imperiums.

Sie sind natürlich auch die besten Propagandisten der pluralistischen Gesellschaft und der planetarischen Rassenmischung. So sehen wir, wie die Juden die Einwanderung in allen Ländern, in denen sie sich niedergelassen haben, immer gefördert haben, nicht nur, weil die multikulturelle Gesellschaft ihrem politisch-religiösen Projekt entspricht, sondern auch, weil die daraus resultierende Auflösung der nationalen Identität sie vor einem möglichen nationalistischen Ausbruch gegen die von ihnen erlangte Macht schützt, insbesondere im Finanzwesen, in der Politik und im Mediensystem. Ausnahmslos alle jüdischen Intellektuellen konzentrieren sich auf die Frage der

„pluralen" Gesellschaft und üben eine ständige „antirassistische Wachsamkeit" aus, ungeachtet ihrer politischen Divergenzen.

Aus dieser „planetarischen" Perspektive hatten die ehemaligen Kommunisten der 1970er Jahre wenig Schwierigkeiten, sich der neokonservativen liberalen Rechten anzuschließen. In letzter Zeit geht die Gefahr ihrer Meinung nach hauptsächlich vom Islam und von jungen afro-maghrebinischen Einwanderern aus und nicht mehr von der „extremen Rechten". Es geht also darum, diese multikulturelle Gesellschaft zu konsolidieren, für deren Schaffung sie so viel getan haben und die bereits vom Zerfall bedroht ist. In Frankreich reagieren Intellektuelle wie Alexandre Adler, André Glucksmann und Pascal Bruckner, die derzeit die liberale und pro-amerikanische Rechte unterstützen, lediglich im alleinigen Interesse ihrer Gemeinschaft.

Wie wir sehen, ist das Judentum im Wesentlichen ein universelles politisches Projekt, dessen Ziel die Einigung der Welt ist, ein Vorspiel zur globalen Befriedung. Es ist ein langwieriges Unterfangen, aber die Juden sind fest davon überzeugt, dass sie es erreichen können, denn sie sind so sehr von der „Mission" durchdrungen, die Gott ihnen zugewiesen hat. Wie der Prophet Jesaja sagte: „Der Wolf wird mit dem Lamm wohnen, und der Tiger wird sich mit dem Zicklein niederlegen; das Kalb und der Löwe und das Mastvieh werden zusammen wohnen, und das Mastvieh wird zusammen gehen, und ein kleines Kind wird sie führen..." (Jesaja, XI, 6-9).

Das Ziel ist nicht, die Welt zum Judentum zu bekehren, sondern andere Völker dazu zu bringen, ihre rassischen, nationalen und religiösen Identitäten aufzugeben, um einen Geist der „Toleranz" unter den Menschen zu fördern. Auf diese Weise versuchen die Juden ständig, die ganze Welt für ihr Projekt zu gewinnen. Sie sind ein Volk von Propagandisten, und es ist nicht ohne Grund, dass sie in den Mediensystemen der demokratischen Gesellschaften so einflussreich sind. Die unablässigen Kampagnen, die Europäer für die Sklaverei, die Kolonialisierung, die Ausplünderung der Dritten Welt oder Auschwitz verantwortlich zu machen, haben keinen anderen Zweck, als das Gefühl der kollektiven Identität der Juden zu zerstören. Wenn nur noch die Juden auf dieser Erde ihren Glauben und ihre Traditionen bewahren, werden sie endlich von allen als Gottes auserwähltes Volk anerkannt werden. Der Messias Israels, dessen Ankunft seit mehr als zweitausend Jahren jeden Tag erwartet wird, wird dann das Reich Davids wiederherstellen und den Juden ein Reich über das gesamte Universum geben. Wie wir weiter unten sehen werden, gibt es viele sehr deutliche Texte zu diesem Thema.

TEIL 1

REVOLUTIONÄRE HOFFNUNGEN

Das jüdische Volk hat im 20. Jahrhundert eine Schlüsselrolle gespielt. Zu Beginn widmeten sie sich ganz der Sache des Kommunismus und lieferten dieser Ideologie ihre wichtigsten Doktrinäre und Aktivisten. Seit den Anfängen des Sowjetregimes im Jahr 1917 war eine große Zahl seiner Führer jüdisch. Das Ziel war nicht nur die Abschaffung des Privateigentums und die Errichtung eines kollektivistischen Systems, sondern auch die Befreiung der gesamten Menschheit durch die Abschaffung von Grenzen, Religionen, Nationalitäten und allen Traditionen, um alle Unterschiede zwischen den Menschen zu nivellieren und so die Entstehung eines neuen Menschen in einer perfekten Welt zu bewirken.

In Wirklichkeit entpuppte sich das bolschewistische Regime als rücksichtslose Tyrannei für die „Menschen der Vergangenheit". Millionen Menschen starben an Hunger, Kälte, Hungersnot oder wurden von den Agenten der GPU (Staatliche Politische Direktion) einfach in den Hinterkopf geschossen. Auch die frühen Bolschewiki wurden Opfer der großen stalinistischen Säuberungen der 1930er Jahre, doch nichts konnte den Glauben der zahllosen revolutionären Aktivisten in aller Welt erschüttern. Unter ihnen waren viele Juden, die sich von einer kommunistischen Ideologie leiten ließen, die genau den Hoffnungen Israels entsprach. Karl Marx war jüdischer Abstammung, ebenso wie Lenin und Trotzki und die meisten der bolschewistischen Führer. Es dauerte viele Jahrzehnte, bis die Juden ihren Fehler erkannten. Es wird wahrscheinlich noch viel länger dauern, bis sie ihn öffentlich eingestehen.

Die meisten von ihnen, selbst innerhalb der westlichen Bourgeoisie, hatten das bolschewistische Regime von Anfang an aus Hass auf die zaristische Autokratie unterstützt. Der Aufstieg Adolf Hitlers zur Macht in Deutschland 1933 bestärkte die mächtigen westlichen jüdischen Gemeinden in ihrer bedingungslosen Unterstützung der Sowjetunion, koste es, was es wolle. Nach dem Sieg über den Nationalsozialismus begann dieser Enthusiasmus bei einigen von ihnen jedoch zu schwinden.

Der Wendepunkt kam im Jahr 1948. Von diesem Zeitpunkt an verstärkte das stalinistische Regime, das bereits damit begonnen hatte, die wichtigsten „kosmopolitischen" jüdischen Führer zu beseitigen, seine Säuberungen auf den höchsten Ebenen der Macht.

Im Westen blühten sozialistische Ideen in verschiedenen Formen und politischen Alternativen weiter auf und heizten die Debatten während der Aufstände von 1968 an. Doch schon bald wurde klar, dass die liberale kapitalistische Gesellschaft dort Erfolg hatte, wo der Kommunismus gescheitert war, und sich als unvergleichlich effektiver erwies, sowohl bei der Überwindung nationaler Grenzen und Identitäten als auch bei der Schaffung materiellen Wohlstands. Nach dem Fall der Berliner Mauer im Jahr 1989 garantierte der Zusammenbruch der Sowjetunion den Triumph der Demokratie. Danach erlebten wir eine beispiellose Verbreitung der globalen Propaganda durch das gesamte Mediensystem. Der Beginn einer Welt ohne Grenzen und eines universellen Friedens stand unmittelbar bevor. Diesmal würde der Messias endlich kommen.

1. Der Weg aus dem Ghetto

Die „Wohnzone"

Das Königreich Polen hat in der Geschichte des europäischen Judentums eine besondere Rolle gespielt. Im Mittelalter, als die Juden aus allen anderen Königreichen und Fürstentümern Europas vertrieben wurden, war dieses Land ein Zufluchtsort für sie. Ab 1264 gewährte ihnen eine Charta Freiheiten und große Privilegien, die die Grundlage für ihre religiöse, nationale und wirtschaftliche Existenz bildeten. Im Jahr 1334 bestätigte König Kasimir III. unter dem Einfluss seiner Mätresse Esterka die Charta von Kalisz und nahm sie weitgehend in sein Reich auf. Aus diesem Grund war die jüdische Bevölkerung dort vor dem Zweiten Weltkrieg sehr wichtig.

Polen war auch das einzige alte Land in der europäischen Geschichte, das vollständig zerfiel und Ende des 18. Jahrhunderts nacheinander unter seinen preußischen, österreichischen und russischen Nachbarn aufgeteilt wurde. Nach einem kurzen Wiederaufleben unter Napoleon wurde der größte Teil des Landes Teil des Russischen Reiches. Mit einer *Ukase* (kaiserliches Dekret) vom 23. Dezember 1791 hatte Zarin

Katharina II. ihren Untertanen jüdischer Herkunft das Recht eingeräumt, sich in den westlichen Provinzen niederzulassen, und zwar unter Ausschluss aller anderen. Diese „Wohnzone", die sich von der Ostsee bis zum Schwarzen Meer erstreckte, umfasste den größten Teil der Juden des Ostens. Die erste Zählung der jüdischen Bevölkerung des Russischen Reiches stammt aus dem Jahr 1897. Von den 126,5 Millionen Einwohnern waren etwas mehr als fünf Millionen Juden, 5% der Bevölkerung des europäischen Russlands[1]. Die Volkszählung zeigte auch die extreme Verstädterung der jüdischen Bevölkerung. Sie machten mehr als 50% der städtischen Bevölkerung von Belarus und Litauen aus. In Minsk waren 52% der Bevölkerung jüdisch, in Bialystok waren es 63% und in Vilnius 41%.[2]

Im annektierten Polen stand die Verstädterung der Juden im Widerspruch zur fast vollständigen Ländlichkeit der Polen. 91,5% der polnischen Juden lebten in Städten, während 83,6% der Nichtjuden auf dem Lande wohnten. Die polnischen Juden machten somit 43% der gesamten Stadtbevölkerung aus. In Warschau stieg der Anteil der Juden von 4,5% im Jahr 1781 auf 33,9% im Jahr 1897[3]. In Lodz stieg er von 7% im Jahr 1793 auf 40,7% im Jahr 1910. Von den 3.250.000 Juden in der neuen polnischen Republik im Jahr 1931 lebten jedoch immer noch mehr als zwei Millionen in kleinen Dörfern, den so genannten „Schtels".[4]

Der Schriftsteller Marek Halter schrieb dazu: „Vor dem Krieg waren einige Städte, einige Regionen Polens zu hundert Prozent jüdisch. Warschau, meine Heimatstadt, hatte etwa eine Million Einwohner, von denen dreihundertachtundsechzigtausend jüdisch waren, mit ihren Grundschulen und Jeschiwas [5], sechs Theatern, Zeitungen, Zeitschriften, etwa fünfzehn Verlagen und ebenso vielen politischen Parteien. Diese Frauen und Männer dachten, sprachen und schrieben auf Jiddisch. Vom Elsass bis zum Ural war Jiddisch damals die Sprache von zehn Millionen Menschen, eine lebendige Sprache, in der man sang,

---

[1] Henri Minczeles, *Histoire générale du Bund*, 1995, Denoël, 1999, S.20.

[2] Alain Brossat, *Le Yiddishland révolutionnaire*, Balland, 1983, S.47.

[3] Mark Zborowski, *Olam*, Plon, 1992, S.447.

[4] Béatrice Philippe, *Les juifs dans le monde contemporain*, MA éd., 1986, S.199.

[5] Eine Jeschiwa: eine jüdische Universität

weinte, lachte und vor allem von der Erlösung der gesamten Menschheit träumte⁶."

Im Jahr 1917 zählte das Wohngebiet sieben Millionen Juden, was mehr als 10% der Bevölkerung entsprach. Die meisten dieser Juden sind in den städtischen Zentren im Handel tätig, aber auch das Handwerk ist wichtig (Schneider, Schuhmacher, Weber, Tischler, Schlosser usw.). Es gab auch Arbeiter: „Es ist dieser elende Pöbel der Werkstätten und der Kleinindustrie, der die Grundlage der jüdischen Arbeiterbewegung am Ende des 19. Jahrhunderts bilden wird[7] ,, schreiben Alain Brossat und Sylvia Klingberg in ihrem Buch *„Das revolutionäre Jiddischland"*.

Der berühmte russische Schriftsteller Aleksandr Solschenizyn zeichnete seinerseits ein etwas anderes Bild als das, das gewöhnlich von jüdischen Historikern über die Situation ihrer jüdischen Mitbürger im Russischen Reich vor der Revolution von 1917 präsentiert wird. In seinem gut dokumentierten Buch *Zweihundert gemeinsame Jahre (1795-1995)*, das 2002 erschien, legte Solschenizyn beispielsweise das wertvolle Zeugnis des Senators Gabriel Romanowitsch Derjavine vor, der Ende des 19. Dieser Staatsmann, der später Justizminister unter Alexander I. war, berichtete, dass die Juden auf dem weißrussischen Land vor allem mit der Herstellung von Feuerwasser beschäftigt waren und vor allem im Herbst, zur Erntezeit, durch die Dörfer zogen: „Sie tränken die Bauern und ihre unmittelbaren Angehörigen, treiben ihre Schulden ein und berauben sie ihres letzten Lebensunterhalts... Sie betrügen die Betrunkenen und rauben sie von Kopf bis Fuß aus und lassen sie in völliger Not zurück". Es ist wahr, dass sich die Bauern, „wenn die Ernten vorbei sind, durch ihre exzessiven Ausgaben versündigen; sie trinken, essen, schlemmen, zahlen den Juden ihre alten Schulden und dann, um ihre Trunkenheit zu bezahlen, alles, was diese von ihnen verlangen, so dass sie, wenn der Winter kommt, in Not sind." Diese Ausschweifungen wurden durch das Vorhandensein zahlreicher Tavernen begünstigt: „In jedem Dorf", schrieb Derjavine, „gibt es eine oder manchmal mehrere Tavernen, die von den Besitzern errichtet

---

[6] Marek Halter, *La force du bien*, Robert Laffont, 1995, S.11. Jiddisch war 1898 die Muttersprache von 96,6% der jüdischen Bevölkerung im Wohngebiet. Es besteht hauptsächlich aus deutschen und hebräischen Wörtern, zu denen später polnische, russische, slowenische und französische Wörter hinzukamen. Jiddisch verwendet das hebräische Alphabet und wird von rechts nach links geschrieben.

[7] Alain Brossat, Sylvia Klingberg, *Le yiddishland revolutionnaire*, a.a.O., S.48.

wurden und in denen Tag und Nacht Wodka verkauft wird, um den jüdischen Schnapsbrennern einen größeren Gewinn zu verschaffen... Auf diese Weise gelingt es den Juden, ihnen nicht nur ihr tägliches Brot, sondern auch ihre landwirtschaftlichen Geräte, ihre Güter, ihre Zeit, ihre Gesundheit, ja ihr ganzes Leben abzunehmen." Sie wenden „alle möglichen Tricks und Täuschungen" an, die „die armen und dummen Dorfbewohner zum Hungern bringen[8]".

Diese Situation erklärte, warum die Verordnungen von 1804 und 1835 den belarussischen Juden verboten, sich auf dem Land aufzuhalten. In der Ukraine konnten sie überall leben, außer in Kiew und in einigen wenigen Dörfern; nirgendwo in Russland waren Ghettos innerhalb der Städte vorgeschrieben. In der zweiten Hälfte des Jahrhunderts, unter Alexander II., wurden die den Juden auferlegten Beschränkungen nach und nach aufgehoben, so dass sie an ihren Wohnorten Alkohol brennen und verkaufen konnten. Im Jahr 1872 besaßen sie 89% der Brennereien[9]" im Südwesten.

Solschenizyn erinnerte auch daran, dass die Regierung Maßnahmen ergriffen hatte, um die jüdische Landwirtschaft zu fördern: Die russischen Behörden stellten mehr als 30.000 Hektar für diesen Zweck zur Verfügung, und zwar 40 Hektar staatliches Land für jede jüdische Familie, während in Russland die durchschnittliche Parzelle eines Bauern nur wenige Hektar groß war, selten mehr als zehn. Diese Ländereien in der Südukraine, die zu den fruchtbarsten in Europa gehörten, wurden ihnen als Erbpacht überlassen. Sie erhielten Geldkredite und es wurde ihnen sogar angeboten, für sie hölzerne *Isbahs* zu bauen. Dieses Programm wurde jedoch im Jahr 1810 ausgesetzt. Im Jahr 1812 stellte sich heraus, dass von den 848 Familien, die sich dort niedergelassen hatten, nur noch 538 übrig waren. Die Ochsen waren geschlachtet, gestohlen oder verkauft worden, die Felder waren zu spät bestellt worden... Solschenizyn erläuterte die Mentalität einiger dieser „Schock"-Bauern: „Sie fürchteten, dass, wenn bewiesen würde, dass die Juden „fähig waren, das Land zu bearbeiten", sie dazu „gezwungen" würden...".[10]

---

[8] Alexandre Soljenitsyne, *Deux siècles ensemble*, tome I, Fayard, 2002, S. 51-54.

[9] Alexandre Soljenitsyne, *Deux siècles ensemble*, tome I, Fayard, 2002, S.153,175.

[10] Alexandre Soljenitsyne, *Deux siècles ensemble*, tome I, Fayard, 2002, S. 79-

Die Masse der Juden lebte sicherlich ärmlich, aber einige waren ungemein wohlhabend. Der berühmte Israel Brodski besaß siebzehn Zuckerfabriken. Viele große jüdische Vermögen beruhten auch auf der Ausbeutung der russischen Bodenschätze, insbesondere dem Export von Holz ins Ausland und der Goldgewinnung. Sie spielten auch eine führende Rolle bei der Ausfuhr landwirtschaftlicher Erzeugnisse: „Ab 1878 gingen 60% der Getreideexporte durch jüdische Hände, bald sollten es 100% sein". Die Familie Guinzbourg stach dabei besonders hervor. Andere, wie Samuel Poliakov, investierten in Eisenbahnen und wurden in den 1880er Jahren als „Eisenbahnkönig" bekannt, obwohl der russische Staat später der erste Bauherr sein sollte. Ihre Vorliebe galt natürlich dem Bankwesen: „Mehr als die Hälfte der Kredit-, Spar- und Darlehensinstitute befanden sich in der Wohnzone", und „1911 waren 86% ihrer Mitglieder Juden[11]. Zu Beginn des 20: 1880 gab es 16 000 Juden in Moskau, 1900 30 bis 40 000 in St. Petersburg, 1913 81 000 in Kiew, und die Zahl der Juden, die sich außerhalb des Wohngebiets niederließen, stieg von Jahr zu Jahr. Zar Alexander II. hatte jungen jüdischen Hochschulabsolventen gestattet, sich in ganz Russland niederzulassen. Die gleiche Maßnahme wurde 1879 für Apotheker, Krankenschwestern und Zahnärzte genehmigt.

Mit der Ankunft Alexanders II. im Jahr 1855 wurde das Regime effektiv liberalisiert, und eine Politik der Assimilation sollte die Juden auf die volle Staatsbürgerschaft vorbereiten. So konnten sich Juden an Gymnasien und Universitäten einschreiben. Ab 1874 strömten sie in die allgemeinen Bildungseinrichtungen, was ein Privileg war, da bis 1914 nur 55% der Russen eine Schule besuchten. Im Jahr 1881 betrug der Anteil der Juden an den Studenten etwa 9%, 1887 waren es bereits 14,5%, aber an einigen Universitäten war dieser Anteil noch viel höher: an der medizinischen Fakultät in Charkow waren 42% Juden, an der juristischen Fakultät in Odessa 41%[12]. In den letzten Jahrzehnten des 19. Jahrhunderts sollte diese russischsprachige jüdische *Intelligenz* eine Schlüsselrolle in den intellektuellen und politischen Bewegungen

---

86.

[11] Alexandre Soljenitsyne, *Deux Siècles ensemble*, tome I, Fayard, 2002, S. 175, 333-335. Dies wurde vom sephardischen Soziologen Edgar Morin bestätigt: „Siebzehn von zwanzig polnischen Banken waren Mitte des 19. Jahrhunderts jüdische Nichtjuden" (*Le monde moderne et la queston juive*, Seuil, 2006, S.117).

[12] Alexandre Soljenitsyne, *Deux siècles ensemble*, S.180,231.

spielen, die die traditionelle russische Gesellschaft untergraben sollten. Die zaristische Macht hatte selbst dazu beigetragen, an ihren Universitäten diejenigen auszubilden, die später die Hauptverantwortlichen für ihren Untergang sein sollten.

Bis 1844 waren die Juden des Ostens in einem eigenen Staat organisiert und verwalteten ihre eigenen Angelegenheiten unter der Autorität der rabbinischen Kahals. So hatten sie das Recht, ihre eigenen Regierenden zu wählen und verfügten über eigene Gerichte für kleinere Angelegenheiten. Die rabbinische Verwaltung, der Kahal, war die rechtliche Autorität, unter der sie lebten, und die Organisation, die gegenüber der Zentralregierung verantwortlich war. Um in der Gemeinde zu leben oder Schtetl-Land zu besitzen, war eine Erlaubnis des örtlichen Kahal erforderlich. Der Kahal sammelte Gelder für die sozialen Bedürfnisse der Juden, legte Regeln für Handel und Gewerbe fest und war die einzige Instanz für die Erhebung von Steuern[13].

Die führende Figur in der Gemeinde war der Rabbiner. „Die Autorität des Rabbiners beschränkt sich auf drei Hauptfunktionen, erklärt Shmuel Trigano: die Festlegung dessen, was erlaubt und was verboten ist, den Vorsitz über das örtliche rabbinische Gericht und die Lehre der Tora in der Öffentlichkeit[14]". Gerichtliche Entscheidungen fielen also in seinen Zuständigkeitsbereich, ebenso wie die Auslegung einer talmudischen Frage. Er verkündete Urteile in Zivilsachen und wurde in allen Fällen konsultiert, in denen es um die Frage ging, ob eine Handlung gesetzlich erlaubt war oder nicht.

Alexander Solschenizyn zitierte das Zeugnis eines gewissen Pestel, eines russischen Offiziers und glühenden Republikaners, der in der ersten Hälfte des 19. Jahrhunderts ein Regierungsprogramm verfasst hatte, in dem folgende Bemerkungen zu finden waren: „Die geistigen Führer der Juden, die sie Rabbiner nennen, halten das Volk in einer unglaublichen Abhängigkeit, indem sie ihnen im Namen des Glaubens jede andere Lektüre als den Talmud verbieten... Die Abhängigkeit der

---

[13] David Bakan, *Freud et la tradition mystique juive*, 1963, Payot, 2001, S. 117, 118, 155.

[14] Shmuel Trigano, *La Société juive à travers l'histoire*, t.I, Fayard, 1992, S.515.

Juden von den Rabbinern ist so groß, dass jeder Befehl, den sie geben, fromm und ohne Murren ausgeführt wird[15]".

Der Kahal wurde 1844 offiziell abgeschafft, aber die jüdischen Gemeinden blieben stark strukturiert. Die Emanzipation der Juden von der Vormundschaft der Rabbiner hatte im vorigen Jahrhundert unter dem Einfluss der „Aufklärung" begonnen. Im Judentum war diese intellektuelle Strömung, die Haskalah genannt wurde, von dem deutsch-jüdischen Philosophen Moses Mendelssohn entwickelt worden, der eine säkulare Bildung, die Verwendung lokaler Sprachen und die Integration der Juden in nichtjüdische Gesellschaften befürwortete. Die größte Gefahr für die Rabbiner ging damals jedoch von der mächtigen religiösen Bewegung der Chassiden aus, die ihre Autorität untergrub. Die Rabbiner setzten ihre ganze Energie darauf, den Einfluss beider Bewegungen einzudämmen.

Die chassidische Bewegung stellte eine neue Form des Judentums dar. Gegründet im 18. Jahrhundert von Israel Ben Eliezer, der den Spitznamen Baal Shem Tov - Lehrer des guten Namens - trug, hatte diese pietistische Bewegung einen immensen Einfluss auf die jüdischen Gemeinden Osteuropas. Der Chassidismus betonte die angenehmen Aspekte des Lebens. Er betonte das Gebet, die Frömmigkeit, das Singen und Tanzen und bildete ein Gegengewicht zur reinen Gelehrsamkeit und Strenge der rabbinischen Lehren. Man musste nicht länger ein Gelehrter sein, um an der göttlichen Gnade teilzuhaben.

Die Chassidim gruppierten sich um einen charismatischen Führer, der Zaddik (der Gerechte) oder Rabbiner genannt wurde. Im Gegensatz zu den Rabbinern verdankte der tzaddik sein hohes Amt nicht seiner Bildung. Die Position und Autorität, mit der er ausgestattet war, beruhte nicht auf buchhalterischem Wissen, sondern auf einer mystischen Gemeinschaft mit Gott. Der Mangel an Gelehrsamkeit mancher Zaddikim war in der Tat Gegenstand des Spottes derjenigen, die ihre Überzeugungen nicht teilten. „Selten besitzt der Zaddik das für das Amt des Rabbiners notwendige Diplom, das von einer Jury von Rabbinern am Ende des Jeschiwa-Studiums verliehen wird", schrieb Mark Zborowski. Daher mischte sich der Zaddik nicht in die Angelegenheiten des Gesetzes ein. Er mischte sich nicht in das streng rituelle Leben des Schtetls ein, das in die Zuständigkeit des Rov, des Rabbiners, fiel. „Der Zaddik ist jemand, der durch seine harte mystische Arbeit und durch

---

[15] Alexandre Soljenitsyne, *Deux siècles ensemble*, tome I, Fayard, 2002, S.76.

seine genetische und spirituelle Verbundenheit mit dem großen Meister Baal Schem Tov oder seinen Schülern die höchste Stufe erreicht hat, die für einen Sterblichen denkbar ist: die Stufe des Vermittlers zwischen Gott und seinen unglücklichen sündigen Kindern, dem Volk Israel". Nachdem er die höchste Stufe erreicht hatte, sprach der Zaddik buchstäblich mit Gott und besaß wundersame Gaben: „Dank seiner herausragenden Stellung, seiner Praxis der esoterischen Kabbala und seiner Kenntnis des Namens (Gottes, der nicht offenbart wurde) ist er in der Lage, Wunder für seine Adepten zu wirken."

Die Tätigkeit des Zaddiks bestand im Wesentlichen darin, denjenigen zu helfen, die zu ihm kamen, um Trost oder Rat zu erhalten, und ihnen seine Lehren zu erläutern. So schreibt Mark Zborowski in seiner großen Studie über die jüdischen Gemeinden in Osteuropa vor dem Krieg: „Man erwartet ein Heilmittel, ein Amulett, einen Segen oder einen Ratschlag... Manchmal kommen auch Frauen in Begleitung ihrer Kinder, um dem Wundertäter ihre Probleme vorzutragen. Die Kranken erwarten eine spektakuläre Heilung. Geisteskranke werden auf den Hof gebracht, damit der Rabbiner „ihren Dybbuk vertreibt". Hunderte von Menschen kamen, um ihn zu konsultieren. „Auf diese Weise haben die angesehensten Zaddikim, die am meisten von Adepten umgeben sind, besonders wenn sie von Baal Schem Tov oder seinen Schülern abstammen, oft ein bemerkenswertes Glück gehabt." Sicherlich gab es bei diesen Juden eine „fanatische Verehrung für den Zaddik[16]", und sie kamen aus der ganzen Welt, um ihn zu sehen und zu hören.

Der Zaddik hatte seinen Hof, der je nach seiner Beliebtheit variierte und bei dem Frauen natürlich ausgeschlossen waren: „Die großen Herbstfeste können mehrere tausend Chossidim[17] in die Residenz eines berühmten polnischen Zaddiks locken, die kommen, um die schrecklichen Tage an der Seite ihres Meisters zu verbringen... Für seine Gläubigen ist er der „Heilige Mann", „der Meister der Wunder", „der Fürsprecher". Für einige ist er nicht mehr und nicht weniger als ein Heiliger", schrieb Zborowski. „Wissen Sie, was ein Tzaddik ist? Ich werde es Ihnen sagen. In der jüdischen Religion gibt es sechshundertdreizehn Mitzvot. Der gewöhnliche Mensch kann sie nicht alle erfüllen. Nur ein Tzaddik kann sie erfüllen. Sie gehören in der Regel zur Dynastie der Gerechten, deren Ursprung sich bis zum

---

[16] Mark Zborowski, *Olam*, 1952, 1992, S.157-164

[17] Sprechen Sie das kh wie das spanische j aus. Chassidim

Gründer des Chassidismus, dem Baal Schem Tov, oder einem seiner direkten Schüler zurückverfolgen lässt. Alle Tzaddikim sind Enkel eines großen Patriarchen der Dynastie[18]." Einmal erworben, wurden die mystischen Kräfte des Zaddiks erblich vom Vater an den Sohn weitergegeben, über die Töchter sogar an die Schwiegersöhne. Je nach Generation wurden diese Kräfte schwächer oder stärker, gingen aber nie ganz verloren.

Der englische Schriftsteller Israel Zangwill schien diesen Manifestationen der Volksbegeisterung eher reserviert gegenüberzustehen. In *The Ghetto Dreamers* (1898) schrieb er: Jede Gemeinschaft hat ihren eigenen Zaddik, „eine einzigartige Quelle des Segens, eine einzigartige Quelle der Gnade. Jede beherbergt ihn in einem Palast (der sich während der Feste in einen Wallfahrtsort verwandelt, wie im Tempel von einst), jede zahlt ihm einen Tribut in Gold und Wertgegenständen". Überall nimmt der Zaddik „die Anbetung und Verehrung ein, die man Gott erweisen sollte.[19] „ Wie Shmuel Trigano schrieb, „wird von nun an der Zaddik und nicht der Rabbi als Symbol der religiösen Ideale wahrgenommen[20]".

Die chassidischen Juden, deren Lehren in krassem Gegensatz zur strengen rabbinischen Lehre standen, waren lange Zeit den Anfeindungen der Rabbiner ausgesetzt. Im Jahr 1772 erklärten der „Gaon von Vilna" und die Vorsteher der litauischen jüdischen Gemeinde sie für häretisch. Um sich zu rächen, zeigten die Chassidim die Rabbiner Jahre später bei den Behörden an, die die Mitglieder der Vilniuser Kahal „wegen unzulässiger Einbehaltung der erhobenen Steuern[21] „ verhafteten. Es dauerte lange, bis die jüdische Tradition den Chassidismus schließlich assimilierte. Doch obwohl diese Massenbewegung dazu beitrug, wie Israel Zangwill es ausdrückte, „Völker unter der Tyrannei der Rabbiner zu befreien[22] „, waren die jüdischen Gemeinden Osteuropas am Ende des 19.

---

[18] Mark Zborowski, *Olam*, 1952, Plon, 1992, S.157,158. Von den 613 Geboten sind 365 negative Gebote („Du sollst nicht") und 248 positive Gebote.

[19] Israel Zangwill, *Rêveurs du ghetto*, t II, 1898, Éd. Complexe, 2000, S.70,71.

[20] Shmuel Trigano, *La société juive à travers l'histoire*, TI, Fayard, 1992, S.515.

[21] Alexandre Soljenitsyne, *Deux siècles ensemble*, tome I, Fayard, 2002, S.41.

[22] Israel Zangwill, *Rêveurs du ghetto*, t II, 1898, Éd. Complexe, 2000, S.79

Das Zusammengehörigkeitsgefühl der Ostjuden war auch einfach geografisch bedingt. Die Gemeinschaft kam zusammen, um einer anderen Gemeinschaft entgegenzutreten. Sie hören nie auf, das benachbarte Schtetl zu kritisieren und zu verspotten", schrieb Zborowski, „aber alle Städte einer Region können sich für eine Sache gegen eine andere Region zusammenschließen. Über die Grenzen hinweg sind die osteuropäischen Juden in einer gemeinsamen Verachtung für die deutschen Juden vereint, die als kalt gebrandmarkt und der Tendenz zur Assimilation bezichtigt werden. Doch ungeachtet ihrer Unterschiede und Antagonismen gehören die regionalen Gruppen von Juden zum Klal Israel, der Gesamtheit Israels in der Welt." Und hier enthüllte Mark Zborowski eine wichtige Information, die uns eine Vorstellung von der Stärke des jüdischen Gemeinschaftsgefühls vermittelt: „Wer nur einen jüdischen Elternteil hat, wird gerne in Klal Israel aufgenommen. Religiöse Observanz ist kein Kriterium. Auch wer gegen die Gebote verstößt, ist ein Jude, ebenso wie jemand, der verbotene Speisen isst. Jemand, der seinem Glauben abschwört, wird von seiner Familie verstoßen und trauert sogar um seinen Verlust, aber er kann bereuen und zurückkehren. Auch wenn er sich abgewandt hat, ist immer noch etwas von einem Juden in ihm? Was auch immer er tut, „er bleibt immer ein Jude[23]."

Der berühmte Elie Wiesel bestätigte diese Vorstellung, dass Juden ein Volk für sich sind: „Zwischen einem Kaufmann aus Marokko und einem Chemiker aus Chicago, einem Lumpensammler aus Lodz und einem Industriellen aus Lyon, einem Kabbalisten aus Safed und einem Intellektuellen aus Minsk besteht eine tiefere Verwandtschaft, die substanzieller ist, weil sie älter ist, als zwischen zwei Bürgern desselben Landes, derselben Stadt und desselben Berufs. Selbst wenn er allein ist, ist ein Jude nie allein[24]." Elie Wiesel schreibt weiter: „Er fühlt sich dem Propheten Elia näher als seinem Nachbarn am Landeplatz... alles, was

---

[23] Mark Zborowski, *Olam*, 1952, Plon, 1992, S. 408-410. „Auch ein abtrünniger Jude ist ein Jude" (*Israel Magazine*, April 2003); „Er ist ein Jude und bleibt ein Jude... komme, was wolle", schreibt der französische Oberrabbiner Joseph Sitruk (*Tribune juive*, Oktober 2004): es geht darum, die Juden auf jeden Fall in ihrer Gemeinschaft zu halten. Diese Erklärungen halten jedoch Tausende von Juden nicht davon ab, das Judentum und ihre Herkunftsgemeinschaft zu vergessen und sich endgültig von ihnen zu trennen.

[24] Elie Wiesel, *Le Testament d'un poète juif assassiné*, 1980, Points Seuil, 1995, S.57.

seine Vorfahren getroffen hat, berührt ihn. Ihre Trauer belastet ihn, ihre Triumphe erheitern ihn[25]."

Im Schtetl ist „das höchste Kompliment, das man einem Nichtjuden machen kann: 'Er hat ein jüdisches Gesicht' oder 'ein jüdisches Herz'...". Ein echter Jude, so wiederholen sie den Kindern unablässig, ist gemäßigt, zurückhaltend und intellektuell; jede Abweichung von diesem Ideal wird mit schweren Vorwürfen geahndet: „Ein jüdisches Kind fährt nicht Fahrrad, ein jüdisches Kind lacht nicht wie ein Idiot", und Mark Zborowski fügt hinzu: „Beim Durchgang durch das Schtetl ist den Besuchern aufgefallen, dass die Kinder einen ernsten Blick haben, dass sie Grimassen schneiden, aber nicht lächeln". Im Vergleich zu den polnischen Kindern, deren Hauptbeschäftigung das Spielen war, „war der Kontrast auffallend".[26]

Die Mission der Juden

Der damalige Besucher der Schtetts hat bei seinem kurzen Spaziergang durch die schlammigen Straßen dieser polnischen Dörfer wahrscheinlich nicht alle Geheimnisse Israels ergründet. Oberflächlich betrachtet konnte die jüdische Bevölkerung dieser „Ghettos" dem fremden westlichen Touristen ein friedliches und malerisches Bild des Gemeinschaftslebens vermitteln. Doch was später geschah, bestärkte offensichtlich die Gewissheit vieler Russen, Polen und Ukrainer über die Einzigartigkeit des jüdischen Volkes.

Trotz des äußeren Anscheins ist das jüdische Volk nicht gerade ein Volk wie jedes andere. Es ist das „auserwählte Volk" Gottes. Wenn dieser Gedanke für einen Nichtjuden nicht viel bedeutet, so hat er für einen Juden, der davon überzeugt ist, dass er auf dieser Erde eine Mission zu erfüllen hat, sicherlich eine viel größere Bedeutung. Und dieser Auftrag lautet, der Welt „Frieden" (Schalom) zu bringen. Es ist die Pflicht eines jeden Juden, auf dieses Ziel hinzuarbeiten, denn es ist die Voraussetzung für das, was noch viel wichtiger ist: das Kommen des Messias. Deshalb haben sich so viele Juden mit Leib und Seele in das bolschewistische Abenteuer gestürzt, und deshalb sind nach dem Zusammenbruch des Kommunismus so viele Juden heute die eifrigsten Propagandisten des Globalismus und der multikulturellen Gesellschaft.

---

[25] Elie Wiesel, *Memoires 2*, Editions du Seuil, 1996, S.46

[26] Mark Zborowski, *Olam*, 1952, Plon, 1992, S.441,328

Das Verschwinden der Nationen ist Teil des gleichen egalitären Programms zur Befriedung der Welt wie das frühere Projekt der Abschaffung der sozialen Klassen und der Unterschiede zwischen Bourgeois und Proletariern.

Diese Hoffnungen leiten die Juden seit Jahrhunderten. Ein berühmter Schriftsteller der jüdischen Literatur, der Engländer Israel Zangwill, hatte diese Idee seinerzeit in dem 1898 erschienenen Roman *The Ghetto Dreamers zum* Ausdruck gebracht: „Menschliche Brüderlichkeit ist das, wonach wir streben, schrieb er... Der Jude wird der Bote des Friedens in der Welt sein[27]."

Wir haben uns bereits in unseren früheren Büchern mit diesem Thema befasst, aber an Texten zu diesem Thema herrscht kein Mangel. Man kann zum Beispiel Gershom Scholem zitieren, der einer der wichtigsten jüdischen Intellektuellen des 20. Jahrhunderts war. Auch er bestätigte, dass der religiöse Glaube der Juden in erster Linie auf der Hoffnung auf einen endgültigen Frieden und das Kommen eines Messias beruht: „Der Messias wird kommen und das Königreich Davids in seiner ursprünglichen Macht wiederherstellen, schrieb er. Er wird das Heiligtum wieder errichten und die verstreuten Juden Israels wieder vereinen". Gershom Scholem zitierte hier Maimonides, der bereits im 12. Jahrhundert in seinem *Gesetzbuch schrieb*: „In jenen Zeiten wird es keine Hungersnot und keinen Krieg mehr geben, keinen Neid und keine Zwietracht, denn das Land wird im Überfluss vorhanden sein. Die ganze Welt wird keine andere Sorge mehr haben als die Erkenntnis Gottes. Dann werden die Kinder Israels weise und angesehene Männer sein[28]."

Diese Überzeugungen haben die Jahrhunderte überdauert, ohne überholt zu sein. Natürlich denken zeitgenössische jüdische Denker nicht anders. Hören wir Théo Klein, den ehemaligen Präsidenten des Repräsentativrats der jüdischen Institutionen in Frankreich (CRIF), über die „besondere Mission" des jüdischen Volkes sprechen. Seiner Meinung nach ist dieses Volk „Träger einer Idee, eines Projekts, das es verwirklichen muss... Meiner Meinung nach ist dieses Projekt universell. Lesen Sie noch einmal Genesis, Kapitel 18, Vers 18, heißt es

---

[27] Israel Zangwill, *Rêveurs du ghetto*, t II, 1898, Éd. Complexe, 2000, S.245,248.

[28] Gershom Scholem, *Le Messianisme juif*, 1971, Calmann-Levy, 1974, S. 57-59.

da nicht: „? Denn Abraham wird ein großes und mächtiges Volk werden, und durch ihn werden alle Völker der Erde gesegnet werden"²⁹."

Auch ein zweitklassiger Schriftsteller wie Jean-Michel Salanskis brachte diese messianischen Hoffnungen zum Ausdruck, als er schrieb: „Es besteht die Hoffnung, dass die Völker die Größe und die tiefgründige jüdische millenarische Reflexion hören und verstehen werden", um „die Vollendung des Universellen zu ermöglichen, wenn die Völker der Erde um das letzte Reich des Messias³⁰ versammelt sein werden".

In der Tat wird diese Welt des „Friedens", die die Juden errichten wollen - dieses Friedensreich -, mit der Ankunft des Messias verwechselt, auf den sie seit zweitausend Jahren trotz aller Widrigkeiten warten. Ein liberaler Medienintellektueller wie Guy Sorman legte das Zeugnis eines gewissen Leon Askenazi vor, der in einer Rabbinerfamilie in Oran geboren wurde. Er erklärte, dass die Juden eigentlich zwei Messiasse erwarteten: den Sohn Josephs und den Sohn Davids: „Der erste sammelt die Verbannten. Offensichtlich ist er bereits am Werk. Wir sehen, wie die seit Babel verstreute Menschheit auf der Suche nach einer universellen Einheit ist; nennen wir sie Weltordnung. Es ist das Geplapper dieser Suche nach dem Messias. Der zweite Messias, der Sohn Davids, wird den Weltfrieden herstellen und die Toten auferwecken. Er ist das Objekt des Glaubens: Es ist Sache eines jeden Juden, sich diesen Davidssohn im Geheimen seines Herzens, in seiner persönlichen Intimität, vorzustellen. Diese Erfahrung wird nicht geteilt. Aber da die erste messianische Phase bereits im Gange ist, sollte die zweite Phase, die der Umwandlung der menschlichen Seele durch die Gnade Gottes, nicht zu lange dauern³¹."

So schrieb auch Maurice-Ruben Hayoun 1996 in seiner *Geistesgeschichte des Judentums*: „Dem Kommen des wahren Messias, des Sohnes Davids, sollte das des Messias, des Sohnes Josephs, vorausgehen, der im Krieg zwischen Gog und Magog untergehen sollte.³²". Diese Vorstellung wurde von dem amerikanischen Autor

---

[29] Théo Klein, *Dieu n'était pas au rendez-vous*, Bayard, 2003, S.69.

[30] Jean-Michel Salanskis, *Extermination, loi, Israel*, Les Belles Lettres, 2003, S.105,92

[31] Guy Sorman, *Le Bonheur français*, Fayard, 1995, S.68.

[32] Maurice-Ruben Hayoun, *Une Histoire intellectuelle du Judaisme, tome I*, J-

David Bakan bestätigt: „Der Krieger-Messias (der Messias-ben-Joseph oder ben-Ephraïm oder ben-Manassé) wird getötet werden, aber er wird vor dem Messias-ben-David kommen, der nach der Erlösung regieren wird[33]."

Gershom Scholem hat es noch einmal bestätigt: „Der Messias, Sohn Josephs, ist der Messias, der stirbt, überwältigt von der messianischen Katastrophe... Er kämpft und scheitert am Ende - aber er leidet nicht dafür... Er ist der Erlöser, der nichts erlöst, auf den allein sich der Endkampf gegen die Mächte dieser Welt konzentriert. Sein Ende fällt mit dem Ende der Geschichte zusammen. Im Gegenteil, in dieser Rollenverteilung sind alle utopischen Aspekte auf den Messias, den Sohn Davids, konzentriert. Er ist derjenige, in dem die neue Welt anbricht... Er repräsentiert die positive Seite dieses komplexen Prozesses[34]."

Vor der Zerstörung des zweiten Tempels durch die Legionen des Titus im Jahr 70 n. Chr. beschworen die jüdischen eschatologischen Schriften die Erlösung ohne einen Messias, erklärt Stephen Sharot. Erst nach dem Scheitern des zweiten Aufstandes gegen die Römer begannen die apokalyptischen Autoren, einen Retter-Messias zu erwähnen. „Der Messias sollte das Königreich Davids wiederherstellen, den Tempel wieder aufbauen, die alten Gesetze und Opfer wiederherstellen und die verstreuten Juden wieder vereinen... In der rabbinischen Literatur wurde der Messias als Erlöser, als das Instrument, durch das das Reich Gottes errichtet werden würde, und auch als zukünftiger Herrscher dieses Reiches dargestellt". Darüber hinaus erwarteten die Juden „das Kommen bestimmter Persönlichkeiten vor dem Messias. Die wichtigste von ihnen war der Prophet Elija, dessen Wunder und Predigten das Volk zur Umkehr und zur Vorbereitung auf das Kommen des Messias veranlassen sollten". Die talmudische Literatur „war jedoch voller Widersprüche, und das Mittelalter übernahm keine kohärente und einheitliche Vorstellung vom Messias... Der jüdische Messias blieb eine diffuse und anonyme Figur, die es einer Vielzahl von Persönlichkeiten erlaubte, diese Rolle für sich zu beanspruchen".

Der rabbinische Mainstream befürwortete nicht die baldige Ankunft des Messias, aber es war dennoch ein Glaubensartikel für mittelalterliche

---

C Lattès, 1996, S.390.

[33] David Bakan, *Freud et la tradition mystique juive*, 1963, Payot, 2001, S.195.

[34] Gershom Scholem, *Le Messianisme juif*, 1971, Calmann-Levy, 1974, S.45.

und moderne Juden, ständig auf sein Kommen zu warten. „Der zwölfte Grundsatz der bekanntesten Formulierung jüdischer religiöser Lehren, Maimonides' „Dreizehn Grundsätze des jüdischen Glaubens", lautet: „Ich glaube aus reinem Glauben an das Kommen des Messias, und wenn ich auch zögern muss, so werde ich doch jeden Tag auf sein Kommen warten". Die Bekräftigung dieses Glaubens, schrieb Stephen Sharot, war ein wiederkehrendes Thema in jüdischen Gebeten: in einigen täglichen Segenssprüchen, in Danksagungen nach dem Essen, bei Hochzeiten und an Fest- und Fasttagen. In privaten und geschäftlichen Briefen endeten Feiertagswünsche und Glückwunschformeln oft mit dem Wunsch, dass die Betreffenden die Ankunft des Messias und die Wiedervereinigung aller Exilanten erleben würden[35]."

Dies war der säkulare messianische Glaube, der das mentale Universum von Hunderttausenden von Revolutionären strukturierte, die im 19. und 20. Jahrhundert für den Kommunismus kämpften. Sie alle glaubten in ihren jeweiligen Parteien an ihre historische Mission. Sie hegten eine optimistische Zukunftsvision und glaubten an eine Welt, in der alle Ungerechtigkeiten und Diskriminierungen geächtet sein würden. „Diese Militanz ist messianisch, optimistisch und auf das Gute ausgerichtet", schrieb Alain Brossat in *The Revolutionary Yiddishland*. „Die große Utopie der neuen Welt, der Neuen Allianz, die in den Erzählungen der sozialistischen Denker der zweiten Hälfte des 19. Jahrhunderts Gestalt annimmt, konsolidiert sich mit dem Anwachsen der Arbeiterbewegung zu Beginn des Jahrhunderts und startet mit der Russischen Revolution ihren Angriff auf den Himmel".

Das waren die Hoffnungen dieser aschkenasischen Juden, wie Alain Brossat einräumte: „Es ist wohl wahr, dass die Juden seit Mitte der 1880er Jahre einen besonders wichtigen Platz in den revolutionären Bewegungen Russlands einnahmen[36]."

Das massive Engagement jiddischer Juden für den Kommunismus mag jedoch paradox erscheinen, da diese hochreligiösen, traditionalistischen und strukturierten jüdischen Gemeinden von vornherein nicht als

---

[35] Shmuel Trigano, *La société juive à travers l'histoire*, TI, Fayard, 1992, S. 263-267.

[36] Alain Brossat, Sylvia Klingberg, *Le yiddishland revolutionnaire*, Balland, 1983, S.77,78,227.

Nährboden für militante Revolutionäre geeignet waren. Dieses Thema wird in einem Buch von Elie Wiesel, *Das Testament eines ermordeten jüdischen Dichters,* angesprochen. Wiesel schildert das Schicksal eines jungen Mannes, Paltiel Kossover, eines jüdischen Dichters aus Bessarabien, der 1910 geboren wurde und wie so viele seiner Altersgenossen zum Kommunismus konvertierte. Einer seiner Freunde hatte ihn in die Doktrin von Karl Marx eingeweiht:

Ja", sagte er, „ich erhielt meine erste Lektion in Kommunismus von Ephraim an diesem Abend im Studienhaus. Komisch, nicht wahr? Ephraïm, der kommunistische Agitator! Ephraim, der spätere rabbinische Richter, verteilte heimlich Flugblätter. Er versteckte sie in den Schreibtischen und - lachen Sie nicht - in den Taschen mit den heiligen Büchern und rituellen Gegenständen... - Hast du den Verstand verloren, Ephraïm? Lässt du dafür die heiligen Texte im Stich?" Und er antwortete: „Ich habe nicht den Verstand verloren, Paltiel. Hör mir gut zu. Ich will immer noch das Menschengeschlecht retten, die Gesellschaft von ihren Übeln befreien; ich will immer noch die Ankunft des Messias herbeiführen. Nur habe ich eine neue Methode entdeckt, das ist alles. Ich habe es mit Meditation, Fasten, Askese versucht, ohne Erfolg. Es gibt nur einen Weg, der zur Erlösung führt." Und dieser Weg ist das Handeln: „Ich spreche mit Ihnen nicht über das Handeln gegenüber Gott, sondern gegenüber der Geschichte, gegenüber den Ereignissen, die Geschichte schaffen." Paltiel Kossover war verblüfft: „Hätte Ephraim die richtig marxistischen Thesen verwendet, hätte ich ihm den Rücken gekehrt. Aber statt Engels, Plechanow und Lenin zu zitieren, beschwor er unsere gemeinsame messianische Hoffnung. Und ich konnte ihm nur zustimmen".

In der Tat sah dieser Ephraim im Kommunismus seine Hoffnung auf das Kommen des Erlösers: „Jeden Morgen bete ich, dass er kommt, dass er sich beeilt zu kommen. Wie du, so bete auch ich. Aber es ist eine lange Zeit des Wartens; und die Last des Exils ist schwer und schwer zu tragen". Und dann erklärte er Paltiel sein Weltbild: „Nur der Kommunismus ermöglicht es dem Menschen, schnell über Unterdrückung und Ungleichheit zu triumphieren... Der Kommunismus ist eine Art Messianismus ohne Gott, ein weltlicher, sozialer Messianismus, der auf den anderen, den wahren Messianismus wartet". Und Ephraim rief sich selbst begeistert zu: „Wir müssen die Revolution machen, weil Gott es befiehlt! Gott will, dass wir Kommunisten sind[37]!"

---

[37] Elie Wiesel, *Le Testament d'un poète juif assassiné,* 1980, Point Seuil, 1995,

Doch Paltiel Kossover hatte sich nicht völlig vom angestammten Glauben seines Volkes gelöst: „Dem Anschein nach führte ich das Leben eines Kommunisten, aber nur dem Anschein nach. Inge erinnerte mich oft daran: 'Du bist kein Kommunist, ich meine, nicht ganz. -Das ist wahr. Ich denke zu viel an den Messias. Es gibt Leute, die warten auf ihn; die Kommunisten, die rennen zu ihm."

Und so sehen wir deutlich, dass das Judentum seinem Wesen nach eine aktivistische Religion ist: „Meine Fragen drehten sich immer um den Messias. Ich sehnte mich so sehr danach, sein Kommen zu beschleunigen. Um die Kluft zwischen Arm und Reich, Gedemütigten und Glücklichen, Bettlern und Besitzenden zu beseitigen. Um Pogromen und Kriegen ein Ende zu setzen. Gerechtigkeit und Barmherzigkeit zu vereinen... Freue dich, o Israel, die Stunde deiner Befreiung ist nahe[38]!"

In seinen *Memoiren berichtet* Elie Wiesel auch über die Verbindungen zwischen der jüdischen Welt und dem Sozialismus: „Das Phänomen des religiösen Juden, der sich für den Kommunismus entscheidet, fasziniert mich weiterhin... Bei meinen Nachforschungen stellte ich zu meinem Erstaunen fest, dass es sogar in meiner Kleinstadt welche gab. Bekannte und weniger bekannte Namen wurden mir genannt. Ja, diese Talmudschüler versammelten sich nachts in einem dunklen Bet Midrasch und analysierten Lenin und Engels mit der gleichen religiösen Inbrunst, die sie tagsüber an den Tag legten, wenn sie die Lehren von Maimonides studierten[39]."

Das Engagement für revolutionäre Bewegungen bedeutete jedoch einen gewissen Bruch mit den Traditionen der Vorfahren. Hier das beredte Zeugnis eines kommunistischen Aktivisten, der von seiner ersten Erfahrung im Alter von zehn Jahren berichtete. Ein Genosse lud ihn ein, mit ihm zu den *Roten Pionieren zu* gehen. „Er lobte die vielen Aktivitäten dieser Organisation so hoch und so gut, dass ich beschloss, mit ihm zu gehen. „Es gibt ein kleines Problem, sagt er mir, du kannst

---

S. 63-68.

[38] Elie Wiesel, *Le Testament d'un poète juif assassiné*, 1980, Point Seuil, 1995, S.128,61,62

[39] Elie Wiesel, *Memoiren*, Band I, 1994, S. 44, 45.

* Das sind die langen Haarsträhnen, die orthodoxe Juden von ihren Schläfen fallen lassen.

nicht mit deinen Peyos*, deinen Locken, kommen, sie würden sich über dich lustig machen... „Macht nichts, ich beschließe, sie mir schneiden zu lassen. Der Friseur ist erstaunt: „Hast du deinen Vater um Erlaubnis gefragt? - Nein - du weißt, dass du eine Tracht Prügel beziehen wirst? Ich habe darauf bestanden und er hat sie abgeschnitten. Aber er hat sich nicht geirrt: Als ich nach Hause kam, hat mich mein Vater zu Brei geschlagen. Ich hatte eines der schwersten Verbrechen begangen, die man sich vorstellen kann. Trotzdem besuchte ich weiterhin heimlich die *Roten Pioniere*[40]."

Wie Maurice Rajsfu schrieb: „Lenins Kapital und das Gesamtwerk Lenins hatten die Tora seiner Kindheit ersetzt[41]." Der große Historiker des Judentums, Leon Poliakov, schrieb ebenfalls so viel: ein großer Teil dieser Juden „verließ allmählich den angestammten Glauben, zumindest in gewisser Hinsicht... und bewegte sich auf eine Säkularisierung zu, die im 19. und 20. Jahrhundert die Nachkommen der talmudischen Juden in leidenschaftliche Revolutionäre verwandeln sollte[42]."

Die aschkenasischen Juden in Mitteleuropa und Russland machten Ende des 19. Jahrhunderts etwa 90% des Weltjudentums aus. Jahrhundertelang hatten sie sich in ihren Dörfern zurückgezogen und sich so weit wie möglich von der Bevölkerung ferngehalten. Unter dem Einfluss der emanzipatorischen Ideen der Französischen Revolution und dann unter dem Einfluss des Marxismus wurde das rabbinische Joch gelockert. Hunderttausende von Menschen, die von messianischer Hoffnung erfüllt waren, verließen die Mauern ihrer Gemeinde, um zu predigen und das gute Wort in der ganzen Welt zu verbreiten.

Der revolutionäre Kämpfer

Zu Beginn des 20. Jahrhunderts waren Russland und Rumänien die einzigen beiden europäischen Länder, die trotz des Drucks der westlichen Regierungen Juden nicht als Mitglieder ihrer nationalen Gemeinschaft anerkannten. In diesen beiden Ländern hatten Juden

---

[40] Alain Brossat, Sylvia Klingberg, *Le yiddishland revolutionnaire*, Balland, 1983, S.58.

[41] Maurice Rajsfus, *L'an prochain la révolution*, Editions Mazarinne, 1985, S.16.

[42] Leon Poliakov, *Die Samariter*, (Seuil, 1991, Anaya Group, 1992), S.85.

keinen Zugang zu öffentlichen Ämtern, und in Russland war zudem die Aufenthaltszone trotz der Liberalisierungspolitik des Regimes von Zar Alexander II. noch nicht abgeschafft. Am 1. März 1881 wurde er von Mitgliedern des Volkswillens ermordet, was Repressionen auslöste, den Liberalisierungsprozess unterbrach und revolutionäre Gruppen radikalisierte. Solschenizyn stellt in seinem Buch fest, dass „der Zar am Vorabend von Purim ermordet wurde", dem jährlichen Feiertag, an dem die Juden den Sieg über ihre Feinde feiern. Wir lesen auch, dass das Attentat im Haus eines gewissen Hessia Helfman[43] vorbereitet worden war. Henri Minczeles schrieb: „Unter den verhafteten Revolutionären war Hessia Helfman, ein junges jüdisches Mädchen, das in ihrer Mansarde Dynamit gelagert hatte[44]."

Die Ermordung des Zaren zündete die Lunte des Pulverfasses, und es kam zu zahlreichen Pogromen, hauptsächlich in der Ukraine. Die Pogrome brachen immer nur im Südwesten Russlands aus, wie Solschenizyn betonte. Die Zerstörungen waren beeindruckend, aber es wurde niemand getötet. Die Gesetze vom Mai 1882 schränkten jedoch den wirtschaftlichen Einfluss der Juden ein. Im Jahr 1891 wurden 20.000 Juden aus Moskau und mehr als 2.000 aus St. Petersburg vertrieben.

Nach 1881 war das wichtigste Pogrom das Pogrom von Kichinev im Jahr 1903, bei dem 42 Menschen starben, darunter 38 Juden[45]. Im Jahr 1905 kam es in Kiew, Odessa und anderen ukrainischen Städten zu Zusammenstößen zwischen Ukrainern und Juden. Letztere hatten paramilitärische Gruppen gebildet und Tausende von Kämpfern um sich geschart.

Zwischen 1880 und 1910 verließen mehr als 2,5 Millionen Juden Russland. Jüdische Historiker argumentieren, dass es die Pogrome waren, die nach der Ermordung des Zaren ausbrachen, die die Juden zur Flucht veranlassten. Auch Alain Brossat betonte die Bedeutung des Antisemitismus der russischen und ukrainischen Bevölkerung bei der Erklärung dieses Phänomens, vernachlässigte aber, wie die meisten

---

[43] Frank L. Britton, *Hinter dem Kommunismus*.

[44] Henri Minczeles, *Histoire genérale du Bund*, 1995, Denoël, 1999, S.31

[45] Der Historiker Arkadi Vaksberg schrieb: Im April 1903 dezimierte ein Pogrom „die jüdische Bevölkerung von Kichinev". (*Staline et les juifs*, Robert Laffont, 2003, S.17). Jüdische Organisationen und Zeugen hatten 500 Tote angegeben; diese Zahl wurde später revidiert und gesenkt.

jüdischen Historiker, die Ursachen. Aleksandr Solschenizyn lieferte eine andere Erklärung: In Wirklichkeit war die Auswanderung der Juden vor allem durch die Einführung des staatlichen Branntweinmonopols im Jahr 1896 und die Unterdrückung jeder privaten Produktion motiviert. Diese Maßnahme, mit der die Bauernschaft geschützt und die Juden vom Lande vertrieben werden sollten, habe „der wirtschaftlichen Tätigkeit der Juden in Russland einen schweren Schlag versetzt". Von da an nahm die jüdische Auswanderung aus Russland „merklich zu"[46]".

Zu den wichtigsten Organisatoren des russischen Populismus zählte Solschenizyn Marc Natanson, den wichtigsten, und Leon Deutsch aus Kiew. Auch ein gewisser Grigorij Goldenberg: „Er hatte den Gouverneur von Charkow kaltblütig niedergeschossen und seine Genossen um die höchste Ehre gebeten, den Zaren mit seinen eigenen Händen zu töten (aber seine Genossen, die den Volkszorn fürchteten, wiesen ihn ab, weil er Jude war; offenbar, so fügte Solschenizyn hinzu, wurde dieses Argument von den Populisten oft benutzt, um Russen für die Ausführung der Anschläge zu bestimmen): Nachdem er mit einer Ladung Dynamit verhaftet worden war, erlitt er in seiner Zelle in der Trubezkoj-Bastion einen Anfall von Angst und sein Widerstand brach zusammen, so dass er schließlich die ganze Bewegung verriet[47]."

Zwischen 1901 und 1906 übernahm die Sozialrevolutionäre Partei die Methoden des Volkswillens und verübte Attentate auf russische Würdenträger. Ermordet wurden u. a. Bildungsminister Bogolepow (1901), Innenminister Sipiaguine (1902), Gouverneur Bogdanowitsch (1903), Ministerpräsident Wjatscheslaw von Plehve (1904), Großfürst Sergius, Onkel des Zaren (1905) und General Dubrassow (1906). Der Kopf dieser terroristischen Operationen war ein Jude namens Grigori Guerchouny. Er war stets am Ort des Geschehens anwesend. Der Leiter der Kampfabteilung war Jewno Asew, der Sohn einer jüdischen Näherin und einer der Gründer der Partei. Er wurde 1909 hingerichtet.

„Die Ausführung der Attentate wurde immer Christen anvertraut", schrieb Solschenizyn, aber „die Bomben, die für die Ermordung von Plehve, des Großherzogs Sergius und der Innenminister Boulyguine und Dournovo verwendet wurden, wurden von Maximilian Schweitzer hergestellt, der 1905 selbst Opfer der von ihm gebauten Vorrichtung

---

[46] Alexandre Soljenitsyne, *Deux siècles ensemble*, tome I, Fayard, 2002, S. 326.

[47] Alexandre Soljenitsyne, *Deux siècles ensemble*, tome I, Fayard, 2002, S. 249.

wurde". Der zufällig verhaftete Guerchouny wurde zum Tode verurteilt, dann aber vom Kaiser begnadigt, ohne dass er darum gebeten hatte. Im Jahr 1907 floh er aus dem Gefängnis über Wladiwostok nach Amerika und später nach Europa. Zu den prominentesten Terroristen gehörten Abraham Gotz, der aktiv an den Anschlägen auf Dournovo (Innenminister 1905-1906), Akimov, Chouvalov (Diplomat und Politiker) und Trepov (stellvertretender Innenminister 1905-1907) beteiligt war[48].

Pjotr Stolypin beherrschte das politische Leben Russlands von 1906 bis 1911. Dank seiner Reformpolitik wurden zwei Millionen Bauernfamilien zu Landbesitzern. Im Jahr 1916 profitierten 6 Millionen Familien von den Maßnahmen der Regierung. Stolypin, der 1906 einem Attentat zum Opfer fiel, wurde schließlich 1911 von dem jüdischen Anwalt Mordechai Bogrow ermordet: „Es ist eine Ironie des Schicksals, dass der erste russische Regierungschef, der ehrlich versucht hatte, gegen den Widerstand des Zaren die Frage der Gleichberechtigung der Juden zu lösen, unter den Schlägen der Juden zu Fall kam", schrieb Solschenizyn. Es stimmt auch, dass Stolypin die Revolution von 1905-1906 rigoros unterdrückt hatte.

Obwohl sie nur 5% der russischen Bevölkerung, d. h. 6 Millionen Menschen, ausmachten, stellten die Juden 1903 50% der Revolutionäre, berichtet Solschenizyn. General Suchotin, Befehlshaber der sibirischen Region, hatte am 1. Januar 1905 eine Statistik der politischen Gefangenen in ganz Sibirien erstellt, die seiner Aufsicht unterstanden. Das Ergebnis war wie folgt: 1898 Russen (42%), 1678 Juden (37%), 624 Polen (14%) und 167 Kaukasier[49].

Noch stärker war die Präsenz jüdischer Aktivisten in der Führung der revolutionären Bewegungen. Leon Poliakov bestätigt dies: „Die Juden wurden schnell zur subversiven ethnischen Gruppe par excellence im russischen Reich... Ihr Anteil unter den politisch Verurteilten verdoppelte sich von Jahrzehnt zu Jahrzehnt und erreichte 1902-1904 29 Prozent... Noch höher war dieser Anteil in den Zentralkomitees und anderen Führungspositionen der regierungsfeindlichen Organisationen,

---

[48] Alexandre Soljenitsyne, *Deux siècles ensemble*, tome I, Fayard, 2002, S.395.

[49] Alexandre Soljenitsyne, *Deux siècles ensemble*, tome I, Fayard, 2002, S.263.

in denen junge Juden eine entscheidende, ja sogar aufstachelnde Rolle spielten[50]."

Die Haftbedingungen für Revolutionäre waren damals unvergleichlich humaner als die von den Bolschewiki nach der Revolution angewandten Methoden. Der Historiker Simon Sebag Montefiore, Autor einer monumentalen Stalin-Biografie, schrieb über die Deportationen in Sibirien: „Diese Verbannungen waren weit entfernt von Stalins brutalen Konzentrationslagern: Die Zaren waren als Polizisten sehr unfähig. Sie waren fast ein Leseurlaub in abgelegenen sibirischen Dörfern, in Begleitung eines Teilzeit-Gendarmen, während dessen die Revolutionäre Zeit hatten, sich gegenseitig kennen (und hassen) zu lernen, mit ihren Genossen in St. Petersburg oder Wien zu korrespondieren... Wenn der Ruf nach Freiheit oder Revolution dringlicher wurde, flohen sie und durchquerten die Taiga, bis sie den nächsten Zug fanden[51]." Stalin entkam so bis zu sechs Mal aus diesen sibirischen Dörfern.

1897, im selben Jahr, in dem Theodor Herzl in Basel die zionistische Bewegung gründete, wurde der Bund, eine spezifisch jüdisch-marxistische Bewegung, geboren. Das Ziel des Bundes war weder die Assimilation der Juden in die europäische Gesellschaft noch ihre Auswanderung nach Palästina, sondern die Erlangung kultureller Autonomie und die Verwirklichung des sozialistischen Projekts.

Zu Beginn des 20. Jahrhunderts war der Bund die wichtigste jüdische politische Organisation in der Region, in der er lebte. Er hatte Tausende von Aktivisten, schreibt Alain Brossat, zwischen 25.000 und 30.000 zwischen 1903 und 1905: „Sie hatten eine sehr populäre Presse, sie führten unermüdlich Proteste: in einem Jahr, zwischen 1903 und 1904, hielten sie 429 politische Kundgebungen ab, organisierten 45 Demonstrationen, 41 politische Streiks und verteilten 305 Flugblätter und Pamphlete. Im Jahr 1904 befanden sich 4500 Bund-Aktivisten im Gefängnis. Sie gründeten eine Jugendorganisation und gaben eine Zeitung heraus. Ihr Einfluss kulminierte 1905, als sie an der Revolution teilnahmen, wobei ihre Rolle im Bereich des Wohnsitzes entscheidend war[52]."

---

[50] Leon Poliakov, *Histoire de l'antisemitisme, tome II*, Point Seuil, 1981, S.331.

[51] Simon Sebag Montefiore, *La corte del Zar rojo*, 2004, Crítica-Barcelona, S. 6.

[52] Alain Brossat, Sylvia Klingberg, *Le yiddishland revolutionnaire*, Balland,

Nicht alle politisierten Juden waren Bund-Aktivisten. Während der Bund den Anspruch erhob, das gesamte jüdische Proletariat zu vertreten, schlossen sich andere, die eine sozialistische Partei für die gesamte Arbeiterklasse Russlands aufbauen wollten, den verschiedenen russischen sozialistischen Bewegungen an. Doch der Bund verfügte zu dieser Zeit über materielle Mittel und eine Organisation, die den russischen und polnischen Sozialisten unendlich überlegen war:

„Er ist es, der im westlichen Teil des Reiches den russischen Sozialdemokraten hilft, ihre ersten Publikationen zu drucken und sie heimlich in die Industriezentren zu schicken. Er ist es, der am 1. Mai 1899 die erste große öffentliche Demonstration des jüdischen Proletariats in Russland organisiert. Er war es, der nach dem Pogrom von Kischinew 1903 die jüdische Selbstverteidigung organisierte. Als die Revolution 1905 ausbrach, hatte die russische Partei etwa 8500 Mitglieder. Der Bund hat bereits etwa 30.000[53]."

Als die Bolschewiki dank des Staatsstreichs im Oktober 1917 schließlich die Macht ergriffen, brach bei allen Aktivisten, ungeachtet ihrer Unterschiede, die Freude aus, wie es Elie Wiesel durch Paltiel Kossover, seinen „ermordeten jüdischen Dichter", ausdrückte:

„Wenn die Worte Ephraims wahr waren, hatte der Messias Jerusalem verlassen, um nach Moskau zu kommen. - Sehen Sie, sagte er zu mir, übererregt, die Prophezeiung von Jesaja, sie haben sie erfüllt; der Trost von Jeremia, sie haben ihn bewiesen... Es gibt keine Reichen und Armen mehr, keine Chefs und Arbeiter, keine Unterdrücker und Unterdrückten. Es gibt keine Unwissenheit mehr, keinen Terror und kein Elend. Hörst du mich, Paltiel? Alle Menschen sind Brüder vor dem Gesetz? Und das alles, weil die Revolution gesiegt hat. Sie hat einen neuen Menschen hervorgebracht - den kommunistischen Menschen - der die kapitalistische Macht, die Diktatur der Reichen, den Fanatismus des Aberglaubens besiegt hat".

1928 schrieb Paltiel Kossover in Berlin an seine in Russland verbliebenen Eltern: „Mehr denn je bin ich davon überzeugt, dass wir dazu bestimmt sind, die Welt zu retten". Mein Vater muss gedacht haben:

1983, S.35.

[53] Alain Brossat, Sylvia Klingberg, *Le yiddishland revolutionnaire*, Balland, 1983, S.49

wir, die Juden. Ich dachte: wir, die Idealisten, die jungen Leute; wir, die Revolutionäre[54]."

Diese tiefgreifenden Veränderungen führten zu einer vollständigen Umstrukturierung der politischen Kräfte in Jiddischland. Zahlreiche Bund-Aktivisten und Hunderttausende jüdischer Jugendlicher aus aller Welt verstärkten die Reihen der kommunistischen Bewegung. Shlomo Szlein, der sich in den 1920er Jahren in Polen aufhielt, sagte dazu: „Der Anschluss der jüdischen Jugend an die kommunistische Bewegung war so bedeutend, dass man fast sagen könnte, es handele sich um eine jüdische Nationalbewegung". Auch Bronia Zelmanovicz erklärte: „Für uns polnische Kommunisten waren fünfjährige Gefängnisstrafen an der Tagesordnung, aber dennoch waren wir unerschütterlich optimistisch und davon überzeugt, dass unsere Kinder die wahre Freiheit, das Glück und die Emanzipation des Menschengeschlechts erleben würden." Alain Brossat erklärte: „So werden Zehntausende von jiddischen Revolutionären zwischen den beiden Kriegen die vielen Wege zu ihrer Utopie in den vier Ecken Europas verfolgen... Es ist das jüdische einfache Volk in seiner Gesamtheit, das Proletariat der Schneider, Schuhmacher, Kürschner, Tischler, Spengler und anderer jiddischer Weber in den elenden Werkstätten von Warschau, Byalistock und Wilna, geboren im Geist der Revolte und des Kampfes, für die gewerkschaftliche und politische Organisation und den Internationalismus der Ausgebeuteten.[55]"

Das Jiddische Land war der wahre Nährboden für die Revolutionäre, die den Faschismus bekämpfen und ganz Europa in Brand setzen sollten. Sie waren in allen revolutionären Schlachten der damaligen Zeit dabei: „Wir finden jiddische Kämpfer an allen Brennpunkten der Revolution", schreibt Brossat, „von den Barrikaden von Lodz und dem Petersburger Sowjet 1905 über Berlin im November 1918, München und Budapest 1919, in Polen zwischen den beiden Kriegen, in der Extremadura gegen die spanischen Generäle 1937, in der französischen Résistance, in Belgien, in Jugoslawien und sogar im Kampf in Auschwitz und Vorkouta, im Herzen des konzentrierten Universums." Der Historiker Pierre Vidal-Naquet formulierte es so: „Das osteuropäische Judentum

---

[54] Elie Wiesel, *Le Testament d'un poète juif assassiné*, 1980, Point Seuil, 1995, S. 79, 123.

[55] Alain Brossat, Sylvia Klingberg, *Le yiddishland revolutionnaire*, Balland, 1983, S. 84,88,80,128

war wirklich die Blutbank der proletarischen revolutionären Bewegungen[56]."

Judäo-Bolschewismus

Das neue Regime, das aus der Februarrevolution 1917 hervorging, hatte sofort die Aufenthaltszone abgeschafft und Gleichberechtigung erklärt. Plötzlich besetzten zahlreiche Juden die russische Verwaltung. So berichtet Arkadi Vaksberg in seinem Buch *Stalin und die Juden*: „Es war ein Zeichen der Zeit, dass der Jude Heinrich Schreider Bürgermeister von Petrograd wurde und ein anderer Jude, Oscar Minor, Bürgermeister von Moskau". Es stimmt jedoch, dass es in den aufeinanderfolgenden provisorischen Regierungen keine jüdischen Minister gab. „Abraham Gotz, Führer der revolutionären Sozialisten und stellvertretender Vorsitzender des Russischen Zentralen Exekutivkomitees, und der Menschewik Fedor Dan, Mitglied des Präsidiums dieses Komitees, weigerten sich, in die Regierung einzutreten, aus Angst, eine Welle des Antisemitismus zu provozieren... Es wurden jedoch mehrere jüdische stellvertretende Minister ernannt, die technische Funktionen ausübten und keine öffentliche Vertretung hatten[57]."

Im Oktober brachte die bolschewistische Revolution sie an die Spitze der Macht. Sie spielten eine führende Rolle beim Aufstand: „Der erste „Kommandant" des von den Bolschewiki gestürmten Winterpalastes war Grigorij Tschudnowski, der des Moskauer Kremls Emelan Jaroslawski (sein richtiger Name war Minay Gubelman). Mikhail Lachevitch übernahm den Telegrafen und die Staatsbank. Sinowjew wurde zum Vorsitzenden des Petrograder Sowjets gewählt und Kamenjew zum Vorsitzenden des Moskauer Sowjets." Andere Juden sorgten für die Aufrechterhaltung der Ordnung in der Hauptstadt und ihrem Umland. Moïssei Ouritzki, an der Spitze der Petrograder Tscheka, „herrschte ein gnadenloser Terror". Moïssei Volodarski (Goldstein) war der für die Presse zuständige Kommissar in Petrograd. „Von dieser

---

[56] Pierre Vidal-Naquet, *Les Juifs, la mémoire et le présent*, Maspéro, 1981, S. 160 in Alain Brossat, *Le Yiddishland révolutionnaire*, S. 19, 15.

[57] Arkadi Vaksberg, *Stalin und die Juden*, Laffont, 2003, S. 23, 24.

Position aus verbot er alle oppositionellen Zeitungen und unterdrückte heftig jeden Versuch, dieses Verbot zu umgehen[58]."

Wir wissen, dass Lenin keinen einzigen Tropfen russischen Blutes hatte. Seine Herkunft war nach seinem Tod sorgfältig geheim gehalten worden. Im Jahr 1938 wurde Marietta Chaguinians Buch „*Die Prüfung der Geschichte*" auf Befehl Stalins sofort aus dem Verkauf genommen. „Lenin hatte deutsches, schwedisches (durch seine Mutter), kalmückisches und tschuwaschisches Blut, aber keinen Tropfen russisches Blut [59]!" Er war auch teilweise jüdischer Herkunft, mütterlicherseits. Arkadi Vaksberg erinnerte an einen Brief von Lenins älterer Schwester Anna Oulianova, die am 19. Dezember 1932 an Stalin geschrieben hatte und ihn ermutigte, den Antisemitismus zu bekämpfen: „Die Untersuchung der Herkunft meines Großvaters - und damit auch von Wladimir Ilitsch - hat ergeben, dass er aus einer armen jüdischen Familie stammte und dass er, wie aus seinem Taufschein hervorgeht, der Sohn von Moïchka Blank, einem Bürger aus Zhytómir, war[60]." Doch diese Enthüllungen hatten den engen Kreis der Parteihierarchie nicht verlassen. Dieser Brief war, wie Arkadi Vaksberg enthüllte, „bis vor kurzem geheim: 'Streng geheim. Nicht an Dritte weitergeben'.

Trotzki, der Chef der Roten Armee, hieß in Wirklichkeit Lev Davidovitch Bronstein. Kamenew, der Leiter des Moskauer Sowjets, hieß Rosenfeld; Alexander Sinowjew, der Leiter von Leningrad, hieß in Wirklichkeit Apfelbaum; Karl Radek, Moskaus Auslandssprecher, hieß in Wirklichkeit Sobelsohn. Das erste Oberhaupt des bolschewistischen Staates war ein anderer Jude namens Jakow Swerdlow, ein enger

---

[58] Arkadi Vaksberg, *Stalin und die Juden*, Laffont, 2003, S. 31, 32.

[59] Simon Sebag Montefiore, *Staline, la cour du tsar rouge*, 2003, Éd. Des Syrtes, 2005, S. 101 „Zu Beginn der 1920er Jahre stellte ein gängiger Witz Lenin als Schabbat-Goj des Politbüros der Russischen Kommunistischen Partei dar", schrieb Maurice Rajsfus und erklärte: „Der Schabbat-Goj ist der Söldner, der von den Religiösen eingesetzt wird, um am Sabbat zu kochen oder einige der an diesem Tag der völligen Ruhe verbotenen Arbeiten auszuführen". (Maurice Rajsfus, *L'an prochain, la révolution*, Editions Mazarine, 1985, S.36).

[60] Arkadi Vaksberg, *Stalin und die Juden*, Laffont, 2003, S. 72, 73.

* Jakow Swerdlow war auch ein enger Freund von Filipp Isajewitsch Goloschtschokin, ebenfalls Jude und Militärkommissar des Ural-Sowjets. Die beiden waren die Hauptverantwortlichen für die Ermordung des Zaren und seiner Familie.

Mitarbeiter und Berater Lenins*. Die Liste der bolschewistischen Juden an der Spitze des neuen Regimes ist endlos.

Die Juden aus Jiddischland spielten auch eine wichtige Rolle bei den Revolutionen, die Europa am Ende des Ersten Weltkriegs erschütterten. Die erste fand in Berlin statt, wo der Aufstand vom November 1918 von Karl Liebknecht und Rosa Luxemburg angeführt wurde. Zunächst in Berlin, wo der Aufstand vom November 1918 von Karl Liebknecht und Rosa Luxemburg angeführt wurde. Dann in Ungarn, wo im März 1919 eine Sowjetrepublik von Bela Kun ausgerufen wurde, der das Land 133 Tage lang blutig schlug. „Er war selbst Jude, und fünfundzwanzig seiner zweiunddreißig Kommissare waren ebenfalls Juden", erinnert sich der Historiker John Toland. Der Triumph von Bela Kun ermutigte die bayerische Linke. In München war Kurt Eisner der geistige Führer der Revolution, der später durch den Anarchisten Ernst Toller ersetzt wurde. „Dann ergriff die Rote Intelligenz die Macht, angeführt von Eugen Leviné, der aus Petrograd stammte und der Sohn eines jüdischen Kaufmanns war. Die Kommunistische Partei hatte sie nach München geschickt, um die Revolution zu organisieren. Nachdem sie Ernst Toller verhaftet hatten, verwandelten sie die Bewegung bald in einen echten Sowjet[61]...".

In seiner monumentalen *Geschichte des deutschen Heeres* hatte Jacques Benoist-Méchin diese Fakten dargelegt, um die Reaktion vieler Deutscher nach der Niederlage von 1918 zu erklären: „Was sahen sie? Menschenmassen, die rote Fahnen hissen, die Macht stürmen und im Namen des Klassenkampfes die letzten Schimmer des nationalen Instinkts auslöschen wollen. Aber diese Menschenmassen gehorchen nicht einem spontanen Impuls. Sie werden von einer Legion von Militanten und Agitatoren angeführt. Und wer sind diese Agitatoren? In Berlin: Kurt Eisner, Lipp, Landauer, Toller, Léviné und Lewien; in Magdeburg: Brandés; in Dresden: Lipinsky, Geyer und Fleissner; im Ruhrgebiet: Markus und Levinson; in Breerhaven und Kiel: Ulmanis. So viele Namen, wie es Juden gibt. Zweifellos kann man einwenden, dass unter den hundertvierzig Abgeordneten des preußischen Landtags nur zwei Israelis sind - Hirsch und Heine -, aber sie sind Ratspräsident bzw. Innenminister. Wenn die Linksparteien beschließen, eine Untersuchungskommission einzusetzen, um Hidenburg und Ludendorff vor Gericht zu stellen, wer sind dann die Organisatoren? MM. Kohn,

---

[61] John Toland, *Hitler*, New York, 1976, Éditions Robert Laffont, Paris, 1983, S. 76, 77.

Gothein und Zinsheimer usw., die Liste ließe sich endlos fortsetzen. Wie kann man eine wirkliche Verschwörung übersehen? Und sollen wir jetzt dulden, dass ein Jude [Rathenau] die Leitung der Außenpolitik des Reiches übernimmt? Das ist unmöglich[62]."

Aus diesem Grund wurde der sehr reiche Elektrizitätsmagnat Walter Rathenau am 24. Juni 1922 ermordet[63].

In der Tat war es diese Situation, die teilweise die Reaktion der Hitlerianer in Deutschland erklärte, wie der jüdische Historiker John Toland es ausdrückte: „Der Judenhass, der in ihm brodelte, war gerade durch das, was er auf den Straßen von München sah, aktiviert worden. Überall Juden an der Macht? Die Verschwörung, die Hitler vermutet hatte, wurde zur Realität[64]." John Toland fügte hinzu: „Hitler ist nicht der einzige in der Welt, der in den Juden die Quelle der Revolution und des Kommunismus sieht." Auch Winston Churchill, der die Hilfe des weißen Generals Denikine in Anspruch genommen hatte, um Lenin und Trostski zu bekämpfen, sprach unverblümt von dieser „finsteren Bande von anarchistischen Juden". Winston Churchill war es auch, der in einer Rede vor dem Unterhaus „eine furchtbare Sekte, die mächtigste der Welt" anprangerte[65]. In einem Artikel im *Sunday Herald* vom Februar 1920 mit der Überschrift „*Zionismus gegen Bolschewismus*" sprach Winston Churchill von einer „weltweiten Verschwörung, die darauf abzielt, die Zivilisation zu stürzen": „Gegenwärtig hat eine Bande außergewöhnlicher Charaktere, die aus der Unterwelt der großen europäischen und amerikanischen Städte stammt, das russische Volk an der Gurgel gepackt und ist zu den unbestrittenen Herren eines riesigen Reiches geworden[66]."

---

[62] Jacques Benoist-Méchin, *Histoire de l'armée allemande*, Robert Laffont, 1964, Ausgabe 1984, S. 448, 449.

[63] Zur deutschen Situation nach dem Krieg vgl. Stefan Zweig, *Yesterday's World, Memoirs of a European*, in *Planetary Hopes*, S. 314, 315.

[64] John Toland, *Hitler*, New York, 1976, Éditions Robert Laffont, Paris, 1983, S. 80.

[65] John Toland, *Hitler*, New York, 1976, Éditions Robert Laffont, Paris, 1983, S. 898.

[66] Ernst Nolte, *La guerre civile européenne*, 1917-1945, München, 1997, Editions de Syrtes, 2000, S. 139.

Auf jeden Fall scheint die Anwesenheit „so vieler Juden in den Führungspositionen des neuen Staatsapparates[67] „ für viele Juden in Russland beruhigend gewesen zu sein. Hier das Zeugnis von Esther Rosenthal-Schneidermann, einer jungen Kommunistin aus Polen, die nach Moskau kam, um am ersten Kongress jüdischer Bildungsaktivisten teilzunehmen: „Sie war begeistert, diesen Aspekt der neuen Realität zu entdecken: 'Bis dahin, sagt sie, hatte ich keinen Juden in der Position eines hohen Beamten gesehen, geschweige denn einen Beamten, der unseren Dialekt, Jiddisch, sprach. Und siehe da, von der Tribüne des Hauses des Kongresses der Volkskommission für Bildung sprechen hochrangige Beamte im Namen der sowjetischen Großmacht Jiddisch[68]."

Jüdische Historiker vernachlässigen immer wieder die Rolle, die ihre jüdischen Mitbürger bei den Gräueltaten spielten, die sich damals in Russland ereigneten. Die Wahrheit ist jedoch, dass jüdische Doktrinäre, jüdische Beamte und Folterknechte eine schwere Verantwortung für die Zerstörung von Kirchen, die rücksichtslose Unterdrückung der Bevölkerung und die zahllosen Massaker an Christen trugen, die damals von den Männern der Tscheka begangen wurden. Aleksandr Solschenizyn hat dies in einem Buch, das wir selbst zusammengefasst haben[69], hinreichend dargelegt.

1927 schrieb der österreichische Schriftsteller Joseph Roth, Autor von *Radetzkys Marsch*, scharfsinnig: „Heute ist Sowjetrussland das einzige Land in Europa, in dem der Antisemitismus verboten ist, obwohl er nicht aufgehört hat zu existieren... Die Geschichte der Juden kennt kein Beispiel für eine so plötzliche und vollständige Befreiung[70]."

Es stimmt, dass die Juden zu dieser Zeit vom Regime besonders berücksichtigt wurden. Das hat uns Arkadi Vaksberg mit diesem Beispiel erklärt:

„Wenn es zu beruflichen Auseinandersetzungen zwischen der Verwaltung und dem jüdischen Angestellten kam, hat letzterer immer

---

[67] Alain Brossat, Sylvia Klingberg, *Le yiddishland revolutionnaire*, Balland, 1983, S.229.

[68] Alain Brossat, Sylvia Klingberg, *Le yiddishland revolutionnaire*, Balland, 1983, S. 232.

[69] Siehe *Planetary Hopes*, Zweiter Teil, S. 209-270.

[70] Joseph Roth, *Judíos errantes*, Acantilado 164, Barcelona, 2008

gewonnen, weil kein Richter als Antisemit gelten wollte". Menschen wurden wegen eines bloßen Hinweises auf jüdische Solidarität vor Gericht gestellt. Vaksberg fasste zusammen: „Die 1920er und frühen 1930er Jahre bleiben als das goldene Zeitalter der Juden in Russland in Erinnerung[71]."

Stalin und die Juden

Nach Lenins Tod im Jahr 1924 musste Stalin seine Hauptkonkurrenten wie Leo Trotzki, Grigori Sinowjew und Lew Kamenjew beseitigen. Diese waren jedoch Juden, ebenso wie ihr Gefolge: Grigori Sokolnikow, Michail Lachewitsch, Ephraïm Sklianski und andere. Sinowjew und Kamenjew waren auch die engsten Freunde von Lenin und seiner Frau Nadejda Kroupskaia[72].

Arkadi Vaksberg geht von dieser Feststellung aus und versucht zu zeigen, dass Stalin zwar grundsätzlich antisemitisch war, aber immer ein doppeltes Spiel gespielt hat, bis zu dem Tag, an dem er nach dem Krieg auf die westliche Hilfe verzichten konnte. In der Zwischenzeit hat die Beseitigung der alten Bolschewiki nur die starke Präsenz von Juden auf den höchsten Ebenen der Macht offenbart, und Stalin war weiterhin von engen Beratern jüdischer Herkunft umgeben.

Stéphane Courtois, der Autor des berühmten *Schwarzbuchs des Kommunismus*, schrieb im Vorwort zu Arkadi Vaksbergs Buch: „Zahlreiche Juden drängten sich in die Machtsphären, so dass 1936 fast 40% der Führungsspitze der politischen Polizei Juden waren. Zwei der Männer, die dem 'Vater des Volkes' am nächsten standen, Kaganowitsch und Mejlis, waren Juden".

In den frühen 1930er Jahren wurde die Sowjetunion von einem Triumvirat aus Stalin, Molotow und Kaganowitsch geführt.

Molotow, die Nummer zwei des Regimes nach Stalin, hatte eine Jüdin namens Polina Karpovskaia geheiratet, die eine vollwertige Führungspersönlichkeit und eine echte Bolschewikin war. Er war „grausam und boshaft". Im Januar 1930 planten Stalin und Molotow die Beseitigung der Kulaken, jener Kleinbauern, die sich der Kollektivierung widersetzten. „Die GPU und die

---

[71] Arkadi Vaksberg, *Stalin und die Juden*, Robert Laffont, 2003, S.67, 64

[72] Arkadi Vaksberg, *Stalin und die Juden*, Robert Laffont, 2003 S.51.

einhundertachtzigtausend aus den Städten entsandten Parteikollaborateure griffen auf Schusswaffen, Lynchmorde und das System der Konzentrationslager oder Gulags zurück, um die Dörfer auszulöschen. Mehr als zwei Millionen Menschen wurden nach Sibirien oder Kasachstan deportiert; 1930 arbeiteten 179.000 Menschen als Sklaven in den Gulags; 1935 waren es fast eine Million.[73] „ „

Vor allem aber plante das Regime die Hungersnot, um die ukrainischen Bauern auszurotten. Die Zahl der Todesopfer der Hungersnot von 1932, schrieb Sebag Montefiore, „würde sich auf vier bis fünf Millionen Menschen belaufen, höchstens auf zehn Millionen, eine Tragödie, die in der Geschichte der Menschheit beispiellos ist, abgesehen vom Terror der Nazis und der Maoisten".

Fünfzehn Millionen Menschen waren deportiert worden, von denen viele während der Kollektivierungen gestorben waren. Zu dieser Zeit wurden in der Ukraine und im Ural[74] Fälle von Kannibalismus gemeldet.

1930 wurde Lazar Kaganowitsch, der gerade siebenunddreißig geworden war, Stalins Stellvertreter. Er war der jüngste von fünf Brüdern, von denen drei führende Bolschewiken waren. Kaganowitsch, ein Schuhmacherlehrling, der in den Grenzgebieten der Ukraine und Weißrusslands geboren wurde, „hatte einen explosiven Charakter", so Sebag Montefiore. „Oft schlug er seine Untergebenen oder packte sie am Revers. Politisch war er jedoch vorsichtig, schnell und klug". Er war ein guter Redner, „trotz seines starken jüdischen Akzents". Er war für die Militarisierung des Parteistaates verantwortlich. „1918, im Alter von vierundzwanzig Jahren, eroberte er Nischni Nowgorod und verbreitete Terror in der Stadt. 1919 forderte er die Errichtung einer eisernen Diktatur und verlangte die Durchsetzung der militärischen Disziplin des 'Zentralismus'."

Er war es, der die Zahnräder und Mechanismen dessen, was zum „Stalinismus" werden sollte, entwarf und polierte. „Nachdem er die Ernennungsabteilung des Zentralkomitees geleitet hatte, wurde der „Eiserne Lazar" zur Verwaltung Zentralasiens und später der Ukraine

---

[73] Simon Sebag Montefiore, *La corte del Zar rojo*, 2004, Crítica-Barcelona, S.46. Die sowjetische Geheimpolizei wurde zunächst Tscheka genannt, bevor sie 1922 in GPU, 1934 in NKWD und schließlich 1954 in NKGB, KGB, umbenannt wurde.

[74] Simon Sebag Montefiore, *La corte del Zar rojo*, 2004, Crítica-Barcelona, S.68, 228.

entsandt, bis er 1928 zurückkehrte und auf dem 16. Kongress 1930 als Vollmitglied in das Politbüro aufgenommen wurde. Er war gerade von der Niederschlagung von Bauernaufständen vom Nordkaukasus bis nach Westsibirien zurückgekehrt. „Als Nachfolger Molotows an der Spitze Moskaus und Held eines Kults wie Stalin selbst, unternahm der Eiserne Lazar die vandalistische Schaffung einer bolschewistischen Metropole und sprengte mit Begeisterung zahlreiche historische Gebäude[75]." Nach Stalins Tod musste sich Lazar Kaganowitsch nie Gedanken über seine Beteiligung an der Bauernvernichtung machen und verstarb 1991 friedlich in seiner komfortablen Moskauer Wohnung im respektablen Alter von 97 Jahren.

Genrikh (Enoch) Yagoda, der Chef der Geheimpolizei, war eine weitere Symbolfigur des stalinistischen Regimes. Er war halb kahlköpfig und von kleiner Statur, aber von rücksichtslosem Ehrgeiz getrieben. Dieser Giftspezialist war der Sohn eines jüdischen Juweliers aus Nischni Nowgorod. Mit seinem Frettchengesicht und dem „Hitler-ähnlichen" Schnurrbart verkehrte er im Haus von Gorki, dem Präsidenten des Schriftstellerverbandes. Er liebte französische Weine, deutsche Pornografie und Sexspielzeug. „Seine große Leistung war es, mit Stalins Unterstützung durch Sklavenarbeit das riesige Wirtschaftsimperium der Gulags zu schaffen. "[76]

Yagoda leitete den ersten der berühmten großen Moskauer Prozesse im Sommer 1936. Elf der sechzehn Angeklagten waren Juden, was ihre bedeutende Präsenz unter der älteren Generation der Bolschewiki widerspiegelt, die Stalin zu liquidieren begonnen hatte. Sechs Tage lang gestanden Sinowjew und Kamenew, die beschuldigt wurden, antisowjetische trotzkistische Dissidenten zu sein, ihre angeblichen Verbrechen mit einer Fügsamkeit, die westliche Beobachter in Erstaunen versetzte, und gaben zu, dass sie ein Attentat auf Stalin und andere führende Politiker geplant hatten.

Natürlich wurden sie zum Tode verurteilt und kurz darauf zum Ort der Hinrichtung gebracht. Sinowjew schrie, Stalin habe versprochen, sein Leben zu verschonen. „Bitte, Genosse, um Gottes willen, rufen Sie Iosiv Wissarionowitsch an! Iosiv Wissarionowitsch hat versprochen,

---

[75] Simon Sebag Montefiore, *Der Hof des roten Zaren*, 2004, Crítica-Barcelona, S.44, 45, 46

[76] Simon Sebag Montefiore, *La corte del Zar rojo*, 2004, Crítica-Barcelona, S. 79, 215.

uns zu verschonen! -Kamenev bemerkte: „Geschieht uns recht für unsere unwürdige Haltung bei der Verhandlung", und forderte Zimoniev auf, den Mund zu halten und mannhaft zu sterben. Sinowjew machte so viel Lärm, dass ein NKWD-Leutnant ihn in eine nahe gelegene Zelle brachte, wo er liquidiert wurde. Sie wurden alle durch einen Schuss in den Hinterkopf getötet.

Stalin, der vom Verhalten seiner Feinde im entscheidenden Moment des Todes fasziniert war, bat Pauker, den Chef seiner Leibwächter, ihm von der Szene zu berichten. Pauker war stämmig und kahlköpfig, oft parfümiert und übte gelegentlich seinen früheren Beruf als Friseur aus, wofür ihm Stalin als Dank für seine Dienste einen Cadillac geschenkt hatte. „Pauker, der wie Sinowjew Jude war, hatte sich darauf spezialisiert, Stalin jüdische Witze mit einem ordentlichen Akzent zu erzählen, wobei er die R's forcierte und sich auf dem Boden schleppte", erzählte Sebag Montefiore. „Um Himmels willen, ruf Stalin an! Manche Versionen behaupten, er habe sogar die Füße der Tscheka-Agenten gepackt und ihnen die Stiefel geleckt". Paukner „spielte einen Zimoniev, der aufschrie und schluchzend die Hände zum Himmel erhob:" Höre Israel, der Herr ist unser Gott, der Herr ist der Einzige!" Stalin lachte so sehr, dass Paukner die Nummer wiederholen musste. Stalin wurde fast krank vor Lachen und musste Paukner bitten, aufzuhören".

Kamenjew und Sinowjew wurden beide in den Hinterkopf geschossen und ihre Körper verbrannt. „Die Kugeln, deren Spitzen zerquetscht waren, wurden aus den Schädeln entfernt, von Blut und Hirnfragmenten gereinigt und Yagoda übergeben, wahrscheinlich noch warm. Dieser beschriftete sie und bewahrte diese makabren Relikte stolz in seiner Sammlung von erotischen Objekten und Damenstrümpfen [77] auf. Paukner wurde 1937 still und leise erschossen, wie die meisten ehemaligen Tschekisten, denen Stalin nicht mehr vertraute.

Der Tod von zwei der engsten Genossen Lenins stellte für Stalin eine Etappe auf dem Weg zum Terrorregime dar, das sich gegen die Partei richten sollte. Der NKWD war die Bastion der alten Bolschewiki, „die letzte Hochburg der bolschewistischen Kumpanei, voll von Polen, Juden und Letten mit zweifelhafter Legitimation [78].", so dass der

---

[77] Simon Sebag Montefiore, *La corte del Zar rojo*, 2004, Crítica-Barcelona, S. 192, 193.

[78] Simon Sebag Montefiore, *Der Hof des roten Zaren*, 2004, Crítica-Barcelona,

Diktator jemanden brauchte, der ihn von außen kontrollierte und diese allzu selbstbewusste Elite unterwarf.

Ende September 1936 wurde Yagoda des Diamantendiebstahls und der Korruption beschuldigt. Er wurde seines Amtes enthoben und durch Nicolai Yezhov ersetzt. Da Jeschow ihm versichert hatte, dass seine engen Mitarbeiter und Schützlinge begnadigt würden, verwickelte Yagoda viele Persönlichkeiten. Aber „die Regel in Stalins Welt war, dass, wenn ein Mann fiel, alle, die mit ihm verbunden waren, ob Freunde, Liebhaber oder Schützlinge, ebenfalls fielen[79]."

Nicolai Yezhov, ein Protegé von Kaganovitch, war nach Stalin der mächtigste Mann in der UdSSR geworden. Er war auch eines der großen Ungeheuer der Geschichte. Zwischen 1936 und 1938 war er der Hauptorganisator des Großen Terrors, der sich gegen die Partei und die Menschen der Vergangenheit richtete, Aristokraten, Priester, Bürger, Bauern, die den Klassenterror bis dahin überlebt hatten. In vierzehn Monaten wurden mehr als siebenhunderttausend Menschen erschossen und Millionen deportiert.

Der Sohn eines Forstwächters und einer Dienerin war ein kleiner und sehr nervöser Mann, dünn und klein, nicht größer als 151 cm. Er war auch ein begeisterter Bisexueller, berichtet Sebag Montefiore, der mit Soldaten an der Front „und sogar mit hochrangigen Bolschewiken wie Filipp Goloschtschokin, der die Ermordung der Romanows leitete", „Unzucht getrieben" habe. Er war mit dem Dichter Mandelstam befreundet und hatte die kaum sechsundzwanzigjährige Jewgenia Feigenberg geheiratet, „eine temperamentvolle und verführerische Jüdin, die ursprünglich aus Gome stammte... so promiskuitiv wie ihr neuer Mann[80]."

Auf seinen Befehl hin wurden innerhalb von anderthalb Jahren fünf von fünfzehn Politbüromitgliedern, 98 von 139 Mitgliedern des Zentralkomitees und 1108 der 1966 zum XVII. An manchen Tagen, wie dem 12. November, unterzeichneten Stalin und Molotow 3167 Hinrichtungsbefehle. Von den 28 Kommissaren, die Anfang 1938 unter

---

S.195, 196

[79] Simon Sebag Montefiore, *La corte del Zar rojo*, 2004, Crítica-Barcelona, S. 216.

[80] Simon Sebag Montefiore, *La corte del Zar rojo*, 2004, Crítica-Barcelona, S. 161, 162-163.

Molotows Befehl standen, wurden zwanzig hingerichtet. Jeden Morgen begab sich „der blutige Zwerg", frisch aus den Folterkammern kommend, direkt zu den Sitzungen des Politbüros:

„Eines Tages bemerkte Chruschtschow Blutflecken am Saum und an den Manschetten der Bauernbluse von Jeschow. Chruschtschow, der gewiss kein Engel war, fragte, was das für Flecken seien. Jeschow antwortete mit einem Glitzern in seinen blauen Augen, dass jeder stolz darauf sein könne, diese Flecken zu tragen, denn sie seien das Blut der Feinde der Revolution."

Jede Region sollte ihre Quoten beisteuern. Chruschtschow, damals Erster Parteisekretär in Moskau, ordnete die Hinrichtung von 55.741 Beamten an, mehr als die ursprünglich vom Politbüro festgelegte Quote von 50.000. Schdanow überwachte die Inhaftierung von 68.000 Menschen in Leningrad. Beria, ein echter Tscheka-Profi, erfüllte seine ursprüngliche Quote von 268.950 Verhaftungen und 75.950 Hinrichtungen gewissenhaft. Außerdem wurden die anderen regionalen Führer kurz darauf ebenfalls vernichtet. „Alle Hierarchen unternahmen blutige Touren durch das Land. Schdanow führte Säuberungen im Ural und in der mittleren Wolgaregion durch. Die Ukraine hatte das Pech, von Kaganowitsch, Molotow und Jezhov besucht zu werden."

Sebag Montefiore stellt in seinem Buch ein weiteres schockierendes Bild dar: „Es wurden so viele Eisenbahner hingerichtet, dass ein Offizier Poskrebischew anrief, um ihn zu warnen, dass eine Strecke völlig entkernt worden war"[81].

Während des Großen Terrors war Woroschilow mit der Säuberung der Armee betraut worden. Später prahlte er damit, dass er zur Verhaftung von vierzigtausend Offizieren und zur Beförderung von hunderttausend neuen Rekruten geführt habe. Tukhachevsky, der fähigste General der Revolution, wurde verhaftet und gefoltert. Er gestand, dass er ein deutscher Spion war, der mit Bucharin zusammenarbeitete, um die Macht zu ergreifen. Insgesamt waren drei der fünf Marschälle, fünfzehn der sechzehn Kommandeure und sechzig der siebenundsechzig Korpskommandeure hingerichtet worden.

Bei der Durchführung dieses Massakers profitierte Woroschilow von der Zusammenarbeit mit Lew Mejlis, der plötzlich ins Rampenlicht rückte. „Selbst Stalin nannte ihn einen Fanatiker", schrieb Sebag

---

[81] Simon Sebag Montefiore, *Der Hof des roten Zaren*, 2004, Crítica-Barcelona, S.229, 238, 245, 250, 252

Montefiore. „Mit einer Art schwarzem Haarkranz auf dem Kopf und einem länglichen, vogelartigen Gesicht spielte Mejlis auf seine Weise eine ebenso wichtige Rolle wie Molotow oder Beria. Er wurde 1889 in Odessa in eine jüdische Familie hineingeboren, verließ die Schule mit vierzehn Jahren und trat erst 1918 den Bolschewiki bei, nachdem er mit anderen Parteien geliebäugelt hatte, aber während des Bürgerkriegs diente er als Kommissar auf der Krim, wo er rücksichtslos vorging und Tausende von Menschen hinrichtete". Er wurde zu einem von Stalins Assistenten und Vertrauten, der alle seine Geheimnisse kannte. Er war „seinem 'lieben Genossen Stalin' inbrünstig ergeben, für den er mit einer neurotischen Raserei arbeitete[82]."

1930 ernannte ihn Stalin zum Chefredakteur der Prawda, ein Amt, in dem er sich gegenüber Schriftstellern „äußerst brutal" verhielt. Mejlis, der die Armee des Zaren im Rang eines Artilleristen verlassen hatte, wurde zum stellvertretenden Kommissar für Verteidigung und Leiter der politischen Verwaltung der Roten Armee befördert.

Während des Krieges, im Jahr 1942, leitete Stalins Schützling die Operationen auf der Krim: Sie waren „ein durchschlagender Misserfolg, das Ergebnis der ungestümen Zunahme des Terrors in der Militärwissenschaft". Er verbot das Öffnen von Schützengräben, „um den Angriffsgeist der Soldaten nicht zu untergraben", und betonte, dass jeder, der „grundlegende Sicherheitsmaßnahmen" ergreife, der „Panikmache" bezichtigt werde. Und so endeten sie alle in einer „Masse aus Fleisch und Blut". Er bombardierte Stalin mit Botschaften, in denen er zu weiteren Terrormaßnahmen aufrief... Er raste in seinem Jeep mit voller Geschwindigkeit an der Front entlang, schwang eine Pistole, um den Rückzug zu stoppen, er zeigte... die dumme Tyrannei und die völlige Willkür seiner militärischen Unkultiviertheit. Die Ereignisse hatten katastrophale Folgen. Am 7. Mai führte der Gegenangriff Mansteins zum totalen Rückzug Mejlis' von der Krim und ermöglichte die Erbeutung einer gewaltigen Beute: etwa 176.000 Mann, 400 Flugzeuge und 347 Panzerwagen." Mejlis fluchte über alles und flehte Stalin an, ihm einen großen General, einen Hindenburg, zu schicken, aber Stalin schimpfte ihn aus: „Hätten Sie die Flugzeuge gegen die feindlichen Panzerwagen und Soldaten eingesetzt, anstatt sie für Ablenkungsmanöver zu verwenden, wäre es den Deutschen nicht

---

[82] Simon Sebag Montefiore, *Der Hof des roten Zaren*, 2004, Crítica-Barcelona, S.223

gelungen, die Front zu durchbrechen... Man muss kein Hinderburg sein, um etwas so Einfaches zu verstehen... [83]„

Arkadi Vaksberg schlussfolgerte: „Dieser General hatte den Tod von hunderttausend gefallenen sowjetischen Soldaten während der Evakuierung von Kertch, die gegen jede Vernunft durchgeführt wurde, und andere ebenso zweifelhafte Operationen auf dem Gewissen[84]."

1949 wurde Lew Mejlis, Stalins treuester Gefolgsmann, Opfer eines Anschlags. Als er in seiner Datscha im Sterben lag, ernannte ihn Stalin in Erinnerung an seinen alten Kameraden zum Mitglied des neuen Zentralkomitees. „Mejlis starb glücklich und zufrieden, und Stalin veranstaltete ihm zu Ehren ein prächtiges Begräbnis."

Eine weitere führende Persönlichkeit war Alexander Poskrebischew, der während des größten Teils der Regierungszeit Stalins Stabschef war. Diese ehemalige Krankenschwester hatte „Bronka" Masenkis geheiratet, eine in Litauen geborene Jüdin aus einer Familie von Zuckermagnaten. Ihre beste Freundin war Jewgenija Jezhova, Redakteurin und reuelose Anhängerin der Literaten und Ehefrau von Nikolai Jezhov. „Diese beiden lustigen, koketten Kätzchen, beide jüdisch, die eine polnischer, die andere litauischer Herkunft, immer charmant, waren sich sehr ähnlich", schrieb Sebag Montefiore, „außerdem pflegten Jezhov und Poskrebishev eine enge Freundschaft; sie gingen oft zusammen angeln, während ihre Frauen mit Klatsch und Tratsch beschäftigt waren." Jewgenija „pflegte eine enge Freundschaft mit allen großen Namen der Kunstwelt und schlief mit den meisten von ihnen. Der charmante Isaac Babel war der Star [ihrer Partys]..., Solomon Mijoels, der jüdische Schauspieler, der für Stalin den *König Lear spielte*, Leonid Utesov, der Jazzbandleader, der Filmregisseur Eisenstein, Michail Scholochow, der berühmte Romancier, oder der Journalist Michail Kolzow kamen in den Salon dieser charmanten Casquivana. Auf den Partys im Kreml bewegte sich Jezhova unablässig im Rhythmus des Foxtrotts und ließ keinen Tanz aus. - bemerkte Babel

---

[83] Simon Sebag Montefiore, *La corte del Zar rojo*, 2004, Crítica-Barcelona, S.433-434.

[84] Arkadi Vaksberg, *Stalin et les juifs*, Robert Laffont, 2003, S. 162.

bei einer Gelegenheit, „unser Mädchen aus Odessa ist die erste Dame des Königreichs geworden,[85] „!

„Es war allgemein bekannt, dass Stalin von jüdischen Frauen umgeben war", so Sebag Montefiore. Neben den Ehefrauen der Würdenträger gab es auch die Mätressen. Berias Sohn erzählte in seinen *Memoiren*, „dass sein Vater sich damit vergnügte, eine Liste der jüdischen Frauen zu führen, mit denen Satlin Beziehungen hatte. Diese Jüdinnen trieben sich um Stalin herum, aber sie waren alle von 'zweifelhafter' Herkunft".

Kato Swanidse war Stalins erste Frau gewesen. Nadejda (Nadia) Alliluyeva war die zweite. Sie war die Tochter von Sergej Allilujew, einem Russen, und Olga Fedorenko, die georgisches, deutsches und zigeunerisches Blut hatte. Mit ihr hatte er eine Tochter, Svetlana. Nach Nadias Tod wurde gemunkelt, Stalin habe Lazar Kaganowitschs Schwester Rosa geheiratet:

„Es war ein Gerücht, das weit verbreitet war und von vielen geglaubt wurde: Es wurden sogar Fotos von Rosa Kaganowitsch veröffentlicht, die sie als schöne Brünette zeigten... Die Bedeutung des Gerüchts lag in der Tatsache, dass Stalin eine Jüdin geheiratet hatte, schrieb Sebag Montefiore, eine Tatsache, die sich für den Nazi-Propagandaapparat als sehr nützlich erweisen konnte... Die Kaganowitschs, sowohl Vater als auch Tochter, leugneten diese Tatsache so vehement, dass ihre Proteste vielleicht übertrieben waren, aber es scheint, dass die ganze Geschichte erfunden war[86]."

Stalin hatte aus seiner ersten Ehe einen Sohn, Jakow. Er hatte einen angenehmen Charakter, aber Stalin war verärgert, als Jakow gegen seinen Willen eine Jüdin aus Odessa heiratete, die von einem tschetschenischen Wachmann geschieden war, Julia Isaakowna Meltzer[87]. Als seine Tochter Svetlana dasselbe mit einem Juden namens Kapler tat, schickte Stalin ihn für fünf Jahre ins Gefängnis. Dieser Kapler war zwar viel älter als sie, und er hatte auch den Ruf, ein Don Juan zu sein.

---

[85] Simon Sebag Montefiore, *La corte del Zar rojo*, 2004, Crítica-Barcelona, S. 268-269.

[86] Simon Sebag Montefiore, *La corte del Zar rojo*, 2004, Crítica-Barcelona, S. 269.

[87] Arkadi Vaksberg, *Stalin und die Juden*, Robert Laffont, 2003, S.127

Die Anwesenheit so vieler jüdischer Frauen erregte auch die Aufmerksamkeit des Historikers Arkadi Vaksberg: „In den 1920er und 1930er Jahren hatten viele russische Mitglieder des Zentralkomitees und des Politbüros jüdische Frauen geheiratet: Molotow (Perle Karpovskaia, alias Paulina Khemtchukhina), Woroschilow (Golda Gorbman), Bucharin (Ester Gurvitch, später Anna Lourié), usw. Sogar Stalins treuer Sekretär Alexander Poskrebischtschew hatte sich Bronislawa Weintraub zur Frau genommen[88]."

Sebag Montefiore unterstrich den „inzestuösen" Charakter dieser bolschewistischen Welt: „Kamenews Frau war Trotzkis Schwester; Jagoda war mit einer Frau aus der Familie Sverdlov verheiratet; Poskrebischew, Stalins Sekretär, war mit der Schwester von Trotzkis Schwiegertochter verheiratet. Zwei prominente Stalinisten, Schtscherbakow und Zhdanow, waren Schwager. Später heirateten die Söhne von Politbüromitgliedern[89]."

Jüdische Künstler wurden in den höchsten Tönen gelobt. So schreibt Vaksberg Arkadi, der auch die charakteristische Neigung jüdischer Intellektueller zum Ausdruck bringt, ihre Mitmenschen zu loben: Um den Schriftsteller Mikhoels „bildete sich eine Truppe hervorragender jüdischer Schauspieler, unter denen das Genie von Benjamin Zuskin glänzte. Das Jüdische Theater, das wertvolle Räumlichkeiten im Zentrum der Hauptstadt erhalten hatte, sollte für viele Jahre eines der meistbesuchten in Moskau sein". Isaac Babel „wurde schnell zu einem der beliebtesten Autoren seiner Zeit. Um ihn herum hatten andere jüdische Schriftsteller Pseudonyme angenommen, obwohl sie ihre Herkunft nicht verbargen, die im Übrigen in ihren Werken sehr präsent war.

Der Autor fährt fort, eine Liste von völlig Unbekannten zu zitieren, von denen jeder „brillanter" ist: „Sie wurden im Unterricht behandelt, die Presse sprach über sie, ihre Bücher wurden verkauft, sie wurden gelobt und ausgezeichnet". Boris Pasternak und der Dichter Ossip Mandelstam wurden vom Regime weniger gelobt als Ilia Ehrenburg und Vassili Grossman. Juden „bildeten den harten Kern des sowjetischen Kinos: Dziga Vertov (Kaufman), Abram Room, Grigori

---

[88] Arkadi Vaksberg, *Stalin und die Juden*, Robert Laffont, 2003, S.75

[89] Simon Sebag Montefiore, *La corte del Zar rojo*, 2004, Crítica-Barcelona, S.31-32. Fußnote.

Kozintsev, Leonide Trauberg, Friedrich Ermler, Iossif Heifetz, Grigori Rochal, usw.". Die Musiker, die von den sowjetischen Behörden großzügig gelobt wurden, „waren alle Juden, außer in seltenen Fällen: David Oistrach, Emil Guilels, Yakov Zak, Rosa Tamarkina, Arnold Kaplan, Grigori Guinzburg, Maria Grinberg, Mikhail Fihtengolz, und viele mehr. Ihre Namen waren überall, in der Presse, im Radio, Stalin schmückte sie links und rechts und subventionierte sie großzügig mit Geld." Vaksberg fügte bezeichnenderweise hinzu: „Natürlich war die jüdische Gemeinschaft schon immer fruchtbar und begabt gewesen, auch wenn es ihr bis dahin unmöglich war, sich zu äußern. Aber ihre 'unverhältnismäßige' Entfaltung und Erfüllung wurde von der mürrischen und unwissenden Menge als 'jüdische Verschwörung' gegen die slawische Kultur interpretiert[90]."

Vaksberg versuchte in seinem Buch immer wieder zu beweisen, dass Stalin ein Antisemit war. Er schrieb: „Kein vernünftiger Mensch hätte den Antisemitismus des Führers des Landes vermuten können". Und er fügte mit einer gewissen Komik hinzu: „Stalin wartete schweigend. Die Juden genossen die 'Vorteile der Revolution'. Die Zeit der Verfolgungen war noch nicht gekommen."

In der Zwischenzeit waren die Russen die Opfer des Regimes. Ende der 1920er Jahre war die ehemalige St. Petersburger Akademie der Wissenschaften, eine „reaktionäre Hochburg", gesäubert worden. Weltberühmte Wissenschaftler, die des Antisemitismus beschuldigt wurden, wurden zum Tode verurteilt und hingerichtet. Arkadi Vaksberg stellte fest, dass „diese Anschuldigungen den Akademikern nur von Untersuchungsrichtern jüdischer Herkunft (Lazar Kogan, Lazar Altman und Heinrich Luchkov) mitgeteilt worden waren", witterte aber einmal mehr ein hinterhältiges Manöver Stalins: „Für einige Autoren war diese spezielle Auswahl jüdischer Untersuchungsrichter der Beweis für eine vom Kreml-Guru angeordnete vorsätzliche Provokation[91]". Aber es bleibt wahr, dass die Hingerichteten Russen waren, und dass ihre Henker in diesem Fall Juden waren.

Mitte der 1930er Jahre waren Juden noch zahlreich an der Spitze des Staates vertreten. „Sie waren Mitglieder des Rates der Volkskommissare: Maxim Litvinov (Wallach-Finkelstein) im

---

[90] Arkadi Vaksberg, *Stalin und die Juden*, Robert Laffont, 2003, S.61, 62, 89, 90

[91] Arkadi Vaksberg, *Stalin et les juifs*, Robert Laffont, 2003, S. 65.

Außenministerium, Genrij Yagoda (Yehuda-Ghenakh) im Innenministerium (d.h. im NKWD), Lazar Kaganovitch im Verkehrswesen, Arkadi Rosengoltz im Außenhandel, Moises Kalmanovitch in der Sowchose (sowjetische Staatsbetriebe), Moises Rukjimovitch in der Kriegsindustrie, Isidore Lubimov in der Leichtindustrie, Alexander Bruskin im Maschinenbau, Grigori Kaminski im Gesundheitswesen. Dutzende von anderen Juden waren stellvertretende Kommissare".

Arkadi Vaksberg erläuterte Stalins Trick, um Juden aus wichtigen Positionen zu entfernen, ohne Verdacht zu erregen: „Stalin wusste genau, dass die 'jüdische Vorherrschaft' nicht ewig andauern würde" und dass „der große Anteil von Juden unter den Opfern der Hekatombe nicht unbemerkt bleiben würde". Um in die Irre zu führen, verschärfte er die Repressionen gegen „Antisemiten":

„Mitte der 1930er Jahre, schrieb Vaksberg, erlebten wir einen spektakulären Anstieg der Zahl antisemitischer Prozesse... Man konnte als Antisemit angeklagt werden, ohne etwas strafrechtlich Verwerfliches getan zu haben, nur weil man wenig Sympathie für die Juden gezeigt hatte. Beschwerden über antisemitische Äußerungen, die von Hand an Polizeispitzel weitergegeben wurden, reichten aus, um die Justizmaschinerie in Gang zu setzen. Zwischen Freunden ausgetauschte Bemerkungen wie „die Juden machen uns das Leben schwer" reichten aus, um eine Anklage wegen „Aufstachelung zum Rassenhass" zu rechtfertigen... Indem er all diese äußeren Anzeichen von Antisemitismus unterdrückte, lenkte Stalin die Aufmerksamkeit von den wirklich judenfeindlichen Motiven hinter seinen Handlungen ab[92]."

Und wahrscheinlich auch, um „abzulenken", belohnte Stalin weiterhin verdiente Juden: „Für die Vollendung der Arbeiten am Kanal Ostsee-Weißes Meer, die von den Gulag-Sklaven ausgeführt wurden, verlieh er den Leninorden an die Leiter der Lubjanka, die allesamt Juden waren: Lazar Kogan, Matvei Berman, Semion Firine, Yakov Rappoport und viele andere". Vaksberg empörte sich erneut: „Von nun an wusste jeder, wer die Genossen der Verurteilten des Sozialismus waren."

Beim zweiten großen Prozess in Moskau im Januar 1937 saßen sechs von siebzehn Juden auf der Anklagebank. Von den vier Hauptangeklagten (Piatakow, Radek, Sokolnikow und Serebriakow) verschonte Stalin das Leben von Karl Radek (Sobelson) und Grigori

---

[92] Arkadi Vaksberg, *Stalin et les juifs*, Robert Laffont, 2003, S. 90, 91.

Sokolnikow (Brilliant), „beide Juden und im Westen bekannt". Vaksberg schloss: „Ein weiteres Argument, um Stalins Antisemitismus zu widerlegen[93]."

Anfang Februar 1938 führte Jeschow eine große Säuberungsaktion in Kiew durch, bei der er mit Hilfe von Chruschtschow dreißigtausend Menschen verhaften ließ. 106 119 Menschen waren in diesem Jahr dem Terror in der Ukraine zum Opfer gefallen, und fast das gesamte ukrainische Politbüro war gestürzt. Anschließend kehrte Jeschow nach Moskau zurück, um den dritten und letzten großen Prozess gegen die „antisowjetischen trotzkistischen und rechtsgerichteten Organisationen" einzuleiten. Dieser wurde am 2. März 1938 eröffnet, wobei Bucharin, Rykow und Jagoda als nächste durch den Schredder kamen. Unter den 21 Angeklagten befanden sich nur vier Juden, so Vaksberg. „Die letzte Anhörung endete jedoch mit einem offenkundig antisemitischen Coup des Staatsanwalts Vychinski, als er mit jüdischem Akzent eine Passage aus der Thora von einem Fragment vorlas, das bei dem Angeklagten Arkadi Rosengoltz gefunden wurde." Seine Frau hatte es ihm als schützenden Talisman in die Tasche gesteckt, was aber nicht verhinderte, dass er erschossen wurde.

Nach dem Großen Terror von 1936-1938 war der Anteil der Juden im Staatsapparat erheblich zurückgegangen. Juden, die 1936 39% der NKWD-Führung ausmachten, wurden 1938 zu 21% und 1939 zu nur noch 4%, während der Anteil der Russen von 31% im Jahr 1934 auf 65% im Jahr 1941 stieg[94].

Aber Jeschow wurde langsam überflüssig. „Er führte ein vampirhaftes Nachtleben und frönte seinen Trink- und Foltergelüsten. Stalin schlug ihm freundlicherweise vor, jemanden einzustellen, der ihm bei der Leitung des NKWD helfen sollte. Kaganowitsch schlug daraufhin Lavrenti Beria, einen Georgier, vor. 1938 wurde Beria mit seinen georgischen Gefolgsleuten nach Moskau geschickt, um die Jezhov-Bande auszulöschen. Im April 1939 wurde er schließlich verhaftet, „musste an den Armen gezogen werden" und wurde kurz darauf hingerichtet. Der Schriftsteller Isaac Babel, der mit der Frau von Jeschow verwandt war, wurde ebenfalls verurteilt und zur gleichen Zeit

---

[93] Arkadi Vaksberg, *Stalin et les juifs*, Robert Laffont, 2003, S.96, 97. Radek und Sokolnikov wurden im Mai 1939 im Gefängnis von ihren Zellengenossen, gewöhnlichen Kriminellen, ermordet.

[94] Arkadi Vaksberg, *Stalin und die Juden*, Robert Laffont, 2003, S. 104, 105.

hingerichtet. Nach seinem Tod galt Jeschow als blutrünstiger Abtrünniger, der hinter dem Rücken Stalins Unschuldige abgeschlachtet hatte, und sein Name wurde aus der offiziellen Geschichte getilgt. Der neue Polizeichef Beria wurde von vielen engen Mitarbeitern des Diktators gehasst, denn er war ein geborener Intrigant, der zu den schlimmsten Racheakten fähig und mit großer Energie ausgestattet war. Er war ein „talentierter Manager, er war der einzige sowjetische Führer, den man sich als Präsident von General Motors vorstellen konnte", wie seine Schwiegertochter[95] sagen würde.

Obwohl er ein guter Familienvater war, war er dennoch ein „gefährlicher Sexualstraftäter", der Frauen entführte und vergewaltigte, die ihn im Namen ihrer Familien um Hilfe baten. Am 17. Januar 2003 bestätigte die russische Staatsanwaltschaft die Existenz eines 47-bändigen Dossiers über Berias Verbrechen, einschließlich der Aussagen von Dutzenden von Frauen, die ihn beschuldigten, sie vergewaltigt zu haben. Beria war auch ein sadistischer Henker. Wie Jeschow folterte er seine Opfer persönlich. An dem Tag, an dem er offiziell sein Amt antrat, unterzeichneten Stalin und Molotow 3176 Verurteilungen. Die Henker hatten also alle Hände voll zu tun. Der Große Terror sollte erst auf dem 18. Parteitag am 10. März 1939 enden.

Der Spanische Bürgerkrieg

Nach Moskau, Berlin, Budapest und München sollte sich die revolutionäre Gewitterwolke über Spanien zusammenbrauen und dabei den schrecklichen Bürgerkrieg nutzen, der im Sommer 1936 begann. Die Entfesselung des nationalistischen Aufstandes in Spanien war der Auslöser gewesen, der sie von der bevorstehenden Konfrontation „zwischen den Mächten der Finsternis und den Mächten des Lichts" überzeugt hatte. Dort begann das historische Kräftemessen. Tausende von Juden aus ganz Europa und der ganzen Welt stürzten sich in den Kampf, indem sie sich den Internationalen Brigaden anschlossen.

So heißt es in dem Buch von Alain Brossat: „Aus Polen, Ungarn, Rumänien, Jugoslawien, Frankreich, Belgien, Palästina, Deutschland, den Vereinigten Staaten, Argentinien und sogar Australien und Südafrika kommend, begaben sie sich ab Juli 1936 in das republikanische Spanien, das sie in ihren Herzen trugen, zu einem

---

[95] Simon Sebag Montefiore, *Der Hof des roten Zaren*, 2004, Crítica-Barcelona, S.280

Kampf, in dem sich ihre ganze Energie und ihr ganzer revolutionärer Optimismus zu bündeln schienen". Unter den Brigadisten befand sich in der Tat eine große Zahl osteuropäischer Juden: „Man braucht sich heute nur die endlosen Listen der in Spanien gefallenen „Internationalen" anzusehen, um sich von der Bedeutung des Anteils der Juden, der Kämpfer aus dem Jiddischen Land, zu überzeugen, die nach Barcelona und Albacete kamen, aus Melbourne, Buenos Aires, Chicago, Paris, Lüttich, und nicht nur aus Warschau oder Lodz".

Alain Brossat hat in seinem Buch die Aussage des ehemaligen Brigadeangehörigen Pierre Scherf wiedergegeben. Er erklärte, dass „drei Viertel der 600 rumänischen Freiwilligen, die am spanischen Krieg teilnahmen, ohne Übertreibung Juden waren". Eines Tages rief ihn sein Chef an, um ihm bei einer Delegation von Milizionären der offenbar sehr wütenden amerikanischen Lincoln-Brigade zu helfen, für die dringend ein Übersetzer benötigt wurde. Konnte Pierre Scherf die Übersetzung übernehmen? „Aber ich kann kein Englisch! antwortete er. - Machen Sie das, antwortete der andere, Sie können doch so viele Sprachen! Scherf kratzt sich am Kopf und hat plötzlich eine Idee: „Spricht jemand von Ihnen Jiddisch?" Zahlreiche Hände gehen in die Höhe und es wird geklagt: „Wir bekommen keine Post, das Essen ist eklig!

Pierre Scherf war sehr stolz auf seine kämpferische Bilanz: „In der Nähe von Madrid, in Guadalajara, in Brunete oder in Saragossa, überall dort, wo unsere Brigade gegen den Todfeind der Menschheit, den Faschismus, kämpfte, standen die jüdischen Freiwilligen an vorderster Front und gaben so ein Beispiel für Heldentum und antifaschistisches Bewusstsein[96]".

Diese Tatsachen werden vom Historiker des Kommunismus Stéphane Courtois bestätigt: „Die Kämpfer aus ganz Europa, aber auch aus der ganzen Welt (Lateinamerika, Kanada, Australien, Neuseeland und sogar... Palästina), strömten 1936 in Massen zu den von der kommunistischen Bewegung organisierten internationalen Brigaden, um mit der Waffe in der Hand in Spanien zu kämpfen. Von den 32 000 Freiwilligen in den Brigaden war schätzungsweise ein Viertel (7 bis 8000) jüdisch, die Hälfte davon polnisch, und sie hatten eine gemeinsame Sprache, Jiddisch; die deutschen, tschechischen,

---

[96] Alain Brossat, Sylvia Klingberg, *Le yiddishland revolutionnaire*, Balland, 1983, S. 130, 124, 132

polnischen und amerikanischen Bataillone bestanden überwiegend aus Juden; es wurde sogar eine ausschließlich jüdische Einheit gegründet, die Botwin-Kompanie (benannt nach einem in Polen getöteten Aktivisten). „[97]

Arno Lustiger - ein enger Verwandter des Kardinals* - schrieb in seinem Buch *Shalom Libertad, Juden im Spanischen Bürgerkrieg* folgenden Kommentar, der den nationalen Charakter der Intervention deutlich macht: „Vom ersten Tag des Ausbruchs des Bürgerkriegs an unterstützte die jüdische Arbeiterpresse die Republik. Die starken pro-republikanischen Äußerungen der bürgerlichen Kreise der jüdischen öffentlichen Meinung sind ebenfalls sehr auffällig. Die Redakteure jüdischer Zeitschriften übertrafen in ihrer Befürwortung der Spanischen Republik die nicht-jüdischen Journalisten[98]."

Was die Zahl der Freiwilligen anbelangt, so ist Arno Lustiger der Meinung, dass sie sicherlich unterschätzt wurde, „da Juden ihre Nachnamen zu ändern pflegten und daher in den Archiven und Listen der Internationalen Brigaden nicht als solche zu erkennen sind... Viele amerikanische Juden änderten auf Anweisung der KP USA ihre Nachnamen in angelsächsische, um bei ihrer Agitationsarbeit unter den nichtjüdischen Arbeitern nicht aufzufallen[99]."

Arno Lustiger fügte hinzu, dass diese Zahlen einen großen Teil der Ungenauigkeit enthielten: „Viele jüdische Freiwillige waren wandernde Juden der Weltrevolution, die bereits in mehreren Ländern aktiv waren, bevor sie nach Spanien gingen. David Kamy zum Beispiel verließ Russland, ging durch China und Japan und erreichte Palästina, von wo aus er nach Belgien und dann nach Spanien ging, daher steht sein Name auf der belgischen Liste. Viele polnische Juden erreichten Spanien über Frankreich und Belgien, so dass sie höchstwahrscheinlich doppelt oder dreifach gezählt werden. Freiwillige aus Palästina polnischer Herkunft werden ebenfalls als Polen gezählt... Die Juden standen mit 7 758

---

[97] Stéphane Courtois, in Béatrice Philippe, *Les juifs dans le mode contemporain*, MA éditions, 1986, S.53

* Aaron Jean-Marie Lustiger (1926-2007), Kardinal und Erzbischof von Paris.

[98] Arno Lustiger, *Shalom Libertad, Judíos en la guerra civil española*, Flor del Viento Ediciones, Barcelona 2011, S.64

[99] Arno Lustiger, *Shalom Libertad, Judíos en la guerra civil española*, Flor del Viento Ediciones, Barcelona 2011. S. 70, 72.

Freiwilligen an zweiter Stelle der nationalen Kontingente, hinter den 8 500 Franzosen, die aus dem Nachbarland kamen. Zieht man jedoch von der letztgenannten Zahl die 1043 Juden ab, die im französischen Kontingent gezählt wurden, so handelt es sich bei den Juden, die an der Seite der Franzosen kämpften, nicht um Franzosen im eigentlichen Sinne, sondern um politische Flüchtlinge, die erst vor kurzem nach Frankreich gekommen waren, zum Beispiel aus Polen[100]."

Die internationalen Freiwilligen wurden in dem neuen Stützpunkt in Albacete, auf halbem Weg zwischen Madrid und Valencia, unter dem Kommando von André Marty ausgebildet. Der in Perpignan geborene Arbeitersohn katalanischer Abstammung hatte sich 1919 durch seine führende Rolle bei der Meuterei der französischen Flotte im Schwarzen Meer ausgezeichnet, mit der er gegen den Befehl zur Unterstützung der weißrussischen Armeen protestierte. Der führende Historiker des Spanischen Bürgerkriegs, der Engländer Hugh Thomas, schrieb über ihn: „Der Posten, den er im Stützpunkt Albacete innehatte, wurde ihm aufgrund seiner angeblichen militärischen Kenntnisse und dank der Unterstützung Stalins übertragen, der nicht vergessen hatte, dass Marty sich siebzehn Jahre zuvor geweigert hatte, gegen die junge Sowjetunion zu den Waffen zu greifen". In Spanien nannte man ihn zunächst den „Meuterer vom Schwarzen Meer" und später „den Schlächter von Albacete".

Hugh Thomas berichtet von einer Szene, in der André Marty auf dem Hof der Kaserne zu den Brigadisten spricht: „Das spanische Volk und seine Armee haben den Faschismus noch nicht besiegt. Warum? Aus Mangel an Begeisterung? Nein, und zwar tausendmal nein. Es hat an drei Dingen gefehlt, an denen es uns nicht mangeln darf: politische Einheit, militärische Führung und Disziplin." Hugh Thomas fügte hinzu: „In Bezug auf die militärische Führung deutete er auf eine kleine, grauhaarige Gestalt, deren Umhang bis zum Hals zugeknöpft war. Es war General Emilio Kleber. Kleber war einundvierzig Jahre alt und stammte offenbar aus der Bukowina, die damals zu Rumänien gehörte und zum Zeitpunkt seiner Geburt in Österreich-Ungarn eingegliedert war. Sein richtiger Name war Lazar Manfred Stern, und sein Künstlername wurde von einem der geschicktesten Generäle der Französischen Revolution übernommen. Während des Ersten Weltkriegs diente er als Hauptmann in der österreichischen Armee. Von

---

[100] Arno Lustiger, *Shalom Libertad, Judíos en la guerra civil española*, Flor del Viento Ediciones, Barcelona 2011, S. 73.

den Russen gefangen genommen, wurde er in Sibirien interniert. Bei Ausbruch der Revolution gelang ihm die Flucht und er schloss sich der bolschewistischen Partei an... Er wurde schließlich Mitglied der militärischen Abteilung der Komintern." 1933 wurde er als Militärberater der Kommunistischen Partei Chinas nach Shanghai geschickt. „Nun kam er nach Spanien, als oberster Führer der ersten Internationalen Brigade... Gerade als Marty ihn vorstellte, trat Kleber vor und salutierte mit geballter Faust, was einen Beifallssturm auslöste[101]."

Ende August 1936 traf dieser professionelle Militärexperte der Weltrevolution zusammen mit dem ersten sowjetischen Botschafter, Manfred Rosenberg, ein. Rosenberg ist der ehemalige stellvertretende Generalsekretär des Völkerbundes. Begleitet wurde er von zahlreichen Spezialisten aus Heer, Marine und Luftfahrt sowie von hohen Offizieren der Geheimpolizei und Journalisten. Ende Oktober trafen große Mengen an Kriegsmaterial aus der Sowjetunion ein, die aus den Goldreserven der republikanischen Regierung bezahlt wurden. Die spanischen Kampftruppen wurden nach dem Modell der Roten Armee als Großstaat organisiert. Jeder Einheit war neben dem militärischen Kommando ein politischer Kommissar zugeteilt. Arno Lustiger schrieb: „Fast alle politischen Kommissare in Spanien waren Juden[102]."

Manfred Rosenberg wollte auch den Chef der republikanischen Regierung, den Sozialisten Largo Caballero, dazu bewegen, General Asensio aus dem Amt zu entfernen und einige der von den Kommunisten gewünschten Maßnahmen zu ergreifen. „Nach zwei Stunden angeregter Unterhaltung... sprang Largo Caballero auf: 'Raus! Raus! Sie müssen wissen, Herr Botschafter, dass wir Spanier vielleicht arm sind und Hilfe aus dem Ausland brauchen, aber wir haben genug Stolz, um nicht zu akzeptieren, dass ein ausländischer Botschafter versucht, einem spanischen Regierungschef seinen Willen aufzuzwingen [103]." Rosenberg wurde kurz darauf durch seinen Geschäftsträger, L.Y. Gaikins, ebenfalls Jude, ersetzt.

---

[101] Hugh Thomas, *La guerra civil española*, Tomo I, Grijalbo Mondadori, Barcelona 1976. S. 494-496.

[102] Arno Lustiger, *Shalom Libertad, Judíos en la guerra civil española*, Flor del Viento Ediciones, Barcelona 2011.S.53

[103] Hugh Thomas, *La guerra civil española*, Tomo II, Grijalbo Mondadori, Barcelona 1976, S.580.

Der Mann der Komintern in Spanien war Erno Gerö. Er war mit der Führung der Kommunisten in Katalonien beauftragt. Sein richtiger Name war Ernst Singer. Nach dem Krieg wurde er stellvertretender Ministerpräsident von Ungarn und war auch Chruschtschows Schöpfer während der blutigen Niederschlagung des ungarischen Aufstands von 1956.

Ernst Toller ist zurück in Spanien. Der 1893 in der Nähe von Posen (Polen) in einer jüdischen Kaufmannsfamilie geborene Toller war stellvertretender Vorsitzender des Arbeiterrats und Kommandant der bayerischen Armee während der kurzen Münchner Revolution von 1918. Er wurde zu fünf Jahren Gefängnis verurteilt und 1924 aus Bayern ausgewiesen. Er emigrierte in die USA, wo er erfolglos versuchte, sich in Hollywood niederzulassen, bevor er nach Mexiko zog, wo er die „Liga für deutsche Kultur" gründete. Er kehrte in die USA zurück und schrieb Theaterstücke, bevor er sich zur Armee meldete und nach Spanien ging. Er organisierte eine Sammlung für die „Republikaner" in England und den USA, aber auch in Finnland, Schweden, Dänemark und Norwegen, wo die Sozialisten an der Macht waren. Er rief ständig zu Spenden auf und traf sich mit zahlreichen Politikern, Ministern und Geistlichen.

Der Journalist und Schriftsteller Ilja Ehrenburg wurde 1891 in Kiew als Sohn einer wohlhabenden, religiösen jüdischen Familie geboren. Er war Chefkorrespondent der Iswestija in Paris, von wo aus er nach Spanien ging, um „über den Krieg zu berichten". Dort lernte er Hemingway kennen. Später wurde er von Stalin beauftragt, die Kriegspropaganda der UdSSR gegen Deutschland zu leiten. Als Hauptberichterstatter der sowjetischen Presse an der Front schrieb er zusammen mit dem anderen „großen" sowjetischen Schriftsteller, Vassili Grossman, das „Schwarzbuch" über die Verbrechen der Nazis an den Juden. Er unterstützte stets das sowjetische Regime, auch nach der Säuberung des Jüdischen Antifaschistischen Komitees und dem Prozess gegen jüdische Schriftsteller im Jahr 1952.

Hugh Thomas erwähnt auch, dass der Stabschef des Stützpunkts in Albacete „ein Genosse von Marty war, ein Ratsmitglied im Pariser Rathaus namens Vital Gayman, der in Spanien unter dem gemeinsamen Nachnamen Vidal bekannt war". Im Jahr 1938 wurde er „der Unterschlagung beschuldigt und reiste nach Paris. Er und seine Schergen hatten offenbar viele persönliche Gegenstände der

Freiwilligen beschlagnahmt [104]." Er wurde durch einen Deutschen, Wilhelm Zaisser, ersetzt.

Auch Jakob Smuschkewitsh, der Oberbefehlshaber der republikanischen Luftwaffe, ist hier zu nennen. Er hatte das Pseudonym „General Douglas" angenommen. 1936 wurden einhundertfünfzig sowjetische Flugzeuge mitsamt ihren Piloten und dem Bodenpersonal entsandt. Oberst Selig Joffe, ein sowjetischer Jude, war der Leiter des technischen Dienstes. „Im Juni 1938 wurde Jakob Smusschkewitsch abgelöst... er kam am 18. Juni in Moskau an, wurde zum Korpskommandeur befördert und erhielt den Posten des stellvertretenden Oberbefehlshabers der sowjetischen Luftfahrt. Außerdem wurde er mit dem Lenin-Orden ausgezeichnet, und während eines Empfangs im Kreml verlieh ihm Stalin den Orden „Held der Sowjetunion" [105]." Auch er sollte ein Opfer der stalinistischen Säuberungen werden.

Mit dem Vormarsch der nationalistischen Truppen verschlechterte sich bald die Stimmung unter den internationalen Freiwilligen. Sie wurden von den Moskauern genau beobachtet, und viele Freiwillige wurden gegen ihren Willen festgehalten, sobald ihr Einsatz zu Ende war. Anfang 1938, während des Debakels an der Aragonfront, „folgte eine willkürliche Hinrichtung auf die andere; es fehlte nicht an Fällen, in denen Offiziere vor den Augen der Truppen erschossen wurden", schreibt Hugh Thomas (S.861). In Band 10 der Zeitschrift *Tabou* gab Marty zu, 500 Freiwillige persönlich hingerichtet zu haben, „eine Zahl, die sicherlich nicht der Wahrheit entspricht" (S. 153). (p.153).

Zu dieser Zeit verfügte Spanien über die viertgrößten Goldreserven der Welt. Der größte Teil davon war bei der Banco de España in Madrid deponiert. Im September 1936 hielten es die Republikaner für besser, die Schatzkammer an einen sicheren Ort zu verlegen. Es erschien ihnen riskant, sich auf Großbritannien und Frankreich zu verlassen, da diese an ihrer Politik der Nichteinmischung festhielten. Am 25. Oktober 1936 wurde das Gold schließlich in die Sowjetunion transportiert. Diese Goldreserve wurde zu einer Art Girokonto, mit dem die Republik ihre Waffen und ihr Öl bezahlen konnte.

---

[104] Hugh Thomas, *La guerra civil española*, Tomo I y II, Grijalbo Mondadori, Barcelona 1976, S.494, 840.

[105] Arno Lustiger, *Shalom Libertad, Judíos en la guerra civil española*, Flor del Viento Ediciones, Barcelona, 2011, S.135.

Die Verladung erfolgte unter strengster Geheimhaltung. Sechzig Matrosen arbeiteten drei Nächte hintereinander und schliefen tagsüber auf den mit Gold gefüllten Kisten, ohne zu wissen, was sie enthielten. Alexander Orlow, der Chef der sowjetischen Geheimpolizei, war mit der Überwachung des Transports in die UdSSR beauftragt worden. Er war auch für die Organisation der Unterdrückung der Trotzkisten und die Ermordung ihres Anführers, Andreu Nin, verantwortlich.

Als die Lieferung abgeschlossen war, verglich Unterstaatssekretär Méndez Aspe seine Zahlen mit denen von Orlov. Ihm zufolge hätten es 7.900 Kisten sein sollen, aber Méndez Aspe zählte nur 7.800. Ihm zufolge hätten es 7900 Kisten sein sollen, aber Méndez Aspe zählte nur 7800. Jeder Lkw, der den Transport zum Hafen von Cartagena sichergestellt hatte, war mit fünfzig Kisten beladen. Es fehlte also die Ladung von zwei Lastwagen. „Orlov erwähnte die Diskrepanz gegenüber Méndez Aspe nicht, da er, wenn dessen Buchführung korrekt war, die fehlenden Kisten hätte nachweisen müssen". Das Gold ging dann nach Odessa. „Laut Orlow feierte Stalin die Ankunft des Goldes mit einem Bankett, bei dem er erklärte, dass „die Spanier das Gold nicht mehr sehen werden, als jemand seine eigenen Ohren sehen kann".

Dieses Gold wurde jedoch zur Finanzierung des Kaufs von Waffen für die Roten verwendet. Ein NKWD-Agent namens Zimin gründete daraufhin eine Organisation, die in ganz Europa Waffen kaufen konnte. Er arbeitete in dieser Angelegenheit mit Ignace Poretsky (Ignace Reiss), dem Leiter des NKVD in der Schweiz, zusammen. In den Anmerkungen auf Seite 478 erklärt Hugh Thomas, dass Ignace Poretsky Mitglied einer Gruppe jüdischer Kommunisten aus Polen gewesen sei. Er fügte hinzu, dass sie bezahlte Agenten fanden, die „oft die Eigenschaften von Figuren aus Spionageromanen hatten":

„Da war zum Beispiel ein gewisser Dr. Mylanos, ein Grieche mit Sitz in Gdynia. Ein anderer war Fuat Baban, ebenfalls Grieche, ein Vertreter der Firmen Skoda, Schneider und Hotchkiss in der Türkei, der später in Paris wegen Drogenhandels verhaftet werden sollte. Und dann war da noch Ventoura. Hier verwendete Hugh Thomas einen Vermerk des deutschen Außenministeriums, der ihn identifizierte und an die nationale Seite schickte: „Jüdischer Herkunft, geboren in Konstantinopel, der in Österreich wegen Betrugs verurteilt wurde, mit einem falschen Pass, und mit einer Frau in Griechenland lebte, obwohl er in Paris in einem Hotel in der Avenue Friedland wohnte". Er fügte schließlich hinzu, dass „zahlreiche Personen dieser Art... der

Kommission für den Ankauf von Waffen der republikanischen Regierung[106] teure und oft veraltete Waffen lieferten".

Die Affäre um das spanische Gold erscheint im Lichte anderer Informationen noch klarer. Als Orlow nach Moskau zurückbeordert wurde, gelang es ihm, „anstatt sich bei der sowjetischen Botschaft in Paris zu melden, nach Kanada zu fliehen". Er lebte bis zu seinem Tod im Jahr 1973 in Cleveland, Ohio, schrieb ein sehr diskreter Arno Lustiger[107]. In einem 2006 veröffentlichten Buch informierte uns Edgar Morin, dass die wahre Identität von Orlow, dem NKWD-Chef in Spanien, „Leiba Lazarevitch Feldin" war. Als Flüchtling in den Vereinigten Staaten „wurde er dadurch am Leben erhalten, dass er Stalin darüber informierte, dass sein Tod die Veröffentlichung der kapitalen Enthüllungen auslösen würde[108]."

Das republikanische Spanien war besiegt, aber die „Kräfte des Lichts" waren noch am Leben und in der ganzen Welt am Werk. Wie Roger Bramy damals in den Vereinigten Staaten in einem Artikel im *Jewish Journal schrieb*: „Nazismus und Faschismus kennen keine territorialen Grenzen, sie sind Mikroben, die die ganze Welt angreifen werden, einschließlich der Juden in Amerika, und wir müssen auf sie vorbereitet sein[109]."

Die deutsche Invasion

Vor dem Ausbruch des Zweiten Weltkriegs waren die Juden in der UdSSR noch zahlreich und einflussreich in der Führung des Regimes. Seit den großen Säuberungen, die die ehemaligen Bolschewiki dezimiert hatten, hatten sie jedoch an Einfluss verloren. Arkadi Vaksberg erinnerte daran, dass in den 1920er und 1930er Jahren „Moskau in den wichtigsten westlichen Hauptstädten durch Juden vertreten war: Maksim Litvinov (Wallach), Grigori Sokolnikov

---

[106] Hugh Thomas, *La guerra civil española*, Tomo I, Grijalbo Mondadori, Barcelona 1976, S.485-487.

[107] Arno Lustiger, *Shalom Libertad, Judíos en la guerra civil española*, Flor del Viento Ediciones, Barcelona 2011, S.164-165.

[108] Edgar Morin, *Le monde moderne et la question juive*, Seuil 2006, S.85, Anmerkung 1.

[109] Arno Lustiger, *Shalom Libertad, Judíos en la guerra civil española*, Flor del Viento Ediciones, Barcelona 2011, S.62

(Brilliant), dann Ivan Maiski (Israel Lakhevetzi) in London, Adolf Iofe in Paris, Boris Stein in Helsinki und dann in Rom, Marcel Rosenberg und dann Leon Gaykis in Madrid, Konstantin Umanski in Washington und Lev Khintchuk und dann Yakov Souritz in Berlin, als das neue Nazi-Regime bereits seinen Hass auf die Juden zeigte." Es war fast eine Provokation, schrieb Vaksberg, der paradoxerweise zu dem Schluss kam: „Zahlreiche Fakten belegen, dass Stalin bereitwillig eine besondere Sympathie für die Juden bekundete[110]."

1939 bot Stalin seine Neutralität zwar dem Meistbietenden an, entschied sich aber für das Angebot Hitlers. Am 4. Mai entließ er seinen Außenminister Maksim Litwinow sowie die meisten seiner jüdischen Mitarbeiter und setzte damit ein deutliches Zeichen in Richtung Nazi-Deutschland.

Litwinow wurde durch Molotow ersetzt. Jahre später erzählte Molotow Folgendes: „Als Litwinow 1939 abberufen wurde und ich ins Außenministerium kam, sagte Stalin zu mir: 'Säubert die Juden in der Kommission'. Es ist ein Glück, dass er mich darum gebeten hat, denn die Juden bildeten die absolute Mehrheit in der Führung und in den Botschaftern... Natürlich misstraute Stalin den Juden."

Sebag Montefiore stimmt in seiner Biografie zu: „Die Anwendung von Terror auf Stalins Diplomaten sollte Hitler anlocken: 'Säubert die Juden aus dem Ministerium', sagte er, 'räumt die Synagoge aus'. Gott sei Dank hat er diese Worte ausgesprochen, würde Molotow (der mit einer Jüdin verheiratet war) sagen. Die Juden bildeten eine absolute Mehrheit und viele Botschafter... „Molotow und Beria waren also damit beschäftigt, das kosmopolitische diplomatische Establishment zu terrorisieren, von denen viele jüdische Bolschewiken waren, die die großen Hauptstädte Europas sehr gut kannten".

Auf der langen Liste der Entlassenen stand auch Ievgueni Gnedine (Parvus). Er war der Sohn von Alexander Gelfand (Israel Parvus), einem gebürtigen Weißrussen, der in die Schweiz emigrierte, wo er sich als Philosoph, Geschäftsmann, Verleger und Revolutionär hervortat. Er stand Trotzki und Lenin nahe und war es, der die Überführung Lenins und seiner Clique aus der Schweiz nach Russland im März 1917 vor

---

[110] Arkadi Vaksberg, *Stalin et les juifs*, Robert Laffont, 2003, S. 71, 72. Stalin erkannte, dass Litwinow ein Hindernis für die Annäherung an Hitler war. Er wies Mejlis, den Herausgeber der Prawda, an, in der Zeitung Pseudonyme zu verwenden.

seinem Tod 1924 finanzierte. Stalin weigerte sich jedoch, einen großen Prozess gegen die Diplomaten zu organisieren, da er der Ansicht war, dass die Auflösung der „Synagoge" ein ausreichendes Geschenk an Hitler war. Litwinow blieb Mitglied des Zentralkomitees.

Arkadi Vaksberg wollte die antisemitischen Absichten des Kremlchefs unter Beweis stellen, weshalb er erneut auf seine Doppelzüngigkeit pochte. Ihm zufolge erklärt dies, warum Stalin, der darauf bedacht war, sein öffentliches Image als Kommunist zu bewahren, auch Rosalia Zemliatchka (Zalkind) zum stellvertretenden Ministerpräsidenten (d.h. zum Stellvertreter des Vorsitzenden des Rates der Kommissare, also zu Molotow) ernannte, „dieselbe, die sich 1920 bei der Unterdrückung der Weißen Armee und der Zivilbevölkerung der Krim auf grausame und barbarische Weise hervorgetan hat...". Sie hatte den Ruf, schrieb Vaksberg, eine mittelmäßige Beamtin zu sein, und die Massaker auf der Krim waren der einzige bemerkenswerte Teil ihrer Biografie... Es war eine beruhigende Geste für die Juden, aber von keiner wirklichen Bedeutung. Doch als die Scharade nicht mehr nötig war, wurde Zemlitschka im August 1943 entlassen. Niemand hatte seine Anwesenheit im Amt des stellvertretenden Ministerpräsidenten bemerkt."

Auch Salomon Lozovski (Dridzo), der bis dahin an der Spitze der Gewerkschaftsinternationale (Profintern) im Hintergrund stand, erhielt den beneidenswerten Posten des stellvertretenden Volkskommissars für auswärtige Angelegenheiten. „Wer würde es also wagen zu behaupten, dass die entlassenen Diplomaten wegen ihrer ethnischen Herkunft entlassen worden sind? Lozovsky war von durchschnittlicher Intelligenz und ein willfähriger Vollstrecker der Wünsche des Diktators. Er war eine perfekte Fata Morgana[111]."

Nach der Unterzeichnung des Ribbentrop-Molotow-Pakts am 23. August 1939 in Moskau verschwanden die antinazistischen Äußerungen und die Anprangerung des Antisemitismus und der Verfolgung der Juden in Deutschland und den von den Nazis besetzten Ländern bis zum deutschen Einmarsch 1941 plötzlich aus der kommunistischen Propaganda.

---

[111] Simon Sebag Montefiore, *La corte del Zar rojo*, 2004, Crítica-Barcelona, S. 309, 310 und Arkadi Vaksberg, *Stalin et les juifs*, Robert Laffont, 2003, S. 110-113.

In *Testament eines ermordeten Dichters* kehrt Elie Wiesels Held Paltiel Kossover, ein religiöser Jude, der sich in Spanien den internationalen Brigaden angeschlossen hatte und nun kommunistischer Aktivist ist, nach Moskau zurück. Er ist erstaunt: „In Paris haben wir den Nazismus Tag und Nacht in unseren Zeitungen, Zeitschriften und Reden bekämpft und angeprangert, alles im Namen der kommunistischen Revolution. Und hier schweigen Sie! Ich verstehe das nicht."

Der deutsche Einmarsch am 22. Juni 1941 und der anschließende Kriegseintritt der Sowjetunion sollten gebührend gefeiert werden: „Ich habe den Ausbruch der Feindseligkeiten mit einem Gefühl der Erleichterung begrüßt. Ich war nicht allein. Als ich die Rede Molotows hörte, verspürte ich einen starken, unbändigen Drang, meine Freude herauszuschreien: Hurra, wir werden endlich gegen Hitler und die Hitlerianer kämpfen! Hurra, wir werden unserer Wut freien Lauf lassen können! Ich verließ die Druckerei und rannte zum Club. Keuchend und aufgeregt geselle ich mich zu den Kameraden, die Mendelewitsch umringen. Zu dieser Stunde wollte ich mit den Meinen zusammen sein, unter ihnen sein, sie beglückwünschen, sie umarmen, wie sie vor Freude weinen, vor Stolz weinen, mit ihnen lachen, wie sie singen, ein paar Drinks nehmen." Und Wiesel fuhr fort: „Kein Krieg in der Geschichte wurde jemals mit solcher Leidenschaft und solchem Eifer geführt. Bereit, alles zu geben, alles zu tun, um die schlimmsten Feinde unseres Volkes und der Menschheit zu besiegen, hatten wir endlich das Gefühl, zu diesem Land zu gehören[112]."

Die Ereignisse schlugen jedoch schnell in eine Katastrophe um. Als die deutschen Truppen 1939 die polnische Grenze überschritten, flüchteten „Hunderttausende von jüdischen und polnischen Flüchtlingen" in den Osten des Landes, der einige Wochen später von der Sowjetunion annektiert werden sollte. In dem Buch von Alain Brossat wird das Zeugnis von Isaac Safrin vorgestellt:

„Als die Wehrmacht in Polen einmarschierte, arbeitete Isaac Safrin, ein radikaler Student, in den Ferien in einem Kinderheim in Warschau.

---

[112] Elie Wiesel, *Le testament d'un poète juif assasiné*, S. 240, 247, 249. Diese Szene erinnert an die Szene in Roman Polanskis Film *Der Pianist* (2001), in der wir eine polnisch-jüdische Familie sehen, die vor Freude platzt, als sie im Radio den Kriegseintritt des Vereinigten Königreichs und Frankreichs hört: „Es ist wunderbar! Auch in Ariel Zeitouns Film *Der Nabel der Welt* (1993) sehen wir tunesische Juden, die bei der Ankündigung der Kriegserklärung Frankreichs an Deutschland vor Freude euphorisch werden.

„Geh sofort weg! drängte ihn sein Vater, 'geh nach Russland! Er wusste, dass sein Sohn an der Universität mit heftigen Anti-Nazi-Artikeln aufgefallen war, die in den politischen und kulturellen Zeitschriften der Hauptstadt veröffentlicht worden waren... Als die Nacht hereinbricht, erreichen Safrin und die Kinder eine kleine Stadt am Bug: die Demarkationslinie. In dem Ort wimmelt es von Schmugglern und Händlern aller Art. Doch die sowjetischen Grenzsoldaten blockieren den Übergang. Tausende von Flüchtlingen sind dort gestrandet, die meisten von ihnen Juden. Safrin sieht den ersten Rotarmisten seines Lebens: „Er trug diese komische spitze Mütze... Am nächsten Morgen öffneten sie die Grenze und wir konnten nach Bialistok gelangen"... Es scheint, dass während dieses Exodus etwa 300.000 Juden die von den Deutschen besetzten Gebiete evakuieren und in Richtung Osten fliehen konnten[113]."

Die Städte Bialistok und Brest-Litowsk waren oft die erste Anlaufstelle für diese Flüchtlinge. Ein anderer jüdischer Aktivist, Yakov Greenstein, gab folgendes Zeugnis: „Die Situation in Bialistok war erstaunlich: Es gab Zehntausende von jüdischen Flüchtlingen aus Polen, die einerseits mit der Roten Armee auf den Straßen tanzten und feierten, andererseits aber durch ihre bloße Anwesenheit totale Anarchie verursachten, auf den Straßen schliefen und unter erbärmlichen hygienischen Bedingungen lebten[114]."

Bei dieser neuen Teilung Polens hatten die Sowjets 26.000 polnische Offiziere gefangen genommen. Am 5. März 1940 entschied das Politbüro über ihr Schicksal: 14.700 polnische Offiziere und Polizisten sowie 11.000 „konterrevolutionäre" Grundbesitzer wurden zu „Spionen und Saboteuren" erklärt und sollten hingerichtet werden. Blojín, „ein harter einundvierzigjähriger Tscheka-Agent mit stämmigem Gesicht und schwarzem, zurückgekämmtem Haar", war seit 1921 für das Lubianka-Gefängnis und die Hinrichtungen zuständig. Er war der Mann der Situation, schrieb Sebag Montefiore. „Blochin begab sich in das Konzentrationslager Ostaschkow, wo er zusammen mit zwei anderen Tscheka-Agenten eine Baracke mit gepolsterten und schallisolierten Wänden einrichtete und beschloss, eine wahrhaft stachanowistische Quote von 250 Hinrichtungen pro Nacht

---

[113] Alain Brossat, Sylvia Klingberg, *Le yiddishland revolutionnaire*, Balland, 1983, S. 197, 198.

[114] Alain Brossat, Sylvia Klingberg, *Le yiddishland revolutionnaire*, Balland, 1983, S. 270, 271.

durchzusetzen. Er nahm eine Lederschürze und eine Metzgermütze mit, die er dazu benutzte, einen der größten Massenmorde zu begehen, die je von einer Einzelperson ausgeführt wurden: Er tötete siebentausend Männer in genau achtundzwanzig Nächten mit einer Walther-Pistole aus deutscher Produktion, um eine spätere Identifizierung zu verhindern. Die Leichen wurden an verschiedenen Orten verscharrt, aber die viereinhalbtausend im Lager Kozelsk inhaftierten Offiziere wurden in den Wäldern von Katin begraben."

„Er war einer der produktivsten Scharfrichter des Jahrhunderts, der persönlich Tausende von Menschen tötete und dabei oft eine Lederschürze eines Metzgers trug, um seine Uniform nicht zu beschmutzen. Dennoch ist der Name dieses Monsters der Geschichtsschreibung durch die Lappen gegangen[115] ,,, wundert sich der Historiker. Blochin ging nach Stalins Tod mit Berias Dank in den Ruhestand.

„Juden waren in den oberen Rängen der Lubjanka noch zahlreich vertreten, schrieb Arkadi Vaksberg, ganz zu schweigen von der wissenschaftlichen Forschung, dem Wirtschaftsleben und der Kriegsindustrie... Als er 1939 mit dem heiklen finnischen Problem konfrontiert wurde, wandte er sich an Botschafter Boris Stein... und Lubjanka-Oberst Boruch Rybkin... damit er der finnischen Führung sein Ultimatum vorlegen und argumentieren konnte[116]."

Der israelische Historiker Sever Plocker erwähnte einen gewissen Leonid Reichman, Leiter der NKWD-Abteilung, einen Verhörspezialisten, der „ein besonders grausamer Sadist" war.

Die Polen waren nicht die einzigen, die unter der Besetzung ihres Landes zu leiden hatten. Auch die Balten bekamen die Härte der kommunistischen Methoden zu spüren: „Wie es das Schicksal wollte, war der erste Volkskommissar des Inneren im sowjetischen Lettland für einige Wochen der Jude Semion Schuster", schrieb Arkadi Vaksberg. Er war derjenige, der die Säuberung und Deportation von Letten einleitete, die den Besatzern nicht gefielen. Die Abneigung der Letten gegen den

---

[115] Simon Sebag Montefiore, *La corte del Zar rojo*, 2004, Crítica-Barcelona, S. 343, 191.

[116] Arkadi Vaksberg, *Stalin und die Juden*, Robert Laffont, 2003, S.117

Tyrannen Schuster erstreckte sich natürlich auf alle „Moskauer" Juden[117]."

Das Schicksal der Juden in den 1940 von der UdSSR annektierten Gebieten - den baltischen Ländern, Ostpolen, Moldawien und der nördlichen Bukowina - war ganz anders. Das sowjetische Regime ergriff sofort Maßnahmen zu ihrem Schutz und schickte Hunderttausende von Juden nach Osten, um sie vor den anrückenden deutschen Truppen zu schützen. Haim Babic, der ebenfalls in Brest-Litowsk Zuflucht gefunden hatte, bestätigt die Aussagen von Marek Halter und Samuel Pisar[118]: „Die Behörden hatten beschlossen, die Juden aus Polen, die in dieser Region Zuflucht gefunden hatten, zu deportieren. Wir wurden in den Osten des Urals in die Region Tavda transportiert, ein Lager mitten im Wald... Ich kam mit meiner Frau und meinen Kindern in Astrachan an, am Rande des Kaspischen Meeres. Astrachan war eine Sackgasse, in der Millionen von Flüchtlingen zusammenkamen. Ich fand eine Arbeit in einer Fabrik, wir wurden in einer Sammelwohnung untergebracht. Doch schon bald näherten sich die deutschen Armeen entlang der Wolga Astrachan: „Wir mussten erneut fliehen. Die Züge waren überfüllt... Wir fuhren Tausende von Kilometern weit weg, in das Zentrum Russlands. Ich hatte Freunde in einer Kolchose, die uns aufnahmen und uns halfen[119]."

Natürlich verbreitete sich das Gerücht, dass die Juden im hinteren Teil des Landes, weit weg von den Kampfgebieten, verblieben. Die Juden sollten sich in Taschkent, der Hauptstadt Usbekistans, verstecken. „Iwan kämpft in den Schützengräben, Abram handelt auf dem Markt", lautete ein bekanntes Sprichwort. Im kollektiven Bewusstsein der Sowjets war Taschkent immer die Stadt des Überflusses gewesen, in der das Leben gut war. Arkadi Vaksberg, der sich gegen den Mythos des „kauernden Juden" aussprach, schien einmal mehr mit Steinen auf den eigenen Rücken zu werfen: „Von den in den Osten versetzten Juden waren nur 5% in Taschkent oder seiner Umgebung angekommen. Dabei handelte es sich jedoch hauptsächlich um bekannte Persönlichkeiten - Gelehrte, Intellektuelle, Künstler... In Wirklichkeit waren die meisten

---

[117] Arkadi Vaksberg, *Stalin et les juifs*, Robert Laffont, 2003, S. 121.

[118] Hervé Ryssen, *Les Espérances planetariennes*, Baskerville 2005, S. 279-282.

[119] Alain Brossat, Sylvia Klingberg, *Le yiddishland revolutionnaire*, Balland, 1983, S. 273, 279.

Juden in die Städte des Urals und Sibiriens geflüchtet, wo sie mit der einheimischen Bevölkerung die Härten des Krieges teilten. Aber sie waren tatsächlich ein wichtiger Teil der „evakuierten" Massen, wie sie genannt wurden[120]."

Die französische Tageszeitung *Actualité juive* vom 5. Mai 2005 erinnerte daran, dass während des Zweiten Weltkriegs 500 000 Juden in der Roten Armee kämpften. 167 000 davon waren Offiziere, darunter 276 Generäle oder Admirale und 89 Divisionskommandeure. Fünf Fronten wurden von jüdischen Generälen befehligt. Außerdem gab es 30.000 jüdische Partisanen in Belarus und 25.000 in der Ukraine. Insgesamt starben 198.000 jüdische Soldaten im Kampf. „Diese Todesrate ist höher als die jeder anderen ethnischen Gruppe unter den sowjetischen Soldaten", wurde uns versichert.

Vaksberg erwähnte auch, dass 160.000 Menschen ausgezeichnet wurden und dass 120 von ihnen den Titel „Held der Sowjetunion", die höchste Auszeichnung für militärische Tapferkeit, erhielten[121]. Stalin spielte dieses Engagement jedoch herunter. In Anbetracht der damaligen jüdischen Bevölkerung der UdSSR ist der Anteil der Toten sicherlich drei- oder viermal niedriger, als er hätte sein müssen.

Widerstand gegen den Nationalsozialismus

Im Jahr 1939, als die Niederlage der spanischen Republikaner feststand, fanden Tausende von ihnen Zuflucht in Frankreich und trugen zum anschließenden Widerstand bei. Natürlich spielten auch hier die Juden aus Jiddischland eine wichtige Rolle.

Seit dem Ende des 19. Jahrhunderts kamen die Juden aus dem Osten in mehreren Wellen und begannen, bestimmte Viertel von Paris zu bevölkern, von den beliebtesten, wie Belleville, bis zu den bürgerlicheren im Westen der Stadt. Zwischen den beiden Kriegen erlebte die Hauptstadt eine weitere große Auswanderungswelle aus Deutschland und Osteuropa. Das republikanische Frankreich war ein Land des Willkommens, das alle Hoffnungen dieser verfolgten Juden nährte.

---

[120] Arkadi Vaksberg, *Stalin und die Juden*, Robert Laffont, 2003, S. 130, 131.

[121] Dies erinnert uns an die Ehrenlegionen, die in Frankreich jedes Jahr in Handvoll an die Mitglieder der Gemeinschaft verteilt werden.

Die meisten der aus Deutschland und Polen eintreffenden Juden waren stark politisiert. Hier ist das Zeugnis eines gewissen Grynberg, das in dem Buch von Alain Brossat vorgestellt wird:

„Durch die Teilnahme an politischen Versammlungen und das Zuhören der großen Redner der Volksfront habe ich Französisch gelernt. Die Arbeitsbedingungen konnten jedoch recht schwierig sein, wie er bemerkte: „Wie in Polen waren unsere Chefs Juden. Nur sie haben es akzeptiert, uns unter solchen Bedingungen heimlich arbeiten zu lassen[122]."

Die MOI war eine Organisation, die 1924 im Auftrag der Komintern (Kommunistische Internationale) gegründet wurde, um eine Aufnahmestruktur zu schaffen und die zahlreichen Emigranten und politischen Flüchtlinge, die nach Frankreich kamen, für den Kampf zu schulen. Im Gegensatz zur Kommunistischen Partei Frankreichs bleibt die MOI auch nach dem Hitler-Stalin-Pakt im August 1939 im antifaschistischen Kampf sehr aktiv. Die Parteiführung verfolgte die vom Kreml im Rahmen des deutsch-sowjetischen Pakts festgelegte politische Linie und verurteilte jegliche Widerstandstätigkeit gegen die Deutschen. In dieser Zeit verfolgte die französische Polizei die Kommunisten wegen Kollaboration mit dem Feind. Etwa 6000 von ihnen wurden verhaftet und wegen Hochverrats angeklagt.

Im Oktober 1940 beschließt die geheime Parteiführung, die Sonderorganisation OS zu gründen. Sie besteht aus bewaffneten Gruppen, die nicht zum Kampf gegen die Deutschen, sondern zum Schutz der Führung vor der französischen Polizei bestimmt sind. Darüber hinaus war sie für die Hinrichtung von Parteiverrätern zuständig, d. h. von Personen, die sich gegen die Befehle auflehnten oder die Partei verließen, um sich der PPF von Jacques Doriot anzuschließen. Für diese eher speziellen Aufgaben wurden die fanatischsten Kämpfer rekrutiert, die ohne Skrupel ehemalige Kameraden oder andere Franzosen töten konnten: „Von Kriegsbeginn an war die jüdische Gruppe der MOI am besten strukturiert und am aktivsten. Aus ihr kamen die Kommandeure der „OS", der Sonderorganisation für Terror- und Sabotageaktionen, schreibt Alain Brossat; sie stellte auch fast alle Kämpfer der „TA", der deutschen Arbeit, d.h. der Propaganda- und Demoralisierungsarbeit für die

---

[122] Alain Brossat, Sylvia Klingberg, *Le yiddishland revolutionnaire*, Balland, 1983, S. 110.

deutschen Truppen - eine unendlich riskante Arbeit, internationalistisch par excellence und im Wesentlichen von Frauen ausgeführt: in Bars und an öffentlichen Plätzen, die von Wehrmachtssoldaten besucht wurden, versuchten junge Frauen, die Deutsch sprachen, Kontakt aufzunehmen... [123]"

In seiner *Kritischen Geschichte des Widerstands* bestätigt der Historiker Dominique Venner die wesentliche Rolle der jüdischen Aktivisten aus dem Jiddischen Land in der Organisation: „Dank ihnen wurde eine neue Führung der MOI eingesetzt. Sie bildeten die zentrale Troika: Son Lerman (Bruno), Kaminski (Hervé) und Athur London (Gérard). Czarny wurde 1943 zum Leiter der Südzone ernannt, dem Albert Youdine, Jacques Ravine und Mina Puterflam zur Seite standen. In der Nordzone koordinierten Therese Tenenbaum und Herman Grymbert die beiden Regionen... Einer der wichtigsten Agenten der Komintern innerhalb der MOI ist Michel Feintuch (Jean Jerôme), ein polnischer Jude, ehemaliger Quartiermeister der Internationalen Brigaden und eine künftige Eminenz in der PCF-Führung[124]."

Die MOI führt also eine Art Privatkrieg gegen die Deutschen, gegen die Befehle der PCF und gegen die Meinung des Nationalen Widerstandsrates (CNR) von General de Gaulle. Einzelne Anschläge und Terrorismus wurden damals von der kommunistischen Partei verurteilt. Während die Kommunistische Partei einen solchen Befehl nicht erteilte, hatte die Komintern wahrscheinlich genügend Autorität, um ihn zu erteilen. Pierre Georges, der spätere „Oberst Fabien", sollte das erste Attentat auf einen deutschen Offizier in Paris verüben: „Am 23. August 1941 richtete der spätere Oberst Fabien einen deutschen Offizier an der Metrostation Barbès hin. „Ich habe Titi gerächt", sagt er auf dem Rückzug - „Titi", das ist Tyszelman. Bei dieser Aktion, die als erste bewaffnete Initiative gegen die Deutschen in Frankreich gilt, wird Fabien von einem anderen Kämpfer mit ausländischem Namen begleitet: Brustlein[125]."

---

[123] Alain Brossat, Sylvia Klingberg, *Le yiddishland revolutionnaire*, Balland, 1983, S. 183.

[124] Dominique Venner, Histoire critique de la Résistance, Éditions Pygmalion 1995, S. 231.

[125] Alain Brossat, Sylvia Klingberg, *Le yiddishland revolutionnaire*, Balland, 1983, S. 179.

Daraufhin begann ein Zyklus von Angriffen und Repressionen, der wie erwartet eine deutsche Reaktion gegen die französische Bevölkerung auslöste. Doch anstatt wahllos zivile Geiseln zu exekutieren, richteten die Deutschen, die wussten, woher die Schläge kamen, kommunistische Juden aus Osteuropa hin. An dieser Stelle sei daran erinnert, dass die von allen Kriegsparteien stillschweigend akzeptierten Kriegspraktiken die Hinrichtung von zivilen Geiseln, die Männer in Uniform angegriffen haben, erlauben.

Im Februar 1942 beschloss die Untergrundführung der kommunistischen Partei, die Kampfgruppen zu erweitern. Die MOI-Kämpfer schlossen sich mit den OS zusammen und bildeten die FTP (Franco-Schützen und Partisanen). Die Partei gab grünes Licht für die Bildung der FTP-MOI-Einheiten. Ein erstes FTP-MOI-Bataillon wird im März 1942 in Paris unter dem Kommando von Lisner, einem ehemaligen Mitglied der internationalen Brigaden, aufgestellt. Der Mann an der Spitze der FTP in Paris ist Oberst Gilles (Joseph Epstein), ein jiddischer Revolutionär, ein ehemaliger Veteran des Spanischen Bürgerkriegs und ein Ausbrecher aus einem Stalag.

Die FTP-MOI-Gruppen setzten sich im Allgemeinen aus sehr jungen Männern zusammen, die sich größtenteils aus der Union der Jüdischen Jugend (UJJ) rekrutierten, einem kommunistischen Transmissionsriemen und einem wahren Nährboden für bewaffnete Aktionen. Diese Kämpfer standen im Mittelpunkt der meisten Anschläge, die in der Region Paris organisiert wurden, schreibt Dominique Venner. „Eine Chronologie einiger Wochen im Sommer 1942 ist sehr aussagekräftig:

- 4. August, Ermordung des ehemaligen Kommunisten Gachelin, des Sekretärs von Jacques Doriot, in Seine-et-Oise.

- 6. August, Granatenangriff auf Luftwaffensoldaten, die im Stadion von Jean-Bouin trainieren: zwei Tote, mehrere Verletzte.

- 7. August, Entgleisung eines deutschen Transporters in der Nähe von Melun.

- Am 9. August setzt ein italienisches Kommando ein deutsches Depot in Sartrouville in Brand.

- 11. August, Lisner, Simon und Geduldik zünden eine Bombe in einem deutschen Hotel in der Avenue Iéna.

- 28. August, in Villepinte werden die beiden Wachposten der Tirpitz-Kaserne erschossen. Am selben Tag explodiert eine Zeitbombe im Kino von Clichy, wo Marceal Déat ein Treffen abhält: ein Toter, 27 Verletzte.

- Am 1. September greift die Gruppe 3 des jüdischen Partisanenkommandos Valmy unter der Führung von Rayman eine deutsche Abteilung in der Rue Crimée mit Granaten an. Am selben Tag werfen Yone Geduldik und zwei andere eine Brandbombe auf ein deutsches Büro in der Nähe des Bahnhofs von Lyon.

- 3. September, Brandanschlag auf die Räumlichkeiten der franziskanischen Partei im 13. Bezirk.

- 10. September: Anka Rychtyger und zwei weitere Widerstandskämpfer setzen vier deutsche Fahrzeuge in der Rue de Charonne in Brand usw.".

Die wichtigste Tat dieser Gruppen ist das Attentat vom 28. September, bei dem Dr. von Ritter, der Leiter der STO in Frankreich, getötet wird. „Die Aktion wird von Fontano und Rayman durchgeführt. Von Ritter wird durch Fontanos Pistole verwundet, als er sein Haus ungeschützt verlässt, und einige Meter weiter durch Raymans Parabellum erschossen... In der südlichen Zone beginnen die Aktionen der FTP erst mit dem Einmarsch der deutschen Truppen. Wie in Paris", schreibt Jacques Ravine, „haben sich die jüdischen Gruppen der FTP in der Südzone als erste gebildet. Sie sind fester Bestandteil der militärischen Organisation der FTP-MOI und gliedern sich in vier Einheiten: die *Carmagnole,* später in *Carmagnole-Fried* umbenannt, in Lyon; *Liberté* in Grenoble und Umgebung; die Kompanie Marcel Korzec in Marseille; die 35. Brigade, später nach ihrem Schöpfer Mendl Langer benannt, ist in Toulouse und in der Südwestregion tätig; sie wächst später zu einer bedeutenderen Größe mit Einwanderern verschiedener Herkunft. Die *Carmagnole* de Lyon rekrutiert junge Leute aus dem Verband der jüdischen Jugend und fungiert als eine regelrechte Kommandantenschule. Diese Kommandos werden dann in die anderen Städte des Südens entsandt. Sie stellte mobile Kommandos, die sowohl in Lyon als auch in Marseille, Toulouse und Nizza aktiv waren. Die ersten Organisatoren dieser Gruppen waren fast immer ehemalige Freiwillige der Internationalen Brigaden. Dies war in Lyon bei Krakus und Tcharnecki der Fall, in Marseille bei Boris Stcherbak und in

Toulouse bei Mendl Langer. Letzterer wurde 1943 verhaftet und guillotiniert[126].

In seinem Buch „*Die Revolution des nächsten Jahres*" zitiert Maurice Rajsfus dieselbe Quelle: „Von den Dutzenden gewagter Operationen, die von den Kämpfern der 35. Brigade nach Langers Tod durchgeführt wurden, nennt Jacques Ravine die folgenden spezifisch französischen „Ziele", die von jüdischen Guerillas angegriffen wurden:

- 13. Juli 1943: Am helllichten Tag Bombenanschlag auf das Privathaus von Dr. Berthet, Leiter der Gruppe „Kollaboration" in Toulouse. Am selben Tag Bombenanschlag mit zwei Bomben auf die Wohnung des Notars Bachala (zukünftiger Gauleiter von Toulouse). Bachala wird schwer verwundet, seine Wohnung zerstört.

20. August 1943: Am helllichten Tag überfallen die Partisanen der 35. Brigade Felicien Costes, Generalsekretär der Freien Garde der faschistischen Miliz, Gestapo-Agent und Spitzel, mit einer Waffe. Er wird getötet. Bei dem heftigen Feuergefecht werden zwei Polizisten getötet.

- 24. August 1943: Um neun Uhr morgens Erschießung von Mas, Leiter des zweiten Büros der Miliz.

- 20. September 1943: Zur Feier des Sieges in Valmy legen die Partisanen zwei Bomben im Arsenal. Zwei Milizionäre werden getötet und vier verwundet.

- 10. Oktober 1943: Generalstaatsanwalt Pierre Lespinasse, der die Todesstrafe gegen Langer gefordert hatte, wird erschossen.

- 2. November 1943: Der Milizenführer Lionel Berger wird zusammen mit Major Bru, dem kantonalen Kommandanten der französischen Legion der Kämpfer, in seinem Haus hingerichtet.

- 15. November 1943: General Philippon, ein Milizenführer, wird in den Straßen von Toulouse erschossen. „[127]

Dies war die Aussage von Jean Lemberger, einem polnischen Juden, der von Maurice Rajsfus zitiert wird: „Wenn in der Presse über die

---

[126]Dominique Venner, *Histoire critique de la Résistance*, Éditions Pygmalion 1995, S. 238.

[127] Maurice Rajsfus, *L'an prochain la révolution*, Éditions Mazarine, 1985, S.221

Aktionen der französischen Patrioten berichtet wurde, reagierten wir mit Humor. Ich erinnere mich, dass wir bei Marcel Rayman nicht aufhören konnten zu lachen: 'Als französische Patrioten sind die kleinen Juden von Paris besonders repräsentativ'[128]."

Die jüdischen Kämpfer sind in der Tat die kämpferischsten. Sie haben nicht für Frankreich oder gegen Deutschland gekämpft, sondern gegen den internationalen Faschismus und insbesondere gegen den europäischen Nationalsozialismus. Alain Brossat hat dies bestätigt:

„Züge entgleisen lassen, Nazi-Kollaborateure und -Offiziere hinrichten, Treibstoffdepots in Brand setzen, Granaten in Restaurants und Theater werfen, die von Deutschen besucht werden, Sabotage in der Industrie oder in Werkstätten, die für die Besatzer arbeiten, Pfosten und Säulen zum Einsturz bringen... Es gab keine Aktion dieser Art, an der jüdische Kämpfer nicht teilnahmen, die sie nicht zu Dutzenden, an allen Fronten und auf allen Ebenen organisierten. Es gab keinen Unterschied zwischen großen und kleinen Aktionen[129]."

Alain Brossat informierte uns auch darüber, dass jüdische antifaschistische Aktivisten auf die Herstellung von falschen Dokumenten und Banknoten spezialisiert waren. In Paris war Pierre Scherf für die „rumänischsprachige Gruppe" der MOI zuständig. Er war mit den kleinen täglichen Aufgaben des Widerstands betraut: „Verkauf von Banknoten, von den Kämpfern enteigneten Lebensmittelgutscheinen, Herstellung von gefälschten Dokumenten aller Art, Organisation der Solidarität mit den Familien der Deportierten...". Später wurde ihm die Aufgabe übertragen, die Verbindung zu den MOI-Gruppen in Nord- und Ostfrankreich zu organisieren, wo polnische und italienische Bergarbeiter besonders aktiv waren: Sabotage von Eisenbahnstrecken, Abschuss von Stromleitungen, Entwaffnung und Hinrichtung deutscher Soldaten, organisierte Streiks in den Bergwerken und Sabotage usw.".

Während des Pariser Aufstandes war Pierre Scherf Kommandant der patriotischen Milizen. „Später nimmt er an der Befreiung Nordfrankreichs teil und folgt den Spuren der amerikanischen Armee. Doch schon im Dezember 1945 wird er für dringendere Aufgaben

---

[128] Maurice Rajsfus, *L'an prochain la révolution*, Éditions Mazarine, 1985, S.231

[129] Alain Brossat, Sylvia Klingberg, *Le yiddishland revolutionnaire*, Balland, 1983, S. 190.

einberufen: Rumänien fällt auf die Seite von Stalins 'Sozialismus', und die Kommunistische Partei braucht alle ihre Kommandeure[130]."

Doch nicht alle Juden spielten während des Krieges eine heldenhafte Rolle. Einige von ihnen zogen es vor, mit ihren Geschäften weiter zu florieren. Hier ein Zeugnis aus dem Buch von Alain Brossat und Sylvia Klinberg: „In Paris organisierten jüdische Partisanenkommandos während des Krieges Razzien gegen jüdische Werkstätten im Faubourg Poissonnière, deren Besitzer durch die Herstellung von Ausrüstung für die Wehrmacht zu Wohlstand kamen; einige dieser Kämpfer wurden bei diesen Aktionen verhaftet, von den „guten" Juden denunziert und dann erschossen oder deportiert. In den Ghettos liquidierten die Schattenkämpfer die fleißigsten Mitglieder der jüdischen Polizei und die Kollaborateure einiger Judenräte[131]."

Wir wissen, dass einige Juden durch ihre Kollaboration mit Deutschland ein Vermögen gemacht haben. Unter ihnen ragen zwei Männer besonders heraus: Mandel Szkolnikoff, auch bekannt als „Monsieur Michel", und Joseph Joanovici, auch bekannt als „Monsieur Joseph".

Monsieur Michel war russischer Herkunft. Er war auf Textilien und Lebensmittel spezialisiert. Dank seiner deutschen Frau - einer Arierin - zögerte er nicht, seine SS-Freunde zu warnen, um andere jüdische Konkurrenten verhaften zu lassen und so deren Lagerhäuser und Geschäftsräume zu übernehmen. Monsieur Michel war derjenige, der die deutsche Polizei zu den Lagerhäusern im Sentier* führte. Die besetzte Zone war sein Jagdrevier. Seine Gewinne waren so groß, dass er die größten Hotels an der Côte d'Azur kaufen, Hotel-, Immobilien- und Handelsgesellschaften in Paris sowie Restaurants und Cafés übernehmen konnte. Im Jahr 1945 wurde sein Immobilienvermögen auf zwei Milliarden Francs geschätzt, was heute etwa 900 Millionen Euro entspricht.

Zur gleichen Zeit plünderte Monsieur Joseph, ein rumänischer Jude, der als Lumpensammler angefangen hatte, alle für die deutsche

---

[130] Alain Brossat, Sylvia Klingberg, *Le yiddishland revolutionnaire*, Balland, 1983, S. 195, 196.

[131] Alain Brossat, Sylvia Klingberg, *Le yiddishland revolutionnaire*, Balland, 1983, S. 206.

* Jüdisches Einkaufsviertel von Paris.

Kriegsmaschinerie nützlichen Nichteisenmetalle. Joanovici übernahm auch den Ledermarkt, eine von den Nazis, die gerade in die Sowjetunion einmarschiert waren, sehr begehrte Ware. In jenen Jahren betrug der monatliche Umsatz von Monsieur Joseph etwa 5 Millionen Euro. Geschickter als Szkolnikoff gelang es ihm, mit dem Leiter der französischen Gestapo in der Rue Lauriston, dem berühmten Henri Lafont, in Kontakt zu treten.

Ende 1943 hatte sich das Blatt gewendet. Monsieur Michel floh mit seiner deutschen Muse nach Spanien, begleitet von einigen seiner französischen und jüdischen Agenten. Doch in den Koffern seiner Frau fand die französische Polizei Juwelen und Edelsteine im Wert von 300 Millionen Euro. Monsieur Joseph hingegen spielte die umgekehrte Karte: Er kaufte von Lafont die von den Alliierten mit dem Fallschirm abgeworfenen und von der französischen Gestapo beschlagnahmten Waffen zurück, um ein Widerstandsnetz innerhalb des Pariser Polizeipräsidiums aufzubauen. Gleichzeitig rüstete er die Guardia Franca de la Militia und die nordafrikanische Brigade, die gegen den Maquis kämpften, aus und kleidete sie ein. Die Polizisten der Präfektur betrachteten ihn als echtes Vorbild. Monsieur Joseph war der Gott, der Retter, der die Befreiung von Paris herbeiführen würde. Dank seiner einflussreichen Freunde entgeht er der schlimmsten Strafe: fünf Jahre Gefängnis, eine lächerliche Geldstrafe und die Erklärung seiner nationalen Unwürdigkeit, die diesem staatenlosen Mann wenig ausmachte. Monsieur Michel, ein Flüchtling in Spanien, wurde von ehemaligen Gestapoagenten erpresst, die vor den Exekutionskommandos geflohen waren. Seine Leiche wurde am 17. Juni 1945 auf einem Feld außerhalb von Madrid gefunden.

Die Rolle der Juden in der Résistance war jedoch nach wie vor wichtig, auch wenn sie lange Zeit übersehen worden war. „Poliakov selbst gibt die Zahl von 15 bis 30% der Juden in der französischen Résistance an[132]", schreibt Alain Brossat. Für eine Gemeinschaft, die 1% der französischen Bevölkerung ausmachte, ist dies ein beachtlicher Anteil.

In *Das Testament Gottes* macht der Philosoph Bernard-Henri Levy dieselbe Feststellung: „Woher kommt die Legende, dass die Juden keinen Widerstand gegen den Hitlerismus geleistet haben und sich wie

---

[132] Alain Brossat, Sylvia Klingberg, *Le yiddishland revolutionnaire*, Balland, 1983, S. 180.

Lämmer zur Schlachtbank führen ließen? Vor dem Krieg machten sie 1% der französischen Bevölkerung aus, während sie 15-20% der verschiedenen Widerstandsbewegungen ausmachten[133]."

„Warum waren im Verhältnis so wenige Franzosen in der patriotischen Résistance in Frankreich, warum war der Anteil der Ausländer, insbesondere der osteuropäischen Juden, so hoch? Es genügte, „die Fassade des „patriotischen Widerstands" in Paris ab dem Sommer 1941 leicht anzukratzen und seine zahlreichen bewaffneten Aktionen genauer zu analysieren, um die unauslöschlichen Spuren des jüdischen Gastarbeiters, des Kämpfers der kommunistischen MOI (Arbeiterinternationale)[134] zu finden".

Und ebenso genügte es, „den von Stalin erklärten 'Großen Vaterländischen Krieg' hinter den deutschen Linien in Weißrussland und den baltischen Ländern, die Partisanenkämpfe in diesen Regionen genau zu analysieren, um auch dort die Spuren der aus dem Ghetto geflohenen jüdischen Kämpfer, der 'Wilnaer Rächer' und anderer Mitglieder des Maquis in der Region Minsk zu finden". So sind zum Beispiel von den 130 Kämpfern eines Kommandos „russischer" Partisanen, die im Wald von Ivenitz kämpfen, „70 Juden, die aus dem Minsker Ghetto geflohen sind. Auch die Führung des Kommandos besteht größtenteils aus Juden,[135] ", schreibt Alain Brossat.

Die polnischen „Patrioten" boten ein noch karikierteres Bild als die französischen „Patrioten". Von Aain Brossat und Sylvia Klingberg in Israel befragt, wo er sich schließlich nach dem Krieg niederließ, sagte David Grynberg aus: „1945 war ich in Moskau. Ich war aktives Mitglied des Komitees Polnischer Patrioten, das sich unter anderem mit der Repatriierung polnischer Flüchtlinge in der UdSSR befasste. Kurz bevor das Komitee seine Arbeit einstellte, vor unserer Abreise nach Polen, organisierten wir eine kleine Party. Ich schlug vor, Peretz Markish einzuladen, woraufhin ein anderes Komiteemitglied, Kinderman, ein Mann des Apparats, einwendete: „Und warum einen jüdischen Autor einladen? wir sind ein polnisches patriotisches Komitee, kein jüdisches Komitee! Stimmt, entgegnete ich, aber sehen

---

[133] Bernard-Henri Levy, *Le Testament de Dieu*, Grasset, 1979, S. 275.

[134] Alain Brossat, Sylvia Klingberg, *Le yiddishland revolutionnaire*, Balland, 1983, S. 180, 185, 186.

[135] Alain Brossat, Sylvia Klingberg, *Le yiddishland revolutionnaire*, Balland, 1983, S. 168, 213.

Sie sich um: Wir sind hier fünfzig Leute, und nur drei sind keine Juden."[136]."

Dreißig Jahre lang wurde die Rolle der Juden in der Résistance von den kommunistischen Parteien weitgehend heruntergespielt, ja geradezu totgeschwiegen. Alain Brossat und Sylvia Klingberg fragten: „Schadet es dem patriotischen Image der Résistance, zuzugeben, dass die wichtigsten Aktionen der Partisanen in Paris während des ganzen Jahres 1943 von Ausländern, von MOI-Aktivisten, durchgeführt wurden, bis die große Herbstattacke über sie hereinbrach? Ist es eine Sünde gegen den Internationalismus, anzuerkennen, dass hinter dem „polnischen", „ungarischen", „rumänischen", „tschechischen" Partisanen der Revolutionär des Jiddischen Landes steht, seine Kampftraditionen, seine Kultur, seine Sprache und der besondere Klang seines Namens[137]?"

In seiner *Kritischen Geschichte des Widerstands* stellt der Historiker Dominique Venner dieselbe Frage: „Hatten die Kommunisten Angst, eine latente Fremdenfeindlichkeit gegen sie zu wecken, indem sie die wesentliche Rolle der jüdischen Kämpfer aus Mitteleuropa in ihren Reihen erwähnten[138]?"

Es stimmt, dass die Deutschen nach der Verhaftung von vierundzwanzig Mitgliedern der Manouchian-Gruppe Ende 1943 ihre Identität preisgegeben hatten, indem sie ihre Fotos an den Wänden der französischen Großstädte aushängten. Das berühmte rote Plakat zeichnete ein wenig schmeichelhaftes Bild des „französischen" Widerstands und war zu einem Symbol geworden. Die Deutschen stellten den „ungarischen Juden" Elek und den „polnischen Juden" Rayman an den Pranger, machten ihr Jüdischsein zu einem Argument gegen die Résistance und bezeichneten die gesamte Résistance als „Armee des Verbrechens", als „fünfte Kolonne des Meteco".

Für die Kommunistische Partei war der jüdische Widerstand immer ein integraler Bestandteil des französischen Widerstands gewesen, und es

---

[136] Alain Brossat, Sylvia Klingberg, *Le yiddishland revolutionnaire*, Balland, 1983, S. 288, 289.

[137] Alain Brossat, Sylvia Klingberg, *Le yiddishland revolutionnaire*, Balland, 1983, S. 185, 186.

[138] Dominique Venner, *Histoire critique de la Résistance*, Éditions Pygmalion 1995, S. 230.

bestand keine Notwendigkeit, ihn zu erwähnen. Maurice Rajsfus schreibt: „Erst in den 1970er Jahren veröffentlichten jüdische Aktivisten Bücher über den jüdischen Widerstand. Trotz des starken patriotischen Akzents dieser Werke mussten sie fünfundzwanzig Jahre warten, um ans Licht zu kommen[139]."

Der Essayist Guy Konopnicki schrieb ebenfalls zu Recht: „Gaullisten und Kommunisten haben sich zusammengetan, um die Geschichte zu schreiben, sie haben gemeinsam im Nachhinein einen nationalen Widerstand fabriziert, obwohl die Trennlinie in Wirklichkeit nicht zwischen Franzosen und Deutschen verlief, sondern zwischen Faschisten und Antifaschisten aller Länder[140]".

In der Tat waren die Beweggründe der Juden sicherlich ganz anders als die der Patrioten in den Ländern, in denen sie kämpften.

Die Analyse von Dominique Venner lud jedoch dazu ein, die Bedeutung des Kampfes der Militanten zu relativieren: „Während der Aktion gab es fast nie Verluste auf Seiten der Attentäter. Eine getarnte Zeitbombe in einem gewöhnlichen Paket zu deponieren, war nicht schwieriger oder gefährlicher als das Werfen einer Granate in ein Schaufenster. Dies bedeutete natürlich nicht, dass solche Taten ohne Mut und Kühnheit ausgeführt werden konnten, und „die Täter machten sich keine Illusionen über ihr Schicksal, wenn sie erwischt wurden[141]."

Das Zeugnis von Oberst Passy, dem Leiter der BCRA, gibt einen noch besseren Einblick in die Realität der Aktionen der FTP: „Der Bericht, den er über sein Treffen mit Ginsberg (Villon), dem wichtigsten Führer der Front nationale, hinterlassen hat, zeigt, dass er nicht leichtgläubig war", schreibt Dominique Venner. Oberst Passy schrieb: „Villon erzählte uns zwanzig Minuten lang von den Heldentaten der Scharfschützen und Partisanen (FTP), wie sie einen sechzigjährigen Landsturm in Armentières getötet hatten, wie sie einen Zeitungskiosk in Epernay in die Luft gesprengt hatten, wie sie zwei Dutzend Granaten und sechs Querbalken in Mézières oder Sedan geborgen hatten, usw. usw... Wir waren ein wenig erstaunt, diesen langen Monolog zu hören,

---

[139] Maurice Rajsfus, L'an prochain la révolution, Éditions Mazarine, 1985, S. 333.

[140] Guy Konopnicki, *La Place de la nation*, Olivie Orban, 1983, S.41

[141] Dominique Venner, *Histoire critique de la Résistance*, Éditions Pygmalion 1995, S. 238.

der wie eine Litanei vorgetragen wurde und nicht interessanter war als die Chronik gewöhnlicher Ereignisse in einer Vorkriegszeitung. Aber als er geendet hatte, verkündete Villon uns zum Schluss, dass sich das kämpfende Frankreich angesichts solcher kriegerischen Heldentaten nur zu beugen brauche und dass es klar sei, dass die Nationale Front die Berufung habe, die gesamte französische Résistance hinter sich zu vereinen[142]."

General de Gaulle reagierte ähnlich auf den „großen Widerstandskämpfer" Colonel Ravanel, der für den Widerstand in Toulouse verantwortlich war. Tatsächlich leitete Ravanel diesen mit anderen Partisanen, von denen viele spanische Kommunisten waren. Toulouse ähnelte, so ein englischer Historiker, „Barcelona im Juli 1936": mit „siebenunddreißig privaten „Deuxièmes Bureaux*", in denen jedes Büro sein eigenes Gefängnis hatte, meist ein unterirdischer Keller, in dem Opfer und Henker die einzigen Zeugen abscheulicher Szenen waren[143]".

Als General de Gaulle kam, um die Region zu inspizieren und zu versuchen, nach dem Abzug der deutschen Truppen die Ordnung wiederherzustellen, stellte sich Ravanel ihm mit hochgezogenen Schultern vor: „Oberst Ravanel, zu Ihren Diensten!" Seine einzige Antwort war ein abweisendes: „Oberleutnant Asher, rühren!

UDSSR 1945

1942 hatte Stalin schließlich der Gründung eines „Jüdischen Antifaschistischen Komitees" (JAK) zugestimmt, in dem die bekanntesten jüdischen Persönlichkeiten der sowjetischen Intelligenz zusammenkamen. Sechs Jahre lang, bis 1948, stand das Jüdische Antifaschistische Komitee unter der Schirmherrschaft von Lavrenti Beria im Mittelpunkt einer intensiven Wiederbelebung des jüdischen Lebens in der UdSSR. Im Jahr 1942 bestand sein Hauptziel in der internationalen Mobilisierung des jüdischen Volkes und in der Spendensammlung in den jüdischen Gemeinden im Ausland,

---

[142] *Missions secrètes en France*, Plon, Paris, 1951, S. 162.

* Der Begriff „Deuxième Bureau" bezieht sich im Allgemeinen auf den Informationsdienst der französischen Armee und bezieht sich auf das „Second Bureau" des Generalstabs.

[143] *Rivarol* Wochenzeitung vom 11. April 1997

insbesondere in der wohlhabenden und sehr einflussreichen jüdischen Gemeinde in den Vereinigten Staaten. Der berühmte Schauspieler Solomon Mijoels, Direktor des Moskauer jiddischen Theaters, war der Vorsitzende des Komitees, während der Schriftsteller Ilya Ehrenbourg der aktivste Sprecher war.

1943 begaben sich Vertreter des Jüdischen Antifaschistischen Komitees auf eine lange Reise durch die Vereinigten Staaten, um Kontakte zu jüdischen Organisationen zu knüpfen. Offizielles Ziel war es, Gelder für den Kauf von Waffen, Lebensmitteln und Medikamenten zu sammeln. Das geheime Ziel der Reise bestand jedoch darin, Brücken zwischen den Physikern der beiden Länder zu schlagen, um die Umsetzung des sowjetischen Atomprogramms zu beschleunigen.

Alle sowjetischen Forscher auf dem Gebiet der Kernspaltung waren Juden, schrieb Arkadi Vaksberg. „Stalin zählte daher auf den Ruf der Mitglieder des Komitees und ihre Beziehungen zur internationalen Gemeinschaft, um Informationen zu erpressen, die die Entwicklung der Atomwaffe beschleunigen würden. Dies sollte durch die Tatsache erleichtert werden, dass die meisten amerikanischen Wissenschaftler, einschließlich Einstein, ebenfalls Juden waren.

Stalin betraute Beria mit der Aufgabe, diese Geheimnisse herauszufinden und eine effektive Zusammenarbeit sicherzustellen. Solomon Mijoels und andere Mitglieder sollten vor Ort von sowjetischen Agenten unterstützt werden. Monate später übertrafen die Ergebnisse von Mijoels' Reise alle Erwartungen. „Die Abgesandten des CJA brachten bündelweise begeisterte Artikel über ihren Aufenthalt in den Vereinigten Staaten... zurück. Sie brachten auch Schecks über mehrere Millionen Dollar mit, die von wohlhabenden amerikanischen Juden gespendet wurden, um den Krieg gegen den Nazismus im Namen der universellen jüdischen Sache fortzusetzen[144]."

---

[144] Arkadi Vaksberg, *Stalin et les juifs*, Robert Laffont, 2003, S. 147, 151. In ihrer Biografie über Beria schreibt Amy Knight, dass die Sowjets über eine wirksame Informationsquelle verfügten: „Das von einem amerikanischen kommunistischen Ehepaar, Morris und Lona Cohen, in New York aufgebaute Spionagenetz. Morris Cohen war während des Spanischen Bürgerkriegs von den Sowjets rekrutiert worden. Ihm gelang es, die von einem amerikanischen Physiker gelieferten Informationen an Vasili Zarubin, den Leiter des sowjetischen Geheimdienstes in New York von 1941 bis 1944, weiterzugeben". (Amy Knight, *Beria*, 1993, Aubier, 1994, S. 203).

„Von wenigen Ausnahmen abgesehen", schreibt Vaksberg, setzten sich die sowjetischen Spionagenetze aus Juden zusammen. „In Belgien koordinierte das hocheffektive Rote Orchester die Spionageaktivitäten von Leopold Trepper und seiner Frau Lioubov Broido, beide polnische Juden, und dem berühmten „Kent", dem russischen Juden Anatoli Gourevitch... Der Titel des besten Spions aller Zeiten wurde einstimmig „Sonia", der deutschen Jüdin Ruth Werner, zugesprochen, die mit ihrem Bruder Jürgen Koutchinski (später ein Akademiker im kommunistischen Deutschland) zusammenarbeitete. In den Vereinigten Staaten waren Grigori Heifetz, Lisa Gorskaya-Zarubina (Rosenzweig) und andere wichtige Lieferanten von Atomgeheimnissen für den Kreml", und fügte hinzu: „Stalin litt zweifellos darunter, von jüdischen Geheimagenten abhängig zu sein, zumal die meisten von ihnen zu einer Zeit rekrutiert worden waren, als die Geheimdienste von den inzwischen erschossenen Juden Meyer Trillisser, Abram Sloutski und Sergei Spiegelglass geleitet wurden. Er konnte es sich leisten, Mutationen und Beförderungen innerhalb des Staats- und Parteiapparates anzuordnen, aber er konnte keinen Agenten entlassen, der bereits über Kontakte verfügte oder in eine Struktur des Gegners eingeschleust war[145]."

Arkadi Vaksberg vertrat die Ansicht, dass sich der stalinistische Antisemitismus ab 1942 wirklich manifestierte, als mehrere Berichte über den Einfluss der Juden im kulturellen Bereich geschrieben wurden. Aus Alters- oder Gesundheitsgründen begannen „Menschen jüdischer Herkunft" ihre verantwortungsvollen Positionen zu verlieren. Der Kampf gegen die jüdische Präsenz begann im kulturellen Bereich", schrieb Vaksberg. In den Archiven sind auch zahlreiche ähnliche Dokumente erhalten, in denen die „jüdische Invasion" in den Sozialwissenschaften angeprangert wird. Bei den Physikern, Chemikern und Mathematikern wagte man das noch nicht. In Kriegszeiten konnte Stalin die Wissenschaft und die Industrie nicht angreifen... Bis 1942 war die Entwicklung hin zu einem staatlichen Antisemitismus sichtbar geworden, fast selbstverständlich[146]."

Stalin setzte jedoch seine ostentative Verteilung von Auszeichnungen und Orden an jüdische Persönlichkeiten fort. Keineswegs konnte er auf die finanzielle Unterstützung verzichten, die für den Kauf von

---

[145] Arkadi Vaksberg, *Stalin et les juifs*, Robert Laffont, 2003, S. 128, 129.

[146] Arkadi Vaksberg, *Stalin und die Juden*, Robert Laffont, 2003, S. 139, 140.

Rüstungsgütern, Ausrüstungen, Lebensmitteln und Medikamenten notwendig war und die von der amerikanischen „Bourgeoisie" erpresst werden musste, wobei er sie ständig daran erinnerte, dass nur die Sowjetunion in der Lage war, die Juden vor der totalen Vernichtung zu bewahren.

Vaksberg erinnerte jedoch an die „massive Präsenz" von Juden in Schlüsselpositionen im Staatsapparat, in Wissenschaft und Industrie, insbesondere in der Kriegsindustrie, während des Krieges. „Stalin hatte keine andere Lösung, als sich an sie zu wenden. Selbst als sich der staatliche Antisemitismus auszubreiten begann, erweckte Stalin auf diese Weise nicht nur die Illusion, der Kreml sei nicht dafür verantwortlich, sondern förderte im Gegenteil eine gewisse Judeophilie.

Zahlreiche Juden standen damals an der Spitze der Exekutive und trugen die Titel von Volkskommissaren oder Generälen: „Neben Lazar Kaganovitch, dem stellvertretenden Vorsitzenden der Regierung und Kommissar für Kommunikationswege, wurden Boris Vannikov (zu Beginn des Krieges aus dem Gefängnis entlassen und schnell zum Rüstungskommissar ernannt), Isaac Zaltzman (erster Jude, der mit dem Titel Held der sozialistischen Arbeit geehrt wurde, Kommissar der Panzerindustrie), Semion Guinzbourg, Vladimir Grossman, Samuel Shapiro zu Volkskommissaren ernannt." Nicht mitgezählt die Dutzenden von stellvertretenden Volkskommissaren. „Fast jeden Tag empfing Stalin Juden, Generäle der Industrie, und unterhielt sich stundenlang mit ihnen (General Aron Karponossow, stellvertretender Generalstabschef, verantwortlich für die Ausrüstung der Armeen, war ein fester Bestandteil von Stalins Hauptquartier)." Vaksberg fügte etwas paradox hinzu: „So entstand der Mythos von Stalins besonderem Wohlwollen gegenüber den Juden[147]."

Chruschtschow, der nun im Politbüro saß, hegte wahrscheinlich antisemitische Gefühle. Der Historiker Simon Sebag Montefiore berichtete, wie sich Chruschtschow in der unmittelbaren Nachkriegszeit, als er die Ukraine verwaltete, weigerte, seine Häuser an Juden zurückzugeben, wenn diese sie besetzt vorfanden: „Als reueloser Antisemit beschwerte er sich, dass die 'Abramowitschs' wie Krähen über sein Lehen herfielen". Die Angelegenheit löste in Stalins Umfeld eine regelrechte Debatte aus, schreibt Sebag Montefiore. Miloels beschwerte sich bei Molotow, der die Beschwerde an Beria weiterleitete.

---

[147] Arkadi Vaksberg, *Stalin et les juifs*, Robert Laffont, 2003, S. 132, 133.

Dieser forderte Chruschtschow auf, den Juden zu helfen. Stalin „hatte später den Verdacht, dass Beria den Juden zu nahe stand, und das mag der Ursprung des Gerüchts gewesen sein, dass Beria selbst ein „geheimer" Jude war[148]."

Er scheint eine echte Sympathie für Juden gehabt zu haben, schreibt Amy Knight in ihrer Biografie über Beria: „In den uns vorliegenden Beschreibungen wird oft betont, dass er körperlich als Jude durchgehen konnte, und es verbreitete sich das Gerücht, dass er ein Jude sei. Obwohl diese Gerüchte unbegründet zu sein scheinen, brachten sie Beria in der öffentlichen Meinung möglicherweise mit Juden in Verbindung." Tatsächlich hatte Beria nach dem Krieg als Parteichef in Georgien ein Programm zur Rehabilitierung der georgischen Juden ins Leben gerufen, das unter anderem die Gründung einer Gesellschaft für jüdische religiöse Werke und eines jüdischen ethnologischen Museums in Tiflis vorsah. „Wir können hinzufügen, schrieb Amy Knight, dass seine Schwester einen Juden geheiratet hatte, und dass er mehrere jüdische Freunde unter seinen treuen Anhängern hatte: Milstein, Raïkhman, Mamulov, Sumbatov-Topuridze und Eitingon, um nur einige zu nennen[149]."

Ab 1946 prangern die Berichte seitenweise den Einfluss der amerikanischen zionistischen Organisationen auf den Ausschuss an. Jede Äußerung von jüdischem Partikularismus war verdächtig. Dies hinderte Stalin nicht daran, die Gründung des Staates Israel zunächst zu unterstützen. Doch im September 1948 löste der Besuch der israelischen Außenministerin Golda Meir in Moskau große Begeisterung unter den sowjetischen Juden aus, was wiederum Stalins Zorn hervorrief. Einen Monat später, am 20. November 1948, ordnete Stalin die Auflösung des Jüdischen Antifaschistischen Komitees an, das er als „bürgerlich-jüdische nationalistische Organisation" bezeichnete.

Kurze Zeit später saß fast die gesamte CJA-Führung hinter Gittern. Im Januar wurde die Leiche von Mikhoels in Minsk gefunden, die aus dem

---

[148] Simon Sebag Montefiore, *Der Hof des roten Zaren*, 2004, Crítica-Barcelona, S.586

[149] Amy Knight, *Beria*, 1993, Aubier, 1994, S.223. Eitingon wurde mit der Ermordung Trotzkis beauftragt. Stalin „betraute die Juden Naoum Eitingon, Grigori Rabinovitch und Lev Vassilevski sowie den mit einer Jüdin verheirateten Pavel Sudoplatov mit der Aufgabe, seinen alten Feind Trotzki zu beseitigen". (Arkadi Vaksberg, *Stalin und die Juden*, Robert Laffont, 2003, S. 117)

Schnee ragte. Der Leichnam wurde nach Moskau gebracht, „in das Labor von Professor Boris Zbarski, dem (jüdischen) Biochemiker, der für die Konservierung der Mumie Lenins zuständig war; obwohl er die Prellung des Kopfes und die Schusswunde sah, wurde er angewiesen, das Opfer des „Verkehrsunfalls" zu präparieren[150]".

Am 19. Januar 1949 veröffentlichte die Prawda einen Leitartikel „über eine unpatriotische Gruppe von kosmopolitischen Kritikern". Die offizielle antisemitische Kampagne hatte begonnen. Ziel war es, ein großes amerikanisches Spionagenetz mit Verbindungen zu den Zionisten zu entlarven. Einige Tage später wurde Polina Molotowa, Molotows Frau und nach Kaganowitsch die einflussreichste jüdische Persönlichkeit am Hof, still und leise ihres Amtes enthoben.

Die Liquidierung des CJA wurde erst im Sommer 1952, nach sechsjährigen Ermittlungen, abgeschlossen. Wiktor Abakumow, ein enger Mitarbeiter Berias, der nach dem Krieg zum Sicherheitsminister ernannt worden war, um Beria selbst zu ersetzen, wurde im Juli 1951 entlassen und verhaftet, weil er zu langsam vorging. Er wurde durch Semion Ignatiev ersetzt, und Riumine wurde zum stellvertretenden Sicherheitsminister ernannt. Wie schon 1937 brach der Terror über die Führung selbst herein.

Seit der Vorkriegszeit, als Beria die Lubjanka leitete, gab es in der Leitung der Lubjanka eine große Anzahl von Juden", schrieb Vaksberg. Riumin ordnete daraufhin die Verhaftung von Leonid Raïhman, Naum Etigon, Norman Borodin (Gruzenbrg), Lev Schwartzman, Mikhail Makliarski, Salomon Milstaein, Aron Belkine, Efimm Libensn, Andrei Sverdlov (Sohn des ersten sowjetischen 'Präsidenten') und vieler anderer Generäle und hoher Offiziere der Lubjanka an[151]."

Sebag Montefiore stellte auch den Fall eines Naun Shvartsman vor: „Oberst Naum Shvartsman, einer der brutalsten Folterer seit den späten 1930er Jahren und ein Journalist, der sich auf die Veröffentlichung von Geständnissen verstand, behauptete, nicht nur mit seinem eigenen Sohn und seiner Tochter, sondern auch mit Abakumov selbst sexuelle

---

[150] Simon Sebag Montefiore, *La corte del Zar rojo*, 2004, Crítica-Barcelona, S. 620.

[151] Arkadi Vaksberg, *Stalin et les juifs*, Robert Laffont, 2003, S. 233.

Beziehungen gehabt zu haben¹⁵²". Alle wurden beschuldigt, in eine zionistische Verschwörung verwickelt zu sein.

Einhundertzehn Mitglieder des CJA waren inhaftiert und gefoltert worden. „Mehr als hundertzehn Gefangene, zumeist Juden, erlitten den „französischen Kampf" durch die Hand des blutrünstigen Komarow in der Lubjanka, schrieb Sebag Montefiore. Ich war gnadenlos mit ihnen", prahlte Komarow später, „ich habe ihnen die Seelen gebrochen... Nicht einmal der Minister hat ihnen so viel Angst eingejagt wie ich... Besonders gewalttätig war ich gegenüber den jüdischen Nationalisten (die ich am meisten hasste)¹⁵³." Fünf starben.

Im Sommer 1952 fand schließlich der Prozess gegen die „Zionisten" statt. Er dauerte drei Monate, hinter verschlossenen Türen, ohne Staatsanwalt und Anwälte, im Lubjanka-Gebäude. Am Ende erschienen dreizehn Personen auf der Anklagebank. Salomon Lozovski, stellvertretender Außenminister, eröffnete die Liste. Ihm wurde vorgeworfen, die Idee der Gründung einer jüdischen Republik auf der Krim gefördert zu haben. Dann folgten die Schriftsteller und Dichter Itzik Fefer, Perec Markish, Lev Kvitko und David Bergelson. Sie alle wurden am 12. August 1952 erschossen.

Das sowjetische Wörterbuch selbst änderte die Bedeutung des Wortes „Kosmopolit", berichtet Alain Brossat: „Der „Kosmopolit" ist nicht mehr ein „Individuum, das die ganze Welt als seine Heimat betrachtet" (Definition von 1931), sondern ein „Individuum ohne patriotische Gefühle, losgelöst von den Interessen seines Heimatlandes, fremd gegenüber seinem Volk und mit verächtlichem Verhalten gegenüber seiner Kultur" (Definition von 1949)".

Am 13. Januar 1953, dem fünften Jahrestag der Ermordung Michails, veröffentlicht die sowjetische Presse ein offizielles Kommuniqué, in dem die „Weißmantel"-Verschwörung angeprangert wird und das den Ausgangspunkt für eine neue, gegen „Zionisten" gerichtete Kampagne im ganzen Land bildet. Von den neun Ärzten, die beschuldigt wurden, versucht zu haben, Schdanow und Stalin zu töten, waren sechs Juden. Zu diesem Zeitpunkt plante Stalin die Zwangsumsiedlung aller Juden nach Zentralasien, die nach Angaben von Arkadi Vaksberg am 15. März

---

[152] Simon Sebag Montefiore, *La corte del Zar rojo*, 2004, Crítica-Barcelona, S. 662, Fußnote

[153] Simon Sebag Montefiore, *La corte del Zar rojo*, 2004, Crítica-Barcelona, S. 634.

beginnen sollte. Dieser Plan hinderte ihn nicht daran, seine Doppelzüngigkeit gegenüber den Juden fortzusetzen, zum Beispiel durch die Verleihung des Stalinpreises an Ilia Ehrenbourg am 27. Januar. Doch nach der offiziellen Bekanntgabe des Komplotts der Ärzte lebte Stalin nur noch 51 Tage. Sein Tod am 5. März 1953 ist nach wie vor geheimnisumwittert.

Am 1. März 1953 wurde Stalin um 22 Uhr bewusstlos in seiner Datscha in Kutsevo, 80 Kilometer von Moskau entfernt, aufgefunden. Vier Stunden, nachdem die Würdenträger informiert worden waren, tauchte am Montagmorgen um 3 Uhr eine Delegation auf. „Niemand weiß, wer in dieser Nacht die antisemitische Medienkampagne gestoppt hat. Suslov war der für ideologische Fragen zuständige Sekretär des Zentralkomitees, aber... wer hat ihm befohlen, die Kampagne zu stoppen? aber wer befahl ihm, die Kampagne zu stoppen? Die Antwort bleibt unbekannt[154]."

Beria und Malenkow, Stalins zitternder und penibler Sekretär, waren zuerst eingetroffen. Als Stalin im Sterben lag, mit einer Blutwurst am Gehirn, riefen sie erst am Tag nach dem Drama die Ärzte. Beria wurde allgemein vorgeworfen, Stalin nicht geholfen zu haben, aber auch Chruschtschow und Ignatjew taten nicht viel. Sebag Montefiore schrieb: „Jüngste Untersuchungen deuten darauf hin, dass er Stalin möglicherweise ein gerinnungshemmendes Medikament auf der Basis von kristallinem Natrium in den Wein gegeben hat, das nach einigen Tagen den Schlaganfall auslöste. Vielleicht waren Chruschtschow und die anderen Hierarchen mitschuldig, so dass es im Interesse aller lag, die Affäre zu vertuschen. Die vier beschlossen daraufhin, in ihre jeweiligen Häuser zurückzukehren und ihren Familien nichts davon zu erzählen[155]."

Da die Ärzte erst am Tag nach dem Drama hinzugezogen wurden, wird man nie erfahren, ob ein schnelleres Eingreifen Stalin hätte retten können. Jedenfalls machte Beria aus seiner Freude keinen Hehl: „Ich habe es selbst geschafft! -sagte er später prahlerisch zu Molotow und Kaganowitsch, „Ich habe euch alle gerettet! Stalin öffnete die Augen, als Kaganowitsch eintraf, blickte einen nach dem anderen auf seine

---

[154] Simon Sebag Montefiore, *La corte del Zar rojo*, 2004, Crítica-Barcelona, S. 692. Fußnote.

[155] Simon Sebag Montefiore, *La corte del Zar rojo*, 2004, Crítica-Barcelona, S. 694.

Leutnants und schloss sie dann wieder. Im Gegensatz zu dem despotischen Beria waren Molotow und Kaganowitsch zutiefst erschüttert. Tränen liefen ihnen über die Wangen... Es ist möglich, dass zwanzig Millionen Menschen ermordet wurden, dass weitere achtundzwanzig Millionen deportiert wurden, von denen achtzehn Millionen in den Gulags Zwangsarbeit leisten mussten. Doch trotz so viel Blut und so viel Schmerz blieben sie ihrem Glauben treu. Sebag Montefiore deutet hier eine Facette von Berias Persönlichkeit an: „Als Stalins Unfähigkeit bewiesen wurde, spuckte Beria „den ganzen Hass aus, den er für Stalin empfand", aber jedes Mal, wenn die Augenlider des Diktators zu zittern begannen oder er die Augen öffnete, „kniete Lavrenti nieder und begann, seine Hand zu küssen", wie ein orientalischer Wesir am Fuße des Bettes eines Sultans, aus Angst, dass er sich erholen könnte. Wenn der Diktator wieder in einen tiefen Schlaf fiel, spuckte Beria ihm praktisch ins Gesicht und offenbarte seinen übersteigerten Ehrgeiz..." Dieser Schurke! Dieser Dreck! Gott sei Dank sind wir ihn los[156]!"

1948 war Berias politische Stellung weniger wichtig als bei Kriegsende. Er war bereits nur noch die Nummer vier in der Führung, hinter Molotow, Schdanow und Worotschilow (Chef der Armee), und seine Getreuen waren aus dem Zentralkomitee entfernt worden. Wegen seiner dubiosen Beziehungen zum Jüdischen Antifaschistischen Komitee misstraute Stalin ihm und unterstellte ihm sogar, er sei ein Krypto-Jude. „Nach Stalins Tod begnügte sich Beria nicht damit, das Komplott der Ärzte als Farce zu denunzieren, schrieb Amy Knight in ihrer Biografie, sondern versuchte auch, die Wiederbelebung der jüdischen Kultur zu fördern[157]."

Er war der neue starke Mann der kollegialen Führung, hatte die Kontrolle über die Geheimdienste zurückgewonnen und behielt das Amt des stellvertretenden Ministerpräsidenten. Molotow und Mikojan sitzen wieder in einem verkleinerten Präsidium und nehmen ihre jeweiligen Ressorts Außenpolitik und Handel wieder auf. Chruschtschow blieb eine Stütze der Partei, wurde aber aus der Regierung ausgeschlossen. Malenkow trat die Nachfolge Stalins als Generalsekretär der Partei und Regierungschef an. Beria triumphierte, und alle hielten ihn für den Mann mit der besten Zukunft. Zu keinem

---

[156] Simon Sebag Montefiore, *La corte del Zar rojo*, 2004, Crítica-Barcelona, S. 694, 695, 697, 702.

[157] Amy Knight, *Beria*, 1993, Aubier, S. 223

Zeitpunkt zweifelte er an sich selbst. Doch am 26. Juni meldete sich Chruschtschow auf der außerordentlichen Sitzung des Präsidiums zu Wort und griff Beria an. Bulganin schloss sich ihm an, ebenso wie Malenkow. Er geriet in Panik und gab den draußen wartenden Generälen das Zeichen zum Eintreten. Marschall Schukow betrat den Raum und verhaftete Beria.

Am 22. Dezember wurde er von einem Geheimtribunal zum Tode verurteilt. Unbekleidet, in Unterwäsche, mit Handschellen an einen Haken an der Wand gefesselt, schrie und flehte er um sein Leben. Er war so laut und lärmend, dass ihm eine Serviette in den Mund gestopft werden musste, bevor er mit einem Gewehr in den Kopf geschossen wurde. Seine Leiche wurde eingeäschert. Beria wurde im Nachhinein für die meisten Verbrechen der Stalin-Ära verantwortlich gemacht. Chruschtschow trat nun als neuer Herrscher der Sowjetunion auf.

Der ungarische Aufstand

In der unmittelbaren Nachkriegszeit spielten kommunistische Führer jüdischer Herkunft auch in den osteuropäischen Ländern eine bemerkenswerte Rolle. Sie waren während des Krieges nach Moskau geflüchtet und wurden in Güterwaggons der Roten Armee verfrachtet, um die besetzten Länder zu verwalten. Das Beispiel Ungarns ist dafür am emblematischsten. Die sowjetischen Truppen, die 1945 in Ungarn einmarschiert waren, bestanden zum Teil aus asiatischen Soldaten. Jahre später erzählte der englische Historiker David Irving einige sehr anschauliche Zeugnisse: „Als wir die russischen Soldaten ankommen sahen, fragten wir uns, ob sie wirklich zur menschlichen Rasse gehörten... Ihre Kleidung war unbeschreiblich schmutzig. Sie stürmten in die Wohnungen und warfen Granaten. Anstatt zu sprechen, grunzten sie. Sie zielten auf Menschen, und wenn sie nicht bekamen, was sie wollten, töteten sie sie... Sie kannten keine Zahnpasta und schmierten sie aufs Brot. Sie tranken Kölnisch Wasser. Telefone erschreckten sie und schossen auf sie. Sie wuschen sich in den Toiletten. Duschen kannten sie nicht, wenn sie sahen, dass Wasser aus der Wand sprudelte, bekamen sie Angst und schossen auf sie".

David Irving beschreibt in seinem Buch die Qualen, die die ungarische Bevölkerung ertragen musste: Gruppenvergewaltigungen, Mord und Plünderung. „Vor allem aber hingen die Vergewaltigungen wie ein Unheil über dem Land, begleitet von Syphilis". Die Ungarn haben also eine ziemlich schmerzhafte Erinnerung an diese „Befreiung", wie man an dieser etwas sarkastischen Äußerung erkennen kann: „Unser Land hat im Laufe seiner Geschichte drei Katastrophen erlebt: die Niederlage durch die Mongolen, die Eroberung durch die Türken und die Befreiung durch die Rote Armee[158]."

Die Rote Armee brachte eine Gruppe von kommunistischen Führern jüdischer Herkunft an die Macht. Die meisten von ihnen waren Führer der kommunistischen Republik Bela Kun, die nach dem Sturz dieses Regimes im Jahr 1919 nach Moskau geflohen waren. Dort hatten sie sowjetische Parteischulen besucht und waren von Stalin zur Führung der ungarischen kommunistischen Partei ausgewählt worden.

Matthew Rakosi, der Führer des Landes bis 1953, hieß eigentlich Matthew Roth. Der Sohn eines jüdischen Lebensmittelhändlers war laut David Irving „einer der skrupellosesten Despoten des 20. Jahrhunderts", schrieb David Irving. Während des Krieges 1914 war er von den Russen gefangen genommen und in Sibirien interniert worden, wo er Kommunist wurde. Er lernte 1918 in Petrograd Lenin kennen und kehrte während der kurzen Sowjetrepublik von Bela Kun nach Ungarn zurück. Nach der Niederlage flüchtete er nach Österreich und 1920 nach Moskau. Vier Jahre später schickte ihn die Komintern zurück nach Ungarn, um eine kommunistische Untergrundpartei wieder aufzubauen. Er wurde gefangen genommen und zum Tode verurteilt, doch dank einer internationalen Protestkampagne wurde seine Strafe in acht Jahre Gefängnis umgewandelt. Als er 1935 erneut wegen der Hinrichtung von 40 politischen Gegnern unter der Regierung von Bela Kun angeklagt wurde, verwandelte er die Anklagebank in eine politische Tribüne, von der aus er seinen Prozess in der ganzen Welt bekannt machte. Am 30. Oktober 1940 ließ Horthy ihn schließlich im Austausch gegen die 1848 vom Zaren erbeuteten ungarischen Fahnen frei. In den Kriegsjahren blieb er Vorsitzender der ungarischen kommunistischen Partei im Moskauer Exil[159]. Er war bei seinen Genossen nicht sehr beliebt, die ihn während des Prozesses von 1935 beschuldigten, die Aktivisten verraten zu haben. Beria nannte ihn „den ersten jüdischen König von Ungarn".

„Die vier Männer, die die wirkliche Macht in Ungarn hatten, waren Juden", erklärte David Irving. Zu diesem „jüdischen Quartett" gehörte neben Rasoki auch Ernst Gero, der die Wirtschaft des Landes leitete. Er

---

[158] David Irving, *Insurrection, L'enfer d'une nation: Budapest 1956*, Albin Michel, 1981, S. 28, 26.

[159] David Irving, *Insurrection, L'enfer d'une nation: Budapest 1956*, Albin Michel, 1981, S. 31.

wurde als Ernt Singer geboren und war es, der Ramon Mercader für das Attentat auf Trotzki 1940 rekrutierte. M. Farkas war für die Armee und die Verteidigung zuständig. Er wurde als Wolf geboren, war NKWD-Offizier in Moskau und ehemaliges Mitglied der Internationalen Brigaden in Spanien, ebenso wie Gero. Der dritte war Joseph Revai, dem das Ministerium für Kultur und Propaganda des Regimes übertragen wurde.

Offenbar war sich die ungarische Bevölkerung der Situation sehr wohl bewusst: „Laut Jay Schulman, einem amerikanischen Soziologen, der das Phänomen untersucht hat, „wurden die kommunistischen Führer von fast 100% der Befragten in erster Linie als Juden angesehen". So betont beispielsweise ein gut ausgebildeter Ingenieur, dass die Juden, die den Kommunismus in Ungarn eingeführt haben, am wenigsten gelitten haben und die interessantesten Positionen innehatten. Fast alle ständigen Mitglieder der Partei und hohe Offiziere der Geheimpolizei sind Juden[160]".

Ein von zwei jüdischen Journalisten aus Mailand verfasstes Buch mit dem Titel *Die Juden und der Kommunismus nach dem Holocaust*, das 1995 veröffentlicht wurde, bestätigt dies:

„In keinem anderen Land Osteuropas gab es im kommunistischen Generalstab eine so große Anzahl von Juden[161]." Im Mai 1945 schrieben sie: „Von den 25 Mitgliedern des Zentralkomitees waren 9 Juden; das Parteisekretariat bestand aus acht Personen, von denen die Hälfte Juden waren; an der Spitze der Sicherheitskräfte standen Gabor Peter und sein Stellvertreter Itstvan Timar sowie eine Reihe von Kollaborateuren, die in ihren Diensten standen. Der Polizeichef war André Szebenyi, und Geza Revesz leitete die Säuberungskommission der Armee. Der Anteil der Juden im Propagandasektor war sehr hoch: Sie waren überall präsent, von den Redakteuren der *Szabad Nep* (Freies Volk), der von Oszkar Betlen geleiteten Parteizeitung, bis hin zum staatlichen Rundfunk und den offiziellen Presseagenturen". Doch „die totalitäre Dampfwalze machte keine ethnischen Unterschiede. Sowohl

---

[160] David Irving, *Insurrection, L'enfer d'une nation: Budapest 1956*, Albin Michel, 1981, S. 37.

[161] Gabriele Eschenazi, Gabriele Nissim, *Les juifs et le communisme après la Shoah*, 1995, Éd. De Paris, 2000, S. 84

Ungarn jüdischer Herkunft als auch nicht-jüdische Ungarn wurden auf die gleiche Weise vernichtet[162] „", so die beiden Autoren.

In seinem 2006 erschienenen Buch *Budapest 56* beschreibt Victor Sebestyen, dass Gabor Peter „nach Rasoki die meistgehasste Person in Ungarn" war. „Er hatte als Schneidergehilfe gearbeitet, bevor er eine Karriere einschlug, die ganz der Gewalt gewidmet war. Er war „mit der schönen und furchterregenden Jolan Simon verheiratet, einer KGB-Agentin, Rakosis persönlicher Sekretärin... Sie lebten umgeben von Dienern in einer luxuriösen Villa auf dem Rosenberg, von der aus sie einen einzigartigen Blick auf die Donau hatten." An den Wänden seines Büros nahm „ein Bild von ihm, wie er mit Stalin anstößt, einen prominenten Platz ein[163]."

David Irving enthüllte, dass sein richtiger Name Benjamin Auschpitz war. Er war verantwortlich für die Schaffung der allmächtigen politischen Polizei des Regimes, der AVH (Staatliche Schutzbehörde), und deren Einrichtung in dem berühmten Gebäude in der Andrassy-Allee 60 in Budapest.

„Peter verlangt, dass das Kommando der AVH von den Offiziersrängen an aufwärts ausschließlich aus Juden bestehen soll. Viele wurden in Ungarn geboren; die meisten wurden von der MVD, Stalins Geheimpolizei, ausgebildet... Fast jede ungarische Familie litt unter den Taten der verhassten AVH-Mitglieder, schrieb Irving. Die AVH kannte keine Gesetze außer ihren eigenen. Jeder hatte von ihren Methoden gehört. Zum Beispiel erwähnen Gerüchte, die wahrscheinlich gut begründet sind, und auch zahlreiche Häftlingsberichte einige Fälle, in denen eine Sonde in den Penis des Häftlings eingeführt und dann herausgeschlagen wurde... Tausende von Häftlingen sind in den Kerkern des AVH definitiv verrückt geworden".

Ein gewisser Janos Szabo, einer der Anführer des ungarischen Aufstandes, „spricht unmissverständlich von „diesen verdammten Juden, die die ganze Organisation leiten", d.h. die politische Polizei... Der Mann wurde gefoltert: seine Fingernägel wurden herausgerissen,

---

[162] Gabriele Eschenazi, Gabriele Nissim, *Les juifs et le communisme après la Shoah*, 1995, Éd. De Paris, 2000, S.92,93

[163] Victor Sebestyen, *Budapest 56, les douze jours qui ébranlèrent l'empire soviétique*, Calmann-Levy, 2006, S.62

seine oberen und unteren Backenzähne durch rudimentäre Prothesen ersetzt".

Die Methoden dieser Miliz waren zweifellos denen der bolschewistischen Kommissare der UdSSR würdig: „Dass die Folter in den Räumlichkeiten der AVH eine gängige Praxis war, ist leider eine Gewissheit,..." „Was für ein wunderbarer Ort, die Andrassy-Allee 60. Was für ein wunderbarer Ort, die Andrassy-Allee 60: die Donau ist nicht weit entfernt, es ist sehr praktisch, wenn man jemanden verschwinden lassen will". In der Tat scheint das Verschwinden der Opfer sorgfältig geplant gewesen zu sein: „'Der Leichenbrecher' des AVH wird in einer Reihe von Interviews nach dem Aufstand erwähnt[164]", schrieb David Irving.

Dies mussten auch die beiden italienisch-jüdischen Autoren Gabriele Eschenazi und Gabriele Nissim erkennen: „Die Präsenz einer jüdischen Führung an der Macht verstärkte das Missverständnis, das nach dem Holocaust zwischen Juden und Ungarn herrschte". Die Bevölkerung „sah die Anwesenheit von Juden an der Spitze der Macht als Zeichen eines fremden Willens". Sie wiesen darauf hin, dass die jüdische Bourgeoisie 1945 lieber die Kommunisten unterstützte, als die ungarische „Kleingrundbesitzer"-Partei an der Macht zu sehen, die die ersten Wahlen nach dem Krieg gewonnen und das Privateigentum verzweifelt verteidigt hatte:

„Die jüdische Bourgeoisie... fühlte sich von einer Partei, die als Bannerträgerin des Kampfes gegen den Antisemitismus auftrat, mehr geschützt als von der Partei der Kleingewerbetreibenden. Diese Juden, auch wenn sie dem Sozialismus weit entfernt waren, hielten diejenigen für vertrauenswürdiger, die eine exemplarische Bestrafung der faschistischen Verbrecher versprachen, als diejenigen, die keinen Enthusiasmus bei der Verurteilung der für die Naziverbrechen mitverantwortlichen Ungarn zeigten[165]." Kurz gesagt, wenn wir es richtig verstehen, fühlte die jüdische Bourgeoisie eine gewisse „selektive Affinität" zu den jüdischen Kommunisten, jenseits der politischen Divergenzen.

---

[164] David Irving, *Insurrection, L'enfer d'une nation: Budapest 1956*, Albin Michel, 1981, S. 40, 47, 48, 41.

[165] Gabriele Eschenazi, Gabriele Nissim, *Les juifs et le communisme après la Shoah*, 1995, Éd. De Paris, 2000, S.85,86

Die jüdische Macht in Ungarn sollte schließlich gestürzt werden, nicht durch Stalin, sondern durch die Revolution von 1956. Die beiden Autoren, Eschenazi und Nissim, versuchten sofort zu erklären, dass der ungarische Aufstand keinen antisemitischen Charakter hatte. Der jüdische Historiker Ferenc Fetjó, „der bedeutendste Historiker der Volksdemokratien", der ihrem Buch vorangestellt ist, zeigte sich überrascht, dass es während des ungarischen Aufstands von 1956 „keine nennenswerten Anzeichen von Antisemitismus" gab. „Die Wahrheit ist, so die beiden Autoren, dass es zwar einige kleine Zwischenfälle gab (antisemitische Parolen, die während der großen Volksdemonstration am 23. Oktober an die Fassaden einiger jüdischer Häuser geschrieben wurden), aber es handelte sich immer um isolierte Ereignisse[166]."

Nach Eschenazi und Nissim stellte sich heraus, dass Chruschtschows Entstalinisierungspolitik nach Stalins Tod 1953 „eine ideologische Krise auslöste, die viele Führer jüdischer Herkunft dazu brachte, den Reformversuch zu unterstützen". Es stimmt jedoch, dass einige Juden die Revolution von 1956 in schlechter Erinnerung behalten haben.

Die Aussage des Journalisten Erno Lazarovitz, der nach 1989 Vizepräsident der jüdischen Gemeinde wurde, widerspricht den oben genannten Aussagen: „Ich werde die Nacht des 23. nie vergessen: Ich war auf dem Rückweg vom Bahnhof und hörte Demonstranten, die antisemitische Parolen skandierten. Ich war erschüttert. Ich hatte zwei Kinder. Von da an hatte ich schreckliche Angst, auf die Straße zu gehen. Ich wollte das Land verlassen. Wenn ich es nicht tat, dann nur, weil am Ende die Russen kamen... Wie hätte ich den Leuten erklären sollen, dass die Juden nichts mit der „Viererbande"[167] zu tun hatten?

Es scheint, dass die antisemitischen Vorfälle keine Einzelfälle waren. Tatsächlich fürchteten die Juden zu Recht ungarische Repressalien, aber die große Angst der Juden verschwand mit der Ankunft der sowjetischen Soldaten. Am 4. November setzte Janos Kadar seine neue Regierung ein. Er ordnete Tausende von Verhaftungen und Hunderte von Todesurteilen an und erstickte den Antisemitismus im Keim.

---

[166] Gabriele Eschenazi, Gabriele Nissim, *Les juifs et le communisme après la Shoah*, 1995, Éd. De Paris, 2000, S. 111, 112

[167] So wurden die vier kommunistischen Führer jüdischer Herkunft genannt: Rakosi, Gerö, Farkas und Revai.

„Antisemitismus war streng verboten[168]„, und in Budapest herrschte wieder Ordnung.

David Irving geht sogar noch deutlicher auf den Antisemitismus ein, der während des Aufstandes ausbrach. Während des Aufstandes von 1956, so schreibt er, „werden die zumeist jüdischen Köpfe der AVH aus ihren Löchern vertrieben". Der AVH-Kommandant F. Toth „wird in seinem Haus in der Nähe des Lenin-Boulevards zusammengetrieben... Der Mob stürzt sich auf Toth und hängt seine Leiche an einem Baum auf dem Boulevard auf. Ein anderer AVH-Offizier wird in der Nähe der Aradi Avenue gelyncht; die zehntausend Gulden in Banknoten, die in seinen Taschen gefunden wurden, werden ihm in den Mund gestopft... Ein AVH-Oberst wird auf dem Kalman-Mikszath-Platz gelyncht, und die dreißigtausend Gulden, die er bei sich trug, stecken in seiner Brust[169]."

Der *Paris-Match*-Korrespondent Paul Mathias, dem es gelungen war, Budapest zu verlassen, als die russischen Truppen im Begriff waren, in Ungarn einzumarschieren, wurde vom Präsidenten der Französischen Republik, René Coty, eingeladen, um über die Lage im Land befragt zu werden. Der Journalist erklärte: „Die zwei Millionen Einwohner von Budapest haben einfach die Angst verloren... Sie sind wütend geworden. Eine ganze Stadt, ein ganzes Land ist vor Verzweiflung verrückt geworden". Das einfache Volk hat sich endlich befreit: „Ein riesiges Lagerfeuer brannte, verbrannte Literatur und Propaganda in einem dichten Rauch[170]."

Es sei jedoch darauf hingewiesen, dass David Irving sich nicht nur auf diese Frage konzentriert hat: Von den 521 Seiten der französischen Ausgabe sind die hier vorgestellten Passagen die einzigen, die explizit genug sind, um den Antisemitismus der Ungarn zu jener Zeit zu verstehen. Schaut man sich jedoch die Ausgabe des Originaltextes an, so stellt man fest, dass die französische Fassung des französischen Verlegers Albin Michel in einzigartiger Weise verwässert wurde. Die englische Fassung von 751 Seiten war in der Tat etwas ruppiger. Zu

---

[168] Gabriele Eschenazi, Gabriele Nissim, *Les juifs et le communisme après la Shoah*, 1995, Éd. De Paris, 2000, S. 120, 128

[169] David Irving, *Insurrection, L'enfer d'une nation: Budapest 1956*, Albin Michel, 1981, S. 325, 326.

[170] David Irving, *Insurrection, L'enfer d'une nation: Budapest 1956*, Albin Michel, 1981, S. 22, 352.

Beginn des Buches, wenn die ungarischen Persönlichkeiten vorgestellt werden, wird in der englischen Fassung systematisch die jüdische Identität der Hauptprotagonisten genannt. Matias Rakosi zum Beispiel wurde in der englischen Fassung wie folgt vorgestellt: „64 Jahre alt, Jude, Leiter der ungarischen Emigranten in Moskau von 1940 bis 1944, Generalsekretär der Ungarischen Kommunistischen Partei von 1944 bis 1956; Ministerpräsident von 1947 bis 1953". Von den 56 vorgestellten Personen wurde die jüdische Identität, die in der englischen Fassung erwähnt wird, in der französischen Fassung 28 Mal gestrichen.

Auch die Beschreibung der Gruppe der vier Manager war in der englischen Fassung genauer (Seite 52): Ernest Gero wurde als „schwarzhaariger, genialer Organisator, kühl und unnahbar, ein Energiebündel" beschrieben. Michael Wolf, Rakosis „finsterer" Verteidigungsminister nach 1948, „hatte zehn Jahre lang eine Jugendbewegung in der Tschechoslowakei aufgebaut und wurde später NKWD-Offizier in Moskau, aber er verlor nie seinen slowakisch-jüdischen Akzent". Der vierte Mann im Bunde, der Journalist Joseph Revai, „wurde der 'Dr. Goebbels' des Diktators Rakosi, sein Propagandaminister". David Irving fügte hinzu: „Die dominante Stellung der Juden im Regime war die Ursache für das tiefe Unbehagen des ungarischen Volkes."

Der rote Terror forderte seinen Tribut von allen, unabhängig vom Rang der Opfer. Janos Kadar zum Beispiel, ein untadeliger Kommunist, wurde im April 1951 verhaftet. Er hatte 1942 die Leitung der KP im Untergrund übernommen und war 1948 Innenminister gewesen. In der französischen Ausgabe heißt es über ihn (S. 65): „Im Gefängnis war er den grausamsten Folterungen ausgesetzt, keine Demütigung wurde ihm erspart. Er wurde erst drei Jahre später entlassen." Die englische Ausgabe (S. 98) enthält weitere Einzelheiten:

„Er wurde gefoltert, bis er zusammenbrach, und als er wieder zu sich kam, pisste ihm Oberst Vladimir Farkas - der Sohn des jüdischen Ministers von Rasoki - ins Gesicht. Als Kadar drei Jahre später freigelassen wurde, schrieb ein CIA-Agent in seinem Bericht: „Die Fingernägel seiner linken Hand wurden ihm ausgerissen. Er wurde auf persönlichen Befehl von M. Farkas mit unvorstellbarer Grausamkeit verhört".

Im Originaltext finden wir die Aussagen amerikanischer Forscher, die Bauern in den ungarischen Provinzen befragt haben, deren Aussagen zweifellos die Stimmung eines großen Teils der Bevölkerung widerspiegeln. In Nyiracsad zum Beispiel, einer Kleinstadt mit 6000

Einwohnern, zehn Kilometer von der rumänischen Grenze entfernt, wird deutlich, dass es den Kommunisten nie gelungen ist, das Christentum auszurotten. Bei den Maidemonstrationen „stehen sie am Rande, während die Beamten des Regimes und die Angestellten der landwirtschaftlichen Genossenschaft aufmarschieren".

Die orthodoxe Bevölkerung hat nie offen über politische Fragen gesprochen, aber nachdem sie sich vergewissert hatten, dass niemand ihr Gespräch belauschen konnte, erzählten die Bauern den Forschern: „Als sie 1945 nach Ungarn zurückkehrten, hatten sie keinen Pfennig", sagt ein Bauer. Jetzt sind alle örtlichen Beamten Juden... Die Bauern in diesem Dorf wissen ganz genau, dass sie die Chefs des kommunistischen Regimes sind[171]". Die amerikanischen Journalisten stellten fest: „Hier ist der Hass auf die Juden wirklich schrecklich". Ein anderer Bauer erzählte, wie das Regime 1948 die Zigeuner dafür bezahlte, die örtliche Bevölkerung zu unterdrücken und Ernte, Vieh und alles Wertvolle zu beschlagnahmen. Es ist aufschlussreich, wie ethnische Minderheiten manchmal nützlich sein können, um die Mehrheiten zum Schweigen zu bringen. Offensichtlich scheinen diese Überlegungen dem französischen Übersetzer André Berelovitch nicht zu gefallen, der hier um der „Eintracht" willen gute Arbeit geleistet hat.

Anlässlich des fünfzigsten Jahrestages des Aufstandes waren mehrere in französischer Sprache veröffentlichte Bücher im Buchhandel erhältlich. Das oben zitierte Buch von Victor Sebestyen wurde von Johan-Frederik Hel Guedj aus dem Englischen übersetzt. Obwohl er uns nur kurz über die Nationalität der vier Anführer informiert, „die alle Juden waren", deutet er vor allem an, dass es sich bei diesen Juden um Kommunisten handelte: „Rakosi, dem es nie an Ideen und Witz mangelte, wurde, ohne Angst vor Lächerlichkeit, zu einem der glühendsten Antisemiten Ungarns" (S.55). (p.55). Victor Sebastyen hat, wie wir sehen, auch keine Angst vor Spott. Die zitierten Sätze waren die einzigen, die das Thema auf den 406 Seiten seines Buches berührten.

André Farkas' Buch *Budapest 1956, The Tragedy as I Saw and Lived It* (Tallander, 2006, 288 Seiten) enthält keine einzige Erwähnung der Rolle der Juden im Nachkriegsungarn. Auch in François Fetjö's *1956, Budapest, der Aufstand* (Complexe Verlag, 2005) findet sich keine einzige Zeile zu diesem schmerzlichen Thema.

---

[171] David Irving, Seite 156 der englischen Fassung

Das Buch von Henri-Christian Giraud, *Eine Geschichte der ungarischen Revolution* (Le Rocher, 2006), zeigt sehr gut, wie die Goj lernen, die Grenzen der Meinungsfreiheit zu respektieren, ohne dass dies sie daran hindert, gelegentlich den „intellektuellen Terrorismus" zu kritisieren.

Nach der blutigen Niederschlagung des ungarischen Aufstandes wurde die Zahl der jüdischen Führer begrenzt. „Die strikte Begrenzung der Zahl der Juden an der Spitze hatte nicht die Wirkung einer „Arisierung" der Partei, wie es 1968 in Polen mit Gomulka der Fall war", schreibt Gabriele Eschenazi. Kadar beschäftigte weiterhin Führungskräfte jüdischer Herkunft in der Presse, im Fernsehen und in den verschiedenen Wirtschaftssektoren und setzte sie in Schlüsselpositionen der staatlichen Verwaltung ein", so dass man sagen kann, dass „die beste Zeit für die Juden im Kommunismus die war, in der Kadar die Macht ausübte".

Antisemitismus war verboten, und „die Tatsache, dass es an der Spitze der Partei keine Führungskräfte jüdischer Herkunft mehr gab, verhinderte, dass die Bevölkerung sie mit der Macht identifizierte...". Durch die Besetzung von Führungspositionen in den Massenmedien, in wissenschaftlichen Einrichtungen und in der Wirtschaft erwarben zahlreiche Ungarn jüdischer Herkunft wichtiges berufliches Ansehen. Gabriele Eschenazi zufolge waren sie meist die ersten, die sich in den Reformbewegungen engagierten und sich für die vom Kadar-Regime genehmigten Modernisierungsprojekte interessierten. Aus diesem Grund galten sie als die offensten, modernsten und 'westlichsten' technischen und wirtschaftlichen Führer".

Als 1967 der Sechs-Tage-Krieg im Nahen Osten ausbrach, schloss sich die ungarische Regierung den anderen kommunistischen Ländern an und brach die diplomatischen Beziehungen zu Israel ab. Aber jede antisemitische Kampagne wurde verboten, und „Kadar erlaubte unter dem Deckmantel des offiziellen 'Antizionismus' den wenigen Juden, die es wünschten, frei nach Israel zu reisen[172]."

Eine zwischen 1983 und 1988 durchgeführte Umfrage ergab, dass sich die ungarischen Juden „nie vollständig integriert" hatten: „Von den 109 Befragten akzeptierten nur 43 ihre Herkunft voll und ganz; 20 verheimlichten sie vollständig, während 46 es vorzogen, die Situation

---

[172] Gabriele Eschenazi, Gabriele Nissim, *Les juifs et le communisme après la Shoah*, 1995, Éd. De Paris, 2000, S. 127-131

zu bewerten, bevor sie entschieden, ob sie sie preisgeben wollten oder nicht. Von den Eltern, die den Holocaust überlebt hatten, leugneten jedoch 63% kategorisch ihre jüdische Identität und versuchten, ihre Kinder davon zu überzeugen, dasselbe zu tun[173]."

Obwohl die Zahl der Juden an der Spitze der Macht freiwillig begrenzt worden war, konnte es also immer noch versteckte Juden geben, wie Gabriele Eschenazi berichtet: „Die Geschichte des Kulturministers Aczel, dessen Ansichten von Kadar hoch geschätzt wurden, ist das extremste, aber auch das emblematischste Beispiel für die existenziellen Sorgen der Ungarn jüdischer Herkunft". Er war in seiner Jugend ein „mutiger militanter Zionist der Hashomer Hatzair... Als er unter der Herrschaft Kadars plötzlich an die Spitze der Macht gelangte, tat er alles, um seine Identität und vor allem seine zionistische Vergangenheit zu verbergen. Vasarhelyi erinnert sich: „In seinem Leben als hoher kommunistischer Würdenträger war seine Vergangenheit eine schreckliche Last. Er wollte sich um jeden Preis mit dem 'Schnurrbart eines echten Ungarn' präsentieren. In seiner Jugend war er Schauspieler gewesen, aber er schauspielerte immer noch und gab vor, keine jüdische Herkunft zu haben[174]."

Mit dem Zusammenbruch des Kommunismus im Jahr 1989 wurden die Juden erneut von Ängsten geplagt. Das „Gespenst des Antisemitismus" kehrte zurück. Zum Beispiel Istvan Csurka, Dramatiker und Vizepräsident des Demokratischen Forums: „Warum geben die Juden nicht zu, dass sie zu Zeiten von Bela Kun an der Macht waren und dass sie auch an der Macht waren, als sie mit den Russen zurückkehrten? Warum erkennen sie ihre Verantwortung nicht an?"

Wie wir sehen, sollten die Juden einmal mehr als Sündenböcke herhalten. „Auf diese Weise, so schreiben Eschenazi und Nissim, ohne zu lachen, können sie die kollektive Schuld auf die Juden abwälzen und den Rest der Gesellschaft reinwaschen. Die Juden sind aufgerufen, den Prozess der moralischen Umkehr zu übernehmen, zu dem das Land selbst nicht in der Lage ist.

---

[173] Andras Kovacs, *Identität und Ethnizität*, S. 4 (Manuskript). Gabriele Eschenazi, Gabriele Nissim, *Les juifs et le communisme après la Shoah*, 1995, Éd. De Paris, 2000, S. 131-133.

[174] Gabriele Eschenazi, Gabriele Nissim, *Les juifs et le communisme après la Shoah*, 1995, Éd. De Paris, 2000, S. 136

Istvan Csurka schien eher einen Sündenbock zu benennen: „Der Kapitalist, auf den er öffentlich als Symbol des neuen jüdischen Karrierismus hinweist, ist George Soros, der in Ungarn geborene amerikanische Finanzier, der in den letzten Jahren von Kadars Herrschaft die Entstehung einer unabhängigen Kultur unterstützt und finanziert hat".

Es stimmt, dass die Soros-Stiftung in Budapest Stipendien in Höhe von mehreren Millionen Dollar an ungarische Intellektuelle vergeben hat, „um ihnen die Möglichkeit zu geben, zu studieren und zu forschen, ohne von der totalitären Macht behindert zu werden". Wie könnte man in einem solchen Fall diesem großzügigen und patriotischen ungarischen Millionär einen Vorwurf machen? Csurka, „der eine politische Kampagne gegen Soros gestartet hat, beschuldigt ihn sogar, der ehemaligen jüdischen Nomenklatura zu helfen, zum Kapitalismus zu konvertieren[175]". Auf diesen Istvan Csurka, der die Juden sowohl hinter dem Kommunismus als auch hinter dem Liberalismus sah, antworteten die beiden italienischen Schriftsteller mit gespieltem Unverständnis: „Wie ist es möglich, die Juden zum Symbol zweier gegensätzlicher Ideologien, zweier entgegengesetzter politischer Systeme zu machen?"

Die Antwort ist jedoch sehr einfach: Es geht darum, eine neue Formel für den Aufbau dieser Welt ohne Grenzen zu finden, dieses neuen „Königreichs Davids", in dem das Volk Israel endlich von allen als Volk Gottes anerkannt wird.

Polen, befreit von seinen „Gespenstern"

Auch dorthin waren die Juden im Gefolge der Roten Armee zurückgekehrt. Noch nie in der Geschichte Polens hatten Juden so wichtige politische Positionen inne", räumte Eschenazi ein. Das neue Regime beschäftigte Führungskräfte jüdischer Herkunft in strategischen Bereichen wie der Armee, der Sicherheit und dem Parteiapparat, weil die Russen ihnen mehr vertrauten als den Polen[176]."

---

[175] Gabriele Eschenazi, Gabriele Nissim, *Les juifs et le communisme après la Shoah*, 1995, Éd. De Paris, 2000, S. 145, 147, 150

[176] Gabriele Eschenazi, Gabriele Nissim, *Les juifs et le communisme après la Shoah*, 1995, Éd. De Paris, 2000, S. 199

Die Polnische Kommunistische Partei versuchte jedoch, sich der Öffentlichkeit als eine wirklich nationale Partei zu präsentieren. Die Aufgabe war nicht leicht. Berman, die „Nummer zwei" des Regimes, erklärt: „Wie Bierut hatte ich mich dagegen gewehrt, dass es zu viele Juden an der Spitze der Macht gab. Ich sah dies als ein notwendiges Übel an, zu dem wir bei der Machtergreifung getrieben worden waren[177]." Es war daher notwendig, „die kommunistischen Juden aufzufordern, Polen zu werden". Zu diesem Zweck erließ die Partei ein Dekret, das den Juden erlaubte, ihren Nachnamen „mit äußerster Leichtigkeit" zu ändern. „Wenn sie „anständig" waren, konnten sie mit der Bevölkerung in Kontakt kommen, andernfalls wurden ihnen Aufgaben übertragen, für die es nur begrenzte Kontakte gab; wenn sie einen sehr ausgeprägten Körperbau hatten, wurden sie in der Abteilung für politische Arbeit unter den Juden in den Hintergrund gedrängt." Um in die Verwaltung zu gelangen, „mussten sie nicht nur ihren jüdischen Nachnamen in einen typisch polnischen ändern und mit einem perfekten polnischen Akzent sprechen, sondern auch die Ausweispapiere ihrer gesamten Familie neu erstellen. Für alle war dies eine Vertuschungsaktion, um den ausländischen und jüdischen Charakter der neuen Macht zu verschleiern. Auf diese Weise, beklagte Eschenazi, wurden die Juden, auch wenn sie polnische Nachnamen trugen und perfekt integriert waren, für die übrige Bevölkerung zu den verdächtigsten Personen[178]."

Dennoch waren sie sehr gut integriert, vor allem in den Ministerien. Das können wir auch im Buch von Alain Brossat nachlesen, und zwar anhand der Aussage eines gewissen Adam Paszt: „Wir wussten, dass die Bevölkerung antisemitisch eingestellt war, also versuchten wir, die Tatsache zu verbergen, dass es Juden in den höheren Positionen gab... Wir rieten den Juden, die Verantwortung trugen, ihren Nachnamen zu ändern. Wir haben diejenigen „befördert", die blond waren, die ein „gutes Gesicht" hatten - so haben wir es ausgedrückt -, die die Sprache gut sprachen. Die anderen durften keine verantwortungsvollen Positionen oder repräsentative Funktionen einnehmen[179]."

---

[177] Gabriele Eschenazi, Gabriele Nissim, *Les juifs et le communisme après la Shoah*, 1995, Éd. De Paris, 2000, S.222-227

[178] Gabriele Eschenazi, Gabriele Nissim, *Les juifs et le communisme après la Shoah*, 1995, Éd. De Paris, 2000, S. 218, 219, 199

[179] Alain Brossat, Sylvia Klingberg, *Le yiddishland revolutionnaire*, Balland,

Hilary Minc, einer der Führer des neuen Regimes, war leicht zu identifizieren: „Mehrere jüdische Kommunisten, die in Russland auf die Rückkehr mit der polnischen Armee warteten, wurden mehrere Tage lang in einer Baracke eingesperrt. Als sie langsam die Geduld verloren, baten sie um ein Gespräch mit Minc, um zu erfahren, was mit ihnen geschehen sollte. Er sagte ihnen offen, dass sie, wenn sie nach Polen zurückkehren wollten, ihre Nachnamen ändern und ihre Herkunft verbergen müssten, da sie sonst einen als Antisemitismus getarnten Antikommunismus hervorrufen würden. Einer von ihnen, der über diese Erklärung wütend war, holte einen Spiegel hervor und sagte ihm, er solle in den Spiegel schauen, denn mit dem Gesicht, das er habe, könne er niemanden täuschen.

Die Scharade schien niemanden wirklich zu täuschen, weder die Juden noch die Polen. Szapiro erinnerte sich, wie er und andere Juden sich in dieser Zeit fühlten: „Ich war beruhigt, als ich sah, dass der Zionist Sommerstein im Bildungsministerium saß. Für die meisten Juden war die Anwesenheit von Juden an der Spitze des Staates eine Art Garantie gegen Antisemitismus, oder zumindest ein Beweis dafür, dass es keinen offiziellen Antisemitismus geben würde[180]."

Alain Brossat zitierte auch die Aussage von Bronia Zelmanovicz: „Eines Tages, als meine Tochter Ilana noch klein war, ließ ich sie in ihrem Kinderbettchen, um einkaufen zu gehen - um in der Schlange zu stehen, um Fleisch zu kaufen. Einige Leute kamen und stellten sich in die Schlange. Ich protestierte und sie antworteten: „Du wolltest es, dieses Regime, nicht wahr?" Sie hatten in meinem Gesicht gesehen, dass ich Jüdin war. Für sie ging die bekannte Gleichung „Judentum-Kommunismus" perfekt auf[181]."

Das Buch von Eschenazi und Nassim ist voller Widersprüche und Paradoxien, aber zumindest hat es das Verdienst, einen gewissen talmudischen Geist hervorzuheben. Bringt man die Fakten wieder in Ordnung, nimmt die Analyse der Autoren eine überraschende Wendung. Eschenazi und Nissim erklären, dass sich hinter dieser Situation ein Identitätsdrama verbarg: „Zwischen den beiden Kriegen hatten sich

---

1983, S. 329.

[180] Gabriele Eschenazi, Gabriele Nissim, *Les juifs et le communisme après la Shoah*, 1995, Éd. De Paris, 2000, S.231

[181] Alain Brossat, Sylvia Klingberg, *Le yiddishland revolutionnaire*, Balland, 1983, S.337.

viele dem Kommunismus angeschlossen, um aus dem Ghetto herauszukommen, um sich von der Last der orthodoxen Tradition zu befreien... Für sie war die Moderne außerhalb des Schtetls zu finden. Nach dem Krieg jedoch wurde der Kommunismus jenseits jeglicher ideologischer Motivation zu einer Verpflichtung. Die meisten, die der Partei beitraten, taten dies nicht, weil sie Karriere machen wollten, sondern aus einer Art Verzweiflung heraus... Konfrontiert mit der Notwendigkeit zu leben, verpflichteten sie sich widerwillig auf den Weg des Kommunismus... Sie schlossen einen moralischen Vertrag mit dem Kommunismus aus dem einfachen Grund, dass sie leben wollten. Und um in Polen leben zu können, musste man Mitglied der Partei sein[182]." Wir müssen also verstehen, dass es für sie eine große Qual war, in den Ministerien zu arbeiten.

Deshalb wurden die Juden auch mit großer Verzweiflung massiv in den schrecklichen Sicherheitsapparat des polnischen Staates eingebunden: „Der Bereich, in dem die Juden am meisten mit der kommunistischen Macht verwechselt wurden, war ganz besonders, denn es war der Sicherheitsapparat", räumte Gabriele Eschenazi ein. Die *Służba Bezpieczeństwa, der* Sicherheitsdienst (SB), „kontrollierte praktisch die gesamte Zivilgesellschaft. Seine Beamten lasen private Post, führten Durchsuchungen und Razzien durch und zensierten Zeitungen".

Die Anwesenheit vieler Juden in dem repressiven System trug sicherlich dazu bei, den Antisemitismus zu schüren: „Der Fehler der Partei bestand darin, Juden in einem so sensiblen Bereich zu beschäftigen, mit dem daraus resultierenden Risiko, die Feindseligkeit des Volkes gegenüber der Regierung weiter zu schüren. Sicher ist, dass „die Polen glaubten, dass der Sicherheitsdienst ausschließlich von Juden geleitet wurde."

Während der stalinistischen Jahre hatte „eine relativ große Anzahl von Juden" hohe Positionen in der Geheimpolizei inne: „Einige taten dies aus Idealismus, andere aus Rachegelüsten". Zum Beispiel „Oberst Iosef Swiatlo, der im September 1953 unter undurchsichtigen Umständen nach Berlin geflohen war: „Er war ein polnisch-jüdischer Kleinkrimineller, der nur daran dachte, sich zu bereichern und sich für alles zu rächen, für seine Herkunft und sogar für seine Armut. Er war

---

[182] Gabriele Eschenazi, Gabriele Nissim, *Les juifs et le communisme après la Shoah*, 1995, Éd. De Paris, 2000, S.217, 219

Herr über das Schicksal von Tausenden von Menschen. Es war eine furchtbare Sache"[183]."

Chruschtschow, der die Entstalinisierung der UdSSR leitete, befürwortete die Säuberung der jüdischen Führung. 1955, während der Sitzungen des 20. Parteitags, schlug der plötzliche Tod von Beirut, dem Sekretär der Polnischen Kommunistischen Partei, in Moskau wie eine Bombe ein. Es kursierten Gerüchte, er sei unter dubiosen Umständen gestorben. Berman und Radkiewicz wurden aus der Regierung und aus dem Politischen Büro der Partei ausgeschlossen. Im Juni 1956 kam es in Poznan zu einem Volksaufstand, bei dem ein wütender Mob die verschiedenen Parteizentralen stürmte und die Stadt zwei Tage lang in Beschlag nahm. Die Repression forderte 75 Opfer. Unmittelbar danach, im Juli, unterbreitete der stellvertretende Ministerpräsident Zenon Nowak auf der Sitzung des Zentralkomitees einen Vorschlag, „nachdem er sorgfältig klargestellt hatte, dass er kein Antisemit sei: 'Die Juden entfremden das Volk von der Partei und der Sowjetunion... Es ist daher die Pflicht der Partei, dafür zu sorgen, dass Polen und nicht Juden die wichtigsten Posten besetzen".

Unter dem Druck des Volkes wurde Gomuka zum Parteisekretär gewählt, und die stalinistischen Juden wurden eliminiert: „Das Jahr 1956 war gekennzeichnet durch das Verschwinden der stalinistischen Juden von der politischen Bühne. Der mächtige Berman wurde aus dem Politbüro ausgeschlossen, ebenso wie der Wirtschaftsminister Minc und bald darauf auch der Armeechef Zambrowski. Damals war die Säuberung jedoch nicht besonders antisemitisch: Sie richtete sich sowohl gegen Juden als auch gegen Nicht-Juden. Kersten stellte fest: „Berman, Minc und andere Persönlichkeiten, die in den Sicherheitsministerien arbeiteten, wurden nicht so sehr aus ihren Funktionen entlassen, weil sie Juden waren, sondern weil sie als Stalinisten, Konservative und Dogmatiker galten[184]."

Alles in allem war „1956 ein wirklich traumatisches Jahr" für diese Generation jüdischer Kommunisten. „Sie hatten sich voller messianischer Hoffnungen für die UdSSR entschieden, und plötzlich stellten Chruschtschows Enthüllungen auf dem 20. Kongress alles in

---

[183] Gabriele Eschenazi, Gabriele Nissim, *Les juifs et le communisme après la Shoah*, 1995, Éd. De Paris, 2000, S. 222-227

[184] Gabriele Eschenazi, Gabriele Nissim, *Les juifs et le communisme après la Shoah*, 1995, Éd. De Paris, 2000, S. 251, 253

Frage". Es war also ein neues Drama in der jüdischen Geschichte: „Sobald das neue Gomulka-Regime die Grenzen wieder öffnete, um sich liberal zu zeigen, hatten bereits fünfzigtausend Juden ihre Koffer gepackt" und das Land verlassen. Man fragt sich, wovor sie Angst hatten, so zu fliehen: waren sie nicht doch echte Polen geworden, „perfekt integriert", wie Eschenazi und Nissim in ihrem Buch wiederholen?

„Jetzt, da der Kommunismus zusammenzubrechen schien, hatten sie ein Gefühl der Leere. Sie hatten keine Identität mehr und fühlten sich bedroht... Die Nachrichten aus der Sowjetunion verstärkten die Aussicht, als Juden erneut zum Sündenbock eines wankenden Regimes zu werden, was ihr Unbehagen noch vergrößerte... Sie waren voller Hoffnung in die Partei und die Polizei eingetreten, aber plötzlich brach alles zusammen. Sie fühlten sich besiegt[185]."

Nach dem Krieg hatten es viele bereits vorgezogen, das Land wegen der Spannungen mit den Polen zu verlassen. Von den 350.000 Juden, die nach dem Krieg in Polen lebten, kehrten die meisten aus der Sowjetunion zurück; 250.000 waren nach Israel oder Westeuropa gegangen. Im Februar 1947 schloss Polen seine Grenzen, obwohl es immer noch möglich war, ein Visum zu erhalten, um nach Israel zu reisen[186].

Nach dem Exodus von 1956 zählte die polnische jüdische Gemeinde nicht mehr als dreißigtausend Menschen. „Diejenigen, die geblieben waren, bildeten den harten Kern der assimilierten Juden. Trotz allem fühlten sie sich immer noch ganz und gar polnisch, schreibt Gabriele Eschenazi ohne einen Hauch von Ironie. Viele waren Gomulka-Anhänger" und „würden sich an dem neuen Versuch einer kommunistischen Reform mit dem gleichen Enthusiasmus beteiligen wie in der Vergangenheit[187]." Sie konnten also auf einer neuen Grundlage, auf neuen „Hoffnungen", neu beginnen.

---

[185] Gabriele Eschenazi, Gabriele Nissim, *Les juifs et le communisme après la Shoah*, 1995, Éd. De Paris, 2000, S.254-258

[186] Gabriele Eschenazi, Gabriele Nissim, *Les juifs et le communisme après la Shoah*, 1995, Éd. De Paris, 2000, S. 205, 212

[187] Gabriele Eschenazi, Gabriele Nissim, *Les juifs et le communisme après la Shoah*, 1995, Éd. De Paris, 2000, S. 258

Leider hat sich ein anderes Drama entwickelt. Der Sechs-Tage-Krieg zwischen Israel und den arabischen Ländern leitete die antisemitische Kampagne in großem Stil ein. Für die polnische Presse war vom Tag des Beginns der Kämpfe am 5. Juni 1967 an jeder assimilierte Jude ein potenzieller Zionist:

„Die Säuberungen wurden in allen Institutionen durchgeführt, die Juden beherbergten und in denen sich eine Opposition gegen das Regime eingenistet haben könnte. Es versteht sich von selbst, dass kulturelle Kreise, Zeitungen, Kinos und Universitäten, die Anzeichen von intellektuellem Antikonformismus aufwiesen, als erstes ins Visier genommen wurden. Außerdem wurde klargestellt, dass innerhalb der Polizei und der Armee die Macht bei den „echten" Polen lag. Die Juden, die am Vortag vollständig integriert worden waren, wurden einer nach dem anderen „vertrieben", als wären sie „Maulwürfe" einer im Verborgenen operierenden kriminellen Organisation. Eine spezielle „Sicherheits"-Kommission erstellte eine Liste von Juden, gegen die ermittelt werden sollte. Besonders ins Visier genommen wurden jedoch die Spitzenpositionen. Von der zweiten Hälfte des Jahres 1967 bis Ende 1969 wurden 341 Offiziere jüdischer Herkunft aus der Armee entlassen und aus der Partei ausgeschlossen. Allein in Warschau wurden zwischen März und Mai 1968 mehr als 500 Führungskräfte entlassen; davon arbeiteten 365 in Ministerien, 49 in akademischen Einrichtungen, 21 in Presseagenturen und 39 in verschiedenen Diensten. Außerdem wurden vier Minister, vierzehn Unterstaatssekretäre, sieben Generaldirektoren und einundfünfzig Abteilungsleiter entlassen. Im Oktober wurden 2100 Personen aus der Partei ausgeschlossen. Die Jagd auf den „Zionisten" war besonders heftig in den Schulen und Universitäten, wo Gomulka dem Aufbegehren der Jugend einen tödlichen Schlag versetzen wollte. Dutzende von Akademikern und Universitätsprofessoren verloren ihre Posten. Um diese „Feinde Polens" zu ersetzen, wurden in kürzester Zeit 576 neue Professoren ernannt. Die etwa 1600 Studenten, die von den Universitäten verwiesen worden waren, wurden für immer verbannt und konnten ihr Studium in Polen nicht wieder aufnehmen. Hunderte von Juden, die beschuldigt wurden, Zionisten zu sein, wurden sofort entlassen und fanden sich über Nacht ohne Wohnung, ohne medizinische Versorgung und ohne Freunde wieder... Die 'Feinde des Volkes' wurden öffentlich beschimpft und an den Pranger gestellt[188]."

---

[188] Gabriele Eschenazi, Gabriele Nissim, *Les juifs et le communisme après la Shoah*, 1995, Éd. De Paris, 2000, S.276

Die Verzweiflung der Juden wurde noch durch die Tatsache verstärkt, dass, damit wir es nicht vergessen, „die meisten von ihnen sich völlig assimiliert fühlten: Sie sprachen Polnisch, hatten das Jiddische völlig vergessen, gingen nicht in die Synagoge, praktizierten keine jüdischen religiösen Riten und hatten ihre Kinder nach polnischen Erziehungsgrundsätzen erzogen, schrieb Eschenazi... Und doch wurden diese ehemaligen Juden plötzlich beschuldigt, Zionisten zu sein und zu einer fünften Kolonne der 'Feinde Polens' zu gehören[189]."

Es war also eine „kalte Dusche" für all jene assimilierten Juden, die „geglaubt hatten, dass die Partei es ihnen ermöglichen würde, sich völlig polnisch zu fühlen und die Feindseligkeit um sie herum zu vergessen. Doch plötzlich wandte sich die Partei, um die sie ihr Leben aufgebaut hatten, gegen sie. Alles brach zusammen.

Wir haben zum Beispiel den Fall eines gewissen Szchter Michnick, einem dieser „perfekt assimilierten" Juden: „Fünfzig Jahre lang war er ein kommunistischer Intellektueller und Herausgeber der Werke von Karl Marx gewesen. Er forschte über den „Fehler" Lenins, der der Entartung des Sozialismus Tür und Tor geöffnet hatte. Nachdem er sein ganzes Leben lang seine Herkunft verheimlicht hatte, erinnerte er sich 1968 plötzlich daran, dass er aus einer jüdischen Familie stammte und zum Rabbiner ausgebildet worden war. Von einem Tag auf den anderen wurde er ein glühender Zionist. Er wollte, dass sich sein Sohn in Israel niederlässt, um zur Verteidigung des jüdischen Staates beizutragen[190]."

Die Juden waren wieder einmal „zum Feind", zum „Sündenbock" erklärt worden, dem die Partei „die Verantwortung für ihre eigenen Unzulänglichkeiten" aufbürdete. Ihre Hilflosigkeit war so groß, dass etwa zwanzigtausend Juden das Land in die Schweiz, nach Dänemark oder in die Vereinigten Staaten verließen. Nur wenige gingen damals nach Israel. Am schlimmsten war, so Eschenazi, dass „die große Mehrheit der Bevölkerung dem Schicksal der Juden gleichgültig gegenüberstand... Die moralische Einsamkeit, in der die Polen die Juden zurückließen, war sehr schwer zu ertragen... 1968 begnügten sich sowohl die Intellektuellen als auch die polnische Kirche damit, die Ereignisse zu beobachten, ohne für die antisemitische Kampagne Partei

---

[189] Gabriele Eschenazi, Gabriele Nissim, *Les juifs et le communisme après la Shoah*, 1995, Éd. De Paris, 2000, S.260

[190] Gabriele Eschenazi, Gabriele Nissim, *Les juifs et le communisme après la Shoah*, 1995, Éd. De Paris, 2000, S.282

zu ergreifen. Das unbestrittene Oberhaupt der polnischen Kirche, Kardinal Wszynski, der international als Vertreter der Bastion des antikommunistischen Widerstands anerkannt war, machte sich nicht die Mühe, einzugreifen[191]."

Andererseits, warum sollte die Kirche zugunsten von Menschen intervenieren, die nicht aufhören, sie zu verfolgen? Die Realität - und es ist schrecklich, das zu sagen - war, dass die Polen höchstwahrscheinlich mit der Situation zufrieden waren. Das Ergebnis war, dass „nach 1968 nur noch sehr wenige Juden in Polen lebten, nicht mehr als drei- oder viertausend". Wie sollten die Polen nun zurechtkommen?

Nach dem Zusammenbruch des kommunistischen Blocks fand der Präsidentschaftswahlkampf 1991 in einer verwirrenden Atmosphäre statt. Lech Walesa, der ehemalige Gewerkschaftsführer, kandidierte gegen den liberalen katholischen Ministerpräsidenten Tadeusz Mazowiecki: „Bald begannen seltsame Gerüchte über letzteren zu kursieren. Wichtige Persönlichkeiten sagten es nicht ausdrücklich, aber jeder dachte es: Mazowiecki war ein verkappter Jude. Zunächst hatten seine Mitarbeiter jüdischer Herkunft Zweifel gesät, doch dann wurde auch er beschuldigt, ein 'als Katholik getarnter Jude' zu sein".

Der Antisemitismus war also leider immer noch sehr virulent in Polen. Es gibt nur eine Lösung für diese Art von Problemen, empfahl Gabriele Eschenazi: „Es ist wahrscheinlich, dass sich solche Episoden in den kommenden Jahren wiederholen werden, und das wird so lange geschehen, wie der Antisemitismus nicht für illegitim erklärt wird. Wenn dies geschehen muss, dann nicht, um die Juden zu befriedigen oder um sich mit ihnen zu solidarisieren, sondern aus dem eigenen Bedürfnis der Polen heraus, ihre Gespenster loszuwerden[192]."

Befreites Rumänien

Auch in Rumänien spielten jüdische Führer eine wichtige Rolle bei der Errichtung des Kommunismus nach dem Zweiten Weltkrieg[193]. In dem

---

[191] Gabriele Eschenazi, Gabriele Nissim, *Les juifs et le communisme après la Shoah*, 1995, Éd. De Paris, 2000, S.260, 278-280

[192] Gabriele Eschenazi, Gabriele Nissim, *Les juifs et le communisme après la Shoah*, 1995, Éd. De Paris, 2000, S.289, 287

[193] Die Zwischenkriegszeit wurde von Lucien Rebatet untersucht. Man kann

Buch von Eschenazi und Nissim wird das beredte Zeugnis einer gewissen Lya Benjamin vorgestellt, einer Jüdin, die auch eine glühende Kommunistin war:

„Während des Krieges, in den Jahren des Untergrunds, waren die meisten kommunistischen Führer Juden; nach dem 23. August 1944 freuten sich die Juden über die Ankunft der sowjetischen Kommunisten und viele wollten sich dem neuen Regime anschließen. Aufgrund ihres glühenden Antifaschismus wurden sie von den Geheimdiensten der *Securitate* als vertrauenswürdige Elemente angesehen, so dass sie in großer Zahl aufgenommen wurden. Der Idealismus führte diese Juden zum Kommunismus. Sie glaubten so sehr an dieses Ideal, dass sie sich als fanatischer erwiesen als ihre rumänischen Genossen, die oft nur aus Opportunismus in die Partei eingetreten waren. Sicherlich waren viele Juden von dem Wunsch beseelt, sich zu rächen, nicht nur am Faschismus, sondern auch an den Rumänen. Nachdem sie so lange von der Gesellschaft abgeschnitten waren, sahen sie die Zeit gekommen, eine neue Rolle zu spielen... Die Juden hegten große Hoffnungen auf ein mögliches neues Leben in ihrem Land... „Und es wird nicht überraschen, dass dieser Zeuge ein „perfekt integrierter" Mensch war: „Ich fühlte mich nicht sehr jüdisch: Ich war so erzogen worden, dass ich mich als Rumäne fühlte[194]."

Im Übrigen hat sie genau aus diesem Grund einen zionistischen Juden geheiratet, was im Nachhinein betrachtet sehr konsequent ist.

Viele Juden änderten ihre Namen, um ein Anwachsen des Antisemitismus in der Bevölkerung zu verhindern. Das Buch von Alain Brossat präsentiert uns das Zeugnis von Pierre Sherf: Die Partei, so sagte er, „befürchtete, dass der Unmut der Bevölkerung wegen der großen Anzahl von Juden in der Parteiführung wachsen würde; wie viele andere musste ich meinen Nachnamen „romanisieren"; ich hieß nicht mehr Pierre Sherf, sondern Petre Sutchu[195]."

---

seine Artikel in der Wochenzeitung *Je Suis Partout* vom 15. April 1938 und die zwischen dem 23. September und 28. Oktober 1938 veröffentlichten Artikel über Rumänien und die Eiserne Garde lesen. Diese Artikel wurden in einem 2002 erschienenen Buch mit dem Titel *Les Juifs et l'Antisemitisme* nachgedruckt.

[194] Gabriele Eschenazi, Gabriele Nissim, *Les juifs et le communisme après la Shoah*, 1995, Éd. De Paris, 2000, S.419

[195] Alain Brossat, Sylvia Klingberg, *Le yiddishland revolutionnaire*, Balland,

Wie in Ungarn, wo der große marxistische Ideologe Georg Lukacs war, dessen Ruhm weit über die Grenzen des Landes hinausging, war der große offizielle rumänische Denker ein anderer Jude: „Salomon Catz, der unter dem Namen Konstantin Dobrogeanu-Gherea der größte rumänische marxistische Ideologe wurde".

Die neuen Führer Rumäniens waren die so genannten „Moskowiter", d. h. die Rumänen, die die russische Hauptstadt verließen und im September 1944 in den Transportern der Roten Armee einreisten. Ihre Anführerin war die Tochter eines orthodoxen Juden, Ana Pauker. Sie gehörte zusammen mit Georghiu Dej, dem Parteivorsitzenden, und Vasile Luca zur führenden „Troika". In Moskau arbeitete Ana Pauker für die sowjetische Propaganda und war Lehrerin an der Komintern. Marcel Pauker, ihr Ehemann, den sie in der Schweiz kennen gelernt hatte, stammte aus einer säkularen jüdischen Familie. Er war einer der Mitbegründer der kommunistischen Bewegung und ein hoher Funktionär in der Komintern. Er wurde ein Opfer der Säuberungen und im August 1938 in Moskau liquidiert. Sie war seit 1936 in Rumänien inhaftiert, weil sie Mitglied einer verbotenen Partei war. Im Jahr 1941 wurde sie dank eines Gefangenenaustauschs aus der Haft entlassen und kehrte nach Moskau zurück, wo sie bis zum Ende des Krieges blieb. Während ihres Aufenthalts in der UdSSR suchte sie vergeblich nach Informationen über den Verbleib ihres Mannes, dessen Schicksal sie nicht kannte. Doch nichts konnte Ana Paulkers blindes Vertrauen in den Kommunismus erschüttern. Im September 1944 kehrte sie nach Rumänien zurück, um an der kommunistischen Machtübernahme teilzunehmen.

Gabriele Nissim legte das Zeugnis von Tatiana Pauker, der Tochter von Ana Pauker, vor, die er 1991 in Bukarest befragte: „Anas Vater war ein orthodoxer Jude mit einer sehr strengen religiösen Kultur. Sein Name war Rabinson... Sie war sehr eng mit ihrer Familie verbunden. Sie hatte ein ausgezeichnetes Verhältnis zu ihrem Bruder Enea (oder Zalman, sein hebräischer Name), der ein gläubiger Jude war. Sie empfand aufrichtige Zuneigung und großen Respekt für ihn... Er hat seine Identität nie verheimlicht. Wenn sie gefragt wurde, ob sie Jüdin sei, verneinte sie dies nie. Sie behielt den Nachnamen ihres Mannes, wollte aber gleichzeitig als Rumänin angesehen werden. Im Gegensatz zu vielen Juden, die es nach ihrem Eintritt in den Kommunismus vorzogen, den Kontakt zu anderen Juden zu meiden, um nicht der Bevorzugung

---

1983, S. 340.

der Gemeinschaft bezichtigt zu werden, umgab sie sich in ihrem Auslandsdienst mit Juden... Dies zeigt, dass meine Mutter keine Komplexe hatte, weil sie Jüdin war, und dass sie sich frei fühlte, sich mit jüdischen Freunden und Mitarbeitern zu umgeben. In der Öffentlichkeit hat sie sich nie geweigert, symbolische Handlungen vorzunehmen, die ihre Herkunft verraten könnten. Bei der Beerdigung ihrer Mutter folgte sie der jüdischen Tradition, und auf dem Friedhof zerriss sie ihre Kleider, um den Kreislauf des Todes zu unterbrechen. Ich erinnere mich auch an den Tag, an dem wir nach seiner Entlassung im Jahr 1952 das jüdische Theater in Bukarest besuchten. Die Vorstellungen wurden auf Jiddisch aufgeführt, und wir mussten Kopfhörer tragen, um sofort übersetzen zu können, aber sie, die Jiddisch verstand, lehnte sie ab. Es war eine fast symbolische Geste[196]."

Anne Pauker war eine überzeugte Atheistin: „Der Kommunismus hatte es ihr ermöglicht, das Judentum zu überwinden". Dies war wahrscheinlich auch der Grund dafür, dass sie versuchte, das Christentum zu unterdrücken und den orthodoxen Klerus zu verfolgen. „Sie war die ideologische Kommissarin der Partei im Auftrag Stalins, und sie war es, die von 1947 bis 1949 die ersten politischen Prozesse förderte. In den Jahren 1950-1952 unterstützte sie Stalins „Todeskanal"-Projekt, bei dessen Bau Tausende von Gefangenen unter unmenschlichen Bedingungen arbeiten mussten, um einen Kanal zu bauen, der die Donau mit dem Schwarzen Meer verbinden sollte. Es war ein wahrer Gulag, in dem in zwei Jahren 120.000 Menschen umkamen[197]."

Um die eher fade Analyse von Gabriele Nassim zu untermauern, sei an dieser Stelle eine Passage aus dem Buch „*Geschichte und Erinnerung des Kommunismus in Europa*" von Stéphane Courtois zitiert, in der der Fall des für seine Grausamkeiten berühmten Oberst Nicolski erwähnt wird: „Sein richtiger Name war Boris Grünberg, KGB-Agent in Rumänien, stellvertretender Direktor der finsteren *Securitate* seit 1948 - der politischen Polizei -, persönlich verantwortlich für Tausende von Morden und Erfinder des schrecklichen „Umerziehungs"-Experiments

---

[196] Gabriele Eschenazi, Gabriele Nissim, *Les juifs et le communisme après la Shoah*, 1995, Éd. De Paris, 2000, S.444

[197] Gabriele Eschenazi, Gabriele Nissim, *Les juifs et le communisme après la Shoah*, 1995, Paris, 2000, S. 442. De Paris, 2000, S. 442. Der genaue Wortlaut lautet: „120 000 Menschen, darunter viele Juden, kamen ums Leben". Diese Aussage wäre sicherlich eine sorgfältige Untersuchung wert.

des Gefängnisses von Pitesti. Nicolski starb am 16. April 1992 friedlich in seiner prächtigen Villa in Bukarest[198]."

Wie in der Tschechoslowakei begannen auch in Rumänien die ersten politischen Säuberungen im Jahr 1949. Dutzende von jüdischen Führern wurden verhaftet. Angesichts der Offensive von Georghiu Dej, dem Parteisekretär, reagierte Ana Pauker genauso wie Slansky und die anderen jüdischen Kommunisten, die in Prag vor Gericht standen: Sie glaubte, dass Stalin sie nicht verraten würde. Sie fährt nach Moskau, um sich zu verteidigen und Dej anzuklagen, aber die Türen des Kremls bleiben verschlossen. Bei einem Treffen mit Dej im Jahr 1951 soll Stalin sie um eine „eiserne Hand" gegen die Agenten des Titoismus und des Zionismus gebeten haben. Im Mai 1952 wurden der Finanzminister Vasile Luca und der Innenminister Teohari Georgescu entlassen. Diese Repressionen betrafen auch viele jüdische Führungskräfte in den unteren Ebenen.

Anna Pauker, Ministerin für auswärtige Angelegenheiten, wurde im Juli 1952 entlassen, im September aus der Partei ausgeschlossen, im Februar 1953 verhaftet und schließlich einige Wochen nach Stalins Tod freigelassen. Ihr wurden zahlreiche Vergehen vorgeworfen, insbesondere, dass sie „über Israel, wo ihr Vater lebte, Kontakte zu ausländischen Geheimdiensten unterhalten und Geld in der Schweiz deponiert hatte". Sie wurde jedoch nie ausdrücklich als Zionistin gebrandmarkt, und anders als in der Tschechoslowakei gab es keine sofortige Säuberung der jüdischen Parteispitze. Ein Beweis dafür war, dass Dej anstelle von Pauker einen anderen Juden in das Außenministerium berief: Simon Bughici.

Nach der Beseitigung von Anne Pauker unternahm Dej eine stille Säuberung der Juden aus dem öffentlichen Leben, indem er sie zunächst aus der Presse und der Universitätsprofessur ausschloss. Der Zugang zu Armee, Sicherheitsbehörden und Justiz wurde den Juden verwehrt, wobei der Ausschluss schrittweise erfolgte. Von Bukarest aus wurde keine antijüdische Kampagne gestartet, geschweige denn mit dem Umfang und der internationalen Resonanz der Prager Kampagne. 1957 wurde der letzte noch im Politbüro anwesende Jude, Tschischinewski, entlassen. „Die Anschuldigungen gegen die Juden waren nicht antisemitischer Natur, es war nicht von Zionismus die Rede, sondern

---

[198] *Du Passé faisons table rase, Histoire et mémoire du communisme en Europe*, Sammelwerk, herausgegeben von Stéphane Courtois, Hrsg. Robert Laffont, 2002, S.49.

von ideologischem Abweichlertum und kleinbürgerlichen und anarchistischen Tendenzen."¹⁹⁹." Nur wenige Juden besetzten weiterhin Schlüsselpositionen, aber sie waren weder im Politbüro noch im Parteisekretariat vertreten. Dej hatte sie fast vollständig aus der Partei eliminiert.

Auch sein Nachfolger Ceausescu erleichterte die Ausreise von Juden aus Rumänien, und zwar so gut, dass zwischen 1961 und 1975 150.000 rumänische Juden in den Staat Israel auswanderten. „Unter ihnen waren viele ehemalige Minister und wichtige Parteifunktionäre. Ceausescu ließ sie ausreisen, wenn Israel zwischen 2.000 und 8.000 Dollar pro Person zahlte". 1975 lebten nur noch 60.000 Juden im Land, das entspricht 15% der Nachkriegsbevölkerung²⁰⁰."

Der „Verkauf" von Juden an den hebräischen Staat war ein übliches Arrangement, an das sich die Gemeinschaft seit der Antike gewöhnt hatte: „Im Mittelalter, erklärte Eschenazi, hatten die Juden immer um ihr Leben gefeilscht. Die großen Rabbiner boten den Mächtigen immer Geld an... Wenn im feudalen Deutschland Juden aus einem Herzogtum vertrieben wurden, wandten sie sich an einen anderen Adligen und boten ihm Geld an, damit er sich bereit erklärte, sie aufzunehmen. Sie blieben, bis der Herzog antisemitisch wurde, und wanderten dann wieder aus ²⁰¹." Auf diese Weise konnte Rabbi Moses Rosen, Ceausescus Abgesandter, die Ausreise von Zehntausenden seiner Leute aushandeln.

Doch im Gegensatz zu den anderen kommunistischen Ländern verfolgte Rumänien keine feindliche Außenpolitik gegenüber Israel. Es brach die Beziehungen zu Israel nach dem Sechs-Tage-Krieg nicht ab, wie es die UdSSR und ihre Satelliten taten, und nahm wirtschaftliche und militärische Beziehungen zum jüdischen Staat auf. Diese privilegierten Beziehungen zwischen Rumänien und Israel wurden mit dem Besuch von Golda Meir in Bukarest im Mai 1972 gefeiert. Im August 1987 standen Ministerpräsident Yitzhak Shamir und Rabbi

---

[199] Gabriele Eschenazi, Gabriele Nissim, *Les juifs et le communisme après la Shoah*, 1995, Éd. De Paris, 2000, S. 436-438.

[200] Gabriele Eschenazi, Gabriele Nissim, *Les juifs et le communisme après la Shoah*, 1995, Éd. De Paris, 2000, S. 460

[201] Gabriele Eschenazi, Gabriele Nissim, *Les juifs et le communisme après la Shoah*, 1995, Éd. De Paris, 2000, S. 471

Rosen Seite an Seite in der Bukarester Synagoge und applaudierten Ceausescu.

Der Sturz des Diktators im Dezember 1989 war für die westlichen Medien die Gelegenheit für eine groß angelegte Manipulation. Das Massaker von Temeswar hatte 90.000 Opfer gefordert. Ceausescu wurde kurzerhand hingerichtet, und ein prowestliches Regime wurde eingesetzt. Die Ermittler fanden schließlich heraus, dass die Zahl der Opfer in Temeswar 96 betrug, fast tausendmal weniger als ursprünglich behauptet.

Im Jahr 2000 gab es nur 9.000 Juden unter den 23 Millionen Einwohnern Rumäniens. Doch wie in Polen, so Gabriele Nissim, gebe es auch in Rumänien einen „Antisemitismus ohne Juden". Trotz des Sturzes des kommunistischen Regimes kehrten einige Angehörige des auserwählten Volkes in Führungspositionen zurück: „Petre Roman, dessen jüdische Herkunft weit zurückliegt (großväterlicherseits), war ein Führer der Revolution von 1989 und der Nationalen Heilsfront sowie Ministerpräsident von 1990 bis 1991 [202]." Brucan, „ein kommunistischer Jude der ersten Stunde", der in den letzten Jahren des Ceausescu-Regimes der Opposition angehörte, wurde ab Mai 1990 zur Zielscheibe zahlreicher Anschläge. Auf Protestkundgebungen waren Parolen zu hören wie: „Roman und Brucan in Palästina!" Offenbar hatten die Juden in der Bevölkerung keine guten Erinnerungen hinterlassen...

Lustration in der Tschechoslowakei

Seit der Gründung der Tschechoslowakischen Republik im Jahr 1918 sorgte ihr Gründervater Tomas Mazaryk dafür, dass jeder Anflug von Antisemitismus sofort unterdrückt wurde. Damals zählte die Volkszählung 360.000 Juden, das sind 2,5% der Bevölkerung, von denen zwei Drittel in der Slowakei und in der Unterkarpatenregion Rutena im Osten des Landes lebten. Der Krieg hatte eine gewisse Annäherung gefördert: In London standen tschechische Widerstandsführer in ständigem Kontakt mit der Jewish Agency, so dass die Tschechoslowakei bei der Ausrufung des jüdischen Staates als erstes Land sofort um die Aufnahme offizieller diplomatischer Beziehungen bat. Die von den israelischen Soldaten bei der Eroberung

---

[202] Gabriele Eschenazi, Gabriele Nissim, *Les juifs et le communisme après la Shoah*, 1995, Éd. De Paris, 2000, S.487

Palästinas verwendeten Waffen stammten aus tschechoslowakischer Produktion, und die israelische Luftwaffe war auf tschechischem Gebiet gegründet worden. Der kommunistische Staatsstreich im Februar 1948 änderte nichts an den freundschaftlichen Beziehungen zwischen den beiden Staaten.

1948 kam es auch zum Rückzug von Titos Jugoslawien und zu den ersten antisemitischen Säuberungen in der UdSSR. Im September 1949 fand in der ungarischen Hauptstadt auf direkten Wunsch Moskaus der erste Schauprozess statt: Laszlo Rajk, der ehemalige Innenminister, wurde beschuldigt, ein Tito-Spion im Dienste der USA zu sein. In der Tschechoslowakei wurden die wichtigsten kommunistischen Führer sowie Hunderte von hochrangigen Staats- und Parteifunktionären sowie Offiziere der Armee und des Sicherheitsdienstes verhaftet. Tausende von Kommunisten der zweiten Reihe wurden nach zügiger Strafverfolgung zu langen Haftstrafen verurteilt. Ihnen wurden Spionage, Sabotage, bürgerlicher Nationalismus und zionistische Verbrechen vorgeworfen. Fast alle slowakischen kommunistischen Führer... wurden des „bürgerlichen Nationalismus" für schuldig befunden", schrieb Nissim. Das war eine andere Art zu sagen, dass sie hinter ihren slowakischen Nachnamen Juden waren. So erging es zum Beispiel dem mächtigen Chef der Geheimpolizei Karel Svab [203]." Zahlreiche Journalisten, Verwaltungsangestellte und Beamte wurden abgesetzt und aus der Gesellschaft entfernt.

Der Prozess gegen den Generalsekretär der Partei, Rudolf Slansky, im Jahr 1952 hatte ein internationales Echo. Von den vierzehn Angeklagten waren elf Juden, und alle wurden beschuldigt, an einer weltweiten jüdischen Verschwörung beteiligt gewesen zu sein. Slansky war auch beschuldigt worden, „Kapitalisten" zu erlauben, das Land mit großen Mengen an Gold, Silber und Schmuck zu verlassen[204].

Anders als Janos Kadar in Ungarn beschloss Klement Gottwald, der tschechoslowakischen kommunistischen Partei einen antisemitischen Anstrich zu geben, der auch nach Stalins Tod fortbestehen sollte. Während des Prozesses wurde immer wieder auf die jüdische Herkunft der Angeklagten angespielt. Der Staatsanwalt, die Journalisten und

---

[203] Gabriele Eschenazi, Gabriele Nissim, *Les juifs et le communisme après la Shoah*, 1995, Éd. De Paris, 2000, S.534, 548

[204] Gabriele Eschenazi, Gabriele Nissim, *Les juifs et le communisme après la Shoah*, 1995, Éd. De Paris, 2000, S.550, 551

sogar die Angeklagten selbst erinnerten sich bei ihren „Geständnissen" gern an ihre Herkunft und nannten ihre früheren Nachnamen, wenn sie sie geändert hatten.

Gabriele Nissim versuchte jedoch zu erklären, dass sie gute Tschechoslowaken waren, „perfekt integriert", weil sie sich als loyale Kommunisten gegen den Zionismus, den jüdischen Nationalismus und die jüdische Religion gestellt hatten: „Kommunistische Juden legten ihre jüdische Identität ab, um zu zeigen, dass der Kommunismus eine Überwindung des Judentums war".

Hier das Zeugnis von Eduard Goldstücker, dem Vorsitzenden des Schriftstellerverbandes: „Die jüdischen Kommunisten waren davon überzeugt, dass sie Teil einer großen Bewegung, einer großen menschlichen Gemeinschaft waren, nicht jüdisch, nicht anders als menschlich. Sie hatten das Gefühl, an dem Versuch teilzunehmen, einen Staat aufzubauen, eine Gesellschaft, die auf Brüderlichkeit und Gleichheit aller Menschen gegründet ist. Es war eine Art Religion, die die jüdische Religion ersetzte, eine Religion, die, sagen wir, humanistisch war[205]."

Genosse Slansky verteidigte sich mit dem Argument, dass seine pro-israelische Politik gegen den britischen Kolonialismus gerichtet war. „Er heiratete eine Frau, die keine Jüdin war, und gab kein jüdisches Bewusstsein an seine Kinder weiter, erklärte ein Zeuge. Heute verleugnet sein Sohn seine jüdische Abstammung nicht, aber er fühlt sich nicht jüdisch... „Auf der folgenden Seite stellt Gabriele Nissim jedoch die Aussage von Pavel Bergman vor: „Seine Tochter Marta Slanska sagte mir, dass sie immer dachte, ihr Vater habe die Auswanderung nach Israel gefördert, weil er seinem Volk helfen wollte". Diese Widersprüche und Paradoxien sind in den Büchern jüdischer Intellektueller sehr häufig anzutreffen, die fast immer die gleichen Argumente anführen, um ihre Enttäuschungen zu erklären: „Stalin und seine Verbündeten suchten nach Sündenböcken, um ihnen das Versagen des Regimes in die Schuhe zu schieben".

Nach dem Ausbruch des Sechs-Tage-Krieges im Juni 1967 startete das Novotny-Regime die intensivste und gewalttätigste anti-israelische und anti-zionistische Kampagne aller osteuropäischen Länder. Die Tschechoslowakei war der erste kommunistische Staat nach der

---

[205] Gabriele Eschenazi, Gabriele Nissim, *Les juifs et le communisme après la Shoah*, 1995, Éd. De Paris, 2000, S. 542, 543

Sowjetunion, der die diplomatischen Beziehungen zu Israel abbrach, und der erste, der eine große politische und militärische Delegation nach Ägypten und Syrien entsandte.

1968 war das Jahr des Prager Frühlings. Der Aufstand wurde von den Truppen des Warschauer Pakts niedergeschlagen. Von den 18.000 verbliebenen Juden verließen zwischen 1968 und 1970 etwa 6.000 das Land. Nach dem Fall der Berliner Mauer wurde Vaclav Havel, der Anführer des Prager Frühlings, Premierminister der neuen Tschechischen Republik, die der westlichen Welt volle demokratische Garantien gab. Gabriele Nissim schrieb naiv: „Wie schon in vielen anderen osteuropäischen Ländern hing die internationale Glaubwürdigkeit des neuen demokratischen Regimes von seiner Haltung zur Judenfrage ab[206]."

Ostdeutschland

In der im Herbst 1949 gegründeten DDR spielte sich das gleiche Drehbuch ab wie in den anderen Satellitenländern der UdSSR. Juden „besetzten sofort wichtige Positionen innerhalb der Partei... In der Tat hatten sie das Gefühl, als Sieger nach Deutschland zurückzukehren[207]." Die neue Verfassung verurteilte ausdrücklich den Antisemitismus, aber die Idylle zwischen Juden und Kommunisten hielt nicht lange an. „Einer der ersten, gegen den ermittelt wurde, war der erste jüdische Minister für Propaganda und Information, Gerhart Eisler. Im Juli 1950 wurde er aus dem Zentralkomitee ausgeschlossen und im folgenden Jahr beschuldigt, Stalin gegenüber illoyal gewesen zu sein, weil er dessen Politik in den Jahren 1927 und 1928 kritisiert hatte. Trotz viel Kritik konnte Eisler seine Position im Ministerium bis 1953 halten[208]."

Die Beziehungen zur „internationalen jüdischen Gemeinschaft" wurden weitgehend von der Frage der Kriegsreparationen bestimmt. „Der jüdische Staat, in den 500.000 KZ-Überlebende geflüchtet waren[209],

---

[206] Gabriele Eschenazi, Gabriele Nissim, *Les juifs et le communisme après la Shoah*, 1995, Éd. De Paris, 2000, S. 565, 566, 546, 599

[207] Gabriele Eschenazi, Gabriele Nissim, *Les juifs et le communisme après la Shoah*, 1995, Éd. De Paris, 2000, S. 614, 615

[208] Gabriele Eschenazi, Gabriele Nissim, *Les juifs et le communisme après la Shoah*, 1995, Éd. De Paris, 2000, S.628

[209] Sie sind die „wundersamen Überlebenden" der „Todeslager".

hatte sich kaum entschlossen, seine Beziehungen zu den Deutschen zu normalisieren[210]," so Gabriele Nissim. Während die Bundesrepublik Deutschland den Anordnungen der Alliierten, Israels und des Jüdischen Weltkongresses Folge leistete und hohe Reparationszahlungen leistete, sah sich die DDR, die bereits Kriegsreparationen an Polen und die UdSSR gezahlt hatte, nicht als Nachfolgerin des Hitler-Regimes und lehnte jegliche moralische und materielle Verantwortung gegenüber den Juden und dem jüdischen Staat ab[211]. Diese Haltung irritierte „die internationale jüdische Gemeinschaft", zumal das deutsche kommunistische Regime das proarabischste von allen war. Seit Ende der 1960er Jahre liefert es Waffen an die Palästinenser, und 1971 erhält es einen offiziellen Besuch von Jassir Arafat, dem Chef der PLO.

Nach dem Sturz des kommunistischen Regimes verstärkte der Jüdische Weltkongress unter der Leitung des Milliardärs Edgar Bronfman den Druck. Am 13. April 1990 verabschiedete das neu gewählte Parlament „eine Erklärung, in der die DDR bestätigt, dass sie die moralische Verantwortung für den Holocaust übernommen hat, und sich für die anti-israelische Politik früherer Regierungen und die Behandlung der Juden durch das Land entschuldigt[212]." Auch die Ostdeutschen sollten zahlen.

Zuflucht in Israel

Die Wahrheit ist, dass sich das kommunistische System entschieden gegen die Juden gewandt hatte, obwohl sie es als erste inspiriert und sogar aufgebaut hatten. In diesem ideologischen Trümmerfeld", schrieb Alain Brossat, „erschien Israel in Ermangelung von etwas anderem als sicherer Hafen, als Zufluchtsort... Da die anderen Völker weiterhin in der Enge ihrer nationalen Egoismen leben, wiederholen unsere

---

[210] Gabriele Eschenazi, Gabriele Nissim, *Les juifs et le communisme après la Shoah*, 1995, Éd. De Paris, 2000, S. 630

[211] „Bis 1990 hatten die Bonner Regierungen 37 Milliarden Dollar (aktueller Wechselkurs) an die israelische Regierung und an die überlebenden Juden, einschließlich derer in Ostdeutschland, gezahlt", S. 631.

[212] Gabriele Eschenazi, Gabriele Nissim, *Les juifs et le communisme après la Shoah*, 1995, Éd. De Paris, 2000, S. 677

Gesprächspartner oft, was bleibt uns anderes übrig, als uns als Nation, als Staat zu behaupten[213]?"

Viele kommunistische Aktivisten gingen nach dem Krieg nach Palästina, um den jüdischen Staat aufzubauen. In Israel sammelten Alain Brossat und Sylvia Klinberg Anfang der 1980er Jahre diese Zeugnisse: „Zurück von so vielen Illusionen", schrieben sie, schienen diese Aktivisten nach so vielen Jahren der revolutionären Wanderschaft zur Ruhe gekommen zu sein: „Es ist kein spektakulärer ideologischer Wandel, der sie dazu bringt, ein 'normales', friedliches Leben zu führen, zurückgezogen von der Politik, in einer bescheidenen Wohnsiedlung am Rande von Tel Aviv, es ist vor allem eine Bekehrung zum 'Realismus'".

Seit dem ersten zionistischen Kongress in Bale im August 1897 hatte die zionistische Idee einen langen Weg zurückgelegt, um in die Köpfe der Menschen einzudringen. Theodor Herzl, der erkannt hatte, dass die Juden in Europa nicht assimilierbar waren, war zu ihrem unermüdlichen Propheten geworden. Zu dieser Zeit lebten in Palästina nur 25.000 Juden bei einer Gesamtbevölkerung von 450.000, aber diese jüdische Bevölkerung sollte nach der Balfour-Erklärung von 1917 und der Schaffung einer „jüdischen Heimstätte" in Palästina stetig wachsen.

Das Kommen des Messias der Juden geht nicht nur mit der Errichtung einer Welt des „Friedens" einher, einer perfekten Welt, in der alle Konflikte verschwunden sein werden. Die messianische Erwartung nährt auch die Hoffnung auf die „Rückkehr der Verbannten" nach Palästina, auf die Rückkehr nach Zion und auf den Wiederaufbau des Tempels. Diese Hoffnung auf Rückkehr ist nie verschwunden. Juden haben immer nach Osten gebetet, nach Jerusalem. Seit 2000 Jahren wiederholen ihre nostalgischen Psalmen ad infinitum: „Nächstes Jahr in Jerusalem". Wir finden diesen Spruch in den Gebeten, der Liturgie, den Festen und Feiern des jüdischen Volkes wieder.

Im Jahr 1945 musste noch ein Krieg gegen die britische Besatzungsmacht geführt werden, der sich auch die arabische Bevölkerung widersetzte, die die Plünderung ihres Landes nicht tatenlos hinnehmen wollte. Die Haganah war diese jüdische Armee, die siegreich kämpfen sollte. Sie wurde von Aktivistengruppen wie den

---

[213] Alain Brossat, *Le Yiddishland révolutionnaire*, Balland, 1983, S.341, 342.

Irgoun und der Stern-Gruppe unterstützt. Nach der Ermordung von Abraham Stern im Februar 1942 in Tel-Aviv ging die Führung der Gruppe auf Nathan Yalin-Mor über. In der Einleitung seines 1978 erschienenen Buches heißt es: „Die Stern-Gruppe (damals nannte man sie die Stern-Bande) sprengt, schießt nach Belieben und tötet ohne Gnade. Das ist wahr. Aber in den drei oder vier Jahren vor der Gründung des Staates sind sie es, mit Yalin-Mor an der Spitze, die den Briten das Leben in Palästina unmöglich machen. Sie töteten Wilkin und Martin, die beiden „geheimen" Inspektoren aus Tel-Aviv, die sie aufstöberten. Sie greifen Konvois an, sprengen Eisenbahnen in die Luft und sprengen Kasernen mit der Beharrlichkeit echter Terroristen[214]."

Der Vertreter des britischen Imperialismus, Lord Moyne, ein Freund Churchills, wurde am 6. November 1944 in Kairo erschossen: „Bennys erster Schuss tötete den residierenden General auf der Stelle. Der Fahrer, der versuchte, herauszukriechen, wurde von Zebulon[215] erschossen", schrieb Yalin-Mor. Die Juden nahmen es nicht mehr nur mit den örtlichen Behörden auf, sondern wagten es, das Reich anzugreifen. Die symbolträchtigste Aktion dieses jüdischen Krieges in Palästina war jedoch die Bombardierung des King David Hotels. Am 2. Juli 1946 sprengten die Männer der Irgoun die sieben Stockwerke des von den Briten besetzten Flügels in die Luft. Die Zahl der Toten und Verwundeten betrug 200.

Die Irgoun hatte sich auch auf terroristische Aktionen gegen die arabische Zivilbevölkerung spezialisiert: Bombenanschläge auf Märkte, Überfälle auf Busse und Unternehmen, die arabisches Personal beschäftigten. Nach einer in Israel weit verbreiteten Version war die Haganah, die reguläre Armee, an keiner dieser Taten beteiligt, derer sich Mitglieder der Irgoun schuldig gemacht haben. Einige Zeugenaussagen stehen jedoch im Widerspruch zur offiziellen Version. In dem Buch von Alain Brossat wird die Aussage von Yankel Taut vorgestellt, die der offiziellen Version widerspricht. Nach einem Angriff auf die große Raffinerie in Haifa, bei dem Ende 1947 sieben arabische Arbeiter ums Leben gekommen waren, rächten sich die Araber, indem sie sieben jüdische Arbeiter töteten. Yankel Taut, der für tot gehalten wurde, war der einzige Überlebende. Er erzählte: „Nach dieser ganzen

---

[214] Nathan Yalin-Mor, *Israel, Israel, Histoire du groupe Stern*, Presses de la Renaissance, 1978, S. 18.

[215] Nathan Yalin-Mor, *Israel, Israel, Histoire du groupe Stern*, Presses de la Renaissance, 1978, S. 178.

Angelegenheit unternahm die Haganah einen Überfall auf die beiden arabischen Dörfer zwischen Haifa und der Raffinerie, tötete einen Teil der Bevölkerung und vertrieb den anderen Teil, wobei sie systematisch alle arabischen Raffineriearbeiter tötete, die sie in der Gegend fand. Was in Deir Yassin geschah, war alles andere als ein Einzelfall[216]."

Die Gründung des Staates Israel wurde im Mai 1948 proklamiert. Zwei Jahre später, am 5. Juli 1950, dem 45. Todestag von Theodor Herzl, verabschiedete das israelische Parlament ein Gesetz - das „Rückkehrgesetz" -, das jedem Juden, der dies wünschte, das Recht einräumte, nach Israel zu kommen und sich dort niederzulassen und bei seiner Ankunft automatisch die israelische Staatsbürgerschaft zu erwerben. Die Solidarität unter den Juden in der ganzen Welt fand einmal mehr eine Gelegenheit, sich zu manifestieren. Der Milliardär Baron Guy de Rothschild, Mitglied der berühmten Bankiersfamilie, hat in seinen 1983 veröffentlichten Memoiren ein interessantes Zeugnis hinterlassen. Er erzählte, wie er 1945 einer Frau geholfen hatte, die am „Aufbau" des Staates Israel beteiligt war: „André Blumel, der ehemalige Kabinettschef von Léon Blum, mit dem ich eng befreundet war, bat mich, ihm bei der Rettung von Léa Knout zu helfen, einer jungen Frau, die wegen Terrorismus gesucht wurde. Das habe ich gerne getan und bin seitdem mit dieser Frau in Kontakt geblieben, die heute ein friedliches Leben als Mutter führt". Diese unerschütterliche Solidarität funktioniert, wie man sieht, auch mit Terroristen. Und Guy de Rothschild fügte hinzu: „An dem Tag, an dem Israel im Mai 1948 seine Unabhängigkeit erklärte, demonstrierten Alix und ich voller Freude Arm in Arm auf den Champs Elysées mit Madame Mendès France, die wir dort in der Menge getroffen hatten[217]".

Nach dem Sieg über die Araber im Jahr 1967 wurden die Ausschreitungen während der Besetzung des Westjordanlands und des Gazastreifens fortgesetzt. Professor Israel Shahak listete 1975 die 385 arabischen Dörfer auf, die zerstört und mit Bulldozern überzogen wurden, von 475 im Jahr 1958. Von Juni 1967 bis November 1969 wurden in Israel und im Westjordanland mehr als 20.000 arabische Häuser gesprengt. Häuser, Zäune und Einfriedungen, sogar Friedhöfe wurden dem Erdboden gleichgemacht.

---

[216] Alain Brossat, *Le Yiddishland révolutionnaire*, Balland, 1983, S.319.

[217] Guy de Rothschild, *Contre bonne fortune...*, Belfond, 1983, S.353.

Wir werden hier nicht die lange Litanei der von Juden in Palästina begangenen Gewalt rekapitulieren; erstens, weil es bereits viele Studien zu diesem Thema gibt, und zweitens, weil der Rückgriff auf extreme Gewalt zur Eroberung eines Landes keineswegs eine jüdische Besonderheit ist. Auch die französischen Armeen Ludwigs XIV. haben unter der Führung von Louvois bei der Plünderung der Pfalz zahlreiche Gräueltaten begangen, und wir wissen, dass die Eroberung des Languedoc durch Philipp Augustus nicht nur kultureller Natur war. Wir werden uns auch daran erinnern, dass das, was die Palästinenser erlitten haben, gering ist im Vergleich zu dem, was die Araber zur Zeit der Eroberungen von Dschingis Khan erlitten haben. Leider werden Staaten, ebenso wie große Zivilisationen, nicht allein auf der Grundlage der Philosophie errichtet. Im Vorwort zu Nathan Yalin-Mors Buch kann man diese Überlegung mit gesundem Menschenverstand lesen: Yalin-Mor „ist zu Recht einer der Gründer des Staates Israel... Es ist kein Zufall, dass sein Nachname bis heute systematisch verheimlicht wird. In der Tat bekennen nur sehr wenige Nationen, nachdem sie ihre Unabhängigkeit erlangt haben, dass sie ihre Existenz dem politischen Gespür ihrer handelnden Männer verdanken[218]."

Die idealistische und revolutionäre Vision der zionistischen Bewegung der 1950er Jahre und des Ideals der Kibbuz, jener Kolchosen, die so viele junge militante Sozialisten zum Träumen brachten, ist völlig verblasst. Für viele Juden ist der heutige hebräische Staat Teil des Erlösungsprozesses, der zur Befreiung der Juden in der ganzen Welt führen muss.

Nach dem siegreichen Krieg von 1967 erklärte der charismatische Rabbi Zvi Yehudah Hacohen Cook seinen Studenten, „dass der Staat Israel Gottes auserwähltes Werkzeug für die Erlösung seines Volkes ist... dass das Land Israel heilig ist, heilig die Bäume, die darin wachsen, und die Steine, die es bedecken, und die Häuser, die dort stehen; dass es Gottes unveräußerliches Geschenk an sein Volk ist, und dass niemand sich das Recht anmaßen kann, den Nichtjuden auch nur das kleinste Stück Land abzutreten; und dass es ihr heiliges Recht war, es zu bevölkern[219]."

---

[218] Nathan Yalin-Mor, *Israel, Israel, Histoire du groupe Stern*, Presses de la Renaissance, 1978, S. 12.

[219] Eli Barnavi, *Las Religiones asesinas*, Turner publicaciones, 2007, Madrid,

Der Jom-Kippur-Krieg im Oktober 1973 war zwar ein israelischer Sieg, kostete aber 2.500 Tote und seine politischen Auswirkungen versetzten dem Triumphalismus von 1967 einen tödlichen Schlag. Diese Schwierigkeiten erschütterten das Gefühl der Israelis, sicher, stark und unabhängig zu sein. Damals, 1974, entstand die Bewegung Gush Emunim (Der Glaubensblock), deren Führer Schüler von Rabbi Hacohen Cook gewesen waren.

Diese Bewegung verband die nationalistischen und bahnbrechenden Themen der Israelis mit einem messianisch-religiösen Rahmen: „Das Land Israel, für das Volk Israel, gemäß der Tora Israels", lautete ihr Slogan. „Die Führer der Gush Emunim behaupteten, dass der messianische Prozess der Erlösung des jüdischen Volkes begonnen habe und dass die Juden eine wesentliche Rolle zu spielen hätten. Die wichtigste Mitzwa war damals die Besiedlung des Landes Israel", schrieb Shmuel Trigano... Der Aufruhr, der in Israel nach dem Krieg von 1973 herrschte, wurde als eine der Geburtswehen des Messias" empfunden. Für die Gush Emunim „hat das jüdische Volk ein heiliges Recht auf das Land Israel, und es ist seine heilige Pflicht, das Land wieder in Besitz zu nehmen und es in allen Teilen[220] zu besiedeln". Innerhalb dieser Gruppe werden die Moscheen auf dem Tempelberg als das Haupthindernis für den Erlösungsprozess angesehen, und ihre Zerstörung ist nun das Gebot der Stunde.

Diese Vision des Schicksals Israels ist auch diejenige, die der ehemalige Widerstandskämpfer Victor Tibika 1970 in einem zionistischen Propagandabuch mit dem Titel *Erwachen und Einheit des jüdischen Volkes* darlegte. Für ihn ist „die Stunde der Rückkehr gekommen". Israels Schicksal „ist von den Propheten angekündigt worden, die einstimmig vorausgesagt haben: die Zerstörung des Tempels, den Exodus, das Exil, die Verfolgungen, die Verbannung, die

---

S.67

[220] Shmuel Trigano, *La société juive à travers l'histoire*, tome I, Fayard, 1992, S.303. Einige Mitglieder der Gush Emunim sind im ultra-orthodoxen Judentum aufgegangen, indem sie dessen Lebensweise und äußeres Erscheinungsbild übernommen haben (die Jaredis), aber die meisten kleiden sich weiterhin nach den heutigen Standards und verfolgen Karrieren in der modernen Wirtschaft.

Wiederherstellung Israels, die Rückkehr, die Befreiung Jerusalems und das Kommen des Messias[221]."

Dies ist kein gewöhnlicher Nationalismus, der dem der Gojim entspricht, sondern eine grandiose Vision der Geschichte, die alle Nationen umfasst: „Man darf nicht vergessen", so Tibika weiter, „dass Israel ein Segen sowohl für die Juden als auch für die Menschheit ist. Dieser Staat ist nicht wiedererrichtet worden, um die Welt zu spalten, sondern um allen Völkern Segen zu bringen, denn durch Israel wird die Welt gesegnet[222]." Aus der gleichen Perspektive schrieb Theo Klein, der ehemalige Präsident des Repräsentativen Rates der jüdischen Institutionen in Frankreich (CRIF), über seinen ersten Besuch an der Klagemauer im Jahr 1967: „Ich stand nicht vor der Klagemauer: Ich stand vor der Mauer der Hoffnung[223]."

Dieses eschatologische Konzept des Judentums, das den Staat Israel in seinen Kern einbezieht, kann auch als gefährlich für das Weltjudentum angesehen werden. Elmer Berger, Reformrabbiner und ehemaliger Präsident des American Council for Judaism, hat sich zu diesem Thema geäußert: „Die prophetische Tradition zeigt deutlich, dass die Heiligkeit des Landes nicht von seinem Boden abhängt, auch nicht von dem des Volkes oder seiner Anwesenheit auf dem Land. Nur der göttliche Bund, der sich im Verhalten seines Volkes ausdrückt, ist heilig und des Zions würdig. Der heutige Staat Israel hat also kein Recht, sich mit der Vollendung des göttlichen Projekts eines messianischen Zeitalters zu identifizieren? Das ist die reine Demagogie von Land und Blut... Der zionistische Totalitarismus... macht das jüdische Volk zu einem Volk wie jedes andere[224]". Und gerade die Juden wollen nicht „wie andere Menschen" sein.

Jean-Christophe Attias hat den religiösen Antagonismus in dieser Frage sehr gut ausgedrückt: „Der Zionismus schlägt einen Bruch mit der passiven Haltung der Juden vor, die zu lange auf den Messias gewartet

---

[221] Victor Tibika, 1967, *Réveil et unité du peuple juif,* 1970, S. 88.

[222] Victor Tibika, 1967, *Réveil et unité du peuple juif,* 1970, S. 39.

[223] Theo Klein, *Dieu n'etait pas au rendez-vous,* Bayard, 2003, S. 103.

[224] Elmer Berger, *La foi des prophètes et le Sionisme,* conférence à l'Université de Leiden (Pays-Bas), 20 mars 1968, in *Le XXIe siècle, Suicide planétaire ou résurrection?,* L'Harmattan, Paris 2000, S. 106.

haben. Er setzt sich dafür ein, dass die Juden selbst die Zügel des jüdischen Schicksals in die Hand nehmen, ein Wille, hier und jetzt auf der Erde und mit menschlichen Mitteln etwas zu erreichen, was bis dahin nur ein diffuser Horizont in den Händen Gottes war".

Dieser säkularisierte Messianismus stellt somit einen Bruch mit der jüdischen Tradition dar. Der Zionismus wird daher von einigen orthodoxen Gruppen „als eine wahre Entweihung des religiösen Ideals[225] wahrgenommen." Diese Gruppen verurteilen den Zionismus und den Staat Israel, weil sie der Meinung sind, dass die Juden durch göttliches Dekret ins Exil getrieben wurden und dass die Rückkehr und Neugruppierung der Exilanten sowie die nationale Unabhängigkeit nur durch göttliches Dekret legitimiert werden können. In diesem Sinne „kompromittieren Zionisten ernsthaft die Mission Israels im Exil. In der Tat ist Israel nicht nur zur Bestrafung seiner Sünden im Exil, sondern um inmitten dieses Exils eine ethische, mystische und erlösende Funktion an der Seite der Nationen zu übernehmen... Das ist die Mission Israels im Exil: verstreut und sogar gedemütigt, ist es dort, überall, um diese Welt zu erlösen[226]."

Der Staat Israel ist daher nur ein weiteres Element in dem Erlösungsprozess, an dem die Juden in der ganzen Welt arbeiten. Die Zerstörung dieses Staates würde nichts an ihrem Auftrag ändern. Für sie ist Israel nicht dazu berufen, alle Juden der Welt aufzunehmen. Es ist in erster Linie ein Zufluchtsort, an den sich die Juden, die dies wünschen, von Zeit zu Zeit wenden können, um neue Kraft zu schöpfen. Es ist ein Zufluchtsort für „neurotische" Juden - wie der amerikanische Romancier Philip Roth schrieb -, die den Widerspruch zwischen ihrer scheinbaren Loyalität zu ihrem Gastland und ihrem Judentum nicht mehr ertragen können. Es ist auch ein Zufluchtsort für ehemalige kommunistische Kämpfer, für Rentner, für „Verfolgte" und für Gauner und Verbrecher aller Art, die wissen, dass sie niemals ausgeliefert werden. Wir haben in *The Planetary Hopes* zahlreiche Beispiele dafür gesehen. Das ist der Grund, warum die meisten Juden trotz allem noch immer Israel unterstützen. Die heftigsten antizionistischen Führer der

---

[225] Esther Benbassa, Jean-Christophe Attias, *Les juifs ont-ils un avenir?* J.C. Lattès, 2001, S.82, 83

[226] Esther Benbassa, Jean-Christophe Attias, *Les juifs ont-ils un avenir?* J.C. Lattès, 2001, S. 95

* *Les Espérances planétariennes*, Hervé Ryssen, Ed. Baskerville 2005

extremen Linken sind da keine Ausnahme. „Alle linken Organisationen in Europa werden von antizionistischen Juden geführt[227]", schrieb der berühmte Pressechef Jean Daniel Bensaïd. Aber die meiste Zeit ist der antizionistische Diskurs, den sie in der Mainstream-Presse führen, nichts weiter als eine Fassade[228].

Vor dem Krieg glaubten viele Juden, dass die Gründung eines Staates ein neues Ghetto bedeuten würde. So dachte Elie Wiesel mit den Worten seines *ermordeten jüdischen Dichters,* der 1936 in einer Zeitung gegen das zionistische Projekt schrieb: „Ich habe meine prinzipielle Ablehnung des Zionismus erklärt. Entweder man ist religiös, und deshalb ist es verboten, das Reich Davids vor der Ankunft des Sohnes Davids wieder aufzubauen; oder man ist es nicht, und in diesem Fall würde der jüdische Nationalismus die Juden gefährden, die er zu schützen vorgibt. Und er präzisierte: Ein jüdischer Staat in Palästina wäre ein Ghetto, und wir sind gegen Ghettos... Wir sind für eine Menschheit ohne Grenzen... Anstatt die Juden von der Menschheit abzuschotten, versuchen wir, sie in sie zu integrieren, sie zusammenzuschweißen; es reicht nicht, den Juden zu befreien, wir müssen den Menschen befreien, und dann wird das Problem gelöst[229]."

Dieser Gedanke der „grenzenlosen Menschlichkeit", der den Hintergrund des mentalen Universums der Juden in der ganzen Welt strukturiert, ist wiederkehrend und wir haben ihn schon oft gehört.

Der Journalist Guy Konopnicki hatte die gleichen offensichtlichen Bedenken gegenüber dem Staat Israel: „Ich kann also diese neue jüdische Sehnsucht nicht teilen, die sie auch in einen banalen Nationalstaat mit festgelegten Grenzen verwandeln würde. Das Judentum, das ich fordere, bleibt wandernd und kosmopolitisch, ohne Land und Wurzeln. Es kommt von überall und nirgends, wie mein kulturelles Erbe[230]."

Auch der ehemalige Führer des Mai 1968, Daniel Cohn-Bendit, äußerte sich in einem Dialogbuch mit dem ehemaligen sozialistischen Minister

---

[227] Jean Daniel Bensaïd, *L'Ère des ruptures*, Grasset, 1979, S.117

[228] Siehe z. B. die Aussagen von Marek Halter und Guy Konopnicki, in *Les Espérances planétariennes*, Baskerville, 2005, S. 172, 173.

[229] Elie Wiesel, *Le Testament d'un poète juif assassiné*, 1980, Point Seuil, 1995, S. 164, 165.

[230] Guy Konopnicki, *La Place de la nation*, Olivier Orban, 1983, S. 24.

Bernard Kouchner, der später zur „harten" Rechten wechselte, in diesem Sinne: „Für mich ist der Jude immer noch der Jude der Diaspora, der überall lebt und nicht in einem Land, in dem die Juden in der Mehrheit sind. Sobald sie einen Staat und eine Nationalität haben, sind sie keine Juden mehr, wie wir sie seit zwanzig Jahrhunderten kennen, sondern Israelis".

Aber für Intellektuelle und Politiker wie Guy Konopnicki, Bernard Kouchner und Daniel Cohn-Bendit sind die Gefühle gegenüber Israel manchmal ambivalent, wie es im Judentum oft der Fall ist. Bernard Kouchner fügte auf den folgenden Seiten hinzu: „Ich kenne viele Juden, die nicht in Israel leben wollen, die aber wollen, dass der Staat Israel existiert[231]."

Die Juden der UdSSR z. B. sind nicht alle nach Israel gegangen - im Gegenteil. Nach dem Zusammenbruch des Kommunismus verließen Hunderttausende von „perfekt integrierten" Juden das Land ohne Bedauern oder Reue. Einige gingen nach Israel, aber die meisten ließen sich in den Vereinigten Staaten und in Ostdeutschland nieder, wo die Einwanderung aus Russland für Juden deutscher Abstammung für völlig frei erklärt worden war. Diese Entscheidung, die vom Parlament der untergehenden DDR als Geste der Reue getroffen worden war, wurde später vom wiedervereinigten Deutschland beibehalten. Infolgedessen verzehnfachte sich die jüdische Gemeinde in Deutschland innerhalb von fünfzehn Jahren auf 220.000 Mitglieder im Jahr 2005.

Zugegeben, der deutsche Staat war großzügig. Ein russischer Jude, der sich in Israel niederlassen wollte, erhielt nur 28.000 Euro, während ein russischer Jude, der sich in Deutschland niederlassen wollte, mit offenen Armen und einer Spende von 140.000 Euro empfangen wurde. Eine vierköpfige jüdische Familie erhielt also 560.000 Euro vom deutschen Steuerzahler in Form einer einzigen Aufnahmeprämie.

Le Figaro vom 20. Januar 2005: „Zehntausende von Juden aus der ehemaligen UdSSR, die nach Israel eingewandert sind, sollen ihre Reisen in die Länder des ehemaligen Sowjetblocks genutzt haben, um ihre israelischen Pässe zu zerstören und die Aufnahme in Deutschland zu beantragen[232]".

---

[231] Daniel Cohn-Bendit, Bernard Kouchner, *Quand tu seras président*, Robert Laffont, 2004, S. 344, 346

[232] Am 1. Januar 2006 hat Deutschland das Einwanderungsrecht für Juden aus

Der Prozess der „Erlösung" geht, wie wir sehen, vor allem im „Exil", unter den Völkern, weiter.

2. Planetarische Demokratie

Die kosmopolitische Mutation

Die jüdischen Hoffnungen werden heute viel besser durch das Ideal der demokratischen Gesellschaft repräsentiert als durch das alte, weitgehend diskreditierte kommunistische Projekt. Die beiden Systeme, das marxistische und das liberale, sind keineswegs antagonistisch, sondern zwei sich ergänzende ideologische Maschinen, die in die gleiche Richtung arbeiten, um die von Israel so sehr gewünschte universalistische Neue Weltordnung zu errichten, in der Völker, Nationen und Grenzen verschwinden werden.

Jacques Attali, einer der engsten Berater von Präsident Mitterrand, entschuldigt sich in all seinen Büchern für seinen ungezügelten Kosmopolitismus. Dieser sozialistische Intellektuelle steht heute der liberalen Rechten nahe, aber er bewahrt sich eine verständliche Wertschätzung für Marx.

In der Einleitung zu seiner 2005 erschienenen Biografie von Karl Marx schreibt er:"... lange vor allen anderen erkannte er, wie der Kapitalismus eine Befreiung von früheren Entfremdungen darstellt... er plädierte für Freihandel und Globalisierung und sah voraus, dass die Revolution, wenn sie denn kommt, nur als Überwindung eines universellen Kapitalismus erfolgen würde. Er ist der erste „Welt"-Denker. Er ist der Geist der Welt."

Guy Ponopcki wiederum erinnerte daran, dass Karl Marx im *Kapital* „die Ware und die kapitalistische Revolution gepriesen" habe, um die ihm verhasste traditionelle europäische Gesellschaft hinwegzufegen.

Russland und den Ländern des ehemaligen Ostblocks endgültig abgeschafft. Diese Maßnahme wurde von den Deutschen nicht ergriffen, weil sie im Voraus Angst hatten, die internationale jüdische Gemeinschaft zu beunruhigen, sondern auf Wunsch der israelischen Regierung selbst, die über die Flucht ihrer Bürger besorgt war. (*Faits et documents* du 15 janvier 2006)

Konopcki zitierte auch diese Worte: „Um unser Land aus seiner Rückständigkeit zu befreien, muss es mit amerikanischer Sachlichkeit durchdrungen werden", und fügte hinzu: „Dieser Ausdruck stammt von Lenin, der davon träumte, dem furchtbaren nationalen Charakter Russlands ein Ende zu setzen²³³ *".

Es ist kein Zufall, dass der Marxismus dem Gehirn eines Sohnes Israels entstammt. Morchedai Marx Levy, der Großvater von Karl Marx, war ein Rabbiner aus Trier. Sein zweiter Sohn Herschel, geboren 1777, „ist dem Rabbinat nicht zugeneigt; er ist sogar der Religion weit entfernt". 1817, nach dem Tod seiner Mutter, „entschließt er sich zum Sprung: Er schwört dem Judentum ab und ändert seinen Namen von Herschel Marx Levy in Heinrich Marx. Er bricht jedoch nicht mit seiner Gemeinschaft, insbesondere nicht mit seinem Bruder. Um deutlich zu machen, dass seine Konversion nur politisch und sicherlich vorübergehend war, entschied er sich nicht für die in der Stadt vorherrschende Religion, den Katholizismus, sondern für das Luthertum, die Religion der Berliner Oberhäupter... Herschel Marx Levy hatte wohl gehofft, der Anwalt zu werden, von dem er geträumt hatte, aber der König von Preußen, Friedrich Wilhelm III, machte es den Juden seines Landes zur Pflicht zu konvertieren, um einen freien Beruf oder ein öffentliches Amt ausüben zu können... 1814 heiratete er in der Synagoge von Trier eine niederländische Jüdin, Henrietta Pressburg, die aus einer jüdischen Familie ungarischer Herkunft stammte, die seit langem in den Vereinigten Provinzen ansässig war... Ihr erster Sohn wurde am 5. Mai 1818 in Trier geboren. Er wurde weder beschnitten noch nach dem lutherischen Ritus getauft. Wie durch eine Provokation wurde er gemäß der jüdischen Tradition nach seinem Vater und seinem Großvater, dem ehemaligen Rabbiner der Stadt, benannt: Karl Heinrich Mordechai... Im Jahr 1824 - dem Jahr, in dem der erste Elektromotor in London hergestellt wurde - entschied sich Heinrich und ließ seine vier Kinder gegen den Widerstand seiner Frau in einer lutherischen Kirche in der

---

²³³ Guy Konopnicki, *La Place de la nation*, Olivier Orban, 1983, S. 159.

* Lenin „hatte wenig Achtung vor den Russen, die er für faul, weich und nicht besonders klug hielt. Wenn Sie einen klugen Russen treffen", sagte er zu Gorki, „ist er fast immer ein Jude oder hat jüdisches Blut in seinen Adern", in Richard Pipes, *The Russian Revolution*, 1990, Debols!llo, Penguin Random House Editorial, 2018, Barcelona, S. 380-381.

Stadt taufen. Der Bruch mit dem Judentum war von nun an vollständig, sowohl für ihn als auch für seine Kinder[234]."

Diese letzte Behauptung wird jedoch drei Seiten später dementiert, aber wir wissen, dass Widersprüche und Paradoxien bei jüdischen Intellektuellen häufig sind: „Karl ist zwölf Jahre alt, das Alter, in dem junge Juden, seine Cousins, ihre *Bar-Mitzvah* vorbereiten. Er kennt die jüdische Gemeinde in der Stadt, ist aber seit dem Tod seines Onkels kaum noch dort gewesen. Er weiß sogar, dass sein Vater konvertieren musste, um seinen Beruf nicht aufzugeben, und dass seine Mutter, die sich immer als Jüdin betrachtet hat, immer noch die Gottesdienste besucht; er hat die Absicht, sich zu assimilieren. Obwohl er hebräisch liest, was ihm seine Mutter beigebracht hat, lehnt er das Bild des Wucherjuden ab, das sein Vater, dessen Erbe er anerkennt, gezeichnet hat[235]."

Im März 1843 schrieb Karl Marx seine Ansichten über die Emanzipation der Juden, und während er uns mitteilte, dass er „den jüdischen Glauben hasst", war auch klar, dass seine Beweggründe voll und ganz mit dem säkularen Kampf der Juden gegen die christliche Gesellschaft übereinstimmten: „Das Ziel ist, so viele Brüche wie möglich in den christlichen Staat zu machen und das Rationale schleichend in ihn einzuführen".

In dieser emanzipatorischen Perspektive stellen der staatenlose Kapitalismus und die globalisierte materialistische Gesellschaft, die alle überlieferten Traditionen entwurzeln, die wirksamsten Waffen zur Auflösung der Nationen und zur Auslöschung der Religionen dar.

Marx „schrieb die schönsten Seiten, die je zum Lob der Bourgeoisie veröffentlicht wurden, und es lohnt sich, sie heute erneut zu lesen", so Attali:"Die Bourgeoisie kann nur existieren, indem sie unaufhörlich die Produktionsmittel revolutioniert, was soviel heißt wie das ganze Produktionssystem und damit die ganze Gesellschaftsordnung (...) Die Epoche der Bourgeoisie ist gekennzeichnet und unterscheidet sich von allen anderen durch die ständige und unruhige Verschiebung der Produktion, durch die ununterbrochene Umwälzung aller gesellschaftlichen Verhältnisse, durch eine unaufhörliche Unruhe und

---

[234] Jacques Attali, *Karl Marx o el espíritu del mundo*, Fondo de cultura económica de Argentina, 2007, S. 13-15, 19- 25.

[235] Jacques Attali, *Karl Marx o el espíritu del mundo*, Fondo de cultura económica de Argentina, 2007, S. 28.

eine unaufhörliche Dynamik. Die unerschütterlichen und verschimmelten Beziehungen der Vergangenheit mit ihrem ganzen Gefolge alter und ehrwürdiger Ideen und Überzeugungen brechen zusammen, und die neuen werden alt, bevor sie Wurzeln schlagen. Alles, was man für dauerhaft und beständig hielt, verschwindet (...) Die Notwendigkeit, Märkte zu finden, treibt die Bourgeoisie von einem Ende des Planeten zum anderen (...). Durch die Ausbeutung des Weltmarktes verleiht die Bourgeoisie der Produktion und dem Konsum aller Länder einen kosmopolitischen Stempel (...) Der niedrige Preis ihrer Waren ist die schwere Artillerie, mit der sie alle Mauern Chinas niederreißt, mit der sie die barbarischsten Stämme zwingt, in ihrem Hass auf das Fremde zu kapitulieren (...) Die Bourgeoisie unterwirft das Land dem Reich der Stadt. Sie schafft riesige Städte, vermehrt die Stadtbevölkerung in einem hohen Verhältnis zur Bauernschaft und reißt einen beträchtlichen Teil der Landbevölkerung in den Kretinismus des Landlebens"[236]."

Bei solch „kosmopolitischen" Überzeugungen ist es nicht verwunderlich, dass Karl Marx ins Fadenkreuz der Antisemiten geriet: „Er selbst erleidet zu dieser Zeit zahllose antisemitische Angriffe, da er von all jenen - darunter seine Töchter - als Jude und Brauner angesehen wird, die ihn, ob freundlich oder nicht, als „den Mohren" bezeichnen[237]."

In England, wo er das „Kapital" zu schreiben beginnt, hat die Polizei ein Auge auf „diesen staatenlosen Mann mit planetarischen Beziehungen" geworfen. In seiner neuen Residenz „kommt kein einziger Republikaner oder Sozialist vom Kontinent oder aus Nordamerika, ohne bei ihm vorbeizuschauen, entweder um seine Anweisungen zu erhalten oder um sein Orakel zu hören. Er spricht mit ihnen gleichgültig in Englisch, Französisch, Deutsch, Spanisch und sogar Russisch, das er jetzt lernt, um sich abzulenken, besonders wenn er unter seinen Geschwüren leidet[238]."

---

[236] Karl Marx, Friedrich Engels, *Manifest der Kommunistischen Partei*, Hrsg. Fundación de Investigaciones Marxistas, Madrid, 2013, S. 54, 55, 56.

[237] Jacques Attali, *Karl Marx o el espíritu del mundo*, Fondo de cultura económica de Argentina, 2007, S. 204.

[238] Jacques Attali, *Karl Marx o el espíritu del mundo*, Fondo de cultura económica de Argentina, 2007, S. 239.

Indem er die traditionellen Kulturen hinwegfegt, ebnet der Kapitalismus den Weg für die Errichtung eines globalen Imperiums, das die Ankunft der universellen Brüderlichkeit ankündigen soll. In der Tat waren Marx und Engels davon überzeugt, dass sie Zeugen der Entstehung eines Weltmarktes, eines Systems der Produktion und des Konsums im Weltmaßstab wurden, das die nationalen und kulturellen Grenzen aufheben würde. Eine Entwicklung, die sie mit guten Absichten sahen, denn auf einem solchen Weltmarkt sollten Nationalismus und Religionen aussterben:

„Wenn der Kapitalismus die Kommerzialisierung der sozialen Beziehungen so weit ausgereizt und alle seine Ressourcen verbraucht hat, könnte er, wenn er die Menschheit nicht zerstört hat, auch einem globalen Sozialismus Platz machen. Mit anderen Worten, der Markt könnte der Brüderlichkeit Platz machen... Jeder Mensch würde zum Weltbürger, und schließlich wäre die Welt für den Menschen gemacht. Dann müssen wir Karl Marx neu lesen", schreibt der sehr liberale Jacques Attali am Ende seines Buches; „daraus werden wir die Gründe ziehen, um die Fehler des letzten Jahrhunderts nicht zu wiederholen[239]."

Wir können also zusammenfassen: Der Kommunismus ist zu früh und vielleicht zu brutal aufgetreten. Er sollte nur eine natürliche Folge der liberalen Globalisierung und der planetarischen Uniformierung sein, die durch die materialistische Gesellschaft und die Demokratie hervorgerufen wurde. Aufgrund des Scheiterns des kommunistischen Projekts der „universellen Brüderlichkeit" haben die Intellektuellen des Planeten ihre Hoffnungen vorübergehend auf das liberale Projekt verlagert, dessen Ziel identisch ist: die Schaffung des Friedensreiches.

Auch liberale Ökonomen wie Thomas Friedman waren davon überzeugt, dass die Globalisierung nur mit einem Wirtschaftssystem vereinbar sei: dem liberal-demokratischen, das Krieg, Tyrannei und Armut beenden könne.

Aus dieser Sicht war die Studentenrevolte vom Mai '68 der Abgesang auf die kommunistischen Hoffnungen. Es ist bekannt, dass die wichtigsten Anführer der Protestbewegung Juden waren. In der Tat waren es jüdische Aktivisten, die die revolutionären, trotzkistischen, maoistischen oder anarchistischen Bewegungen anführten, inspiriert von einem spezifisch jüdischen Messianismus, auch wenn dieser

---

[239] Jacques Attali, *Karl Marx o el espíritu del mundo*, Fondo de cultura económica de Argentina, 2007, S. 413.

scheinbar säkularisiert war. Ein israelischer Akademiker, Yaïr Auron, hat dies in einem Buch mit dem Titel *The Jews of the Far Left in May '68* festgehalten, das anlässlich des dreißigsten Jahrestages dieser „Ereignisse" veröffentlicht wurde: „Von den vier Hauptführern des Mai '68, Daniel Cohn-Bendit, Alain Krivine, Alain Geismar und Jacques Sauvageot, sind die ersten drei Juden[240]."

Das jüdische Gemeindemagazin *Passages widmete* seine achte Ausgabe diesen Ereignissen. Benoît Rayski schrieb: „Im Mai '68 gab es eine kompakte Schar jüdischer Freiwilliger, sowohl an der Spitze als auch an der Basis der Parteien, Bewegungen und Gruppen, die an der Spitze dieses aufrührerischen Ereignisses standen... Sie nahmen eine herausragende Stellung ein, die in keinem Verhältnis zu der Zahl der Juden in Frankreich stand... Sie stammten alle, oder fast alle, aus einem klar definierten geografischen Gebiet: Mittel- oder Osteuropa. Fast alle stammten aus Familien, die ihr Leben im Namen der revolutionären Ideologien des 20. Jahrhunderts geopfert hatten: Bolschewismus, Kommunismus, Trotzkismus, Bundismus, Anarchismus... Es gab die Märtyrer der *Affiche rouge (rotes Plakat)*, die Juden der Komintern, unermüdliche Vertreter der Weltrevolution, die jüdischen und kommunistischen Führer der internationalen Brigaden, die jungen Aufständischen des Warschauer Ghettos usw.". Der Mai '68 war also keine Generalprobe für einen hypothetischen großen revolutionären Abend, sondern eher eine große Abschiedsfeier. Er war, so Benoît Rayski, „eine Art revolutionärer Pavillon einer untergegangenen Welt".

Jüdische Intellektuelle neigen jedoch dazu, die durch die marxistische Doktrin verursachten Gräueltaten in der ganzen Welt und insbesondere die unbestreitbare Verantwortung jüdischer Doktrinäre, Beamter und Henker während der Sowjetzeit allzu schnell zu vergessen. Der israelische Historiker Sever Plocker erinnerte jedoch in einem 2007 *erschienenen* Artikel mit dem Titel *Stalins Juden* daran, dass sich die Zahl der Opfer der Tscheka auf mindestens 20 Millionen belief. Ihm zufolge war Ghenrij Yagoda definitiv „der größte Verbrecher des 20. Jahrhunderts", da er „für mindestens 10 Millionen Tote verantwortlich" war. „Wir dürfen nicht vergessen", schrieb Sever Plocker, „dass einige der größten Verbrecher der Neuzeit Juden sind... Viele Juden haben ihre Seelen an den Dämon der kommunistischen Revolution verkauft und haben für alle Ewigkeit Blut an ihren Händen." Wir sollten jedoch

---

[240] Lesen Sie das Kapitel: *Les Espérances planétariennes*, Hervé Ryssen, S. 265-270

betonen, dass dieser Sever Plocker eine Ausnahme ist und dass sich jüdische Intellektuelle insgesamt immer geweigert haben, der Öffentlichkeit ihre enorme Verantwortung für die kommunistische Tragödie einzugestehen.

Das planetarische Projekt

Die Intellektuellen des Planeten sind die hemmungslosesten Propagandisten für Einwanderung, Rassenmischung und offene Grenzen. Ob links oder rechts, marxistisch oder liberal, atheistisch oder gläubig, zionistisch oder „perfekt integriert", sie setzen sich unermüdlich für den Aufbau einer multikulturellen Gesellschaft und das Entstehen einer Welt ohne Grenzen ein.

Unter ihnen ist Jacques Attali einer der einflussreichsten. *In A Brief History of the Future*, das 2006 veröffentlicht wurde, fühlte er sich einmal mehr inspiriert wie der Prophet Elias, der das Kommen des Messias ankündigte: „Die Situation ist einfach: Die Marktkräfte haben den Planeten übernommen. Dieser Siegeszug des Geldes, der ultimative Ausdruck des Triumphs des Individualismus, erklärt die meisten der jüngsten Umwälzungen in der Geschichte... Wenn diese Entwicklung zu Ende geht, wird das Geld alles zerstören, was ihm schaden kann, und es wird nach und nach alle Staaten, einschließlich der Vereinigten Staaten, vernichten. Wenn der Markt erst einmal zum alleinigen Gesetz der Welt geworden ist, wird er das schaffen, was ich das *Hyper-Imperium* nennen werde, *ein* unfassbares und planetarisches Netzwerk, ein Schöpfer von merkantilem Reichtum und neuen Entfremdungen, von Reichtum und extremem Elend; die Natur wird völlig unterworfen sein; alles wird privat sein, einschließlich der Armee, der Polizei und der Justiz".

Attali fuhr prophetisch fort:"... ein neuer unendlicher Horizont der Freiheit, der Verantwortung, der Würde, der Selbstentfaltung und des Respekts für andere wird sich öffnen. Dies werde ich *Hyperdemokratie* nennen. Sie würde zur Einrichtung einer demokratischen Weltregierung sowie einer Reihe lokaler und regionaler Institutionen führen". In dieser neuen Konfiguration der Welt wird die Vorherrschaft des amerikanischen Imperiums einem planetarischen demokratischen System Platz machen: „Ich bin überzeugt, dass wir im Jahr 2060 den Sieg der Hyperdemokratie erleben werden, der höchsten

Organisationsform der Menschheit, dem ultimativen Ausdruck des Motors der Geschichte: der Freiheit[241]."

Dieses Hyper-Imperium wird „ein Imperium ohne Land, ohne Zentrum, d.h. offen... sein. Die Individuen werden nur sich selbst gegenüber loyal sein; Unternehmen werden keine Nationalität mehr haben; die Armen werden ein Markt unter anderen sein; Gesetze werden durch Verträge, die Justiz durch Schiedsgerichte und die Polizei durch Söldner ersetzt".

Die Staaten werden angesichts der neuen Macht der Unternehmen und Städte verschwinden. „Altruistische und universalistische Kräfte, die bereits heute aktiv sind, werden auf globaler Ebene die Macht übernehmen, unter der Herrschaft ökologischer, ethischer, wirtschaftlicher, kultureller und politischer Notwendigkeiten". Ein „Planetarischer Strafgerichtshof wird die Kompatibilität der auf jedem Kontinent entwickelten Rechtsprechung garantieren... Eine Weltwasseragentur wird die Verfügbarkeit von Wasser schützen; eine universelle Marktbehörde wird Monopole und die Achtung des Rechts auf Arbeit kontrollieren. Die Qualitätskontrolle von Konsumgütern, insbesondere von Lebensmitteln, wird in den Händen einer anderen Einrichtung liegen. Und ein weiteres Gremium wird die großen Versicherungsgesellschaften, die anderen Staatsorgane und die großen, für das Leben wichtigen Unternehmen kontrollieren[242]."

Natürlich kann man sich fragen, was diese „altruistischen Kräfte" sind, von denen Jacques Attali spricht. Auf diese Frage hat der Autor eine ehrliche Antwort gegeben, und wer das Judentum kennt, wird sich an seiner Aufrichtigkeit erfreuen:

„Die Herren des Hyper-Imperiums werden die Stars der „Zirkus"- und „Theater"-Gesellschaften sein: Inhaber von „Zirkus-Gesellschafts"-Kapital und nomadischen Vermögenswerten, Finanz- oder Unternehmensstrategen, Inhaber von Versicherungs- und Freizeitgesellschaften, Software-Architekten, Schöpfer, Juristen, Finanziers, Autoren, Designer, Künstler, Gestalter von nomadischen Objekten; ich werde sie hier *Hypernomaden* nennen. Ihre Zahl wird in die Zehnmillionen gehen, sowohl Frauen als auch Männer, viele von ihnen selbständig... Sie werden eine neue kreative Klasse bilden, eine

---

[241] Jacques Attali, *Breve historia del futuro*, Ediciones Paidós Ibérica, 2007 Barcelona, S.13, 14.

[242] Jacques Attali, *Breve historia del futuro*, Ediciones Paidós Ibérica, 2007 Barcelona, S. 20, 233.

Hyperklasse, die das Hyper-Imperium anführen wird". (p.176). Die Visionen von Jacques Attali weisen jedoch Lücken auf, und zwar offensichtlich freiwillige Lücken.

In Erwartung der glücklichen Tage, an denen die Hyper-Juden in der Lage sein werden, den Planeten zu regieren, sollten die Hyper-Goyim ermutigt werden, die ihnen vorgeschlagenen Optionen sanftmütig zu akzeptieren. Damit die Europäer, in diesem Fall die Franzosen, von nun an ihre Launen zurückstellen müssen. Erinnern wir uns daran, wie die Franzosen im Referendum vom 25. Mai 2005 trotz aller Warnungen ihrer Hyperkommunikatoren massiv gegen den Entwurf der europäischen Verfassung gestimmt haben (auch die Niederlande und Irland haben dagegen gestimmt). Die Launen der verwöhnten Kinder müssen aufhören, wie es Attali vorschreibt:

„Frankreich wird ein Interesse daran haben, zur Schaffung einer *Hyperdemokratie* beizutragen, die seine Werte und seine eigene Existenz schützen wird. Es sollte daher die Schaffung von Weltregierungsorganen mit eigenen Ressourcen vorschlagen... Auf europäischer Ebene wird es die Schaffung einer echten kontinentalen Regierung fördern müssen".

Auch die Franzosen werden noch mehr Einwanderer aufnehmen müssen, denn davon hängt ihr Überleben ab. Sie müssen begreifen, schreibt Attali, „dass der Zustrom einer gut kontrollierten und integrierten Bevölkerung die Voraussetzung für ihr eigenes Überleben ist" (S.129). (p.129). All dies natürlich „zum Wohle der Menschheit[243]."

Zu Beginn seines Buches warnt er jedoch davor, dass diese Globalisierung nicht ohne Verwerfungen ablaufen wird: „Lange bevor das amerikanische Imperium verschwindet, lange bevor die Lebensbedingungen fast unerträglich werden, werden sich die Völker um Territorien streiten und zahllose Kriege werden stattfinden; Nationen, Piraten, Söldner, Mafias und religiöse Bewegungen werden sich mit neuen Waffen ausrüsten" (S.20). (p.20). In der Tat scheint alles darauf hinzudeuten, dass die Schwächung der Staaten, die Kriege und das allgemeine Chaos das Kommen des Messias begünstigen.

Schließlich enthielt die spanische Ausgabe ein kurzes Nachwort über Spanien, in dem der Autor seine Ansichten über die historische und zukünftige Rolle der Spanier darlegte. Seine Analyse hätte nicht

---

[243] Jacques Attali, *Une brève Histoire de l'avenir*, Fayard, 2006, p,421, 423

typischer und synthetischer sein können: „Spanien hatte mehrere Gelegenheiten, die dominierende Macht in Europa zu werden... Es wurde nie eine", denn „es hat es nie geschafft, eine *schöpferische Klasse* zu bilden, zu erziehen oder willkommen zu heißen" (S.241). (p.241). Attali urteilt also: „Spanien ist nie ein „Herz" geworden, weil es zu keiner Zeit die Gesetze der Geschichte der Zukunft zu befolgen wusste, die ich gerade auf diesen Seiten beschrieben habe" (S.241).

Die Lösung ist daher einfach: „Die Zukunft Spaniens wird von nun an von seiner Fähigkeit abhängen, diese Gesetze einzuhalten und die Regeln des Erfolgs zu befolgen", wie „eine Einwanderungspolitik, die akzeptiert und von einer angemessenen Integrationspolitik begleitet wird, ein Weg, den Spanien zu gehen bereit zu sein scheint" (S.242). (p.242)

Multikulturelle Gesellschaft

Nach Ansicht des Soziologen Edgar Morin sollte das planetarische Projekt zunächst in den europäischen Ländern getestet werden. Europa, so Morin, sollte „zu einem Experimentierfeld für die neuen und originellen Konzepte werden, die dann der ganzen Welt vorgeschlagen werden". Es sollte „das, was anders ist als es selbst, in sich integrieren, es aber gleichzeitig nicht auf diese Integration reduzieren: es muss ein Mikrokosmos werden, wie es die planetarische Zivilisation ist[244]."

In einem Buch mit dem Titel *„Ein Wunsch an die Politik"* forderte Daniel Cohn-Bendit, dass die Europäer ihre Grenzen weit öffnen sollten. Der ehemalige Anarchist Cohn-Bendit schlug nun das Modell der liberalen Vereinigten Staaten vor, in denen unter der Führung einer mächtigen Lobby eine multirassische Gesellschaft entstanden war: „Europa muss sich als Einwanderungsregion verstehen, so wie die Vereinigten Staaten[245]". Dies ist in der Tat der einzige Weg, um in die Moderne zu gelangen.

Cohn-Bendit verteidigte ein Argument, das in kosmopolitischen Diskursen häufig angeführt wird: „Zunächst einmal müssen wir uns davon überzeugen, dass es aufgrund der starken Ungleichheit zwischen den Industrieländern und den Entwicklungsländern des Maghreb und

---

[244] Edgar Morin, *Un nouveau commencement*, Seuil, 1991, S.94, 106

[245] Daniel Cohn-Bendit, *Une Envie de politique*, La Découverte, 1998, S.92.

Afrikas immer einen Strom von Einwanderern geben wird... Dies gilt für ganz Europa[246]."

Alain Minc, der sehr reiche und einflussreiche liberale Essayist, unterstützte den gleichen Diskurs in *The Egalitarian Machine*, veröffentlicht 1987, aber mit dem Nachdruck einer biblischen Offenbarung. In dem Kapitel mit dem Titel *Die zehn Gebote* ließ er keinen Zweifel aufkommen, indem er erklärte: „Zwischen einem Europa, das sich in einem völligen Bevölkerungsrückgang befindet, und den überbevölkerten Ländern des südlichen Mittelmeers ist die Wirkung der kommunizierenden Schiffe unvermeidlich[247]".

Dies wollte uns auch Jean Daniel - ein Mann der Linken - in der Zeitschrift *Le Nouvel Observateur* vom 13. Oktober 2005 sagen: „Nichts wird die Bewegungen der elenden Bevölkerungen in Richtung eines alten und reichen Westens aufhalten... Deshalb bestehen Weisheit und Vernunft von nun an darin, sich darauf vorzubereiten, immer mehr Migranten zu empfangen und aufzunehmen... Wir müssen begreifen, dass die Nationen nicht mehr das sein werden, was sie heute sind".

Die großen Wanderungsbewegungen der Völker des Südens in den Norden sind unvermeidlich; es ist daher sinnlos, sich ihnen entgegenzustellen. Erinnern wir uns jedoch daran, dass es im alten marxistischen Diskurs die „klassenlose Gesellschaft" war, die „unvermeidlich" sein sollte. Diese Analogie mag uns angesichts der Tragödien, die diese Art von Prophezeiung mit sich zu bringen scheint, ein wenig nachdenklich stimmen... Aber wie Sie sicher verstanden haben, handelt es sich dabei nicht um soziologische Analysen, sondern um verdeckte propagandistische Diskurse, die darauf abzielen, uns die Möglichkeit zu nehmen, uns zu verteidigen.

Diese Tendenz ist in Wirklichkeit Ausdruck eines Diskurses, der für die kosmopolitische Mentalität sehr charakteristisch ist: Sie projizieren uns auf der Grundlage von „Prophezeiungen" in die Zukunft und erklären, dass alles, was geschrieben wurde, unweigerlich eintreten muss; kämpft nicht mehr, lasst los und alles wird gut! Die Bemühungen der jüdischen Intellektuellen, uns die Einwanderung schmackhaft zu machen, sind nichts anderes als die konkrete Anwendung ihres Messianismus.

---

[246] Daniel Cohn-Bendit, *Une Envie de politique*, La Découverte, 1998, S. 90-92.

[247] Alain Minc, *La Machine égalitaire*, Grasset 1987, S.264

Wenn sich die Europäer damit begnügen würden, die Dritte-Weltisierung ihrer Kultur und ihres Territoriums resigniert und gegen ihren Willen hinzunehmen, würden sie natürlich eine gewisse Armseligkeit an den Tag legen. Sie müssen daher davon überzeugt werden, dass die Aufnahme von Einwanderern ihnen zu einem besseren Leben verhelfen wird. Nicht nur die regulären, sondern auch die illegalen Einwanderer sollten Gegenstand ihrer Aufmerksamkeit sein. Die Doktrin der „Menschenrechte" ist eine schrecklich wirksame Waffe, um die alte Zivilisation aufzulösen.

Für den Philosophen Etienne Balibar ist die Freizügigkeit ein „unumstößliches Recht", wie er es in der renommierten Tageszeitung *Le Monde* vom 9. Juli 1998 formulierte: Illegale Einwanderer „haben das Recht, Gleichbehandlung zu fordern, die Rechtmäßigkeit der Verwaltungsverfahren, denen sie unterworfen sind, anzufechten... Was für die einen gilt, muss für alle gelten, auch für die Ärmsten unter den Illegalen. Auch sie haben das Recht, ihre Situation darzustellen und über ihr Schicksal zu diskutieren... Wir, die wir sie unterstützen und um sie bangen, sagen Ihnen noch einmal: Spielen Sie nicht mit dem Leben der Menschen, öffnen Sie wirklich den Weg für Dialog, Vermittlung und Hilfe! Europäer, öffnet eure Türen, öffnet eure Herzen, öffnet... alles! Natürlich wäre es schön, wenn Etienne Balibar die gleichen Worte für seine israelischen Mitbürger hätte, aber es scheint, dass diese Worte für die Juden ein Produkt sind, das ausschließlich für den Export bestimmt ist.

Die nächsten Schritte des planetarischen Arguments sind eher prosaischer Natur. Der Journalist Philippe Bernard versuchte, eine Frage zu beantworten, die häufig von Einwanderungsgegnern gestellt wird: „Sind Einwanderer ein Gewinn oder ein Kostenfaktor für Frankreich? In einem 2002 veröffentlichten Buch mit dem Titel *Einwanderung, die globale Herausforderung* versuchte Philippe Bernard, der regelmäßig für die Tageszeitung *Le Monde* schreibt, diese Frage gewissenhaft zu beantworten.

„Die Frage nach den Kosten der Einwanderer macht wenig Sinn, da das französische Sozialversicherungssystem ein Umlagesystem ist, das gerade auf der Solidarität zwischen allen Kategorien beruht: die Gesunden zahlen für die Kranken, die Aktiven für die Rentner, die Alleinstehenden für die kinderreichen Familien usw. Wen interessiert es, die Kosten für Kinder oder Diabetiker zu kennen? Auf jeden Fall gebe es „in Frankreich keine allgemeine Sozialbilanz zum Thema²⁴⁸..."

Jeder Beobachter, der ein Krankenhaus in einer beliebigen französischen Stadt besucht, kann sich jedoch selbst davon überzeugen, woher das berühmte „Loch" im Sozialversicherungssystem stammt. Aber in diesem Punkt hat Philippe Bernard vor allem die typische „*Chuzpe*" seiner Kollegen bewiesen, diese unverschämte Unverschämtheit, die für das kosmopolitische Denken so charakteristisch ist.

Es wäre gut, wenn die Europäer begreifen würden, dass diese Dritte-Weltisierung ihrer Länder keineswegs eine Katastrophe ist, sondern vielmehr ein außerordentlicher Vorteil, ein unglaubliches Glück, ein wahres Geschenk des Himmels, dessen Ablehnung ein großer Fehler wäre. Alle diese Einwanderer sind wirklich unverzichtbar, um die alternde Bevölkerung Europas zu ersetzen. Letztendlich müssen wir anerkennen, dass die jüdischen Intellektuellen sehr besorgt über das Schicksal der Europäer sind.

Auch eine der Schlüsselfiguren hinter dem US-Krieg im Irak im Jahr 2003, Paul Wolfowitz, damals Stellvertreter von US-Verteidigungsminister Ronald Rumsfeld und später Präsident der Weltbank, ermutigte Russland, seine Grenzen für die Masseneinwanderung aus der Dritten Welt zu öffnen. In einem Bericht über die russische Wirtschaft aus dem Jahr 2005 schrieb er:

„Russland würde von einer grundlegenden Änderung seiner Einwanderungspolitik profitieren. Die Einwanderung ist eine der wichtigsten Voraussetzungen für eine stabile Wirtschaft in Russland. Die Bevölkerung des Landes altert und schrumpft... Um diese Entvölkerung zu kompensieren, wäre ein jährlicher Zustrom von einer Million Einwanderern erforderlich.

Noch einmal: Sie werden verstehen, dass Paul Wolfowitz die gleiche Einwanderungspolitik nicht im Geringsten unterstützt, wenn es um den hebräischen Staat geht.

Kurz gesagt, wenn man es richtig versteht, kommen die Einwanderer aus der Dritten Welt, um uns zu retten. Ein Artikel in der Tageszeitung *Libération* vom 25. Juli 2005 bestätigt dies: „Nach den von Serge Feld

---

²⁴⁸ Philippe Bernard, *Immigration le défi mondial*, Gallimard, 2002, Folio, S.161

von der Universität Löwen vorgelegten Eurostat-Prognosen wird die Europäische Union bis 2030 14 Millionen Einwohner verlieren". Dieses Risiko kann nur durch die Beibehaltung der Einwanderung gemildert werden". Bis 2030 „wird die EU durch die Einwanderung 25 Millionen Einwohner hinzugewinnen". Dieser Artikel mit dem Titel „Einwanderung zur Rettung Europas" wurde von einem gewissen Eric Aeschlimann unterzeichnet.

All diese Intellektuellen, die so freundlich um unsere Renten besorgt sind, kommen offensichtlich nicht auf die Idee, dass die Europäer auf eine natalistische Politik zurückgreifen können. Dies hat Daniel Cohn-Bendit deutlich zum Ausdruck gebracht: „Eine pro-natalistische Politik scheint mir absolut nutzlos zu sein... Die Familie ist kein Wert an sich...". Die Familie ist kein Wert an sich", und fuhr dann fort, homosexuelle Paare zu fördern: „Was ich am meisten schätze, sind die Beziehungen innerhalb des Paares. Unabhängig vom Geschlecht des Paares: ein homosexuelles Paar sollte die gleichen Rechte haben wie ein heterosexuelles Paar". Und Cohn-Bendit fuhr fort: „Warum dieser kranke Wunsch, ein eigenes Kind zu bekommen, wenn es nicht möglich ist, aus welchen Gründen auch immer? Ich verstehe den Sinn der künstlichen Fortpflanzung nicht. Warum nicht die Adoption erleichtern?"[249]

Cohn-Bendit sprach sich auch für eine umfassende Einwanderungs- und Integrationspolitik aus, die vom Steuerzahler gesteuert und finanziert wird. Wir müssen „eine Politik der Integration, der Schulbildung und der Unterbringung umsetzen. Ich bin für die Festlegung von Quoten, um dieses Ziel zu erreichen". Schließlich stellte er seinen grandiosen Plan für Europa vor: „Insgesamt könnte die Europäische Union 500.000 Einwanderer aufnehmen... In regelmäßigen Abständen, d. h. alle acht bis zehn Jahre, muss eine Regularisierungsmaßnahme durchgeführt werden, indem die „Integrationsvermutung" angewandt wird, wie dies in Frankreich bei Einwanderern ohne Papiere der Fall war „[250]

Diese Besessenheit von der Rassenmischung der europäischen Völker ist nicht neu. Bereits 1963 ließ der Minister von Charles De Gaulle,

---

[249] Daniel Cohn-Bendit, *Une Envie de politique*, La Découverte, 1998, S.104, 105, 113.

[250] Daniel Cohn-Bendit, *Une Envie de politique*, La Découverte, 1998, S. 90-92.

Michel Debré, einige Departements der französischen Metropole mit Hunderten von Kindern von der Insel La Réunion neu besiedeln. Vierzig Jahre später, im September 2005, nutzte die Association des Réunionnaires de Creuse die allgemeine Reue der weißen Europäer, um den Staat vor dem Verwaltungsgericht von Limoges wegen der „Abschiebung" von 1630 Kindern aus La Réunion zwischen 1963 und 1980 zu verklagen[251]. Wir sehen also, dass Liberale, Sozialisten und ehemalige Revolutionäre sich völlig einig sind: ihre Meinungen werden weniger durch ihr politisches Engagement als durch ihren messianischen Glauben bestimmt.

Auch muslimische Länder sind im Visier der „Wohltäter der Menschheit". Im Namen der „Modernität" forderte Daniel Cohn-Bendit die Europäer auf, gesunden Menschenverstand walten zu lassen und der Türkei den Beitritt zur Europäischen Union zu gestatten: „Was die Türkei betrifft, so halte ich das Argument, Europa sei ein christlicher Club, für völlig abwegig... Die Türkei in Europa zu integrieren hieße, eine Brücke der Modernität nach ganz Zentralasien und in den Nahen Osten zu schlagen und die Trennung zwischen islamischen und christlichen Ländern zu leugnen". Und er fügte hinzu, ohne zu lachen: „Ein großer Teil der Türkei ist bereits europäisch".[252]

In der Wochenzeitung *Le Point* vom 29. September 2005 hat der Milliardär und Philosoph Bernard-Henri Levy diesen Punkt näher erläutert und schien mit dem ehemaligen Linken Cohn-Bendit[253] völlig übereinzustimmen. Für ihn ist Europa im Wesentlichen eine Idee, ein Konzept, denn, so sagt er, „es hat keine Grenze, keine wirklich vorgeschriebenen oder auferlegten Grenzen... Unter diesem Gesichtspunkt gibt es keinen Einwand mehr, dass ein Land mit alter muslimischer Kultur wie die Türkei, sofern es sich dem Heroismus der Vernunft verschrieben hat, nicht der europäischen Verfassung beitreten

---

[251] Nachzulesen in dem unverzichtbaren Brief von Emmanuel Ratier, *Faits et Documents* (1. September 2005). Michel Debré, ehemaliger Minister unter General de Gaulle, ist der Enkel eines Rabbiners aus dem Elsass.

[252] Daniel Cohn-Bendit, *Une Envie de politique*, La Découverte, 1998, S.224.

[253] BHL (Bernard-Henri Levy) verkaufte sein Baustoffunternehmen für 2,6 Milliarden CHF.

kann... Ich gehöre zu denjenigen, die glauben, dass Europa eher eine Funktion als eine geografische Lage hat".

Einer der wichtigsten Berater von Jacques Chirac, Pierre Lelllouche, ein Abgeordneter der liberalen Rechten und Präsident der NATO-Versammlung, hat es in *Actualités juives* vom 23. Dezember 2004[254] unverblümt gesagt: „Ich möchte, dass die Türkei der Europäischen Union beitritt, weil sie ein muslimisches Land ist". Außerdem war die Türkei seinerzeit ein Verbündeter Israels, was Pierre Lellouche insgeheim zu seinen politischen Positionen motivieren konnte.

In der gleichen Ausgabe der Wochenzeitung erklärte Nicolas Sarkozy am 21. Dezember 2004 nach seiner Rückkehr aus Israel: „Das Problem ist nicht die Türkei, sondern die Identität Europas. Wenn wir in diesem Teil der Welt wirklich expandieren wollen, müssen wir zuerst Israel integrieren, dessen Bevölkerung, die größtenteils europäischer Herkunft ist, unsere Werte teilt".

Das Phänomen der Auflösung von Völkern und Staaten ist auf jeden Fall „unausweichlich", wie auch Philippe Bernard schrieb. Um uns für ein solches Unterfangen zu motivieren, versuchte Bernard, unseren Nationalstolz anzuspornen: „Diese fortschreitende Globalisierung der Bevölkerung stellt den universalistischen Anspruch Frankreichs auf die Probe, denn sie steht vor erheblichen Hindernissen. Ist die Republik so schwach, dass sie diesen Herausforderungen nicht gewachsen ist? Die Franzosen müssen sich mobilisieren und „laut und stark" für die Werte ihres Landes eintreten: „Gleichheit zwischen Mann und Frau, Ablehnung von Diskriminierung, Bildung für alle, Trennung von Religion und Staat - und gleichzeitig ihren Jakobinismus abschwächen, damit neue gemischtrassige Identitäten Einzug halten und sich durchsetzen können, wie der Planet und, warum nicht, um die künftige Gesetzgebung der Europäischen Union zu inspirieren[255]".

Das Buch von Philippe Bernard endet mit diesem schönen Optimismus. Ich erinnere mich, dass ich ihn eines Tages, vor zehn Jahren, anrief. Obwohl er ein sehr beschäftigter Mann war, gelang es mir, ihn ans Telefon zu bekommen: „Ich habe nur eine Frage, Herr Bernard, nur

---

[254] Zitiert in *Faits et Documents* vom 15. Januar 2005, Brief von Emmanuel Ratier. Jacques Chirac war zu Beginn des 21. Jahrhunderts Präsident der Republik.

[255] Philippe Bernard, *Immigration le défi mondial*, Gallimard, 2002, Folio, S.279

eine... Sind Sie Jude? Sind Sie Jude?" Als Antwort bekam er ein verlegenes kleines Lachen... Es war zu der Zeit, als ich entdeckte, dass hinter den fanatischsten einwanderungsfreundlichen Presseartikeln fast immer ein jüdischer Intellektueller steckte.

Dem Islam Einhalt gebieten

Die neue multiethnische und multikulturelle Gesellschaft, die sie kürzlich eingeführt haben, birgt bereits große Gefahren für die Zukunft. Bei den Rassenunruhen im November 2005 wurden 14 000 Fahrzeuge in Brand gesteckt, und vier gebürtige Franzosen verloren ihr Leben. Jüdische Intellektuelle trugen offensichtlich eine überwältigende Verantwortung für diese Situation, so wie jüdische Doktrinäre für die dreißig Millionen Opfer des Bolschewismus in der UdSSR verantwortlich waren.

Außerdem begannen die Juden selbst, die Früchte dieser neuen multirassischen Gesellschaft zu ernten. Seit September 2000 hatte die zweite Intifada in Palästina in den französischen Vorstädten zu einer Solidaritätsbewegung unter jungen Muslimen aus dem Maghreb und der Subsahara geführt, die einen virulenten Antisemitismus entwickelten. In der Folge kam es zu einer Vervielfachung antisemitischer Vorfälle. Dies veranlasste einen Teil der kosmopolitischen Intelligenz, eine starke Sicherheitspolitik zu unterstützen. Alain Finkielkraut, Pascal Bruckner, André Glucksmann, Alexandre Adler und andere gaben ihre fortschrittlichen Ideen auf und unterstützten die „harte" Rechte und die Kandidatur von Nicolas Sarkozy für die Präsidentschaft der Republik im Mai 2007. Nun ging es darum, die vom Zerfall bedrohte multirassische Gesellschaft zu konsolidieren.

Die Wochenzeitung *Le Point* vom 27. April 2006 veröffentlichte ein Dossier über Antisemitismus und die besorgniserregende Auswanderung französischer Juden nach Israel. Darin prangert Alain Finkielkraut die Aggressivität dieser Einwanderer an, die sich auch als Opfer des Westens bezeichnen und damit in gefährlicher Konkurrenz zur jüdischen Opferpropaganda stehen:

„Heute wird der Jude wieder einmal leibhaftig angegriffen, und ich habe nicht die Absicht, das Schlachtfeld zu verlassen... In Frankreich gibt es imaginäre Sklaven, imaginäre Eingeborene, die die Juden liquidieren wollen. Zweifellos glauben sie, dass der Holocaust eine Wahl ist, und sie sind neidisch. Ich weiß nicht, ob sich die Juden verändert haben, aber die Situation ist neu. Ich leide nicht nur als Jude, sondern auch als Franzose, wenn zwei der häufigsten Beschimpfungen ausgerechnet „verdammter Jude" und „verdammter Franzose" sind". Doppeltes Leid also für Alain Finkielkraut.

In derselben Ausgabe von *Le Point* räumte Julien Dray, eine der Symbolfiguren der sozialistischen Partei und ehemaliger Trotzkist, der zu den Gründern von SOS Racisme gehörte, einige Fehler ein: „Die Wahrheit ist, dass sich die Gemeinschaft in diese Richtung verirrt hat. Sie ist zu einer Lobby geworden, zu einer Druckgruppe für die französische Außenpolitik. Das ist eine selbstmörderische Haltung, denn Lobby gegen Lobby ist nicht konkurrenzfähig". Es ist klar, dass die jüdische Lobby im Vergleich zur gewaltigen Lobby der maghrebinischen Geschäftsleute nicht mithalten kann.

Der Forscher Pierre-André Taguieff lauert wie üblich auf den Einfluss der Verschwörung: „Der Verdacht, dass Juden keine guten Bürger sind, ist nicht neu und ist zum Hauptgegenstand der Anschuldigungen des modernen Antisemitismus geworden. Heute wird sogar das Gespenst der 'jüdischen Weltverschwörung' wiederbelebt, die in 'amerikanisch-zionistisches' Komplott umbenannt wurde. Das bedeutet, dass alle Juden, einschließlich der Franzosen, verdächtigt werden, Teil dieses gigantischen Komplotts zu sein". Und er erklärte unmissverständlich: „Die Islamisten sind unsere eingeschworenen Feinde".

Der Philosoph Bernard-Henri Levy forderte, dass sich die Gojim von nun an gegen die große Gefahr, die die jüdische Gemeinschaft bedroht, mobilisieren sollten: den militanten Islam. „Ich befinde mich im Krieg gegen den zeitgenössischen muslimischen Fundamentalismus[256]."

In *Le Point* vom 2. November 2006 forderte Elie Bernavi, ehemaliger israelischer Botschafter in Frankreich, in einem Interview mit Elisabeth Levy nach der Veröffentlichung seines Buches *Killer-Religionen* ebenfalls ein hartes Vorgehen gegen Islamisten: „Angesichts des fundamentalistischen und revolutionären Islams hat der Westen seine Wachsamkeit vernachlässigt".

Der Einfluss des Islam in den französischen Vorstädten bereitete ihm besondere Sorgen. Das Tragen des islamischen Schleiers sei ein beunruhigendes Zeichen: „Ich möchte in unseren Städten zu Hause sein... Ob man es will oder nicht, die Toleranzgrenze wird in Frage

---

[256] Bernard-Henri Levy, *Récidives*, Grasset, 2004, S.415-421

gestellt... Ich möchte nicht zwischen islamischen Faschisten und gewöhnlichen Faschisten wählen müssen... Es geht nicht darum, den Schleier auf die Straße zu jagen, sondern einen Vereinsdiskurs zu führen. Wir gehören zu einem Club, der für alle offen ist, aber er hat seine Regeln". Offenbar fühlen sich Juden nicht so patriotisch, wie wenn sie sich bedroht fühlen.

Natürlich ging es keineswegs darum, die Europäer zu ermutigen, die Millionen von kürzlich gelandeten Muslimen aus Europa zu vertreiben, sondern darum, die Muslime dazu zu bringen, ihre Religion aufzugeben, so wie es viele europäische Christen bereits mit ihrer getan haben. Daniel Cohn-Bendit war schnell bei der Hand: „Es ist klar, dass die muslimische Religion einen Prozess der Säkularisierung einleiten muss, der dem von der katholischen Kirche eingeschlagenen Weg folgt. Es bedurfte vieler, zum Teil blutiger Reformen und Konflikte, bis die europäischen Religionen ihre Trennung vom Staat akzeptierten... Wir werden dies nur erreichen, wenn alle Religionen gleichberechtigt sind". Und Daniel Cohn-Bendit fügte hinzu, damit niemand seine Ideen auf sein Judentum schieben konnte: „Ich bin Atheist, mir sind alle Religionen gleichgültig. Aber ich will Demokratie. Für alle[257]."

Dennoch tauchte in Cohn-Bendits egalitärem Diskurs gelegentlich der säkulare Hass auf das Christentum auf: „Das Läuten der Sonntagsglocken stört mich auch. Wenn man die Anzahl der Glocken und ihren Zeitpunkt - zum Beispiel nachts - regeln kann, kann man auch den Gesang des Muezzins regeln[258]."

Sie wäre in der Tat „moderner". „Die Europäer sollten sich daran erinnern, dass sich ihre Demokratien nur vor dem Hintergrund der Reformation und des Rückzugs des Christentums entwickeln konnten", schrieb Cohn-Bendit. Bernard Kouchner entgegnete: „Ich stimme dem vollkommen zu. Im Jahr 1905 brachte das Gesetz zur Trennung von Kirche und Staat das Land an den Rand eines Bürgerkriegs... Wir haben die Kongregationen verfolgt und die Orden ins Exil gezwungen. Es kam zu Zusammenstößen mit den Truppen. Daniel Cohn-Bendit fasste das Problem in wenigen Worten zusammen: „Wie das Europa des 19. und frühen 20. Jahrhunderts hat der Islam eine große säkulare Reformation

---

[257] Daniel Cohn-Bendit, *Une Envie de politique*, La Découverte, 1998, S.86, 87.

[258] Daniel Cohn-Bendit, *Une Envie de politique*, La Découverte, 1998, S.122.

vor sich. Sie wird durch Kampf und unter Schmerzen erfolgen[259]." Es ist klar, dass dies eher mit Schmerzen geschehen wird.

Der Großrabbiner von Frankreich, Joseph Sitruk, stimmte diesen Aussagen zweifellos zu. Aber er versuchte, sich zu bedecken und erklärte im Oktober 2004 in der *Tribune juive*: „Ich war zweifellos derjenige, der die Akzeptanz der Muslime in Frankreich am meisten gefördert hat". Jüdische Intellektuelle können also nicht des Rassismus bezichtigt werden.

Auch der liberale Wirtschaftswissenschaftler Guy Sorman präsentierte der Öffentlichkeit seine Parolen für die Beherrschung des Islams: „Die muslimische Welt ist nicht die Geisel des Korans", schrieb er, „sie ist nicht durch ihre Religion entfremdet, sondern das Opfer der Diktatur ihrer Kleriker: Ulemas, Ayatollahs und anderer Imame. Wenn sie sich von diesem Klerikalismus befreien, werden die Muslime zu ihren Wurzeln zurückfinden, mit einer Religion, die der individuellen Freiheit in keiner Weise feindlich gegenübersteht. Diese soziale und religiöse Revolution wird vergleichbar sein mit unserer lutherisch-calvinistischen Reformation[260]." Und Guy Sorman wagte zu sagen: „Die Fundamentalisten, die den Schleier und den Islam verwechseln, sind lausige Muslime; sie haben den Koran falsch gelesen[261]." Klar ist, dass Daniel Cohn-Bendit, Bernard-Henri Levy und Guy Sorman die Thora und den Talmud sehr gut kennen.

Wir sehen nämlich, dass ihre Kritik am radikalen Islam nur darauf abzielte, die Integration muslimischer Einwanderer in die europäischen Gesellschaften zu fördern. Nach den Aufständen im November 2005 haben die jüdischen Intellektuellen ihr Projekt einer multikulturellen Gesellschaft weiter vorangetrieben.

Und doch wissen wir, dass eine Politik der Entschlossenheit möglich ist. So hat Indien am 7. Januar 2003 die Ausweisung von 20 Millionen Bangladeschern ohne Papiere angekündigt. In einer Erklärung begründete das Ministerium diese Entscheidung mit der ernsthaften Bedrohung, die von der „Anwesenheit einer großen Zahl von Migranten ohne Papiere" ausgehe. Es stimmt zwar, dass die westlichen Mainstream-Medien über solche Informationen nicht berichten, aber

---

[259] Daniel Cohn-Bendit, Bernard Kouchner, *Quand tu seras président*, S. 183

[260] Guy Sorman, *Le Bonheur français*, Fayard, 1995, S.123, 124

[261] Guy Sorman, *Le Bonheur français*, Fayard, 1995, S. 132.

die Einwanderung ist kein unvermeidliches Phänomen, sondern vielmehr eine gezielte Politik zur Zerstörung der europäischen Zivilisation. Die multikulturelle und multirassische Gesellschaft scheint den Juden eine Garantie zu sein, die sie vor einer nationalen Reaktion der europäischen Völker gegen ihr politisches Projekt schützt. Auch Elie Wiesel hat dies in seinen Memoiren während einer Reise nach Indien sehr gut wiedergegeben: „Ich verbringe einen Schabbat bei einer jüdischen Familie in Bombay. Ich gehe in die Synagoge. Dort erzählen mir die Juden mit Genugtuung, wie gut es ihnen geht. Die Sassoons und die Kaduris sind sehr reiche Familien, Dynastien, aber niemand käme auf die Idee, sie wegen ihrer Herkunft oder ihrer jüdischen Bindungen zu hassen: Es gibt so viele ethnische Gruppen, so viele Sprachen, so viele Kulturen und Traditionen in diesem riesigen Land, dass die Juden nicht auffallen[262]."

Das Ideal ist es, nicht zu viel Aufmerksamkeit auf sich zu lenken. Leider zeigt aber die gesamte Geschichte des jüdischen Volkes, dass es ihm fast immer schwerfällt, sich diesem Gebot zu unterwerfen.

Das liberale Modell

Jüdische Ökonomen sind die Verfechter der liberalen Deregulierung und der globalisierten Marktwirtschaft. Guy Sorman (Berl Zormann) ist ein liberaler Wirtschaftswissenschaftler und produktiver internationaler Essayist. In *French Happiness*, das 1995 veröffentlicht wurde, erklärte er, dass er vor allem ein Schüler von Raymond Aron ist: „Wie kann man behaupten, französischer Liberalismus zu sein, ohne auf die eine oder andere Weise ein Schüler von Raymond Aron gewesen zu sein", schrieb er. Sie lernten sich Anfang der 1980er Jahre kennen, als er mit der Zeitschrift *L'Express* zusammenarbeitete, deren Redaktionsleiter Raymond Aron und deren Eigentümer Jimmy Goldsmith war[263].

Guy Sorman hat auch die für die jüdische Gemeinschaft typische Neigung, die Tugenden seiner Glaubensgenossen zu preisen: „*Du*

---

[262] Elie Wiesel, *Mémoires, Tome I*, Le Seuil, 1994, S.287. Anne Kling, Autorin des Buches *La France licratisée* [Adjektiv LICRA], (2006), wies darauf hin, dass das Institute for Jewish People's Policy Planning, unter dem Vorsitz des ehemaligen US-Botschafters Dennis Ross, 2006 einen Bericht veröffentlicht hatte, der einen Absatz mit dem Titel „Support multicultural policies" enthielt: „1.

[263] Guy Sorman, *Made in USA*, Fayard, 2004, Livre de Poche, 2006, S.25, 26

Pouvoir ist das Buch, das mich zum liberalen Denken gebracht hat. Es ist einer der schönsten Texte, die je in französischer Sprache geschrieben wurden". Weiter führte er aus, dass sein Autor, Bertrand de Jouvenel, wie er selbst „jüdischer Herkunft" war. Die Männer, die sein wirtschaftliches Denken geprägt haben, sind allesamt große Genies:

„Friedrich von Hayek, Karl Popper und Milton Friedman: Diese Männer haben dazu beigetragen, den Zustand der Menschheit zu verbessern", schrieb Sorman und fügte verschmitzt hinzu: „Übrigens ist die Nationalität meiner wichtigsten Gesprächspartner irrelevant.

„In den 1980er Jahren musste jeder liberale Denker Hayek kennen. Es war wie eine obligatorische Pilgerfahrt, dem kreativsten Theoretiker unseres Jahrhunderts zuzuhören. Sein Gespräch war die Reise wert, denn es verblüffte den Gesprächspartner noch mehr als seine strengen Bücher... Sein Genie wurde in Frankreich fast genauso ignoriert, wie es in Großbritannien und den Vereinigten Staaten gepriesen wurde. Hayek kam durch Margaret Thatcher und Ronald Reagan zu uns... Er war tschechischer Herkunft, studierte in Österreich und ging dann in den 1920er Jahren freiwillig ins britische Exil; wegen einer Liebesaffäre lehrte er an der Universität von Chicago in den Vereinigten Staaten; von dort wurde er, nachdem er das Rentenalter erreicht hatte, an die Universität Freiburg in Deutschland eingeladen, wo er seine letzten Jahre verbrachte. Welche Staatsangehörigkeit hatte Friedrich von Hayek, falls diese Frage Sinn macht? Er antwortete stolz, dass er britischer Staatsbürger sei, weil seine Kinder Briten seien. Auch Karl Popper behauptete, er sei Brite, obwohl er in Wien geboren wurde, in Neuseeland lehrte und nach dem Zweiten Weltkrieg im hohen Alter nach Großbritannien kam. Milton Friedman hingegen kann, obwohl seine Eltern keine Briten waren, nur Amerikaner sein, denn sein Denken ist sehr stark von den Orten geprägt, an denen er gelebt hat. Aber das war bei Hayek und Popper, den wahren Kosmopoliten[264], nicht der Fall.

Das „angelsächsische" Denken ist für liberale Ökonomen ein entscheidender Faktor, und die Vereinigten Staaten stellen heute das Gesellschaftsmodell dar, das der Rest der Menschheit nachahmen sollte. In einem anderen Buch, *Made in the USA*, gibt uns Guy Sorman eine Vorstellung von der Stellung der Juden in diesem Land: „Niemals in ihrer Geschichte waren die Juden so wohlhabend, zahlreich und sicher wie in den Vereinigten Staaten. Ist es das Gelobte Land? Für die Juden

---

[264] Guy Sorman, *Le Bonheur français*, Fayard, 1995, S.26-29

sieht es sehr danach aus... Die meisten sind wohlhabend und einflussreich und haben ihre eigenen öffentlichen Schulen und kulturellen Zentren... Der Einfluss der Juden, insbesondere in der Kulturindustrie, ist so unverhältnismäßig - ein Prozent der Bevölkerung -, dass der Rest der Welt sie als eine Lobby wahrnimmt, die die Außenpolitik des Landes bestimmt."

Natürlich beeilt sich Guy Sorman hinzuzufügen: „Der Verdacht ist übertrieben, aber die jüdischen Lobbyisten leugnen ihn nicht". Natürlich gibt es eine jüdische Lobby in den Vereinigten Staaten", räumen die Leiter der zionistischen Stiftungen in New York und Los Angeles ein, deren Aufgabe es ist, die US-Regierung zu beeinflussen. Aber eine Lobby in Amerika ist alles andere als ein Schandfleck, sondern trägt zur demokratischen Vitalität der Nation bei[265]."

Bernard Henri Levy, ein weiterer Medienphilosoph, lobte ebenfalls das amerikanische Modell. In seinem 2006 erschienenen Buch *American Vertigo* spielt er die Rolle eines Journalisten, der durch die „Staaten" reist und bestimmte Personen befragt, die ihm für dieses Land emblematisch erscheinen. In der lokalen arabischen Gemeinschaft versuchte er zum Beispiel, den „Goy" unter ihnen herauszufinden, in diesem Fall einen naiven Journalisten aus der arabischen Gemeinschaft in Michigan:

„Wissen Sie, was mein Vorbild ist? Die Juden natürlich; diese unglaubliche amerikanische '*Erfolgsgeschichte*', die die Verfassung und der Triumph der jüdischen Lobby ist; was die Juden zu schaffen vermochten, diese Macht, die sie sich im Schweiße ihres Angesichts erarbeiten konnten, dieser Weg, den sie beschritten haben und der sie ins Herz aller Einflüsse führte, wie kann man sich davon nicht inspirieren lassen? Wir sind fünfzig Jahre im Rückstand, das ist wahr; sie sind zehnmal stärker als wir, das stimmt; aber du wirst sehen, wir werden es schaffen; eines Tages werden wir ihnen ebenbürtig sein[266]."

Bernard Henri zeigte sich hier etwas zurückhaltend: „Ich behaupte nicht, dass dieser Diskurs frei von verwirrenden Elementen ist". Aber immerhin war er froh, dass seine Gemeinschaft ausnahmsweise nicht

---

[265] Guy Sorman, *Made in USA*, Fayard, 2004, Livre de Poche, 2006, S. 137.

* Snobistischer Anglizismus, der manchmal in Frankreich verwendet wird.

[266] Bernard-Henri Levy, *Amerikanischer Schwindel*, Editorial Ariel, 2007, Barcelona, S.46

als Feind, sondern als Modell galt - „ein obskures Objekt der Begierde", wie er schrieb. Es ist wahr, dass die Juden in diesem Wettbewerb, den das liberale Modell zulässt, wenig zu befürchten haben, von den Nichtjuden überholt zu werden. Der Tag, an dem letztere wie die Juden mit Geld umzugehen wissen, ist schon seit Jahrtausenden vorbei.

Natürlich konnte Bernard-Henri Levy nicht umhin, einen Lubawitsch-Rabbiner in Brooklyn zu besuchen. Das vierseitige Interview ist völlig inkonsequent, denn es hat kein anderes Ziel, als den Lesern zu zeigen, dass Juden eine Gemeinschaft wie jede andere sind[267].

Auch das von Guy Sorman erwähnte Ausmaß der jüdischen Lobby wurde in seinem Interview mit George Soros nicht näher beleuchtet. Man erfährt ganz einfach, dass einige Milliardäre in der Lage sind, in kürzester Zeit ein riesiges Vermögen anzuhäufen: „Auf der einen Seite der Hypermagnat, der, wenn ich ihn frage, ob er nicht manchmal ein schlechtes Gewissen wegen dieses auf so merkwürdige Weise erworbenen Vermögens hat, nicht weit davon entfernt ist, mir zu antworten, dass der Angriff auf eine Währung, der das Bankenestablishment alarmiert und es zwingt, zu reagieren und zu erfinden, kein Verbrechen ist, sondern ein Gefallen für die Gesellschaft, eine revolutionäre Geste, eine Pflicht". Aber Bernard-Henri Levy, selbst hundertfacher Millionär, scheint eine gewisse Zuneigung zu diesem Finanzhai zu haben. Denn dieser George Soros ist in gewisser Weise auch ein Philosoph und ein Philanthrop. Seine Bewunderung für Karl Popper hat sich nie erschöpft[268]. Er bewunderte ihn seit seiner Jugend und wünschte sich sogar, so zu sein wie dieser berühmte europäische Philosoph. Abschließend äußerte Bernard-Henri seine Meinung zu einem der schlimmsten Finanzraubtiere der Welt: „Allzu menschlich. Eine weitere Inkarnation eines Systems, das für die Hälfte des Planeten das Unmenschliche und den emotionalen und erbärmlichen Teil der Menschheit verkörpert[269]".

Zwischen einem jüdischen Millionär mit einer Leidenschaft für Philosophie und Humanismus und einem jüdischen Philosophen, der

---

[267] Bernard-Henri Levy, *American vertigo*, Editorial Ariel, 2007, Barcelona, S. 137.

[268] Zu Karl Popper, siehe *Les Espérances planétariennes*, Hervé Ryssen, Baskerville, 2005, S. 23, 140, 196, 322.

[269] Bernard-Henri Levy, *American vertigo*, Editorial Ariel, 2007, Barcelona, S. 263, 264.

Humanist und Millionär ist, ist es nur natürlich, dass man sich gegenseitig respektiert, ungeachtet der politischen Unterschiede.

Jüdische Financiers sind in der Tat die Könige der Wall Street. Diese unbestrittene finanzielle Vormachtstellung wurde in einem Artikel der Zeitschrift *Le Point* vom 9. Februar 2006 mit dem Titel „Steven Cohen, der Manitou der Wall Street" verdeutlicht.

Steven Cohen war der „Star des Aktienmarktes". Er hielt sich gerne bedeckt: „Der wahre Boss der Wall Street lebt nicht in Manhattan, sondern zurückgezogen in einem Haus in Greenwich (Connecticut), das von einer vier Meter hohen Mauer umgeben ist. Steven Cohen, 49, lässt sich fast nie blicken... Im Jahr 2005 kassierte er 500 Millionen Dollar. Was ist sein Geheimnis? Er weiß alles vor allen anderen. Seine Augen kleben an den Kontrollbildschirmen, er analysiert Tausende von Daten und wird wütend, wenn ihm die Analysten der Wall Street eine Information nicht mitteilen. Die Anleger, die ihm ihr Geld anvertrauen (4 Milliarden Dollar), bezahlen ihn teuer für seine Dienste: Cohen erhält 3% der Summen als Verwaltungsgebühren (gegenüber 1,44% im Durchschnitt) und 35% der Gewinne (gegenüber 19,2% im Durchschnitt)". Cohen „bekennt sich zum totalen Kapitalismus: 'Du isst, was du tötest'", sagt er zu seinen Brokern, die auf der Grundlage ihrer Kompetenz und Leistung entlohnt werden."

George Soros ist natürlich immer noch der Star der Show. Er ist einer der reichsten Männer der Welt und das Symbol der internationalen Spekulation. Wenn er Goldminen kauft, steigt der Preis des gelben Metalls, und wenn gemeldet wird, dass er verkauft, fällt er. 1992 erreichte er den Höhepunkt seines Ruhms, als er einen der größten Finanzcoups des Jahrhunderts durchführte. Als er die Schwäche der britischen Währung spürte, mobilisierte er innerhalb weniger Tage fast 10 Milliarden Dollar gegen das Pfund Sterling. Die Bank of England geriet unter dem Ansturm der Spekulationen ins Wanken und musste schließlich ihre Währung abwerten und aus dem Europäischen Währungssystem ausscheiden. Soros wurde zu „dem Mann, der die Bank of England ruinierte". Dabei kassierte er in einer Woche mehr als eine Milliarde Dollar. Sein persönliches Vermögen wurde (1998) auf 70 Milliarden Dollar geschätzt. „Seit dem Fall des Kommunismus im Jahr 1989 widmet er den größten Teil seiner Zeit seiner *Open Society Foundation*. Er setzt sich für die Prinzipien der Freiheit und der Menschenrechte ein, „um Frieden, Ordnung und Recht auf planetarischer Ebene zu bewahren[270]". Auf diese Weise finanziert Soros kulturelle und wissenschaftliche Projekte, unterstützt Schriftsteller, Künstler und „die unabhängige und demokratische Presse" (sic). Im Jahr 1995 hatten die Soros-Stiftungen fünfzig Büros in der ganzen Welt und beschäftigten tausend Personen. Diese Stiftungen lehren und propagieren Toleranz und die demokratischen Werte der „offenen Gesellschaft", insbesondere in den Ländern Mitteleuropas, aus denen seine Familie stammt.

Vor George Soros war der Guru der Wall Street ein anderer jüdischer Finanzier. Samuel Pisar, ein erfolgreicher Geschäftsmann, der die wichtigsten Börsenplätze der Welt kannte, sagte uns: „Es gibt einen Guru an der Wall Street. Er hat sich dem Dollar und den Dollarliebhabern verschrieben. Er ist der Chefökonom der mächtigen Salomon Brothers, die die Anleiheemissionen der meisten Regierungen und multinationalen Unternehmen der Welt an die Öffentlichkeit bringen. Sein Name ist Henry Kaufman. Wenn er spricht, und er braucht nicht viele Worte, beginnen die Aktienmärkte der Welt zu hoffen oder zu zittern. Seine Prognosen werden im Sekundentakt verfolgt, von den Banken aufgezeichnet und von den Kanzleien interpretiert. Vermögen werden gemacht und nicht gemacht[271]."

Samuel Pisar hatte sein kolossales Vermögen durch die fruchtbare Zusammenarbeit mit der Sowjetunion angehäuft. Er hatte mehrere Aufenthalte dort verbracht, insbesondere mit seinem Freund, dem berühmten Armand Hammer, Präsident des westlichen Unternehmens Petroleum und Multimillionär in seinen Zwanzigern:

„Im Alter von dreiundzwanzig Jahren reiste Hammer in die Sowjetunion. Der junge amerikanische Kapitalist sollte die meisten sowjetischen Führer persönlich kennenlernen, sich mit ihnen anfreunden und schließlich mit ihnen die erste amerikanisch-sowjetische Wirtschaftspartnerschaft aufbauen... Zurück in den Vereinigten Staaten wurde Hammer zum „König" vieler Dinge: Whiskey, Vieh, Kunst, Öl usw. Er häufte eines der größten Vermögen der Welt an und war in der Lage, die Wirtschaft vieler Länder zu stürzen, wenn er es wollte. Sein luxuriöses Büro in Los Angeles ist voll von Fotos mit Staatsoberhäuptern, die mit Lobeshymnen unterzeichnet

---

[270] George Soros, *La Crise du capitalisme mondial*, Plon, 1998, S.151.

[271] Samuel Pisar, *La Ressource humaine*, Jean-Claude Lattès, 1983, S. 24, 313.

sind". Und Pisar präzisierte: „Mit diesem fabelhaften und unergründlichen Hammer kam er 1972 in Moskau an[272]."

Der russische Dissident Aleksandr Solschenizyn wies in seinem Buch über die Juden in Russland, *Zweihundert Jahre zusammen*, darauf hin, dass Armand Hammer als Günstling Lenins bereits 1921 die Konzession für die Asbestvorkommen in Alapajewsk erhalten hatte. „Später exportierte er schamlos die Schätze der kaiserlichen Sammlungen in die Vereinigten Staaten. Unter Stalin und Chruschtschow kehrte er häufig nach Moskau zurück, um weiterhin Frachter voller Fabergé-Ikonen, Gemälde, Porzellan und Goldschmiedewaren zu importieren."

Diese Aussagen werden von Jacques Attali bestätigt: „Armand Hammer (...) wurde zu einem der führenden Vertreter des Ost-West-Handels, der seine Freundschaft mit Lenin und sein uneingeschränktes Bekenntnis zum kapitalistischen System miteinander in Einklang brachte. Er beutete Asbestminen in der UdSSR aus, importierte Autos und Traktoren und kaufte dem Staat russische Kunstwerke im Tausch gegen Industrieprodukte ab[273]."

Wir werden uns hier nicht mit all jenen mehr oder weniger mafiösen Finanziers befassen, die nach dem Zusammenbruch des Kommunismus den gesamten Reichtum Russlands geplündert haben[274]. Damals sprachen die westlichen Medien von der „russischen Mafia".

Wir sehen also, dass der jiddische Schriftsteller Cholem-Aleikhem Recht hatte, als er 1913 schrieb: „Die größten Bestien und Haie an der Börse sind meist Juden. Ihre Namen kann man sogar an den Fingern einer Hand abzählen: Rothschild, Mendelssohn, Bleichroeder, Yankl Schiff[275]." Daran hat sich offenkundig nichts geändert.

---

[272] Samuel Pisar, *La Ressource humaine*, Jean-Claude Lattès, 1983, S. 170, 171.

[273] Jacques Attali, *Los Judíos, el mundo y el dinero*, Fondo de cultura económica de Argentina, Buenos Aires, 2005, S.403.

[274] Lesen Sie *Les Espérances planétariennes*, Baskerville 2005, S.410-412 [und *La Mafia juive*, Baskerville, 2008].

[275] Cholem-Aleikhem, *La Peste soit de l'Amérique*, 1913, Liana Levi, 1992, S.295.

Jüdische Intellektuelle mögen eine gewisse Sympathie für den Protestantismus der Angelsachsen hegen. Der Historiker des Judentums Leon Poliakov hatte die Affinitäten zwischen der angelsächsischen Welt und dem Judentum festgestellt. Sie seien „vor allem auf die Kenntnis des Alten Testaments zurückzuführen, das zumindest bis zur Mitte des 20. Jahrhunderts von den Katholiken, einschließlich der praktizierenden Katholiken, fast völlig ignoriert wurde".

Diese Verwandtschaft zeigte sich in England ab dem 17. Jahrhundert. Das Land hatte gerade einen Bürgerkrieg hinter sich, der mit der Hinrichtung von König Karl I. endete, und befand sich in Aufruhr, verbunden mit apokalyptischen Hoffnungen. Cromwell hatte die Macht an sich gerissen und eine Diktatur errichtet. Einer seiner Gefährten, Johm Sadler, verkündete, dass die Engländer von den zehn verlorenen Stämmen Israels abstammten. „Wie Cromwell selbst verkündete, waren die Engländer das neue auserwählte Volk; außerdem, so fügte Poliakov hinzu, brachten mittelalterliche Genealogen die Briten mit dem Stammvater Sem in Verbindung, und als letzter Beweis bedeutete „Brit-Ish" auf Hebräisch „Mann des Bundes". Im Einzelnen stammten ihre dänischen Vorfahren vom Stamm Dana ab, ihre gotischen Vorfahren von Gad, und so weiter... So wurde die Sekte der „Britischen Israeliten" gegründet.

Die Puritaner und andere Visionäre jener Zeit bezeichneten den Papst als den Antichristen. In diesem chaotischen Kontext wurden die Juden, die 1290 vertrieben worden waren, wieder auf der Insel angesiedelt: Die Juden, so Poliakov, „warteten immer noch auf den Messias, der nach ihrem Glauben erst dann erscheinen würde, wenn sie über die ganze Erde verstreut wären. In jenen Jahren veröffentlichte Menasseh Ben Israel sein berühmtes Buch *Die Hoffnung Israels, eine Abhandlung über die bewundernswerte Zerstreuung der zehn Stämme und ihre unvermeidliche Rückkehr*".

Das Buch richte sich in erster Linie an ein christliches Publikum, schrieb Poliakov, denn Menasseh Ben Israels eigentliches Ziel sei es, die Wiederzulassung der Juden in England zu erreichen. Nachdem er seine zahlreichen englischen Kontakte von der Relevanz seiner These überzeugt hatte, stellte er sich 1655 bei Cromwell vor, der selbst ein Befürworter der Rückübernahme war. „Schließlich wurde eine Gruppe wohlhabender Marranos heimlich aufgenommen, in Erwartung einer Legalisierung, die erst Ende des 17. Jahrhunderts erfolgte[276]."

Die britische israelitische Sekte entwickelte sich, und später wurden Königin Victoria und König Edward VII. zu ihren Ehrenschirmherren. Sie zählte schließlich Hunderttausende von Mitgliedern und gab sogar eine Wochenzeitschrift, *The National Message,* heraus, die die traditionellen britischen Werte verteidigte. „Was die hebräische Abstammung anbelangt, so veröffentlichte die Sekte 1877 ein Werk mit dem Titel *The Lost Ten Tribes of Israel (Die verlorenen zehn Stämme Israels),* das fünfhundert Beweise aus der Heiligen Schrift enthielt, die speziell dazu bestimmt waren, die biblische Reinheit ihrer Rasse im Gegensatz zu den ungläubigen Juden, diesen „Bastarden", zu beweisen[277]."

In den 1980er Jahren unterstützten die britischen Israeliten vehement die liberale Politik von Margaret Thatcher. Heute sind sie nur noch eine kleine Sekte im Vergleich zu ihren amerikanischen Nachkommen, den Mormonen (Kirche der Heiligen der letzten Tage).

Diese Allianz aus angelsächsischen Puritanern und Juden, die sich aus dem Saft des Alten Testaments nährte, war die wahre Matrix der kapitalistischen, liberalen und kosmopolitischen Gesellschaft, die sich heute über den ganzen Planeten auszubreiten versucht. Der Triumph des kosmopolitischen Geistes ist dieser Symbiose zu verdanken, die zugleich religiös und abscheulich materialistisch ist und den zeitgenössischen Kosmopolitismus repräsentiert, „d.h. den jüdischen und protestantischen Realismus des Kapitalismus, der den Profit als Motor der Schöpfung betrachtet[278] „, wie Guy Konopnicki schrieb.

In der zweiten Hälfte des 19. Jahrhunderts war das Vereinigte Königreich das erste europäische Land, das von einem Juden geführt wurde. Benjamin Disraeli war während der Regentschaft von Königin Victoria, mit der er befreundet war, Premierminister geworden. Als Verfechter eines starken britischen Staates sicherte Disraeli

---

[276] Léon Poliakov, *Die Samariter,* Anaya & Mario Muchnik, 1992, Madrid, S. 82

[277] Léon Poliakov, *Die Samariter,* Anaya & Mario Muchnik, 1992, Madrid, S. 66, 67

[278] Guy Konopnicki, *La Place de la nation,* Olivier Orban, 1983, S. 193.

Großbritanniens Kontrolle über die indischen Routen, indem er Anteile am Suezkanal erwarb - was ihm den Spitznamen „Sphinx" einbrachte.

Israel Zangwill, eine berühmte Persönlichkeit der jüdischen Literatur, schrieb 1898 über Disraeli, dass er sich selbst als Abkömmling einer Rasse von Aristokraten betrachtete, deren Aufgabe es war, die Welt zu zivilisieren". Und er fügte hinzu: „Wie Heine spürt er, dass das puritanische England, Erbe des alten Palästina und dessen Staatskirche das verallgemeinerte semitische Prinzip bewahrt, kraft seiner physischen und moralischen Energie dazu bestimmt ist, die Ideale Zions zu verwirklichen."

Disraelis Sorge um die Größe des britischen Empire sollte nicht irreführend sein: „Sein Herz ist immer bei seinem Volk, bei dessen vergangenem Ruhm, bei dessen anhaltender Kraft der Allgegenwart, trotz der Allgegenwart der Verfolgung. Er sieht sich selbst als Nachkomme eines auserwählten Volkes, des einzigen Volkes, zu dem Gott jemals gesprochen hat[279]."

Kriege und Revolutionen, „im Namen der Menschenrechte".

Es ist allgemein bekannt, dass die amerikanischen evangelikalen Bewegungen die treuesten Unterstützer der Präsidenten George Bush Sr. und Jr. in den Kriegen waren, die sie gegen die „Achse des Bösen" führten. Nach einem ersten Irak-Krieg im Jahr 1991 waren die USA nach den spektakulären Anschlägen vom 11. September 2001 in Afghanistan und schließlich im darauf folgenden Jahr erneut im Irak einmarschiert.

Es darf jedoch nicht übersehen werden, dass zahlreiche Juden zu dieser Zeit sehr einflussreich in der US-Regierung waren: Paul Wolfowitz war stellvertretender Außenminister für Verteidigung; er wurde später zum Leiter der Weltbank ernannt. Richard Perle war Leiter des Beratungsausschusses des Defense Policy Board; Douglas Feith war stellvertretender Verteidigungsminister; Mickael Rubin war Berater des Verteidigungsministeriums für Iran und Irak usw.[280]...

---

[279] Israel Zangwill, *Rêveurs de ghetto*, Tome II, 1998, Éditions Complexe, 2000, S. 213, 214.

[280] Siehe: *Les Espérances planétariennes*, Hervé Ryssen, Baskerville, 2005, S. 134, 135.

Die Wochenzeitung *Rivarol** vom 12. Mai 2006 berichtete, dass einige israelische Zeitungen sich offen über den entscheidenden Einfluss vieler Juden in der US-Regierung freuten. „Die Schlüsselpositionen im Weißen Haus sind mit Juden besetzt". Das war der Triumphschrei in der *Jerusalem Post* vom 25. April 2006: „Nachdem er Joshua Bolten zum Stabschef des Weißen Hauses ernannt hatte, wählte Präsident George W. Bush einen anderen Juden, Joel Kaplan, zu Boltens Stellvertreter", jubelte die Zeitung. Andere Berater des Präsidenten, wie Heimatschutzminister Michael Chertoff, der stellvertretende nationale Sicherheitsberater Elliott Abrams und Jay Lefkowitz, eine Säule des Weißen Hauses, waren ebenfalls anwesend. Die israelische Tageszeitung betonte, dass seit Bushs Amtsantritt beschlossen wurde, jede Kabinettssitzung mit einem kurzen jüdischen Gebet zu beginnen. Bolton bat daher die Rabbiner um Hilfe bei der „Suche nach einem geeigneten jüdischen Gebet für die Sicherheit und das Wohlergehen der Kabinettsmitglieder". So erfuhren wir, dass Joshua Bolten „bei jeder Sitzung ein Gebet auf Hebräisch und Englisch laut vorlas". Außerdem wurde am Purimfest, das an die Befreiung der Juden aus Persien durch Esther erinnert, ein religiöser Gottesdienst abgehalten, und die Küchen des Weißen Hauses wurden zu diesem Anlass gebührend „kasheriert".

Es stimmt, dass es unter Präsident Clinton noch mehr Juden im Weißen Haus gab, erinnerte die *Jerusalem Post, die die* Namen von Robert Reich, Robert Rubin, Sandy Berger, Lawrence Summers, Madeleine Albright, Aaron Miller, Dennis Ross und Martin Indyk nannte. Die Zeitung erwähnte nicht, dass die beiden letztgenannten in hochkarätige politische und finanzielle Skandale verwickelt waren.

Die jüdische Lobby war in den letzten Jahrzehnten in den US-Regierungen in der Tat äußerst mächtig. Ihr Einfluss auf die US-Politik, insbesondere auf die Außenpolitik, wurde erstmals fast offiziell durch einen Bericht der beiden Wissenschaftler Stephen Walt und John Mearsheimer enthüllt. Der Bericht mit dem Titel „The Israel Lobby and US Foreign Policy" (Die Israel-Lobby und die US-Außenpolitik) zeigte meisterhaft auf, wie die Lobby über das American Israel Public Affair Committee (AIPAC) die Kontrolle über den US-Kongress und die US-Exekutive übernommen und das Militär, die Finanzen und die Medien in den Dienst des hebräischen Staates gestellt hatte. Das Dokument wurde von der Harvard University, an der Walt Professor war,

---

* Historische Wochenzeitung der französischen nationalen Rechten, gegründet 1951.

veröffentlicht und von der angesehenen *London Review of Books* anerkannt. Darin konnte man sehr eloquente Passagen über die Entfesselung des Irakkriegs im März 2003 lesen:

„Der Krieg wurde zum großen Teil durch den Wunsch motiviert, Israels Sicherheit zu erhöhen... In der Tat waren die Israelis so kriegstreiberisch, dass ihre Verbündeten in den Vereinigten Staaten sie baten, den Ton zu dämpfen, damit nicht jeder erfährt, dass der Krieg, wenn es denn einen geben sollte, im Namen Israels geführt werden würde... "

„Neokonservative Experten verschwendeten keine Zeit, um die Idee in der öffentlichen Meinung zu verankern, dass die Invasion des Irak für den Sieg im Krieg gegen den Terror unerlässlich sei. In der Ausgabe des *Weekly Standard vom* 1. Oktober riefen Robert Kagan und William Kristol zu einer Offensive auf, um das irakische Regime zu vernichten, nachdem die Taliban besiegt waren. Am selben Tag argumentierte Charles Krauthammer in der *Washington Post*, dass, wenn die USA den Krieg in Afghanistan beendeten, Syrien als nächstes auf der Liste stehen müsse, gefolgt von Iran und Irak: *„Der Krieg gegen den Terror wird in Bagdad enden, wenn wir das gefährlichste Terrorregime der Welt beseitigen".* Daraufhin begann eine unerbittliche Medienkampagne, um die Öffentlichkeit von der Invasion des Irak zu überzeugen. Entscheidend dabei war, dass die Informationen so manipuliert wurden, dass man glaubte, Saddam Hussein stelle eine unmittelbare Bedrohung dar. So setzte Libby beispielsweise CIA-Analysten unter Druck, um Beweise für einen Krieg zu finden, und half bei der Vorbereitung des *Briefings* von Colin Powell an den UN-Sicherheitsrat.

„Im Pentagon hatte die *Policy Counter Terrorism Evaluation Group* die Aufgabe, Verbindungen von *al-Qaida* zum Irak zu finden, die den Geheimdiensten angeblich entgangen waren. Ihre beiden wichtigsten Mitglieder waren David Wurmser, ein neokonservativer Hardliner, und Michael Maloof, ein libanesischer Amerikaner mit engen Verbindungen zu Richard Perle. Eine weitere Gruppe des Pentagon, das Office of Special Plans (OSP), hatte die Aufgabe, Beweise zu finden, die dazu verwendet werden konnten, den Krieg zu „verkaufen". Dieses Büro wurde von Adam Shulsky geleitet, einem Wolfowitz nahestehenden Neokonservativen, und umfasste in seinen Reihen Mitarbeiter aus pro-israelischen *Think Tanks*. Diese beiden Organisationen waren nach dem 11. September 2001 gegründet worden und waren Douglas Feith direkt unterstellt. Wie fast alle Neokonservativen ist Feith Israel gegenüber zutiefst loyal; er unterhält auch langjährige Beziehungen zu Likoud".

Die beiden Autoren kommen zu dem Schluss: „Angesichts der Hingabe der Neokonservativen an Israel, ihrer Besessenheit mit dem Irak und ihres Einflusses in der Bush-Regierung ist es nicht überraschend, dass viele Amerikaner vermuteten, dass der Krieg den Interessen Israels diente. Es besteht kaum ein Zweifel daran, dass Israel und die *Lobby* die Haupteinflüsse waren, die die Entscheidung für den Krieg herbeiführten. Eine Entscheidung, die die USA ohne ihre Bemühungen wahrscheinlich nicht getroffen hätten."

Auch die britische Regierung wurde von dieser Lobby, die sich stark für die israelische Regierung einsetzte, stark beeinflusst. Der britische Labour-Premierminister Tony Blair stand ganz offensichtlich unter ihrem Einfluss, wie der Journalist und Schriftsteller Israel Shamir feststellte und beschrieb:

„Michael Levy, auch bekannt als Viscount Reading, ein Freund von Ariel Sharon, ist die graue Eminenz hinter dem Labour-Chef". Dieser glühende Zionist hatte seinen Wahlkampf organisiert. Israel Shamir zitiert diese Aussage: „Ein ehrlicher Jude, Philip Weiss, gibt in der Zeitung *New York Observer* zu*:* „Die Juden und der rechte Flügel haben ein Bündnis geschlossen... und gemeinsam werden sie den Krieg vorantreiben[281]."

Sobald die irakische Frage gelöst war, übernahm der iranische Präsident Ahmadinedschad die Rolle des Wortführers des muslimischen Widerstands. Die übertriebene Kriegstreiberei vieler jüdischer Intellektueller wurde zum Beispiel in der Wochenzeitung *Le Point* vom 22. Dezember 2005 erneut bestätigt. Bernard-Henri Levy betitelte seinen Artikel: „Ist es noch möglich, die Faschislamisten in Teheran zu stoppen?" Verglichen mit dem aktuellen iranischen Regime, das mit der

---

[281] Israel Shamir, *L'autre Visage d'Israel*, Éditions Al Qalam, 2004, S. 379, 394. Die Wochenzeitung *Le Point* vom 20. Juli 2006 bestätigt, dass dieser Michael Levy ein Freund des britischen Premierministers Tony Blair war, den er bei einem von einem israelischen Diplomaten organisierten Abendessen kennengelernt hatte. Levy hatte begonnen, Spenden für die Labour-Partei zu sammeln, die bis dahin hauptsächlich von den Gewerkschaften finanziert worden war. Dies hatte dazu beigetragen, dass er nach dem Wahlsieg von Tony Blair 1997 den Titel eines Lords erhielt. Im Sommer 2006 wurde der 60-jährige Lord beschuldigt, von wohlhabenden Industriellen Darlehen in Millionenhöhe im Tausch gegen Ehrentitel und Sitze im Oberhaus aufgenommen zu haben. Die Engländer haben ihm seitdem den Spitznamen „Lord Cashpoint" gegeben.

Atombombe drohte, seien die „kriegerischen Vehemenzen" Saddam Husseins in Wirklichkeit „ein sanfter Scherz", schrieb Levy. Es gelte daher, die „Kleinmütigkeit der freien Welt" zu überwinden: „Wir müssen schnell handeln", so der Philosoph, „denn wir haben nur noch wenig Zeit".

Im November 2004 nahm Richard Perle, der „Fürst der Finsternis", an den 20. Europäischen Konferenzen an der Hebräischen Universität in Jerusalem teil. Weit davon entfernt, seine Fehler in Bezug auf die „Massenvernichtungswaffen" einzugestehen, die den Einmarsch in den Irak gerechtfertigt hatten, nutzte Perle die Gelegenheit, um dem Iran mit einer US-Intervention zu drohen, die er als neuen Kreuzzug der Demokratien darstellte: „Wir müssen den Iranern helfen, die unter dem Joch der Mullahs leben und uns um Hilfe bitten. Wenn alles darauf hindeutet, dass sie Atomwaffen haben könnten, müssen wir intervenieren[282]."

Jüdische Intellektuelle haben die Angewohnheit, ihre Feinde als den neuen Adolf Hitler darzustellen. Dies war bereits 1999 der Fall, als sie versuchten, den serbischen Präsidenten Milosevic als blutrünstigen Tyrannen darzustellen und zum Krieg gegen Serbien aufzurufen; ebenso war es 1991 der Fall, als sie den Westen zur Intervention gegen Saddam Hussein und seine „vierte Armee der Welt" aufforderten[283]. In der Tageszeitung *Le Figaro* vom 12. Januar 2006 behauptete der Abgeordnete Pierre Lellouche, ein enger Berater von Jacques Chirac, dass der neue iranische Präsident Mahmoud Ahmadinejad eine neue Inkarnation Hitlers sei: „Zu Beginn des sechsten Jahres des neuen Jahrtausends wurde Adolf Hitler in der Gestalt eines obskuren iranischen Terroristen wiedergeboren".

So erklärte der Präsident des Europäischen Jüdischen Kongresses, Pierre Besnainou, als er im Juni 2006 zum Präsidenten des vereinigten Jüdischen Sozialfonds[284] gewählt wurde: „Ohne jede Diskussion muss die Neutralisierung dieses neuen Hitlers Priorität haben". Ziel sei es, „das Risiko auszuschalten, dass sich ein undemokratischer und gefährlicher Diktator mit einer Atomwaffe ausstattet, um sie gegen die

---

[282] Schreiben von Emmanuel Ratier, *Faits-et-Documents* vom 15. November 2004.

[283] „Es war der Staat Israel, der über die viertgrößte Armee der Welt verfügt, und nicht der Irak." (JMB)

[284] http://www.guysen.com/articles.php?sid=4688

Länder der Region, einschließlich Israel, einzusetzen. Für mich konzentriert sich die Gefahr auf den iranischen Präsidenten". Der Journalist fragte dann: „Setzen Sie sich dafür ein, dass die europäischen Staats- und Regierungschefs auf diese Gefahr aufmerksam gemacht werden?

- Ja, meiner Meinung nach ist dies eine wichtige Arbeit. Als Israel der Gefahr des Terrorismus ausgesetzt war und gezwungen war, sich zu verteidigen, verstand die Welt, die das Ausmaß dieser Geißel nicht kannte, die Reaktion des hebräischen Staates nicht. Nach dem Anschlag auf das World Trade Center ergriffen die Vereinigten Staaten und andere europäische Länder plötzlich die notwendigen Maßnahmen. Heute droht der iranische Präsident damit, Israel von der Landkarte zu tilgen, und die Nationen protestieren zwar verbal, sind sich aber immer noch nicht wirklich bewusst, wie sehr diese Drohung sie indirekt betrifft. Die iranische Bedrohung wird in Europa noch nicht ausreichend wahrgenommen, und wir müssen handeln, um das Gewissen zu wecken.

Sie haben es sicher schon verstanden: Wenn Israel bedroht ist und wenn New York, die führende jüdische Stadt der Welt und das Herz der internationalen Finanzwelt, das Ziel dieser Anschläge gewesen sein könnte, dann muss der Westen zurückschlagen und der muslimischen Welt und den „Feinden der Zivilisation" den Krieg erklären. Israel scheint in der Tat seine Kriege nur mit dem Blut anderer zu führen. Aber geht es nicht schließlich darum, das Imperium des „Friedens" aufzubauen?

In seinem 2006 erschienenen Buch *The Great Global Disorder* enthüllte der internationale Spekulant George Soros einige Informationen über seine Rolle bei der Verbreitung der Demokratie in den Ländern des ehemaligen Sowjetblocks:

„Ich habe in mehreren Ländern, darunter Georgien, nach der Rosenrevolution 2003 und dem Sturz des Regimes von Präsident Eduard Schewardnadse Fonds für den Aufbau von Kapazitäten eingerichtet. Diese Fonds zahlten monatlich 1.200 Dollar an die Minister der Regierung sowie einen Zuschuss an Polizeibeamte aus." Doch George Soros beklagte sich bitter: „Ich bin Opfer einer Verleumdungskampagne geworden, die von Russland aus ins Leben gerufen und gesteuert wurde. Ich wurde beschuldigt, die georgische Regierung zu bezahlen[285]."

Soros war natürlich sehr um die Interessen der Europäer besorgt und präsentierte sich als Apostel der Einwanderung und des Beitritts der Türkei zur Europäischen Union: „Angesichts ihrer alternden Bevölkerung ist die Einwanderung eine wirtschaftliche Notwendigkeit. Die Europäische Union als Prototyp der offenen Gesellschaften der Welt muss die Einwanderung begrüßen und den Beitritt neuer Mitglieder akzeptieren[286]."

Sein humanitäres Engagement hatte ihn auch dazu veranlasst, eine Intervention gegen Serbien zu unterstützen: „Ich habe eine Position für eine stärker intervenierende Politik im jugoslawischen Bürgerkrieg eingenommen, um Menschenrechtsverletzungen einzudämmen", schrieb er. „Zu Weihnachten 1992 kündigte ich eine Spende von fünfzig Millionen Dollar für humanitäre Hilfe für die belagerte Stadt Sarajewo an... Ich schloss mich einer überparteilichen Gruppe an, dem *Action Council for Peace in the Balkans*, die die Clinton-Regierung zu einer aggressiveren Haltung gegenüber Bosnien ermutigte. Paul Wolfowitz gehörte der gleichen Gruppe an wie ich, und gemeinsam setzten wir uns bei Außenministerin Madeleine Albright für die Sache ein. Ich unterstützte auch die Intervention der NATO im Kosovo[287]."

Soros hatte sich 2001 auch für eine militärische Intervention in Afghanistan ausgesprochen, gegen die unseligen Taliban, die sich einer „obskurantischen" Religion schuldig gemacht hatten: „Ich habe die Invasion Afghanistans, der Heimat Bin Ladens und der Al-Qaida-

---

[285] George Soros, *Le grand Désordre mondial*, Éditions Saint-Simon, 2006, S. 137.

[286] George Soros, *Le grand Désordre mondial*, Éditions Saint-Simon, 2006, S. 164, 167.

[287] George Soros, *Le grand Désordre mondial*, Éditions Saint-Simon, 2006, S. 83. Im Dezember 1996 hatte US-Präsident Bill Clinton sein außenpolitisches Team umgestaltet. Im Außenministerium löste Madeleine K. Albright Warren Christopher ab. Albright ist der Nachname ihres geschiedenen Mannes, während das „K" für Korbel steht, eine jüdische Familie aus der Tschechoslowakei. Im Verteidigungsministerium machte William Perry Platz für William S. Cohen. Lakes ehemaliger Stellvertreter, Samuel R. Berger, bekleidete nun den strategischen Posten des nationalen Sicherheitsbeauftragten, usw. Lesen Sie *Les Espérances planétariennes*, S. 119

Ausbildungslager, unterstützt[288]". Im Jahr 2003 wandte er sich jedoch gegen den Irak-Krieg von George Bush und den Neokonservativen, die sich seiner Meinung nach schuldig gemacht hatten, „Anhänger der amerikanischen Vorherrschaft" zu sein. Ohne zu lachen prangerte er die reaktionärsten Elemente dieser christlichen und „nationalistischen" „Rechten" an, die allein für den Krieg verantwortlich seien: „In den Vereinigten Staaten ist es der rechten Propagandamaschine... in bemerkenswerter Weise gelungen, ihre Interpretation der Realität durchzusetzen". Er betonte weiter: „Die Politik von Bush enthält ein starkes nationalistisches Thema". Und hier beschuldigte er die beiden domestizierten Gojim, Vizepräsident Dick Cheney und Verteidigungsminister Donald Rumsfeld, die Hauptakteure dieses kriegerischen Abenteuers gewesen zu sein. Diesen beiden sei es „weitgehend gelungen, der Bush-Regierung ihre Ansichten aufzuzwingen[289]."

Erinnern wir uns nur aus formalen Gründen an die Ziele von George Soros: „Mein Ziel ist die Schaffung einer offenen Weltgesellschaft", sagte er, um zum „Frieden" in der Welt beizutragen.

Die Besetzung des Irak durch US-Truppen im Jahr 2003 und der anhaltende Bürgerkrieg, der das Land verwüstete, erwiesen sich als katastrophal. Nach der Wahlniederlage der Republikaner im Jahr 2006 haben die „Neokonservativen" ihre Schuld auf sehr biblische Weise auf einen „Sündenbock" projiziert. In der politischen Wochenzeitschrift *Marianne* vom 27. Januar 2007 hieß es in einem Artikel: „Mehrere von ihnen, darunter Richard Perle, Kenneth Adelman, David Frum und Michael Rubin, haben soeben gemeinsam in *Vanity Fair* eine beispiellos scharfe Kritik an Präsident Bush und seiner Administration geschrieben... Die vier „Falken" haben keine Gewissensbisse: Die Idee des Krieges, so bekräftigen sie, sei „gut" gewesen, aber die Ausführung sei aufgrund der „Inkompetenz" des Weißen Hauses „schlecht ausgefallen"."

Noch einmal: Wir müssen verstehen, dass die Verantwortung für diese Kriege allein bei den Christen liegt. Guy Sorman erkennt jedoch die Verantwortung einiger jüdischer Führer an: „Ist der Irak-Krieg also eine

---

[288] George Soros, *Le grand Désordre mondial*, Éditions Saint-Simon, 2006, S. 109.

[289] George Soros, *Le grand Désordre mondial*, Éditions Saint-Simon, 2006, S. 90-93.

Intrige jüdischer Intellektueller, die sich mehr um die Sicherheit Israels als um die der Vereinigten Staaten sorgen? Sicherlich gehören die eifrigsten Befürworter des Exports von Demokratie in den Nahen Osten zu einer Intelligenzia von New Yorker Juden, die oft weit links stehen und sich selbst als Neokonservative bezeichnen". Guy Sorman fügte jedoch schnell hinzu: „Diese zionistische Verschwörungstheorie hält keiner Analyse stand[290]."

Die wahren Schuldigen am Irakkrieg seien die 40 Millionen amerikanischen Evangelisten, Baptisten und Pfingstler, unverbesserliche „Imperialisten", wie er sie nannte.

Ein anderer bekannter Essayist, Pascal Bruckner, erklärte in *Le Figaro* vom 5. November 2003: „Das Christentum und der Islam haben gemeinsam, dass sie zwei imperialistische Religionen sind, die davon überzeugt sind, im Besitz der Wahrheit zu sein, und die immer bereit sind, den Menschen das Heil zu bringen, sei es durch das Schwert, das Auto de fe oder die Verbrennung von Büchern... Im Namen eines barmherzigen Gottes haben sie direkt oder indirekt Millionen von Menschen getötet und liquidiert". Im Gegenteil, das Judentum ist, wie Sie sicher verstehen werden, eine Religion des Friedens und der Liebe.

Diese Politik, die in Europa eine Einwanderungspolitik und im Osten eine Kriegspolitik ist, kann nur hier und da Widerstand hervorrufen. Jacques Attali hat die damit verbundenen Gefahren sehr gut erkannt: „Wir könnten im schlimmsten Alptraum auf eine Einigung zwischen den beiden Tochterreligionen gegen die Mutter zusteuern, dem Islam und dem Christentum gegen das Judentum[291]". Gewiss, wir wissen, dass die Juden seit Jahrhunderten eine Tugend haben: die ganze Welt wütend und gegen sie zu machen.

Ein Weltkrieg, wenn nötig

Schon vor dem Zweiten Weltkrieg waren die Nationalisten in allen europäischen Ländern über die ungezügelte Kriegstreiberei der Vertreter der jeweiligen jüdischen Gemeinden in ihren Ländern alarmiert.

---

[290] Guy Sorman, *Made in USA*, Fayard, 2004, Livre de Poche, 2006, S.304

[291] Jacques Attali, *Los Judíos, el mundo y el dinero*, Fondo de cultura económica de Argentina, Buenos Aires, 2005, S. 499.

In einem Buch, das die Idee einer jüdischen „Verschwörung" bekämpfen soll, berichtet Norman Cohn, dass französische Nationalisten in den 1930er Jahren die jüdische Kriegstreiberei energisch anprangerten: „Im August und September 1938 veröffentlichte *La France enchaînée* Artikel mit Schlagzeilen wie „Kriegsgefahr: Jüdisch-russische Verschwörung in der Tschechoslowakei"; „Der Krieg kommt, der Krieg der Juden"; „Werden die Juden es wagen, den Weltkrieg zu entfesseln? Die Veröffentlichung der neuen Ausgabe der Protokolle wurde von folgender Ankündigung begleitet: „Es ist das Judentum, das die demokratische Front geschaffen hat. Es ist das Judentum, das die Vereinigten Staaten aus ihrer herrlichen Isolation herausgeführt hat. Es ist das Judentum, das den Krieg will". Norman Cohn fügte hinzu, dass „die französische Regierung unter Druck die damals außergewöhnliche Maßnahme ergreifen musste, die Pressefreiheit einzuschränken. Am 25. April 1939 wurde ein Dekret erlassen, das unter Androhung von Geld- oder Gefängnisstrafen jegliche antisemitische Propaganda verbot[292]."

Lord Beaverbrook, der Chef des *Daily Express,* der während des Zweiten Weltkriegs auch britischer Minister für Flugzeugproduktion und Staatsminister war, hatte diese Tendenz in der jüdischen Gemeinschaft ebenfalls bemerkt. In seinen Briefen vom 9. März und 9. Dezember 1939, die in den „Beaverbrook Papers" aufbewahrt werden, schrieb er:

„Die Juden haben eine starke Präsenz in der Presse... Der *Daily Mirror* ist vielleicht im Besitz von Juden. Der *Daily Herald gehört* den Juden. Der *New Chronicle* sollte *Jewish Chronicle heißen*. Bei der *Daily Mail* bin ich mir nicht sicher... Jahrelang war ich überzeugt, dass wir einen Krieg vermeiden würden, jetzt bin ich erschüttert. Die Juden könnten uns in den Krieg ziehen; ich meine nicht absichtlich, aber alles in allem

---

[292] Norman Cohn, *Der Mythos der jüdischen Weltverschwörung. Die Protokolle der Weisen von Zion*, Digitale Ausgabe pdf: Titivilius, 2016, S.159. Robert Brasillach berichtet darüber in *Notre avant-guerre*: „Der Antisemitismus wurde trotz der Tatsache, dass M. Blum aus der Regierung entfernt wurde, immer stärker. Ein merkwürdiges Gesetzesdekret sah Sanktionen gegen diejenigen vor, die zum Rassen- oder Religionshass gegen die Bürger Frankreichs, einschließlich seiner „Einwohner", aufrufen. Brasillach fügte ironisch hinzu: „Von da an wurden die Juden 'Einwohner' genannt".

ist es wahrscheinlich, dass ihr politischer Einfluss uns in den Krieg zieht[293]."

Ein ehemaliger sozialistischer Widerstandskämpfer, Paul Rassinier, schrieb 1967 ein Buch zu diesem Thema mit dem Titel *Those Responsible for the Second World War*. Darin beschuldigt er den US-Präsidenten Roosevelt, einen Mann der Linken und Freimaurer schottischen Ritus 32. Grades: „Seine Entourage ist jüdisch, zumindest die meisten seiner wichtigsten Mitarbeiter. Morgenthau, sein Finanzminister, ist ein Jude; seine einflussreichsten Berater, Baruch und Weiman, ebenfalls; Cordell Hull, vom Außenministerium, ist mit einer Jüdin verheiratet... „

Paul Rassinier erinnerte daran, dass der US *Daily Express* vom 24. März 1933, als Hitler an die Macht kam, auf seiner Titelseite titelte: „Jüdische Völker in der ganzen Welt erklären Deutschland den finanziellen und wirtschaftlichen Krieg[294]". Der *Jewish Chronicle* vom 8. Mai 1942 erinnerte: „Wir befinden uns seit dem ersten Tag von Hitlers Machtergreifung im Krieg mit Deutschland[295]." Auch der britische Premierminister Chamberlain schrieb am 10. September 1939 in einem Brief an seine Schwester: „Es sind die Vereinigten Staaten und die internationale jüdische Welt, die uns in den Krieg gestürzt haben."

Auch Pierre Antoine Cousteau, der Bruder des berühmten Seefahrers, Entdeckers und Dokumentaristen, berichtete 1942 in seinem Pamphlet „*Jüdisches Amerika"*, wie jüdische Publizisten die internationale Lage vergifteten. Bei einer seiner Reisen in die Vereinigten Staaten im Jahr 1935 sah er, wie sehr die Amerikaner von der Presse aufgehetzt wurden: „Ich hatte eine Zeitschrift in den Händen, die ein „Folterzimmer" in einem deutschen Konzentrationslager zeigte. Das Bild war freilich so aufgenommen worden, dass es ziemlich verwirrend, aber erschreckend

---

[293] Zitiert in der Radiosendung *Le libre Journal von* Serge de Beketch, 17. März 2005.

[294] In Roman Polanskis Film *Der Pianist* sehen wir diesen Familienvater ausrufen: „Jüdische Banker sollten die Vereinigten Staaten überzeugen, Deutschland den Krieg zu erklären!"

[295] Paul Rassinier, *Les Responsables de la Seconde Guerre mondiale*, Nouvelles éditions latines, 1967, S. 74, 78.

war. Es war schwer zu erkennen, dass der Folterraum in Wirklichkeit ein Duschraum war²⁹⁶."

Pierre-Antoine Cousteau zerstörte in wenigen Zeilen die von den Juden vorgebrachten Argumente, die fast immer dieselben waren: „Diejenigen, die Roosevelts Unterwerfung unter das Judentum leugnen, beharren sehr auf der Tatsache, dass nur einer seiner Minister (Morgenthau) Jude ist und dass der Kongress nicht mehr als ein Dutzend Juden zählt, was als angemessener Prozentsatz angesehen werden kann. Aber auch hier muss man zwischen Schein und Sein unterscheiden. Die Minister sind nur Vollstrecker, und die wirkliche Macht wird vom „Brain Trust" ausgeübt, demjenigen, der Flüsse von Tinte fließen ließ und von dem kaum noch gesprochen wird, obwohl seine Macht noch intakt ist. Allerdings ist dieser „Brain Trust" eine rein jüdische Angelegenheit.

Unter Roosevelts persönlichen Beratern „war der ranghöchste Bernard Baruch, den der *Jewish Examiner* vom 20. Oktober 1933 liebevoll 'den inoffiziellen Präsidenten' nennt...". Vor 1914 hatte er bereits ein kolossales Vermögen angehäuft, indem er an der Wall Street mit Tabak, Zucker, Kupfer und Gummi spekulierte. Als der Krieg ausbrach, trat er dem „War Industries Committee" bei; er wurde zu einer Art Diktator der Wirtschaft. Kein Waffenhändler kann ohne seine Zustimmung einen Kredit erhalten. Er entscheidet auch, wie viel Material die Alliierten erhalten und wie es verteilt wird. Die Gewinne, die er aus dem Blut anderer zieht, sind unvorstellbar. Vor einem parlamentarischen Untersuchungsausschuss, der ihn - wie immer zaghaft - zu seinen Schikanen befragte, gab er zu: „Er hatte wahrscheinlich mehr Macht als jeder andere während des letzten Krieges". Als die Friedenskonferenz in Paris eröffnet wird, tritt Bernard Baruch in die Fußstapfen Wilsons. Er brachte 117 Kollaborateure mit, allesamt Juden, die ihm halfen, seine gewaltigen Gewinne in den Korridoren der Konferenz zu konsolidieren. Dieser Kriegsgewinnler, der sein riesiges Vermögen mit den Massakern in Europa angehäuft hat, ist auch ein Zyniker. In der *Chicago Tribune wird er* oft mit den Worten zitiert: „Patriotismus ist nichts als ein Haufen Unsinn". Patriotismus ist vielleicht ein „Haufen Unsinn", antwortete Cousteau, aber wenn es um jüdischen Patriotismus geht, zögern Leute wie Baruch nicht. Sie sind bereit, alles für die Rettung ihrer Rasse zu opfern. Das ist der „inoffizielle Präsident", der Mann, den Roosevelt

---

²⁹⁶ Pierre-Antoine Cousteau, *L'Amérique juive*, Éditions de France, 1942, S. 45.

fast jeden Tag sieht und ohne den keine wichtige Entscheidung getroffen werden kann."

Eine weitere Figur im „Brain Trust" war Felix Frankfuter. Dieser 1882 in Wien geborene Marxist „war mit der Ausarbeitung der rechtlichen Struktur des New Deal beauftragt", schrieb Cousteau. Er nutzte die Situation sofort, um mehrere seiner Rassenbrüder zu platzieren: Herbert Feiss im Staatssekretariat, Benjamin Cohen und Nathan Margold als Finanzberater im Innenministerium, David-T Lilienthal an der Spitze der T.V.A. und Charles Wyzanski als technischer Berater im Arbeitsministerium". Im Januar 1939 wurde er von Roosevelt zum unabsetzbaren Richter des Obersten Gerichtshofs der Vereinigten Staaten ernannt.

Felix Frankfurter hatte einen wichtigen Mitarbeiter am Obersten Gerichtshof, einen anderen Richter namens Louis Dembitz Brandeis. Er war zweifelsohne der eigentliche Vater des New-Deal. „Er soll die Wahl des Juden Lehmann zum Gouverneur des Staates New York als Nachfolger von Roosevelt veranlasst haben. Er soll auch die Ernennung des Juden Samuel Rosenmann, den Roosevelt als seine 'rechte Hand' bezeichnete, zum Mitglied des Obersten Gerichtshofs beeinflusst haben. Seine Bitten erstreckten sich auch auf den Rechtsanwalt Samuel Untermeyer, Roosevelts persönlicher Berater, Leiter der Organisation des Boykotts „rassistischer" Waren, dessen kommunistische Sympathien öffentlich bekannt waren... Cousteau schrieb, dass wir immer wieder Namen nennen könnten. Von dem Moment an, als Roosevelt an die Macht kam, waren die Juden hinter allen Verwaltungen und Ministerien her, und zwar in einem solchen Ausmaß, dass es wie eine gigantische Menschenjagd aussah. Selbst wenn der verantwortliche Minister kein Jude ist, sind es seine unmittelbaren Untergebenen". Cousteau nannte eine ganze Reihe von Namen, die heute in Vergessenheit geraten sind, und erinnerte beiläufig daran, dass Frankreich 1937 unter Léon Blum unter der gleichen Situation litt: „Der Ansturm der Juden, ihr Ansturm auf die Plätze (alle Posten und sofort!) [297] ". Der einzige Unterschied bestand darin, dass in den Vereinigten Staaten ein Arier nominell an der Spitze der Regierung stand. Aber „das Ideal ist, durch einen Vermittler zu regieren, eine

---

[297] Pierre-Antoine Cousteau, *L'Amérique juive*, Éditions de France, 1942, S. 71-77.

Galionsfigur von erwiesener Unterwürfigkeit zu führen, einen synthetischen Juden. Mr. Roosevelt ist dieser Mann[298]."

Während der Wirtschaftskrise von 1929 wetterte Roosevelt, ein Mann der Linken, gegen die Macht der Finanziers. Seine Wahl im Jahr 1932 war jedoch kein Sieg gegen den Kapitalismus. Die Analyse von Pierre-Antoine Cousteau war sehr prägnant: „Es war sofort klar, dass die Eroberung des Geldes durch die jüdischen Plutokraten nicht ohne die Eroberung der Massen durch die jüdischen Agitatoren erfolgte. Derselbe Dualismus, dessen perfekteste Darstellung die aktuelle Allianz von Wall Street und Kreml ist, ist immer präsent[299]."

Pierre-Antoine Cousteau erzählte auch eine besonders beredte Anekdote: „Schon am Vorabend des anderen Krieges, also nur fünfundzwanzig Jahre vor dem Beginn der Eroberung, hatten die Juden so wichtige Positionen in den Vereinigten Staaten inne, dass nichts ohne ihre Zustimmung unternommen werden konnte. André Tardieu, der von April 1917 bis November 1918 Hochkommissar Frankreichs in den Vereinigten Staaten war, erzählte in *L'Année de Munich* mit einer gewissen Naivität, wie er diese Offenbarung erlebte. Seine Delegation war korrekt empfangen worden, aber mehr auch nicht, und man begegnete ihm mit einer Art lächelnder Gleichgültigkeit, die seine Aufgabe besonders schwierig machte. Um ehrlich zu sein, interessierten sich die „Amerikaner" nicht besonders für Frankreich, La Fayette oder die großen historischen Erinnerungen, die nur dazu dienten, die Reden am Ende von Banketten zu beleben. Die parallel arbeitende britische Mission hingegen bekam alles, was sie wollte, und Monsieur André Tardieu stellte plötzlich fest, dass sein Chef, Viscount Reading, als Rufus Isaac geboren worden war. Dieser hebräische Aristokrat verschwendete keine Zeit mit dem Umwerben von Ariern. Er ging

---

[298] „Vielleicht ist es dieselbe Furcht, derselbe Wunsch, nicht im Rampenlicht zu stehen, der das merkwürdige Vorgehen des Oberrabbiners von Paris erklärt, der Blumel zufolge Léon Blum aufsuchte, um ihm zu sagen: „Wenn Sie den Vorsitz des Rates ablehnen, verpflichten wir uns, ihm eine lebenslange Rente zu zahlen, die dem Gehalt eines Regierungschefs entspricht" (Jean Lacouture, Sociologie de l'antisémitisme, Paris, 1977, S. 301-303, in François de Fontette, Sociologie de l'antisémitisme, PUF, 1984, S. 309). (Jean Lacouture, *Léon Blum*, Paris, 1977, S. 301-302, in François de Fontette, *Sociologie de l'antisémitisme*, PUF, 1984, S. 38).

[299] Pierre-Antoine Cousteau, *L'Amérique juive*, Éditions de France, 1942, S. 58, 68.

direkt zur Sache, belagerte Richter Brandeis, den Vertrauten des gelähmten Wilson, und seine ihn begleitenden Offiziere, die größtenteils Juden waren, suchten nur in jüdischen Kreisen. André Tardieu verstand, dass dies der Schlüssel zum Problem war und dass er, wenn er einen Misserfolg vermeiden wollte, mit dem zänkischen Gerede über La Fayette aufhören und die wahren Herren des Landes verführen musste. So stellte er den Kaplänen seines Nachrichtendienstes zwei fotogene Rabbiner zur Seite, die er stets zur Schau stellte, und umgab sich, auch er, mit hochdekorierten jüdischen Offizieren, die jedem, der es hören wollte, von ihren kriegerischen „Heldentaten" erzählten und ihren New Yorker Brüdern schmeichelten, so gut sie konnten. Danach erhielt André Tardieu von unserem Außenminister Pichon ein von ihm selbst verfasstes Telegramm, das den Beitritt Frankreichs zum Balfour-Projekt bezüglich der Schaffung einer israelischen Heimstätte in Palästina enthielt. Sobald er das Telegramm hatte, überbrachte Herr Tardieu es dem Richter Brandeis, der, wie er sagt, „vor Freude weinte". Von da an war der Fall gewonnen. Herr Tardieu schloss mit den Worten: „Unsere Beziehungen zur amerikanischen Regierung, zur amerikanischen Finanzwelt und zur amerikanischen Presse, die wir dringend brauchten, wurden erheblich erleichtert". Deutlicher kann man nicht sagen, dass die Arier noch 1917 keinen Platz in den Vereinigten Staaten hatten[300].

Es ist bekannt, dass auch der Philosoph Henri Bergson Anfang 1917 von Aristide Briand in die Vereinigten Staaten geschickt wurde, um die Amerikaner davon zu überzeugen, in den Krieg mit den Ententeländern zu ziehen[301]. Den amerikanischen Armeen ist es zu verdanken, dass die katastrophale Lage, in der sich die Alliierten 1917 nach dem Zusammenbruch Russlands und den Meutereien der französischen Truppen befanden, gerettet werden konnte.

Der Erste Weltkrieg hatte die Zerstörung der großen europäischen Monarchien, des Deutschen Reiches, Österreich-Ungarns und des Russischen Reiches sowie des Osmanischen Reiches zur Folge. Es ist fast sicher, dass viele Juden damals glaubten, dass sich die Prophezeiungen erfüllen würden. Maimonides, einer der größten jüdischen Denker des Mittelalters, der auch heute noch als eine der wichtigsten Bezugspersonen des Judentums gilt, erläuterte in seinem

---

[300] Pierre-Antoine Cousteau, *L'Amérique juive*, Éditions de France, 1942, S. 32, 33

[301] Michel Winock, *Edouard Drumont et Cie*, Seuil, Paris, 1982, S. 173-174.

Brief an den Jemen () im Jahr 1172 die Veränderungen, die der Messias mit sich bringen würde: „Wenn er erscheint, wird Gott die Könige der Erde erzittern lassen, und sie werden über die Ankündigung seines Kommens entsetzt sein. Ihre Reiche werden fallen; sie werden sich nicht gegen ihn erheben können, weder durch Krieg noch durch Aufruhr[302]."

Einige Amerikaner hatten jedoch die Augen für die Folgen des Konflikts geöffnet und wussten, wer die Hauptnutznießer sein würden. Am 20. Mai 1920 startete der Großindustrielle Henry Ford seinen Kreuzzug gegen das Judentum, indem er eine Wochenzeitung, den *Dearborn Independant*, gründete und ein Buch mit dem nüchternen Titel *The International Jew* schrieb. Seine Feinde organisierten eine Verschwörung des Schweigens um die Zeitung, bis sie zu weitreichend wurde. Ein Boykott seiner Automobilproduktion veranlasste ihn schließlich zur Kapitulation. Im Januar 1922 veröffentlichte der *Dearborn Independant* „eine peinliche Notiz, in der er erklärte, dass er auf seine Angriffe verzichten müsse, aber alle Gojim aufforderte, die Judenfrage nicht aus den Augen zu verlieren. Die Juden, schrieb Cousteau, hätten den reichsten Geschäftsmann Amerikas zum Schweigen gebracht".

Unter den amerikanischen Widerstandskämpfern muss Pater Coughlin erwähnt werden, der jede Woche Millionen von Zuhörern anpöbelte. Er „tadelte den Kapitalismus und den Marxismus mit einer Schärfe, die eines Faschisten würdig ist". Er hatte Roosevelt mit all seiner Eloquenz unterstützt, musste aber bald erkennen, dass der Präsident „die Sache der Demütigen verriet, dass er das Land den Juden auslieferte, dass er das Land in den Krieg führte." 1935 prangerte er zum ersten Mal am Mikrofon die Rolle der „internationalen Bankiers" an. „Das Wort Jude wurde nicht ausgesprochen", schrieb Cousteau, „aber es gab keinen Zweifel daran, und die Rabbiner von New York erhoben sich sofort und beschuldigten Coughlin, 'Rassenhass' zu schüren." Pater Coughlin wurde in seinen Anschuldigungen immer deutlicher und präziser und prangerte schließlich den „jüdischen Kreuzzug" offen an. „Doch sobald er den Einfluss Israels und die Kriegslust der Juden anprangerte, nahmen ihm die Radiosender wie von Geisterhand nacheinander die Mikrofone weg. Ausgeschlossen vom Radio, war Pater Coughlin entwaffnet. Bei Ausbruch der Feindseligkeiten versetzten sie ihm den

---

[302] Gershom Scholem, *Le Messianisme juif*, 1971, Calman-Levy, 1974, S. 57-59.

Gnadenstoß, indem sie ihn des Hochverrats anklagten und ihn beschuldigten, ein Verräter an Deutschland zu sein."

Bleibt noch Charles Lindbergh. Der Nationalheld, der berühmte Flieger, der 1927 zum ersten Mal über den Atlantik geflogen war. Er war die Speerspitze der Antikriegsbewegung. „Sein Mut, seine Intelligenz und seine Redlichkeit werden in Frage gestellt. Der Sieger des Atlantiks ist nur noch ein Verräter, der Anführer der „fünften Kolonne". Eifrige jüdische Publizisten, die genauso niederträchtig sind wie die Gangster, die seinen Sohn ermordet haben, sind darauf aus, ihn zu entehren[303]."

In seinem 2004 erschienenen Roman *The Plot Against America (Das Komplott gegen Amerika)* hat sich der berühmte amerikanische Schriftsteller Philip Roth eine schreckliche Geschichte ausgedacht, in der er Fakten und Fiktion vermischt und die Situationen umkehrt, wie es jüdische Intellektuelle gewöhnlich tun: 1940 besiegte Charles Lindberg Roosevelt und gewann die Wahl. Auf dem Umschlag des Buches war zu lesen: „In jedem jüdischen Haus in Amerika herrschte Angst. Lindbergh hatte nicht nur in einer über das nationale Radio ausgestrahlten Rede die Juden öffentlich dafür verantwortlich gemacht, das Land in einen sinnlosen Krieg mit Nazi-Deutschland zu treiben, sondern nach seinem Amtsantritt als 33. Die Juden waren wieder einmal die großen Opfer, immer verfolgt und immer unschuldig.

1942 wird der Sohn von Präsident Lindbergh entführt: „In den Gottesdiensten im ganzen Land wird für die Familie Lindbergh gebetet. Die drei großen Radiosender stellen ihr reguläres Programm ein, um die Messe in der Washington National Cathedral zu übertragen, an der auch die First Lady und ihre Kinder teilnehmen. Der deutsche Rundfunk wettert gegen die Organisatoren des „Komplotts": „Das Komplott wurde von dem kriegstreiberischen Roosevelt (in Absprache mit seinem jüdischen Finanzminister Morgenthau, seinem jüdischen Richter am Obersten Gerichtshof Frankfurter und dem jüdischen Geschäftsbankier Baruch) geplant und organisiert und wird von den internationalen jüdischen Wucherern Warburg und Rothschild finanziert und unter dem Kommando von Roosevelts Halbblut-Killer ausgeführt, Der jüdische Gangster La Guardia, Bürgermeister des jüdischen New York City, zusammen mit dem mächtigen jüdischen Gouverneur des Staates New

---

[303] Pierre-Antoine Cousteau, *L'Amérique juive*, Éditions de France, 1942, S. 87-95.

York, dem Finanzier Lehman, um Roosevelt zurück ins Weiße Haus zu bringen und einen totalen jüdischen Krieg gegen die nicht-jüdische Welt zu beginnen[304]."

Philip Roth drückt sich am Ende des Romans durch seine Figur aus: „Bürgermeister La Guardia sagt: 'Natürlich gibt es eine Verschwörung, und ich werde gerne die Kräfte nennen, die sie antreiben: Hysterie, Ignoranz, Bosheit, Dummheit, Hass und Angst. Was für ein abstoßendes Schauspiel ist unser Land geworden! Falschheit, Grausamkeit und Böses überall, und hinter den Kulissen wartet eine brutale Kraft darauf, uns zu vernichten. Jetzt lesen wir in der *Chicago Tribune*, dass jüdische Bäckermeister in Polen all die Jahre lang das Blut von Lindberghs entführtem Sohn zur Herstellung von Pessach-Matzen verwendet haben - eine Geschichte, die heute noch genauso verrückt ist wie damals, als sie vor fünfhundert Jahren von antisemitischen Wahnsinnigen erfunden wurde. Ihre Lügen und ihre Tricks sind unerbittlich[305]."

---

[304] Philip Roth, *La Conjura contra América*, Círculo de lectores de Barcelona, Leihgabe der Grupo Editorial Mondadori, 2005, Umschlag und S. 339, 341.

[305] Philip Roth, *La Conjura contra América*, Círculo de lectores de Barcelona, Leihgabe von Grupo Editorial Mondadori, 2005, S.346.

TEIL ZWEI

DER TALMUDISCHE GEIST

1. Die kosmopolitische Mentalität

Auf unseren Knien vor Israel

Jüdische Intellektuelle neigen von Natur aus dazu, die Schuld auf den Rest der Menschheit zu schieben. Von allen Besonderheiten des auserwählten Volkes ist diese Charaktereigenschaft zweifellos eine der offensichtlichsten. Im ersten Band seiner Memoiren erzählte Elie Wiesel Folgendes: „1979 traf ich während eines offiziellen Besuchs in Moskau den sowjetischen General Wassili Petrenko, der an der Spitze seiner Truppen das Lager Auschwitz befreit hatte. Wir tauschten unsere Erinnerungen aus. Er schilderte mir, wie sich die Einheiten unter seinem Kommando auf den Angriff vorbereitet hatten, während ich ihm erzählte, wie wir auf ihn und seine Soldaten warteten. Wir haben auf dich gewartet, wie ein religiöser Jude auf den Messias wartet", schrieb Wiesel, um dann vorwurfsvoll zu sagen: „Warum bist du nicht ein paar Stunden früher gekommen, warum hast du dich verspätet, warum hast du dich verspätet, warum hast du dich verspätet, warum hast du dich verspätet, warum hast du dich verspätet, warum hast du dich verspätet, warum hast du dich verspätet, warum hast du dich verspätet, warum hast du dich verspätet, warum hast du dich verspätet, warum hast du dich verspätet, warum? Wiesel fuhr mit seiner schuldbeladenen Rede fort: „Er gab mir vage Erklärungen, technische Erklärungen: Strategie, Meteorologie, Logistik. Ich war nicht überzeugt. Tatsache ist, dass die sowjetische Armee sich hätte anstrengen können; sie hat es nicht getan. Und die amerikanische Armee hat es auch nicht getan... Von den Zielen, die sich der alliierte Generalstab gesetzt hatte, sah keines die Vernichtungslager vor; ihre Befreiung erfolgte nicht aufgrund einer vorrangigen Direktive, sondern rein zufällig." Er fügte hinzu: „Feige weigerten sich die Männer, zuzuhören[306]."

Die Menschen sind Feiglinge, und sogar, sagen wir es offen, Bastarde, wie wir es aus der Feder anderer Autoren lesen können: „Als unsere Kinder unter dem Schafott weinten, schwieg die Welt, würde der Dichter Nathan Alterman sagen[307]." Die Endlösung, so müssen wir glauben, ist „von den Hitlerianern erdacht worden, mit der zumindest passiven Komplizenschaft eines großen Teils der Menschheit[308]."

Die Europäer waren den armen, stets verfolgten und stets unschuldigen Juden gegenüber äußerst gleichgültig. Manes Sperber, ein engagierter Intellektueller, der mit André Malraux und Albert Camus befreundet war, schrieb 1952: „Wir kennen die Fakten, die Schuldigen. Wir bestehen nicht genug auf den Komplizenschaften. Bestimmte Umstände werden verschwiegen: So hätte das benachbarte Russland, das bis Juni 1941 mit dem Hitler-Regime befreundet war, die Juden Polens retten können; die mächtigen Vereinigten Staaten, die bis Dezember 1941 neutral waren, hätten helfen können. Als die unzähligen Tage und Nächte des methodischen Mordens kamen, waren die Opfer, ein ganzes Volk in der Mitte der Welt, allein, allein wie ein Kind in seinem ersten Alptraum". Und diese verbrecherische Politik, so Sperber, wurde unter Stalin fortgesetzt: „Juden verschwanden aus der UdSSR ohne Prozess, ohne Gaskammern, ohne Aufsehen zu erregen, ohne einen Laut von sich zu geben[309]."

Noch 1978 beklagte Manes Sperber: „Die von den Deutschen organisierte Katastrophe wurde von anderen Völkern aktiv gefördert und vom Rest der Welt mit Gleichgültigkeit beobachtet... Die Erinnerung lässt sich nicht vertreiben, sie erinnert an jene Schiffe voller geflohener Juden, die durch die Meere irrten und schließlich kläglich untergingen, weil kein Hafen, kein Land, vom mächtigsten bis zum bescheidensten, bereit war, ihnen auch nur vorübergehend Asyl zu gewähren; sie erinnert mich an die Aufständischen des Warschauer Ghettos, die inmitten einer leeren und entvölkerten Mondlandschaft einen allmächtigen Feind provozierten; sie hatten nichts mehr zu

---

[306] Elie Wiesel, *Mémoires, Tome I*, Le Seuil, 1994, S. 120, 133, 134.

[307] Victor Malka, *In Israel*, Guide Bleu, Hachette 1977, S. 27.

[308] CinémaAction, Cinéma et judéité, Annie Goldmann(dir.), Cerf, 1986, S. 29.

[309] Manès Sperber, *Ètre Juif*, Odile Jacob, 1994, S. 124, 125.

erwarten, denn selbst die Verzweiflung war diesen jungen Wesen verwehrt: Sie starben im Nichts. Wir aber leben weiter, schuldig an ihrem Verschwinden, ohne irgendeine Schuld begangen zu haben, schuldig an allem[310]."

Es wäre jedoch ein Fehler zu glauben, dass das jüdische Volk in dieser Welt des Hasses und der Heuchelei völlig allein ist. Es gibt Menschen unter den Gojim, die in den Augen des Judentums ihr Gesicht nicht verloren haben. Es sind natürlich nicht viele, deshalb ist es wichtig, ihnen hier einen verdienten Platz einzuräumen. In *Die Macht des Guten* zeigt uns der Schriftsteller Marek Halter den Weg zur Weisheit, beginnend mit dem Trost, dass „das Gute existiert", wie er mit großen Buchstaben schreibt. So unternahm er eine „Reise in das Land der Gerechten", um ihnen zu huldigen: „Indem ich ihre Zeugnisse, die so lange zum Schweigen gebracht wurden, wiederherstellte, wollte ich ein „Gedächtnis des Guten" schaffen. Denn das Gute ist Hoffnung. Und ohne Hoffnung kann man nicht leben". „Die Welt beruht auf sechsunddreißig Gerechten", sagte Rabbi Rabbah? Dem Talmud zufolge sind sie in jeder Generation präsent, um die Welt zu erhalten. Sie zeigen, dass „es Menschen gab, die es uns ermöglichten, den Glauben an die Menschheit nicht zu verlieren[311]."

Marek Halters Reise begann natürlich in seiner Heimat Polen, wo vor dem Zweiten Weltkrieg so viele Juden lebten. „Es wurde immer gesagt, dass die Juden in Polen niemanden hatten, der ihnen die Hand reichte, und hier ist eine Frau, die es mit Hilfe einiger Freunde geschafft hat, so viele Kinder zu retten! Irena Sendler spürt meine Überraschung, meinen Unglauben". Wir verstehen Marek Halters Überraschung besser, wenn wir den Spruch hören: „Es brauchte tausend Polen, um einen Juden zu retten. Aber es brauchte einen Polen, um tausend Juden zu denunzieren".

Halter erzählte dann von dem unsäglichen Leid des jüdischen Volkes in dieser dunklen Zeit und fragte die alte Frau: „Warum haben so viele Polen, so viele Katholiken, nichts getan, um den jüdischen Kindern zu helfen? Schwester Ludovica schwieg einige Sekunden lang, dann begann sie mit klarem Blick und klarer Stimme zu lachen. „Frag sie!"

- Warum haben Sie die jüdischen Kinder gerettet?" Er lächelt. Hinter seiner dicken Brille leuchtet eine warme Einfachheit in seinen Augen." Für Gott natürlich. Weil Gott gesagt hat, hilf deinem Nächsten. Und

---

[310] Manès Sperber, *Être Juif*, Odile Jacob, 1994, S. 28, 29.

[311] Marek Halter, *La force du Bien*, Robert Laffont, 1995, S, 7, 8

außerdem... „ Er unterbricht sich und sagt mit klarer Stimme: „Wir konnten nicht aufhören, jüdische Kinder zu retten, denn wenn wir ein jüdisches Kind retteten, war es, als würden wir das Kind Jesus[312] retten."

Endlich eine gesunde Reflexion von einem guten Katholiken. Es muss gesagt werden, dass sich die schlechten Instinkte und „Todestriebe" der Katholiken allzu oft zum Nachteil anderer Gemeinschaften manifestiert haben: „Warum? Warum gegen Muslime, Protestanten, Zigeuner, Homosexuelle und so viele andere? Warum der Mord an diesen oder jenen, manchmal? Warum der Mord an Juden, immer[313]?" An dieser Stelle verstehen wir, dass Marek Halter sich selbst beruhigen wollte: Da die Juden nicht die einzigen Opfer sind, kommt das Böse notwendigerweise von den Unterdrückern und nicht von ihnen selbst.

Nach Polen setzte Marek Halter seine „Initiationsreise in das Land der Gerechten" fort, bis er die Niederlande erreichte: „Dieses Land hat die größte Anzahl von Gerechten in Europa: ein Drittel der 9295 - aber paradoxerweise hat es auch den höchsten Anteil an deportierten Juden in Westeuropa. In Anne Franks Land wurden nämlich achtzig Prozent der holländischen Juden unter aktiver Mitwirkung der Bevölkerung deportiert... Wie konnte es in einem Land, das seit der Antike seine Toleranz und seinen Humanismus bewiesen hat, einem Land, in dem die französischen Hugenotten Zuflucht finden konnten, einem Land, das die Enzyklopädisten und die Aufklärung willkommen hieß, zu so viel Apathie und Selbstgefälligkeit gegenüber dem Verbrechen kommen...? Diese Frage ist schmerzhaft, schreibt Halter, und niemand ist in der Lage, eine erhellende Erklärung zu liefern oder eine endgültige Analyse zu erstellen".

Es gibt in der Tat keine gültige Erklärung für Antisemitismus. Für Marek Halter ist der Antisemitismus ein Rätsel. Er fügte hinzu: „Und plötzlich stehen wir vor diesem Paradoxon: die Scham der Gerechten! Sie schämten sich für das Verhalten der Mehrheit ihrer Mitbürger, die während des Krieges so bereitwillig mit den Nazis kollaboriert und die Juden denunziert hatten, und die nun, in Friedenszeiten, mit schlechtem Gewissen und sogar mit einer gewissen verschleierten Feindseligkeit auf jene Retter blickten, die im Gegensatz zu ihnen ihr Leben riskiert hatten, um verfolgten Menschen zu helfen. Viele dieser Retter gingen

---

[312] Marek Halter, *La force du Bien*, Robert Laffont, 1995, S. 14, 34

[313] Marek Halter, *La force du Bien*, Robert Laffont, 1995, S. 36.

fort. Viele gingen nach Südafrika, um sich den Buren anzuschließen... Sie zogen es vor, bei den weit entfernten Nachkommen ihrer niederländischen Vorfahren zu sein, als inmitten ihrer Zeitgenossen, deren Verhalten sie während des Krieges als abscheulich und nach dem Krieg als heuchlerisch empfanden, weiterzuleben, als ob nichts geschehen wäre. Andere wanderten ebenfalls in die Ferne aus: Kanada, Australien, als ob sie sich so weit wie möglich von den Niederländern entfernen wollten [314]." So mögen wir die Niederländer: voller schlechtem Gewissen und Verachtung für ihre eigenen Landsleute.

Marek Halters Pilgerreise führte ihn nach Litauen, wo er Nathan Gutwirth traf: „Was haben Sie in Litauen gemacht, Herr Gutwirth? - Den Talmud", antwortete er. 1936 ging ich zum Talmudstudium an die Jeschiwa in Vilnius. Ich hatte Holland, wo ich meine Ausbildung abgeschlossen hatte und wo meine Familie lebte, hinter mir gelassen. Vilnius hatte damals einhundertvierundfünfzigtausend Einwohner, von denen ein Drittel jüdisch war. Man darf nicht vergessen, dass Vilnius damals das „Jerusalem des Nordens" genannt wurde, weil es die größte Jeschiwa der Welt hatte: eine Art internationale Universität mit Studenten aus aller Welt, aus den Vereinigten Staaten und sogar aus Australien... Im September 1939 kamen Zehntausende polnischer Juden aus dem besetzten Polen zu uns, und die litauischen Juden nahmen sie mit offenen Armen auf.

Angesichts des Vormarsches der deutschen Armeen dachten die litauischen Juden nur noch an eine Flucht in den Fernen Osten: „Die Nachricht hat sich in der jüdischen Gemeinde verbreitet, vor allem unter den polnischen Flüchtlingen. Tausende von Menschen drängten sich vor dem japanischen Konsulat: Sie alle wollten ein Visum!" Tempo Sugihara, der japanische Konsul, beschloss daraufhin, das Verbot seiner Regierung zu umgehen und so viele Visa auszustellen, wie er konnte: „Etwa sechstausend Visa wurden so in aller Eile ausgestellt... Diese Juden, deren Papiere in Ordnung waren, sollten ganze Züge nehmen, um durch die Sowjetunion nach Osten zu reisen. Sie sollten ganz Russland über Wladiwostok durchqueren, um in Japan zu landen: eine kollektive Flucht mit der Transsibirischen Eisenbahn! Nathan Gutwirth erinnert sich an diese Reise: „Stellen Sie sich vor, Sie kommen nach einer dreiwöchigen Reise mit der Transsibirischen Eisenbahn in Japan an, kurz nach Pearl Harbor, am 7. Dezember 1941: Da waren die Militärmissionen der Wehrmacht, die mit ihren Verbündeten der

---

[314] Marek Halter, *La force du Bien*, Robert Laffont, 1995, S. 99-104.

japanischen Armee Projekte vorbereiteten. Und plötzlich sahen sie Tausende von Juden aus Wladiwostok aussteigen, die aus Litauen kamen. Sie müssen es für einen Albtraum gehalten haben... „Die Japaner waren überrascht und völlig unvorbereitet. Offensichtlich wollten sie den litauischen Konsul, Tempo Sugihara, entlassen und alle Juden nach Shanghai schicken, der Stadt, die sie kontrollierten. So entstand das jüdische Viertel von Shanghai[315]."

Tempo Sugihara, der japanische Konsul in Vilnius, war also ein Gerechter, denn er riskierte sein Leben, um Juden zu retten. Ein paar Seiten weiter erfahren wir, dass dieser Gerechte einen Sohn namens Nobuki hatte: „Nobuki Sugihara, vierundvierzig Jahre alt, ist Diamantschleifer in der Edelsteinhauptstadt der Welt, Antwerpen". Das Schleifen von Edelsteinen in Antwerpen ist bekanntlich eine „japanische" Spezialität.

In Dänemark konnte sich Marek Halter über die Rettung fast aller 7.500 Juden des Landes freuen, denen die Fischer zur Flucht nach Schweden verhalfen: „Meine Forschungen über die Gerechten konnten nicht ohne das Land der Gerechten auskommen", schrieb Halter. Aber wir sollten uns nicht zu früh freuen, denn wenn die Dänen unschuldig wären, wären sie keine Gojim: „Seltsamerweise hat mich die Tatsache, dass ich erfahren habe, dass einige dänische Fischer ihr Leben nicht völlig umsonst für die Juden riskiert haben, weit von dem entfernt, was ich geglaubt hätte. Schließlich sind diese Dänen ganz normale Menschen. Auch sie haben ihre Fehler, ihre Niedertracht, ihre Kleinlichkeit[316]."

Angesichts von so viel Selbstlosigkeit und Aufopferung dieses kleinen dänischen Volkes können wir uns jedoch fragen: „Ein Wunder? Nein, man musste schon bereit sein", antwortete Henry Sundoe... Die Juden waren unsere Freunde, sie waren Dänen. Wir hatten nie das geringste Problem mit ihnen. Marek Halter bestätigt: „Als die Juden 1662 auf Einladung von König Christian IV. nach Dänemark kamen, waren sie bereits seit zweihundertachtundsiebzig Jahren in Dänemark, als der Zweite Weltkrieg ausbrach. Ursprünglich waren sie Sephardim aus Amsterdam und Aschkenasim aus Hamburg... Sie wurden schnell zu Dänen. Dies wurde von ihren Rettern immer wieder unterstrichen.

Hier ist das Zeugnis eines Dänen, der Marek Halter gefällt: „Die Juden? Dänen wie wir, mit ihrem Sonntag, der auf den Sabbat fällt, was nie

---

[315] Marek Halter, *La force du Bien*, Robert Laffont, 1995, S. 121-123.

[316] Marek Halter, *La force du Bien*, Robert Laffont, 1995, S. 137-138.

jemanden gestört hat". Man spürt auf diesen Seiten die Freude des Schriftstellers an diesen Worten und wie er insgeheim über die Leichtgläubigkeit des Gois lacht. Aber dieser dänische Goi ging über seine Hoffnungen hinaus: „Wenn die Juden den Dänen zu Dank verpflichtet sind (und sie wiederholen es seitdem immer wieder), so sind auch wir Dänen ihnen dankbar für die Gelegenheit und die Möglichkeit, die sie uns boten, um ihnen zu helfen: Sie ermöglichten uns, indem sie sie retteten, unsere Würde zu bewahren[317]."

Marek Halter setzte seine Suche in Frankreich fort, zusammen mit seinem Freund, dem Kardinal-Erzbischof von Paris: „Wissen Sie, Kardinal Lustiger sagte mir eines Tages... diejenigen, die wir „Gerechte" nennen und die viele Juden gerettet haben... haben diese Tatsache verstanden: Israel ist unsere Quelle. Man kann seine eigene Quelle nicht verschmutzen, sie versiegen lassen. Wenn wir das tun, wenn wir akzeptieren, dass unsere Quelle beschädigt ist, verurteilen wir uns selbst zum Verdursten. Wir können unsere Quelle nicht nicht lieben... Ich habe festgestellt, dass wahre Gläubige, wahre Gläubige, eine unbeschreibliche Liebe bekunden: eine wahre Liebe zu den Juden, dem Volk Gottes, eine religiöse Liebe[318]." So mögen wir Bischöfe und Kardinäle: voller Bewunderung für Israel.

Es scheint jedoch notwendig, an dieser Stelle auf die Herkunft von Monsignore Lustiger einzugehen, die seine tiefgründigen Überlegungen beeinflusst haben könnte: „Noch heute lautet mein zivilrechtlicher Name Aron. Dass ich Jude bin, ist in Orleans, wo ich während des Krieges war, kein Geheimnis". Seine falschen Ausweispapiere wurden ihm damals von einem Bürgermeister der Region Orléans ausgehändigt und wiesen seinen Nachnamen Lustiger sowie einen erfundenen Namen, Jean-Marie, aus. „Obwohl die Papiere in Ordnung waren, wurde mein Vater entdeckt, und ich auch. Dann sind wir nach Toulouse geflohen[319]."

---

[317] Marek Halter, *La force du Bien*, Robert Laffont, 1995, S. 141-150.

[318] Marek Halter, *La force du Bien*, Robert Laffont, 1995, S. 172, 210-213

[319] Lustig ist der Name eines jüdischen Betrügers tschechischer Herkunft, der sich 1925 als stellvertretender Minister ausgab, der für den Abriss des Eiffelturms zuständig war. Er hatte im Hotel Crillon an der Place de la Concorde die wichtigsten Bergungsunternehmen für Eisenmetalle versammelt, um sie auszuschreiben, und floh dann mit dem erbeuteten Geld nach New York.

Aber nicht nur die Katholiken erkennen die alte Weisheit der Juden an. Marie Brottes, eine Protestantin aus den Cevennen, sprach ebenfalls mit Marek Halter: „Was bedeutet für Sie ein Jude? -Nun, die Juden sind... das Volk Gottes. Also respektieren wir das[320]." Das ist gut gesagt.

Der Finanzier Samuel Pisar, der in seinem Buch *Das Blut der Hoffnung* ein schmerzhaftes Zeugnis seiner Erfahrungen in den Todeslagern hinterlassen hat, wusste auch, wie man die Gerechten unter den Völkern erkennt. Er erinnerte insbesondere an die Geste des ehemaligen deutschen Bundeskanzlers Willy Brandt, der „vor dem Mahnmal im Warschauer Ghetto kniete und in aller Stille im Namen des deutschen Volkes um Vergebung bat, er, der eine fremde Uniform getragen hatte, um sein Land im Wahnsinn zu bekämpfen[321]". So mögen wir deutsche Bundeskanzler: auf den Knien vor Israel.

Im Jahr 1992, vierhundert Jahre nach der Vertreibung der Juden, war es an der Zeit, dass sich auch der spanische König entschuldigte. Der Journalist Serge Moati erinnert sich an diese Episode: „1992 hob Juan Carlos I., König von Spanien und entfernter Nachfolger von Isabella der Katholischen, feierlich das Vertreibungsdekret vom März 1492 auf und entschuldigte sich offiziell beim jüdischen Volk[322]."

Die kosmopolitischen Intellektuellen scheinen eine besondere Vorliebe für reuige Nichtjuden zu haben. Die führenden Köpfe der jüdischen Gemeinschaft hingegen dulden es nicht, wenn man sie mit ihren Forderungen konfrontiert und sie ihnen verweigert. Bekanntlich wurde der frühere französische Präsident François Mitterrand am Ende seiner Laufbahn schwer drangsaliert, weil er sich weigerte, die Schuld Frankreichs an den Ereignissen während der deutschen Besatzung anzuerkennen. Sein Nachfolger, Jacques Chirac, warf sich bei seiner Ankunft im Elysée-Palast 1995 sofort auf die Knie, wie gefordert. Er erkannte offiziell die Verantwortung des Staates an, was automatisch Ansprüche und finanzielle Entschädigungsverfahren auslöste. Diese Entschädigung war in der Tat ein wichtiger und sogar unverzichtbarer Punkt im Prozess der Reue.

Aber die Europäer sind nicht nur schuldig, die Juden in Konzentrationslager eingesperrt zu haben. In der Tat bezeugt ihre

---

[320] Marek Halter, *La force du Bien*, Robert Laffont, 1995, op.cit., S. 248.

[321] Samuel Pisar, *Le Sang de l'espoir*, Robert Laffont, 1979, S. 244.

[322] Serge Moati, *La Haine antisemite*, Flammarion, 1991, S. 96, 97.

gesamte Geschichte, dass sie an fast allen Übeln der Welt schuld sind, wie die letzten zwei Jahrhunderte hinreichend beweisen. In der Wochenzeitschrift *Le Point* vom 8. Dezember 2005 wiederholt der Philosoph Bernard-Henri Levy seine Ablehnung des Kolonialismus. Die koloniale Ideologie ist „unbestreitbar" eine „kriminelle Ideologie", sagte er. Er fuhr fort: „Die koloniale Idee war an sich eine perverse Idee; das koloniale Abenteuer war von Anfang an eine dunkle Seite in unserer Geschichte; in der Geste und der Miene derer, die dieses Zeugnis revidieren wollen, in ihrem Aplomb, in ihrer Leidenschaft und ihrem gesättigten Enthusiasmus alter Kauze, die endlich ihren Ideen freien Lauf lassen, liegt ein Geruch von überholter Rückständigkeit, den man schon lange nicht mehr gespürt hat". Levy hatte jedoch an anderer Stelle seine Abscheu vor dem „gefeierten und fettigen" Gesang der Afrikaner zum Ausdruck gebracht. Diese kolonialen Erwägungen hinderten den charmanten BHL (Bernard-Henri Levy) jedoch offenbar nicht daran, von dem immensen Vermögen zu profitieren, das sein Vater mit der Ausbeutung und dem Export von afrikanischem Holz angehäuft hatte.

Auch der bekannte Soziologe Edgar Morin brachte seine Abscheu gegenüber der europäischen Zivilisation zum Ausdruck: „Wir müssen uns der Komplexität dieser kolossalen Tragödie bewusst werden. Diese Anerkennung müsse alle Opfer einschließen: Juden, Schwarze, Zigeuner, Homosexuelle, Armenier, Kolonisierte aus Algerien oder Madagaskar. Sie ist notwendig, wenn wir die europäische Barbarei überwinden wollen[323]."

Diese „europäische Barbarei" manifestiert sich noch heute in der Dritten Welt. Denn alle sind sich einig: Wenn in Afrika ein Kind verhungert, können nur die Weißen schuld sein. Und da der weiße Mann endlich seinen Kopf senkt, ist dies der beste Zeitpunkt, um die Situation auszunutzen. Auf diese Weise gedeihen Wohltätigkeitsorganisationen und NRO, die der Dritten Welt helfen. Der sehr liberale Guy Sorman hat uns erklärt, wie sie funktionieren, und dabei ganz nebenbei einige Aspekte aufgedeckt, die ganz gut zu unserer gegenwärtigen Studie über das Judentum passen.

Im Dezember 1979, als die sowjetischen Truppen in Afghanistan einmarschierten, schrieb er: „Françoise Giraud, die berühmteste und

---

[323] Edgar Morin, Culture et barbarie européennes, Bayard, 2005, S. 91, 92. Zu den Schuldzuweisungen siehe *Les Espérances planétariennes* und *Psychanalyse du judaïsme sowie* die beiden Kapitel zum Kino.

unbestrittenste von uns, startete einen Hilfsappell in *Europa 1* in Form eines einfachen und eindringlichen Slogans: Mit hundert Francs könnte man ein Zelt kaufen und verschicken, um Afghanen, die in die Berge Pakistans fliehen, vor der Kälte zu schützen. Am nächsten Tag stapelten sich die Schecks in großen Säcken. So wurde die AICT (*Action Internationale Contre la Faim*) gegründet, die sich zu einer der größten und effizientesten französischen humanitären Organisationen entwickeln sollte". Bernard-Henri Levy, „ohne den die AICF nie entstanden wäre", war natürlich auch Mitglied der Vereinigung. Levy „wollte sich vor allem an Bernard Kouchner rächen, der ihn aus seiner eigenen Vereinigung, 'einem Schiff für Vietnam', rausgeschmissen hatte" und der später *Médecins sans frontières (Ärzte ohne Grenzen)* gründen sollte.

Guy Sorman verriet hier eine wichtige Information: „Die durchschnittliche Spenderin, eine Witwe aus Montargis, ist sich nicht bewusst, dass, wenn sie hundert Franken für einen guten Zweck spendet, nur ein paar Franken an das bettelnde Kind gehen, das sie auf dem Flugblatt im Briefkasten oder auf dem Plakat gesehen hat, das ihr ein schlechtes Gewissen machen soll". Mindestens die Hälfte des Geldes wird für die Werbekampagne gegen die Nichtjuden aufgewendet, die andere Hälfte für die Ausgaben und Gehälter des Vereins, die „im Großen und Ganzen mit denen von Privatunternehmen vergleichbar sind". Es ist auch bekannt, dass die Direktoren dieser Vereinigungen unversteuerte Geschäftsführergehälter, Luxuswohnungen, Reisekostenerstattungen usw. beziehen... „Die Bedeutung der Sensibilisierungskampagne, der Mittelbeschaffung und des Medienrummels ist nur eine Demonstration von Stärke und Bekanntheit", räumte Guy Sorman ein. Wenn sie erst einmal bekannt sind, können sie sich an die wirklichen Geldgeber wenden, d. h. an lokale, nationale, europäische oder globale Verwaltungen[324]."

Diese unerbittliche Neigung, anderen die Schuld zu geben, ist natürlich eine furchterregende Kriegswaffe, um den Gegner in die Knie zu zwingen (und ihm dabei die Taschen zu leeren). Die Schriftstellerin Geneviève Dormann drückte ihre Gedanken 1985 laut und deutlich aus: „Die Juden kotzen mich an, das sage ich deutlich. Wenn sie mir bei der geringsten Gelegenheit vorhalten, was wir ihnen angetan haben, als ich noch ein kleines Mädchen war, und versuchen, mir Schuldgefühle oder ein schlechtes Gewissen einzureden, und sich darüber auf sadistische

---

[324] Guy Sorman, *Le Bonheur français*, Fayard, 1995, S. 88, 91-94.

Weise freuen, werde ich auf sie genauso wütend wie auf die Vandalen, die mich beschuldigen, ihre Dörfer zerstört und ihre Vorfahren grausam ermordet zu haben... Ich beanspruche das Recht, die guten Juden zu lieben und die anderen auf einen Spaziergang zu schicken[325]". Die meisten französischen Intellektuellen haben diesen Mut nicht, vor allem diejenigen, die am lautesten gegen „intellektuellen Terrorismus", „Einzeldenken" und „politische Korrektheit" wettern.

Eine hohe Frustrationstoleranz

Kosmopolitische Intellektuelle können sich auch schnell auf ihre Gegner stürzen und sie ohne Skrupel beleidigen. Einer der emblematischsten Fälle ereignete sich im Frühjahr 2000, als der Schriftsteller Renaud Camus ein Buch veröffentlichte, das die Journalisten- und Verlagswelt in Aufruhr versetzte. Der linksgerichtete und homosexuelle Schriftsteller hatte die Medien nie beunruhigt, bis er in einem Buch mit dem Titel *„Kampagne für Frankreich"* einige ganz harmlose Worte veröffentlichte, die als antisemitisch eingestuft wurden. Auf Seite 48 schreibt Camus über die *Panorama-Sendung* des öffentlich-rechtlichen Rundfunks France Culture: „Die jüdischen Mitwirkenden in der *Panorama-Sendung von France Culture* übertreiben ein wenig: es sind etwa vier von fünf in jeder Sendung, oder vier von sechs, oder fünf von sieben, was bei einem nationalen und quasi-offiziellen Sender eine deutliche Überrepräsentation einer ethnischen oder religiösen Gruppe darstellt". An einer anderen Stelle seines Buches, auf Seite 408, betont er: „Fünf Teilnehmer und welcher Anteil von Nicht-Juden? Minimal, wenn nicht gar nicht vorhanden. Nun, das scheint mir, vielleicht nicht gerade skandalös, aber übertrieben und unangebracht, falsch. Und nein, ich bin nicht antisemitisch, und ja, ich bin der Meinung, dass die jüdische Rasse einen der höchsten geistigen, intellektuellen und künstlerischen Beiträge zur Menschheit geleistet hat. Und ich halte die antisemitischen Verbrechen der Nazis für den Gipfel der Abscheulichkeit, den die Menschheit erreicht hat. Aber nein, ich halte es nicht für angemessen, dass eine vorbereitete und angekündigte, d.h. offizielle Talkshow über die Integration in unserem Land in einem öffentlich-rechtlichen Sender ausschließlich unter jüdischen Journalisten und Intellektuellen oder solchen jüdischer Herkunft stattfindet... Lasst uns in Ruhe mit diesem Terrorismus, der es uns nicht

---

[325] *Le Crapouillot*, Februar 1985

erlaubt, den Mund über solche Themen zu öffnen! Diese Sendung und viele andere sind durch die übertrieben voreingenommene Zusammensetzung ihrer Teilnehmer zutiefst voreingenommen". Er fügte hinzu: „Es beunruhigt und betrübt mich zu sehen, wie diese [französische] Kultur und Zivilisation in vielen Fällen eine Mehrheit von Juden als ihre wichtigsten Sprecher und Ausdrucksorgane hat."

Die Reaktionen auf diese Worte waren sehr aufschlussreich für das Klima des Terrors, das seit langem in Frankreich herrscht, insbesondere in der Kulturwelt. Es war der Journalist Marc Weitzmann, der in *Les inrockuptibles* vom 18. April 2000 - der Zeitschrift der jungen Leute, die sich für Rebellen halten - als erster den Vorwurf erhob. *Le Monde* vom 20. April veröffentlichte einen empörten Artikel. Laure Adler, Direktorin von *France-Culture*, und Jean-Marie Cavada, Präsident von *Radio-France*, kündigten an, ihn wegen Rassenhasses verklagen zu wollen[326]. Catherine Tasca, Ministerin für Kultur und Kommunikation, brachte öffentlich ihre Missbilligung zum Ausdruck. Auch Jean Daniel, der Herausgeber der Wochenzeitung *Le Nouvel Observateur*, empörte sich in der Veröffentlichung vom 3. Mai 2000 auf eine ganz besondere Art und Weise: „Herr Renaud Camus besitzt nicht einmal die kluge Perversität, darauf hinzuweisen, dass die Juden, seit sie darauf verzichtet haben, sich als Juden zu präsentieren, sich in Wirklichkeit der exklusiven Möglichkeit beraubt haben, im Namen Frankreichs zu sprechen". Sie haben verstanden: die Juden existieren nicht; es ist eine Fata Morgana, eine antisemitische Halluzination. Herrn Renaud Camus wird dringend empfohlen, zu versuchen, seine „Krankheit zu heilen[327]".

In *Le Monde* vom 4. Mai 2000 demontierte Patrick Kéchichian vor unseren Augen die „Rhetorik des antisemitischen Diskurses", indem er zunächst die Paranoia des Schriftstellers anprangerte, der sich zum Opfer einer „Hexenjagd" und eines medialen „Lynchmords" erklärte. Patrick Kechichian wies zu Recht darauf hin, dass Renaud Camus zuvor Anzeichen einer „fast militanten Judeophilie" gezeigt habe: „Die Skrupel, die er äußert, sind bezeichnend für seine Mentalität... dieser Protest der Sympathie ist ein Verfahren, das so alt ist wie der

---

[326] Jean-Marie Le Pen war 1986 wegen „Aufstachelung zur Rassendiskriminierung" verurteilt worden, wobei er den Medieneinfluss der Medienpäpste „Jean-François Kahn, Jean Daniel, Ivan Levaï und Jean-Pierre Elkabbach" erwähnte.

[327] *Les Espérances planétariennes*, S. 365, 366. *Psychanalyse du Judaisme*, S. 219, 220

Antisemitismus selbst... Was für eine große Kultur! Was für eine großartige Kultur! Was für ein bewundernswertes Volk! Was für Leiden... Aber auch: Was für eine Invasion! Was für eine Kunst, überall zu sein! Es ist ein abgedroschener Refrain, der an das berühmte Schreckgespenst der jüdischen „Lobby" erinnert, wie es kürzlich in den von Jean d'Ormesson zitierten Worten von François Mitterrand zum Ausdruck kam, der noch nicht ausgedient hat und der, getarnt hinter falscher Objektivität, dieselbe Verachtung verbreitet. Übertriebene Bewunderung ist nur das symmetrische Gegenstück einer Verärgerung, eines uneingestandenen Hasses[328]."

Jeder wird verstanden haben, dass es völlig sinnlos ist, auf frühere Äußerungen der Bewunderung einzugehen, in der vergeblichen Hoffnung, die berüchtigte Spucke zu vermeiden, wenn man auch nur die geringste Kritik an den Medienvertretern der jüdischen Gemeinde äußern will. Kechichian schloss seine Rede mit den Worten: „Diese Art und Weise - ganz „altes Frankreich", auch im Stil -, die Juden aus der französischen Kultur zu verdrängen, ist absolut inakzeptabel". Für ihn sind die Äußerungen von Renaud Camus „eindeutig von dieser Perversion des Geistes befleckt". Es scheint ein Leitmotiv jüdischer Intellektueller zu sein, ihre Gegner der Geisteskrankheit zu bezichtigen.

Angesichts des Ausmaßes der Proteste beschloss der Direktor des Verlags Fayard, Claude Durand, das Buch aus dem Verkauf zu nehmen und es ohne die inkriminierten Passagen neu zu veröffentlichen. Die Kürzungen und Korrekturen am Text der *Kampagne Frankreichs* betrafen etwa zehn von fünfhundert Seiten. Jean-Etienne Cohen-Seat, Geschäftsführer von Hachette-Livres, einer Gruppe im Besitz von Fayard, begründete seine Entscheidung lapidar: „Das Buch von Renaud Camus stinkt".

Doch drei Wochen nachdem das Buch aus den Buchhandlungen verschwunden war, heizte *Campagne de France die* Kontroverse weiter an. Michel Polac, ein ehemaliger Star-Moderator einer kulturellen Fernsehsendung, schrieb am 17. Mai 2000 in der Zeitung *Charlie-Hebdo* und prangerte „den antisemitischen 'Schwachsinn' dieses kleinen Schriftstellers" an. Die Seiten von Renaud Camus seien „zum Erbrechen". Er fuhr fort: „Für diesen Dummkopf kann ein Jude ohne Wurzeln die französische Literatur nicht verstehen. Muss er einen

---

[328] Zu François Mitterrand, vgl. *Les Espérances planétariennes*, S. 332.

Kreuzritter-Vorfahren bezeugen, um das Recht zu haben, zu sprechen? Und für die anderen, um einen Numerus clausus festzulegen? Und obendrein hat dieser arme Mann Namen zitiert: Er muss in seiner Schlossbibliothek das *Dictionnaire des Juifs* und *Comment reconnaître un Juif* haben, Bücher, die während der deutschen Besatzung in derselben Sammlung erschienen sind wie *Bagatelles pour un massacre* und *Les Beaux Draps**".

Am 25. Mai überschrieb der sehr medienkundige Bernard-Henri Levy seinen Artikel in der Wochenzeitung *L'Événement du jeudi* freundlicherweise mit der Überschrift: „Man muss der Scheiße ins Gesicht sehen". Bernard-Henri ging wie üblich in die Vollen und schimpfte: „Ich hasse den Antisemitismus, den man im *französischen Wahlkampf* hört. Und ich bin sehr wütend darüber, dass einige Leute versuchen, den abscheulichen Charakter dieser Seiten zu leugnen oder zu verharmlosen... Seiten, Worte, absolut pestilent", die nur „Entsetzen" und „Abscheu" hervorrufen können. „Renaud Camus praktiziert einen sehr alten, von Charles Maurras beeinflussten französischen Antisemitismus, der davon ausgeht, dass ein Jude - ein Fremder, ein Meteco - unfähig ist, die Feinheiten der französischen Kultur zu verstehen. Das ist dumm, das ist erbärmlich, darüber kann man nicht diskutieren." Und Levy fügte hinzu: „All diese Zeilen sind nicht nur zweifelhaft, sie sind abscheulich... Man kann angesichts von so viel begründeter Perversität einen ständigen und diffusen Brechreiz nicht unterdrücken[329]".

Wie wir sehen, ging es nicht darum, das grundlegende Thema, nämlich die „Überrepräsentation von Juden in den Medien", zu diskutieren. Allerdings sprach sich „BHL" gegen Zensur aus: „Dieses Buch sollte nicht zurückgezogen oder zensiert werden. Ich glaube nicht, dass man Hass mit Zensur oder mit dem Gesetz bekämpfen kann. Ich glaube nicht, dass man das Böse wirksam 'verbieten' kann... Man kann nicht behaupten, dass Celine nicht *Bagatelles pour un massacre*" geschrieben hat. Eine gute staatsbürgerliche Erziehung vom frühesten Kindesalter an sollte ausreichen, um die Gefahr einzudämmen, vorausgesetzt, das Medienbombardement ist dauerhaft.

---

[329] *Le Point* vom 26. Juni 2002

* Louis-Ferdinand Celines zwei berühmte antisemitische Pamphlete aus der Vorkriegszeit.

Am 25. Mai 2000 erschien in der Tageszeitung *Le Monde* eine von Jacques Derrida, Serge Klarsfeld, Claude Lanzman, Philippe Solers, Jean-Pierre Vernant usw. unterzeichnete Petition. „Wir sind der Meinung, dass die Kampagne, die versucht, den Autor der *Kampagne für Frankreich als* Opfer darzustellen, beunruhigend ist. Es ist dringend notwendig, deutlich zu machen, dass die Worte von Renaud Camus kriminelle Meinungen sind, die als solche kein Recht haben, geäußert zu werden... Das hat nichts mit Meinungsfreiheit zu tun. Wer das denkt, schreibt und veröffentlicht... denkt, schreibt und veröffentlicht kriminelle, rassistische und antisemitische Meinungen. Das hat mit Meinungsfreiheit nichts zu tun... Wir erklären, dass es sich bei den Worten von Renaud Camus um kriminelle Meinungen handelt, und dass daher die Verteidigung oder Wiederveröffentlichung seines Buches im Namen der Meinungsfreiheit oder aus anderen Gründen, ob man will oder nicht, die Verteidigung und Veröffentlichung krimineller und verwerflicher Meinungen bedeutet. Die Öffentlichkeit muss dies wissen. Dies wird nicht vertuscht... Wir erklären, dass keine Vernebelung, keine Illusion erlaubt ist. Und zuzulassen, dass solche Meinungen unterstellt werden, sei es aus Schwäche oder aus anderen Motiven, bedeutet, der heimtückischen Installation des Schlimmsten zuzustimmen."

In der *Art Press* vom Juni 2000 veröffentlichte Jacques Henric seine Analyse, in der er ebenfalls auf die Geisteskrankheit von Renaud Camus hinwies: „Wir befinden uns in der Gegenwart einer endemischen Krankheit, die sich periodisch wieder manifestiert", schrieb er und kritisierte „diesen nationalistischen Rückzug mit fremdenfeindlichen Untertönen" und „seine eindeutig wahnhaften Worte", „chauvinistisch und reaktionär".

Am 18. Juni hatte der Schriftsteller Philippe Solers Gelegenheit, sich in der Tageszeitung *Le Monde zu* äußern: „Claude Durands Fehler ist vor allem literarischer Natur, schrieb Sollers: Er glaubt, dass Renaud Camus ein bedeutender Schriftsteller ist, während es sich in Wirklichkeit um verschimmelte Prosa handelt... Es ist ein anständiger Antisemitismus, der gefährlichste von allen. Es ist auch ein Symptom, das nicht verschwunden ist und auf die Ära Mitterrand zurückzuführen ist: morgens sehe ich Bousquet und nachmittags gehe ich zu SOS Racisme. Dieser alte französische Antisemitismus, der ein wenig düster ist, ist eine Tradition, die verschwinden muss".

Die *Kampagne in Frankreich* erschien am 4. Juli in einer neuen Ausgabe, in der die skandalösen Passagen gestrichen worden waren. Der Direktor des Verlags Fayard teilte mit, dass der Autor selbst die umstrittenen Passagen aus dem Buch entfernt habe, „mit weißen

Durchstreichungen, wie Narben, die unserer Meinungsfreiheit und vor allem der Freiheit der Kritik zugefügt wurden".

Der Präsident der Liga für Menschenrechte, Michel Tubiana, hat in der Juli-Ausgabe 2000 von *Hommes et Libertés*, der Zeitschrift der Vereinigung, seinen Standpunkt dargelegt. Sein sehr pädagogischer Artikel trug den Titel: „Rassismus erklärt einem Schriftsteller und seinem Redakteur". Er prangerte die „inakzeptablen Passagen" an: „Ob es uns gefällt oder nicht, diese Art der Darstellung führt uns zu Präzedenzfällen zurück, von denen wir wissen, dass sie unerträglich sind. Schlimmer noch, einige seiner Worte sind geradezu widerlich".

Auf das Problem der „Überrepräsentation" antwortete Michel Tubiana ebenfalls mit einer instinktiven Selbstverteidigung: „Ich weigere mich zu antworten, um die Worte von Renaud Camus zu widerlegen. Der rassistische Ansatz ist offensichtlich, und wenn er von einem Mann der Kultur kommt, ist er noch unerträglicher". Man kann nicht argumentieren: man greift an.

Nach Ansicht der Menschenrechtsliga sollte die Frage nicht auf diese Weise gestellt und diskutiert werden: „Lasst uns die Debatte auf eine reale Basis stellen... Ist es möglich, Personen aufgrund ihrer Herkunft und nicht aufgrund ihrer Handlungen und Gedanken zu beurteilen? Anstatt uns der Zensur zu bezichtigen, sollten die Freunde und der Verleger von Renaud Camus diese Fragen beantworten". Das Problem ist nämlich, dass „Handlungen" und „Gedanken" eng mit „Herkunft" verbunden sind.

Michel Tubiana bemerkte, dass der Autor und der Verleger bei der Wiederveröffentlichung des Buches „eine seltsame und unerklärliche Hartnäckigkeit an den Tag gelegt haben: man hätte erwarten können, dass der Verleger seinen Fehler eingesteht und dass Renaud Camus die Art der Debatte, die er ausgelöst hat, versteht. Vergeblich. Der Verleger hüllte sich in die Falten der Gedanken- und Meinungsfreiheit, die nicht in Frage gestellt wurden, und der Autor nahm die Haltung eines missverstandenen Opfers ein. Sie haben nichts verstanden oder so getan, als ob sie nichts verstehen würden". Diese Franzosen sind zweifellos hoffnungslos.

Die Antwort von Claude Durand, dem Direktor des Fayard-Verlags, lautete wie folgt: „Selbst die hartgesottensten Zensoren der totalitären Regime des 20. Jahrhunderts hatten diese neue Formel von heute nicht erfunden: das Verbot von weißen Durchstreichungen in jedem Text."

Die einzigen beiden leicht widersprüchlichen Stimmen unter den Intellektuellen der „Gemeinschaft" waren die von Alain Finkielkraut und Elisabeth Levy. In *Le Monde* vom 6. Juni 2000 schrieb Alain Finkielkraut zaghaft über seine Kollegen: „In diesem Fall brauchte es weniger Mut als Opportunismus, um mitzumischen. Elisabeth Levy, Moderatorin einer Kultursendung, zitierte die polemischen Worte von Renaud Camus in ihrem 2002 erschienenen Buch *Les Maîtres censors*, wobei sie darauf achtete, sie in einer Fußnote zu erwähnen: „Die zitierten Passagen wurden in der Presse mehrfach wiedergegeben". Bernard-Henri Levy schrieb: „Man könnte dem Schriftsteller antworten, dass es immer dringender ist, zu widerlegen als zu denunzieren, zu überzeugen als zu verteufeln. Aber das würde wohl als typisch für einen Münchner Geist[330] beurteilt werden." Elisabeth Levy war eine mutige Ausnahme, weshalb man nicht pauschal von „den Juden" sprechen oder mit dem Finger auf sie zeigen sollte, auch wenn die Ausnahme die Regel bestätigt.

Einer der größten französischen Denker des 19. Jahrhunderts, Ernest Renan, hatte diese spezifischen Charakterzüge bereits festgestellt. In seinem *Leben Jesu* sagte er 1863: „Einer der Hauptfehler der jüdischen Rasse ist ihre Härte in Kontroversen und der verletzende Ton, in dem sie diese fast immer führt... Der Mangel an Nuancen ist eines der konstantesten Merkmale des semitischen Geistes[331]."

Die Diktatur der Medien

Natürlich war der Schriftsteller Renaud Camus nicht der erste, dem die „Überrepräsentation" der Juden in den Medien auffiel. Rechtsextreme" Journalisten hatten bereits auf die militante Veranlagung der jüdischen Gemeinschaft hingewiesen. François Brigneau, eine der führenden Persönlichkeiten des rechtsnationalen Journalismus in der zweiten Hälfte des 20. Jahrhunderts, schrieb 1975: „In Frankreich gibt es sechshunderttausend von fünfzig Millionen Franzosen, aber sie sind in der Presse in der Überzahl. Ich selbst habe mehr als die Hälfte meiner fünfundzwanzigjährigen Karriere damit verbracht, an den Zeitungen von M. Lazareff und M. Lazurick zu arbeiten: Sie sind vorherrschend im Kino, im Radio, im Fernsehen, im Showgeschäft... Wir sehen sie im

---

[330] Elisabeth Levy, *Les Maîtres censeurs*, Lattès, Poche, 2002, S.346. Der Geist des Münchner Abkommens (1938)

[331] François de Fontette, *Sociologie de l'antisémitisme*, PUF, 1984, S.9.

Bankwesen, in allen Unternehmen; sie spielen eine sehr wichtige Rolle in der intellektuellen Elite". François de Fontette, der über diese Worte berichtete, fügte empört hinzu, dass „das 'Auschwitz-Moratorium' abgelaufen" sei: „Wie die Emigranten von damals hat der Verfasser dieser Zeilen weder etwas gelernt noch vergessen[332]."

Diese Ideen werden in Frankreich auch heute noch scharf verurteilt. Auch der Vorsitzende des Front National (FN), Jean-Marie Le Pen, sah sich nach einigen seiner Äußerungen mit dem Ausbruch der Medienmeute konfrontiert. Der Journalist Serge Moati erinnert sich an eine dieser Äußerungen: „Am 26. Oktober 1985 rief er während der „Bleu-Blanc-Rouge"-Party des FN einer begeisterten Menge zu: „Ich widme Ihren Empfang Jean-François Kahn, Jean Daniel, Ivan Levaï, Elkabach, allen Lügnern der Presse dieses Landes. Diese Leute sind die Schande des Berufsstandes". Die LICRA (Internationale Liga gegen Rassismus und Antisemitismus) prangerte ihn sofort an. Serge Moati bemerkte zu der Verurteilung von Jean-Marie Le Pen: „In der Urteilsbegründung heißt es: „Antisemitismus ist kein jüdisches Problem, sondern das Problem aller. Ein antisemitischer Angriff auf einen Einzelnen ist in Wirklichkeit eine Bedrohung für alle". Man sieht, dass die Rechtsprechung noch nicht die Phraseologie der jüdischen Gemeinschaft übernommen hat, die zweifellos den Ausdruck „eine Bedrohung für die gesamte Menschheit" vorgezogen hätte.

Im August 1989 erreicht die Rhetorik von Jean-Marie Le Pen ein höheres Niveau. In einem Interview mit der Tageszeitung *Présent* prangerte *er* „die großen internationalen Organisationen wie die jüdische Internationale an, die eine bemerkenswerte Rolle beim Aufbau des antinationalen Geistes spielt[333]." Anfang 1990 wurde jedoch die parlamentarische Immunität des Vorsitzenden des Front National aufgehoben, um der Justiz die Möglichkeit zu geben, sich mit der Affäre der „jüdischen Internationale" zu befassen. Auch hier wurde er scharf verurteilt. Der Publizist Alain Minc ist empört, erst recht, als diese Worte in der Presse wiedergegeben werden, und schreibt: „Le Pen wettert gegen das Gewicht der Juden in den Medien. Es ist die neue kollektive Mythologie, die der Bankenphantasmagorie von vor fünfzig Jahren entspricht: das Symbol der Macht im Verborgenen. Und in der Zwischenzeit erlaubt *Le Monde den* Meinungsforschern, die Frage zu

---

[332] François de Fontette, *Sociologie de l'antisémitisme*, PUF, 1984, S. 121, 122.

[333] Serge Moati, *La Haine antisémite*, Flammarion, 1991, S. 191.

stellen: 'Haben die Juden zu viel Macht in den Medien? „Seltsame Frage. Seltsame Veröffentlichung, schreibt Alain Minc: Die Tabus sind offenbar endgültig verschwunden, denn laut der Umfrage bejaht ein Drittel der Franzosen die Frage[334]."

Es ist in der Tat ein Skandal, dass sich die Franzosen über die „Überrepräsentation" der Juden in den Medien beschweren können, denn Juden sind Franzosen wie alle anderen, „perfekt integriert". Noch schlimmer ist, dass *Le Monde*, obwohl sie die „Referenzzeitung" ist, diesen „widerlichen Gestank" aufgreift und damit deutlich macht, dass Frankreich ein hoffnungslos antisemitisches Land ist. Alain Minc vergaß in der Tat zu erwähnen, dass er Präsident der Société des lectors du *Monde* war und dass die Zeitung im Besitz von Personen ist, die mit der mächtigen Familie Bronfman verbunden sind, die auch den Jüdischen Weltkongress[335] leitet.

Das Gewicht des Konformismus machte es auch unmöglich, sich zu anderen Themen zu äußern, wie z. B. zur Einwanderungsinvasion und zur „Dritten Welt" in Frankreich oder zur Ungleichheit der Rassen. Im September 1996 erklärte Jean-Marie Le Pen auf LCI: „Ich glaube an die Chancengleichheit, aber ich glaube auch an die Ungleichheit der Rassen. Ich glaube, dass es Ungleichheiten zwischen den Menschen in allen Bereichen gibt, und auch, dass es eine Hierarchie innerhalb der Zivilisationen gibt. Die Geschichte beweist es. (*Rivarol*, 13. September 1996). Auch hier hat die MRAP (Bewegung gegen Rassismus und für Völkerfreundschaft), die der Kommunistischen Partei nahesteht, schnell reagiert und denunziert. Jean Kahn, der Präsident der Beratenden Kommission für Menschenrechte, zeigte sich „zutiefst schockiert" und sogar „erschüttert".

Wir wollen hier nicht die zahllosen Klagen ethnischer Minderheiten gegen französische Patrioten rekapitulieren, die in den letzten Jahrzehnten die Islamisierung und Dritte-Weltisierung ihres Landes angeprangert haben. Erwähnt sei hier nur der Prozess gegen den Schriftsteller Jean Raspail wegen seines Artikels vom 17. Juni 2005, der in *Le Figaro* veröffentlicht wurde. Der Autor prognostizierte, dass die einheimischen Franzosen bis zum Jahr 2050 eine Minderheit in Frankreich sein würden. Die massive Einwanderungsinvasion während

---

[334] Alain Minc, *Die Vergeltung der Nationen*, Grasset, 1990, S. 128.

[335] Lesen Sie die unverzichtbare *Encyclopédie politique française* von Emmanuel Ratier.

der letzten fünfundzwanzig Jahre des 20. Jahrhunderts hatte die französische Bevölkerung tatsächlich verändert.

Im November 2005 kam es in den Vororten der Großstädte zu schweren Krawallen, bei denen vier Franzosen ihr Leben verloren und mehr als vierzehntausend Fahrzeuge in Brand gesetzt wurden. Im Gegensatz zu den anderen europäischen Medien, insbesondere zu den russischen, erwähnte das französische Fernsehen nie, dass die Unruhen eindeutig rassistisch motiviert waren. *Le Monde* vom 17. November 2005 zitierte Hélène Carrère d'Encausse, eine auf Russland spezialisierte Historikerin und ständige Sekretärin der Académie française, in einem Interview mit der Wochenzeitung *Les Nouvelles de Moscou*: „Das französische Fernsehen ist so politisch korrekt, dass es zu einem Albtraum geworden ist. Wir haben Gesetze, die sich Stalin hätte ausdenken können. Man kommt ins Gefängnis, wenn man sagt, dass es fünf Juden oder zehn Schwarze im Fernsehen gibt. Die Leute dürfen sich nicht über ethnische Gruppen, den Zweiten Weltkrieg und viele andere Dinge äußern".

Seit 2001 kam es in Frankreich parallel zum Nahostkonflikt zu zahlreichen antisemitischen Vorfällen. Im Jahr 2004 wurde die Reaktion gegen den Einfluss der „Lobby" durch den sehr populären französisch-kamerunischen Komiker Dieudonné verstärkt. Als er im Duo mit Elie Semoun arbeitete, hatte sich Dieudonné zusammen mit vielen anderen kosmopolitischen Künstlern in den Kampf gegen die „extreme Rechte" gestürzt. Doch nachdem er sich über seinen künstlerischen Partner und dessen Anprangerung der „amerikanisch-zionistischen Achse" geärgert hatte, sah sich Dieudonné nicht nur einem Medienboykott, sondern auch dem Druck ausgesetzt, seine Auftritte abzusagen, und musste sogar physische Angriffe auf ihn und sein Publikum hinnehmen, was ihn dazu veranlasste, seinen Diskurs noch mehr zu radikalisieren. Er wurde von allen Medien verunglimpft und aufgefordert, sich zu entschuldigen. Seine neue Sendung, die er einige Monate später aufnahm, trug den ironischen Titel *„Meine Entschuldigung"*. In Wirklichkeit war sie eine glühende Anklage gegen die jüdische Lobby und den Staat Israel. Nachdem Dieudonné seine siebzehn Prozesse gewonnen hatte, verkörperte er, wie er es selbst amüsant formulierte, die „Achse des Bösen allein".

Im März 2005 erklärte der Moderator in einer Radiosendung von Meditérranée FM, an der Dieudonné teilnahm: „Die Juden des Nahen Ostens haben sich weitgehend am Sklavenhandel beteiligt, da viele Händler Juden waren". Daraufhin antwortete der schwarze Komiker:"... Die Wahrheit ist in der Tat, dass das jüdische Volk, das behauptet, immer verfolgt worden zu sein, sich auch an schändlichen Verfolgungen beteiligt hat. Dazu müssen sie sich auch bekennen. Am 10. April 2005 hatte ein anderer Moderator Folgendes gesagt: „Das Judentum, ich habe es bereits gesagt, bleibt eine Religion, die wie ein privater Club ist, man muss fast ein goldenes Visum haben, um Mitglied zu sein... es ist ein Club der Privilegierten, ein Club der Reichen, extrem verschlossen für andere... "

Diese „unerträglichen" Worte konnten nicht ungestraft bleiben. Der CRIF rief daher dazu auf, alle Maßnahmen zu ergreifen, „um die Flut des Antisemitismus im audiovisuellen Bereich und im Radio einzudämmen", und im Oktober 2005 schickte der Hohe Audiovisuelle Rat dem Radiosender eine Unterlassungsaufforderung.

Die „französische" Sängerin Shirel, ein „neuer Star" des Reality-TV, äußerte sich im Oktober 2004 in der Zeitschrift *Tribune juive* zu Dieudonné: „Warum sitzen Dieudonné und so viele andere, die antisemitische Beleidigungen ausstoßen, nicht im Gefängnis? Ich verstehe das nicht. Ich frage mich, ob dieses unerträgliche Klima nicht vielleicht ein Aufruf oder ein Zeichen dafür ist, dass die Zeit für alle Juden Frankreichs gekommen ist, nach Israel zurückzukehren". Diese junge Frau, die eine Zeit lang in Israel gelebt hat, hat die Lehren berühmter Rabbiner verfolgt und die Ursachen des Antisemitismus verstanden: „Rabbi Aviner, bei dem ich in Israel studiert habe, analysiert die Ursachen des Antisemitismus als die Ablehnung des Wortes Abrahams durch andere Völker, der der Welt den Begriff des Gewissens gegeben hat. Es ist unangenehm, den Menschen um uns herum sagen zu müssen, dass das, was sie tun, nicht gerecht, gut und richtig ist. Es ist wahr, dass es sie stört, den Menschen Gerechtigkeit zu erklären, aber das ist auch die Aufgabe des jüdischen Volkes".

Die Repressionen trafen auch Vertreter ethnischer Minderheiten. Kemi Seba, der Führer einer schwarzen Jugendbewegung, prangerte ebenfalls die Verwicklung jüdischer Händler in den Sklavenhandel scharf an. Seine rohe und unverblümte Anprangerung der „zionistischen Lobby" in seinen Vorträgen, die viel deutlicher ausfiel als die der französischen Nationalisten, brachte ihm 2007 zwei Monate Gefängnis ein. Doch seine Entschlossenheit blieb ungebrochen.

Die Verbindungen zwischen der antizionistischen Linken und der nationalen Rechten waren eindeutig. Im Oktober 2005 forderte Jean-Marie Le Pen in einer Pressemitteilung den Rücktritt des Moderators Marc-Olivier Fogiel, gegen den auch die Anhänger von Dieudonné mobil gemacht hatten. Sie hatten sich in der Vereinigung *République sociale zusammengeschlossen und* prangerten Fogiel als „Sprachrohr der Diktatur der politischen Korrektheit im öffentlichen Dienst" an. Die *République sociale* führe einen „republikanischen Kampf gegen die Mediendiktatur" und für „die Rückeroberung des audiovisuellen öffentlichen Dienstes durch die Bürger".

Nach einem Besuch von Dieudonné bei der Jahresfeier des Front National im November 2006 erwiderten Bruno Gollnish und einige andere Parteiführer den Besuch und gingen im darauffolgenden Monat in den Salle Zénith, um seine Show zu beklatschen; trotz des weit verbreiteten Boykotts durch das Medienestablishment kamen 5.000 Menschen. Französische Nationalisten mischten sich überraschenderweise unter die „Vorstadtjugendlichen" afro-maghrebinischer Herkunft.

Am 28. September 2004 wurde auch der antikommunistische republikanische Schriftsteller Alain Soral, der in einer Pariser Buchhandlung Widmungen seiner Bücher signierte, Opfer von jungen jüdischen Aktivisten, die in die Buchhandlung einbrachen, die Schaufenster einschlugen und die Kunden angriffen. Ein Jahr nach den Ereignissen hatte die Polizei noch keine Verhaftungen vorgenommen. In einem informellen und umgangssprachlichen Interview, das einige Tage zuvor im Fernsehen ausgestrahlt wurde, schien Alain Soral „eine rote Linie überschritten zu haben", als er erklärte: „Seit 2500 Jahren werden sie jedes Mal, wenn sie irgendwo einen Fuß hinsetzen, nach fünfzig Jahren belästigt - weil das mehr oder weniger ihre Geschichte ist...". Wenn man „mit einem Franzosen, einem zionistischen Juden, sagt, dass es vielleicht Probleme gibt, die von ihnen kommen, dass sie vielleicht einige Fehler gemacht haben, dass es nicht systematisch die Schuld der anderen ist, wenn niemand sie schlucken kann, dann merkt man, dass der Typ anfängt zu bellen, zu schreien, er wird verrückt. Alle sind im Unrecht, nur sie nicht. Man kann keinen Dialog führen". Schließlich kam Alain Soral zu folgendem Schluss: „Es gibt eine Psychopathologie des Judentums und des Zionismus, die an eine Geisteskrankheit grenzt." Für diese Worte wurde Alain Soral vor Gericht gestellt. Zwei Jahre nach dem Anschlag trat er offiziell der Nationalen Front bei.

In *Operation Shylock* bestätigte der amerikanische Schriftsteller Philip Roth diese Worte jedoch durch eine seiner antisemitischen Figuren, der er die Zunge herausstreckte: „Die antisemitischsten Menschen der Welt sind diejenigen, die mit einem Juden oder einer Jüdin verheiratet waren. Sie sagen alle das Gleiche: Sie sind ein Haufen von Dummköpfen". Er fuhr fort: „Sie geben Milliarden von Dollar für die Bekämpfung des

Antisemitismus aus. Und der Antisemitismus hatte keine andere Wahl, als in den Untergrund zu gehen... Sie sind sich bewusst, dass niemand sie mag. Warum? Warum ist das so? Wegen der Dinge, die sie tun... Wenn man auch nur daran denkt, etwas zu sagen, wird man sofort *antisemitisch*. Wie kann man sich darüber wundern, dass der Antisemitismus in den Untergrund gegangen ist. Was kann man dagegen tun? Denn wie kann man denn *nicht* antisemitisch *sein*? Zum Teufel, sie wurden mit dem Public-Relations-Gen geboren, das ihnen eingepflanzt wurde. Sie werden mit diesem Gen geboren, so aggressiv wie es ist[336]."

In den Vereinigten Staaten ist auch der berühmte australische Schauspieler und Regisseur Mel Gibson wegen einiger seiner Äußerungen in Schwierigkeiten geraten. Ende Juli 2006 wurde er auf einem Highway in Malibu in betrunkenem Zustand verhaftet. Er hatte sich antisemitisch geäußert und behauptet, die Juden seien „für alle Kriege auf der Welt verantwortlich". Es stimmt, dass der Staat Israel zu diesem Zeitpunkt gerade eine zerstörerische Offensive gegen den Libanon gestartet hatte. Der Präsident der sehr einflussreichen amerikanischen Anti-Defamation League, Abraham Foxman, hatte Hollywood sofort aufgefordert, sich von „diesem Antisemiten" zu distanzieren. Trotz seines großen Reichtums musste Mel Gibson nach dem weltweiten Erfolg seines Films über die *Passion Christi in die* Knie gehen. *Le Figaro* vom 2. August 2006 hat seine Worte wiedergegeben: „Es gibt keine Entschuldigung und es sollte keine Toleranz für jeden geben, der etwas Antisemitisches denkt oder äußert. Ich möchte mich bei allen Mitgliedern der jüdischen Gemeinschaft für die gewalttätigen und verletzenden Worte entschuldigen, die ich am Abend meiner Verhaftung zu einem Polizisten gesagt habe. Bitte wissen Sie, dass ich nicht antisemitisch bin. Ich bin nicht bigott. Hass, was auch immer er ist, ist gegen meinen Glauben". Seine Zerknirschung ging sogar noch weiter: „Ich bitte nicht nur um Vergebung. Ich würde gerne mehr tun und mich mit führenden Vertretern der jüdischen Gemeinschaft treffen, um mit ihnen zu sprechen und einen Weg zu finden, den angerichteten Schaden zu beheben. Dieses mea culpa von Gibson schien Abraham Foxman zufrieden zu stellen: „Wir sind froh, dass Mel Gibson endlich die Verantwortung für seine antisemitischen Äußerungen übernimmt, und seine Entschuldigung scheint aufrichtig zu sein. Wenn er seine

---

[336] Philip Roth, *Operación Shylock*, Debolsillo, Editorial Mondadori, 2005 Barcelona, S. 296, 297, 299

Rehabilitation [im Kampf gegen den Alkohol] abgeschlossen hat, sind wir bereit, ihm bei seiner anderen Rehabilitation zu helfen, um die Krankheit der Vorurteile zu bekämpfen."

Wir sehen, dass Edouard Drumont Recht hatte, als er 1886 in *La France juive* schrieb: „Dem Juden wird im Vergleich zum Christen immer das fehlen, was den Reiz der sozialen Beziehungen ausmacht: die Gleichheit. Der Jude - das sollte man sich vor Augen halten - wird niemals einem Menschen christlicher Rasse gleichgestellt sein. Entweder wirft er sich dir zu Füßen oder erdrückt dich unter seiner Ferse; er ist immer oben oder unten, niemals daneben."

Kritik an Israel

Selbst die kosmopolitischsten und konformistischsten Intellektuellen können Opfer von Repressionen werden. Um strafrechtlich verfolgt zu werden, reicht es aus, die repressive Politik des israelischen Staates zu kritisieren. Im Mai 2002 wurde Daniel Mermet, Moderator und Produzent einer Sendung des staatlichen Rundfunks *France Inter*, wegen Aufstachelung zum Rassenhass vor ein Pariser Gericht geladen. Der Grund dafür waren eine Reihe von Äußerungen während einer Reihe von Sendungen, die der Situation in Israel gewidmet waren. Daniel Mermet wurde vorgeworfen, dass er es den Zuhörern billigend in Kauf genommen hatte, sich per Voicemail zu äußern, gemäß der „unantastbaren Regel" des Programms, Nachrichten vollständig zu senden. Von den 35 Nachrichten, die in dieser Woche ausgestrahlt wurden, wurden sieben als hasserfüllt und rassistisch eingestuft, was für die Verantwortlichen der jüdischen Gemeinde Frankreichs völlig unerträglich war. Zum Beispiel diese Reaktion eines Hörers über den Staat Israel: „Was ist das für eine tödliche Macht, die sich Kindermorde und Verstümmelungen leistet, die das Unerträgliche Tag für Tag mit krimineller Frechheit rechtfertigt und die die schändliche Arroganz besitzt, uns als Rassisten zu behandeln, wenn wir es wagen, zaghaft gegen dieses unwürdige Verhalten zu protestieren?"

Das war zu viel, und der erwähnte Mermer wurde von der Union Jüdischer Studenten Frankreichs (UEJF), der Vereinigung der Anwälte ohne Grenzen und der LICRA angezeigt. Zu den Zeugen der Kläger in diesem Prozess gehörte auch die Medienpersönlichkeit Alain Finkielkraut. Der Philosoph schrieb am 1. Juni 2002 in *Le Monde*: „95% der französischen Juden sind Zionisten, in dem Sinne, dass sie eine Schicksalsverbundenheit mit Israel haben. Diesen Staat als faschistisch oder nazistisch zu verbannen, bedeutet, unter dem Deckmantel des

Antirassismus all diejenigen auszuschließen, die ihn als Juden unterstützen". Dies ist jedoch nicht die Ansicht von Rony Brauman, ehemaliger Präsident von Ärzte ohne Grenzen, der von der Verteidigung zitiert wird und für den der Zionismus „sowohl eine nationale Befreiungsbewegung als auch eine koloniale Bewegung ist". In diesem Sinne, fügte er hinzu, enthält er einen Teil des Rassismus".

Daniel Mermet wurde schließlich freigelassen. In einem Interview mit der kommunistischen Tageszeitung *l'Humanité* vom 10. September 2002 (veröffentlicht auf deren Website) erklärte er seine Version: „Der erlittene Schaden geht weit über ein günstiges Rechtsgutachten hinaus. Wenn man verleumdet, bleibt immer etwas übrig. Meine Berufsehre wurde in Frage gestellt. Ich wurde als Antisemit bezeichnet, und das nicht ohne Grund. Für mich kommt diese Anschuldigung einem moralischen Attentat gleich". Daniel Mermet versicherte, dass er bei der Fête de *l'Humanité anwesend* sein werde, um über diese Ungerechtigkeit zu sprechen: „Die Verwechslung zwischen dem Staat Israel, dem jüdischen Volk und dem Zionismus muss angeprangert werden. Sie ist zu einer Waffe der Einschüchterung gegen den gesamten Berufsstand geworden".

Auch der Planetensoziologe Edgar Morin wurde wegen eines am 4. Juni 2002 in *Le Monde* veröffentlichten Artikels mit dem Titel „Israel-Palästina: das Krebsgeschwür" vor Gericht gestellt. In diesem Artikel schrieb Edgar Morin: „Es ist schwer vorstellbar, dass ein Volk von Flüchtlingen, das aus dem am stärksten verfolgten Volk in der Geschichte der Menschheit hervorgegangen ist, das die schlimmsten Demütigungen und die schlimmste Verachtung erlitten hat, in der Lage ist, sich innerhalb von zwei Generationen in ein 'dominantes und selbstbewusstes Volk' zu verwandeln und, abgesehen von einer bewundernswerten Minderheit, in ein verächtliches Volk, das sich damit zufrieden gibt, andere zu demütigen". Edgar Morin fuhr fort: „Die Juden Israels, Nachkommen der Opfer des Apartheid-Ghettos, ghettoisieren ihrerseits die Palästinenser. Die Juden, die gedemütigt, verachtet und verfolgt wurden, demütigen, verachten und verfolgen die Palästinenser. Die Juden, die Opfer einer rücksichtslosen Ordnung waren, zwingen den Palästinensern ihre rücksichtslose Ordnung auf. Die jüdischen Opfer der Unmenschlichkeit zeigen eine schreckliche Unmenschlichkeit. Die Juden, Sündenböcke für alle Übel, machen nun Arafat und die Palästinensische Autonomiebehörde zu Sündenböcken, indem sie sie für Anschläge verantwortlich machen, die sie nicht verhindern können."

Für Edgar Morin sind die in Israel lebenden Juden offenbar von ganz anderer Natur als die Juden in der Diaspora. Die regulären Beschwerdeführer urteilten jedoch, dass er sich der „Verallgemeinerung" schuldig gemacht habe: Durch die Anspielung „auf eine ganze Nation oder fast eine ganze religiöse Gruppe" habe er den Straftatbestand der rassistischen Diffamierung erfüllt. *Le Monde* vom 30. März 2004 berichtete, dass der Soziologe in diesem Fall von hundert französischen und ausländischen Intellektuellen unterstützt wurde, die ebenfalls die israelische Politik von Ariel Sharon kritisierten. In ihrer Unterstützungserklärung für Edgar Morin heißt es: „Die Ankläger von Morin glauben, den Staat Israel zu verteidigen. In Wirklichkeit laufen sie Gefahr, den Antisemitismus wiederzubeleben, wenn sie die gegenwärtige Politik der israelischen Regierung vollständig mit dem Staat Israel und dem jüdischen Volk identifizieren".

Die Klage der jüdischen Verbände wurde schließlich abgewiesen, aber es war klar, dass auch jüdische Intellektuelle nicht von Gerichtsverfahren verschont blieben. Edgar Morin, ein Jude sephardischer Abstammung mit dem Nachnamen Nahoum, ein Verfechter einer Welt ohne Grenzen, äußerte sich in *Le Monde* vom 23. Juli 2005: „Das Judentum ist kein einheitlicher Block, und es auf eine religiöse oder nationalistische Partei zu reduzieren, bedeutet nicht nur, es zu verstümmeln, sondern auch, seinen universellen Beitrag zu leugnen. Schließlich wurde Spinoza selbst aus der Synagoge ausgeschlossen, und sein Licht scheint noch auf uns, wenn seine Verfolger schon vergessen sind".

Letztlich geht es um Streitigkeiten zwischen jüdischen Intellektuellen, die über ihre Interpretation des jüdischen Universalismus und Messianismus streiten. Die einen halten den Staat Israel für kriminell, die anderen nicht. Die einen halten ihn für notwendig, die anderen für nicht notwendig.

Der Geopolitiker Pascal Boniface, Direktor des renommierten Instituts für internationale und strategische Beziehungen (IRIS), hatte ebenfalls einige Auseinandersetzungen mit der zionistischen Lobby in Frankreich, nachdem er 2003 ein Buch mit dem Titel Darf *man Israel kritisieren?* veröffentlicht hatte, in dem er die Agenten und die politischen Medienkorrespondenten der pro-israelischen Lobby untersucht hatte. In einem Interview für *Le Quotidien d'Oran* vom 1. Oktober 2003 erklärte er, dass sieben Verlage die Veröffentlichung seines Buches abgelehnt hatten: „Ich denke, dass jeder, der das Buch gelesen hat, sehen konnte, dass man mich nicht des Rassismus bezichtigen kann. In Frankreich gibt es Gesetze, die vor rassistischen Äußerungen schützen. Daraus schließe ich, dass das Thema so heikel ist, dass die Verleger Angst haben, sich zu engagieren, was viel über das Ausmaß des Drucks aussagt. Ich kann mir das nur vorstellen, denn ich habe keine Erklärung dafür. Und doch habe ich etwa zwanzig Bücher einzeln und ebenso viele gemeinsam veröffentlicht: Ich hatte noch nie derartige Schwierigkeiten... Wenn man die israelische Regierung kritisiert, nicht als Staat und seine Existenz, sondern das politische Handeln der israelischen Regierung, wird man von den pro-israelischen Ultras schnell als antisemitisch abgestempelt. Dieser Vorwurf des Antisemitismus ist natürlich schwer zu ertragen... Zusätzlich zu diesem Vorwurf gibt es noch andere Drohungen. Infolge meiner Schriften über den Nahen Osten wurde Druck auf die Mitglieder des IRIS-Vorstands ausgeübt, zurückzutreten oder mich aus meiner verantwortlichen Position zu entfernen. Im Gegenzug wurde Druck auf unsere Partner ausgeübt, nicht mehr mit uns zusammenzuarbeiten". Pascal Boniface schloss: „Als Leser stelle ich fest, dass es in Frankreich viel einfacher ist, Araber und Muslime zu kritisieren. Ein Beispiel: Wenn ein arabischer religiöser Würdenträger Probleme hat oder angegriffen wird, reagiert kaum jemand. Als hingegen Rabbi Farhi unter nicht ganz geklärten Umständen erstochen wurde, eilten vier ehemalige Premierminister an sein Krankenbett[337]. Es ist normal, dass sich die politische Klasse solidarisch zeigt, wenn es zu einem antisemitischen Übergriff kommt, aber dasselbe sollte man auch tun, wenn es zu einem antiarabischen Übergriff kommt... „Und Pascal Boniface hätte hinzufügen können:"...und es wäre noch normaler, die einheimischen Franzosen zu verteidigen, wenn sie von dem einen oder anderen in ihrem eigenen Land angegriffen werden". Aber das wäre zu viel von ihm verlangt worden.

Im April 2001, zwei Jahre vor seinem Austritt aus der Sozialistischen Partei, hatte Pascal Boniface den Spitzenfunktionären der Partei, François Hollande und Henri Nallet, einen internen Bericht über die Ereignisse im Nahen Osten zukommen lassen, in dem er auf die israelische Politik von Ariel Sharon und die Bedeutung der pro-palästinensischen Wählerschaft in Frankreich hinwies: „Stellen Sie sich vor: Nach einem Krieg besetzt ein Land Gebiete entgegen den internationalen Gesetzen. Vierunddreißig Jahre später dauert diese Besetzung trotz der Verurteilung durch die internationale Gemeinschaft

---

[337] Die Untersuchung ergab, dass Rabbi Farhi sich selbst erstochen hatte. Vgl. *Les Espérances planétariennes*, S. 376.

an. Die Menschen, die in diesen besetzten Gebieten leben, sehen sich übermäßigen Verpflichtungen, Notstandsgesetzen und der Verweigerung ihres Rechts auf Selbstbestimmung ausgesetzt. Die Zerstörung von Häusern, die Konfiszierung von Land, Inhaftierungen ohne Gerichtsverfahren, tägliche Demütigungen und bis vor kurzem legalisierte Folter unter dem Namen „mäßiger physischer Druck" sind gängige Praxis. Diese Bevölkerung rebelliert und fordert die Gründung eines unabhängigen Staates in den besetzten Gebieten, wie er von den Vereinten Nationen festgelegt wurde. Damit beginnt ein Kreislauf von Gewalt und Unterdrückung, in dem die Streitkräfte der Invasionsmacht regelmäßig auf Demonstranten schießen und diese töten und tödliche Angriffe auf die Bevölkerung der Invasionsmacht verüben. In jeder solchen Situation würde ein Humanist, und erst recht ein Linker, die Invasionsmacht verurteilen. Stellen Sie sich ein Land vor, in dem der Premierminister direkt mit dem Massaker an Zivilisten, hauptsächlich Frauen und Kindern, in unbewaffneten Flüchtlingslagern in Verbindung gebracht wird. Ein Land, in dem der Vorsitzende der dritten politischen Partei, die an der Macht ist, Angehörige einer der wichtigsten nationalen Gemeinschaften des Landes als „Schlangen", schlimmer noch, als „Vipern" bezeichnet und vorschlägt, diese Schurken und Diebe zu vernichten, indem man sie mit Superraketen erschießt. Ein Land, in dem bewaffnete Extremisten ungestraft Pogrome gegen unbewaffnete Zivilisten veranstalten können. Das wäre eine unannehmbare Situation. Aber das ist die Situation, die im Nahen Osten toleriert wird.

Pascal Boniface war schockiert über die Behandlung derjenigen, die es wagten, Kritik zu äußern: „Alle, die sich gegen die Politik der israelischen Regierung stellen, werden verdächtigt, den Holocaust nicht zu verurteilen oder antisemitisch zu sein... Der intellektuelle Terrorismus, der darin besteht, diejenigen des Antisemitismus zu beschuldigen, die die Politik der Regierungen Israels (und nicht des Staates Israel) nicht akzeptieren, mag kurzfristig wirksam sein, aber mittelfristig ist er katastrophal... Zum Glück,

Einige Intellektuelle jüdischer Herkunft wie Rony Brauman und Pierre Vidal Naquet haben sich öffentlich von der israelischen Unterdrückung distanziert, um der Gefahr zu entgehen, alle in einen Topf zu werfen[338]."

---

[338] Pascal Boniface, *Est-il permis de critiquer Israël*, Robert Laffont, 2003, S. 233-238. Pascal Boniface wurde später von der Führung der Sozialistischen Partei ins Abseits gestellt.

Auch Alain Menargues, der Informationsdirektor von *Radio-France International* (RFI, 400 Journalisten in Paris, 300 Korrespondenten in aller Welt), hatte nach der Veröffentlichung seines Buches mit dem Titel *Sharons Mauer* im Jahr 2004 unter denselben Problemen zu leiden. Darin prangerte er die Diskriminierungen, auf denen der jüdische Staat beruht, und den Bau einer Sicherheitsmauer an der Grenze zu den palästinensischen Gebieten an. Nach einer lautstarken Pressekampagne wurde er schließlich entlassen. Nach seinem erzwungenen Ausscheiden aus dem RFI schien Alain Ménargues nicht von seinem Fehler überzeugt zu sein, wie die jüdische Monatszeitschrift *L'Arche* im Mai 2005 berichtete: „Weit davon entfernt, seine antisemitischen Schriften ehrlich wiedergutzumachen, brüstet er sich damit und entwickelt darüber hinaus eine Verschwörungstheorie, der zufolge sein Unglück von der berühmten Lobby kommt, deren Name nicht genannt werden darf". Diese Ménargues hatte eine unglaubliche Frechheit! *L'Arche* fuhr fort: „Man hätte meinen können, dass solche Entgleisungen den Autor für alle Bürger, die sich mit Demokratie und Antirassismus identifizieren, zu einer Persona non grata machen würden. Wir waren nicht überrascht, als wir entdeckten, dass sein Buch, eine Sammlung mittelalterlicher antijüdischer Phantasien und Texte, die von neonazistischen und negationistischen Autoren abgeschrieben wurden, in den „Friends of the *Monde diplomatique*" eine überraschende Publizität genießt". Es sei daher „dringend notwendig, beim Vorstand von *Monde diplomatique zu* intervenieren, um diesen Skandal zu stoppen".

Die These von Alain Menargues war in der Tat unhaltbar: Für ihn wurde die „Scharon-Mauer" nicht gebaut, um die Israelis vor dem Terrorismus zu schützen, sondern um eine Trennung zwischen dem „Reinen" und dem „Unreinen" vorzunehmen: „Diese Trennung zwischen dem Reinen und dem Unreinen ist ein eindeutiges Gebot im Levitikus (dem dritten Buch der fünf Bücher der Tora)". Zu den 613 Geboten, die das tägliche Leben der Juden regeln, schreibt Menargues: „Diese Gebote sollen das „Volk Gottes zu einem anderen Volk" machen als die Menschen um sie herum: „Du sollst nicht tun, was im Land Ägypten getan wird, wo du gewohnt hast, noch sollst du tun, was im Land Kanaan getan wird, wohin ich dich führe; du sollst nicht ihren Sitten folgen... Denn alle diese Gräuel haben die Menschen in jenen Ländern begangen, die vor euch dort gewohnt haben, und das Land ist verunreinigt" (Levitikus 18, 3 und 27)" Es ist klar, dass Alain Menargues einen wahnsinnigen Antisemitismus an den Tag legte, wie die Zeitung *L'Arche feststellte*: „Was Sie soeben gelesen haben, ist weder ein Auszug aus Drumonts *Jüdischem Frankreich*, noch aus Streichers *Stürner*, sondern aus dem

Organ der Freunde der *Monde diplomatique*. In dieser Passage beruht der antijüdische Hass auf völliger Unkenntnis". *L'Arche* prangerte die „antisemitischen Phantasien von Herrn Menargues über „das Reine und das Unreine" im Judentum" und den Mythos der „jüdischen Verschwörung" aufs Schärfste an, den er zu nähren scheine, indem er von „einflussreichen Agenten" spreche, die eine verleumderische Pressekampagne organisiert hätten. „Vielleicht wäre Herr Menargues so freundlich, seinen Zuhörern die Liste der negationistischen und neonazistischen Texte zu geben, die er für sein Buch verwendet hat?

Lassen Sie Alain Menargues sich selbst erklären. In einem langen Interview mit Silvia Cattori auf der Website nord-palestine.org im November 2004 drückte der ehemalige Direktor von *Radio-France internationale* sein Erstaunen aus: „Ich bin seit dreißig Jahren in diesem Beruf. Keiner meiner Kollegen hätte vor diesen Angriffen auf mich gedacht, dass ich eines Tages als Rassist oder Antisemit bezeichnet werden würde... Ich bin sehr irritiert darüber, wie eine grundlegende Freiheit in Frankreich verschwindet... Ich kann mir nicht vorstellen, dass es in meinem Land einen intellektuellen Terrorismus gibt, der die Menschen knebelt, um sie zu vernichten". Auf die Frage: „Warum sagen nicht mehr Journalisten, wie es ist?", antwortete Menargues: „Weil einige Leute über die Runden kommen müssen. Es gibt viele Journalisten, die die gleiche Meinung wie ich haben. Aber sie sind nicht frei. Die Pressechefs haben Angst, Abonnenten und Werbeeinnahmen zu verlieren".

Seine Schlussfolgerung lautete: „Indem man alle beschuldigt, wird das Wort Antisemit verharmlost. Diese Exzesse werden sich schließlich gegen den Staat Israel und leider auch gegen die jüdischen Bürger richten, die all diese Missstände hinnehmen. Nach all dem, was ich erlitten habe, habe ich Tausende von E-Mails erhalten, in denen ich mein Mitgefühl, aber auch meine Verzweiflung zum Ausdruck brachte. Die Intoleranz der einen birgt die Gefahr, den Hass der anderen zu schüren". Menargues erwähnte auch die Manipulationen im Fall des erstochenen Rabbiners und des Brandes einer Synagoge: „Wenn alle Journalisten ihre Arbeit wirklich ehrlich machen würden, könnten wir die Flut von Lügen über alles, was die arabische Welt betrifft, stoppen". Wie Pascal Boniface hätte er an seine Landsleute denken können, aber das wäre eine „rechtsradikale" Haltung gewesen.

Die monatlich erscheinende Gemeinschaftszeitschrift *L'Arche* zeigte sich im Mai 2005 alarmiert über die Umgestaltung der politischen Landschaft. In der Tat hatte Alain Menargues „seine antijüdischen Tiraden in mehreren öffentlichen Interventionen wiederholt -

angefangen beim rechtsextremen Radiosender *Radio Courtoisie"*. Dieses Abdriften war daher für die Gemeinschaft sehr besorgniserregend, zumal „seine „antizionistischen" Thesen in verschiedenen linksextremen Kreisen aufgegriffen worden waren". Diese Konvergenz zwischen den beiden Extremen weckte in der jüdischen Gemeinde offensichtlich schlechte Erinnerungen.

Die Diktatur, die sich in Frankreich nach und nach über die Welt der Literatur und die französische Kultur insgesamt gelegt hat, hat das Recht auf freie Meinungsäußerung stark eingeschränkt. Im November 2005 wurde der französische Verleger von Israel Shamirs Buch *Das andere Gesicht Israels* zu drei Monaten Haft mit Bewährung und einer Geldstrafe von 10.000 Euro verurteilt. Außerdem musste er 12.000 Euro Schadenersatz und 1.500 Euro Prozesskosten an die Internationale Liga gegen Rassismus und Antisemitismus (Licra) zahlen. Der Verleger hatte 30 Tage Zeit, um das Buch aus dem Verkauf zu nehmen, unter Androhung einer Geldstrafe von 100 Euro für jedes Exemplar, das nach Ablauf der Frist noch vorhanden war. Das Gericht begründete sein Urteil damit, dass das Buch „die Juden" als „Beherrscher der Welt" darstelle, und zwar im Zusammenhang mit einem „dritten Weltkrieg", der derzeit im Gange sei, so der Autor. Dies war jedoch nur eine Facette des Buches, das sich ausführlich mit der Palästinenserfrage befasste.

Im Jahr 2003 schickte Herr Schoemann Drohbriefe mit Gewehrkugeln an etwa fünfzehn Persönlichkeiten, die für ihre Nähe zur palästinensischen Sache bekannt waren. „Der nächste kommt nicht mit der Post", schrieb er an jeden der Empfänger. Der 65-Jährige gab an, im Alter von zwei Jahren abgeschoben worden zu sein, und behauptete während der Anhörung, die Bürgerpartei bestehe aus „Antisemiten". Im Februar 2007 wurde Schoemann in der Berufung zu einer Geldstrafe von 500 Euro für jeden der Beschwerdeführer verurteilt. „Wenn man Bretone, Korse oder Moslem ist, kommt man ins Gefängnis", empörte sich einer der Anwälte über dieses lasche Urteil.

Der Druck, der auf jeden ausgeübt wurde, der es wagte, Kritik zu üben, und die daraus resultierenden Repressalien waren in Frankreich kein neues Phänomen und konnten sogar gegen die höchsten Würdenträger des Staates angewandt werden. Der Journalist François Brigneau erinnerte in der Tageszeitung *National Hebdo* vom 31. Oktober 1996 an die Schwierigkeiten, die General de Gaulle nach seinen Worten im Anschluss an den Sechstagekrieg 1967 hatte:

„General de Gaulle pflegte eine besondere Freundschaft mit dem hebräischen Staat. Sein Trinkspruch wird oft zitiert: „Israel, unser Freund, unser Verbündeter... ", mit lebhafter Stimme ausgesprochen." Am 2. Juni 1967 beschloss de Gaulle jedoch einen vollständigen und sofortigen Stopp der Waffenlieferungen in den Nahen Osten. Am 5. Juni griff die israelische Armee an allen Fronten an. Der Sechstagekrieg begann mit der Zerschlagung der ägyptischen Luftwaffe auf der Startbahn: „Überall besetzten die siegreichen Soldaten des Friedens (Shalom! Shalom!) die Sinai-Halbinsel, den Golan und das Westjordanland. Das Embargo - das nicht eingehalten wurde und auch nie eingehalten werden würde - hat sie nicht im Geringsten gestört. De Gaulle hielt jedoch daran fest, verurteilte Israel und weigerte sich, „die durch die Militäraktion herbeigeführten Veränderungen vor Ort als gegeben hinzunehmen". Am 27. November wagte es de Gaulle auf einer bis heute berühmten Pressekonferenz, von einem „kriegerischen, zur Vergrößerung entschlossenen Staat Israel" und von einem „selbstbewussten und herrschsüchtigen Volk" zu sprechen. Sofort ertönten von allen Seiten die Schofare", schrieb François Brigneau. Oberrabbiner Kaplan warf General de Gaulle vor, „einen Freibrief für Diskriminierungskampagnen" ausgestellt zu haben. Raymond Aron, der als überlegener und gemäßigter Geist galt, schrieb: „General de Gaulle hat freiwillig eine neue Periode in der jüdischen Geschichte eröffnet, vielleicht sogar im Antisemitismus". Sechs Monate später, im Mai 1968, entwickelte sich ein Studentenaufstand, der von meist jüdischen Rädelsführern angeführt und von allen Radiosendern organisiert wurde, zu einer Revolte und erschütterte die Macht von de Gaulle. Elf Monate später brach das Regime in der Nacht des verlorenen Referendums zusammen".

Das Referendum vom April 1969 über die Regionalisierung hatte zum Rücktritt des Generals geführt. In seinem Buch präsentiert François Brigneau Aussagen aus dem Buch *De Gaulle, die Gaullisten und Israel* von Samy Cohen (Alain Moreau, 1974, S.209). „Ein Buch, das den Zionisten nicht feindlich gesinnt ist", betont Brigneau. Sechs Monate nach dem Referendum sagt François Mauriac: „Ich habe einige Monate vor dem Referendum gesehen, wie die Politik von de Gaulle gegenüber Jerusalem einige Leute in den Wahnsinn getrieben hat. Und das waren keine mittellosen Personen". Im *Libre Journal* de *Radio Courtoisie* vom 19. Dezember 2003 berichtete Brigneau erneut: „Sechs Monate später enthüllte François Mauriac im *Figaro littéraire*, „was niemand zu sagen wagte, aus Angst, als Antisemit beschuldigt zu werden". Einer der Gründe für den Sieg des „Nein" beim Referendum war die Politik des Generals gegenüber Israel. Ich bedaure, dass ich einige Briefe von jüdischen Freunden, glühenden Gaullisten, nicht aufbewahrt habe, in denen sie plötzlich zu unerbittlichen Gegnern wurden" (24. November 1969)".

Das Buch von Samy Cohen enthält weitere Zeugenaussagen, wie die des Botschafters Leon Noel, der die „Israelis Frankreichs" anprangerte: „Während des schicksalhaften Referendums im April 1969 wog ihre Opposition so schwer, dass es keine Übertreibung ist zu sagen, dass sie weitgehend für das Ergebnis verantwortlich waren". Edmont Michelet, ehemaliger Deportierter, Justiz- und Staatsminister, bestätigt dies: „Diejenigen, die die Mehrheit bestimmt haben, sind die Hunderttausende von Juden... Sie haben einen großen Teil der Medien in ihrer Hand".

Die westliche Politik gegenüber Israel schien also lange Zeit von einflussreichen Juden bestimmt worden zu sein, sowohl in den Vereinigten Staaten als auch in Europa. In der Sendung *Libre Journal* vom 5. September 2006 präsentierte François Brigneau die Aussage von Forrestal, dem letzten Marineminister von Roosevelt und Verteidigungsminister von Präsident Truman. Am 29. November 1947 stimmten die Vereinten Nationen für die Gründung eines jüdischen Staates. Bezüglich der Teilung Palästinas schrieb Forrestal in sein *Tagebuch:* „26. Juli 1946: Die Juden haben eine sehr energische Propaganda entfesselt, um den Präsidenten [Truman] zu zwingen. Am 3. Dezember 1947 schrieb er: „Es ist höchst bedauerlich, dass die Außenpolitik unseres Landes durch den Beitrag einer Gruppe von Privatinteressen innerhalb der Partei bestimmt werden kann." (S.225) François Brigneau fuhr fort: „Einige Wochen später wurde eine Presse- und Radiokampagne gegen Forrestal gestartet, ähnlich derjenigen, die einst Ford zur Reue und Lindbergh zur Ächtung zwang. Man warf ihm ungesunden Antikommunismus und Antisemitismus vor. Das sind Worte, die töten. Ein Jahr später akzeptierte Präsident Truman seinen Rücktritt. Am 23. Mai 1949 stürzte sich Forrestal aus dem 16. Stock des Bethesda Maritime Hospital in Maryland, wo er wegen psychischer Störungen behandelt wurde. Sein Tagebuch wurde 1952 veröffentlicht.

Siebzehn Jahre vor Edouard Drumond und seinem *jüdischen Frankreich* hatte Roger Gougenot des Mousseaux 1869 ein Buch zum selben Thema veröffentlicht. Obwohl er nicht den gleichen Stil wie sein Nachfolger hatte, sind einige seiner Überlegungen auch heute noch von seltsamer Aktualität. In *Die Juden, das Judentum und die Judaisierung der christlichen Völker* schreibt er in seiner Einleitung: „Eine sonderbare Kühnheit, ja, die Kühnheit des Juden, der... seine Hand nicht nur gegen die Freiheit der Presse, sondern gegen die Freiheit der

Geschichte selbst erhebt, sobald er die Punkte fühlt, die ihn verletzen". Und weiter:"... Wer würde ihn nicht für ein unschuldiges Opfer halten? Er klagt, weint, seufzt, klagt, mischt Schmerzensschreie mit Wutschreien; er füllt, betäubt die Welt mit Anklagen... seine Bitten verdoppelt er mit der Unverschämtheit seiner Drohungen; er bittet seine Landsleute draußen um Hilfe; er fordert unter Berufung auf das, was er sein Recht nennt, die Intervention fremder Völker... er behandelt diese Fürsten, als ob er eine andere Macht wäre; er spricht zu ihnen in einem Ton der Überlegenheit, an deren Gehorsam er zweifelt; er wagt es, angesichts des liberalen Europas, ihnen mit seinem Einfluss auf die Presse- und Redefreiheit zu drohen „"[339]

Lügen und Verleumdungen

Die Beleidigungen, die „einige" jüdische Intellektuelle denen entgegenschleudern, die sie nicht mögen, können von Lügen und Verleumdungen begleitet sein. Hier ein Text des „Philosophen" Bernard-Henri Levy, der zwischen den beiden Runden der Kommunalwahlen 1995 verfasst wurde, um die Wähler der Stadt Vitrolles vor dem Kandidaten der „extremen Rechten" zu warnen. Bernard-Henri Levy hat den „*Appel de Vitrolles*" 2004 in seinem Buch „*Récidives*" neu aufgelegt: „Sollte Herr Megret gewinnen, würden sich die Banden und Privatmilizen ausbreiten. Gewehre und abgesägte Gewehre würden aus den Kellern kommen? Die jungen Leute von Vitrolles, von denen die meisten angewidert sind, würden beschließen, wegzugehen und sich ein eigenes Leben aufzubauen und die Stadt den Narren zu überlassen, die beschlossen haben, sie diesen Barbaren zu überlassen. Vitrolles würde eine verfluchte Stadt sein...". Bernard-Henri Levy beschrieb das Programm von Herrn Megret wie folgt: „Ein ultraliberales Programm. Das heißt im Klartext: ein schreckliches Programm für die Schwachen; rücksichtslos gegenüber den Ausgegrenzten; ein Programm, in dem nur die Starken respektiert werden und in dem es, wie in allen faschistischen Programmen, darum geht, die Bescheidenen, die Krüppel, die Kleinen zu vernichten. Herr Mégret kümmert sich nicht um die Bescheidenen. Herr Mégret

---

[339] Roger Gougenot des Mousseaux, *Die Juden, das Judentum und die Judaisierung der christlichen Völker*. Pdf-Version. Übersetzt ins Englische von Professor Noemí Coronel und der unschätzbaren Mitarbeit des Teams Katholischer Nationalismus. Argentinien, 2013. S. XXXIII, XXXIV, und S. 470.

verachtet die Ausgegrenzten... Ich weiß, dass es in Vitrolles Männer und Frauen gibt, die einen Teil ihres Herzens auf der anderen Seite des Mittelmeers haben, in jenem Algerien, in dem sie aufgewachsen sind und das Tag für Tag vom gesichtslosen Terrorismus der Islamisten in Trauer gehüllt wird. Nun, ich möchte, dass sie wissen, dass Herr Mégret zu denen gehört, die diesen Terror gutheißen? Ich möchte, dass Sie wissen, dass die Freunde von Herrn Mégret Komplizen der Mörder sind, die Algerien zu einem Land des Ruins und des Leids machen. Herr Megret ist das Verbrechen. Herr Megret ist der Krieg. Herr Megret ist nicht der Erbe derer, die Frankreich geschaffen haben, sondern derer, die im Laufe der Jahrhunderte nicht aufgehört haben, es wieder zu zerstören... Sie sind die Feinde Frankreichs. Und deshalb müssen wir sie unaufhörlich an ihre Unwürdigkeit erinnern[340]." Offensichtlich hat sich nach der Wahl von Bruno Megret zum Bürgermeister dieser südfranzösischen Gemeinde nichts von alledem geändert. Bernard-Henri Levy scheute jedenfalls nicht davor zurück, sich durch die Wiederveröffentlichung seines Artikels lächerlich zu machen.

Auch der „französische" Schriftsteller Albert Cohen erwähnte in einem seiner Romane mit dem Titel *Nussknacker* diese Neigung „einiger" Juden zur Lüge und Verleumdung. Darin beschreibt er das Leben der Juden von Kefalonia, einer jener griechischen Inseln, von denen er selbst stammt. Der Roman ist komisch und burlesk, doch hinter den groben Zügen verbergen sich entscheidende Wahrheiten. Der *Nagelfresser* ist eine grausame und farbenfrohe Figur: „Der Nagelfresser stand vollständig bekleidet aus dem Bett auf und führte unsichere Waschungen durch, während er den Ewigen segnete,... Er murmelte hastig sein Gebet, dankte Gott, dass Er ihn zum Mann und nicht zur Frau gemacht hatte, (und) bat Ihn, seine Sünden auf das himmlische Konto seiner Feinde zu übertragen... Zu seiner Tätigkeit als synagogaler Hühnerschlächter, als Rechtsberater, als falscher Zeuge von Unfällen, als falscher Gläubiger bankrotter Kaufleute und Pisaouvas... kam der lukrative Beruf des Nichtverleumders von Prominenten hinzu. Seine Klientel der Nichtverleumder war nicht groß, aber sie war erlesen[341]." Mit anderen Worten, er verpflichtete sich gegen bares Geld, eine Zeit lang nicht schlecht über bedeutende Juden und ihre Familien zu sprechen.

---

[340] Bernard-Henri Levy, *Récidives*, Grasset, 2004, S. 477, 478.

[341] Albert Cohen, *Comeclavos*, Anagrama, 1989, Barcelona, S. 38.

Die gleiche pathologische Bösartigkeit finden wir in Philip Roths Roman *Operation Shylock*, der 1993 veröffentlicht wurde: „Warum behandeln wir Juden uns gegenseitig mit so wenig Respekt? Warum verlieren wir Juden, wenn wir unter uns sind, die Höflichkeit, die in jedem Zusammenleben normal ist? Warum müssen wir jede Beleidigung aufbauschen, warum muss es bei jeder Provokation einen Streit geben? Die fehlende Liebe der Juden zu ihren jüdischen Mitbürgern… die Feindseligkeit, der Spott, der pure und einfache Hass eines Juden auf den anderen? Warum gibt es so viel Spaltung unter den Juden… Wer hat den Juden in den Kopf gesetzt, dass man immer reden muss, wenn nicht schreien oder Witze auf Kosten anderer machen oder einen ganzen Nachmittag lang am Telefon die Fehler des besten Freundes zerpflücken?[342]„

Der große russische Schriftsteller Aleksandr Solschenizyn erwähnte ebenfalls diese Tendenz, die in der jüdischen Gemeinschaft weit verbreitet zu sein scheint. Wir haben zu Beginn dieses Buches gesehen, wie der russische Staatsmann Derjavine die Ursachen der Hungersnot in Weißrussland zu Beginn des 19. Jahrhunderts untersucht hat. Derjavine kam zu dem Schluss, dass die Rolle der jüdischen Alkoholbrenner und -händler schreckliche Folgen hatte, was ihn dazu veranlasste, die Schließung einiger Brennereien anzuordnen, wie z. B. der Brennerei im Dorf Liozno. Nachdem er dem Zaren 1801 seinen Bericht vorgelegt hatte, wurde Derjavine auf üble Weise verleumdet. Eine Jüdin aus Liozno hatte ihn angezeigt und ihn beschuldigt, sie in einer Brennerei vergewaltigt zu haben, woraufhin sie behauptete, ein totgeborenes Kind zur Welt gebracht zu haben. Der Senat ordnete eine Untersuchung an, und Derjavine antwortete: „Ich war kaum eine Viertelstunde in dieser Brennerei; ich habe nicht nur keine Jüdin verprügelt, sondern auch mit eigenen Augen keine einzige gesehen. Er bemühte sich, vom Kaiser empfangen zu werden: „Sie sollen mich in eine Festung sperren", erklärte er, bevor er den Zaren anflehte. „Wie kann man einer so absurden, so weit hergeholten Denunziation trauen[343]?" Der Jude, der diese verleumderische Denunziation im Namen der Frau verfasst hatte, wurde schließlich zu einem Jahr Gefängnis verurteilt.

---

[342] Philip Roth, *Operación Shylock*, Debolsillo, Editorial Mondadori, 2005 Barcelona, S. 384, 385

[343] Alexandre Soljénitsyne, *Deux Siècles ensemble, Tome I*, Fayard, 2002, S. 62.

Weniger bekannt als Bernard-Henri Levy, brachte der Intellektuelle Albert Caraco diese unglücklichen Neigungen ausdrücklich zum Ausdruck. Der Sohn eines levantinischen Finanzmaklers wurde 1919 in Konstantinopel geboren und verbrachte seine Kindheit in Berlin, bevor er mit seinen Eltern angesichts der Bedrohung durch die Nazis nach Südamerika floh. Nach der Zerstörung Deutschlands kehrte er nach Europa zurück und veröffentlichte rund 20 Bücher, darunter die 1957 erschienene *Apologie für Israel*, in der er mit Respekt vor seinen Mitmenschen unverblümt erklärt: „Die Geister betrügen, verleumden, lügen, im Vertrauen auf ihren guten Glauben... Sie haben eine weiße Seele, damit sie dunkler sein können und niemals an ihrer Bosheit sterben[344] „ In *Acht Essays über das Böse*, veröffentlicht 1963, schrieb er: „Man kann lügen, vorausgesetzt, man lügt ohne Unterlass und kehrt immer wieder zum Vorwurf derer zurück, die man verleumdet... Die Hauptsache ist Beharrlichkeit... Zehnmal und sogar hundertmal zuzuschlagen und die Verleumdung zu erneuern... Dazu kommt ein Hauch von Mäßigung, damit die Gräueltaten besser akzeptiert werden... Die bewährteste Methode besteht darin, diejenigen, die sich bemühen,[345] zu verstehen, als Verrückte abzustempeln."

Schon im 4. Jahrhundert schrieb Gregor von Nyssa ihnen diese Fehler zu: „Anhänger des Teufels, Schlangenvolk, Denunzianten, Verleumder, verfinsterte Hirne, pharisäischer Sauerteig, Sanhedrin der Dämonen, abscheuliche Verfluchte, Kiffer, Feinde alles Schönen[346]."

Repressionen gegen Historiker

1990 prangerte Annie Kriegel, eine ehemalige Kommunistin jüdischer Herkunft, in *Le Figaro* vom 3. April „eine unerträgliche jüdische Gedankenpolizei" an. Diese Polizei war es, die auf Betreiben des Rabbiners Sirat[347] die Idee für ein Antirevisionsgesetz aufbrachte, das schließlich dank des ehemaligen sozialistischen Premierministers jüdischer Herkunft Laurent Fabius verabschiedet wurde. Fabius

---

[344] Albert Caraco, *Apologie d'Israël*, 1957, L'Age d'homme, 2004, S. 53.

[345] Albert Caraco, *Huits Essais sur le mal*, L'Age d'homme, 1963, S. 331, 332.

[346] François de Fontette, *Histoire de l'antisémitisme*, PUF, 1982, S. 29. Die Steinigung war zu dieser Zeit unter den Söhnen Abrahams wirklich in Mode.

[347] *L'Agence télégraphique juive* bulletin, 2. Juni 1986, S. 1.

* Siehe auch http://www.ihr.org/jhr/v16/v16n2p-2_Faurisson.html.

behauptete zu Recht, der Initiator dieser parlamentarischen Initiative zu sein. Die Medienkampagne rund um die Schändung der jüdischen Gräber auf dem Friedhof von Carpentras hatte den Widerstand gegen die Schlussabstimmung über das Gesetz Sirat-Fabius-Gayssot gelähmt. Dieses Gesetz schränkte das Recht auf freie Meinungsäußerung in Frankreich erheblich ein, da es jedes Studium oder jede Forschung über die offizielle Version der Geschichte verurteilte, die von den Siegern des Zweiten Weltkriegs 1946 in Nürnberg festgelegt wurde.

Im Dezember 2005 erinnerte der berühmte Professor Faurisson im Vorgriff auf eine künftige internationale revisionistische Konferenz im Iran daran, dass die wichtigsten revisionistischen Historiker „entweder im Gefängnis, im Exil oder in einer prekären Situation" seien, so dass ihnen der Grenzübertritt und der Transit über einen internationalen Flughafen* verboten sei.

Der Historiker Ernst Zündel, der mit einer Amerikanerin verheiratet war und friedlich im Bundesstaat Tennessee lebte, wurde am 5. Februar 2003 vor seinem Haus verhaftet und unter einem falschen Vorwand inhaftiert. Er wurde nach Kanada ausgeliefert, wo er zwei Jahre lang in einem Hochsicherheitsgefängnis unter menschenunwürdigen Bedingungen verrottete. Schließlich wurde er an Deutschland ausgeliefert, wo er in Mannheim inhaftiert war und auf einen Prozess wegen Revisionismus wartete. Wie in Deutschland wurde auch in Kanada den Revisionisten das Recht verweigert, sich zu verteidigen und zu hinterfragen, was „öffentlich bekannt" war. Es sei daran erinnert, dass Ernst Zündel am 7. Mai 1995 in Toronto Opfer eines kriminellen Brandanschlags geworden war, bei dem sein Haus zerstört wurde. Einige Tage später erhielt er eine Paketbombe, die von der Polizei durch eine Explosion entschärft werden musste[348].

Ebenfalls in den USA, in der Nähe von Chicago, wurde der Deutsche Germar Rudolf entführt, von seiner amerikanischen Frau und seinen Kindern getrennt und an Deutschland ausgeliefert, wo er in Stuttgart inhaftiert wurde. Der belgische Revisionist Siegfried Verbeke wurde 2005 auf dem Amsterdamer Flughafen verhaftet und an Deutschland ausgeliefert, wo er im Heidelberger Gefängnis inhaftiert war. Der berühmte britische Historiker David Irving war auf der Durchreise

---

[348] Zu den in den USA begangenen Gewalttaten siehe Mark Weber, *The Zionist Terror Network, Background and Operation of the Jewish Defense League and other Criminal Zionist Group*, *A Special Report*, Institute for Historical Review, Revised and Updated Edition, 1993.

durch Österreich verhaftet und in Wien inhaftiert worden. Diesen vier Personen drohten mehrjährige Haftstrafen, „außer vielleicht David Irving, wenn er, wie sein Anwalt vorschlägt, widerruft, seine Reue zum Ausdruck bringt und das Gericht um Nachsicht bittet". Irving wurde tatsächlich im Dezember 2006 freigelassen, wenige Tage nach der internationalen Revisionistenkonferenz in Teheran.

Im September 2003 wurde der österreichische Revisionist Wolfgang Fröhlich, ein ehemaliger rechtsextremer Abgeordneter, zu einem Jahr Haft und zwei Jahren auf Bewährung verurteilt, nachdem er ein Buch veröffentlicht hatte, in dem er die „Lüge" der Gaskammern anprangerte. Andere Revisionisten säßen in Deutschland oder Österreich im Gefängnis, schrieb Faurisson und zitierte den Anwalt Manfred Roeder. Am 2. Dezember 1999 wurde Manfred Roeder von einem Gericht in Grevesmühlen zu zwei Jahren Gefängnis verurteilt, weil er den nationalsozialistischen Völkermord an den Juden als „Hochstapelei" bezeichnet hatte. Im August 1995 wurde der deutsche Nationalistenführer Bela Ewald Althans von einem Berliner Gericht zu dreieinhalb Jahren Haft verurteilt, weil er den Holocaust geleugnet hatte. Am 15. Dezember 1994 war Althans bereits in München zu 18 Monaten Haft verurteilt worden, weil er auf einem VHS-Video den Tod von Millionen Juden durch die Nazis geleugnet hatte. Im November 1992 wurde der Vorsitzende der deutschnationalen NPD, Günther Anton Deckert, in Mannheim zu einem Jahr Haft auf Bewährung verurteilt, weil er die Zahl von sechs Millionen jüdischen Opfern des Nationalsozialismus als „Hirngespinst" und „Absurdität" bezeichnet hatte. Fredrick Töben: ein australischer Staatsbürger deutscher Herkunft, der in Australien und im Internet als Revisionist aktiv war. Als er durch Deutschland reiste, um sich vor Ort über die juristische Unterdrückung des Revisionismus in diesem Land zu informieren, wurde er verhaftet und ins Gefängnis gesteckt. Auch in Polen, der Tschechischen Republik und anderen europäischen Ländern wurden Revisionisten verfolgt und verurteilt. In Schweden wurde Ahmed Rami ebenfalls inhaftiert.

Hinzu kamen Berufsverbote aller Art in verschiedenen Ländern, Familiendramen und repressionsbedingte Selbstmorde. In Deutschland hatte sich der Revisionist Reinhold Elstner am 25. April 1995 in München das Leben genommen, um gegen den „Himalaya der Lügen" zu protestieren, der über sein Volk ausgeschüttet wurde. Die deutsche Mainstream-Presse übersah seine heldenhafte Tat, und die deutsche Polizei beschlagnahmte die an der Opferstelle niedergelegten

Blumensträuße und verhaftete diejenigen, die ihre Anteilnahme bekundet hatten.

Im April 2000 wurde der Schweizer Gaston-Amaudruz, Herausgeber einer revisionistischen Monatszeitschrift, vom Lausanner Strafgericht zu 12 Jahren Gefängnis verurteilt, weil er die Existenz der Gaskammern in Frage gestellt und die Zahl von sechs Millionen von den Nazis ermordeten Juden angezweifelt hatte. Auch in der Schweiz wurde René-Louis Berclaz inhaftiert, während sein Landsmann, Professor Jürgen Graf, 1999 vom Pariser Strafgericht zu einer Geldstrafe von 50.000 Francs verurteilt wurde, weil er ein Buch mit dem Titel *L'Holocauste au scanner* (Der *Holocaust im Visier*) an französische Parlamentarier geschickt hatte.

Ein weiterer erinnerungswürdiger Fall ist der von Georges Theil, einem ehemaligen Regionalrat des Front National (FN), der im Januar 2006 vom Strafgericht Lyon zu sechs Monaten Haft und einer Geldstrafe von 10 000 Euro verurteilt wurde, weil er Verbrechen gegen die Menschlichkeit geleugnet hatte, nachdem er in einem Fernsehinterview die „Fantasie" der Gaskammern angeprangert hatte. Bereits 2001 war er wegen ähnlicher Taten vom Berufungsgericht Grenoble zu drei Monaten Haft auf Bewährung und einer Geldstrafe von 50 000 Francs verurteilt worden. Jean Plantin, der in Lyon angeklagt war, und Vincent Reynouard in Limoges waren ebenfalls zu verschiedenen Verurteilungen, darunter auch Gefängnisstrafen, verurteilt worden. Robert Faurisson selbst, der 1981 und 1991 verurteilt worden war, erschien im Juli 2006 vor dem Pariser Strafgericht, weil er dem iranischen Fernsehsender „Sahar" ein Telefoninterview zu revisionistischen Themen gegeben hatte. Am 3. Oktober 2006 wurde er zu drei Monaten auf Bewährung und einer Geldstrafe von 7500 Euro verurteilt.

Die Belagerung schien immer näher zu kommen. Bruno Gollnisch, die Nummer zwei des Front National und Abgeordneter des Europäischen Parlaments, sollte ebenfalls vor dem Gericht in Lyon erscheinen, nachdem er im Oktober 2004 erklärt hatte: „Es gibt keinen seriösen Historiker, der die Schlussfolgerungen des Nürnberger Prozesses vollständig teilt. Ich glaube, dass die Diskussion über das Drama der Konzentrationslager frei sein sollte. Die Existenz der Gaskammern sollte von Historikern diskutiert werden". Diese einfache Aussage hatte in der Presse eine allgemeine Empörung ausgelöst und reichte aus, um ihn vor Gericht zu bringen. Im Januar 2007 verurteilte das Strafgericht Lyon Bruno Gollnisch wegen „Leugnung eines Verbrechens gegen die Menschlichkeit" zu einer Bewährungsstrafe von drei Monaten und einer Geldstrafe von 5.000 Euro. Außerdem wurde er zur Zahlung von 55.000 Euro Schadensersatz an die Zivilparteien verurteilt.

In der Tageszeitung *Libération* vom 28. Dezember 2005 zeigte sich Jack Bensimon zufrieden mit den geltenden Gesetzen: „Dank dieses Gayssot-Gesetzes sind es heute nicht mehr die Juden, die sich verstecken müssen, sondern die Antisemiten, die ihren Antisemitismus in ihrem Unterbewusstsein verstecken müssen. Solange dies der Fall ist, wird unser Land vor den Pogromen sicher sein, deren Erinnerung im kollektiven jüdischen, aber auch im individuellen Unterbewusstsein noch sehr präsent ist."

Robert Faurisson erinnerte daran, dass jüdische bewaffnete Gruppen in Frankreich frei umherzogen und ungestraft Menschen angriffen, sogar innerhalb der Mauern des Pariser Gerichtsgebäudes. Von 1978 bis 1993 hatte er selbst ein Dutzend Angriffe erlebt, die ungestraft blieben. „Wenn die Juden und die Zionisten auf diese Weise physische Gewalt und gerichtliche Repression anwenden, dann deshalb, weil die Revisionisten sie auf dem Gebiet der wissenschaftlichen und historischen Debatte klar besiegt haben".

Jüdische Aktivisten handelten praktisch ungestraft. Über Betar* und mit Zustimmung des Innenministeriums hatte die jüdische Minderheit in Frankreich paramilitärische Verbände gegründet, die in der übrigen französischen Bevölkerung oder bei anderen ausländischen Minderheiten auf französischem Staatsgebiet ihresgleichen suchen. Faurisson zählte zwischen dem 19. Juni 1976 und dem 2. April 1991 etwa fünfzig Fälle von physischen Angriffen, die von organisierten Juden verübt wurden. In den fünfzig identifizierten Fällen „ging die Zahl der Opfer in die Hunderte. Darunter befanden sich Todesfälle, schwere Verletzungen mit Koma, Behinderungen und schwerwiegenden Folgeschäden sowie Säureangriffe, barbarische Handlungen, Augenausstechen, schwere Schläge in Anwesenheit von Polizisten oder Sicherheitsbeamten, die sich weigerten einzugreifen, mehrere Krankenhausaufenthalte und zahlreiche Überfälle". Die meisten dieser Übergriffe wurden von den Medien übersehen oder es wurde nur kurz darüber berichtet. Einige wurden von jüdischen Publikationen oder Organisationen gutgeheißen, die im Allgemeinen nach einigen Worten der Verurteilung andeuteten, dass die Opfer ihr Schicksal verdient hätten und dass von nun an keine Nachsicht mehr zu erwarten sei, wenn der jüdische Zorn erneut provoziert würde. Andererseits, so betonte Faurisson, „ist es bemerkenswert, dass kein einziger Jude Opfer eines Angriffs einer rechtsextremen oder revisionistischen Gruppe geworden ist³⁴⁹."

Andererseits wissen wir, dass politische Attentate eine Praxis sind, die den organisierten Juden nicht zuwider ist, ganz zu schweigen von den Anschlägen auf Palästinenser³⁵⁰. Hunderte von Opfern auf der einen Seite und auf der anderen Seite Opfer, deren Gesamtzahl gleich Null ist. In der Presse der jüdischen Gemeinde war der Aufruf zu physischer Gewalt an der Tagesordnung. Jacques Kupfer, Präsident des Herout de France, warnte vor der jüdischen Antwort auf den aufkommenden französischen Nationalismus. In der *Tribune juive* vom 25. Mai 1995 schrieb er: „Ich habe nie geglaubt, dass der Antisemitismus durch Erklärungen oder philosophische Diskussionen gelöst werden könnte. Aber ich weiß, wie das Problem der Antisemiten gelöst wird: auf eine sehr physische Weise. Die jüdische Jugend muss darauf vorbereitet sein: kein Weinen, keine Angst, kein Trauern".

Der frühere sozialistische Minister Bernard Kouchner (jetzt Anhänger der liberalen Rechten) und sein Kollege Daniel Cohn-Bendit zeigten sich ebenfalls kämpferisch, bevorzugten aber den juristischen Weg: „Gegen den Antisemitismus, der sich in Frankreich manifestiert, müssen die Schuldigen zunächst verfolgt und verurteilt werden, wie Sie zu Recht sagen. Das Problem lässt sich nicht allein mit Gewalt lösen. Dani, wir haben noch viel Arbeit vor uns. Komm schon, dieser Kampf ist notwendig³⁵¹."

Angesichts des unaufhaltsamen Anstiegs des Antisemitismus (seit etwa 3000 Jahren) hat der Intellektuelle Michel Winock, Professor für

---

[349] Zu den physischen Angriffen auf französische Patrioten siehe das Buch von Emmanuel Ratier, *Les Guerriers d'Israël: Enquête sur les milices sionistes* („Die *Krieger* Israels: Eine Untersuchung der militanten zionistischen Gruppen", Facta, 37, rue d'Amsterdam, 75008 Paris, 1995).

* Jüdische Selbstverteidigungsmiliz.

[350] Zu politischen Attentaten: Vgl. *Les Espérances planétariennes*, S. 295-301. Man kann die Ermordung von Minister Stürgkh durch Frédéric Adler, den Sohn von Victor Adler, dem Führer der sozialdemokratischen Bewegung in Deutschland, im Jahr 1916 hinzufügen. Siehe auch Nachman Ben-Yehuda, *Political Assassination by Jews, A Rhetorical Device for Justice*, New York, State University of New York Press, 1993.

[351] Daniel Cohn-Bendit, Bernard Kouchner, *Quand tu sera président*, Robert Laffont, 2004, S. 336.

Politikwissenschaft, folgende Analyse vorgelegt: „Es ist nicht das erste Mal, dass sich in Frankreich eine antisemitische Krise als Symptom einer demokratischen Krise manifestiert. Die letzten Präsidentschaftswahlen im Jahr 2002 waren aufschlussreich. Wenn die Republik ins Wanken gerät, sind die Juden die ersten, die davon betroffen sind. Heute ist die Krise vor allem auf die Schwierigkeiten bei der Integration einer eingewanderten oder zugewanderten Bevölkerung zurückzuführen, die schlecht ausgebildet, ausgegrenzt und allzu oft diskriminiert wird - ein Nährboden für kommunitaristische, antirepublikanische und antiwestliche Propaganda. In dieser Krise... muss sich jeder auf seiner Ebene engagieren. Offenheit, die Fähigkeit, anderen zuzuhören, ständige Weiterbildung, Verantwortung für die Medien, Wachsamkeit gegenüber Rassismus und Antisemitismus und gleichzeitig ein festes Bekenntnis zu den säkularen Werten, den einzigen, die es uns ermöglichen, „zusammenzuleben" *, jenseits aller Unterschiede, die wir respektieren müssen. Das ist eine immense Herausforderung: sie anzunehmen ist der Preis der französischen Befriedung[352]." Der „Frieden" ist in der Tat das Herzstück des jüdischen Weltbildes.

Auch in den Vereinigten Staaten wurde das Vorgehen gegen Antisemiten verschärft. Die Zeitung *Rivarol* vom 29. April 2005 berichtete über den Fall des 33-jährigen Amerikaners Matt Hale, Absolvent der juristischen Fakultät von Illinois und Präsident der Church of the Creator, einer nationalistischen Bewegung, die behauptet, sich der „zionistischen Macht" entgegenzustellen, indem sie systematisch die Gerichte als Mittel des Kampfes einsetzt. Offenbar wurde Matt Hale langsam lästig. Am 8. Januar 2003 ordnete Michaël Chertoff, der Sohn eines Rabbiners und künftige Justizminister von George Bush, seine Verhaftung unter dem Vorwand an, er habe versucht, die Ermordung eines Richters zu organisieren. Im Rahmen der neuen Anti-Terror-Gesetzgebung, die in den USA seit den Anschlägen vom 11. September 2001 in Kraft ist (Patriot Act), wurde er fünfzehn Monate lang in Isolationshaft gehalten und wie die afghanischen und irakischen

---

[352] Michel Winock, *Eduard Drumond et Cie, antisémitisme et fascisme en France*, Seuil, Paris 1982, S. 385.

Zusammenleben": „Vivre ensemble": Politisch korrekter Euphemismus in Frankreich, der als Medienslogan für die Bevölkerung dient. Seine Definition lautet: Fähigkeit und Bereitschaft der Bewohner, in einem Umfeld sozialer und kultureller Vielfalt ihren Lebensraum harmonisch zu teilen.

islamistischen Gefangenen in Guantanamo Bay als Terrorist betrachtet. Im April 2004 erschien er in dem orangefarbenen Overall der gefährlichsten Verbrecher vor Gericht. Die gesamte Anklageschrift stützte sich auf die Aussage eines Zeugen der Anklage, Anthony Evola, der sich als verdeckter FBI-Agent in Hales Umfeld entpuppte, der seinen privaten Sicherheitsdienst leitete, und der aussagen sollte, dass er von Hale beauftragt worden war, Richter Lefkow zu ermorden. Matthew Hale verteidigte sich und prangerte „George Bushs Polizeistaat" und die „jüdisch kontrollierten Medien" an. Er wurde am 6. April 2005 zu vierzig Jahren Gefängnis verurteilt.

„Die Juden sind immer nur so lange Opfer, bis sie zu Henkern werden", schrieb Alphonse Toussenel 1845 in der Einleitung zu seinem Buch *Les juifs rois de l'époque, histoire de la féodalité financière* (*Die jüdischen Könige der Epoche, Geschichte des Finanzfeudalismus*). Das Ideal wäre das sowjetische Gesetz von Lenin, das Antisemiten zur Todesstrafe verurteilt. Wir könnten auch die Worte von Louis-Ferdinand Celine in seinem berühmten Pamphlet *Bagatelles pour un massacre aus dem* Jahr 1937 aufgreifen: „Jedem Antisemiten wird der Kopf abgeschlagen". Das würde es noch einfacher machen.

Grausamkeit

Bereits während des Zweiten Weltkriegs wurde ein „Befriedungs"-Plan aufgestellt. Der „Kaufmann-Plan" ging in die Geschichte ein und veranschaulicht diesen Wunsch nach „Befriedung" von Individuen und Nationen. Der Text von Theodore N. Kaufmann, Roosevelts Berater, wurde 1941 in den Vereinigten Staaten von Argyle Press unter dem Titel „*Germany must perish*" veröffentlicht. Die Wochenzeitschrift *Rivarol* vom 31. Mai 1996 veröffentlichte einen Teil des Textes:

„Es bleibt jetzt nur noch, die beste Methode zu bestimmen, die praktischste und schnellste Art und Weise, mit der das deutsche Volk dem Erdboden gleichgemacht werden soll. Es versteht sich von selbst, dass Massaker und Hinrichtungen im großen Stil ausgeschlossen werden müssen. Abgesehen davon, dass sie bei einer Bevölkerung von etwa 70 Millionen Menschen nicht durchführbar sind, sind solche Methoden mit den moralischen Verpflichtungen und ethischen Praktiken der Zivilisation unvereinbar. Es bleibt also nur ein Weg, die Welt für immer vom Germanentum zu befreien, nämlich die Quelle zu versiegen, aus der diese unzüchtigen Kriegsseelen stammen, indem man das deutsche Volk daran hindert, sich in seiner Art ewig fortzupflanzen. Diese moderne Methode, die in der Wissenschaft als eugenische Sterilisation bekannt ist, ist zugleich praktisch, human und vollständig. Die Sterilisation ist zu einem Sprichwort der Wissenschaft geworden, da sie die beste Methode für die menschliche Rasse ist, um das loszuwerden, was schlecht für sie ist: die Degenerierten, die Geisteskranken, die erblich bedingten Verbrecher... Wenn man sich vergegenwärtigt, dass gesundheitspolizeiliche Maßnahmen wie Impfungen und Serumbehandlungen als unmittelbar der Allgemeinheit dienlich angesehen werden, so kann die Sterilisation des deutschen Volkes gewiss nicht anders als eine große, von der Menschheit geförderte Maßnahme betrachtet werden, um sich für immer gegen das Virus des Deutschtums zu immunisieren. Die Bevölkerung Deutschlands, ohne die eroberten und annektierten Gebiete, beträgt etwa 70 Millionen, die sich fast gleichmäßig auf Männer und Frauen verteilen. Um das Projekt der Ausrottung der Germanen zu verwirklichen, müssten etwa 48 Millionen sterilisiert werden, eine Zahl, die wegen der begrenzten Zeugungsfähigkeit Männer über sechzig Jahre und Frauen über fünfundvierzig Jahre ausschließt... Nimmt man 20.000 Chirurgen als willkürliche Zahl und geht davon aus, dass jeder von ihnen mindestens fünfundzwanzig Operationen pro Tag durchführt, würde es höchstens einen Monat dauern, bis die Sterilisation abgeschlossen ist... Natürlich wird die Geburtenrate in Deutschland nach der vollständigen Sterilisation aufhören. Bei einer normalen Sterberate von 2 Prozent pro Jahr würde die Zahl der Menschen in Deutschland um 1,5 Millionen pro Jahr sinken.

Das Time Magazine nannte diese Ideen „phänomenal"; die *Washington Post* sprach von einer „provokativen Theorie, interessant präsentiert", während die *New York Times sogar* titelte: „Ein Plan für dauerhaften Frieden für zivilisierte Nationen". Diese Ideen haben zweifellos dazu beigetragen, die amerikanischen und britischen Strategen bei ihrer massiven Bombardierung deutscher Städte und der Zivilbevölkerung mit gigantischen Mengen von Brandbomben zu beeinflussen.

Nach der Niederlage Deutschlands ließen viele Juden natürlich den Weg für ihre Rache offen. Nach dem Untergang des Dritten Reiches wurden mehr als fünf Millionen deutsche Soldaten in stacheldrahtumzäunten Lagern in der amerikanischen und französischen Besatzungszone gefangen gehalten. Der kanadische Historiker James Bacque veröffentlichte 1989 ein sehr interessantes Buch über diese vergessene Episode der Geschichte, *Other Losses, in dem er* die entsetzlichen Lebensbedingungen in diesen Lagern schildert, die zum Tod von Hunderttausenden von Gefangenen führten: „Der Boden der Lager wurde schnell zu einem schmutzigen Sumpf aus

Fäkalien und Urin, einer wahren Brutstätte von Epidemien. Schlecht ernährt, ohne Unterkunft, ohne die elementarsten sanitären Einrichtungen, starben die Häftlinge bald an Hunger und Krankheiten. Von April 1945 bis Mitte 1946 wurden fast eine Million Menschen vernichtet, die meisten von ihnen in den amerikanischen Lagern, die anderen in den französischen Lagern... Mehr als vierzig Jahre lang blieb diese tragische Episode des Zweiten Weltkriegs in den Archiven der Alliierten verborgen".

Von 1947 bis Anfang der 1950er Jahre schrieb James Bacque, dass „die Deutschen schätzen, dass 1.700.000 Soldaten, die bei Ende der Feindseligkeiten noch am Leben waren, nie nach Hause zurückgekehrt sind. Alle alliierten Mächte behaupten, nichts über den Verbleib dieser Männer zu wissen. Die Vereinigten Staaten, Großbritannien und Frankreich beschuldigen Russland, in seinen Internierungslagern Gräueltaten begangen zu haben[353]."

In diesen Zahlen sind die zahllosen Opfer der Evakuierung der 12 Millionen Deutschen aus den Gebieten Ostpreußen, Pommern, Schlesien und Sudetenland, die nun unter russischer, polnischer und tschechischer Herrschaft standen, nicht enthalten.

Erinnern wir uns an den Fall eines gewissen Salomon Morel, Kommandant des Arbeitslagers Swietochlowice-Zgoda von Februar bis November 1945. Im Alter von 75 Jahren wurde Salomon Morel schließlich 1996 von der polnischen Justiz wegen „physischer und psychischer Gewalt gegen deutsche Häftlinge" angeklagt. Seine Rolle bei den in den Lagern von Swietochlowice begangenen Verbrechen wurde vom Institut des Nationalen Gedenkens geklärt, einer Einrichtung, die in den 1990er Jahren in Polen nach der Wende geschaffen wurde. Diese Institution unter dem Vorsitz des polnischen Juden Leon Kieres wurde vom Parlament gewählt und hatte sich zum Ziel gesetzt, die dunklen Seiten der Nazi- und der kommunistischen Zeit aufzuklären.

In dem ursprünglich in polnischer Sprache veröffentlichten Text wird berichtet, dass die schlechten Lebens- und Hygienebedingungen zu

---

[353] James Bacque, *Morts pour raisons diverses*, 1989, Éditions Sand, 1990 für l'Éd. Française, S. 16-18 (gelesen auf Spanisch *Crimen y Perdón*, von James Bacque, Editorial Machado, 2013, Madrid).

* Theodore N. Kaufmann, *Deutschland muss untergehen*, pdf-Version, Kamerad Verlag, S. 41.

einer dramatischen Ausbreitung von Typhus, Typhus und Ruhr geführt haben[354]. Es war nichts unternommen worden, um die Ausbreitung der Epidemie zu verhindern, nicht einmal die Entlausung der Häftlinge. Außerdem lebten die Häftlinge in dem vom Kommandanten eingeführten Terror: „Am Ostersamstag 1945 drangen die Wachen und der Kommandant Morel nachts in das Lager ein und schlugen die Häftlinge mit Peitschen, Gewehrkolben und Stuhlbeinen". Bei dieser Gelegenheit waren etwa dreißig Zeugen misshandelt worden. Salomon Morel soll die Deutschen zu Tode geprügelt haben.

John Sack, ein amerikanischer Jude, schrieb in seinem Buch *Auge um Auge* [355], dass polnische Juden, die nach dem Krieg in den stalinistischen Sicherheitsdiensten angeworben worden waren, sich an jedem Deutschen, der ihnen in die Hände fiel, aber auch an allen Gegnern des Stalinismus rächten. Salomon Morel war einer von ihnen: „Er hätte sie alle erschossen. Aber der Knüppel verschaffte ihm eine größere emotionale Befriedigung. In Auschwitz war es der SS verboten, Juden zu ihrer persönlichen Befriedigung zu schlagen, aber Salomon Morels Wächter fürchteten keine Einschränkung ihrer Macht. Manchmal unterschieden sie zwischen „körperlicher Bestrafung" und „allgemeiner Bestrafung", wenn sie den Deutschen an den Beinen und Armen packten und seinen Kopf gegen eine Wand schlugen, wie man es mit einem Rammbock tut. Sie jagten die Deutschen, indem sie sie in die Zwinger brachten und sie schlugen, wenn sie nicht bellen wollten. Sie zwangen sie, sich gegenseitig zu schlagen. Sie vergewaltigten die Frauen und brachten den Hunden bei, auf Kommando in ihre Genitalien zu beißen.

So wurden die Häftlinge von Februar bis Oktober 1945 in dem von Salomon Morel geleiteten Lager behandelt. Von den 6000 Gefangenen starben 1800 aufgrund von Misshandlungen und einer Typhusepidemie. Salomon Morel, der von Interpol wegen Verbrechen gegen die Menschlichkeit verfolgt wird, war 1992 nach Israel geflüchtet, nachdem er unter dem kommunistischen Regime sein ganzes Leben lang für den Sicherheitsdienst gearbeitet hatte.

---

[354] Der aus dem Polnischen ins Englische übersetzte Text wurde im Newsletter Nr. 55 (Mai 1997) des Adelaide Institute (Australien) veröffentlicht. Die Zeitschrift *Tabou* von Jean Plantin enthält eine französische Fassung des Textes in ihrer Ausgabe Nr. 1, Éditions Akribeia, 2002.

[355] John Sack, *Auge um Auge*, Basic Books, 1993. www.johnsack.com

Über jüdische „Rächergruppen" nach dem Krieg ist wenig bekannt. Zu den bekanntesten gehörte die Gruppe Nakan, deren Name auf Hebräisch „Rache" bedeutet. Die Zeitung *Rivarol* vom 12. April 1996 berichtete, dass in der israelischen Fernsehsendung „Auge um Auge", die am 25. Februar 1996 ausgestrahlt wurde, Ava Kuvner, der ehemalige Anführer einer dieser Rachegruppen, zu Gast war und interviewt wurde. Er erzählte detailliert und mit einigem Stolz von der ehrgeizigen Lösung, sechs Millionen Deutsche durch die Vergiftung des Wassers in München, Nürnberg, Hamburg und anderen deutschen Großstädten zu liquidieren. Dieser Plan wurde Berichten zufolge von Haïm Weizman, dem späteren ersten Präsidenten des hebräischen Staates, ausgearbeitet und tatkräftig unterstützt. Weizman war es auch, der Kuvner an die zuständigen Chemiker verwies, wie Dan Setton in seinem 1995 erschienenen Buch *Vengeance* bestätigt. Das Projekt, das vielleicht zu ehrgeizig war, scheiterte trotz monatelanger Vorbereitung. Israel Shamir, israelischer Publizist und zum orthodoxen Christentum konvertiert, schreibt in seinem Buch *Das andere Gesicht Israels*: „Glücklicherweise wurde das Komplott aufgedeckt und britische Beamte nahmen Kuvner in einem europäischen Hafen fest. Diese Geschichte wurde letztes Jahr in Israel in einer Biografie über Kuvner veröffentlicht, die von Dina Porat, der Direktorin des Antisemitismus-Forschungszentrums der Universität Tel Aviv, geschrieben wurde[356]." Shamir fügte hinzu, dass „Abba Kovner" auch versucht habe, „die Quellen des Rheins zu vergiften... Das kann man in seiner Biografie nachlesen, die von der israelischen Historikerin Anita Shapira[357] ohne jeden Anflug von Reue oder Peinlichkeit geschrieben wurde."

In der Fernsehsendung brüstete sich Kuvner damit, dass es ihm gelungen sei, „Tausende von SS" zu vergiften, indem er mit Strychnin präpariertes Brot in die Lager gebracht habe, in denen sie inhaftiert waren. Dan Setton bezifferte die Zahl der deutschen Gefangenen, die vergiftetes Brot zu sich genommen hatten, auf 15.000. In der Fernsehsendung wurde „merkwürdigerweise nichts über die Ergebnisse der Operation gesagt". Dennoch war es erstaunlich zu hören, wie sich die Verbrecher unter dem Vorwand der „Gerechtigkeit" mit ihren Taten brüsteten und nur bedauerten, dass sie „ihre Rache nicht vollzogen" hätten. Haïm Weizman würde dem Weizman-Institut, einem

---

[356] *Haaretz*, 28. April 2001

[357] Israel Shamir, *L'autre visage d' Israël*, Éditions Al Qalam, 2004, S. 139, 333

Gegenstück zum französischen Pasteur-Institut, seinen Namen geben. Kein Staatsoberhaupt, das Israel besucht, spart sich einen ehrfürchtigen Besuch in diesem renommierten Institut.

Das israelische Fernsehen hatte im Jahr 2000 eine weitere Untersuchung über diese im besetzten Deutschland tätigen jüdischen „Rächer" ausgestrahlt. Zwei ältere Israelis, Leipe Distel und Joseph Harmatz, Mitglieder der Nokim (hebräisch für *Rächer*), gaben zu, einer von Tel Aviv aus geleiteten Todesschwadron angehört zu haben, deren Ziel es war, Tausende von deutschen Gefangenen in einem amerikanischen Lager in der Nähe von Nürnberg mit Arsen zu vergiften. Nachdem sie in der Bäckerei des Lagers eingestellt worden waren, gelang es ihnen 1946, 3.000 Brote mit Arsen zu tränken. In den Akten waren die Krankenberichte von Hunderten von Häftlingen mit schweren Magenbeschwerden erhalten geblieben. Der 74-jährige Joseph Harmatz sagte zu diesem Thema: „Wir Juden haben mit der Moral auf unserer Seite gehandelt. Die Juden haben das Recht, sich an den Deutschen zu rächen". Rafi Eitan, ehemaliger Leiter der Mossad-Operationen, fasste die Aktionen der Nokim (es gab wahrscheinlich Hunderte von ihnen) wie folgt zusammen: „Sie handelten ohne Rücksicht und ohne weitere Formalitäten. Sie begnügten sich damit, alle Nazis, die sie finden konnten, hinzurichten. Für sie waren die Taten durch die biblische Regel gerechtfertigt: 'Auge um Auge, Zahn um Zahn'".

Der Journalist Emmanuel Ratier berichtet in *Faits et Documents*, dass die deutschen Justizbehörden, insbesondere der Nürnberger Generalstaatsanwalt Klaus Hubmann, der sich dem Druck nicht beugen wollte, im April 2002 nach jahrelangen Verzögerungen endlich beschlossen, eine beispiellose strafrechtliche Untersuchung der jüdischen Todesschwadronen der Nachkriegszeit einzuleiten. Es stellte sich heraus, dass zahlreiche Mitglieder der Todesschwadronen zu Agenten und Führern des Mossad geworden waren. Von Tel Aviv aus bezeichnete Harmatz die Ermittlungen als „lächerlich": „Diese Leute sind Idioten", sagte er. Ich erkenne Deutschland sowieso nicht an. Und ich habe ganz sicher nicht die Absicht, dorthin zu reisen. Die israelischen Behörden werden niemals zulassen, dass sie hierher kommen, um uns zu verhören. Wir haben genug von Verhören durch Deutsche[358]."

---

[358] *Tatsachen und Dokumente*, 15. April 2002

Nach dem Krieg wollte der Staat Israel diesen ungeordneten Aktionen ein Ende setzen. In einer Ausgabe des *Crapouillot vom* Februar 1985 wird berichtet, dass Oberst Schadmi, der Leiter der Haganah[359] in Europa, der mit der Zerschlagung der bestehenden Netze beauftragt war, die Entführung der „Rächer", die sich weigerten, ihre Aktivitäten aufzugeben, anordnen und sie nach Israel überführen musste.

Elie Wiesel erwähnte auch einige Exzesse, die von seinen jüdischen Mitbürgern in den deutschen Lagern während des Krieges begangen wurden: „Wie kann man erklären, dass der Sohn des großen polnischen Zionistenführers Yitzhak Grinbaum, ein Kapo in Auschwitz, sich solche Mühe gab, seine jüdischen Mitbürger zu foltern, zu demütigen und zu schlagen, besonders wenn sie religiös oder zionistisch waren? „Diese jüdischen Kapos, die uns verprügeln, warum? Um den Henkern zu zeigen, dass sie genauso sein können wie sie[360]?" Wir sehen hier, dass Juden Menschen sein können wie alle anderen...

Auch der große russische Schriftsteller Aleksandr Solschenizyn hat in seinem Buch über die Juden in Russland auf die Rolle zahlreicher Juden in den bolschewistischen Repressionsorganen hingewiesen: „Sie hatten jetzt eine fast unbegrenzte Macht, die sie sich vorher nicht vorstellen konnten. Sie wussten nicht, wie sie aufhören sollten, wie sie zur Seite treten sollten, wie sie in sich selbst eine Zurückhaltung oder die notwendige Klarheit finden sollten." Solschenizyn zitierte einen jüdischen Historiker, G. Landau, der über die bolschewistische Periode schrieb: „Wir wurden von etwas beeinflusst, das wir bei den Juden nicht erwartet hatten - Grausamkeit, Sadismus und Gewalt, die einem Volk, das weit vom kriegerischen Leben entfernt war, fremd zu sein schienen; diejenigen, die gestern nicht wussten, wie man mit dem Gewehr umgeht, gehörten jetzt zu den Mördern und Henkern[361]."

Diese Instinkte wurden in anderen, älteren Epochen der Geschichte zum Vorschein gebracht. In *Das andere Gesicht Israels* erinnerte Israel Shamir an die Eroberung Palästinas durch die Perser im 7. Im Jahr 614 gehörte Palästina zum Byzantinischen Reich, dem Nachfolger des

---

[359] Haganah: die erste paramilitärische Organisation, die gegen die britischen Truppen für die Unabhängigkeit Israels kämpfte.

[360] Elie Wiesel, *Mémoires, Tome I*, Le Seuil, 1994, S. 111, 113.

[361] Alexandre Soljénitsyne, *Deux Siècles ensembles*, Fayard, 2003, S. 146.

Römischen Reiches. Die Juden Palästinas verbündeten sich damals mit ihren babylonischen Glaubensgenossen, um den Persern bei der Eroberung des Heiligen Landes zu helfen. 26.000 Juden nahmen an der Offensive teil. Nach dem Sieg der Perser verübten die Juden „einen gewaltigen Holocaust": „Sie steckten die Kirchen und Klöster in Brand, töteten die Mönche und Priester und verbrannten die Bücher". Es war „das schrecklichste Jahr in der Geschichte Palästinas bis zum 20. Jahrhundert", schrieb Schamir und zitierte den Oxford-Professor Henry Milman: „Endlich war die lang ersehnte Stunde des Triumphs und der Rache gekommen. Die Juden ließen sich ihre Chance nicht entgehen und wuschen die Entweihung der heiligen Stadt mit dem Blut der Christen". Laut Schamir kauften sie die Christen von den Persern als Gefangene und ermordeten sie im Mamilla-Reservat. „Allein in der Stadt Jerusalem massakrierten die Juden zwischen 60.000 und 90.000 palästinensische Christen... Einige Tage später, als die persischen Soldaten das Ausmaß des Massakers erkannten, hinderten sie die Juden daran, ihre Schandtaten fortzusetzen... Der Völkermord von 614 nach Jesus Christus war der schrecklichste, wenngleich er nicht der einzige Völkermord war, den die Juden in dieser chaotischen Zeit verübten[362]."

Israel Shamir erwähnte natürlich auch andere tragische Ereignisse in Palästina, insbesondere das Massaker im Dorf Deir Yassine am Rande Jerusalems: „In der Nacht des 9. April 1948 griffen die jüdischen Terrorgruppen Etsel und Lethi dieses friedliche Dorf an und massakrierten alle Menschen, Männer, Frauen und Kinder". Die Anführer dieser Terrorbanden, Menahem Begin und Itzhac Shamir, wurden später Premierminister von Israel. Doch keiner von ihnen zeigte Reue, und selbst „Begin lebte bis zum Ende seines Lebens in einem Haus mit Panoramablick auf Deir Yassine. Für sie gab es kein Nürnberger Tribunal, keine Rache, keine Buße", sondern „einen Rosenteppich, der bis zum Friedensnobelpreis führte". Bei der Enthüllung des Massakers verkündete der damalige israelische Premierminister Ben Gourion, dass „randalierende Araberbanden" die Täter gewesen seien. Drei Tage später wurden die paramilitärischen Gruppen in die im Aufbau befindliche israelische Armee eingegliedert und durch eine Generalamnestie von ihren Verbrechen freigesprochen.

Das gleiche Schema, d.h. Leugnung, gefolgt von Entschuldigungen und schließlich einer Geste der Milde und Beförderung, wurde nach der

---

[362] Israel Shamir, *L'autre visage d' Israël*, Éditions Al Qalam, 2004, S. 133-137.

ersten von Premierminister Sharon 1953 begangenen Gräueltat angewandt. Diese fand im palästinensischen Dorf Qibya statt, wo Sharons Einheit Häuser mit ihren Bewohnern mit Dynamit in die Luft sprengte und etwa sechzig Menschen, Männer, Frauen und Kinder, massakrierte. Als die Affäre aufgedeckt wurde, beschuldigte Premierminister Ben Gourion zunächst arabische Banden. Auch diese Tat hat der Karriere von Ariel Sharon, der ebenfalls Premierminister wurde, keinen Abbruch getan. Shamir führte ein drittes Beispiel an, nämlich das Massaker von Kafr Kasem, bei dem israelische Truppen Bauern zusammengetrieben hatten, um sie mit Maschinengewehren zu erschießen. „Als der Fall nicht mehr geleugnet werden konnte und ein kommunistischer Abgeordneter die schändlichen Details enthüllte, wurden die Schuldigen vor ein Kriegsgericht gestellt und zu langen Haftstrafen verurteilt; nach einigen Monaten wurden sie freigelassen und der Kommandant wurde zum Direktor des Büros „Israel Borrowing" ernannt[363]."

In einem Bericht der Agence France Presse vom 22. Mai 2006 hieß es, dass „die meisten israelischen Militärs und Siedler, die an ungesetzlichen Tötungen von Palästinensern beteiligt sind, weiterhin straffrei bleiben". Amnesty International berichtete in seinem Jahresbericht über diese Menschenrechtsverletzungen in Israel: „Ermittlungen und Strafverfolgungen waren selten. In den meisten Fällen führten sie nicht zu Verurteilungen... In den Ausnahmefällen, in denen Israelis des Mordes oder der Verletzung grundlegender Rechte von Palästinensern für schuldig befunden wurden, waren die Strafen gering". Der Bericht stellte auch „wiederkehrende" Übergriffe jüdischer Siedler gegen Palästinenser fest: „Israelische Siedler haben regelmäßig Palästinenser und deren Eigentum im Westjordanland angegriffen. Sie haben Ernten zerstört, Olivenbäume entwurzelt oder verbrannt, Wasserreservoirs verschmutzt und Bauern daran gehindert, ihr Land zu bewirtschaften, um sie zum Verlassen des Landes zu zwingen". In dem Bericht heißt es, dass das israelische Militär und die Polizei in den meisten Fällen nicht eingegriffen haben. „Stattdessen setzte Israel alle ihm zur Verfügung stehenden Mittel ein - insbesondere völkerrechtswidrige Maßnahmen wie Tötungen und kollektive Sanktionen - gegen Palästinenser, die für Angriffe auf Israelis verantwortlich waren oder im Verdacht standen, direkt oder indirekt an solchen Angriffen beteiligt zu sein". Schließlich wurde erwähnt, dass

---

[363] Israel Shamir, *L'autre visage d'Israël*, Éditions Al Qalam, 2004, S. 143-146.

„Foltervorwürfe gegen palästinensische Gefangene nicht ernsthaft untersucht wurden."

Wir sehen, dass das Vergiften von Brunnen eine alte Sitte dieser jüdischen „Rächer" zu sein scheint. Es ist auch erstaunlich, wie sich die meisten jüdischen Historiker über die schrecklichen „Anschuldigungen" der Christen aufregen, die schon im Mittelalter die Juden beschuldigten, das Wasser der Brunnen zu vergiften. Aber dies ist zweifellos eine Legende, ein Mythos, der von Antisemiten verbreitet wird, um dem jüdischen Volk zu schaden, das immer ein Opfer, ein ewiger Sündenbock ist.

Eine weitere, ebenso absurde Anschuldigung war die Behauptung, dass Juden Ritualmorde an christlichen Kindern (Blutrache) verübten, um deren Blut in das ungesäuerte Brot zu mischen, das während des jüdischen Pessachfestes gegessen wurde. Diese falschen, schändlichen und schrecklichen Anschuldigungen waren noch im 19. Jahrhundert und sogar in jüngerer Zeit zahlreich. So zum Beispiel in Theiß-Eszlar in Ungarn: 1882 wurde die Synagoge der Stadt nach dem Verschwinden eines vierzehnjährigen Mädchens zerstört. Im Juni 1891 wurde im rheinisch-preußischen Xanten die Leiche eines Kindes gefunden, wobei das Verbrechen auf den Wunsch der Juden nach Blutkonserven zurückgeführt wurde. Im Jahr 1899 wurde ein Jude namens Hilsner in Böhmen wegen Ritualmordes verurteilt. Diese Vorurteile waren natürlich hartnäckig. Der Fall Beilis aus dem Jahr 1911 war von großer Bedeutung. Obwohl der arme Kerl freigesprochen wurde, erklärten die Geschworenen feierlich, dass es zweifellos Ritualmorde gab", schrieb Leon Poliakov, „[364]".

Ein weiterer aufsehenerregender Fall ereignete sich in Damaskus, einer teilweise christlichen Stadt. Im Jahr 1840 verschwand ein Kapuzinermönch, Pater Thomas, auf mysteriöse Weise. Seine Leiche wurde im März (nach dem Purimfest) in der Kanalisation des jüdischen Viertels gefunden. Der französische Konsul Ratti-Menton machte Mitglieder der jüdischen Gemeinde für sein Verschwinden verantwortlich und unterstützte rechtliche Schritte gegen prominente Persönlichkeiten, die des Ritualmords beschuldigt wurden. In Paris solidarisierte sich Adolphe Thiers, der gerade von Louis-Philippe zum Präsidenten des Rates ernannt worden war, mit dem französischen

---

[364] Léon Poliakov, *Histoire des crises d'identités juives*, Austral 1994, S.210.

Konsul. Doch die Finanziers Fould und Rothschild intervenieren mit aller Macht und fördern eine Pressekampagne gegen Thiers. Auch hier gibt uns der Historiker Leon Poliakov eine Vorstellung von der Macht der internationalen jüdischen Gemeinschaft zu jener Zeit: „Die Rothschilds gewannen schließlich den Kampf und drohten, von dem Rückgang der Mieten zu profitieren. Thiers musste zurücktreten. Die Juden nahmen daraufhin den Kampf für die Rehabilitierung der Opfer der mittelalterlichen Verleumdung auf und erreichten sie dank der britischen Intervention. Aber die Warnung war ausgesprochen worden, und diese Affäre markiert den Ursprung der jüdischen Verteidigungsorganisationen, angefangen mit der Universal Israelite Alliance[365]."

Diese israelitische Allianz wurde 1860 von einem Franzosen aus dem französischen Midi gegründet, der „perfekt integriert" war: Adolphe Crémieux. Bereits 1866 war er nach Russland geeilt, um die Juden zu verteidigen: „In Saratow wurde eine Gruppe von Juden des Ritualmordes angeklagt. Adolphe Crémieux reiste dorthin und erreichte ihren Freispruch[366]". 1870 wurde er zum ersten Justizminister der neuen französischen Republik ernannt und verlieh, wie wir wissen, seinen algerischen Landsleuten sofort die französische Staatsbürgerschaft, während die preußischen Armeen noch auf das Staatsgebiet marschierten.

Wenn wir in der Geschichte zurückgehen, stellen wir fest, dass es in ganz Europa Dutzende von Blutverleumdungen gibt. In Spanien war der berühmte Fall des Santo Niño de La Guardia der symbolträchtigste. In Polen befand sich die jüdische Gemeinde im 18. Jahrhundert im Umbruch und war noch immer vom Konflikt zwischen den Rabbinern und den Sabbatanern, den Anhängern des „falschen Messias" Shabtai Tzvi und seinem Nachfolger Jacob Frank, zerrissen. Die von den Rabbinern für häretisch erklärten Sabbatianer wurden streng

---

[365] Léon Poliakov, *Los Samaritanos*, Anaya & Mario Muchnik, 1992, Madrid, S. 111. Ein 2005 zu diesem Thema veröffentlichtes Buch, *La Sangre cristiana*, präsentiert die Bekenntnisse eines ehemaligen reuigen Rabbiners aus Moldawien (*Refutación de la religion de los judíos*, 1803). Er behauptete, dass ein paar Tropfen ausreichen würden. Über den Fall Damaskus kann man lesen, dass alle angeklagten Juden den Mord gestanden haben. Zehn von ihnen wurden zum Tode verurteilt und schließlich dank der Intervention von Adolphe Crémieux, Moïse Montefiore und internationalen Geldgebern gerettet.

[366] Léon Poliakov, *Histoire des crises d'identités juives*, Austral 1994, S. 67.

verfolgt[367], konterten aber, indem sie den Talmud angriffen, „indem sie sagten, er sei falsch und böse", berichtet David Bakan und fügt hinzu: „Sie gingen so weit, den Talmud zu beschuldigen, dass er die Verwendung von christlichem Blut vorschreibt, indem sie bezeugten und schworen, dass Juden rituelle Verbrechen begingen[368]." Auch Gershom Scholem, einer der größten jüdischen Denker des 20. Jahrhunderts, schrieb: „Während ihrer öffentlichen Diskussionen mit den jüdischen Rabbinern in Lemberg im Jahr 1759 scheuten die Mitglieder der Sekte nicht davor zurück, auf die Anschuldigung des rituellen Verbrechens zurückzugreifen, die für die jüdischen Gefühle unerträglichste und schmerzhafteste Anschuldigung, sogar noch mehr als die, die ihren Glauben angreift." Aber Scholem fügte schnell hinzu, dass laut dem Historiker Meir Balaban „die Sabbatianer dies auf Betreiben des katholischen Klerus taten, der ein Interesse daran hatte, ein solches Dokument für seine eigenen Zwecke zu besitzen[369]."

Der letzte größere Fall von Ritualmord ereignete sich 1946 in Kielce, Polen. Nach dem Vorwurf des Ritualmordes brach ein Pogrom aus. Insgesamt wurden 42 Juden vom Mob hingerichtet, 5 von der Polizei, und mehr als 70 wurden schwer verletzt. Kielce war die bedeutendste Episode des Antisemitismus in Polen nach dem Krieg: „Allein zwischen November 1944 und Oktober 1945", schreibt Gabriele Eschenazi, „wurden etwa 350 Juden von den Polen ermordet. Von der Befreiung bis Ende 1947 waren es etwa 1500 Opfer". In Rzeszow verbreitete sich 1945 „die Nachricht, dass eine Polizeistreife im Haus eines Rabbiners die gequälten Leichen von mindestens sechzehn Kindern gefunden hatte. Die jüdische Gemeinde war gezwungen, unter Polizeischutz zu fliehen[370]."

Im Februar 2007 kam es in Italien zu einem weiteren unangenehmen Fall, der einen großen Skandal auslöste. Professor Ariel Toaff hatte gerade ein 400-seitiges Buch mit dem Titel *Pasque di sangue (Pessach des Blutes, die Juden Europas und die Blutlibellen)* veröffentlicht.

---

[367] Zu den Sabbatianern, vgl. *Psychanalyse du Judaïsme*, H. Ryssen, Baskerville, S. 158-166.

[368] David Bakan, *Freud et la tradition mystique juive*, 1963, Payot, 2001, S. 132.

[369] Gershom Scholem, *Le Messianisme juif*, 1971, Calmann-Levy, 1974, S.144

[370] Gabriele Eschenazi, Gabriele Nissim, *Les Juifs et le communisme après la Shoah*, 1995, Éd. De Paris, 2000, S. 231-239.

Professor Toaff von der Bar-Ilan-Universität in Jerusalem sorgte für Aufsehen in den Medien, als er einräumte, dass einige aschkenasische Juden in Norditalien Ritualmorde verübten.

Die Tageszeitung *Actualité juive* vom 1. März 2007 fasste die Affäre zusammen: „*Pasque di sangue*, das Buch des Historikers Ariel Toaff, mit einer Auflage von nur 1.000 Exemplaren, wäre vielleicht relativ unbemerkt geblieben, wenn nicht ein anderer Historiker, Sergio Luzzato, ebenfalls Jude, in der Tageszeitung *Corriere della Sera* eine glühende Besprechung des Buches geschrieben hätte". Er nannte die Veröffentlichung des Buches „einen beispiellosen und mutigen intellektuellen Akt". Ariel Toaff behauptete, dass im Mittelalter „zwischen 1100 und 1500 einige, vielleicht sogar mehrere Kreuzigungen christlicher Kinder" durch „eine Minderheit aschkenasischer Fundamentalisten" stattgefunden hätten, und führte weitere Details an: „Das Blut wurde pulverisiert und mit dem ungesäuerten Brot und dem Wein vermischt, die am Sederabend (dem Pessachmahl) verzehrt wurden. Man kann sich leicht vorstellen, welche Schockwelle solche Aussagen auslösen. Denn Ariel Toaff, Professor für mittelalterliche Geschichte, war kein anderer als der Sohn des ehemaligen Oberrabbiners von Rom, Elio Toaff, der von Papst Johannes Paul II. in der Synagoge in Rom empfangen wurde. Am nächsten Tag sprachen alle italienischen Zeitungen über das Buch, dessen tausend Exemplare an einem einzigen Tag ausverkauft waren". Ariel Toaff erinnerte in der Tageszeitung La *Stampa* an die Judenverfolgungen während der Kreuzzüge: „Aus diesem Trauma entstand eine Leidenschaft für Rache, die in einigen Fällen zu bestimmten Reaktionen führte, wie dem Ritualmord an christlichen Kindern." Der Historiker erwähnte auch „den Handel mit getrocknetem Blut auf beiden Seiten der Alpen, mit Fläschchen, die von den Rabbinern als kosher gestempelt wurden". Ariel Toaff wurde von den transalpinen Historikern sofort verleugnet und von seinem Vater, der örtlichen jüdischen Gemeinde und „dem gesamten italienischen Judentum" sowie von der Universität Bar-Ilan missbilligt. Nachdem er auf verschiedene Weise unter Druck gesetzt worden war, gab Toaff einige widersprüchliche Erklärungen ab und bat seinen Verleger, El Molino, sein Werk erst wieder zu veröffentlichen, wenn er einige Kapitel geändert habe. Der Autor erklärte außerdem, dass der Erlös aus dem Verkauf des Buches an die Anti-Diffamierungsliga in den USA gehen würde, um sein „tiefes Bedauern" auszudrücken. Natürlich veröffentlichte die *Actualité juive* einen weiteren Artikel eines jüdischen Historikers, der das Buch als „halluzinatorisch" bezeichnete.

In einem Buch, auf das wir später näher eingehen werden, erwähnt Dr. Georges Valensin eine gewisse Neigung zur Grausamkeit bei einigen seiner Mitmenschen. Unter Bezugnahme auf den Rückzug der Grande Armée Napoleons aus Russland gab er das Zeugnis von General Marbot wieder, der in seinen *Memoiren* schrieb: „Niederträchtige Juden stürzten sich auf verwundete oder kranke Franzosen; sie zogen ihnen die Kleider aus und warfen sie bei einer Kälte von minus 30°C nackt aus den Fenstern[371]." Bekannt ist auch das Zeugnis von Hauptmann Coignet, der in seinen berühmten *Cahiers* über diese Ereignisse schrieb: „Die Juden und die Russen schlitzten tausend Franzosen die Kehlen auf; die Straßen von Wilna waren mit Leichen übersät. Die Juden waren die Henker unserer Franzosen. Zum Glück hat die Garde sie aufgehalten und der unerschrockene Marschall Ney hat die Ordnung wiederhergestellt".

Jacques Attali interpretierte 2002 kurioserweise genau das Gegenteil: „Hunderttausend Polen (darunter auch Juden) sterben als Helden, die den Rückzug der Großen Armee decken[372]". Denjenigen, die unsere früheren Bücher gelesen haben, ist diese Neigung vieler jüdischer Intellektueller aufgefallen, sich gegen die Wahrheit zu stellen, wenn sie sie stört, und ihre Opfer systematisch dessen zu beschuldigen, was sie wahrscheinlich selbst verschuldet haben. 1869 stellte Gougenot des Mousseaux dieses charakteristische Verhalten fest und erkannte in „dem Juden" „seine unbesiegbare Kühnheit, seine charakteristische Hartnäckigkeit, alle Verbrechen zu leugnen, angesichts aller Beweise[373]".

Voltaire hatte auch bei den Juden eine gewisse Grausamkeit festgestellt. In der ungekürzten Fassung seines *Philosophischen Wörterbuchs* schrieb er: „Der aufrührerische Geist dieses Volkes verleitete sie zu immer neuen Exzessen: ihr Charakter war zu allen Zeiten grausam, und

---

[371] Georges Valensin, *La Vie sexuelle juive*, Éditions philosophiques, 1981, S. 131.

[372] Jacques Attali, *Los Judíos, el mundo y el dinero*, Fondo de cultura económica de Argentina, Buenos Aires, 2005, S.342.

[373] Roger Gougenot des Mousseaux, *Die Juden, das Judentum und die Judaisierung der christlichen Völker*. Pdf-Version. Übersetzt ins Spanische von Professor Noemí Coronel und der unschätzbaren Mitarbeit des Teams Katholischer Nationalismus. Argentinien, 2013, S. 244

ihr Schicksal war immer zu bestrafen". Er stellte ferner fest, dass das Alte Testament reich an Beispielen für Massaker ist: „Fast alle Lieder... sind voll von Verwünschungen gegen alle Nachbarvölker. Es geht nur um das Töten, das Ausrotten, das Ausweiden der Mütter und das Zerschmettern der Gehirne der Kinder mit Steinen". (*Mélanges, Dieu et les hommes, Kap.21*). Voltaire fuhr mit seiner beißenden Ironie fort: „Jephthah opfert seine Tochter seinem blutrünstigen Gott; Ehud ermordet seinen König im Namen des Herrn; Yael nagelt den Kopf eines Generals; Samson wiederholt die Heldentaten des Herkules; die Juden wollen Päderastie mit einem Engel und einem Leviten praktizieren; ein Levit zerreißt seine Frau in zwölf Stücke; 400 000 Soldaten werden in einem kleinen Gebiet getötet; Geschichten von 600 Jungfrauen und Fabeln von Kannibalen; Gott rächt sich an den Kanaanitern, indem er ihnen Hämorrhoiden zufügt; Samuel zerstückelt König Agag; Saul konsultiert eine Pythonin; der Fiedler David plündert und schlachtet an der Spitze seiner Fiedler, ohne das Leben stillender Säuglinge zu verschonen, wie es der jüdische Ritus vorschreibt... Man muss zugeben, dass unsere Räuber in den Augen der Menschen weniger schuldig waren; aber die Wege des Gottes der Juden sind nicht die unseren" (*Voltaire, Examen important de milord Bolingbroke, Kap. 7 und 8*).

Voltaire fuhr fort und schrieb: „Nach eurem Buch der Zahlen gab es sechzehntausend Frauen für eure Soldaten, sechzehntausend Frauen für eure Priester; und vom Anteil der Soldaten wurden zweiunddreißig für den Herrn genommen. Was wurde mit ihnen gemacht? Welchen Anteil hat der Herr an all euren Kriegen, wenn nicht den des Blutes? (*Philosophisches Wörterbuch*, nicht gekürzt).

In seinem *Testament eines ermordeten jüdischen Dichters* versuchte Elie Wiesel dennoch, uns davon zu überzeugen, dass Juden zu keinem Akt der Barbarei fähig sind. Darin erzählt er von den Abenteuern seines Helden während des Spanischen Bürgerkriegs. Er erwies sich als „ungeschickt und kampfunfähig". Er wird daher in den Dienst der „Propaganda und Kultur" gestellt. Nachdem er die Grausamkeiten beschrieben hat, die von beiden Seiten im Krieg begangen wurden, besteht Wiesel darauf, die internationalen Freiwilligen zu entlasten: „Die internationalen Freiwilligen haben sich jedoch ehrlich verhalten. Lag es daran, dass es viele Juden in ihren Reihen gab? Denn Juden scheinen unfähig zu sein, bestimmte Schandtaten zu begehen, selbst wenn es um Rache geht. Die Sterns, die Grosses, die Frenkels, die Steins - die aus verstreuten jüdischen Gemeinden in Ungarn, Rumänien und Polen stammten - zeigten Großmut gegenüber den Besiegten", erzählte uns Elie Wiesel und schloss mit den Worten: „Ihre Abneigung gegen Grausamkeit hätten sie niemals auf ihre jüdische Herkunft zurückgeführt, sondern vielmehr auf ihre marxistische Ideologie³⁷⁴." Elie ist ein erstaunlicher Mensch.

Die Theologie der Rache

Rache wird in der christlichen Zivilisation nicht als edles Gefühl angesehen. Israel Shamir behauptet, dass sie auch in der muslimischen Zivilisation kein edles Gefühl ist: „In der christlichen und muslimischen Literatur erscheint der Gedanke der Rache selten als Hauptthema eines wichtigen Buches. „Rächer' ist in der christlichen und muslimischen Kultur ein negativer Begriff". Die jüdische Kultur hingegen „ist von Rache durchdrungen, da sie sich direkt aus dem Alten Testament ableitet. Kein Wunder, dass Israel Rache in seine Tagespolitik aufgenommen hat. Seine Angriffe gegen die Palästinenser werden *peulot tagmul*, Racheakte, genannt". Schamir, der in Israel lebte, hatte keine Schwierigkeiten, seine Worte zu illustrieren: „Die Invasion des Libanon 1982 mit ihren 20 000 libanesischen und palästinensischen, christlichen und muslimischen Opfern war ein Racheakt für das versuchte Attentat auf den israelischen Botschafter in London. Während der letzten Intifada wurde jede israelische Terroraktion von den Israelis und den US-Medien als 'Strafe' oder 'Vergeltung' bezeichnet³⁷⁵." In ähnlicher Weise stellten die Medien im Sommer 2006 die Zerstörung des Libanon unter einer Flut von Feuer als einen Akt der Vergeltung für die Entführung zweier israelischer Soldaten durch die Hisbollah dar.

Schon Jean-Paul Sartre hatte vor den Rachegelüsten der Juden gewarnt, und das war allen bekannt: „Während der [deutschen] Besatzung waren die Demokraten zutiefst und aufrichtig gegen antisemitische Verfolgungen, aber von Zeit zu Zeit seufzten sie: 'Die Juden werden aus dem Exil mit einer solchen Anmaßung und Rachsucht zurückkehren, dass ich ein Wiederaufleben des Antisemitismus befürchte'³⁷⁶".

---

³⁷⁴ Elie Wiesel, *Le Testament d'un poète juif assasiné*, 1980, Points Seuil, 1995, S. 209-211.

³⁷⁵ Israel Shamir, *L'autre visage d'Israël*, Éditions Al Qalam, 2004, S. 245.

³⁷⁶ Jean Paul Sartre, *Réflexions sur la question juive*, Gallimard, 1946, Folio, 1954, S. 68-69.

Auch die Essayistin Viviane Forester, die wir bereits in unseren früheren Büchern erwähnt haben, hat in einigen ihrer Bücher die Wut einiger Juden niedergeschrieben. Im Laufe des Zweiten Weltkriegs sandte das nationale jüdische Widerstandskomitee in Polen eine Botschaft an die ganze Welt: „Das Blut von drei Millionen Juden schreit nach Rache, und es wird gerächt werden! Die Strafe wird nicht nur die Nazi-Kannibalen treffen, sondern auch all jene, die nichts getan haben, um ein dem Untergang geweihtes Volk zu retten[377]."

Auch in dem 1975 erschienenen Buch *Souvenirs* des berühmten Gangsters Pierre Goldman schwang Rache mit. Nachdem er an den Ereignissen des Mai 1968 in Paris teilgenommen hatte, verbrachte er einige Zeit in Venezuela, bevor er unter falscher Identität nach Frankreich zurückkehrte. Er schlug den Weg des Gangstertums und blutiger bewaffneter Raubüberfälle ein, obwohl er zugab, dass diese Praktiken weit von seinem revolutionären Ideal entfernt waren. Im April 1970 wurde er im Besitz eines falschen venezolanischen Passes verhaftet[378]. Sein Vater war ein Kommunist, der an den Internationalen Brigaden teilgenommen hatte: „Er tötet Deutsche [Faschisten]. Mit Hass, mit Freude, ohne zu zögern. Er ist ein Schnitzer und ein Sportler, er kämpft und kämpft gut. Er hat seine französische Staatsbürgerschaft verdient und war nie so jüdisch wie zu dieser Zeit... Im Kommunismus träumten sie von internationaler Brüderlichkeit, einem internationalen und einem Sozialismus, in dem das jüdische Volk, seine jüdische Identität nicht abgeschafft werden würde. Niemand war jüdischer als diese neuen Hasmodeer, diese neuen Makkabäer, diese Söhne des Volkes des Buches, die zu den Waffen griffen, um die heilige Geschichte des jüdischen Aufstandes zu schreiben".

Pierre Goldmans Mutter war eine jüdische Kommunistin aus Polen, die Mitglied der Kommunistischen Partei Frankreichs werden sollte: „In meiner Wiege waren Flugblätter und Waffen versteckt", schrieb Golman. Auf jeden Fall war er offen, was seine Identitätszugehörigkeit anging: „Franzose zu sein oder nicht, war für mich nie ein Thema: Für mich stellte sich die Frage nicht. Ich glaube, ich wusste immer, dass ich einfach ein polnischer Jude bin, der in Frankreich geboren wurde... Ich

---

[377] Viviane Forrester, *Das abendländische Verbrechen*, Fayard, 2004

[378] Zu Pierre Goldman: Vgl. Psychanalyse du Judaïsme, S. 134-136.

bin als Atheist geboren und ich bin als Jude geboren³⁷⁹ „", beteuert Goldman.

Er trat in den Kommunistischen Jugendverband ein, der von Rachegedanken geprägt war: „Ich lernte den Marxismus von Politzer (den ich als Philosophen und Kämpfer kannte, als Denker und als einen der ersten Kommunisten, die zu den Waffen gegriffen hatten). Ich wusste, dass dieser Professor erschossen worden war. Ich wusste, dass er ein Jude war). Ich träumte vom Bürgerkrieg, vom antifaschistischen Krieg, von einer echten Rückkehr der Zeit, der Geschichte... Ich war satt, ich war durchdrungen, ich war gequält von Filmen und Geschichten über diesen Krieg, von Bildern des Holocaust".

Die Ereignisse in Algerien waren der Anlass, seinen Hass zu schüren: „Ich hege einen heftigen, jüdischen Hass auf die pogromistischen Polizisten der Razzien von 1961. Ich verstehe nicht, dass die in Charonne ermordeten Opfer nicht gerächt werden". In Compiégne trifft er den Sohn eines ehemaligen FTP: „Unser Plan: Waffen stehlen und einige Persönlichkeiten töten, die für ihre Sympathie für die OAS* bekannt sind. Der Algerienkrieg ist vorbei, bevor wir handeln können".

In Paris schreibt er sich an der Sorbonne ein, widmet sich aber vor allem der militanten Aktion: „Ich widme mich der Beherrschung der Feinheiten der marxistischen Debatte. Ich rede. Aber sehr schnell wende ich mich der Organisation des Kampfes gegen rechtsextreme Gruppen zu (denn der Hass treibt mich dazu)... So nennen wir den Sicherheitsdienst der UEC (Kommunistischer Studentenverband). Wir griffen diejenigen an, die faschistische und monarchistische Flugblätter verteilten³⁸⁰".

Hinter seinem politischen Kampf verbergen sich auch gewisse kriminelle Tendenzen. In Evreux war er Anfang der 1960er Jahre „mit jüdischen Gangstern, Zuhältern und einigen Biker-Gangstern verkehrt". Goldman heuerte dann auf einem norwegischen Frachter an und fuhr

---

³⁷⁹ Pierre Goldman, *Souvenirs obscurs d'un juif polonais né en France*, Points Seuil, 1975, S. 29-33.

* Die Organisation der Geheimen Armee (OAS) (*Organisation de l'Armée Secrète*) war eine französische rechtsextreme Terrororganisation, die 1961 nach dem versuchten Staatsstreich gegen De Gaulle in Madrid gegründet wurde.

³⁸⁰ Pierre Goldman, *Souvenirs obscurs d'un juif polonais né en France*, Points Seuil, 1975, S. 39-43.

nach Mexiko. Ohne gültige Papiere wurde er an der Grenze zurückgewiesen und landete in einem amerikanischen Gefängnis: „In meiner Zelle war ein Jude mit einem riesigen, affenartigen Körper, aber klein und stämmig, der mich als brüderlichen Freund aufnahm... Dieser Jude, der wie ich aus Osteuropa stammte, saß wegen bewaffneten Raubüberfalls im Gefängnis... Ihm drohte eine Strafe von zwanzig Jahren, da er ein Wiederholungstäter war, aber die Haftstrafe war ihm gleichgültig[381]." Pierre Goldman nahm es sehr übel, mit den Weißen eingesperrt zu sein; er wäre lieber bei den Schwarzen gewesen. Tatsächlich waren seine besten Freunde in Paris Guadeloupeaner, mit denen er einige Jahre später seine Raubüberfälle vorbereiten sollte. Als er Frankreich verlässt, um dem Militärdienst zu entgehen, irrt er zwischen Prag, Berlin und Brüssel umher, „in den Bars der Unterwelt und der westindischen Lumpen".

1967, zur Zeit des Sechstagekriegs, schrieb er: „Ich traf zwei jüdische Genossen, Marxisten-Leninisten und angebliche Antizionisten, die sich heuchlerisch über die Macht und das kriegerische Geschick der Dayan-Truppen freuten. Ich lächelte über diese schreckliche und versteckte Komplizenschaft, die wir als Juden insgeheim teilten. Ich dachte an die heiligen Kämpfer des Ghettos, an ihre absolute Tapferkeit. Ich dachte an die Juden der Internationalen Brigaden, an die Juden der Manouchian-Boczov-Gruppe, an die Juden des Roten Orchesters und an die Juden der Sonderdienste der stalinistischen Komintern... Und ich erinnerte mich an die unverhohlene Freude meines Vaters, als er beim Triumph der jüdischen Waffen[382] mitfieberte."

Die allgemeine Atmosphäre schien für große Aktionen günstig zu sein: „Ich beschloss, so schnell wie möglich nach Kuba zu reisen. Ich hatte Kontakte zu Genossen aus Guadeloupe geknüpft, und in der Pariser Hitze bereiteten wir heftige Aufstandsfeuer und blutige

---

[381] Pierre Goldman, *Souvenirs obscurs d'un juif polonais né en France*, Points Seuil, 1975, S. 53.

[382] Pierre Goldman, *Souvenirs obscurs d'un juif polonais né en France*, Points Seuil, 1975, S. 62. Wir haben in diesem Zusammenhang bereits die Fälle von Herbert Marcuse, Marek Halter, Guy Konopnicki und Alexandre Adler in *Les Espérances planétariennes*, S. 172, 173 erwähnt. Daniel Cohn-Bendit sagte dazu: „Ich erinnere mich, dass ich damals ein Examen machte. Ich ging jede Stunde hinaus, um die Nachrichten zu hören. Ich habe zu niemandem etwas gesagt, aber ich war überwältigt". (André Harris, Alain de Sédouy, *Juifs et Français*, Grasset, 1979, Poche, S.191).

Befreiungsaktionen vor. Er war damals 24 Jahre alt und stand in Kontakt mit guadeloupeanischen und kongolesischen Revolutionären. „Ich stahl einen Pass, den ich fälschte und wartete... Als ich Frankreich verließ, dachte ich, dass ich in Venezuela Erfahrungen und große Prüfungen erleben würde, die mich verändern würden. Ändern oder sterben, das war meine Obsession. Zu werden, was ich nie war. Mich von dieser ewigen Wiederholung loszureißen, in der ich mich mit Ekel und Abscheu sah. Ich hielt es auch für wichtig, vor meinem dreißigsten Lebensjahr zu sterben und von dem schändlichen Abschaum, den ich mit mir herumschleppte, gereinigt zu werden[383]."

Da er untergetaucht war, blieb er den Ereignissen des Mai '68 in Paris fern und ging nach Venezuela. Dort verbrachte er einige Zeit bei der Guerilla, bevor er nach Paris zurückkehrte: „Ich wollte den friedlichen Verlauf der politischen Beziehungen in diesem Land zerreißen, brechen, Gewalt einführen, provozieren. Er war von der Idee eines bewaffneten Kampfes in Frankreich zutiefst fasziniert".

Im Jahr 1969 begann er mit zwei westindischen Komplizen bewaffnete Raubüberfälle, die mit der Ermordung zweier Apotheker endeten. Eines Tages gestand er den „versteckten Führern einer großen und proaktiven linken Organisation" (Maoisten): „Ich erlebte im Verbrechen einzigartige, reine Momente totaler, stiller und stummer Brüderlichkeit, die mich mit unbekannten und bewaffneten Schwarzen vereint hatten[384]."

Das endgültige Urteil nach seinem Freispruch in der Berufung im Jahr 1976 löste große Empörung aus. Er wurde schließlich 1979 von einer mysteriösen „Honneur de la Police"-Gruppe ermordet. In einer kürzlich durchgeführten Untersuchung über die „Ermordung von Pierre Goldman" wurde behauptet, dass es sich bei dieser Gruppe wahrscheinlich um eine Fassade handelt, hinter der sich die spanische GAL (Grupo Antiterrorista de Liberación) verbarg. Nach seiner Freilassung hatte Goldman zusammen mit Bauer (Mesrines Partner) Waffen für die ETA (baskische Unabhängigkeitskämpfer) und Drogen zwischen Spanien und Schweden geschmuggelt. Trotz dieses

---

[383] Pierre Goldman, *Souvenirs obscurs d'un juif polonais né en France*, Points Seuil, 1975, S. 73.

[384] Pierre Goldman, *Souvenirs obscurs d'un juif polonais né en France*, Points Seuil, 1975, S. 80, 100.

chaotischen Lebenslaufs war es der jüdischen Gemeinschaft gelungen, Goldman als Märtyrer darzustellen.

So schrieb Bernard-Henri Levy 1986: „Pierre Goldman war ein Jude, einer unserer großen jüdischen Schriftsteller, einer, der viel für den Ruhm und die Vorbildlichkeit unseres Judentums getan hat, und vielleicht ist er gestorben, weil er einigen unserer Texte und Gebote zu treu war, manchmal bis zum Punkt der Halluzination, sogar in die extremsten Ausrutscher fallend. Meiner Meinung nach war er auf seine Weise ein Gerechter, dessen Verlust unsere Gemeinschaft betrauert[385]."

Diese mit Stolz behauptete jüdische Solidarität wurde auch von den Gojim erkannt, galt aber damals als „antisemitisch". In der Zeitung *Je Suis Partout* vom 17. Februar 1939 schrieb Robert Brasillach zum Beispiel: „Sie unterstützen sich bereitwillig gegenseitig, sie weigern sich, ihre Solidarität mit dem Abschaum ihres Volkes aufzugeben, und während ein Franzose einen Landru* verleugnet, fühlt sich der feinste und intelligenteste Jude immer unwohl, wenn vor ihm etwas Schlechtes über Bela Kun gesagt wird", den berühmten bolschewistischen Führer, der in Ungarn durch seine Grausamkeit auffiel. Es stimmt, dass Bernard-Henri Levy und Pierre Goldman einen ähnlichen familiären Hintergrund haben, denn Levy schreibt: „Mein Vater war ein erstklassiger Antifaschist, der sich im Alter von 18 Jahren als Freiwilliger im republikanischen Spanien meldete, dann in der französischen Armee, um am Kampf gegen die Nazis teilzunehmen[386]."

Angesichts der antirassistischen Beziehungen und Verpflichtungen des Gangsters und des Philosophen schien sich sein Rachegeist eher gegen die Europäer als gegen den „Kapitalismus" und die liberale Gesellschaft zu richten. Im Fall von Pierre Goldman scheint es jedoch ziemlich klar zu sein, dass seine radikale Militanz Ausdruck einer Identitätskrise war, die bei Juden oft an Selbsthass und Wahnsinn grenzte.

Der Begründer des Sozialismus in Deutschland, Ferdinand Lassalle, der aus einer orthodoxen jüdischen Familie stammte, wurde selbst von seiner jüdischen Identität und dem Gedanken der Rache gegen den weißen Mann und die europäische Zivilisation gequält. So schrieb Leon Poliakov über ihn: „Als Jugendlicher träumte er von der Zeit des

---

[385] Bernard-Henri Levy, *Questions de principe*, deux, Grasset, 1986, Poche

* Landru, französischer Serienmörder des frühen 20. Jahrhunderts.

[386] Bernard-Henri Levy, *Récidives*, Grasset, 2004, S. 388.

Damaskus-Skandals und davon, der rächende Messias der Juden zu werden[387]... Er verkündete seine Hoffnung, die Stunde der Rache bald kommen zu sehen, und verkündete seinen Durst nach dem Blut der Christen." Lassalle änderte jedoch seine Ambitionen und wandelte seine Neurose in kommunistischen Messianismus um: „Als sein geschäftiges Leben ihn zum Messias der deutschen Arbeiterklasse machte, schien sich seine Wut nur noch gegen seine Brüder zu richten[388]." In der Tat begann er, wie Marx, gegen seine Mitmenschen zu wettern.

Die Idee eines rächenden Messias wurde kürzlich von dem israelischen Wissenschaftler Yacob Yuval von der Universität Hebraica in seinem Buch *Two Nations in Your Midst*[389] untersucht. „Yuval zitiert zahlreiche alte jüdische Texte, um seine These zu stützen", schrieb Israel Shamir. „Am Ende der Zeit (wenn der Messias kommt) wird Gott alle Nationen außer den Israeliten vernichten und ausrotten", heißt es im Sefer Nitzahon Yashan, das von einem deutschen Juden aus dem 13. Jahrhundert geschrieben wurde. Shamir zitierte auch das Beispiel von Klonimus Ben Judah, der eine Vision hatte, in der „die Hände Gottes mit den Leichen von Nichtjuden gefüllt" waren. Hundert Jahre vor den Kreuzzügen und den Massakern an den Juden flehte Rabbi Simon Ben Yitzhak Gott bereits an, „den Gladius zu schwingen und den Gojim die Kehle durchzuschneiden[390]."

Rabbi Shmuel Boteach untersuchte die jüdische Eschatologie in einem Essay mit dem Titel *Die Zeit des Hasses*: „Das Judentum, schrieb er, zwingt uns, die Bösen um jeden Preis zu verachten und zu bekämpfen... Die einzige Möglichkeit, auf das reuelose Böse zu reagieren, besteht darin, es mit allen Mitteln zu bekämpfen, bis es aus dem Universum getilgt ist... Um der Gerechtigkeit willen ist die angemessene Reaktion auf den Bösen, ihn mit jeder Faser unseres Wesens zu hassen und ihm

---

[387] Der Fall Damaskus: 1840 wurden Mitglieder der jüdischen Gemeinde der Stadt wegen ritueller Verbrechen angeklagt.

[388] Léon Poliakov, *Histoire de l'antisémitisme, Tome II*, Point Seuil, 1981, S. 226.

[389] Zwei Nationen in deinem Schoß, Tel Aviv, 2000, Alma/Am Oved.

[390] Israel Shamir, *L'autre visage d'Israël*, Éditions Al Qalam, 2004, S. 242, 243.

zu wünschen, dass er niemals Ruhe findet, weder hier, in dieser Welt, noch in der nächsten[391]."

In seinem Buch *Apologie für Israel* von 1957 hat der Denker Albert Caraco in seinen Aphorismen den großen talmudischen Gedanken sehr deutlich zum Ausdruck gebracht: „Ich sage euch, Römer: um so grausam zu sein wie unser Gegner, haben wir zu viel, zu viel zu rächen" (S. 78).Die Ehre der Juden wird Rache heißen und ihre Erlösung das Schwert, aber ein Schwert der Gerechtigkeit" (S.176) „Wie sehr sie uns auch verfluchen und wie sehr sie uns auch die Kehle aufschlitzen, ihre Kinder werden die unseren sein, an ihnen werden wir Rache an den Vätern nehmen" (S.247).

Caraco fuhr fort: „Sie geben vor, den Juden zu widerstehen, und das ist auch gut so: Sie würden aufgeben, wenn es keinen Widerstand gäbe, denn der Hass, den sie für sie empfinden, macht sie lebendig und zwingt sie, sich zu verteidigen, lebendig und fleißig, Gefangene einer unersättlichen Wut, die sie zu Feuerspeiernden macht... Sie rächen sich nicht so sehr an allen, die sie beleidigen: Sie behandeln sie nicht mehr als Menschen, sondern als Objekte, als bloße Unfälle, verweigern ihnen sogar die Beweise, begraben und diffamieren sie tot oder vergessen sie einfach für immer und töten sie so ein zweites Mal[392]."

Die Leidenschaft zu zerstören

Der Schriftsteller Romain Gary gewann den Goncourt-Preis zum ersten Mal mit seinem Roman *Die Wurzeln des Himmels* und ein zweites Mal mit *Leben im Voraus. Er ist* Jude litauischer Herkunft und heißt eigentlich Roman Kacew. Sein Vater, Ariel-Leib Kacew, war Kürschner in Wilna (Vilnius), Litauen. Mit dreizehn Jahren verließ er Warschau und ließ sich in den 1930er Jahren in Nizza nieder. 1940 schloss er sich der Résistance an und wurde Mitglied der Gruppe Lothringen der Freien Französischen Luftwaffe. 1943 schrieb er seinen ersten Roman in englischer Sprache, ermutigt durch seinen Zimmergenossen Joseph Kessel, der wie er ein freiwilliger Kämpfer war. Das Buch wurde sofort unter dem Titel *European Education* ins Französische übersetzt, ein Bericht über den polnischen Widerstand, und sein „überwältigendes Talent" wurde von Raymond Aron gewürdigt, wie er in der der Figur

---

[391] Israel Shamir, *L'autre visage d'Israël*, Éditions Al Qalam, 2004, S. 270.

[392] Albert Caraco, *Apologie d'Israël*, 1957, L'Age d'homme, 2004, S. 150.

gewidmeten Zeitschrift *Les Cahiers de L'Herne* (2005) schreibt. Kessel, Aron, Gary: alle in derselben Familie. Sein frühes Engagement in der Résistance sollte ihm eine umfassende diplomatische Karriere einbringen. Im *Nouvel Observateur* vom 26. Februar 2004, der ihm einige Seiten gewidmet hat, ist zu lesen: „Er hatte es mit mehr als einem Gerontoiden des alten Frankreichs zu tun, der diesen zum Diplomaten umfunktionierten Meteco mit Unbehagen betrachtete". Seine erste Station war Sofia in Bulgarien.

Romain Gary war in erster Linie ein jüdischer Intellektueller, wenn man sein literarisches Schaffen betrachtet. *Tulip*, sein zweiter Roman, der 1946 erschien, war Leon Blum gewidmet. Laut *Les Cahiers de L'Herne* prangert Gary „die Gräueltaten des Nationalsozialismus, den Nationalismus, die Gleichgültigkeit, die Umschreibung der Geschichte, die Rolle der Medien, die Lehre des Hasses" an. Der Romanautor drückt sich durch seinen Helden aus: Tulip „kritisiert das Konzept des souveränen Staates, eine abscheuliche heilige Kuh". (*Tulip*, S.53). In einem anderen seiner Romane, *L'Homme à la colombe (Der Mann mit der Taube, 1958)*, tritt der Held Johnny für eine „Weltregierung" ein (S.44). In *Die Wurzeln des Himmels* (1956) und *Die Sternenfresser* (1966) prangert er den unterdrückerischen weißen Mann in den Kolonien an[393]. Romain Gary hat sich somit als echter jüdischer Intellektueller etabliert, der die gleichen Obsessionen wie fast alle seine Zeitgenossen aufweist, wie wir in *Planetary Hopes* (2005) und *Psychoanalysis of Judaism* (2006) gezeigt haben.

1967 trat Gary in das Kabinett des Informationsministers von General de Gaulle ein. „Als Gaullist fühlte er sich dennoch als Mann der Linken. Im Jahr 1968 identifizierte er sich nicht mehr mit der Mehrheit an der Macht, weshalb er sich 1974 für François Mitterrand aussprach. Geprägt vom Kosmopolitismus hatte er Freude daran, die traditionellen Werte der europäischen Gesellschaft auf den Kopf zu stellen: „Der Widerstand gegen die sozialen Hierarchien und die offizielle Kultur... der Wertewandel, die Missachtung der edelsten Ideale, die ständige Vertauschung von Hoch und Tief" waren der Hintergrund seiner Werke: „*Para Sganarelle* (Essay, 1965) war in diesem Sinne ein wahres Manifest, so *Les Cahiers de L'*Herne... Ein Buch wie *Lady L.* (Roman, 1963) ist ein Beispiel für diese karnevaleske Wendung, die eine ehemalige Prostituierte an die Spitze der englischen Aristokratie stellt". (p.295). Wir erkennen hier ganz deutlich die Handschrift des jüdischen

---

[393] Les Cahiers de l'Herne, Romain Gary, S. 143, 137

Intellektuellen, der von der Untergrabung der traditionellen Werte besessen ist. Er war offensichtlich ein „Amerikanophiler" und leidenschaftlicher „Antirassist". In den Vereinigten Staaten schloss er sich 23 Antisegregationsbewegungen an und stellte sich auf die Seite der Black Panther.

Diese Subversion der Werte wurde fast immer auf die eine oder andere Weise bei jüdischen Intellektuellen beobachtet. Auch radikale Veränderungen der Situation werden oft karikiert. In Steven Spielbergs Film, *Twilight Zone: The Movie* (USA, 1983) zum Beispiel findet sich der Rassist Bill in den Schuhen eines vom Rassismus Verfolgten wieder. Im gleichen Stil ließ Arthur Miller in seinem 1945 erschienenen Roman *Focus* einen Durchschnittsamerikaner in die Rolle eines Juden schlüpfen und ihn die täglichen Ängste des Antisemitismus durchleben[394]. Ein solcher Rollentausch wurde auch in Joseph Loseys Film *Der Diener* (GB, 1963) inszeniert: Einem Diener gelang es, den Aristokraten, für den er arbeitete, zu beherrschen, der schließlich dem Alkoholismus verfiel.

In seiner 1957 erschienenen *Apologie für Israel* brachte Albert Caraco diesen Wunsch nach Zerstörung der traditionellen Gesellschaft sehr gut zum Ausdruck. Seine neunzehn Bücher wurden von Vladimir Dimitrijevic, einem serbischen Verleger, herausgegeben. Nach dem Selbstmord des Schriftstellers im Jahr 1971 veröffentlichte Dimitrijevic einige seiner posthumen Werke. Im Jahr 1984 erklärte er: „Sein Vater und ich waren seine einzigen wirklichen Leser... Wir sind es nicht mehr gewohnt, eine so donnernde Stimme, eine so schöne und zwingende Sprache zu hören". Nachdem wir uns mit Hunderten von Büchern jüdischer Intellektueller auseinandergesetzt und sie eingehend geprüft haben, sind wir der Meinung, dass Caraco die anstrengendste und anspruchsvollste Lektüre von allen ist. Deshalb haben wir uns bei diesem Autor, wie übrigens auch bei einigen anderen, bemüht, seinen Gedanken eine Form zu geben, indem wir seine Aphorismen so geordnet haben, dass sie leichter zu lesen sind.

Das ist also das Schicksal der Menschheit, wie Albert Caraco sagt: „Rom und Mekka sind für immer unrein, heidnisch für immer... Die Kirche und der Islam sind Bastarde, und nichts wird ihre Bastarde auslöschen, solange ein Mitglied der auserwählten Rasse überlebt, fleischlich... Gott hat nur ein Haus auf Erden: Jerusalem" (S. 73, 244),

---

[394] Vgl. *Psychanalyse du Judaïsme*, S. 223, 224.

„Die Juden werden Rom und Mekka begraben und ihrer Geschichte einen demütigenden Sinn für den Geist geben, der auf den Seiten der Bibel herrscht" (S. 318). Und er betonte: „Wir befinden uns in der Zeit, in der Rom und der Islam untergehen werden, ich gebe ihnen kein Jahrhundert zu leben." (p.246)

Karakus bestätigte, dass die Methode der Juden zur Erreichung ihrer Ziele darin bestand, alle traditionellen Gesellschaften zu entwurzeln, alle Unterschiede, alle Traditionen zu nivellieren, um zu einer Welt des „Friedens" zu gelangen, in der nur das Volk Israel bestehen wird, das sein Gedächtnis sorgfältig bewahrt haben wird: „Der Glaube der Völker, sie werden ihn ins Wanken bringen, ohne dass der ihre sich ändert, und wenn die Welt weder Glauben noch Gesetze hat, werden sie unter uns sein, um eines zu gründen und andere zu erlassen."(S.176). „Wer nicht von uns will, wird nicht von Gott wollen. Unsere Erwählung hat nie aufgehört, nur durch uns wird der Ewige Gott diejenigen prüfen, die behaupten, ihm zu dienen." (p.322).

Der Islam stellte offensichtlich einen Rivalen von Format dar: „Wo der Islam sich niederwirft, beten wir im Stehen; wo der Islam zittert, haben wir keine Angst mehr" (S.322). (p.322). Was die katholische Kirche betrifft, so ist ihr Schicksal von nun an bereits besiegelt: „Die Rache Israels [wird] die Kirche zwingen, sie zu fürchten, sich zu bewaffnen, endlich zu kämpfen, schuldig zu werden und als Ungläubige zu sterben... Wenn die Juden die Kirche überrennen, wird die Kirche es dann wagen, für die Juden zu beten? Sicherlich nicht, aber so wird die Kirche doppelt besiegt werden." (p.186)

In den Gedanken von Albert Caraco finden wir auch die „teuflische Tendenz", die der österreichische Schriftsteller Joseph Roth[395] zum Ausdruck gebracht hat: „Die Kirche, schrieb Caraco, wollte, dass sie die Dämonen sind, die ihr dienen, aber sie sind es mit dem Ziel, sie zu stürzen und über den allgemeinen Ruin die Tugenden und die Macht zu erlangen, die ihnen verwehrt sind" (S.165). (p.165). „Wer seine Ohren nicht vor ihnen verschließt, ist wirklich verloren. In der Tat haben sie keine andere Grundlage als den Ruin, sie leben von dem Tod, den sie säen... Sie sind böse, und diejenigen, die ihnen widerstehen, sind nicht gut... Das Ende der Zeit hat begonnen, die Zeichen mehren sich bereits." (p.225)

---

[395] Zu den teuflischen Tendenzen, vgl. *Psychanalyse du Judaïsme*, S. 249-252.

Schließlich beschwört Caracus die typischen Bilder der Juden herauf, um die messianische Zeit zu beschreiben, indem er sich selbst zum Wortführer von Kriegen und Katastrophen macht: „Exzess und Chaos beenden, was sterben muss, die Wiedergeburt selbst erfordert Gewalt, und die Erschütterungen der Geburt [des Messias] gehen seiner Herrschaft voraus, der Krieg wird das Jahrhundert zwingen, seine Gestalt zu verändern" (S.226). (p.226). Deshalb ist „das Chaos das Zeichen seiner Herrschaft" (S. 172). (p.172). „Was sie nicht erreichen können, reformieren sie; was sie nicht reformieren können, zerstören sie." (p.171).

Zahlreiche jüdische Intellektuelle und Filmemacher haben ihren Hass auf die katholische Kirche bereits auf mehr oder weniger verdeckte Weise in ihren literarischen oder filmischen Werken zum Ausdruck gebracht. Der amerikanische Romancier Philip Roth zögerte in *Portnoys Böses* nicht, durch seine kränkliche Figur von „all dem katholischen Scheiß" und „diesen dreckigen katholischen Schulen" zu sprechen. Und weiter: „Du kannst davon ausgehen, Alex: Du wirst nie in deinem Leben ein *Mishegoss*[396] hören, das so bedeutungslos und so voller Dreck ist wie die Religion der Christen[397]."

Albert Caraco stiftete die Juden an, in die Kirche einzutreten, um sie von innen heraus zu zerstören, obwohl er in diesem Punkt nicht allzu sehr insistierte: „Die Juden, schrieb er, wären unklug, die Kirche zu ruinieren, anstatt sie zu beherrschen... Durch Jesus werden sie das Universum besitzen und es friedlich beherrschen... Sie werden Juden bleiben, indem sie Christen werden, sie werden frei sein, den Weg zu wählen, anstatt bedroht zu werden[398]."

Diese zerstörerischen Neigungen wurden einmal mehr in den Worten von Elie Wiesel deutlich, als er das Deutschland der Zwischenkriegszeit der Weimarer Republik beschrieb: „Das besiegte Deutschland vermittelte den Eindruck, dass auf seinem Boden alles erlaubt war,

---

[396] Mishegoss: Wahnsinn, Dummheit.

[397] Philip Roth, *El mal de Portnoy*, Seix Barral, Barcelona, 2007, als Leihgabe von Debolsillo, Mondadori, Barcelona, 2008 S. 95, 137, 38. (Gesüßte Übersetzung von R. Buenaventura von „abscheulicher katholischer Mist", „verdammte katholische Kirche" und „wirrer Mist und ekelhafter Unsinn als christliche Religion").

[398] Albert Caraco, *Apologie d'Israël*, 1957, L'Age d'homme, 2004, S. 126, 126, 148.

außer sich selbst ernst zu nehmen", schrieb Wiesel. Götzenbilder wurden zerbrochen, Statuen demontiert, religiöse Gebräuche aufgehängt, das Heilige verspottet, und zu allem Überfluss wurde das Lachen sakralisiert, um des Lachens willen [399] ... Die Hauptstadt erinnerte in ihrem ständigen Aufbrausen an die sündigen Städte der Bibel. Der Talmudist in mir wurde rot und schaute weg. Prostitution, Pornographie, Verderbnis der Sinne und des Geistes, sexuelle Perversion und so weiter; die Stadt zog sich aus, schminkte sich, erniedrigte sich ohne Skrupel und stellte ihre Degeneration als Ideologie zur Schau. Um die Ecke vom *Chez Blum* tanzten in einem Privatclub Männer und Frauen oder Frauen miteinander nackt. Andernorts nahm man Drogen, peitschte sich gegenseitig aus, kroch im Schlamm, überschritt alle Grenzen; es erinnerte mich an die Sitten und Gebräuche der Sabatier. Werte wurden umgedreht, Tabus wurden aufgehoben, spürten die Menschen den herannahenden Sturm[400]?"

Zwei Seiten weiter schreibt Elie Wiesel naiv: „Berlin schien von Juden beherrscht zu werden... Zeitungen und Verlage, Theater und Banken, Kaufhäuser und literarische Salons. Die französischen Antisemiten, die überall den Juden sahen, hatten Recht... zumindest im deutschen Fall. Die Wissenschaften, die Medizin, die Künste: der Jude gab den Ton an, setzte ihn durch".

Schon in der Antike waren die Juden das Ziel derselben Anschuldigungen. Der jüdische Historiker Flavius Josephus sammelte die antijüdischen Schriften der Zeit in seinem Werk *Gegen Apion*. Flavius Josephus zitierte beispielsweise Lysimachus von Alexandria, einen griechischen Gelehrten des ersten Jahrhunderts v. Chr.: „Moses... ermahnte die Juden, zu niemandem freundlich zu sein, die schlechtesten Ratschläge zu befolgen und alle Schreine und Götteraltäre niederzureißen, die sie finden würden. Der große Historiker des Judentums, Leon Poliakov, fügte in seiner *Geschichte des Antisemitismus* hinzu: „Selbst bei einem Autor, der mit viel Wohlwollen über die Juden und ihre Institutionen spricht, Hekataeus von Abdera, finden wir diesen Kommentar:" [Moses] führte eine Lebensweise ein, die der Menschlichkeit und der Gastfreundschaft widersprach". Andere griechische Autoren (Diodorus Siculus, Philostratus) sowie einige

---

[399] Elie Wiesel, *Le Testament d'un poète juif assasiné*, 1980, Points Seuil, 1995, S. 100.

[400] Elie Wiesel, *Le Testament d'un poète juif assasiné*, 1980, Points Seuil, 1995, S. 124.

lateinische Autoren (Pompeius Trogo, Juvenal) greifen dieselben Anschuldigungen auf, die wir in dieser berühmten Passage von Tacitus lapidar zusammengefasst sehen: „Die Juden... haben unter sich eine hartnäckige Anhänglichkeit, ein aktives Mitgefühl, das im Gegensatz zu dem unerbittlichen Hass steht, den sie gegenüber der übrigen Menschheit hegen. Sie essen und schlafen nie mit Fremden. Diese Rasse, obwohl sie der Verderbtheit sehr zugeneigt ist, enthält sich jeglichen Handels mit fremden Frauen... „Und noch lakonischer: „Alles, was wir anbeten, hassen sie; andererseits ist ihnen alles erlaubt, was für uns unrein ist".

Im 4. Jahrhundert n. Chr. wurden sie von christlichen Predigern heftig beschimpft. Wir haben bereits gesehen, was Gregor von Nyssa über sie dachte. Johannes Chrysostomus war der gleichen Meinung: „Lupanar und Theater, die Synagoge ist auch eine Räuberhöhle und eine Höhle der wilden Tiere[401]." Aber schon fünfzehnhundert Jahre früher, im alten Ägypten, zeigten die Juden die gleichen bedauerlichen Neigungen. Elie Wiesel erinnerte daran, wie Joseph, der von seinen jüdischen Brüdern verkauft worden war, sich eine Position als vertrauenswürdiger Berater des Pharaos gesichert hatte: „Auf dem Höhepunkt seines Ruhmes gab ihm der Pharao den Spitznamen Tzofnat Paneach, der Codeknacker[402]."

Jüdische Intellektuelle rühmen sich oft, dass sie die Jahrhunderte überdauert haben, während die ägyptische, babylonische, persische, griechische und römische Zivilisation längst untergegangen ist. Aber sie vergessen zweifellos, uns zu sagen, welche Rolle sie beim Untergang dieser großen Zivilisationen gespielt haben.

Diese Zerstörungswut zeigt sich in unserer Zeit täglich, insbesondere durch die Fernsehpropaganda. Im Jahr 2006 vermittelte beispielsweise die französische Fernsehserie *Plus belle la vie (Schöneres Leben)* einen Eindruck von diesem unerbittlichen Hass. Die Zeitung *Présent* vom 24. März 2006 präsentierte eine Zusammenfassung der Themen dieser Serie, in der Nordafrikaner und Schwarze natürlich bewundert wurden, „super nett", während der weiße, heterosexuelle Mann sehr schlecht wegkam. Die Serie verherrlicht offensichtlich die Rassenmischung:

---

[401] Léon Poliakov, *Histoire de l'antisémitisme, Tome I*, Point Seuil, 1981, S. 19, 20, 33.

[402] Elie Wiesel, *Die biblische Feier. Retratos y leyendas del Antiguo Testamento*, Muchnik Editores, 1987, Barcelona, Spanien.

Eine Familienmutter betrügt ihren Mann mit seinem Chef, einem Schwarzen, der in jeder Hinsicht ein guter Mann ist. Eine andere Französin, Juliet, verliebte sich in einen anderen Schwarzen. Aber er war ein illegaler Einwanderer. Also tut sie alles, was sie kann, um seine Legalisierung zu erreichen. Schließlich findet sie eine Lösung, dank eines homosexuellen Polizisten - eines Weißen -, der beschließt, einen Pass aus seiner Polizeistation zu stehlen, um ihn dem illegalen Einwanderer zu geben. Die Entschuldigung für Rassenmischung und Homosexualität ist in der Tat das Markenzeichen: Es war der unverkennbare jüdische Stempel. Weitere Themen der Serie: ein Polizist, der eine Affäre mit dem Sohn eines Barbesitzers aus Marseille hat; zwei schwule Männer, die um die Adoption eines Kindes kämpfen; eine Bardame, die entdeckt, dass sie nordafrikanischer Abstammung ist; ein verkommener Priester. Weiße Frauen, die zur Abtreibung ermutigt werden: Ein 15-jähriges Mädchen wird schwanger. Daraufhin fragte sie ihre Freundin: „Soll ich es behalten oder schnupfen? Nimm es, großes Mädchen, vor allem, wenn es weiß ist": Das ist es, was der Regisseur und der Drehbuchautor andeuten wollten. Weiße Menschen sind Mistkerle, das steht fest. Wo immer sie hingehen, tun sie Böses. Das Gegenteil von den Juden eben. In der Serie könnten wir zum Beispiel sehen, wie sie einen neuen Impfstoff an armen Schwarzen in Afrika testen. Diese unglückliche Erfahrung würde die Bevölkerung des Dorfes dezimieren. Es gab auch diesen „rechtsextremen" Militanten, der verurteilt wurde, weil er einen armen Nordafrikaner mit seinem Auto überfahren hatte, usw... All diese geschmacklosen Witze wurden jeden Abend um 20 Uhr auf einem öffentlich-rechtlichen Sender gesendet. Diese Drehbücher verdanken wir Olivier Szulzynger.

Die Filme und Serien, die destruktive Botschaften verbreiten, sind zahllos. Wir haben sie in unseren beiden früheren Büchern nicht erschöpfend dargestellt. Aber wir können hier die amerikanische Serie *Cold Case* anführen, die eine antikatholische Botschaft verbreitete. Eine der Episoden erzählte die Geschichte eines schwarzen Mädchens, das zwanzig Jahre zuvor vergewaltigt und ermordet worden war. Der Schuldige wurde schließlich verhaftet: Es war ein schwarzer Priester. In einer anderen Folge wurde die Leiche eines Kindes gefunden. Die Ermittlungen ergaben, dass es ein Waisenkind war, das von Nonnen entführt worden war. Die Nonnen waren natürlich sehr unangenehm und übten körperliche Züchtigung an den Kindern aus. Eine von ihnen gebar ein Kind, das sie ihrem ehemaligen Liebhaber übergab, um ihm eine Elektroschockbehandlung zu verabreichen, von der sich das Kind nie mehr erholte. In einem dritten Kapitel wird die Geschichte eines tot aufgefundenen Kindes erzählt. Die Ermittlungen führten zu drei schwarzen Männern, doch der Hauptverdächtige konnte entkommen. Zwanzig Jahre später wurde die Akte wieder aufgerollt, und dieses Mal führten die Ermittlungen zu drei Personen, von denen eine schrecklicher war als die andere. Erstens ein Priester, offensichtlich ein Pädophiler, denn Priester sind bekanntlich alle pädophil, wie der Regisseur sehr deutlich macht - obwohl dies die klassische jüdische Umkehrung der Anschuldigung ist, wie wir später sehen werden. Die zweite Verdächtige war die Mutter des Jungen, eine typische amerikanische Mittelklassefrau, die mit ihren familiären Verpflichtungen nicht zurechtkam. Schließlich fanden wir heraus, dass der wahre Schuldige ein Ladenbesitzer aus der Nachbarschaft war. Er war es, der die verabscheuungswürdigen Anschuldigungen gegen die schwarzen Teenager erhoben hatte. Dieser widerliche Kerl war ein schändlicher Rassist, der wollte, dass die Polizei in der Nachbarschaft stärker präsent ist, um die Immobilienpreise in die Höhe zu treiben. Dieses Gesindel schreckt vor nichts zurück, um Geld zu verdienen!

Ein viertes Kapitel spielte in den 1970er Jahren und handelte von einer Gruppe charmanter Hippie-Revolutionäre. Ihr Chef war ein sehr cooler, sehr netter Schwarzer, und sein Mädchen war eine schöne Blondine. Letztere sollte von einem weißen Mistkerl umgebracht werden, der sich als FBI-Spitzel entpuppte.

In einem fünften Kapitel hieß der Held Ben: Er war ein gut aussehender, verführerischer, verführerischer Disco-König, in den alle Mädchen verliebt waren. Offensichtlich rief sein Erfolg den Hass und Neid dieser kleinen Nichtjuden hervor, denn sie sind sicherlich schreckliche Antisemiten. Ben war Jude, und genau deshalb sollte er ermordet werden. Glücklicherweise wird der Gerechtigkeit Genüge getan. Eine sehr bewegende Schlussszene zeigte die weinende jüdische Familie, die wieder einmal Opfer des Hasses wurde. Der Produzent dieser Serie war kein Geringerer als Jerry Bruckenheimer, ein führender US-Regisseur.

1925 hatte der Schriftsteller Louis Aragon in *Die surrealistische Revolution* dieselbe Zerstörungswut sehr explizit zum Ausdruck gebracht, obwohl auch er ein glühender Stalinist war: „Wir werden diese Zivilisation, die ihr so sehr liebt, ruinieren, schrieb er... Westliche Welt, du bist zum Tode verurteilt. Wir sind die Defätisten Europas: Seht, wie dieses Land ausgedörrt ist, reif für alle Brände[403]."

---

[403] Elisabeth Levy, *Les Maîtres censeurs*, Lattès, Poche, 2002, S. 238.

Lange vor ihm, zur Zeit von Napoleon III., zitierte Gougenot des Mousseaux in seinem Buch einen gewissen Ernest Desjardins, einen Universitätsprofessor. Er hatte sich zu der Aussage durchgerungen: „Sie bringen überall, allein durch die Wirkung ihrer Anwesenheit, die Keime der Zerstörung und der Auflösung ein, denn ihre Tendenz ist, sich überall dort zu erheben, wo sie sich auf den Ruinen der anderen befinden[404]."

Unverschämtheit

Alexandre Minkowski war in den 1970er Jahren ein ziemlich berühmter Arzt in Frankreich. Der Professor für Neonatologie und „nonkonformistische Jude" hatte sich in einem 1975 erschienenen Buch mit dem Titel *Der barfüßige Mandarin ausgetobt.* Seine Eltern „gehörten zur polnisch-jüdischen Intelligenz". Sie waren nach Deutschland geflohen, wo Juden „in einer privilegierten Situation waren, während sie in Frankreich wegen der Dreyfus-Affäre (1894-1906) im Rampenlicht standen". Schließlich ließen sie sich in Frankreich nieder.

Wie die meisten Juden behauptete auch Alexandre Minkowski, ein „perfekt integrierter" Franzose zu sein: Er ist ein „in Paris geborener und völlig integrierter Franzose". Wahrscheinlich aus Liebe zu Frankreich schloss er sich 1940 der Résistance an: „Im Gegensatz zu meinen Eltern, die es, wie gesagt, als eine Ehre betrachteten, den gelben Stern zu tragen... fand ich es lästig. Obwohl er keine bewaffneten Aktionen nannte, an denen er teilgenommen hatte, schienen seine Beweggründe aufrichtig zu sein. Er verstand nicht, warum seine Kollegen im Krankenhaus ihn als Eindringling betrachteten: „Ich war nur ein weiterer Franzose mit dem Nachnamen Monkowski", schrieb er. Offensichtlich war er empört über das Verhalten jener Franzosen, die sich weigerten, erneut in den Schützengräben für die Interessen anderer zu sterben. Tatsächlich waren nur sehr wenige seiner Freunde Widerstandskämpfer: „Mein Vater hatte sein Leben riskiert, um nach Frankreich zu kommen: „Es lebe Frankreich, die Königin der Nationen!" Aber in Paris entdeckte ich ein Dorf von verbitterten

---

[404] Roger Gougenot des Mousseaux, *Die Juden, das Judentum und die Judaisierung der christlichen Völker.* Pdf-Version. Übersetzt ins Spanische von Professor Noemí Coronel und der unschätzbaren Mitarbeit des Teams Katholischer Nationalismus. Argentinien, 2013, S. 461

Hühnern, die medizinische Bourgeoisie an der Spitze... Eine mutige Stimme war ausnahmsweise hörbar in unserer Fakultät der Feiglinge".

Widerstandskämpfer Alexander Minkowski kannte jedoch seine Grenzen: „Ich wollte immer befehlen, ein Chef sein. Aber merkwürdigerweise nicht in der Résistance". 1944, als die Niederlage Deutschlands feststand, meldete er sich zur französischen Armee, die in das besiegte Land einmarschieren sollte. Der Sohn eines Bürgers, eines Arztes und eines Lazarett-Praktikanten wird Hauptmann in einem Kampfbataillon: „Im Elsass erhielt ich eine Belobigung, auf der stand: 'Guter Zugführer'. Er hat die Hälfte seiner Truppen unter seinem Kommando umbringen lassen"... Das Stärkste ist, dass er so sehr von militärischen Werten durchdrungen war, dass meine Frau, nachdem sie den Text gelesen hatte, mir die Barbarei dieser[405] begreiflich machen musste."

Die französische Bourgeoisie, mit der er sich anfreundete, stimmte ihn nicht zuversichtlich: „Die Fremdenfeindlichkeit der französischen Bourgeoisie ist legendär; sie ist unter der deutschen Besatzung in Windeseile wieder aufgetaucht. Sie muss unnachgiebig bekämpft werden. Er brachte auch seine Abneigung gegen das traditionelle Frankreich zum Ausdruck. Schon seine Eltern hatten „einige Bedenken gegenüber der katholischen Institution", die er „für verderblich hält". Es gebe immer noch „eine ernsthafte Auseinandersetzung mit der katholischen Kirche". Über einen katholischen Missionspriester in Indochina urteilte er brutal: „Man kann nie gewalttätig genug gegen diese Kreuzritter sein[406]."

1946 zog er in die Vereinigten Staaten, um seine medizinische Ausbildung zum Kinderarzt abzuschließen. „Ich habe mich sofort zu Hause gefühlt", sagt dieser „völlig integrierte" Franzose. Er fügte hinzu: „Wie mein Freund, der Filmemacher Jean-Pierre Melville, liebe ich die Vereinigten Staaten, sowohl körperlich als auch geistig[407]." Es sei

---

[405] Alexandre Minkowski, *Le Mandarin aux pieds nus*, 1975, Points Seuil, 1977, S. 70-79.

[406] Alexandre Minkowski, *Le Mandarin aux pieds nus*, 1975, Points Seuil, 1977, S. 24, 37, 43, 159.

[407] Alexandre Minkowski, *Le Mandarin aux pieds nus*, 1975, Points Seuil, 1977, S. 85, 90. Jen-Pierre Melville (Achod Malakian) ist der Regisseur von *L'armée des ombres*, einem Film, der den „französischen" Widerstand verherrlicht.

darauf hingewiesen, dass er auf Seite 23 seines Buches weiter behauptet, ein „Weltbürger" zu sein. Allerdings fügte er auch hinzu, dass er für „eine Moral der Zweideutigkeit" sei. Und tatsächlich, einige Seiten später erklärte er: „Ich bin kein Zionist, ich habe nicht das Bedürfnis, mich in Israel niederzulassen. Ich bin Franzose.

In den Vereinigten Staaten konnte Alexander Minkowski das Verhalten einiger seiner Altersgenossen an der Spitze der sozialen Skala beobachten: „Da ich sehr wenig Geld verdiente, wurde ich von einem reichen deutschen Juden namens Rothschild als Hausangestellter eingestellt. Die Rothschilds hatten eine privilegierte Stellung in Chicago, denn sie besaßen große Bekleidungsgeschäfte... Er hatte einen schwarzen Chauffeur, den er mit einer Fliegenklatsche schlug." Offensichtlich hat solch abfälliges Verhalten den Antisemitismus gefördert: „Später fand ich heraus, dass die Feindschaft zwischen Juden und Schwarzen fast endgültig war[408]."

In einem anderen Buch mit dem Titel *Die Unverschämten* erzählt der Großbürger Alexander Minkowski, dass er ein glühender Linker war und sich für Pierre Mendes-France eingesetzt hatte. Natürlich lobte er die Vorzüge der multikulturellen Gesellschaft: „Wenn wir uns an den kulturellen, künstlerischen und kommerziellen Reichtum der jüdisch-arabischen Gemeinschaft im Spanien des 14. Jahrhunderts erinnern (der von den Katholischen Königen zur Schande ihres Landes und der zivilisierten Welt beendet wurde), können wir nur auf die Rückkehr dieser glücklichen Ära hoffen. Vielleicht ist dies ein Beispiel für die Rettung Europas, und warum nicht der Welt? Ich schlage vor, mit einigen Freiwilligen eine Bewegung für ein jüdisch-arabisches Europa zu gründen[409]." Sicherlich ist dies eine weitere „Frechheit". Das lässt vermuten, dass Minkowski auch ein paar Schläge mit einer „Fliegenklatsche" verdient hätte.

Die Saat der Zwietracht zu säen und „Juckreiz" zu provozieren, scheint das Hobby dieser „antikonformistischen" Geister zu sein[410]". Daniel Cohn-Bendit zum Beispiel verkörperte im Mai '68 den frechen jungen Rebellen, den Helden der französischen Jugend. Dreißig Jahre später, im November 1998, lobte ihn der Herausgeber der Wochenzeitung *L'Evénement du jeudi*, George-Marc Benamou, auf der Titelseite mit

---

[408] Alexandre Minkowski, *L'Impertinent*, Jean-Claude Lattès, 1984, S. 88.

[409] Alexandre Minkowski, *L'Impertinent*, Jean-Claude Lattès, 1984, 189

[410] Lesen Sie *Psychanalyse du Judaïsme*, S. 69.

den Worten: „Dany, der Balltreter". Dany habe „diese provokative Frische" und schaffe es, „den reaktionären Kadaver in den Wahnsinn zu treiben", hieß es.

Alexander Minkowski hatte die gleiche Angewohnheit und ging auch so vor: „Paradoxerweise würde ich sagen, dass es heute von Vorteil sein kann, Jude zu sein: Was mich betrifft, kann ich ungestraft Aktionen durchführen, die an Provokation grenzen... Ich veröffentliche seit mehreren Jahren Artikel gegen die Exzesse der Polizei und der Justiz, gegen die etablierte Ordnung, gegen die medizinische Bourgeoisie, gegen Skandale. Wenn Milliez das tut - Milliez ist ein Katholik, der von den Jesuiten abstammt - wird er öffentlich angegriffen, verfolgt, usw. Ich bin insofern relativ geschützt, als unsere Gegner Angst haben, als antisemitisch zu gelten. Nutzen wir das aus, solange wir können, es wird nicht ewig dauern [411]!" In letzterem Punkt hat Minkowski wahrscheinlich recht.

Roger Gougenot des Mousseaux hatte bereits diese Merkmale des jüdischen Geistes bemerkt: „Wenn der Wind der Zeit sich zum Unglauben, zur Verfolgung der Kirche dreht, wie es heute der Fall ist, wird der Jude, der die Unterdrückung, unter der er so lange gelebt hat, und die großzügige Hand, die ihm von der Kirche gereicht wurde, vergisst, arrogant, anmaßend, hasserfüllt; er füllt die Welt mit seinen Beschwerden; er schließt sich jeder kirchenfeindlichen Bewegung an und wird durch seine revolutionäre Intoleranz zum folgenlosesten aller Sektierer... ist schlecht, wenn er verfolgt wird, arrogant und unverschämt; er fühlt sich kaum beschützt!" [412]

---

[411] Alexandre Minkowski, *Le Mandarin aux pieds nus*, 1975, Points Seuil, 1977, S. 44.

[412] Goschler, jüdischer Herkunft, *Dict. encycl. allemand*, oben Seite 453; 1861 in Roger Gougenot des Mousseaux, *Die Juden, das Judentum und die Judaisierung der christlichen Völker.* pdf-Version. Übersetzt ins Englische von Professor Noemí Coronel und der unschätzbaren Mitarbeit des Teams Katholischer Nationalismus. Argentinien, 2013, S. 317, 308

* WASP (White Anglo-Saxon Protestant), „weißer angelsächsischer Protestant", ein Amerikaner nordeuropäischer Abstammung, der der protestantischen Kirche angehört. WASPs gelten als die herrschende Klasse in den Vereinigten Staaten.

Verachtung und Spott über die traditionelle europäische Gesellschaft und Verachtung für die Nichtjuden werden von jüdischen Intellektuellen häufig zum Ausdruck gebracht. Der berühmte amerikanische Schriftsteller Philip Roth schrieb über die Essgewohnheiten von Nicht-Juden: „Sollen die *Gojim* ihre Zähne in jede dreckige Kreatur versenken, die auf dem Angesicht der dreckigen Erde krabbelt und knurrt, wir werden unsere Menschlichkeit nicht so beschmutzen. Lasst *sie* (wenn ihr wisst, was ich meine) sich an allem verschlingen, was sich bewegt, wie abscheulich und erbärmlich das Tier auch sein mag, wie grotesk, dreckig oder dumm die betreffende Kreatur auch sein mag. Lasst sie Aale und Frösche und Schweine und Krebse und Hummer essen; lasst sie Geier essen, lasst sie Affen- und Stinktierfleisch essen, wenn sie wollen - eine Diät von abscheulichen Kreaturen, die perfekt zu einer Rasse passt, die so hoffnungslos eitel und leer ist, dass sie trinkt, sich scheiden lässt und mit ihren Fäusten kämpft. Alles, was diese abscheulich fressenden Schwachköpfe können, ist schimpfen, beleidigen, spotten und früher oder später zuschlagen."

Die Chinesen verdienten nicht mehr Respekt als die Europäer: „Das einzige Volk auf der Welt, vor dem wir Juden keine Angst haben, so scheint mir, sind die Chinesen. Erstens, weil mein Vater neben ihnen wie Lord Chesterfield aussieht, wenn er Englisch spricht; zweitens, weil ihre Köpfe mit gebratenem Reis vollgestopft sind; und drittens, weil wir für sie keine Juden sind, sondern *Weiße* - vielleicht *sogar* Angelsachsen. Stell dir vor!... Für sie sind wir eine großnasige WASP*-Variante[413] „ Es ist klar, dass die chinesischen Dummköpfe niemals die wahre Natur der Juden, ihre Methoden und ihre Ziele verstehen werden. Aber der amerikanische Schriftsteller konnte seine Gefühle nur schwer verbergen: „Die *Gojim* gaben vor, etwas Besonderes zu sein, während wir in Wirklichkeit ihre moralischen Überlegenen *waren*. Und was uns überlegen machte, war genau der Hass und die Verachtung, mit der sie uns so überhäuften![414]"

Diese Mentalität wurde durch viele andere Zeugnisse bestätigt. Der Schriftsteller Israel Shamir ist ein ehemaliger Jude, der es vorgezogen hat, das Judentum zu verlassen, da es seiner Meinung nach gegen die Moral der Menschheit verstößt. In *Das andere Gesicht Israels*

---

[413] Philip Roth, *Lamento de Portnoy*, Alfaguara, Madrid 1977-1997, S. 78 und *El mal de Portnoy*, Seix Barral, Barcelona, 2007, ausgeliehen an Debolsillo, Mondadori, Barcelona, 2008, S. 87.

[414] Philip Roth, *Portnoys Klage*, Alfaguara, Madrid 1977-1997, S. 54.

wiederholte er den Ausspruch von Rabbi Yaakov Perrin vom 27. Februar 1994, den die *New York Times* am 28. Februar 1994 zitierte[415]: „Das Leben von hundert Nichtjuden ist nicht den Zehennagel eines Juden wert".

Hören Sie sich auch die Antwort des Oberrabbiners der Lubawitscher an, als er nach der Möglichkeit außerirdischen Lebens gefragt wurde: „Es ist möglich, dass anderes Leben existieren könnte, aber diese Wesen wären von geringerer Intelligenz als wir, da sie nicht im Besitz der Tora sind, der einzigartigen Emanation der Weisheit des Schöpfers, die nur dem jüdischen Volk offenbart wurde[416]".

Diese Worte scheinen eine weit verbreitete Mentalität widerzuspiegeln. So erzählte der Schriftsteller André Schwarz-Bart in *„Der letzte Gerechte"* die Geschichte des armen Mordechai, der sich, von polnischen Bauern angegriffen, verteidigen konnte - eine unglaubliche Sache für einen armen Juden - und seine Angreifer besiegte: „Mordechai, fassungslos und fast bluttrunken, entdeckte plötzlich die christliche Welt der Gewalt... Noch in derselben Nacht, auf dem Heimweg, wusste er, dass er von nun an in der Lage sein würde, seine Mitmenschen zu übertrumpfen, wie lächerlich und unbedeutend ein eng mit der Erde verbundener Körper, Pflanzen und Bäume, über alle Tiere, harmlos oder gefährlich - einschließlich derer, die den Namen von Menschen tragen[417]."

All diese Worte führen zu der Annahme, dass die beleidigendsten Zitate aus dem Talmud, die man in den „antisemitischen" Büchern liest, vielleicht doch wahr sind: „Nur die Juden sind Menschen, die anderen Völker sind Viehzeug". Der Talmud ist bekanntlich das Nachschlagewerk mit rabbinischen Auslegungen, das über der Thora stehen muss. Wie Bernard-Henri Levy es ausdrückte, müssen sich die Juden „dem Gebot unterwerfen, die Tora mehr zu lieben als Gott und den Talmud mehr als die Tora[418]."

Spott und Sarkasmus sind Teil des dialektischen Arsenals des Judentums. Jüdische Intellektuelle machen sich über alles lustig, was

---

[415] Israel Shamir, *L'autre visage d'Israël*, Éditions Al Qalam, 2004, S. 380.

[416] *Actualité juive* vom 4. September 1997, siehe *Faits et Documents*.

[417] André Schwarz-Bart, *El último justo*, Editorial Seix Barral, Barcelona, 1959, S. 41, 42.

[418] Bernard-Henri Levy, *Récidives*, Grasset, 2004, S.417

nicht jüdisch ist, und haben sich schon immer über die Traditionen der Völker, unter denen sie leben, lustig gemacht. Ein weiteres Beispiel findet sich bei Philip Roth, der in seinem Buch das Werk des „brillantesten Irving Berlin", eines amerikanischen Sängers, erwähnt: „Die beiden Feste, an denen die Göttlichkeit Christi gefeiert wird,... Und was macht Irving Berlin? Er entchristlicht sie beide! Er verwandelt Ostern in eine Modenschau und Weihnachten in einen Urlaub im Schnee. Kein Blut und kein Tod Christi: runter mit dem Kruzifix und rauf mit der Wollmütze! Der Kerl verharmlost die christliche Religion, aber mit aller Sanftmut der Welt! So sanft, dass die Nichtjuden nicht einmal wissen, wo der Schlag sie getroffen hat. Es gefällt ihnen. Allen gefällt es. Vor allem die Juden[419]."

Die Befriedung der Welt

Der 1984 verstorbene Romancier und Essayist Manes Sperber hatte 1937, während der Moskauer Prozesse, mit der kommunistischen Ideologie gebrochen. Er war ein atheistischer Jude: „ein Atheist, seit er dreizehn war". Dennoch war er noch von einer gewissen „Liebe" zur Bibel durchdrungen. 1978 äußerte dieser Marxist dieselben messianischen Hoffnungen wie religiöse Juden: „Früher habe ich mit großem Optimismus an eine Zukunft geglaubt, die alle Wesen und alle Völker versöhnen würde, eine Zukunft, die die ganze Menschheit wieder vereinen würde; diese feste Hoffnung halte ich immer noch aufrecht". Manes Sperber bekräftigte, dass jeder Jude die Pflicht hat, für die Vollendung des Projekts Israel zu arbeiten: „Das Kommen des Messias hängt von uns selbst ab, von der Arbeit aller. Kein Gedanke hat mich je so sehr beherrscht und den Weg, den ich gewählt habe, so sehr beeinflusst: Diese Welt kann nicht so bleiben, wie sie ist, sie muss etwas ganz anderes werden, und sie wird es auch. Diese eine Forderung und diese eine Gewissheit haben, solange ich denken kann, mein Dasein als Jude und als Zeitgenosse bestimmt. Mit seiner Konversion zum Marxismus verlängerte er lediglich die jüdische Eschatologie in einer säkularisierten Form: „Als ich später Hegel und Marx entdeckte, diese große Hoffnung auf eine gerechte Welt, die die Vorgeschichte endgültig

---

[419] Philip Roth, *Operación Shylock*, Debolsillo, Editorial Mondadori, 2005 Barcelona, S. 181. (*Der Kerl macht die christliche Religion billig: er verwandelt sie in shlokh, in Scheiße. In der französischen Übersetzung von Gallimard, 1995).*

überwinden wird, wusste ich, dass ich in der Tradition meines messianischen Urgroßvaters stand[420]."

Wie viele jüdische Intellektuelle erkannte er, dass er das Schicksal des jüdischen Volkes nicht anders erklären konnte als durch seine göttliche Erwählung. Für ihn war dies die einzige Möglichkeit, das ganz besondere Schicksal des jüdischen Volkes zu erklären: „Ich konnte nie die Bedrohung vergessen, die über dem jüdischen Volk als auserwähltem Volk schwebte; deshalb konnte ich auch nie rational sein einzigartiges Schicksal erklären. Auch heute wäre ich mehr denn je nicht in der Lage zu sagen, warum gerade wir mehr als alles andere ausgehalten haben, warum wir so viel überlebt haben". Dieses Schicksal bleibt für ihn „ein historisch und philosophisch unlösbares Problem[421]".

Die Juden scheinen tatsächlich in der Lage zu sein, dem Ansturm all ihrer Feinde zu widerstehen: „Die Überlebenden jeder Katastrophe haben ihre Unbesiegbarkeit wiederentdeckt", schreibt Sperber. Seit der Antike „sehen wir, wie sie sich nie wirklich als besiegt betrachteten, sondern im Gegenteil glaubten, dass sie zu einem späteren, endgültigen Triumph bestimmt seien. Sie berufen sich auf einen unbesiegbaren Gott, ihren Gott, den einzig wahren Gott, der über das Universum regiert[422]."

Für sie ist die Gegenwart nur ein langer Korridor zu einer strahlenden Zukunft. Ihr ganzes Dasein scheint dem bevorstehenden Triumph Israels und dem damit einhergehenden ewigen Frieden gewidmet zu sein: „Während der dunkelsten Zeit ihres bimillennialen Exils glaubten die Juden, dass das Ende der Zeit nahe sei - sie lebten ihm voraus", schrieb Sperber. „Die Sieger sind nicht die Nationen, die die ersten Schlachten gewinnen, sondern diejenigen, die aus der letzten siegreich hervorgehen. Die jüdische Eschatologie verspricht, dass am Ende der Zeit ein ewiger Friede herrschen wird, in dem alle Geschöpfe versöhnt sein werden[423]."

---

[420] Manès Sperber, *Être Juif*, Éd.Odile Jacob, 1994, S. 34, 28, 32, 121

[421] Manès Sperber, *Être Juif*, Éd. Odile Jacob, 1994, S. 17.

[422] Manès Sperber, *Être Juif*, Éd. Odile Jacob, 1994, S. 60, 133.

[423] Manès Sperber, *Être Juif*, Éd. Odile Jacob, 1994, S. 91.

* Gesicht, im Originaltext groß geschrieben. Wörtlich: das Gesicht.

Die messianischen Impulse der Juden werden manchmal brutaler ausgedrückt, wie im Fall von Albert Caraco. In seiner *Apologie Israels* sind die am häufigsten wiederholten Begriffe aus seiner Feder sehr deutlich: „Unschuld", „Rache", „Herrlichkeit", „Wahnsinn", „Hoffnung". Hier sind einige Passagen, in denen er seine Gedanken zum Ausdruck brachte.

Caraco formulierte seine Gewissheiten folgendermaßen: „Was sind wir? Was immer wir sein wollen: gestern noch Sklaven und morgen schon Pontifexe". (p.82). „Wächter des Absoluten, wir sind für euch das Schicksal und wir werden eure Herren sein, eure Herren nach Gott, eure Herren vor Gott, wir die Sklaven des Antlitzes*" (S.111). (p.111)

Und wie wir bereits wissen, müssen alle Nationen vernichtet werden, damit das Volk Israel die Weltherrschaft erlangen kann: „Der Friede erwartet uns auf den Gipfeln, in der königlichen Einsamkeit, wo wir mit und vor Gott wohnen, mit den Nationen, die im Staub liegen. Dann werden wir für sie Fürsprache einlegen, wir rechtmäßigen Pontifexe, geborenes Priestergeschlecht, Diener des Absoluten". (p.81). „Nach zwanzig Jahrhunderten, in denen ihre Anwesenheit zum Schweigen gebracht wurde, sind die Juden in die Geschichte eingetreten, und deshalb rückt die Zeit näher", schreibt Caracus (S. 217). „Vor drei Generationen wird es nur noch eine Welt geben, es wird keine Grenzen mehr geben, und es wird Frieden herrschen". (p.259). „Ohne uns kein Licht, durch uns alles Licht" (S. 77).

Die *Pax Judaica*, die in der Welt errichtet werden soll, wird unerbittlich sein. Es ist wahr, dass die Menschen dem unglücklichen jüdischen Volk gegenüber ungerecht waren, daher ist es nur natürlich, dass sie ihre Rachegelüste stillen: „Sie haben uns bestraft, großzügig; sie haben uns verachtet, gerecht; sie werden uns anbeten, gnadenlos". (p.77). In der Tat ist das jüdische Volk „ein Volk der Führerschaft" (S.177): „Hungrig nach Macht und nicht nach Ruhm, verachtet dieses Volk die Formen und wütet für das Absolute, wütet, um die Demütigen zu überzeugen und die Aufmüpfigen zu verführen, um über die einen zu herrschen und die anderen zu verärgern" (S.171).Auf den Wegen der Macht zur Gerechtigkeit und auf den Wegen des Bösen zur Macht zu gelangen... wegen der Ungerechtigkeit der Menschen, die sie hassenswert und elend gemacht hat, das ist das Schicksal der Juden, die zur Rache und zur Rettung geboren sind" (S. 191).Lasst sie herrschen, sie werden zur Gnade gelangen, und das Königreich wird ihnen über dem Universum gewährt werden, so dass alle im Schatten der Herrlichkeit ruhen können" (S. 211), „Macht ist ihre Flucht und absolute Herrschaft das einzige Mittel, das ihnen zum Leben bleibt" (S. 169). Wie immer wird es das einfache Volk sein, das sich gegen diese Diktatur auflehnt, während die Eliten verraten werden: „Die Schwachen werden die Juden verjagen, damit die Mächtigen sie aufnehmen, und die Mächtigen, die sie zurückweisen, werden es nicht lange bleiben". (p.132).

Das jüdische Volk ist also ein Volk im ständigen Krieg gegen den Rest der Menschheit. „Dieses Volk steht unter Waffen" (S.170). (S.170); es befindet sich „seit vierzig Jahrhunderten" im Krieg. Auch Clara Malraux, die Frau des aus Berlin stammenden Schriftstellers André Malraux, hat diesen Gedanken aufgegriffen: „Man kann die Niederlage nicht mit der Erinnerung an vergangene Siege und der Hoffnung auf künftige Siege akzeptieren. So war es fast zwei Jahrtausende lang für das jüdische Volk[424]."

Die Stärke der Juden ist es, im Schatten zu bleiben und im Verborgenen zu handeln: „Sie haben die Ehre, unsichtbar zu regieren". (p.158). „Der Schatten ist ihre Stärke und die Zweideutigkeit ihr Reich, die Absurdität ihre Rache, die Welt ihre Hoffnung, und wenn die Welt jüdisch ist, werden sie nicht mehr allein und erbärmlich gehen." (p.63). Und Caraco geht noch weiter, vielleicht kühn, und warnt: „Diejenigen, die ihre Projekte auflösen, werden nicht mehr wissen, wie sie sie verwirklichen sollen, und werden als Verrückte durchgehen" (S. 163). (p.163).

Wenn die neuen Herren die Welt beherrschen werden, werden sie ihr wahres Gesicht zeigen können: „Wenn sie den Beweisen gewachsen sind, werden sie ihre Maske abnehmen und wahrlich nicht mehr vor sich selbst erröten müssen, noch das Universum, um sie als Herren zu haben" (S.163). (p.163)

Das geistige Universum der Juden ist völlig durchdrungen von diesen verrückten messianischen Hoffnungen, die ihren übermäßigen Stolz nähren. Auch das Hauptwerk der jüdischen Kabbalisten, der Zohar, enthält Passagen, die den ungeheuren Stolz des auserwählten Volkes sehr gut widerspiegeln: „Weil Gott Israel lieb hat und es zu sich zieht, hassen alle götzendienerischen Völker Israel; denn sie werden auf Distanz gehalten, während Israel ihm nahe ist[425]."

---

[424] Clara Malraux, *Rahel, ma grande soeur...*, Editions Ramsay, Paris, 1980, S. 54.

[425] Zitiert von David Bakan, in *Freud et la tradition mystique juive*, 1963, Payot, 2001, S. 176.

Stephen Sharot zufolge war dieses Überlegenheitsgefühl bei den sephardischen Juden noch ausgeprägter, da sie sich auf ihre Abstammung von der Aristokratie des alten Jerusalem beriefen und im mittelalterlichen Spanien die oberen Ränge der Gesellschaft besetzten, während die meisten aschkenasischen Juden zu dieser Zeit kleine Händler und Handwerker in Mitteleuropa waren: „Das Gefühl der Überlegenheit, das die Sephardim beseelte, rührte nicht nur von ihrem Judentum und ihrer jüdischen Herkunft her, wie es bei den Aschkenasim der Fall war, sondern mehr noch von ihrem Status und ihrer Macht innerhalb der Gesellschaft[426]."

In seinem Werk *Quellen* erklärte der Philosoph Wladimir Jankelewitsch unverblümt, dass der Diaspora-Jude „doppelt so menschlich wie ein anderer Mensch ist, weil er die Macht hat, von sich selbst abwesend und anders als er selbst zu sein[427]".

Natürlich drückte auch Albert Caraco diesen extravaganten Stolz aus: „Wahrlich, ich sage euch... es ist Gott, den sie durch die Juden schlagen"(S.246). „Es ist Gott, den die Römer durch die Juden verfolgen, Gott, den sie hassen und den sie verletzen"(S.84). „Und wahrlich, ich sage euch: der Himmel hat keine Stimme mehr, seit dieses Volk seinen Mund gehalten hat"(S.188). „Dieses Volk ist der Dreh- und Angelpunkt der Geschichte"(S.234). Unter diesen Bedingungen ist „die Wahl der Juden eine selbstverständliche Tatsache... und wer sich weigert, daran zu glauben, wird in Zukunft den Wahnsinn zum Begleiter und die Finsternis zum Asyl haben... Die Welt hat die Meister geschmiedet, und wenn der Prozess vorbei ist, wird die Herrlichkeit besser begründet und die Ordnung göttlicher sein." (p.247)

In einem anderen Werk, *Races and Classes*, schrieb Albert Caraco: „Der Geist der Welt ist in seinem Kopf versammelt, die Welt wird die Wahl zwischen dem Nichts oder den Juden haben" (S.374). (p.374). „Der Mensch braucht Gott, aber was ist Gott, wenn er nicht den Juden zum Priester hat" (S.375).

Schließlich bekräftigt Caracus seinen Glauben an die göttliche Auserwählung des jüdischen Volkes und die Notwendigkeit, das Christentum und den Islam zu vernichten, um jene Welt des „Friedens" zu erreichen, die von den Propheten beschrieben wird: „Die Stunde der

---

[426] Shmuel Trigo, (unter der Leitung von), *La société juive à travers l'histoire*, tome I, Fayard, 1992, S. 277.

[427] *Le Crappuillot*, Februar 1985

Juden beginnt: Auserwählt oder nicht, sie sind der Punkt, an dem der Hebel des Umsturzes ruht, bevor er die Welt erhebt". (p.384). „Das ist die eigentliche Mission der Juden". Die Lehren des jüdischen Volkes „werden für alle Völker und für alle Jahrhunderte gelten, jetzt und vor unseren Augen wird die Erwählung bestätigt[428]."

Aber der Messias der Juden ist in der Geschichte schon mehrmals aufgetreten. Offensichtlich stellte sich jedes Mal heraus, dass es sich um einen falschen Messias handelte, dass die Zeit noch nicht reif war und dass mehr Geduld erforderlich war. Derjenige, der die größte Begeisterung auslöste, war zweifellos Shabtai Tzvi, der im 17. Jahrhundert im Osmanischen Reich lebte und alle jüdischen Gemeinden Europas in Aufruhr versetzte [429]. Isaac Bashevis Singer, Literaturnobelpreisträger von 1978, beschrieb in seinem Roman „*Satan in Goray*" die Ausschweifungen des jüdischen Volkes in jener Zeit. Es war allen klar, dass die Zeit gekommen war und dass sich endlich erfüllen sollte, dass „das bescheidenste und kleinste der Völker der Erde andere Völker überwinden und beherrschen sollte", schrieb Singer: „Die Kinder Israels sollten bald über alle anderen Völker erhaben sein[430]."

So sahen die Juden damals ihren bevorstehenden Triumph: „Die Welt war erstaunt. Das Volk von Judäa genoss nun ein hohes Ansehen. Fürsten und Könige kamen, um sie zu ehren, und verneigten sich vor ihnen. An dem Tag, an dem Sabbatai Zevi in Istanbul eintraf, würden Land und Himmel jubeln. Sicherlich würden die Juden im Land Israel das Fest der Wochen feiern. Der Heilige Tempel würde wiederhergestellt werden, die Gesetzestafeln würden in die Heilige Lade zurückkehren und ein Hohepriester würde das Allerheiligste betreten. Sabbatai Zevi, der Erlöser, würde in der ganzen Welt regieren... Jeder gottesfürchtige Mann würde zehntausend heidnische Sklaven haben, die ihm die Füße waschen und ihn versorgen. Herzoginnen und Prinzessinnen würden Gouvernanten und Kindermädchen für die jüdischen Kinder sein, wie im Buch Jesaja angekündigt... Die Kranken würden geheilt und die Hässlichen würden zu schönen Menschen werden. Alle würden von goldenen Tellern essen und nichts als Wein

---

[428] Albert Caraco, *Die Rassen und Klassen*, L'Âge d'homme, 1967, S. 386.

[429] Vgl. Hervé Ryssen, *Psychanalyse du Judaïsme*, Baskerville 2006, S. 158 ff.

[430] Isaac Bashevis Singer, *Satan in Goray*, PDF, Digital publisher Epublibre, German25, 2017, S. 18, 26

trinken. Die Töchter Israels werden in Strömen von Balsam baden, und der Duft ihrer Körper wird die ganze Welt erfüllen. Die Söhne Israels würden Rüstungen tragen, mit Schwertern an der Seite und Pfeil und Bogen auf den Schultern, um den Rest der Feinde Israels zu verfolgen. Die Adligen, die den Kindern Israels freundlich gesinnt waren, würden verschont bleiben, ebenso wie ihre Frauen und Nachkommen; alle würden zu Dienern der Auserwählten werden[431].

Der „englische" Schriftsteller Israel Zangwill fasste das Abenteuer von Shabtai Tzvi in seinem 1898 veröffentlichten Roman *The Ghetto Dreamers* zusammen. Er beschrieb diese verrückten messianischen Hoffnungen mit entsprechenden Worten: „Fürchte dich nicht mehr, denn du wirst dein Reich nicht nur über die Nationen ausüben, sondern auch über die Kreaturen, die auf dem Grund der Meere leben[432]."

Es liegt auf der Hand, dass solche Reden die Empfänglichkeit der Nichtjuden verletzen können, die sicher nicht bereit sind, die absolute Herrschaft des auserwählten Volkes zu akzeptieren. Es ist daher notwendig, den Hintergrund dieser Reden immer geheim zu halten, wenn sie an sie gerichtet sind, und Ellipsen zu verwenden, die eher das verführerische Konzept des „universellen Friedens" betonen.

Inspiriert von der Mission des jüdischen Volkes bemühte sich auch der Physiker Albert Einstein darum, uns zu „befrieden". In New York erklärte er 1931 in einem Interview: „Wir sollten alle Schulbücher neu schreiben, anstatt alte Ressentiments und Vorurteile aufrechtzuerhalten. Es ist vielleicht nicht möglich, alle unsere kriegerischen Instinkte in einer Generation auszurotten. Vielleicht sollte man auch nicht alle abschaffen, denn die Menschen müssen immer noch für etwas kämpfen, aber es sollten von nun an Dinge sein, die es wert sind, und nicht phantasievolle geografische Anordnungen, rassistische Vorurteile oder eine Gier, die sie in den Farben des Patriotismus kleiden[433]."

Die Neufassung von Schulbüchern war auch eines der Anliegen des Milliardärs George Soros nach dem Zusammenbruch des Sowjetimperiums: „Wir tragen aktiv zur Ausbildung von Lehrern und zur Veröffentlichung neuer Schulbücher bei, um marxistisch-

---

[431] Isaac Bashevis Singer, *Satan in Goray*, PDF Digital Editor German25, 2017, S. 75, 93

[432] Israel Zangwill, *Rêveurs de ghetto*, 1898, Éditions Complexe, 1994, S. 165.

[433] Vgl. *Les Espérances planétariennes*, S. 121-126.

leninistische Werke zu ersetzen. Wir drucken jedes Jahr Millionen von Büchern in Russland[434]."

Auch der Soziologe Edgar Morin versuchte, uns zu befrieden: „Es reicht nicht, die Staaten zu befrieden, wir müssen auch die Individuen, den Geist und das Gewissen befrieden. Das Problem der Aggressivität und des Rassismus liegt in erster Linie in der Beziehung zwischen sich selbst und dem Anderen und in sich selbst[435]." Edgar Morin vertrat die Auffassung, dass die Masseneinwanderung und die Entschuldigung der multikulturellen Gesellschaft das beste Mittel sind, um nationale Identitäten aufzulösen, was eine Voraussetzung für die Befriedung der Welt ist. Unter diesem Gesichtspunkt war es unerlässlich, die europäische Bevölkerung zu erziehen, die zweifellos noch zu zurückhaltend gegenüber den großen Projekten des Judentums war. Hier zeigt sich, dass das Wort „Schalom", das „Frieden" bedeutet, das Herzstück der jüdischen Weltanschauung ist.

Genau das versuchte uns Elie Wiesel in einem von ihm unterzeichneten Artikel über das Judentum in der Wochenzeitung *Le Point* vom 21. Juli 2005, der den großen Religionen gewidmet war, verständlich zu machen. Er hatte seinen Artikel mit „Die verachtete Religion" überschrieben. Elie Wiesel wollte versuchen, uns ein besseres Bild des jüdischen Volkes zu vermitteln, indem er auf all diese schändlichen Anschuldigungen antwortete: „Wir haben niemals die Welt erobern wollen, wie man uns vorwirft, versichert er... Das jüdische Volk ist den anderen weder überlegen noch unterlegen... Jude zu sein bedeutet, diese Vergangenheit zu akzeptieren, die manchmal voller Bedrohungen ist, aber auch durch die Verheißung der Ankunft des Messias erleuchtet wird: Die Geschichte ist auf dem Weg, sich zu bessern und Frieden zu verbreiten... Das Judentum ist eine Religion, die der Geschichte einen Sinn gibt: Es hat der Welt den Messianismus gegeben, das Versprechen einer besseren Zukunft". Er fuhr fort: „Das Judentum ist grundsätzlich gegen Fanatismus und extreme Strenge. Die Schönheit des Talmuds liegt in erster Linie im Respekt vor dem Anderen. Dies mag erklären, warum es keine Zwangsbekehrung von Juden gab. Ein Christ muss nicht zum Judentum konvertieren, um meinen Respekt zu verdienen. Dasselbe gilt für Muslime, dasselbe für Agnostiker. Ich akzeptiere den anderen so, wie er ist.

---

[434] George Soros, *Le Défi de l'argent*, Plon 1996, S. 115.

[435] Edgar Morin, *Un nouveau commencement*, Seuil, 1991, S. 39, 96.

In einer Zeitschrift mit einer hohen Auflage wie *Le Point* ist es in der Tat wichtig, die Dinge in einem günstigeren Licht darzustellen. Die breite Öffentlichkeit sollte nichts von den Geheimnissen Israels wissen. In der Tat sind die Juden seit langem daran gewöhnt, ihre wahren Gedanken zu verbergen und ihre Worte zu verdrehen, um nicht schrecklichen Anschuldigungen ausgesetzt zu sein. So schrieb zum Beispiel Shmuel Trigano unter Berufung auf den großen Maimonides: „Der einzige Unterschied zwischen dieser Welt und den Tagen des Messias ist die Unterwerfung Israels unter die Nationen[436]". Seine jüdischen Leser sind nicht verwirrt und verstehen instinktiv die Bedeutung der Formel.

2. Antisemitismus

Auch heute noch ist die Gedankenwelt der Juden stark von den Verfolgungen geprägt, die ihre Geschichte geprägt haben und die unvermeidlich zu sein scheinen. Der deutsche Schriftsteller Joseph Roth schrieb zwischen den Kriegen: „Die Flucht aus Ägypten hat Jahrtausende gedauert. Man muss immer bereit sein, in Eile aufzubrechen, mit allem, was man bei sich hat, Brot und eine Zwiebel in der einen Tasche, Phylakterien[437] in der anderen. Wer weiß, ob man nicht in einer Stunde aufbrechen muss[438]?"

In *Die letzten Gerechten* schildert André Schwarz-Bart das Leiden der Juden vom England des 12. Jahrhunderts bis zum Nazi-Deutschland, von der Vertreibung aus Frankreich und Spanien bis zu den mittelalterlichen Pogromen in Polen und Russland. Im Jahr 1917 denkt der Nachkomme all dieser Generationen, Benjamin, daran, aus Polen zu fliehen, so wie sein Vorfahre aus Russland geflohen war. Er plante,

---

[436] Shmuel Trigo, (unter der Leitung von), *La société juive à travers l'histoire, tome I*, Fayard, 1992, S. 263-266. Aus dem Englischen übersetzt von Jean-Christophe Attias.

[437] Phylakterien oder Tefillin auf Hebräisch: kleine Lederhüllen, die Pergamentstreifen mit Bibelstellen enthalten und die Juden während bestimmter Gebete am linken Arm und an der Stirn tragen.

[438] Joseph Roth, *Judíos errantes (Umherziehende Juden)*, Acantilado 164, Barcelona, 2008

nach England zu fliehen, zögerte aber: „Eine Insel, wie soll man da im äußersten Notfall fliehen? Andererseits gefiel ihm das Wort Amerika", denn es „erinnerte ihn an den biblischen Tanz um das Goldene Kalb, mit dem sein ehemaliger Chefschnitzer aus Zemiock das Leben der amerikanischen Juden verglich... Das Wort Frankreich hatte den Nachteil, dass es mit dem Wort Dreyfus in Verbindung gebracht wurde, das Benjamin oft hatte aussprechen hören; es hieß, die Franzosen hätten diesen Juden auf die Teufelsinsel geschickt; allein der Name ließ einen erschaudern, also was sollte man entscheiden? Schließlich, nach dieser entmutigenden Weltreise, entschied sich Benjamin für das Wort: Deutschland[439]". Und so kam er nach Berlin.

Wir sehen, dass das Land, für das sich ein Jude entscheidet, dasjenige ist, das ihm die besten Möglichkeiten und Garantien bietet. Er weiß, dass er jeden Moment vertrieben werden kann, wie es bisher immer der Fall war. Arthur Koestler informierte uns in einem seiner Werke über das quälende Universum der Juden und ihre tragische Geschichte, um ihre Ansiedlung in Palästina und die Gründung des Staates Israel zu legitimieren: Die Geschichte der Juden „ist eine trostlose Geschichte, die immer mit Flitterwochen beginnt, um dann mit einer blutigen Scheidung zu enden. Zunächst wird den Juden geschmeichelt, sie erhalten Freibriefe, Privilegien und Vergünstigungen. Sie werden willkommen geheißen, als seien sie Alchimisten, weil sie das Geheimnis kennen, wie man die Räder der Wirtschaft dreht". Koestler fährt fort und gibt einen Einblick in das Ansehen der Juden im Mittelalter: „Während der „dunklen Jahrhunderte" lag der Handel Westeuropas weitgehend in den Händen der Juden, einschließlich des Sklavenhandels, und in den karolingischen Kartularien werden die Worte „Jude" und „Kaufmann" als fast austauschbare Begriffe verwendet[440]." Nachdem die Juden den Gipfel ihrer Macht erreicht haben, werden sie ausnahmslos aus dem Land vertrieben, das sie übernommen haben. „Es gibt kein Beispiel in der Geschichte für ein Volk, das auf der Erde so verfolgt wurde, das seinen Tod als Nation überlebt hat und das zwischen den autos de fe und den Gaskammern über einen so astronomischen Zeitraum und mit demselben

---

[439] André Schwarz-Bart, *El último justo*, Editorial Seix Barral, Barcelona, 1959.

[440] Encyclopedia Britannica, 1973, Artikel „Jews", in Arthur Koestler, *La treizième Tribu*, Calmann-Levy, 1976, Poche, S. 198 (Übersetzung aus PDF Arthur Koestler, *Khazarian Jews, The Tribe number 13*, S. 185, auf en.scribd.com)

unerschütterlichen Glauben an das Übernatürliche[441] auf das „nächste Jahr in Jerusalem" angestoßen hat."

Der Sündenbock

Die Hauptthese, die von jüdischen Intellektuellen zur Erklärung des Antisemitismus vertreten wird, ist die des „Sündenbocks". Der Jude wird immer und überall der ideale Sündenbock sein, dem man die Schuld gibt, wenn die Gesellschaft in eine Krise gerät. Marxistische Historiker haben natürlich auf dem wirtschaftlichen Aspekt der Frage bestanden. In seinem Buch *Antisemitischer Hass hat* Serge Moati zum Beispiel die Aussage des seit 1974 in Israel lebenden Wirtschaftswissenschaftlers Simon Epstein wiedergegeben: „Der Antisemitismus kommt immer in Wellen. Ende des letzten Jahrhunderts gab es ihn überall, nicht nur in Frankreich mit der Dreyfus-Affäre. Zu Beginn des 20. Jahrhunderts ging er überall zurück. In den 1930er Jahren steigt sie wieder an und fällt nach dem Zweiten Weltkrieg wieder ab. Die zyklische Natur des Phänomens kann also mit Wirtschaftskrisen in Verbindung gebracht werden. Die Krise am Ende des 19. Jahrhunderts begünstigte die antijüdische Krise, und der Zusammenbruch von 1929 trug zur Welle der 30er und 40er Jahre bei".

Eine Zeit der Ruhe scheint daher unweigerlich einer Phase der Spannungen vorauszugehen: „Die Zeit der „Ruhe" vor dem Völkermord weist viele Ähnlichkeiten mit dem auf, was wir derzeit erleben [442] ". Diese Analysen, die die permanente Angst schüren, legitimieren die Aufrufe zur Wachsamkeit, die die Gemeinschaft vereinen könnten.

Emil Weis, der Animator des jüdischen Filmfestivals in Paris, verteidigt eine sehr karikierte marxistische Analyse des Antisemitismus am Ende des 19. Jahrhunderts: „Diese Periode entspricht dem Beginn des industriellen Zeitalters und dem Niedergang der Großgrundbesitzer. Daher das Bestreben der letzteren, die nationalistischen Reflexe der öffentlichen Meinung zu mobilisieren und zu wecken, um den Zusammenbruch ihrer eigenen Macht zu verhindern. Unfähig, die archaischen sozialen Strukturen in Frage zu stellen oder zu revidieren,

---

[441] Arthur Koestler, in Victor Malka, *En Israël, Guide Bleu*, Hachette 1977, S. 13.

[442] Serge Moati, *La Haine antisémite*, Flammarion, 1991, S. 171, 172.

und an ihren Privilegien festhaltend, schoben sie die Verantwortung für die Krise auf Sündenböcke[443]."

Aber der Antisemitismus ist meistens unerklärlich, oder besser gesagt: unerklärt. Zumindest aus der Feder jüdischer Intellektueller. Hier ein weiteres karikiertes Beispiel aus einem Buch von Beatrice Phillippe mit dem Titel *Die Juden in der heutigen Welt*, das eine Vorstellung vom Antisemitismus vermittelt, der das französische Algerien nach dem Crémieux-Dekret vom 24. Oktober 1870 heimsuchte, das die französische Staatsbürgerschaft nur den Juden aus Algerien zugestand: „Frankreich hat, getreu seiner Berufung, 35 000 neue Kinder adoptiert". Dies war jedoch nur der Anfang der Krise: „Der erste Ausbruch des Antisemitismus ereignete sich 1882 in Algier, dann 1883 in Oran und Sétif... Der zweite Ausbruch ereignete sich in den 1930er Jahren... In der Tat kam es 1934 zu schweren Zwischenfällen in Oran, wo 700 verzweifelte Araber auf die israelische Bevölkerung losgingen (23 Tote, 38 verwundete Juden und 3 tote und 35 verwundete Muslime)[444]." Vielleicht hätte Béatrice Philippe hinzufügen können:"... einfach so, einfach so, ohne jeden Grund". Denn sie hat keine Erklärung für den wütenden Angriff der Muslime in Algerien geliefert. Sie hätte noch weniger erklären können, dass Adolphe Crémieux auch Präsident der Universal Israelite Alliance war und dass er, als er bei der Ausrufung der Dritten Republik Justizminister wurde, sich beeilte, seinen Mitbürgern die französische Staatsbürgerschaft zu verleihen, auch auf die Gefahr hin, den Hass der Muslime auf Frankreich zu wecken.

Serge Moati war der gleichen Meinung. Er stellte den Antisemitismus der arabischen Länder folgendermaßen dar: „Die meisten arabischen Länder, Israels Nachbarn, schüren oft unter dem Vorwand des Antizionismus antisemitischen Hass. In den vergangenen vierzig Jahren waren die Juden, die als feige, feindselig, hinterlistig, rachsüchtig und heuchlerisch" bezeichnet wurden, in diesen Ländern Opfer zahlreicher Verfolgungen. Am 1. Juni 1941 gab es in Bagdad bei einem „spontanen" Pogrom 600 Tote, 240 Verletzte, 586 geplünderte Geschäfte und 911 zerstörte Häuser. Nur wenige Monate nach dem Ende des Holocausts, im November 1945, kam es in Ägypten, Syrien und Libyen zu ersten Ausschreitungen und Angriffen auf jüdische Synagogen und Geschäfte.

---

[443] CinémaAction, *Cinéma et judéité*, Annie Goldmann (Hrsg.), Cerf. 1986, S. 44.

[444] Béatrice Phillipe, *Les Juifs dans le monde contemporain*, MA éd., 1986, S. 18.

Im Dezember 1947 kam es zu einer zweiten Welle. Juden wurden in Aleppo, Aden, Irak, Persien und Pakistan massakriert. Von 1945 bis 1952 flohen 150 000 Juden aus dem Irak heimlich nach Israel... 1956 wurden die Juden aus Ägypten vertrieben. 1970 wurde jüdisches Eigentum in Libyen beschlagnahmt. 1979, am Vorabend der islamischen Revolution, verließen tausend Juden den Iran". Er hätte auch hinzufügen können:"... einfach so, ohne jeden Grund". Denn auch für diese Gewaltausbrüche lieferte er keine Erklärung. Obwohl er feststellte, dass diese antisemitischen Gefühle auch nach der Ausreise der Juden bestehen blieben, schrieb er einfach: „Das Ganze ist überraschend... Hier, wie auch in Polen, haben wir es mit einem 'Antisemitismus ohne Juden' zu tun. Der arabische Antisemitismus ist mehr ideologisch und historisch als sozial[445]." Seine Erklärung ist allerdings ein wenig kurz.

Antisemitismus ist eine überraschende Sache. Er ist sogar ein „großes Rätsel", wie Simon Epstein, zitiert von Serge Moati, es ausdrückt: „Der Antisemitismus ist ein großes Rätsel. Warum sollte man ihn nicht beobachten, anstatt zu versuchen, ihn zu erklären?" In der Tat ist dies der Ansatz fast aller jüdischen Denker, die nur die Erscheinungsformen des Antisemitismus aufzeigen, ohne jemals die Ursachen des Antisemitismus zu nennen. Daher erscheint der Antisemitismus unter ihrer Feder zwangsläufig als etwas Absurdes.

Um die Lücken in den Büchern von Beatrice Philippe und Serge Moati über den Antisemitismus in den arabischen Ländern zu füllen, könnten wir eine einzige Passage aus Guy de Maupassants 1887 erschienenem Reiseroman *Unter der Sonne* zitieren: „In Bu Saada sehen wir sie unter schmutzigen Hütten hocken, aufgedunsen vor Fett, schäbig und sich an den Araber heranpirschend wie eine Spinne an eine Fliege. Sie rufen ihn an, wollen ihm hundert Pfund leihen und lassen ihn im Gegenzug ein Papier unterschreiben. Der Mann weiß um die Gefahr, zögert, wehrt sich. Aber das Verlangen zu trinken und andere Wünsche verlocken ihn; hundert Pfennige sind für ihn ein großes Vergnügen! Und schließlich gibt er nach, nimmt die Silbermünze und unterschreibt das fettige Papier. Nach drei Monaten wird er zehn Franken schulden, nach einem Jahr hundert, nach drei Jahren zweihundert. Dann verkauft der Jude sein Land, wenn er welches hat, oder sein Kamel, sein Pferd, seinen Esel, kurzum, alles, was er besitzt. Auch die Häuptlinge, die *Caids*, die Agas oder *Bach-Agas* geraten in die Fänge dieser Räuber, die die Plage, die

---

[445] Serge Moati, *La Haine antisémite*, Flammarion, 1991, S. 172, 174.

blutige Plage unserer Kolonie sind, das große Hindernis für die Zivilisation und das Wohlergehen der Araber". Dies ist wahrscheinlich nur eine sehr bruchstückhafte Erklärung, aber sie erlaubt es uns, die Debatte zu beginnen.

Um die antisemitischen Reaktionen zu verstehen, können wir auf die brillante Analyse des großen Primo Levi zurückgreifen, der allen Schulkindern in den westlichen Ländern bekannt ist. In seinem berühmten Buch „*Ja, das ist ein Mensch*", das 1958 veröffentlicht wurde, schildert er seine Erfahrungen in den Konzentrationslagern, aus denen er wie durch ein Wunder unversehrt entkam[446]. „Heute weiß jeder, dass „*Ja, das ist ein Mensch*" ein Meisterwerk der Weltliteratur und nicht nur eines der herausragendsten Zeugnisse des Holocausts ist". Dies schreibt Jean-Claude Zylberstein in einer „Anmerkung zu dieser Neuausgabe".

1976 schrieb Primo Levi einen Anhang zur Schulausgabe, „um Fragen zu beantworten, die ihm von Schülern und Erwachsenen gestellt wurden. Auf die Frage: „Wie erklärt man den fanatischen Hass der Nazis auf die Juden?", antwortete er auf acht Seiten in kleiner Schrift.

Wir werden hier eine Zusammenfassung in Form eines freundlichen Dialogs mit dem Autor präsentieren:

„Es besteht kein Zweifel, dass dies ursprünglich eine zoologische Tatsache ist: Tiere der gleichen Art, aber aus verschiedenen Gruppen, zeigen Intoleranz gegenüber einander. Das gilt auch für Haustiere: Es ist bekannt, dass ein Huhn, das von einem Stall in einen anderen gebracht wird, mehrere Tage lang durch Hacken zurückgewiesen wird. Dasselbe gilt für Mäuse und Bienen und im Allgemeinen für alle Arten von sozialen Tieren. Nun ist der Mensch zwar ein geselliges Tier (wie schon Aristoteles feststellte): aber wehe uns, wenn alle zoologischen Triebe, die im Menschen überleben, geduldet würden! Genau dafür sind die menschlichen Gesetze da: um die tierischen Triebe zu begrenzen".

- Das ist alles schön und gut, Herr Levi, aber wie erklären Sie sich den fanatischen Hass der Nazis auf die Juden?

- Antisemitismus ist ein typisches Phänomen der Intoleranz. Damit Intoleranz entsteht, muss es einen wahrnehmbaren Unterschied

---

[446] Professor Robert Faurisson, dessen Werk in alle Welt übersetzt und veröffentlicht wurde, hat zu Recht darauf hingewiesen, dass es sich nicht mehr um „Wunder" handelt, wenn Wunder in einer Kette auftreten.

zwischen zwei Gruppen geben, die miteinander in Kontakt stehen: Dieser Unterschied kann physischer Natur sein (Schwarze und Weiße, Blondinen und Brünette), aber unsere komplizierte Gesellschaft hat uns auch für subtilere Unterschiede wie Sprache, Dialekt oder sogar Akzent sensibilisiert (unsere Südländer wissen das sehr gut, wenn sie gezwungen sind, in den Norden auszuwandern); die Religion mit all ihren äußeren Erscheinungsformen und ihrem tiefgreifenden Einfluss auf die Lebensweise, die Art sich zu kleiden oder zu gestikulieren...

- Das alles ist sehr interessant. Aber, wenn ich darf... wie erklären Sie sich den fanatischen Hass der Nazis auf die Juden?

- In der Antike] waren die Juden, eine Minderheit in all ihren Verwandtschaftskreisen, also anders, als anders erkennbar und oft (zu Recht oder zu Unrecht) stolz darauf, anders zu sein: All das machte sie sehr verwundbar[447]. In der Tat wurden sie in fast allen Ländern und in fast allen Jahrhunderten schwer verfolgt... Seit den ersten Jahrhunderten des Christentums wurde den Juden etwas viel Schwerwiegenderes vorgeworfen: dass sie kollektiv und auf ewig für die Kreuzigung Christi verantwortlich seien, dass sie, kurz gesagt, das „mörderische Volk" seien. Diese Formulierung, die schon in der Antike in der Osterliturgie auftauchte und erst durch das Zweite Vatikanische Konzil (1962-1965) abgeschafft wurde, ist der Ursprung mehrerer verhängnisvoller und immer wiederkehrender Volksglauben: dass Juden Brunnen vergiften und die Pest verbreiten; dass sie regelmäßig die geweihte Hostie entweihen; dass sie zu Ostern christliche Kinder entführen, mit deren Blut sie das ungesäuerte Brot tränken. Diese Überzeugungen haben zu zahlreichen blutigen Massakern und unter anderem zur Vertreibung der Juden zunächst aus Frankreich und England und dann (1492-1498) aus Spanien und Portugal geführt.

- Und der fanatische Hass der Nazis auf die Juden, wie erklären Sie sich den?

- Hitlers] fixe Idee ist die eines herrschenden Deutschlands, nicht in der Zukunft, sondern schon jetzt; nicht durch eine zivilisatorische Mission, sondern durch Waffen. Alles, was nicht germanisch ist, erscheint ihm minderwertig, oder schlimmer: verabscheuungswürdig, und die ersten Feinde Deutschlands sind die Juden, und zwar aus vielen Gründen, die Hitler mit dogmatischer Inbrunst vortrug: weil sie „anderes Blut" haben; weil sie mit anderen Juden in England, in Russland, in Amerika

---

[447] Ich wollte sagen: „unangenehm".

verwandt sind; weil sie Erben einer Kultur sind, in der man überlegt und diskutiert, bevor man gehorcht, und in der es verboten ist, sich vor Götzen zu verneigen, wenn man selbst danach strebt, als Götze verehrt zu werden...

- Es wird oft gesagt, dass Hitler den Juden auch vorwarf, zu viel Macht in Deutschland zu haben...

-... viele deutsche Juden haben Schlüsselpositionen in der Wirtschaft, im Finanzwesen, in der Kunst, in der Wissenschaft, in der Literatur erreicht: Hitler, ein gescheiterter Maler, ein gescheiterter Architekt, richtet seinen Groll und seinen frustrierten Neid gegen die Juden... [Für ihn] sind die Juden an allem schuld, am räuberischen amerikanischen Kapitalismus und am sowjetischen Bolschewismus, an der Niederlage von 1918, an der Inflation von 1923; Liberalismus, Demokratie, Sozialismus und Kommunismus sind satanische jüdische Erfindungen, die die monolithische Festigkeit des NS-Staates bedrohen... Der Antisemitismus... verbreitete sich leicht in Deutschland und in weiten Teilen Europas dank der Wirksamkeit der Propaganda der Faschisten und der Nazis, die einen Sündenbock brauchten, auf den sie alle Schuld und alle Ressentiments abladen konnten; und dass das Phänomen durch Hitler, den wahnsinnigen Diktator, zu seinem Paroxysmus gebracht wurde... Es wurde gesagt, dass Hitler seinen Hass auf die gesamte menschliche Rasse über die Juden ausgoss; dass er in den Juden einige seiner eigenen Fehler erkannte und dass er, indem er die Juden hasste, sich selbst hasste; dass die Heftigkeit seiner Abneigung aus der Angst herrührte, „jüdisches Blut in seinen Adern" zu haben... Bevor Hitler an die Macht kam, waren die deutschen Juden zutiefst deutsch, perfekt in ihr Land integriert, und nur Hitler und ein paar Fanatiker, die ihm von Anfang an folgten, betrachteten sie als Feinde.

- Zahlreiche Juden haben eine bemerkenswerte Rolle im Kommunismus und den Gräueltaten gespielt, die in seinem Namen begangen wurden, bis zu dreißig Millionen Tote in der UdSSR, was keine Kleinigkeit ist. Bis zu dreißig Millionen Tote in der UdSSR, das ist keine Kleinigkeit. Glauben Sie nicht, dass die Schrecken der bolschewistischen Revolution eine Reaktion in Deutschland hervorgerufen haben könnten, vor allem durch Hitlers Bewegung?

- Hitlers fixe Idee, dass das Judentum mit dem Bolschewismus verwechselt wurde, hatte keine objektive Grundlage, insbesondere in

Deutschland, wo bekannt war, dass die überwältigende Mehrheit der Juden der Bourgeoisie angehörte[448]„.

Der Gesprächspartner ist nicht überzeugt, schüttelt leicht den Kopf und fragt.

-Sagen Sie mir ganz offen, Herr Levi, glauben Sie wirklich, dass diese Antworten unsere Leser überzeugen können?

-... scheinen mir keine ausreichenden Erklärungen zu sein... Die vorgeschlagenen Hypothesen rechtfertigen die Fakten nur teilweise, sie erklären die Qualität, aber nicht die Quantität. Ich muss zugeben, dass ich die Bescheidenheit vorziehe, mit der einige der seriösesten Historiker (Bullock, Schramm, Bracher) zugeben, dass sie den wütenden Antisemitismus Hitlers und, hinter ihm, Deutschlands nicht verstehen. Vielleicht können wir nicht alles verstehen, was geschehen ist, oder sollten es nicht verstehen, denn verstehen heißt fast rechtfertigen... im Nazi-Hass gibt es keine Rationalität: es ist ein Hass, der nicht in uns ist, er ist außerhalb des Menschen, er ist eine giftige Frucht des tödlichen Stammes des Faschismus... Wir können ihn nicht verstehen; aber wir können und müssen verstehen, wo er entsteht, und auf der Hut sein[449].

- Letztendlich schlagen Sie vor, keine Fragen zum Antisemitismus zu stellen, aus Angst, dass er verstanden werden könnte, stimmt das?

- Genau", antwortete Primo Levi mit einem breiten Lächeln.

Endlich waren wir uns einig. In diesem Moment stand ich auf, um ihm einen warmen Händedruck zu geben.

- Herr Levi, vielen Dank".

Der Wahnsinn der Menschen

In *Das Testament eines ermordeten jüdischen Dichters* erzählt Elie Wiesels Held eine schreckliche Episode aus seiner Kindheit in Russland um die Jahrhundertwende. In einer Weihnachtsnacht litten er und seine Familie unter unbändigem Hass und mussten sich in einem kleinen

---

[448] Primo Levi, *Si esto es un hombre*, Muchnik Editores, 2002, Barcelona, S. 116-119.

[449] Primo Levi, *Si esto es un hombre*, Muchnik Editores, 2002, Barcelona, S. 120.

Raum unter dem Bauernhaus verstecken: „Ein Jude in einer christlichen Welt zu sein bedeutet, Angst zu kennen und sich an sie zu gewöhnen. Angst vor dem Himmel und Angst vor den Menschen. Angst vor dem Tod und Angst vor dem Leben - Angst vor allem, was da draußen atmet, vor allem, was auf der anderen Seite sein Unwesen treibt. Eine dunkle Bedrohung schwebt über uns - über jedem von uns... Der Feind, der Feind. Ich habe versucht, es mir vorzustellen. Ägypter zur Zeit des Pharaos. Plünderer unter Hamman. Kreuzfahrer im Schatten von Ikonen, mit hasserfüllten Gesichtern. Der Feind ändert sich nicht. Und der Jude auch nicht.

Der Wahnsinn der Menschen sollte wieder ausbrechen: „Ich sollte erfahren, wozu die Menschen fähig sind. Ihr Wahnsinn würde in unsere Welt einbrechen: schwarzer und hasserfüllter Wahnsinn, wilder Wahnsinn, der nach Blut und Mord dürstet. Er näherte sich langsam, schleichend, heimlich, wie eine Herde wilder Tiere, die eine vom Schrecken überwältigte Beute umringen. Plötzlich bricht es los. Ein Schrei erhebt sich aus den Eingeweiden, durchbricht die Stille und die Dunkelheit: Tod den Juden! Wiederholt von unzähligen Stimmen... Sie zu hören, sie zu ertragen und sie zu fühlen, verwüstete mein Gehirn, meine Ohren schmerzten, meine Augen und mein ganzer Körper. Ich konnte mein Zittern nicht kontrollieren; ich kauerte im Schoß meiner Mutter.

Währenddessen gab es draußen nur Massaker, Vergewaltigungen und Plünderungen, zumindest in den Köpfen von Elie Wiesel. „Er empfand gegenüber den Menschen in Krasnograd, also... gegenüber dem russischen Volk, also gegenüber ganz Russland, einen abgrundtiefen, monströsen, gnadenlosen Hass[450]." So kam es, dass die Familie seines Helden Russland verließ, um sich in Rumänien niederzulassen.

Selbst während des Krieges, als die Juden von den Deutschen so grausam verfolgt wurden, taten die russischen Bauern nichts, um ihnen zu helfen: „Warum haben die guten Menschen von Witebsk zugelassen, dass diese Mörder ihre jüdischen Nachbarn töten? Sie hätten sie beschützen, sie in Sicherheit bringen können. Sie taten es nicht. Vierzig Jahre kommunistische Erziehung. Ich verstehe es nicht, ich verstehe es nicht[451]." Stalin selbst war „verrückt" geworden. Elie Wiesel erkannte

---

[450] Elie Wiesel, *Le Testament d'un poète juif assassiné*, 1980, Points Seuil, 1995, S. 39-43, 46.

[451] Elie Wiesel, *Le Testament d'un poète juif assassiné*, 1980, Points Seuil, 1995,

dies an dem Tag, als Stalin „in einem Ausbruch von Hass, in einem Anfall von Wahnsinn⁴⁵² „ begann, jüdische Intellektuelle anzugreifen.

Wiesel bestätigte dies in seinen *Memoiren*: „Stalin ist verrückt, sein Hass hat ihn verrückt gemacht. In Israel, wo es keine diplomatischen Beziehungen zur UdSSR und ihren Satelliten mehr gibt, ist die Linke verwirrt: Sie versteht den grausamen und unerbittlichen Antisemitismus Stalins und der Stalinianer nicht⁴⁵³."

Auch der renommierte Soziologe Edgar Morin hielt den stalinistischen Antisemitismus für eine Manifestation des Wahnsinns. Das sowjetische System „wurde einmal zwischen 1936 und 1937 wahnsinnig, als nichts in der Lage zu sein schien, die Massenverhaftungen zu stoppen, bis Stalin die beiden großen aufeinanderfolgenden Vollstrecker, Yagoda und Yezhov, liquidierte; vielleicht wäre es 1953 ein zweites Mal wahnsinnig geworden, wenn nicht Stalins Tod das Delirium gestoppt hätte⁴⁵⁴."

Kurzum, wir müssen verstehen, dass der Kommunismus verrückt wurde, als er sich jüdischer Führer entledigte, die nicht der Parteilinie folgten, wie in den Jahren 1936-1937, oder als er versuchte, sie auf radikalere Weise aus der Verwaltung auszuschließen. Aber in normalen Zeiten, als das größtenteils jüdisch geführte Regime Millionen von Bauern, der „Bourgeoisie" sowie des russischen und ukrainischen Adels auslöschte, konnte dies als nicht so problematisch angesehen werden.

In der Tageszeitung *Le Figaro* vom 9. Juli 1996 erinnerte Henri Hajdenberg, Präsident des CRIF (Repräsentativer Rat der jüdischen Institutionen in Frankreich) und Vizepräsident des Europäischen Jüdischen Kongresses, an eine weitere schmerzhafte Episode der jüdischen Geschichte, und zwar in dem von der Roten Armee „befreiten" Polen: „Ab dem 3. Mai 1945 warfen in Krakau Studenten die Fenster jüdischer Häuser ein und riefen antisemitische Parolen. Im August desselben Jahres kam es in Krakau erneut zu Anschuldigungen wegen ritueller Verbrechen. Von 1945 bis 1947 wurden in Polen zweitausend Juden ermordet. Die Hälfte der zweihunderttausend aus

---

S. 256.

⁴⁵² Elie Wiesel, *Le Testament d'un poète juif assasiné*, 1980, Points Seuil, 1995, S. 14.

⁴⁵³ Elie Wiesel, *Mémoires, Tome I*, Le Seuil, 1994, S.291

⁴⁵⁴ Edgar Morin, *Un nouveau commencement*, Seuil, 1991, S. 38.

Russland zurückgekehrten Juden wurde gezwungen, wieder ins Exil zu gehen". In Kielce brach am 4. Juli 1946 ein Pogrom aus: „Man wundert sich, schreibt Hajdenberg, über die skandalöse Leichtigkeit, mit der eine Bevölkerung bereit war, Juden zu ermorden... Es ging nicht nur darum, ihnen ihr Eigentum zu rauben, sondern, wie die ärztlichen Untersuchungen zeigten, ihre Gesichter zu zerschlagen.

Offensichtlich wurden auch die Polen verrückt. Und die Kirche machte sich wieder einmal mitschuldig an diesen Gräueltaten, die aus unbekannten Gründen begangen wurden: „In einem Klima des Bürgerkriegs, mit der Errichtung des kommunistischen Regimes und dem wiedererstarkten Antisemitismus, dachte Kardinal Hlond, der Primas von Polen, nur daran, die Rolle der jüdischen kommunistischen Führer anzuprangern. Der Vatikan weigerte sich, das Pogrom zu verurteilen. Die Auswanderungsbewegung der jüdischen Bevölkerung beschleunigte sich brutal in Richtung der Vertriebenenlager in Westdeutschland oder in Richtung Palästina".

Der verbrecherische Wahnsinn der Antisemiten wurde vom Historiker Norman Cohn aufgedeckt, der den modernen Antisemitismus anhand der Verbreitung der berühmten *Protokolle der Weisen von Zion* erklärte. Norman Cohn zeigte, wie der Antisemitismus „im 19. und 20. Jahrhundert von einigen exzentrischen und reaktionären Christen wiederbelebt und modernisiert" wurde, bevor er „von Rassisten, insbesondere Hitler und seinen Anhängern" wiederbelebt wurde. *Die Protokolle der Weisen von Zion* „verbreiteten sich in der ganzen Welt und wurden von Hitlers Geist Besitz ergriffen und zur Ideologie der fanatischsten seiner Anhänger in Deutschland und anderen Ländern[455]". Für Norman Cohn waren dies natürlich wilde Ideen, „so lächerliche Fantasien", denn „es gibt eine Unterwelt, in der Schurken und halbgare Fanatiker pathologische Fantasien im Gewand von Ideen ausarbeiten, die sie für die Unwissenden und Abergläubischen bestimmen".[456]

Das antisemitische Delirium ging so weit, dass man die Juden als Hauptakteure des Kommunismus und des Liberalismus beschuldigte. In seiner *Soziologie des Antisemitismus* prangert François „de Fontette" diese Unfähigkeit an: „Antisemiten haben oft die enge Verbindung, ja

---

[455] Norman Cohn, *Der Mythos der jüdischen Weltverschwörung. Die Protokolle der Weisen von Zion*, Digitale Ausgabe pdf: Titivilius, 2016, S. 8

[456] Norman Cohn, *Der Mythos der jüdischen Weltverschwörung. Die Protokolle der Weisen von Zion*, Digitale Ausgabe pdf: Titivilius, 2016, S. 8

sogar die geheime Absprache betont, die sie zwischen den Juden und dem Kommunismus behauptet haben; so dass der völlig widersprüchliche Charakter der Anschuldigungen noch einmal unterstrichen werden kann, denn während die Nazis dieses Argument seit dem 22. Juni 1941 ausgiebig benutzten, hatten sie zuvor nicht versäumt, den verderblichen Einfluss der jüdisch-freimaurerischen Plutokratie in den angelsächsischen Ländern anzuprangern, die für sie nichts anderes war als die Ausgeburt des internationalen Kapitalismus und dessen Streben nach Weltherrschaft[457]."

Die Antisemiten sind krank, versicherte uns Eli Wiesel durch seinen Dichter, der nicht an die Bedrohung glaubte: „Wir sprachen von den Nazis wie von einer unangenehmen, aber nicht sehr ernsten und keineswegs tödlichen Krankheit. Wir sagten uns: Jede Gesellschaft ist voller Abschaum, auch die unsere; eines Tages werden sie auf den Müllhaufen der Geschichte geworfen werden. Die Drohungen, das Geschwafel, das obszöne Geschwätz eines Goebbels, eines Göring oder ihres lächerlichen Führers haben uns nicht einmal gestört. Wir dachten: Sie bellen und bellen, aber früher oder später werden sie es satt haben[458]."

Aber wie wir alle wissen, wurde der „antisemitische Wahnsinn" während des Krieges entfesselt. „Sechs Millionen Juden wurden in den Todeslagern eines verrückt gewordenen Europas ermordet", schrieb Victor Malka. Am Ende des Konflikts blieb vielen Juden nichts anderes übrig als die zionistische Lösung. Die Gründung des Staates Israel und die jüdische Auswanderung schienen der einzige Ausweg zu sein: „Die Überlebenden des Nazi-Holocausts, die letzten Zeugen des verbrecherischen Wahnsinns Europas gegen die Juden, waren die ersten, die ankamen[459]."

Antisemitismus ist ein „seltsames Phänomen", schrieb Shlomo Taub in *L'Impact* vom 9. März 2007, einer Zeitung, die über Israel und die jüdische Welt berichtet. Shlomo Taub zeigte sich überrascht vom Antisemitismus der Nazis, da die Juden seiner Meinung nach zu dieser Zeit perfekt integriert waren: „Gegen Ende des 19. Jahrhunderts hatten die Juden Deutschlands und Österreichs zum ersten Mal in ihrer

---

[457] François de Fontette, *Sociologie de l'antisémitisme*, PUF, 1984, S. 57.

[458] Elie Wiesel, *Le Testament d'un poète juif assassiné*, 1980, Points Seuil, 1995, S. 125.

[459] Victor Malka, *En Israel, Guide bleu*, Hachette 1977, S. 13, 27, 28

Geschichte die Bezeichnung als auserwähltes Volk abgelehnt... Sie strebten danach, wie die Gojim zu sein, sich vollständig in die Gesellschaft, in der sie lebten, zu integrieren und betrachteten Deutschland als ihre Heimat und Zuflucht. In einer Zeit, in der die Juden die Kultur des Landes treu übernommen hatten und sich eher als Deutsche denn als Juden fühlten, erreichte der antisemitische Hass seinen Höhepunkt und es kam zu gewalttätigen Pogromen. Diese Welle der Barbarei ereignete sich an einem Ort und zu einer Zeit, als die Juden am wenigsten die Idee eines auserwählten Volkes" für sich in Anspruch nahmen. Die Juden wurden wie üblich aller Übel beschuldigt, weil sie „ein leichtes Ziel für Hass und Verfolgung" waren. Schließlich zog Shlomo Taub eine logische Schlussfolgerung: Der Antisemitismus, „dessen Ursprünge so schwer zu verstehen sind", ist ein „seltsames Phänomen".

Manes Sperber analysierte die Frage folgendermaßen: „Der Judenhass schien mir immer ein aggressiver Verfolgungswahn zu sein... wie eine wahnsinnige Angst vor dem anderen, eine Angst, die der Hasser vor sich selbst zu verbergen versucht. In seiner wahnsinnigen Feindseligkeit redet er sich ein, dass er eine unüberwindliche Überlegenheit gegenüber denen genießt, die er hasst und verachtet, die er aber fürchtet, weil sie teuflisch bösartig sind". Und er fügte hinzu: „Wenn dieser Hass für uns manchmal die schlimmste aller Gefahren darstellt, so ist er doch deine Krankheit. Er ist das Übel, das euch heimsucht. Zweifellos hat er uns unsagbares Leid gebracht, aber wir überwinden ihn immer wieder". Und um uns zu heilen, riet Manes Sperber zu einer gründlichen Reform unserer Gesellschaft: „Man kann versuchen, einen totalen Hass, wenn er ein individuelles Phänomen ist, mit therapeutischer Erziehung zu heilen. Um ihn als gesellschaftliches Phänomen zu bekämpfen, muss man den Kampf gegen alle religiösen, sozialen und nationalen Betrügereien aufnehmen, die immer in einem Zeitalter entstehen, das zögert, sich seinen wirklichen Problemen zu stellen[460]."

Unschuld

Unschuld ist ein Schlüsselbegriff, der im intellektuellen Schaffen des Judentums häufig vorkommt. So schrieb beispielsweise Aharon Appefeld, ein israelischer Schriftsteller, der 1932 in Czernowitz

---

[460] Manès Sperber, *Être juif*, Éd. Odile Jacob, 1994, S. 24, 31, 149

(Bukowina) geboren wurde und von einigen als „einer der größten Schriftsteller unserer Zeit" angesehen wird. In seinem 1994 erschienenen Roman *Das nackte Erbe* fragte er: „Was ist es, das mich zum Feind der Menschheit macht? Ist es die Art und Weise, wie ich gemacht bin, oder mein Denken?" Doch er räumte ein, dass er keine Antwort finden konnte: „Wir wussten immer, dass unser Jüdischsein kein Geheimnis war, dass es eine Katastrophe war. Es gab Zeiten, in denen wir im Herzen unser Schicksal verfluchten, das Schicksal des verfolgten Unschuldigen... dessen einziger Fehler das jüdische Geheimnis in ihm war[461]."

Auch Albert Caraco betonte die den Juden innewohnende Unschuld. „Je unschuldiger sie sind, desto unglücklicher sind sie", schrieb er in seiner *Apologie für Israel*. „Die Juden sind unschuldig, daher ihre Stumpfheit; diejenigen, die sie verurteilen, sind gerissene, kalte Ungeheuer, würdig der Abgründe der Meere[462]."

In einem 2006 erschienenen Buch mit dem Titel *On Antisemitism (Über den Antisemitismus)* übertreibt Stéphane Zagdanski bewusst: „Für den Antisemiten ist es ganz einfach: Die Juden sind immer und überall die Ursache für alles. Sie haben Christus gemartert, die Afrikaner versklavt, den Kapitalismus erfunden, den Bolschewismus verbreitet, die katastrophalen Zahlen ihrer eigenen Ausrottung gefälscht und die Palästinenser ausgeplündert. Wie in der Vergangenheit besitzen sie heute das Geld, die Macht und die Medien. Den neuesten Nachrichten zufolge mauern sie ein ganzes Volk ein[463] und machen jeden mundtot, der es wagt, ihr dämonisches Imperium in Frage zu stellen. Kurzum, wenn sie allgemein gehasst werden, dann deshalb, weil sie unfehlbar abscheulich sind". Und Zagdanski fügte sogleich hinzu: „Diese Selbstrechtfertigung des Hasses ist völlig halluzinatorisch. Gerade weil sie nicht die Ursache für das sind, was man ihnen vorwirft, sind die Juden zu allen Zeiten an so vielen Orten gehasst worden[464]."

---

[461] Aharon Appelfeld, *L'héritage nu*, 1994, éditions de L'Olivier, 2006, S. 34, 82

[462] Albert Caraco, *Apologie d'Israël*, 1957, L'Âge d'homme, 2004, S. 119, 227.

[463] Im Jahr 2004 errichtete Israel eine acht Meter hohe Mauer, um sich vor Übergriffen palästinensischer Kämpfer zu schützen.

[464] Stéphane Zagdanski, *De l'Antisémitisme*, Climats, 1995, 2006, S. 10.

Betrachten wir nun die Situation in Ungarn mit den Augen von Gabriele Eschenazi. Laut Eschenazi sollen die Juden während der nationalen Befreiungskämpfe des ungarischen Volkes eine große Verbundenheit mit ihrem Land gezeigt haben: „Ungarische Juden beteiligten sich massenhaft an der gescheiterten Revolution von 1848-1849, in der Ungarn versuchte, sich von der österreichischen Herrschaft zu befreien". Es stimmt, dass die Juden des österreichischen Kaiserreichs zu dieser Zeit kein Staatsbürgerrecht besaßen. In diesem Fall deckten sich ihre Interessen vorübergehend mit denen der Ungarn, die sich von der österreichischen Vormundschaft emanzipieren wollten. Dies erlaubte es dem Autor, die Juden als „treue Patrioten" zu bezeichnen: „Diese Verbundenheit mit der magyarischen Nation kam sie teuer zu stehen. Nach der Niederlage erlegte die habsburgische Militärregierung den Juden eine sehr hohe Entschädigung auf und schränkte ihre wirtschaftliche und berufliche Tätigkeit ein".

Schließlich gewährten die Österreicher 1867 den Ungarn einen gleichberechtigten Status. Das österreichische Kaiserreich wurde zweiköpfig und wurde zum österreichisch-ungarischen Kaiserreich, mit den Habsburgern als herrschende Dynastie. Zu dieser Zeit wurde auch den Juden das Staatsbürgerrecht zuerkannt: Es scheint, dass sich die Juden „als Ungarn mosaischen Glaubens" betrachteten und sich zu Patrioten erklärten: „In keinem anderen Land des Ostens gab es so viele Juden, die auf ihren Nachnamen verzichteten, um ungarische Nachnamen anzunehmen. Die Weiss, Kohn, Löwy, Weinberger, Klein, Rosenfeld und Grünfeld wurden zu Vészi, Kardos, Kukacs, Biró, Kis, Radó und Erdélyi. Sie taten dies nicht unter Zwang, wie es in Polen geschah, sondern weil sie stolz darauf sein wollten, Magyaren zu sein".

So konnten sich die Juden in der ungarischen Gesellschaft nach Belieben entfalten. Man könnte sagen, dass ihre Integration ein voller Erfolg war, vielleicht sogar ein bisschen zu erfolgreich in den Augen der Ungarn: „Zu Beginn des 20. Jahrhunderts stellte die Stadt Budapest für die ungarischen Juden eine Art New York dar. Sie wurde „Judapest" genannt. Es gab keinen modernen Beruf, in dem die Juden nicht vorherrschend waren. Die Zahlen einer Studie aus den 1920er Jahren waren bezeichnend. Obwohl sie 5,9% der Bevölkerung ausmachten, waren genauso viele Juden im Handel tätig wie Ungarn. Sie stellten 59,9% der Ärzte, 50,6% der Rechtsanwälte und 34,3% der Musiker. Im Jahr 1930 waren 61,7% der Handelsunternehmen mit mehr als 20 Beschäftigten und 47,4% der größten Industrieunternehmen in jüdischem Besitz. Die Chorins, die Weiszes und die Goldbergers waren die Familien, die die wichtigsten Bank- und Industrieunternehmen des Landes kontrollierten".

Sie waren tatsächlich perfekt integriert, zumindest in sozialer und finanzieller Hinsicht. Leider wurde das, was wie ein unwiderstehlicher Marsch in Richtung erfolgreiche Integration aussah, durch ein Ereignis, das Ungarn traumatisierte, plötzlich unterbrochen". Es handelte sich um ein neues Scheitern in der Geschichte des jüdischen Volkes, das definitiv unglücklich war. Zunächst war da die katastrophale Niederlage von 1918 und der Vertrag von Trianon, durch den Ungarn 70% seines Territoriums verlor: „Der Übergang von einem multinationalen Reich zu einem Nationalstaat" beraubte die Juden ihrer traditionellen Funktion als Agenten der „Magyarisierung" in den peripheren Gebieten. Ihr Patriotismus geriet bald in Vergessenheit[465] „, denn der Wunsch der Ungarn, diese Gebiete zurückzuerobern, führte sie dazu, sich mit Deutschland zu verbünden. Das Trauma des Verlustes der Gebiete führte dazu, dass diejenigen, die bis dahin die enthusiastischsten Patrioten des Reiches waren, für die nationale Niederlage verantwortlich gemacht wurden".

Der Autor hätte über die Rolle seiner jüdischen Mitbürger bei der bolschewistischen Republik Bela Kun im Jahr 1919 berichten können, die das Land 133 Tage lang blutig schlug, bis sie durch eine gemeinsame Militäraktion Rumäniens und Frankreichs gestürzt wurde. Offensichtlich hielt er sich über dieses Abenteuer bedeckt, obwohl er zugab, dass in dieser kommunistischen Regierung „die Juden in der großen Mehrheit waren[466]".

So werden die Juden - oder „einige Juden" - von der Rolle der blutrünstigen bolschewistischen Henker zu der des „Sündenbocks". Auf diese Weise wird der Antisemitismus der Ungarn unverständlich. So wurde beispielsweise ein Numerus clausus für die Zulassung zur Universität eingeführt: „Das war ein Zeichen dafür, dass ihre Integration nicht mehr akzeptiert wurde und dass sie, nachdem sie 'Ungarn mosaischen Glaubens' waren, wieder eine ethnische Minderheit waren[467]."

---

[465] Gabriele Eschenazi, Gabriele Nissim, *Les Juifs et le communisme...* , 1995, Éd. De Paris, 2000, S. 49-53.

[466] Über die ungarische Revolution: *Les Espérances planétariennes*, S. 263, 274, 275

[467] Gabriele Eschenazi, Gabriele Nissim, *Les juifs et le communisme...* , 1995,

Im April 1938 verabschiedete Ungarn das erste antijüdische Gesetz in Osteuropa, das den Anteil der Juden in allen Berufszweigen auf 20% begrenzte. Zwei Jahre später sank die Quote auf 6%, und mit der Verabschiedung des dritten antijüdischen Gesetzes von 1941 wurde den Juden die Heirat und der Geschlechtsverkehr mit Nicht-Juden verboten. Am 19. März 1944 besetzten die Deutschen das Land, nachdem sie von den Plänen Admiral Horthys erfahren hatten, die Seiten zu wechseln und ein Bündnis mit der Sowjetunion einzugehen. Die Ungarn schienen sich mit der Situation abzufinden: Es gab nicht nur keinen Widerstand gegen die Konzentration der Juden in den Ghettos, sondern die ungarischen Sicherheitsdienste halfen selbst bei ihrer Deportation. Dies zeigt, wie groß die Abneigung der Ungarn gegen die Juden war.

Doch Gabriele Eschenazi sah die Ereignisse in einem anderen Licht. Für ihn entbehrt die Feindseligkeit der Ungarn jeglicher Grundlage. Da die Juden von Natur aus unschuldig waren, machten sich die Ungarn faktisch schuldig, die Juden, die „patriotischer" waren als die Ungarn, verraten zu haben. So beschreibt er die Situation im Jahr 1945: „Die meisten Überlebenden fanden es schwierig, sich nach dem Verrat, dem sie zum Opfer gefallen waren, als Magyaren zu fühlen" (S. 73); „der Verrat der Ungarn erscheint unglaublich" (S. 63); das Land hatte seine „treuesten Patrioten" im Stich gelassen (S. 48).

Die Soldaten der Roten Armee, die siegreich in Budapest einmarschierten, wurden von den Juden natürlich als Helden begrüßt: „Für die Juden bedeutete die Ankunft der sowjetischen Soldaten ihre Rettung und das Ende des schrecklichen Alptraums; sie sahen diese Soldaten, die durch Budapest marschierten, als Helden" (S.74). Die Juden schlossen sich daraufhin massenhaft dem neuen Regime an. Die Autorin analysiert die neue kommunistische Diktatur in Ungarn wie folgt: „Für den Wiederaufbau des Staatsapparats brauchte die kommunistische Partei Menschen, die kompetent und bereit waren, eine neue Gesellschaft aufzubauen, die aber nicht durch ihre Vergangenheit kompromittiert waren. Die jüdischen Überlebenden des Holocaust, die von der ungarischen Rechten verraten worden waren, erfüllten alle diese Voraussetzungen. So eröffneten sich ihnen im Moment der größten Verzweiflung ungeahnte Perspektiven". Wenn wir also richtig verstanden haben, errichten die Juden im „Moment der größten Verzweiflung" eine erbitterte Diktatur. Aber wir müssen sie verstehen: „Es war der beste Weg, sich endlich wieder in das Land zu integrieren,

---

Éd. De Paris, 2000, S. 54-56

das sie verraten hatte" (S.81). (p.81). „Mit dem Verschwinden der sozialen Klassen würde auch der Antisemitismus verschwinden. Wir befanden uns am Anfang einer neuen Welt. Die Juden wollten ihre Leiden und den Verrat an ihrem Land vergessen." (p.83)

Es ist jedoch sehr wichtig, darauf hinzuweisen, dass die kommunistischen Führer und Henker, die die Macht übernahmen, keine Juden mehr waren. In der Tat schrieb Eschenazi: „Die Partei verlangte, dass sie als Gegenleistung für den von ihr angebotenen Gesellschaftsvertrag ihre Herkunft völlig verdrängten: Sie mussten mit jeder Form von jüdischer Identität brechen, mit ihrer Religion, ihren alten Solidaritäten, ihren Freunden, den Ausländern, und diejenigen vergessen, die nach Israel gegangen waren... Aus diesem Grund war ihre Einbindung in das System total... Sie kompensierten den Verlust ihrer kulturellen Identität. Ihre Identifikation mit der Partei erwies sich als so stark, dass ihre Loyalität gegenüber dem Regime oft größer war als die der anderen Ungarn... Sie machten nicht deshalb Karriere, weil sie Juden waren und von einer pro-semitischen kommunistischen Partei unterstützt wurden, wie viele Ungarn fälschlicherweise dachten, sondern weil ihre verfolgte Vergangenheit von einem Regime, das im Land keine Legitimität genoss, als Garantie für Loyalität angesehen wurde." Gabriele Eschenazi schloss: „So begann der Mythos der jüdischen Macht, sich langsam aber sicher in den neuen Staat [468] einzuschleichen."

Kurz gesagt, wenn wir es richtig verstehen, waren die kommunistischen Juden, die gerade eine blutige Diktatur über das ungarische Volk errichtet hatten, in Wirklichkeit gar keine Juden. Wir müssen glauben, dass die Ungarn „Halluzinationen" unterlagen, wie Stéphane Zagdanski sagen würde. Es ist eine ähnliche Argumentation wie die heutige, die uns sagt, dass „die jüdische Stimme nicht existiert", „die jüdische Lobby nicht existiert", „es keine jüdische Gemeinschaft gibt". Wenn ein Schriftsteller ein „großartiges" Buch veröffentlicht, ist er ein Jude; wenn ein Regisseur einen „bewegenden" Film herausbringt, ist er ein Jude; wenn ein Geiger „bewundernswert" ist, ist er ein Jude; aber wenn ein Folterknecht sich unsäglicher Gräueltaten schuldig macht, ist er ein ganz normaler Mensch: wahrscheinlich ein Nichtjude!

---

[468] Gabriele Eschenazi, Gabriele Nissim, *Les juifs et le communisme...* , 1995, Éd. De Paris, 2000, S. 87, 88

Juden sind von Natur aus unschuldig, und der Antisemitismus entspringt bestimmten groben Vorurteilen, die ständig angeprangert werden müssen. Dies versuchte Manes Sperber uns zu erklären: „Die Logik des Hasses bedient sich zweier Methoden: „Totalisierung" und „Atomisierung". Der Antisemit sucht in den Tagesnachrichten nur nach den Namen der jüdischen Betrüger. Zuerst wird er sagen: 'alle Betrüger sind Juden', dann wird er diese Verallgemeinerung totalisieren, indem er sagt: 'alle Juden sind Betrüger'. Schließlich wird er atomisieren, indem er die Juden ihrer Eigenschaft als reale Menschen beraubt und sie nur noch auf die kriminellen Handlungen reduziert, derer sie beschuldigt werden[469]."

Die „Totalitarisierung" ist also das Verfahren, mit dem Antisemiten die Juden und den Bolschewismus in einer einzigen Abscheulichkeit vereinen. Aber in Wirklichkeit müssen wir verstehen, dass die Juden die ersten Opfer des Kommunismus waren. Dies versuchte uns ein gewisser Frederic Stroussi im April 2003 im *Israel Magazine,* „der ersten französischsprachigen israelischen Monatszeitschrift", zu erklären: „Sie waren zwar die ersten Opfer des Nazismus, aber sie gehörten auch zu den ersten Opfern des Bolschewismus. Nur zwei Jahre nach der Oktoberrevolution von 1917 wurde die jüdische Gemeinschaft Opfer eines regelrechten ethnischen Völkermords. Am 5. August 1919 beendete ein Dekret die Autonomie aller jüdischen Organisationen in der Sowjetunion". Frederic Stroussi erklärt abschließend, dass die Tscheka eine „systematische Unterdrückung der zionistischen und hebraistischen Organisationen organisierte: Beschlagnahmung von Räumlichkeiten, Einstellung von Veröffentlichungen und Massenverhaftungen".

In dem Buch von Alain Brossat finden wir die Aussage eines kommunistischen Aktivisten, der ebenfalls die überwältigende Verantwortung jüdischer Doktrinäre, jüdischer Funktionäre und Folterer für die sowjetische Tragödie relativiert. So sagte ein gewisser Chimen Abramsky: „In den ersten elf Jahren des Sowjetregimes wurden [die Juden] wenn nicht als Feinde, so doch zumindest als Bürger zweiter Klasse behandelt, was lächerlich ist, wenn man bedenkt, dass der Anteil der Juden im sowjetischen Staatsapparat in den 1920er Jahren

---

[469] Manès Sperber, *Être juif,* Éd. Odile Jacob, S. 145

außergewöhnlich hoch war⁴⁷⁰." Hier ist ein weiteres „Paradoxon", das von einem anderen jüdischen Intellektuellen angesprochen wurde.

Norman Cohn hat die gleiche Analyse vorgenommen. Er räumte zwar ein, dass unter dem Sowjetregime „es wahr ist, dass Juden im Sinne von Personen jüdischer Herkunft einen unverhältnismäßig großen Anteil an der Führung (wenn auch nicht an der Gesamtmitgliedschaft) der beiden marxistischen Parteien, der Bolschewiki und der Menschewiki, hatten", beeilte sich dann aber hinzuzufügen, um die Tragweite dieser Wahrheit einzuschränken, dass „was die Juden betrifft, die zu den bolschewistischen Führern gehörten, so wurden fast alle von ihnen in den 1930er Jahren ebenfalls erschossen⁴⁷¹." Schließlich lautete die Schlussfolgerung seiner Ausführungen: „Unter dem Sowjetregime litten sie [die Juden] noch mehr als andere Russen: In den 1920er Jahren hatte mehr als ein Drittel der jüdischen Bevölkerung keine Bürgerrechte, verglichen mit 5 oder 6 Prozent der nichtjüdischen Bevölkerung."

Gabriele Eschenazi schrieb: „Der Mythos des Judäokommunismus ist eindeutig ein antisemitisches ideologisches Konstrukt. Ja, es gab tatsächlich stalinistische Juden, aber es gab auch Polen, Tschechoslowaken und Ungarn... Die Widerlegung der These vom Kommunismus als einer „jüdischen Macht" stellt keine besondere Schwierigkeit dar". Wir müssen also glauben, dass die Juden „zum bevorzugten Sündenbock der kommunistischen Regime wurden⁴⁷²".

Historiker wie Michael Checinski, der von Gabriele Eschenazi zitiert wird, zögerten nicht, die These zu verteidigen, dass die polnischen Juden „mit totalem Zynismus" eingesetzt wurden: „Man übertrug ihnen die undankbarsten Aufgaben, um den Unmut der Bevölkerung auf sich zu ziehen. Sobald die schmutzige Arbeit getan war, konnten diese jüdischen 'Henker' von dem Regime, das sie eingesetzt hatte, entlassen und verurteilt werden" (S.227). (p.227). Auch hier sehen wir, wie unerträglich das Leiden der Juden gewesen sein muss, und wir müssen uns ihren Kummer über die grausam verstümmelten Leichen der

---

⁴⁷⁰ Alain Brossat, *Le Yiddishland révolutionnaire*, Balland, 1983, S. 18.

⁴⁷¹ Norman Cohn, *Der Mythos der jüdischen Weltverschwörung. Die Protokolle der Weisen von Zion*, Digitale Ausgabe pdf: Titivilius, 2016, S. 80

⁴⁷² Gabriele Eschenazi, Gabriele Nissim, *Les juifs et le communisme...*, 1995, Éd. De Paris, 2000, S. 28, 35

russischen und polnischen Widerstandskämpfer vorstellen, die sie gerade gefoltert hatten.

Auch Arkadi Vaksberg bestätigte dies trotz aller Informationen: „Der „übermäßige" Anteil der Juden an der Revolution und die sich daraus ergebenden Konsequenzen sind eine Idee, die viel dem Imaginären, dem Mythos[473] zu verdanken ist."

Diese selektive Amnesie ist für die Unschuld des jüdischen Volkes unerlässlich. Manes Sperber, der dieselben Reflexe bei den Juden aller Zeiten nach einer Verfolgungszeit feststellte, schrieb nicht ohne eine gewisse Klarheit: „Das Volk, dessen Intelligenz seit Jahrtausenden gepriesen wird, verhielt sich, als ob es nichts gehört hätte, und vergaß schnell, was es nicht überhört haben konnte". In der Tat entdeckten die Überlebenden nach jeder Katastrophe „ihre Unbesiegbarkeit wieder. Es war die Unbesiegbarkeit ihres Glaubens.

Über den Zweiten Weltkrieg und den Holocaust schrieb er: „Für die Zeitgenossen dieser Katastrophe gibt es keine, könnte es keine tröstliche Erklärung geben, keinen Trost, der die tiefe Unruhe der Überlebenden beenden würde... nur eine selbstgefällige und mangelhafte Erinnerung würde uns vergessen lassen, dass die Erde unter unseren Füßen zerbröckelte[474]."

Und hier wies Sperber auf einen Schlüsselgedanken hin, der es uns erlaubt, das ganz besondere mentale Universum der Juden besser zu verstehen: „Gott war gerecht, denn er verurteilte seine Feinde dazu, Mörder zu werden, und ihnen [den Juden] gewährte er die Gnade, die Opfer zu sein, die im Tod den Allmächtigen heiligen würden. Von Johannes Chrysostomus bis zum letzten pogromistischen Mudschik ahnten die Verfolger nicht, wie sehr ihr momentaner Triumph die Überzeugung der Verfolgten stärkte, dass sie das auserwählte Volk sind[475]."

Kurz gesagt, die Verfolgungen wären für das jüdische Volk einfach notwendig, nicht nur, weil sie seine göttliche Erwählung bestätigen, sondern auch, weil sie den Juden erlauben, von der Schuld ihrer Feinde

---

[473] Arkadi Vaksberg, *Staline et les juifs*, Robert Laffont, 2003, S. 21.

[474] Manès Sperber, *Être juif*, Éd. Odile Jacob, 1994, S. 74.

[475] Manès Sperber, *Être juif*, Éd. Odile Jacob, 1994, S. 60.

zu profitieren, indem sie die Nichtjuden zu Mördern machen. Zweifellos haben diese Menschen etwas Masochistisches an sich. „Mein Meister zitierte den Talmud", schrieb Elie Wiesel: „Lieber unter den Opfern sein als unter den Mördern[476]."

Der Mechanismus der anklagenden Projektion erlaubt es ab diesem Zeitpunkt, die Rollen umzukehren und den Gegner zu beschuldigen. Stalin wird so zum idealen „Sündenbock", dem man „alle Übel vorwerfen" kann. Stalin, der Tyrann, der Henker, der Diktator, der Nationalist, ist sehr nützlich, um die Schrecken des Sowjetregimes zu verdeutlichen. Internationalistische Juden haben damit nichts zu tun, auch nicht die kommunistische Ideologie. Guy Konopnicki schrieb: „Im Gegenteil, der Rückzug der Revolution, die Isolierung Sowjetrusslands und das von Stalin beschlossene nationalistische Erwachen Großrusslands begründeten jenes schreckliche System, das nur noch einige geistig Zurückgebliebene als die großzügige Utopie des letzten Jahrhunderts bezeichnen... Die nationalistische Ideologie hat dieses Jahrhundert durch alle möglichen großen Patrioten wie Stalin in Russland, Pilsudski in Polen, Ceausescu in Rumänien und Khomeini im Iran blutig gemacht. Ganz zu schweigen von dem nationalistischsten und damit mörderischsten aller Regime, dem Nationalsozialismus mit seiner Rückbesinnung auf germanische kulturelle Ursprünge[477]." So reinigt und läutert ein jüdischer Intellektueller das jüdische Volk von seiner Verantwortung für das schrecklichste und verbrecherischste Regime der gesamten Menschheitsgeschichte.

Nach dem Tod Stalins in der UdSSR entmachtet, hörten die Juden in aller Welt nicht auf, ihren Kummer in die Welt hinauszuschreien. Auch Elie Wiesél war verzweifelt über den brutalen Wandel des sowjetischen Regimes, in das viele Juden ihre Hoffnungen gesetzt hatten. Er berichtet über den Kampf der Juden der „freien Welt" in den 1960er Jahren: „Unermüdlich klopfen sie an die Türen von Senatoren, Abgeordneten, Journalisten und Geistlichen; sie organisieren Seminare, Kolloquien und Petitionen: Es geht darum, unzählige Menschenleben zu retten, indem sie ihr Recht auf Würde und Hoffnung verkünden. Wie viele sind es? Millionen, sagt man... Was können wir für sie tun? Ich meine: zusätzlich zu dem, was wir bereits tun? Ich werde mich für einen stärkeren politischen Kampf einsetzen, für vehementere

---

[476] Elie Wiesel, *Mémoires, Tome I*, Le Seuil, 1994, S. 32.

[477] Guy Konopnicki, *La Place de la nation*, Éd. Olivier Orban, 1983, S. 20, 21.

Pressekampagnen, für engagiertere Reden am Sitz der Vereinten Nationen[478]."

Wir sehen also, dass das jüdische Volk als ewig unschuldig erscheinen kann und doch ewig verfolgt wird. Wie André Darmon am Ende seines Leitartikels im *Israel Magazine* im April 2003 schrieb: „Die Tötung eines Juden oder eines Kindes bringt Gott zum Weinen, denn dies ist der Weg, die Träger der universellen Ethik und Unschuld zu vernichten".

Der kleinste Zweifel, die kleinste Anspielung auf eine mögliche Schuld Israels löst sofort eine Welle des Protests in allen Medien aus. Wir haben gesehen, wie Renaud Camus dafür teuer bezahlt hat. Frederic Stroussi griff in der gleichen Zeitschrift Stéphane Courtois an, der es gewagt hatte, im Vorwort seines *Schwarzbuchs des Kommunismus zu* schreiben: „Der Tod eines Kindes eines ukrainischen Kulaken, das vom stalinistischen Regime absichtlich verhungert ist, ist genauso viel „wert" wie der Tod eines jüdischen Kindes im Warschauer Ghetto". Diese einfachen Worte genügten, um den Zorn dieses Frederic Stroussi zu erregen, der auf diese eher trivialen und sicherlich berechtigten Worte des sehr nachdenklichen und gemäßigten Stephane Courtois übertrieben und völlig unverhältnismäßig reagierte. Er erklärte, er sei „fassungslos" über einen solchen Affront. Diese Rede sei nichts weniger als „abscheulich" und stelle einen „obszönen Angriff" auf das jüdische Volk dar: „Warum benutzt man das Martyrium eines jüdischen Kindes, um auf hinterlistige und verachtenswerte Weise die Idee zu unterstellen, dass die Juden die anderen Opfer des Totalitarismus „in den Schatten stellen", indem sie die ganze Aufmerksamkeit auf sich ziehen?"

Im Jahr 1869 hatte Gougenot des Mousseaux diese charakteristische Neigung festgestellt: „Mit größtem Ernst fordern sie besondere Maßnahmen für ihr Volk. Wenn man dem jüdischen Kind das Ohr abzieht, schreien *alle Juden der Welt* über diese Behandlung, über diesen brutalen Angriff. Wenn man sich die Bemerkung erlaubt, dass das jüdische Kind dies vielleicht verdient hat, werden wir als Reaktionäre und Obskurantisten behandelt[479]."

---

[478] Elie Wiesel, *Mémoires, Tome I*, Le Seuil, 1994, S. 485, 498.

[479] Roger Gougenot des Mousseaux, *Die Juden, das Judentum und die Judaisierung der christlichen Völker*. Pdf-Version. Übersetzt ins Spanische von Professor Noemí Coronel und der unschätzbaren Mitarbeit des Teams Katholischer Nationalismus. Argentinien, 2013, S. 327

Im Folgenden werden wir erörtern, was man als das „Paradox des Zohar" bezeichnen kann: Der Antisemitismus rührt von den Vorteilen her, die die Juden der Menschheit bringen. Diese Vorteile sind so groß, dass diejenigen, die sie erhalten, sich schämen und in ihnen Hass gegen ihre Wohltäter wecken.

Elie Wiesel griff in der Tat auf die „Worte des Zohar", des kabbalistischen Buches, zurück, um uns eine Deutung zu präsentieren, warum es in der Antike zu Ausbrüchen von Antisemitismus kam: „Die Söhne Jakobs, die sich in Ägypten niederließen, waren zunächst wohlhabend, geachtet und glücklich. Dann begannen sie, sie heimlich zu beneiden. Dann offen. Aber es war nicht gefährlich. Dann begannen sie, sie zu fürchten. Sie zu hassen. Sie dachten, sie seien zu reich. Sie waren zu viele, zu lästig, zu aufdringlich. Aber es war immer noch nicht gefährlich. Es kam die Zeit, als die Ägypter in einen blutigen Krieg mit ihren Nachbarn zogen und durch das Eingreifen der Kinder Israels gerettet wurden. Dann wurde die Gefahr, die die Kinder Israels bedrohte, real. Das konnten die Ägypter nicht verzeihen[480]."

Auch Jacques Attali brachte dieses seltsame Paradoxon zum Ausdruck: „Der christliche Antijudaismus ist gefestigt und beruht auf dem Hass auf den, der das gute Wort gebracht hat. Der Hass auf denjenigen, der einen Dienst geleistet hat. Das wird sich viel später in der Beziehung zum Geld wiederfinden: der Hass auf denjenigen, der denen Geld leiht, die nicht im Dienst der anderen stehen, andere, nachdem sie sie mit ihrem Gott[481] versorgt haben."

Diejenigen, die sich dem jüdischen Projekt widersetzen, können nur Verrückte sein, die nicht verstehen, welchen Nutzen die Juden für den Rest der Menschheit haben. In seiner *Apologie für Israel* schreibt Albert Caraco: „Wir werden bestraft, weil wir Wohltäter waren und weil das Gute die Ordnung stört". (S.219) „Sie werden den Juden die Gefallen, die sie ihnen schulden, nie verzeihen, ihre Vasallentreue frisst sie von innen auf, ihre Schuld tötet sie, und deshalb müssen wir die Stärkeren sein und sie vor ihrer eigenen Wut retten."

---

[480] Elie Wiesel, *Celebración Biblica, Retratos y leyendas del Antiguo Testamento*, Muchnik Editores, 1987, Barcelona,

[481] Jacques Attali, *Los Judios, el mundo y el dinero*, Fondo de cultura económica de Argentina, Buenos Aires, 2005, S. 95.

Aber manchmal deuten jüdische Intellektuelle an, dass die Unschuld, derer sie sich rühmen, vielleicht weniger eine Tugend des jüdischen Volkes als vielmehr ein Vorwand ist, um die Nichtjuden zu täuschen und ihre Ziele zu erreichen. Albert Caraco hat es unmissverständlich gesagt: „Lasst sie in ihrer Unschuld verharren, und sie werden mit ihr erreichen, wovon kein Volk je geträumt hat" (S.165). (p.165). „Am Ende der Zeit werden sie das Gewand der Unschuld und den königlichen Mantel tragen, den nur die Macht weiß machen kann und den nur die Herrschaft erlöst" (S. 175). „Das Nichts oder die Juden, das ist die oberste Wahl[482]."

Stéphane Zagdanski gab uns bereits einen Einblick in den Zaubertrick: Die Juden sind „mystisch unentbehrlich für die Welt und damit für ihre Lüge, indem sie sie wie einen Atlas der Freude und Unschuld hochhalten, und gerade deshalb werden sie von der Welt und ihrer Lüge gehasst[483]." An einer anderen Stelle seines Buches glaubte Zagdanski vielleicht, sehr gut zu sein, wenn er schrieb: „Der antisemitische Unglaube scherzt nicht und duldet nicht lange, dass man sich über ihn lustig macht[484]."

Das letzte Wort dieses Kapitels überlassen wir Manes Sperber, der sich 1956 mit ungewöhnlicher Aufrichtigkeit entlastet: „Das Exil war nur insofern erträglich, als wir für jede Strafe und Wunde eine Interpretation fanden, die sogar Gott selbst entlastete. Um diese Versöhnung zu erreichen, bedurfte es nur einer wendigen Intelligenz, eines lebendigen Scharfsinns und einer Interpretationskunst [485] ... „Schließlich warf Manes Sperber den Antisemiten vor, nichts über Juden und das Judentum zu wissen: „Alle mit Füßen getretenen Minderheiten können davon überzeugt sein, dass ihre Feinde praktisch nichts über sie wissen. Diese verblüffende Unwissenheit, die Antisemiten seit jeher auszeichnet, ist einer der stärksten Gründe für die Verachtung, die Juden für ihre Feinde empfinden[486]."

---

[482] Albert Caraco, Apologie d'Israël, 1957, L'Âge d'homme, 2004, S. 25.

[483] Stéphane Zagdanski, *De l'Antisémitisme*, Climats, 1995, 2006, S. 334, 335.

[484] Stéphane Zagdanski, *De l'Antisémitisme*, Climats, 1995, 2006, S. 244. Der Satz wäre im umgekehrten Sinn wahrer.

[485] Manès Sperber, *Être juif*, Éd. Odile Jacob, 1994, S. 103.

[486] Manès Sperber, *Être juif*, Éd. Odile Jacob, 1994, S. 147.

Die anklagende Umkehrung

Wie die Ungarn in der Zwischenkriegszeit hatten auch die Polen die Juden beschuldigt, eine „fünfte Kolonne" des sowjetischen Bolschewismus zu bilden. Diese Theorie war nicht stichhaltig, erklärt Gabriele Eschenazi: „Diese Drohung sui generis war durch keine realen Fakten gerechtfertigt... In Wirklichkeit waren die Juden das Symbol für alle Schwächen und Frustrationen der polnischen Nation... Der katholische Mythos von der jüdischen 'dämonischen Macht' erlaubte es den Polen mehr als alles andere, ihre Grenzen, ihre Ängste und ihre Befürchtungen zu rechtfertigen[487]."

Die vom Autor zitierte Aussage eines gewissen Jerzy Szapiro liefert ein weiteres Element zum Verständnis des Phänomens: „Die Polen, so Szapiro, leiden unter einem Minderwertigkeitskomplex; deshalb machen sie andere für ihr Unglück verantwortlich. In ihrer Phantasie fühlen sie sich jedoch überlegen; deshalb müssen sie, um ihr Unglück zu rechtfertigen, einen Sündenbock finden[488]."

Heute wissen wir, dass die Polen mindestens genauso hinterlistig sind wie die Ungarn... Ihre Perfidie geht so weit, dass polnische Historiker sich die absurdesten Märchen ausdenken, um das unglückliche jüdische Volk zu diskreditieren. So kursierten 1940 Gerüchte, „dass die Juden die sowjetischen Soldaten nicht nur als Befreier begrüßt hätten, sondern dass eine große Anzahl von ihnen in die neue Verwaltung eingetreten sei, um die alten polnischen Bürokraten zu ersetzen". Dies war die Bestätigung des „polnischen Mythos vom Verrat der Juden[489]".

Offensichtlich lieben es die Polen, das Opfer zu spielen, erklärt Eschenazi: „Die Tatsache, dass die Spitze der kommunistischen Macht von Führern jüdischer Herkunft besetzt war, die während der „Befreiung" mit der Roten Armee aus der UdSSR kamen, trug zu dem paradoxen Eindruck bei, dass die Polen letztendlich die wahren „Opfer" des Zweiten Weltkriegs waren, während die Juden die „Sieger" waren... Sie kamen zu der völlig surrealistischen Überzeugung, dass die Juden

---

[487] Gabriele Eschenazi, Gabriele Nissim, *Les juifs et le communisme...*, 1995, Éd. De Paris, 2000, S. 166

[488] Gabriele Eschenazi, Gabriele Nissim, *Les juifs et le communisme...*, 1995, Éd. De Paris, 2000, S. 201

[489] Gabriele Eschenazi, Gabriele Nissim, *Les juifs et le communisme...*, 1995, Éd. De Paris, 2000, S. 189, 192

die Quelle aller polnischen Übel waren: Sie waren der 'Judenkommunismus'.

Aufgrund ihrer misstrauischen, tölpelhaften Denkweise wurden die Polen verwirrt und warfen alle in einen Topf: „In der kollektiven Vorstellung besetzten Führer jüdischer Herkunft herausragende Positionen innerhalb des kommunistischen Systems... Da die Polen außerdem dazu neigten, das Opfer zu spielen, ließen sie ihre Frustration an anderen aus. Der Jude wurde zum idealen Sündenbock. Polen wurde unterdrückt: Wessen Schuld war das? Die Juden[490]."

Die Polen sind zweifellos in die Irre geführt, und zwar aus dem einfachen Grund, dass die neuen jüdischen Führer, wie in Ungarn, in Wirklichkeit keine Juden mehr waren, sondern einfach Kommunisten. Man muss verstehen, dass „die „jüdischen" Parteiführer wie Jakun Berman, Hilary Minc oder Roman Zambrowski... mit ihrer jüdischen Herkunft gebrochen hatten und sich ausschließlich als Kommunisten und Polen definierten". Nur weil Juden „an der Spitze der Partei zahlreich vertreten" waren und „die meisten Posten im Zentralkomitee besetzten", bedeutete das nicht, dass es sich um eine jüdische Diktatur handelte, denn diese Juden waren in Wirklichkeit gar keine Juden mehr: „Wir stehen vor einem neuen Paradoxon, schrieb Eschenazi: Indem sie Kommunisten wurden, hörten die Juden für ihr eigenes Umfeld auf, Juden zu sein, aber für die Polen wurden sie durch diese Konversion noch mehr „Juden", sogar Juden der „schlimmsten Art[491]". Dies ist die eigentliche Erklärung. Wenn die Polen weniger dumm gewesen wären, hätten sie es verstanden.

Gabriele Eschenazi zitierte die Aussage eines Journalisten namens Wolicki, eines Parteimitglieds: „In den 1950er Jahren gab es eine große Anzahl von Juden in der politischen Polizei. Das ist unbestreitbar. In den 1960er Jahren war das nicht mehr der Fall. Der Mythos wurde jedoch aufrechterhalten und sogar noch verstärkt. Die Menschen glaubten, dass die Polizei voller Juden war. Ich nenne das magischen Antisemitismus. Ein pragmatischer Antisemitismus sagt: „Dieser Mann ist ein Jude, also ist er ein Verbrecher". Ein magischer Antisemit sagt: 'Dieser Mann ist ein Verbrecher, also ist er ein Jude'" (S.224). Das ist

---

[490] Gabriele Eschenazi, Gabriele Nissim, *Les juifs et le communisme...* , 1995, Éd. De Paris, 2000, S. 179, 180, 182

[491] Gabriele Eschenazi, Gabriele Nissim, *Les juifs et le communisme...* , 1995, Éd. De Paris, 2000, S. 183, 187

in der Tat das Problem: Indem sie sich hinter falschen Identitäten verstecken, haben Juden das natürliche Misstrauen vieler Menschen auf sich gezogen.

Gabriele Eschenazi betonte: „Die Haltung der Opferrolle ist in der [polnischen] Gesellschaft so tief verwurzelt, dass es schwierig ist, Selbstkritik zu üben. Misserfolge und Schwierigkeiten werden immer noch als das Ergebnis äußerer Faktoren (der Feind, ein Komplott, die 'Antipolen') angesehen. Der Pole ist per Definition „unschuldig". Der Exodus von 1968 beraubte die Gesellschaft ihres bevorzugten Sündenbocks, und von da an wurden die Polen als pejorativ apoplektisch gegenüber anderen Polen betrachtet. Jeder unsympathische oder unangenehme Mensch konnte als 'Jude' bezeichnet werden" (S.287). In Wirklichkeit, so der Autor, „empfanden die Polen unbewusst tiefe Gewissensbisse für alles, was während des Krieges geschehen war". „Um der Schuld zu entkommen, die sie verschlang, griffen sie zu allen möglichen Rechtfertigungen... „Wir konnten nichts tun", „die Juden waren bei den Russen" usw."... In Wirklichkeit trug das Land, auch wenn es niemand zugeben wollte, eine enorme Last auf seinem Gewissen. (p.305). Hier, aus der Feder eines jüdischen Intellektuellen, handelt es sich um eine „anklagende Projektion".

Die Projektion von Schuld wurde auch von dem Schriftsteller Manes Sperber bestätigt, als er den „Mythos" der Habgier analysierte, der den Juden im Laufe der Geschichte immer wieder zu Unrecht vorgeworfen wurde: „Der Besitz von Silber, Gold und Schmuck war die einzige - wenn auch nicht immer wirksame - Garantie gegen Vertreibung und Mord. Die Juden erkauften sich damit das Recht zu leben, sich an einem Ort niederzulassen und vorübergehenden Schutz vor dem gemeinen Volk. Die unersättliche Gier derer, die die Macht hatten, sie zu verkaufen oder ihnen das Existenzrecht zu verweigern, verdammte sie dazu, hart sein zu müssen, um Profit zu machen". Das Judentum „wurde von Feinden bedroht, die von einem rasenden Willen zum Plündern und Besitzen beseelt waren. Diese Erpresser fanden edle Gründe, um ihre Haltung zu rechtfertigen. Mal wollten sie die Kreuzigung Christi rächen, mal eine zu diesem Anlass erdachte Hostienschändung oder einen erfundenen Ritualmord bestrafen. Es war die Zeit der fürstlichen und klerikalen Diebe[492]." Sperber betonte: „In ihren Beziehungen zu den Juden verhielten sich die christlichen Fürsten mehr als ein Jahrtausend

---

[492] Manès Sperber, *Être juif*, Éd. Odile Jacob, 1994, S. 100.

lang in einer Weise, die dem unmenschlichen, goldgierigen Wesen, das die antisemitische Karikatur aus dem Prototyp des Juden gemacht hatte, in einzigartiger Weise ähnelte[493]."

So konnte Manes Sperber klagen: „Was haben die Feinde des jüdischen Volkes nicht alles getan - welche Mittel, welche List, welche Gifte, welche Waffen haben sie benutzt, welche Verleumdungen haben sie verbreitet, welche Gesetze haben sie erlassen, welche Folterungen haben sie erfunden[494]?"

Aber nicht nur die christlichen Fürsten seien schuld: „Mehr als die Hälfte der antisemitischen Pamphlete zeigen, dass ihre Verfasser vom Geld besessen sind. Und in fast allen manifestiert sich das, was antijüdische Polemiker den talmudischen Geist nennen, ein Begriff, mit dem sie die Art und Weise bezeichnen, eine Tatsache mit Verachtung zu behandeln und ihre wahre Bedeutung schamlos zu verdrehen." Schamlose Manes!

Der Antisemit hasst, wie Sie verstehen werden, im Anderen „die Fehler, die er bei sich selbst gerne beseitigen würde. Er verzeiht und verheimlicht sie vor sich selbst leichter, indem er sich einbildet, dass sie bei dem, den er hasst, grotesk übertrieben sind... Die Überlegenheit des Anderen in den Bereichen, in denen er sich hoffnungslos unterlegen fühlt... Sicherlich spielt die Bösgläubigkeit bei dieser Art von Argumentation eine Rolle, ebenso wie bei der diffamierenden und verleumderischen Hetze des totalitären Hasses. Aber es hieße, die Bedeutung dieses Phänomens zu ignorieren, wenn man nicht die paranoide Logik berücksichtigen würde, die diese Verfahren bestimmt... Sie kehrt das Verhältnis von Ursache und Wirkung um, zerlegt die Fakten und flickt sie willkürlich zusammen, ignoriert, leugnet oder vernichtet Beweise, die der vorgefassten Interpretation entgegenstehen" und „verleiht dem Anwender ein unabänderlich gutes Gewissen[495]".

Die anklagende Projektion manifestiert sich bei Manes Sperber erneut, wenn es darum geht, die Vorwürfe des Ritualmordes zu verstehen: „Der Antisemit verdient mehr als jeder andere die Vorwürfe, die er gegen diejenigen erhebt, die er hasst. Was soll man von dem Vorwurf des Ritualmordes halten, der so oft gegen die Anhänger einer Religion

---

[493] Manès Sperber, *Être juif*, Éd. Odile Jacob, 1994, S. 141.

[494] Manès Sperber, *Être juif*, Éd. Odile Jacob, 1994, S. 111.

[495] Manès Sperber, *Être juif*, Éd. Odile Jacob, 1994, S. 142-144.

erhoben wird, die den Verzehr von Blut in jeder Form kategorisch verbietet? Nach ihrem Dogma trinken die Christen das Blut und essen das Fleisch ihres Erlösers. Gibt es nicht einen Zusammenhang zwischen diesem zutiefst heidnischen Ritus und ihrer absurden Verleumdung gegen uns[496]?"

Wir sehen, wie der jüdische Intellektuelle alles, wofür er sich schuldig fühlt, auf andere projiziert, einschließlich seiner eigenen Tendenz zur anklagenden Umkehrung. Alexis Rosenbaum ist Philosophieprofessor und auch ein großer Talmudist, wie man aus seiner Art der Analyse des Antisemitismus in einem 2006 erschienenen Buch mit dem Originaltitel *Antisemitism* ableiten kann: „Ist der Antisemitismus Ausdruck einer Neurose [497]?", fragt er, bevor er erklärt: „Der Mechanismus der Projektion wird gewöhnlich von einer anklagenden Umkehrung begleitet. Der Mechanismus der Projektion geht in der Regel mit einer anklagenden Umkehrung einher: Die Verbrechen, die man gegen Juden begehen wollte oder im Begriff war zu begehen, wurden ihnen zugeschrieben. Wir wissen zum Beispiel, dass die Propaganda den Juden zur Zeit ihrer Verfolgung in Nazi-Deutschland systematisch imaginäre Verbrechen zuschrieb: der Jude vergewaltige, verstümmle, foltere, zerstöre andere Religionen, misshandle reine Frauen, räche sich für die Verfolgung usw. Aus psychoanalytischer Sicht sind diese Ereignisse symptomatisch für einen Prozess der Umkehrung zwischen Opfer und Henker (oder projektive Umkehrung). Letzterer verfolgt die Juden, weil er sich einbildet oder einredet, von ihnen verfolgt zu werden. Dadurch kann er sich von seiner Schuld befreien, während er gleichzeitig das Objekt seines Hasses beschuldigt".

Alexis Rosenbaum analysierte den christlichen Antijudaismus mit den Mitteln der Psychoanalyse: „In der Vorstellung des jungen Christen, der sich mit Christus als Sohn identifizierte, konnten die Juden als eine Art beängstigender Vorfahre wahrgenommen werden, der noch auf seltsame Weise präsent war, d.h. als verwandeltes Bild des eigenen Vaters. Nach der Freudschen Psychoanalyse ist der Vater jedoch gerade die Quelle des Gesetzes, der grundlegenden Verbote, denen sich das Kind unterwerfen muss, indem es sein Verlangen nach Lust einschränkt.

---

[496] Manès Sperber, *Être juif*, Éd. Odile Jacob, 1994, S. 147.

[497] Alexis Rosenbaum, *L'Antisémitisme*, Bréal, 2006, S.63. Alexis Rosenbaum stützte sich auf die Arbeit von Otto Fenichel, *Elements of Psychoanalytic Theory of Antisemitism*, in E. Simmel, (dir), *Antisemitism. Eine soziale Sehnsucht*, IUP, 1946.

Die Gefühle des Kindes gelten als besonders zwiespältig: Da es seine Mutter verwirrenderweise als zum Vater gehörig wahrnimmt, ist der Vater sowohl ein Objekt der Bewunderung als auch des Neides. Aus diesem Grund waren die Juden, die Begründer des Monotheismus und seiner Gesetze, anfällig für eine zutiefst widersprüchliche Beziehung, eine Art bewundernder Hass... Die Juden sollen die Henker Christi gewesen sein, so dass sein Blut an ihnen klebte. Das Kind entdeckte also in der Heiligen Geschichte ein überraschendes Modell für die psychologische Lösung seiner Konflikte: Als Christ konnte es vom Tod Christi entlastet werden, indem es die Last des Verbrechens auf die Juden abwälzte... Das jüdische Volk konnte als ein Mittel zur Linderung der großen Schuld angesehen werden, als wäre es eine negative heilige Figur, die auf ewig für die Rolle, die es angeblich gespielt hatte, bezahlen sollte[498]."

„Der Antisemitismus zeichnet sich... durch eine starke Tendenz zu Wahnvorstellungen aus, wobei Persönlichkeiten, die obsessiven und paranoiden Vorstellungen unterliegen, einen fruchtbaren Boden für ihn bilden. In solchen Fällen handelt es sich nicht mehr um eine gewöhnliche Fremdenfeindlichkeit, sondern um einen ganz besonderen Fanatismus, der imaginäre Wesenheiten erschafft und den Wunsch nach radikaler Beseitigung begünstigt. Erinnern wir uns daran, dass die Vervielfältigung abwegiger Glaubensvorstellungen über das Judentum im Laufe der Geschichte enorm war. Der leidenschaftliche Antisemit stellt erstaunlich wilde und oft geniale Theorien auf, wobei er sich nie daran stört, dass keine der großen Anschuldigungen gegen die Juden jemals bewiesen wurde. Besessen von den Semiten oder den Zionisten, ist es fast unmöglich, mit ihm zu diskutieren[499]." Wieder einmal genügt es, die Begriffe „Juden" und „Antisemiten" umzukehren, um das Problem von Alexis Rosenbaum zu erkennen.

Stéphane Zagdanski hat uns ein weiteres gutes Beispiel für eine anklagende Umkehrung präsentiert. „Die antisemitische Logik zeichnet sich durch eine paranoide Umkehrung aus, so dass ihre hartnäckigsten Stereotypen immer dumme Gegensätze zu dem sind, was die jüdische Religion, Kultur und das Denken traditionell behaupten. Und Zagdanski beharrte auf diesem Punkt: „Die bevorzugte Operation des Antisemitismus ist die paranoide Inversion, und die bevorzugte Sprache

---

[498] Alexis Rosenbaum, *L'Antisémitisme*, Bréal, 2006, S. 66-69.

[499] Alexis Rosenbaum, *L'Antisémitisme*, Bréal, 2006, S. 116.

der Inversion ist die Verleumdung. Das bedeutet, dass jede antisemitische Idee das genaue Gegenteil der Wahrheit ist... Jede antisemitische Äußerung ist eine Beleidigung des gesunden Menschenverstandes, jede Beugung davon eine Beleidigung". Der Antisemit ist „ein großer Neurotiker. Er würde gut daran tun, einen Psychoanalytiker zu konsultieren... Er verliert sich in obsessiven Berechnungen, um sein eigenes Delirium nicht zu erkennen[500]."

Tatsache ist, dass sich Zagdanski auch im Vorfeld gegen jegliche Kritik absicherte: „Dieses Buch ist auch ein *Schibboleth** für meine eigenen Ohren. Jede Kritik wird wie ein Wecker klingen. Was das Lob betrifft, so wird es sich meist um verdeckte Beleidigungen handeln. Wer mich paranoid nennt, neigt selbst stark zum Delirium. Wer mir vorwirft, ich würde alles durcheinander bringen, ist selbst stark verwirrt. Wer mir vorwirft, ich könne nichts beweisen, ist selbst nicht in der Lage, es zu beweisen. Wer mir das vorwirft, macht sich selbst unglaubwürdig". Zwar hatte er zu Beginn seines Buches geschrieben: „Ich grüße meinen feurigen, meinen freudigen, meinen wortreichen, meinen lebendigen, meinen akrobatischen, meinen höchsten Gedanken. Mein gesegneter jüdischer Gedanke[501]."

Wir sehen also, wie der kosmopolitische Intellektuelle seine eigenen Fehler, alle seine Fehler, und damit seine eigene Tendenz zur Inversion auf andere projiziert.

Manes Sperber hat uns ein wunderbares und aufschlussreiches Bild dieser jüdischen Neigung, die Welt auf dem Kopf zu sehen, hinterlassen: „Als wir vier Jahre alt waren - wir lernten bereits, das Buch zu übersetzen - verbrachten wir unsere knappe Freizeit mit zwei gymnastischen Übungen: Kopfstand und Purzelbaum. All das, um uns auf das Kommen des Messias vorzubereiten. Wenn der große Augenblick gekommen ist, wird sich die Erde drehen, und dann müssen wir natürlich mindestens eine Viertelstunde lang Kopfstand machen, um in die richtige Haltung zu kommen. Die Toten wiederum werden unter der Erde nach Jerusalem rollen, wo sie auferstehen werden? Der

---

[500] Stéphane Zagdanski, *De l'Antisémitisme*, Climats, 1995, 2006, S. 10, 157, 210, 224

* Hebräisch. Eine Art von Passwort, wie ein Kennwort.

[501] Stéphane Zagdanski, *De l'Antisémitisme*, Climats, 1995, 2006, S. 338, 21

Sinn des Lebens, des Leidens und des Todes, alles wurde durch das Ende bestimmt, den Beginn einer ewigen Gegenwart[502]."

Unsere europäischen Vorfahren hatten sehr wohl verstanden, dass sich der tiefgründige Charakter des Judentums aus den Geboten des Talmuds ergab. König Ludwig, der darüber besorgt war, ordnete einen Prozess über den Talmud an. Der Prozess wurde am 12. Juni 1240 im Palais de Justice in Paris unter dem Vorsitz von Blanche de Castille eröffnet. Nach langen Debatten wurde beschlossen, das Buch zu vernichten. Am 6. Juni 1242 wurden vierundzwanzig Karren mit 1200 Exemplaren des Talmuds auf der Place de Grève verbrannt.

Antizionismus als anklagende Projektion

Während im Westen kein vernünftiger Politiker oder Journalist auch nur die geringste Kritik an den Juden wagen würde, wird es vorläufig noch toleriert, die israelische Politik zu verurteilen. Die Juden ziehen es jedoch vor, dies selbst zu tun. In *Operation Shylock*, „einem provokanten Buch voller Intelligenz und Humor", hat der berühmte amerikanische Schriftsteller Philip Roth erkannt, wie gefährlich der Staat Israel für Juden in aller Welt ist: „Das Land, das heute die meisten jüdischen Leben gefährdet - das Land namens Israel - muss deaktiviert werden... Der Staat, der mit seinem allgegenwärtigen jüdischen Totalitarismus zur Hauptangst der Juden in der Welt geworden ist und die Nichtjuden ersetzt hat; der Staat, der heute mit seiner Gier nach Juden die Juden auf so viele schreckliche Arten deformiert und entstellt, wie es früher nur unseren antisemitischen Feinden möglich war... Was haben sie getan? Was sind ihre Verdienste? Ein Haufen unhöflicher Leute, die einen auf der Straße anrempeln und schubsen. Ich habe in Chicago, in New York und in Boston gelebt. Ich habe in Paris gelebt, ich habe in London gelebt, und nirgendwo habe ich solche Leute auf der Straße gesehen. Was für eine *Arroganz*! Was habt ihr Leute hier geschaffen, das sich mit dem vergleichen lässt, was ihr anderen Juden in der Welt getan habt? Absolut nichts. Nichts außer einem Staat, der auf Gewalt und dem Willen zu herrschen beruht[503]."

---

[502] Manès Sperber, *Être juif*, Éd. Odile Jacob, 1994, S. 118.

[503] Philip Roth, *Operación Shylock*, Debolsillo, Editorial Mondadori, 2005 Barcelona, S. 91, 139-140

Philip Roth war ebenfalls empört über das Verhalten der Israelis gegenüber den Juden der Diaspora: „Aber es ist nicht so, dass sie ihre Arroganz dem Araber und seiner Mentalität vorbehalten, denn sie tun dasselbe mit den *Gojim*, den Nichtjuden, und ihrer Mentalität, oder mit dir und deiner Mentalität. Diese provinziellen Idioten rümpfen die Nase über dich! Kannst du dir das vorstellen? Sie rümpfen die Nase über all die „Neurotiker" in der Diaspora... Und wie überlegen sie sich gegenüber den Juden fühlen, die nichts mit Waffen zu tun haben wollen! Juden, die arabische Kinder packen und ihnen mit Knüppeln die Knöchel zertrümmern? Und wie überlegen sie sich gegenüber euch allen fühlen, die ihr zu solcher Gewalt nicht fähig seid!... Welche *Arroganz*, Philip, welche *unerträgliche* Arroganz! Ihr bringt euren Kindern in der Schule bei, auf die Juden der Diaspora herabzusehen, englischsprachige Juden, spanischsprachige Juden und russischsprachige Juden als einen Haufen Spinner, Würmer, Neurotiker, panische Gefangene zu betrachten... Als ob Hebräisch zu sprechen die höchste menschliche Leistung wäre! Ich bin hier, denken sie, und ich spreche Hebräisch, das ist meine Heimat und meine Sprache, und ich muss mich nicht immer wieder fragen: „Ich bin Jude, aber was bedeutet es, Jude zu sein? Ich muss nicht einer dieser verängstigten, entfremdeten, sich selbst hassenden Neurotiker sein, die sich ständig Fragen stellen? Das ist deine große jüdische Leistung: Juden zu Gefängniswärtern und Bomberpiloten zu machen!... Die Juden haben den Ruf, intelligent zu sein, und das sind sie wirklich. Soweit ich weiß, ist der einzige Ort auf der Welt, an dem alle Juden Idioten *sind*, Israel. Ich spucke auf sie! *Ich spucke* auf sie[504]!"

Aber „Arroganz", „Verachtung" und der „Wille zur Dominanz" sind nicht nur spezifisch für israelische Juden. Die Kritik am Binnenzionismus ermöglicht es also, nicht über den Einfluss der Diaspora-Juden zu sprechen und auf die israelischen Juden die Fehler zu projizieren, die man den Juden im Allgemeinen zuschreiben würde.

Philip Roth klagte auch seine israelischen Mitbürger an: „Wir haben den Palästinensern Unrecht getan. Wir haben sie vertrieben und gefoltert, wir haben sie getötet. Der jüdische Staat hat sich vom Moment seiner Gründung an der Auslöschung der historischen palästinensischen Präsenz im historischen Palästina verschrieben und sich das Land eines indigenen Volkes angeeignet. Die Palästinenser wurden von den Juden

---

[504] Philip Roth, *Operación Shylock*, Debolsillo, Editorial Mondadori, 2005, Barcelona, S. 143-145.

verdrängt, zerstreut und erobert⁵⁰⁵... Ich versuche, ihnen klarzumachen, dass es auf der Welt Juden gibt, die nicht so sind wie die Juden hier. Aber für sie stellt der israelische Jude ein solches Ausmaß an Bösem dar, dass es ihnen schwerfällt, mir zu glauben".

Diese Schuldverschiebung zeigt sich auch, wenn es darum geht, die universelle jüdische Neigung zu Schimpfwörtern zu kritisieren. In diesem Fall projiziert Philip Roth einmal mehr die Fehler seiner jüdischen Mitbürger in der Diaspora auf den Staat Israel: „Was rechtfertigt die Tatsache, dass keine Gelegenheit ausgelassen wird, Israels Grenzen zu erweitern? Was rechtfertigt die Bombardierung der Zivilbevölkerung von Beirut? Was rechtfertigt es, die Knochen palästinensischer Kinder zu zertrümmern und arabischen Bürgermeistern die Gliedmaßen abzusprengen? Auschwitz. Dachau. Buchenwald. Belsen. Treblinka. Sobibor. Belsec... Machtbesessene Juden, das sind sie, das ist alles, was sie sind, und wenn sie sich in irgendeiner Weise von anderen machtbesessenen Juden anderswo auf der Welt unterscheiden, dann in der Mythologie der Viktimisierung, die sie benutzen, um ihre Sucht nach Macht und ihre Viktimisierung von uns zu rechtfertigen. Der alte amerikanische Witz bringt es auf den Punkt: „There is no business like *Shoah* business", statt *„Show business"*, gibt es kein Geschäft wie das Holocaust-Geschäft, statt *Show business"*.

Solche Aussagen, über die sich die pro-palästinensischen „Antizionisten" freuen, sind wie Bäume, die den Wald verdunkeln und den Aufstieg der Macht der jüdischen Gemeinschaften in der westlichen Welt, vor allem durch das Finanz- und Mediensystem, in den Hintergrund drängen. Es ist dasselbe Projektionssyndrom, das wir in diesen Worten entdecken: „(...) die wenigen Israelis, denen man noch ein wenig trauen kann, weil sie noch Selbstachtung haben und noch wissen, wie man etwas sagt, das nicht reine Propaganda ist". Die Trickserei dieser israelischen Juden, so Roth, diene dazu, „den Eckpfeiler der israelischen Politik der Arroganz zu stärken, der die Ideologie des Opfers untermauert. Sie werden nicht aufhören, sich als Opfer darzustellen oder sich mit der Vergangenheit zu identifizieren". Philip Roth wetterte erneut gegen die „unerträgliche Arroganz" dieser Israelis, als ob die Juden der Diaspora frei von diesen Mängeln wären, und warnte schließlich die Juden Israels, „bevor die Zionisten in ihrem

---

⁵⁰⁵ Philip Roth, *Operación Shylock*, Debolsillo, Editorial Mondadori, 2005 Barcelona, S. 404-405, 139

unausrottbaren Wahnsinn und ihrer Rachsucht die gesamte jüdische Welt in ihre Brutalität verwickeln und eine solche Katastrophe über sie bringen, dass sie sich nie wieder erholen wird⁵⁰⁶''.

Kurz gesagt, die Kritik am Staat Israel ist sehr praktisch, um alle vergessen zu lassen, dass das Herz des Weltjudentums in New York, London und Paris und nicht in Tel-Aviv liegt. Man könnte sich in der Tat fragen, ob die israelischen Juden grausamer sind als die bolschewistischen Juden, und wir würden gerne dieselben Worte und dieselbe Reue für die dem russischen und ukrainischen Volk zugefügten Gräueltaten hören.

Laternen und Lügengeschichten

Die Verfolgungen, deren Opfer die jüdischen Gemeinden zu sein behaupten, sind manchmal real, manchmal aber auch sehr zweifelhaft. In der Tat gibt es in diesem Zusammenhang recht häufig Fälle von Medienhetze. In einer 2003 von der Zeitschrift *Tabou* [507] in den Vereinigten Staaten veröffentlichten und ins Französische übersetzten Studie wurden mehrere Dutzend angeblich antisemitische Taten in den Vereinigten Staaten und im Ausland aufgelistet, die von „geistig verwirrten" Juden begangen worden sein sollen. In dieser Studie wurden auch Dutzende von Antisemitismusvorwürfen gegen Einzelpersonen zusammengestellt, die in Misskredit gebracht werden sollten. In allen Fällen wurde der Fall zunächst öffentlichkeitswirksam dargestellt und dann sorgfältig vertuscht, sobald die Anmaßung aufgedeckt worden war. Hier sind einige Beispiele:

Im August 1979 entdeckte ein jüdischer Zahnarzt im Bundesstaat New York, Dr. Sheldon Jacobson, ein brennendes Hakenkreuz auf dem Rasen seines Hauses. Einige Tage später verhaftete die Polizei den Täter: Douglas Kahn, einen jüdischen Teenager, der sich darüber ärgerte, dass

---

[506] Philip Roth, *Operación Shylock*, Debolsillo, Editorial Mondadori, 2005 Barcelona, S. 152-157. In der französischen Übersetzung: „Die Tricks dieser israelischen Juden dienen dazu, die Macht der Juden zu rechtfertigen, die Herrschaft der Juden zu rechtfertigen, indem sie für die nächsten hundert Jahrtausende das Bild des jüdischen Opfers aufrechterhalten".

[507] Laird Wilcox, *Crying wolfes, hate crime hoaxes in America*, Editorial research service, Kansas, 1994, in *Tabou*, Band 4; Éditions Akribeia, 2003, S. 64-120.

Jacobsons Hund sein Geschäft in seinem Garten verrichtet hatte (*New York Daily*, 29. August 1979).

Im August 1983 wurde die jüdische Gemeinde in West Hartford, Connecticut, durch eine Reihe von Brandanschlägen terrorisiert. Die Brände betrafen zwei Synagogen und das Haus eines örtlichen Rabbiners. Alle Medien reagierten sofort und prangerten den Antisemitismus an. Das Fernsehen strahlte Bilder einer alten Frau aus, die unter Tränen an die Schrecken des Holocaust erinnerte: „Ich hätte nie gedacht, dass so etwas noch einmal passieren würde", erklärte die verängstigte Frau. Die Polizei setzte dreiunddreißig Inspektoren auf den Fall an und der Bürgermeister setzte eine hohe Belohnung aus. Der Verdacht konzentrierte sich jedoch schnell auf einen 17-jährigen jüdischen Schüler, Barry Dov Schuss, der sich schließlich zu den vier Brandanschlägen bekannte. Jack Schuss, der Vater des Teenagers, sagte aus, dass Barry einige psychische Probleme hatte und bereits in Behandlung war. Während seines Prozesses im Januar 1984 sagte Schuss aus, er habe „gehandelt, um das Bewusstsein für die Gefahr des Antisemitismus wach zu halten". An seiner Stelle wäre jeder Nichtjude zu fünfzehn Jahren Gefängnis verurteilt worden, aber Barry Dov Schuss erhielt nur eine Bewährungsstrafe von fünf Jahren (*Chicago Tribune* vom 1. September 1983, *Hartford Courant* vom 15. und 17. Dezember 1983 und 24. Januar 1984).

Im März 1984 fanden die Bewohner von Co-Op City, einem Wohnkomplex in der Bronx, New York, Hakenkreuze und antisemitische Graffiti an 51 Wohnungstüren und Wänden. Dies war ein „Schock für die Gemeinschaft". Der Vorfall fand auch in den Medien große Beachtung, bis zwei jüdische Teenager im Alter von 14 und 15 Jahren gefasst wurden. Plötzlich wurde es still um diesen langwierigen Fall. (*Jüdischer Sentinel* vom 31. März 1984)

Am 24. November 1985 meldete die *Associated Press* in New York, dass Vandalen die Schaufenster von acht jüdischen Geschäften in Brooklyn eingeworfen hatten. Horror! Journalisten im ganzen Land schrien ihre Empörung heraus und erinnerten an die Kristallnacht von 1938. Bürgermeister Edward Koch setzte eine Belohnung von 10.000 Dollar für jeden aus, der die Polizei über den Aufenthaltsort der Täter informiert. Die Aufrufe zur antifaschistischen Wachsamkeit vervielfachten sich. Am 9. Dezember war in der Presse Folgendes zu lesen: „Ein 38-jähriger Jude mit psychischen Störungen wurde verhaftet..." (New York Daily News vom 10. Dezember). („*New York Daily News"* vom 10. Dezember 1985). Es stellte sich heraus, dass der

Beschuldigte, Gary Dworkin, nur gegen Israelis und chassidische Juden hetzte.

Im Dezember 1985 wurde der Wachmann der Synagoge in Milwaukee mit einer ätzenden Substanz besprüht. Das Opfer, Buzz Cody, ein zum Judentum konvertierter ehemaliger Katholik, gab an, dass die Männer dunkle Hautfarbe hatten und mit einem nahöstlichen Akzent sprachen. Anfang Juli waren neun Hakenkreuze auf das Gemeindezentrum sowie auf Codys Wohnung gemalt worden, in die eingebrochen und die durchwühlt worden war. Antisemitische Graffiti und anonyme Anrufe von einer mysteriösen „Palästinensischen Verteidigungsliga" machten ihm das Leben schwer. Die Ermittlungen waren bald abgeschlossen, und im Mai 1986 wurde Cody angeklagt. Er beging innerhalb weniger Stunden Selbstmord (*Milwaukee Journal* vom 20. Dezember 1985 und 17. Mai 1986).

Am 15. Juli 1987 wurde eine jüdische Frau aus Rockville, Maryland, mitten in der Nacht durch ein brennendes Hakenkreuz in ihrem Garten geweckt. Der Täter war ein 19-jähriger Jude, Gary Stein (*Washingtoner Jüdische Woche* vom 6. August 1987).

Im Januar 1988 erhielt Laurie A. Recht, eine 35-jährige Rechtsanwaltsgehilfin, angeblich Morddrohungen wegen ihres antirassistischen Engagements. Die Medien machten sie sofort zu einer Heldin und hoben ihren Mut und ihre Entschlossenheit hervor. Im Mai verlieh ihr das New Rochelle College in Anerkennung der Widrigkeiten, die sie ertragen musste, die Ehrendoktorwürde. Im November behauptete sie, weitere Morddrohungen erhalten zu haben: „Die Nigger-Liebhaberin, die Jüdin. Wir haben dich nicht vergessen. Mit deinem Leichnam werden wir der Welt unsere Sache offenbaren. Es wartet eine Kugel auf dich. Das FBI hörte ihre Kommunikation ab, um die Täter zu fassen, und installierte eine Kamera vor ihrer Wohnung. Am Ende stellte sich heraus, dass Laurie Recht keine telefonische Drohung erhalten hatte, sondern dass die Kamera aufzeichnete, wie sie sich selbst an die angrenzende Wand ihrer Wohnung malte. Vor Gericht gab Laurie Recht die Tat zu. Ihr drohten bis zu fünf Jahre Gefängnis und eine Geldstrafe von 250.000 Dollar, aber sie erhielt nur eine Bewährungsstrafe von fünf Jahren (*New York Daily News*, 28. November 1988; *Agence télégraphique juive*, 1. Dezember 1988).

In der Zeitschrift *Newsweek* vom 8. Mai 1989 wurde berichtet, dass ein wohlhabender Mann, Morton Downey, in den Toiletten des Flughafens von San Francisco von Skinheads angegriffen worden war. Sie sollen ihn in der Toilette festgenagelt haben, um ihm ein Hakenkreuz ins

Gesicht zu malen und ein Stück seiner Kopfhaut abzuschneiden, bevor sie ihn mit einem „Sieg heil" begrüßten. Die Flughafeninspektoren fanden nur kleinere Schnitte in seinem Gesicht, aber nicht die Ereignisse, die Downey der Presse erzählte. Später gab Downey zu, dass es sich bei dem Vorfall um einen „geplanten Publicity-Gag" gehandelt habe.

Am 25. März 1990 entdeckten Hunderte von Menschen in Yorba Linda, Kalifornien, ein Flugblatt, das angeblich vom Methodistenkreis verteilt wurde und zum „Töten der Juden" aufrief. Eine Lokalzeitung berichtete: „Auf der einen Seite ist Jesus abgebildet; es wird eine Passage aus dem Lukasevangelium zitiert und dieser Satz: „Tötet alle Juden". Die andere Seite listet Gründe auf, den Juden zu misstrauen". Reverend Keneth Criswell, Pastor der örtlichen unitarischen Methodistenkirche, wandte sich umgehend in einem Schreiben an seine Gemeinde, um ihr zu versichern, dass die Flugblätter „fälschlicherweise und in betrügerischer Absicht" der Methodistenkirche zugeschrieben worden seien.

Ende 1991 gab Nathan Kobrin, ein Jude aus Concord in Kalifornien, an, Opfer zweier Brandanschläge gewesen zu sein, und behauptete, anonyme Briefe und Morddrohungen per Telefon erhalten zu haben. Die kalifornischen Zeitungen applaudierten seinem mutigen Kampf gegen den Antisemitismus, und er erhielt zahlreiche Unterstützer. Ein Ermittler, der sein Haus beobachtete, deckte den Schwindel auf. Am 31. Januar 1992 gestand Nathan Kobrin, 36, vor dem Gericht von Contra Santa, dass er der Urheber der beiden Brände und der falschen Briefe war. Er wurde wegen Falschaussage angeklagt und zu einem Jahr Gefängnis verurteilt (*Oakland Tribune* vom 12. September 1991, *Northern Californian Jewish Bulletin* vom 20. September 1991 und 17. Juli 1992).

Im April 1993 meldete ein junges jüdisches Paar, Jerome und Jamie Brown Roedel, den Einbruch in ihr Haus in Cooper City, Forida. Der Fall erregte großes Aufsehen, weil die Wände mit antisemitischen Graffiti beschmiert worden waren. Auch hier herrschte große Empörung und „Schock in der Gemeinde". Acht Monate Ermittlungen waren nötig, um zu diesem Ergebnis zu kommen: Versicherungsbetrug. In der Tat hatte Jamie Roedel einige Monate zuvor wertvolle Kunstgegenstände erworben. Nachdem er den vorgetäuschten Diebstahl mit mehreren Personen organisiert hatte, forderte er 47.000 Dollar von der Versicherungsgesellschaft. Am Ende kassierte sie 30.000 Dollar, verließ ihren Mann und begann ein neues Leben mit ihrem

Liebhaber. Im Dezember 1993 wurde sie wegen Betrugs angeklagt (*Chicago Tribune* vom 2. Januar 1994).

Im Jahr 1994 wurden in New York offen rassistische und antisemitische Flugblätter verteilt. Bei dem Täter handelte es sich um ein Mitglied des nationalen Komitees der Anti Defamation League, der führenden amerikanischen „antirassistischen" Vereinigung (*New York Times*, 27. Februar 1994). Nach seiner Verhaftung erklärte Donald Mintz, er habe eine Sympathiebewegung für seine Kandidatur entfachen und Spenden sammeln wollen. Nach dem Skandal verlor er die Wahl.

Die Studie ging bis 1994, so dass Fälle, die nach diesem Datum auftraten, nicht berücksichtigt werden konnten. Aber jeder kann sich ein Bild davon machen, wie häufig diese Dramen in den Vereinigten Staaten und im Ausland vorkommen. Erinnern wir uns an einen anderen Fall aus dem Jahr 2004: In den New Yorker Bezirken Brooklyn und Queens waren etwa zwanzig jüdische Geschäfte sowie einige Synagogen mit Hakenkreuzen beschmiert worden. Die Empörung war groß. Ein Rabbiner bot eine Prämie von 5.000 Dollar für Hinweise an. Am 18. Oktober 2004 verhaftete die Polizei schließlich die Täterin. Es war Olga Abramovich, 49, die erklärte, sie habe sich an ihrem 78-jährigen Ehemann Jack Greenberg rächen wollen, der sich gerade hatte scheiden lassen, um eine jüngere Frau zu heiraten. Die Presse und die jüdischen Organisationen vertuschten daraufhin die ganze Geschichte. Zum Glück vergisst die Öffentlichkeit schnell, was sie im Fernsehen sieht.

Diese „antisemitischen" Nachrichten kommen schon seit langem aus den gleichen Gründen vor. Hören wir Arthur Miller zu, einem amerikanisch-jüdischen Schriftsteller, der vor allem als Ehemann von Marilyn Monroe berühmt wurde und der über das Aufflammen des Antisemitismus in den Vereinigten Staaten vor dem Krieg alarmiert war. Auf Synagogen und jüdische Häuser in Connecticut waren Bombenanschläge verübt worden. „Der Täter wurde ein paar Wochen später verhaftet. Es handelte sich um einen jungen jüdischen Mann, der geistig verwirrt war[508]."

Aber erst kürzlich, im Mai 1990, hatte die Schändung von zwei jüdischen Friedhöfen in Israel die Welt erschüttert. Auf mehr als

---

[508] Arthur Miller, *En el punto de mira*, Tusquets Editores, 1995, Barcelona, S. 12.

* Bleu blanc rouge, von der französischen Trikolore.

zweihundertfünfzig jüdischen Gräbern waren hebräische Inschriften entdeckt worden, die die Vernichtung des Judentums und die Gründung eines palästinensischen Staates forderten. „Die Araber werden die Juden töten". Zevolon Hammer, Israels Minister für religiöse Angelegenheiten, deutete an, dass dieser Vorfall mit der Schändung von Gräbern auf dem Friedhof von Carpentras in Frankreich zusammenhängen könnte, die viele der extremen Rechten zugeschrieben hatten. Zwei Juden, David Goldner, 41, und Gershon Tennenbaum, 32, wurden schließlich in Haifa verhaftet. Sie begründeten ihre Aktion mit ihrem Wunsch, das jüdische Volk gegen die arabischen Staaten zu vereinen (*The Jewish Week* vom 18. Mai 1990, *New York Times* vom 17. Mai 1990). Auch in Israel gab es zahlreiche Fälle von fingierten Angriffen auf jüdische Siedler, um eine Reaktion zu provozieren.

In Frankreich werden in den Nachrichten regelmäßig die gleichen Supertricks präsentiert, die zu „Medienblasen" führen. Hier sind ein paar Beispiele:

Im März 1990 wurde Louisa Zemour, eine Aktivistin von SOS-Racisme in Grenoble, von einem „Handlanger des Front National" verwundet, der ihr Gesicht mit einem „blau-weiß-roten*" Schal verdeckt hatte (*Rivarol* vom 15. Juni 1990).

1992 wurde in den frühen Morgenstunden der Silvesternacht die Synagoge von Villepinte in Seine-Saint-Denis mit einem Molotowcocktail in Brand gesetzt. Zu dem Anschlag bekannte sich eine mysteriöse Gruppe namens „Reines Frankreich". Es handelte sich um einen „Schock innerhalb der Gemeinschaft". Am 10. Januar 1993 nahmen mehrere Minister an der vom Oberrabbiner Joseph Sitruk organisierten Demonstration teil, um gegen diesen barbarischen Akt zu protestieren. Am Ende stellte sich jedoch heraus, dass der Urheber des Brandanschlags ein gewisser Michel Zoubiri, ein algerischer Jude, war, der den Anschlag Patrick E., einem amourösen Rivalen der Front National, in die Schuhe schieben wollte (*Rivarol* vom 15. Januar 1993).

Im Januar 2003 wurde die Messerstecherei des Rabbiners Gabriel Fahri in der Öffentlichkeit stark thematisiert und politisiert, bevor der Fall schließlich zu Grabe getragen wurde: In Wirklichkeit hatte es keinen Angriff gegeben. Das medizinische Gutachten sprach von einer „zweifelhaften Wunde", die zu keiner Unterleibsverletzung geführt habe. Außerdem sei der 10 Zentimeter lange Riss in der Kleidung „unvereinbar mit dem angeblichen Überfall". Da es keine Zeugen gab, stützte sich der gesamte Fall auf die Aussagen des Opfers, das einen

„Mann mit Helm" beschuldigte, der „Allah Akbar" mit „französischem Akzent" gerufen haben soll. In Wirklichkeit hatte Rabbi Farhi sich selbst erstochen.

Über den Brandanschlag auf ein jüdisches Sozialzentrum in Paris am 22. August 2004 wurde in den Medien ausführlich berichtet. Die Täter hatten antisemitische Graffiti, umgekehrte Hakenkreuze und islamistische Parolen mit groben Rechtschreibfehlern hinterlassen. Der Bürgermeister von Paris und der Premierminister besuchten den Brandort, um ihrer Empörung Ausdruck zu verleihen. Nach dem Anschlag stellte der Bürgermeister 300.000 Euro zusätzlich für die Sicherheit von Orten bereit, die von der jüdischen Gemeinde in Paris frequentiert werden. Die Ermittlungen ergaben jedoch, dass es sich bei dem Täter um einen 52-jährigen Mann handelte, der der Gemeinde angehörte und ein fleißiger Freiwilliger war, der sich an den Mahlzeiten für die Unterprivilegierten erfreute. Er war „psychisch labil" und konnte den Verlust der Wohnung, die ihm das Sozialzentrum vermietet hatte, nicht verkraften.

Ebenso wenig berichteten die französischen Medien über das Urteil der 17. Kammer des Pariser Strafvollzugsgerichts, mit dem Alex Moïse zu einer Geldstrafe von 750 Euro verurteilt wurde. Moïse hatte Anzeige wegen antisemitischer Drohungen und Beleidigungen in seiner Wohnung erstattet, doch die Ermittlungen ergaben, dass er sie selbst verschickt hatte. Alex Moïse, Generalsekretär der Zionistischen Föderation Frankreichs (Vollmitglied des CRIF) und ehemaliger Sprecher von Likoud France, war auch einer der Initiatoren der Auftrittsverbote für den schwarzen Komiker kamerunischer Herkunft, Dieudonné M'Bala. In den 1990er Jahren war er Vorsitzender des Koordinierungsausschusses des Sentier, der lokalen jüdischen Selbstverteidigungsmiliz.

Der Antisemitismus wird vom Mediensystem aus drei Gründen in dieser Weise übertrieben: Erstens enthält die jüdische Identität einen Teil der Angst und Paranoia, die seit dreitausend Jahren natürlich ist. Der zweite Grund ist, dass sie es den Juden in der ganzen Welt ermöglicht, eine zerbrechliche Identität zu bewahren und zu pflegen, die durch die Assimilierung im Aufnahmeland stets zu verschwinden droht, und so den Zusammenhalt der Gemeinschaft zu stärken. Der dritte Grund ist, dass diese ständige Beunruhigung es ermöglicht, viele Juden zu ermutigen, sich in Israel niederzulassen, dessen Bevölkerungszahl im Vergleich zu der der Araber zu gering ist.

So gestand Georges Friedmann 1965: „Ich habe oft beobachtet, wie aschkenasische Israelis, mit Ausnahme der *Kibbuzim*, und im Allgemeinen „die Alten", positiv auf jede Nachricht über Manifestationen des Antisemitismus in der Welt reagierten. Sie betonten ihn und neigten dazu, seine Bedeutung zu übertreiben[509]." Ähnlich äußerte sich ein gewisser Jacques Kupfer, ein zionistischer Führer, der dem Antisemitismus wohlwollend gegenüberstand: „Ich wünschte, es gäbe immer mehr Hakenkreuze und Bomben gegen Synagogen, damit die Juden endlich ihren Arsch hochkriegen[510]."

Kürzlich appellierte Rabbi Melchior von Israel aus an seine jüdischen Mitbürger in Frankreich, die sich seiner Meinung nach in einer äußerst gefährlichen Situation befänden, so schnell wie möglich nach Israel zu ziehen. Am 8. Januar 2001 zeichnete das israelische Integrationsministerium jeden Juden, der seine *Ayah* machte, mit 9000 Dollar aus. Die Wochenzeitung *Le Point* vom 27. April 2006 veröffentlichte einen Artikel zu diesem Thema, nachdem ein Buch mit dem Titel *OPA über die Juden in Frankreich* erschienen war. Das Buch prangert die Instrumentalisierung des Antisemitismus zugunsten des zionistischen Diskurses an und stellt fest, dass die *Alija* nach Israel tatsächlich zunimmt: 3015 Personen im Jahr 2005. Eine schnelle Rechnung ermöglicht es jedoch, die große Angst der französischen Juden zu relativieren, da die „Flucht" nur 0,3% der jüdischen Bevölkerung ausmacht.

Die zweite palästinensische Intifada im Oktober 2000 hatte in der Tat einen Ausbruch von Gewalt unter jungen muslimischen Einwanderern in den französischen Vorstädten ausgelöst. Von September 2000 bis September 2001 zählte der Repräsentative Rat der jüdischen Einrichtungen in Frankreich (CRIF) 350 antisemitische Übergriffe. Der Verband der jüdischen Studenten in Frankreich erinnerte daran, dass es zwischen dem 1. Januar und dem 1. Oktober 2004 in Frankreich 322 antisemitische Übergriffe gegeben habe[511]. Die jüdische Gemeinschaft war schockiert. Pierre Birenbaum stellte fest, dass die Situation alarmierend sei: „Die höchsten staatlichen Behörden sind sich einig:

---

[509] Georges Friedman, *Fin du peuple juif?* Gallimard, 1965, S. 289.

[510] André Harris und Alain de Sédouy, *Juifs et Français*, Grasset, 1979, Poche, 1980, S. 328-344.

[511] Wir wissen nicht, ob sie die Graffiti auf Schulbänken und Briefkästen gezählt haben.

Der Antisemitismus breitet sich in der heutigen französischen Gesellschaft gefährlich aus". Er selbst räumte jedoch ein, dass die französische Regierung in diesem Punkt hart sei. Im Dezember 2001 sagte Lionel Jospin, der damalige Premierminister, während des jährlichen Abendessens des CRIF (Repräsentativer Rat der jüdischen Institutionen in Frankreich) vor fast der gesamten versammelten Regierung: „So wie wir keine rassistischen Handlungen dulden, dulden wir auch keine antisemitischen Handlungen[512]".

Die Tatsache, dass die „fast vollständige" Regierung jedes Jahr in den Räumlichkeiten des CRIF tagt, sollte die Verantwortlichen der Gemeinschaft beruhigen. Aber die Sorgen und Ängste bleiben.

Es ist bemerkenswert, dass die Synagogen die einzigen „Gotteshäuser" in Frankreich sind, die hinter Stacheldrahtzäunen, Metallbarrieren, Glas und Panzertüren eingeschlossen sind. Jeder ausländische Beobachter, jeder „Candide" könnte zu Recht sagen: „Nun, hier sind Menschen, die nicht geschätzt zu werden scheinen". Vielleicht haben sie sich selbst etwas vorzuwerfen? Ernest Renan schrieb bereits 1873: „Es mag einen Grund geben, warum dieses unglückliche Volk Israel sein Leben damit verbracht hat, massakriert zu werden: wenn alle anderen Nationen und alle Jahrhunderte es verfolgt haben, muss es einen Grund dafür geben[513]."

---

[512] Pierre Birenbaum, *Prier pour l'État, les Juifs, l'alliance royale et la démocratie*, Calmann-Levy, 2005, S. 137.

[513] François de Fontette, *Sociologie de l'antisémitisme*, PUF, 1984, S. 116. Der englische Premierminister Winston Churchill schrieb 1937 in einem Artikel: „Es kann tatsächlich sein, dass sie unwissentlich zur Verfolgung einladen, dass sie teilweise für die Feindseligkeit verantwortlich sind, unter der sie leiden". Der Artikel, der nie veröffentlicht wurde, wurde laut Agence France Presse (März 2007) von einem Historiker aus Cambridge in seinem Archiv entdeckt.

3. Jüdische Identität

Die Hyper-Patrioten

Nicht selten schreiben jüdische Intellektuelle, dass ihre jüdischen Mitbürger in dem Land, in dem sie leben, „perfekt integriert" sind. So gut integriert, dass sie sogar die Quintessenz der Nation und ihre besten Verteidiger wären.

Ende des 19. Jahrhunderts zog es osteuropäische und russische Juden, die auswandern wollten, natürlich nach Frankreich, dem „Land der Menschenrechte". Guy Konopnicki erzählte von der Stimmung der Juden, die ihr Glück in Frankreich suchten: „Als sie ihre Fahrkarte dritter Klasse für den Zug Schtetl-Straßburg kauften, wanderten meine Vorfahren nicht nur aus. Sie waren auf der Suche nach etwas von jener Flamme, die zur Zeit der Dreyfus-Affäre alle jüdischen Dörfer in Polen und Russland erleuchtete. Ein jüdischer Hauptmann, eine Meinungskampagne zu seiner Verteidigung, das alles erschien wie ein Wunder, und kein rabbinischer Zauberer war bekannt, der einen Unschuldigen aus russischen oder polnischen Gefängnissen befreien konnte".

Unter diesen Umständen wurden diese Juden in Frankreich zu „Hyperpatrioten": „Aus diesem Grund wurden wir französischer als die Franzosen", schrieb Konopnicki. Unser eingewandertes soziales Umfeld nährte uns mit einem Traum von Frankreich, ebenso wie die sozialistischen Professoren[514]... Seitdem habe ich mir eine Leidenschaft für die Französische Revolution bewahrt". Konopnicki zog sogar eine Parallele zwischen der Revolution von 1789 und seinen eigenen biblischen Bezügen: „Die Gründer des heutigen Frankreich waren große Kosmopoliten. Deshalb ist die Französische Revolution zeit- und raumübergreifend; heute gibt es keine wichtigere Herausforderung als die, die sie verkündet hat: die Rechte des Menschen und des Bürgers. Die Revolution war keine rein französische Angelegenheit. Sie wurde weltweit ausgerufen, und das zu Recht: So etwas hatte es seit der Übergabe des Gesetzes an die Hebräer auf dem Berg Sinai nicht mehr gegeben... Mit der Hinrichtung von Louis Capet wiederholten die

---

[514] Guy Konopnicki, *La Place de la nation*, Olivier Orban, 1983, S. 14.

* Mitglieder des Nationalkonvents der Ersten Französischen Republik (1792-1795). Sie war die verfassunggebende Versammlung.

Konvente Abrahams grandiose Geste... Robespierre wollte, dass die Verfassung ein heiliger Akt ist, der auf dem Tabernakel liegt, so wie die Thora der Hebräer[515] *". Er hätte auch hinzufügen können, dass die zahllosen Massaker der Revolution, insbesondere an den Vandeanern, den unerbittlichen Völkermord wiederholten, den Josua und die Hebräer bei der Eroberung des Landes Kanaan verübten und der in der Tora so gut beschrieben ist.

Kurz gesagt, die französischen Revolutionäre hatten unter einem unbekannten freimaurerischen Einfluss lediglich die hebräische Eschatologie aufgegriffen und säkularisiert. Der Schriftsteller Pierre Paraf, Mitbegründer der LICA (Liga gegen Antisemitismus), widmete diesem Ideal ein Gedicht: „Alle Unterdrückten zu lieben/ Die Enterbten zu retten/ Auf den höchsten Gipfeln einen Tempel der Menschlichkeit zu errichten/ Ist der Bund des Bündnisses/ Das der Ewige mit uns geschlossen hat/ Diese Tugenden eures Frankreichs/ Sind die Tugenden Israels[516]".

Der Essayist Pierre Pierre Birenbaum sprach von dem großen Glück, das die Juden empfanden, als sie sich Ende des 19. Jahrhunderts in Frankreich niederließen, um das neue „liberale Regime" zu genießen: „Der Beginn der Dritten Republik war das goldene Zeitalter der Juden, denn sie identifizierten sich stark mit dem von Gambetta gegründeten liberalen Regime, zu dem Adolf Crémieux und viele andere Juden so leidenschaftlich beigetragen hatten... In vielerlei Hinsicht rechtfertigte diese lange Periode des Glücks... wie nie zuvor die berühmte Metapher 'glücklich wie Gott in Frankreich', die sich wie ein Lauffeuer bis in die entlegensten Winkel Osteuropas verbreitete und ihnen so die frohe Botschaft brachte[517]."

Auch der Schriftsteller Albert Cohen brachte diese unbändige und patriotische Liebe zu Frankreich zum Ausdruck. In seinem Roman *Nussfresser* erzählte er die Geschichte von schrulligen Juden aus Kefalonia und ihren verrückten Pilgerfahrten. Auf dem Schiff, mit dem

---

[515] Guy Konopnicki, *La Place de la nation*, Olivier Orban, 1983, S. 44-46.
*Conventionnaires: Mitglieder des Nationalkonvents der Ersten Französischen Republik (1792-1795). Es handelte sich um die verfassungsgebende Versammlung.

[516] Pierre Paraf, *Quand Israel aima*, 1929, Les Belles lettres, 2000, S. 45, 46.

[517] Pierre Birembaum, *Prier pour l'Etat, les Juifs, l'alliance royale et la démocratie*, Calmann-Levy, 2005, S. 89.

sein Held und seine Freunde Ende des 19. Jahrhunderts nach Frankreich reisten, spielte ein Orchester die *Marseillaise*: „Neclavs Eater fühlte sich sehr französisch und war ein glühender Anhänger Dantons. Er schritt die Brücke entlang und salutierte vor unzähligen Regimentern, von denen er sich als gewaltiger Generalissimus fühlte: Salomon würde die Winde trinken, um das Vaterland zu verteidigen! Die Marseillaise breitete sich immer siegreicher aus, und Nagelfresser übernahm ernsthaft die Funktion des Orchesterleiters.

- Wenn ich der Führer Frankreichs wäre", erklärte er mit Tränen in den Augen, „würde ich es jede Stunde in den Straßen spielen lassen, um den Patriotismus zu fördern, und ich würde die Rädelsführer erschießen lassen,[518]!"

Aber Nail-Eater und seine Freunde liebten auch England: „Sie vergaßen nicht, dass nach dem Pogrom von 1891 ein Teil der in Malta stationierten britischen Flotte mit Volldampf nach Kefalonia segelte. Und wie ruhig waren die griechischen Antisemiten, als die großen, lieben englischen Schützen an Land gingen, schön und streng! Und das ist wahr, und die Juden der Ionischen Inseln werden sich immer an die selbstlose Freundlichkeit erinnern, die ihnen von England entgegengebracht wurde."

Gewiss, die englischen Soldaten hatten bei dieser Gelegenheit großen Mut bewiesen, als sie die armen Juden retteten. Nail Eater war dankbar, wem es zu verdanken war: „An den Wänden der Küche von Nail Eater hingen die Porträts der englischen Königsfamilie, von Sir Moses Montefiore, von Disraeli und einer großen Anzahl von Lords der Admiralität[519]."

Die Juden Frankreichs wären nach Hitlers Machtergreifung 1933 natürlich auch die glühendsten Patrioten. Sie wären auch kriegslüsterner als je zuvor. Dies erklärte Jean-Pierre Bloch, ehemaliger Präsident der Liga gegen den Antisemitismus. Dieser große Bourgeois war auch ein Führer der sozialistischen Partei. „Als Sozialist war er sehr patriotisch. Ich war zum Beispiel einer der sieben Sozialisten, die gegen das Münchner Abkommen gestimmt haben. Ich glaubte, dass es eine

---

[518] Albert Cohen, *Comeclavos*, Anagrama, 1989, Barcelona, S. 88, 89

[519] Albert Cohen, *Comeclavos*, Anagrama, 1989, Barcelona, S. 50. Moses Montefiore war ein Berater und Ratgeber von Königin Victoria. Zusammen mit Adolphe Crémieux, dem Präsidenten der Israelitischen Allianz, spielte er eine einflussreiche Rolle in Europa.

'Partei des Verrats' gab". In der Tat war Jean-Pierre Bloch einstimmig dafür, die Franzosen zum Krieg gegen die Deutschen aufzurufen. „Ich war in einen Hyper-Patriotismus eingetaucht[520]", sagte er.

Manes Sperber seinerseits riss uns die französische Fahne aus den Händen: „Angesichts der aus ihrer Heimat vertriebenen Juden fühlten sich die Franzosen französischer als die Nachkommen der Kreuzfahrer, und nur Israeliten aus philanthropischer Pflicht[521]." Es sei denn, es ist genau andersherum.

Zu Beginn des 20. Jahrhunderts war das österreichisch-ungarische Reich für sie eine Hochburg in Europa. Die Juden waren zu den „Königen von Wien" geworden und standen an der Spitze des Bankwesens, der Presse und der kulturellen Welt. Jüdische Künstler, jüdische Schriftsteller und jüdische Musiker profitierten von den ekstatischen Lobeshymnen, mit denen sie von ihren journalistischen Freunden ständig überschüttet wurden. In Wien gab es eine ganze Reihe von Künstlern und Schriftstellern, von denen einer brillanter war als der andere. So schrieb Michael Polack in *Wien 1900*: „Es gab Arthur Schnitzler, Hugo von Hofmannsthal, Leopold von Andrian, Richard Beer-Hofmann, Karl Kraus, Felix Salten und Theodor Herzl. Die meisten von ihnen stammten aus dem Großbürgertum, dem Adel, ja sogar der Aristokratie, und sie teilten bestimmte Werte[522]."

In der österreichischen Hauptstadt konnte man den großen Sigmund Freud, die Schriftsteller Stefan Zweig und Arthur Schnitzler, die Komponisten Gustav Mahler und Arnold Schönberg und so weiter antreffen. Sie alle waren „perfekt integriert". So integriert, dass sie „österreichischer als die Österreicher selbst" waren. Die „Königin der Journalisten", Françoise Giroud, fühlte sich natürlich von dieser Wiener Gesellschaft angezogen und interessierte sich für deren Studium: „Unter den Untertanen des Kaisers sind die Juden des Wiener Bürgertums perfekt integriert und die treuesten. Alles begann 1867 mit der Verankerung der Religions- und Gewissensfreiheit in der Verfassung, einem Zeichen der Emanzipation. Seitdem hat sich die Symbiose fortgesetzt, wie im Spanien des 15. Jahrhunderts. Da Juden keine Chance auf eine Karriere in der Armee oder im Staatsdienst hatten,

---

[520] André Harris und Alain de Sédouy, *Juifs et Français*, Grasset, 1979, Poche, 1980, S. 63-65.

[521] Manès Sperber, *Être Juif*, Éd. Odile Jacob, 1994, S. 62.

[522] Michael Pollak, *Vienne 1900*, Folio Histoire, 1984, Ausgabe 1992, S. 14.

wandten sie sich den freien Berufen und der Industrie zu und waren sogar in der Finanzaristokratie stark vertreten. Die große liberale Zeitung Wiens, die *Neue Freie Presse,* ist im Besitz einer jüdischen Familie, den Benedikts. Sie sind Liberale und unterstützen den Kaiser und den multinationalen Staat, weil er ihre Sicherheit garantiert[523]."

Diese Loyalität gegenüber dem multinationalen Reich wurde auch von dem Philosophen Jacob-Leib Talmon erwähnt: „Die Juden waren die einzige rassische Gruppe im österreichisch-ungarischen Reich, die dem Ideal der Habsburger von einem multirassischen Reich voll und ganz entsprach... Sie hatten den Vorteil, Untertanen eines multirassischen und multinationalen Reiches zu sein, das das Recht auf freie Meinungsäußerung für Gruppen und Körperschaften aller Art garantierte[524]."

Jacques Le Rider bestätigt in seiner Biographie des Schriftstellers Arthur Schnitzler diese Worte: „Die große Mehrheit der Wiener Juden hatte ihre Hoffnungen auf die Metamorphose der Monarchie in einen demokratischen, pluralistischen und multinationalen Staat gesetzt... Die jüdischen Untertanen der Habsburgermonarchie waren besonders darauf bedacht, ihren Patriotismus und ihre Loyalität gegenüber dem Kaiser zu zeigen[525]."

In der Tat sind sie immer sehr patriotisch, wenn sie am Ruder sind. Der berühmte Schriftsteller Stefan Zweig schrieb wie folgt: „Wer in Wien etwas Neues machen wollte, kam ohne das jüdische Bürgertum nicht aus; als man einmal in der antisemitischen Zeit den Versuch machte, ein sogenanntes „Nationaltheater" zu gründen, kamen weder Autoren noch Schauspieler noch Publikum; nach wenigen Monaten scheiterte das „Nationaltheater" kläglich, und dieses Beispiel zeigte zum ersten Mal, dass neun Zehntel dessen, was die Welt im 19. Jahrhundert als Wiener Kultur feierte, eine Kultur war, die von der jüdischen Gemeinde in Wien gefördert, gepflegt und sogar geschaffen wurde[526]."

---

[523] Françoise Giroud, *Alma Mahler*, Robert Laffont, 1988, Presses Pocket 1989, S. 17.

[524] J.L. Talmon, *Destin d'Israël*, 1965, Calmann-Levy, 1967, S. 55.

[525] Jacques Le Rider, *Arthur Schnitzler*, Belin, 2003, S. 215.

[526] Stefan Zweig, *El mundo de ayer: memorias de un Europeo*, Acantilado, 44, Barcelona, S. 16.

Françoise Giroud hat uns den Journalisten Karl Kraus mit Bewunderung vorgestellt: Er ist ein alter, kompromissloser sozialdemokratischer Polemiker, „der in seinen Vorträgen die Zuhörer begeistert, indem er Reinheit und Unnachgiebigkeit predigt... Karl Kraus, der sich als Richter aufspielt, verteilt Anathema, aber diejenigen, die ihn verabscheuen und von seiner Schuld entnervt sind, können nicht aufhören, ihn zu lesen: er ist der König von Wien[527]."

Françoise Giroud hatte sich in ihrer Biografie über Alma Mahler für die Frau des Komponisten Gustav Mahler interessiert, wahrscheinlich weil sie sich immer mit Juden umgab. Ihr verstorbener Mann, Franz Werfel, war ein „genialer" Schriftsteller, wie die meisten Juden es sind. *Die vierzig Tage des Musa Dagh"* war „ein wunderbar inspirierter historischer Roman, Franz Werfels erster großer Erfolg. Ein internationaler Erfolg, der so durchschlagend war, dass der Name des Autors der Nobelpreisjury zu Ohren kam". Zurück in Wien, „weihen die Werfels ihr Achtundzwanzig-Zimmer-Haus auf der Hohen Warte ein, das Alma gerade gekauft hat. Die Crème de la Crème von Wien ist anwesend. Franz ist nun der berühmteste Autor Österreichs[528]."

Wer war dieser Franz Werfel? „Er ist ein typischer Wiener, auch wenn er in Prag geboren wurde, wo sein Vater eine große Handschuhfabrik besitzt". Aber Werfel war ein überzeugter Sozialdemokrat. „Manchmal sagt er: „Wie kann ich glücklich sein, wenn irgendwo jemand leidet? Er ist ein brillanter und unermüdlicher Redner... Keiner ist so europäisch und so typisch wienerisch wie er". Und dieser „typische Wiener" war es auch, der im November 1918, als Deutschland besiegt war, die Menge für die bolschewistische Revolution aufhetzte: „Auf den Bänken stehend, verbrachte er den Tag damit, den Randalierern zuzurufen: „Plündert die Banken!", „Nieder mit den Kapitalisten[529]!"

Der Schriftsteller Arthur Schnitzler empörte sich damals über die böswilligen Beschuldigungen der Antisemiten. Im Juni 1915 erklärte er unverblümt: „Sie wollen uns nicht als einen der Ihren betrachten. Sie denken, dass ich kein Österreicher bin wie sie... Aber ich weiß sehr

---

[527] Françoise Giroud, *Alma Mahler*, Robert Laffont, 1988, Presses Pocket 1989, S. 64.

[528] Françoise Giroud, *Alma Mahler*, Robert Laffont, 1988, Presses Pocket, 1989, S. 168.

[529] Françoise Giroud, *Alma Mahler*, Robert Laffont, 1988, Presses Pocket, 1989, S. 150, 182, 157.

wohl, dass ich mehr in meinem Land bin als diese Leute. Es ist eine bekannte Tatsache, dass das Wesen Österreichs und Wiens heute von Juden stärker empfunden und ausgedrückt wird als von Antisemiten".

Auch Jacques Le Rider, der eine Biographie des Schriftstellers schrieb, übersah das Paradoxon, als er nach der Betonung, Arthur Schnitzler sei ein „reiner Wiener" gewesen, einige Seiten später einräumte, dass seine Schriften und Theaterstücke eine ziemlich starke anti-österreichische Dosis enthielten: „Im Januar 1915 wurde sein Stück *Der Ruf des Lebens* als unpatriotisch und anti-österreichisch angegriffen. Die Säulen des habsburgischen Systems, die Kirche, das Heer und die Bürokratie, schienen nicht bedenkenswert zu sein. Seit *Leutnant Gustel* wissen wir, wo wir beim Thema „Schnitzler und das Heer" stehen. Der Klerikalismus und die habsburgische Bürokratie, die *Professor Bernhardi* so leidenschaftlich dargestellt hat, sind seit dem Ausbruch des Ersten Weltkrieges nicht mehr in seiner Wertschätzung gestiegen[530]."

Der „Patriotismus" der jüdischen Intellektuellen kommt nur dann wirklich zum Vorschein, wenn es darum geht, Volk und Nation gegen einen anderen Staat aufzuwiegeln, der sich schuldig gemacht hat, den Juden nicht den Platz einzuräumen, der ihnen zusteht. Ihre kriegstreiberische Propaganda ist dann ungezügelt und hemmungslos. In diesem Fall wurde der „Patriotismus" der österreichischen Juden umso stärker empfunden, als ihre Rassenbrüder in Russland „verfolgt" wurden, da sie nicht als vollwertige Russen anerkannt wurden und keine Möglichkeit hatten, das Land zu beherrschen, wie sie es in Österreich taten. Nach dem Sturz des Zarenregimes im Februar 1917 verblasste die patriotische Begeisterung der deutschen und österreichischen Juden und sie wandten sich gegen ihr Gastland - ein autoritäres Reich und eine katholische Monarchie -, das ihnen weniger Garantien bot als die *Entente-Länder* und - noch mehr - als das neue bolschewistische Russland. Dies war der berühmte „Dolchstoß in den Rücken".

Offensichtlich waren nicht alle Wienerinnen und Wiener leichtgläubig oder ließen sich von den Loyalitätsbekundungen der Emporkömmlinge, die schnell die Führung übernommen hatten, täuschen. Dort, wie auch in Frankreich oder anderswo, war der Antisemitismus in der Bevölkerung weit verbreitet. Einer der führenden jüdischen Schriftsteller jener Zeit, der Engländer Israel Zangwill, zeichnete ein

---

[530] Jacques Le Rider, *Arthur Schnitzler*, Belin, 2003, S. 222-225

beredtes Bild der Ressentiments in der österreichischen Bevölkerung. In *Dreamers of the Ghetto* schrieb er 1998 bitter: „Moses, Sinai, Palästina, Jesaja, Esra, der Tempel, Christus, das Exil, die Ghettos, die Märtyrer, alles für die österreichische Satirepresse, um sich über neugierige Geldwechsler und ihre Operngläser, die nicht zu halten sind, lustig zu machen[531]."

Doppeltes Eigentum

Nach mehreren Jahrzehnten einer „perfekt gelungenen" Integration im republikanischen Frankreich brachten einige Juden ihre Identität endlich etwas offener zum Ausdruck. So schrieb Theo Klein, ehemaliger Präsident des Repräsentativrats der jüdischen Institutionen in Frankreich (CRIF), im Jahr 2003: „Ich bin in Frankreich geboren, ich bin auf die städtische Schule gegangen, ich drücke mich auf Französisch aus und nehme spontan am französischen Kulturleben teil: Ich rechne auf Französisch, ich träume auf Französisch, und so wie ich von Natur aus Franzose bin, bin ich auch Jude", schrieb er auf Seite 94. Dies schrieb er auf Seite 94, doch auf Seite 99 verriet Theo Klein: „Meine Einstellung zu Israel hat sich nicht geändert: Ich bin Israeli und ich bin glücklich, Israeli zu sein. Ich nehme an dieser Geschichte teil und bin dafür". Weiter erklärte er: „Ein Jude ist ein Mensch, der eine gemeinsame Geschichte mit anderen Juden hat, mit denen er trotz ihrer Verstreuung über die ganze Welt aufgrund dieser gemeinsamen Geschichte verbunden bleibt. Gewiss, es gibt viele Arten, Jude zu sein. Für mich ist es ein natürlicher Status, der nie von jemandem in Frage gestellt wurde[532]."

Im Jahr 2002 schrieb Elie Barnavi, der damalige Botschafter Israels in Frankreich, in seinem *Offenen Brief an die Juden Frankreichs*, dass die große Mehrheit der französischen Juden „eine starke Bindung an den Staat Israel hat". Am Ende seines Buches, auf Seite 116, ermutigte er die Juden Frankreichs, sich in Israel niederzulassen: „Kommt, schließt euch uns an, wir brauchen einander. Gehen Sie nicht ohne Hoffnung auf Rückkehr. Wir verlangen nicht, dass Sie sich für die eine oder andere Identität entscheiden, sondern nur, dass Sie die unsere zu derjenigen hinzufügen, die Sie bereits haben, und von der wir wissen, dass sie

---

[531] Israel Zangwill, *Rêveurs de ghetto, tome II*, 1898, Éd. Complexe, 2000, S. 293

[532] Théo Klein, *Dieu n'était pas au rendez-vous*, Bayard, 2003, S. 101.

Ihnen wichtig ist. Indem Sie Israeli werden, verlangen wir nicht, dass Sie aufhören, Franzosen zu sein[533]."

In ähnlicher Weise erklärte Dominique Strauss-Kahn, ein ehemaliger Minister und hochrangiger Funktionär der Sozialistischen Partei, am 13. Mai 2004 in France-Inter: „Ich glaube, dass alle Juden in der Diaspora und in Frankreich Israel helfen sollten, das ist in der Tat der Hauptgrund für Juden, politische Verantwortung zu tragen. Letztendlich versuche ich durch meine Funktionen und alle Aktionen in meinem täglichen Leben, meinen bescheidenen Beitrag zur Erbauung Israels zu leisten[534]."

Im Juni 2006 bezog Pierre Besnainou, Präsident des Europäischen Jüdischen Kongresses, klar Stellung: „Ich habe die Debatte über die doppelte Loyalität endgültig geklärt: Ja, ich fühle mich als Franzose und Israeli". Er fügte hinzu: „Die europäischen Juden sind heute in ihrer Verteidigung Israels völlig glaubwürdig und legitim. Wir können es uns leisten, die Brücke zwischen Israel und Europa zu sein... Ich bin der Meinung, dass wir als Juden eine natürliche Verbindung zu Israel haben... Diese doppelte Zugehörigkeit macht uns zu privilegierten Gesprächspartnern, die den Dialog fördern... „Aber wir wissen sehr wohl, welche Art von „Dialog" Herr Besnainou mit den Palästinensern und dem Iran führen wollte. Pierre Besnainou fuhr fort: „Es scheint mir interessant und legitim zu sein, Juden aus der Diaspora, die dies wünschen, die israelische Staatsbürgerschaft zu verleihen, ohne dass sie ihre *alya*[535] machen müssen. Wenn wir in Frankreich, in Italien oder anderswo sind, wenden wir uns an die Juden und sagen: 'Ihr' Premierminister Ehoud Olmert, 'Ihr' Botschafter, 'Ihr' Präsident, warum sollten wir uns mit diesem Thema unwohl fühlen? Im Gegenteil, ich denke, wir sollten uns das zu Herzen nehmen. Wenn wir für andere Israelis sind, warum sollte die Regierung diese Zugehörigkeit nicht für diejenigen Juden anerkennen, die dies wünschen? Man sagt, dass wir Teil desselben Volkes sind, warum sollte man es also nicht offiziell machen?"

Dies wurde bereits in den 1980er Jahren von Guy Konopnicki befürwortet: „Außer in Ausnahmefällen, im Rahmen von internationalen Abkommen, ist es nicht möglich, zwei Nationalitäten zu

---

[533] Elie Barnavi, *Lettre ouverte aux juifs de France*, Stock, 2002, S. 116.

[534] Zitiert in *Rivarol*, 27. Oktober 2006.

[535] Seine *Alija* machen: sich in Israel niederlassen.

haben. Gerade in dieser Hinsicht ist die allgemein akzeptierte Konzeption des nationalen Rechts historisch überholt: Sie entspricht nicht mehr der heutigen Lebensweise[536]". Wie immer sehen wir, wie jüdische Intellektuelle nur nach ihren eigenen Kriterien und Interessen sprechen, die sie auf eine universelle Ebene projizieren.

Doch wenn man dem Historiker Pierre Vidal-Naquet aufmerksam zuhört, könnte die doppelte Zugehörigkeit zu einer Art Identitätskonflikt führen, wie er in seinen *Memoiren* schreibt: „Es ist kein Zufall, dass in meiner wissenschaftlichen Arbeit das Thema der Spaltung eine so wichtige Rolle spielt, denn so lebe ich auch mein Judentum[537]." Der französische Oberrabbiner Joseph Sitruk äußerte sich in der *Tribune juive* vom Oktober 2004 in die gleiche Richtung: „Ich glaube, dass alle Menschen ein wenig schizophren sind, vor allem die Juden".

In der Tat ist es genau diese Ambivalenz, die den Kern der jüdischen Persönlichkeit ausmacht. Guy Sorman stammt ursprünglich aus Polen: „Ich bezeichne mich nicht als jüdischen Intellektuellen. Ich fühle mich dieser Kategorie nicht zugehörig, denn das Judentum basiert auf Wissen. Ich finde es unangemessen, sich als Jude zu bezeichnen, wenn das Wissen verloren gegangen ist, wie in meinem Fall... Ich erkenne mich nur als französischer Intellektueller". Aber das ist das Konzept der französischen Identität nach Guy Sorman: „Französisch, d.h. auf außergewöhnliche Weise bereichert durch die Kreuzungen, die Frankreich gemacht hat und... Franzose zu sein bedeutet immer, mehrdimensional zu sein: man ist gleichzeitig Bretone, Katholik und Franzose, aus den Cevennen, Protestant und Franzose, oder Pole, Jude und Franzose. Keiner ist nur Franzose. Wenn er sich nur als Franzose fühlt, liegt das daran, dass er seine Wurzeln und seine Kultur ignoriert". Seine Ehe mit einer „normannischen und angevinischen" Französin hat ihn nicht weniger kosmopolitisch gemacht. Einmal auf dem Platz, lässt er die Türen für die Einwanderung weit offen: „Ist es wirklich so schwierig, ein Kind aus Sri Lanka oder Algerien über die Schule in die französische Nation zu integrieren? Natürlich ist die Aufgabe mühsam, aber nicht schwieriger, als einen Bretonen, einen Auvergne oder einen Juden zu einem echten Franzosen zu machen, wie es seit mehreren Generationen der Fall ist[538]." Guy Sorman ist also ein „authentisch

---

[536] Guy Konopnicki, *La Place de la nation*, Olivier Orban, 1983, S. 39.

[537] Pierre Vidal-Naquet, *Lebenserinnerungen I, 1930-1955*. Seuil, S. 164

[538] Guy Sorman, *Le Bonheur français*, Fayard, 1995, S. 17-19. Daniel Cohn-

französischer" Intellektueller, aber einer, der wie ein authentisch jüdischer Intellektueller denkt und argumentiert, ein unermüdlicher Kämpfer für die multikulturelle Gesellschaft.

1979 hatten zwei Journalisten, André Harris und Alain de Sédouy, eine Reihe von Interviews mit verschiedenen Persönlichkeiten geführt, um die Hintergründe der jüdischen Identität zu verstehen. Ihr Buch mit dem Titel „*Die Juden und die Franzosen*" zeigte die Paradoxien des jüdischen Diskurses sehr gut auf.

Der ehemalige Vorstandsvorsitzende von Renault, Pierre Dreyfus, war ein Jude aus dem Elsass, „der Prototyp des integrierten Großbürgers". So erklärt er auf Seite 43: „Ich fühlte mich nicht zu 99% französisch, sondern zu 100%", und auf der folgenden Seite: „Auch wenn es stimmt, dass ich keine spezifisch jüdische Erziehung oder Kultur genossen habe, so habe ich mich doch mein ganzes Leben lang mit den Juden solidarisch gefühlt, wo immer sie unglücklich waren". Herr Dreyfus fuhr dann fort, dass er über die Situation der Juden in Israel sehr besorgt sei.

Jean-Pierre Bloch, den wir bereits erwähnt haben, war ebenfalls „zutiefst französisch", ein „Franzose wie jeder andere". Er ist ein „integrierter Jude, ehrlich, ohne mögliche Widersprüche". (S. 63-65). Auf den Seiten 71-72 erklärt er erneut seine Loyalität: „Ich protestiere gegen die doppelte Loyalität! Ich bin französischer Staatsbürger israelischer Konfession... Ich fühle mich zutiefst französisch. Wenn ich sehe, dass das patriotische Gefühl verloren geht, bin ich empört". Aber auf der nächsten Seite konnte er nicht anders und gestand: „Früher habe ich immer gesagt: 'Ich bin ein Franzose jüdischer Herkunft'. In Wirklichkeit bin ich wieder ein Jude geworden. Ich praktiziere zwar nicht, aber ich gehe am Jom Kippur in die Synagoge".

Robert München ist Generalingenieur bei der Luftwaffe. Seine Großeltern stammen aus Polen: „Ich fühle mich französischer als die Franzosen", erklärt er auf Seite 75, und auf Seite 250: „Ich bin mit jeder Faser meines Körpers mit Israel verbunden". Weiter erklärt er, warum er weiterhin in Frankreich lebt: „Ich habe diesen Schritt nicht getan, weil ich glaube, dass es für die Juden in der Diaspora noch eine Rolle

---

Bendit erklärte: „Was mir an Frankreich gefällt, ist sein Kosmopolitismus. Die Schwarzen, die Araber, die Juden. Ich liebe Frankreich, vor allem deshalb. (André Harris, Alain de Sédouy, *Juifs et Français*, Grasset, 1979, Poche, S. 188).

zu spielen gibt, insbesondere in Frankreich... Es ist nicht einfach, ein Jude zu sein. Es ist nicht die bequemste Art zu leben. Dessen bin ich mir bewusst, aber ich akzeptiere es mit Stolz". Schließlich wies er auf die größte Gefahr für die jüdische Gemeinschaft hin: „Wenn man bequemer leben will, kann man immer fliehen, aufhören, Jude zu sein: man ändert seinen Nachnamen, heiratet und vergisst schließlich, dass man Jude ist." (Seite 252).

Annie Kriegel, Redakteurin bei *Le Figaro*, stammt nach eigenen Worten aus einer Familie „sehr integrierter französischer Juden" und fügt mit einer gewissen Aufrichtigkeit hinzu: „Paradoxerweise muss ich jedoch feststellen, dass wir zwar voll integriert waren, aber nur unter uns lebten... Ich kann mich nicht daran erinnern, dass in meiner Kindheit Menschen in mein Haus kamen, die Christen waren. Ich hatte kein Problem damit. Wir sind auch nicht in die Häuser von Christen gegangen[539]."

Henri Fiszbin ist ein ehemaliger Vorsitzender des Pariser Verbandes der Kommunistischen Partei. Zum Staat Israel erklärte er: „Obwohl ich mich sehr französisch fühle, sind seine Bewohner meine Brüder". (Seite 226). Zwei Seiten später erklärte er: „Ich fühle mich zutiefst jüdisch".

Emmanuel Rozencher ist ein Physiker. Der Journalist fragte ihn, ob von seinen beiden Identitäten die französische die stärkste in ihm sei. „Kein Zweifel. Ich bin ein Republikaner im Stile der Dritten Republik: laizistische Schule, Gleichheit... „Aber dann gestand er: „Es stört mich, so sehr mit Israel verbunden zu sein. Aber trotzdem verabscheue ich das Irrationale... Solange ich in Frankreich bleiben kann, werde ich das tun. Ich fühle mich zu Hause. Aber wenn der Antisemitismus unerträglich werden sollte, würden wir nach Amerika gehen, nicht nach Israel". (Seite 257-260).

Der Journalist Ivan Levai blickt auf eine lange Medienkarriere zurück. Seine Eltern waren vor dem Krieg aus Budapest geflohen. Er wurde auf Wunsch seiner Mutter getauft und erhielt keine jüdische Erziehung. Als Programmdirektor beim Radiosender *Europe 1 musste er sich jedoch* bei Debatten über die israelische Frage mit Anschuldigungen auseinandersetzen: „Bei *Europe 1* hatte ich eines Tages einen Vorfall. In den Jahren 1968-69 hatte ich zwei linke Führer eingeladen, einen von der Kommunistischen Liga und den anderen von einer anderen linken

---

[539] André Harris, A. de Sédouy, *Juifs et Français*, Grasset, 1979, Poche, S. 82-84.

Bewegung, *Lang lebe die Revolution,* sowie zwei andere. Alle vier von ihnen waren Juden. Ich habe das nicht absichtlich getan. Es war einfach so. Denn einer der Journalisten von *Europe 1* - Fred Goldstein - der inzwischen verstorben ist und ein überzeugter Zionist war, wurde sehr wütend und verursachte einen großen Zwischenfall wegen dieser Debatte. Er sagte zu mir: „Ich weigere mich, dass vier Juden kommen und sich vor einem Mikrofon streiten...". „Er bat sogar das Rabbinat, Druck auf die Leitung des Radiosenders auszuüben, um die Sendung zu stoppen. Er war zutiefst schockiert". Ivan Levai fuhr fort: „Zu dieser Zeit war ich sehr wütend auf Fred Goldstein. Ich erinnere mich sogar, dass ich zu ihm sagte: 'Wegen Fanatikern wie Ihnen wird der Antisemitismus wiedergeboren. Denn ich hier bin Franzose! Als Jude geboren zu sein, ist nur eine Kuriosität, es steht nicht in meinem Ausweis. Sie, Goldstein, sind es, der mich daran erinnert, dass ich Jude bin, es sind Leute wie Sie, die uns von den anderen trennen. Ich bin vollkommen integriert. Nun, heute, obwohl ich kein Ultra-Zionist bin wie er - er ist schließlich nach Israel gezogen - frage ich mich, wenn ich einige der E-Mails lese, die ich erhalte, ob er nicht doch Recht hatte".

Der Journalist fragte ihn daraufhin: „Wie sehen diese E-Mails aus?" Und Levai antwortete:"... Sie sind kein Franzose, Sie haben kein Recht, diese Position zu verteidigen... Sie geben den Antifranzosen das Wort... in der Presse gibt es nur Juden... Sie sollten nicht immer Leute von der Linken in Ihr Programm einladen... Geben Sie Herrn Le Pen das Wort... Herr Elleinstein, den Sie eingeladen haben, ist offensichtlich Jude... Und Sie sind es auch", usw." All dies hinderte Ivan Levai nicht daran, später zu sagen: „Ich fühle mich französisch, bevor ich mich jüdisch fühle... Unglaublich französisch, sogar. Ich mag Israel, aber nicht genug, um dorthin zu gehen und dort zu leben [540]." Nach all diesen Überlegungen kann man dennoch denken, dass Ivan Levai vor allem jüdisch ist, sogar, das muss man sagen, „unglaublich jüdisch!".

Bernard-Henri Levy ist auch ein sehr französischer Intellektueller, der außerhalb unserer Grenzen sehr bekannt ist. Dies erklärte er uns nach der Veröffentlichung seines Buches *La Ideologie française* im Jahr 1981, in dem er unsere größten Schriftsteller durch den Dreck zog und ihnen vorwarf, von widerlichen, mehr oder weniger faschistischen Werten durchdrungen zu sein. Levy verteidigte sich im Vorfeld gegen die Anschuldigungen, die ihm von böswilliger Seite entgegengeschleudert werden könnten: „Ich bin auf Französisch und als

---

[540] André Harris, A. de Sédouy, *Juifs et Français*, Grasset, 1979, Poche, S. 268.

Franzose, wie jeder französische Philosoph, das Risiko eingegangen, diese Untersuchung über das schwarze Frankreich durchzuführen[541]."

Bernard-Henri Levy schrieb auch: „Ich bin ein Jude in Frankreich. Ich bin ein Jude und ein Franzose, ein Jude, der Frankreich liebt". Es war also klar, aber der Kern seiner Identität blieb einfarbig: „Ich bin ein Jude, ich bin ein Jude mit jeder Faser meines Wesens. Ich bin es mit meinen Fehltritten, ich bin es wegen der Ernährungsregeln, die ich mir selbst auferlegt habe... Ich bin es wegen der Art, wie ich schreibe... Ich bin ein Jude kraft des unsichtbaren Bundes, der die Juden der ganzen Welt vereint... Ich bin Jude aufgrund meiner messianischen Geduld[542]."

Elie Wiesels „ermordeter jüdischer Dichter", Paltiel Kossover, der schließlich verhaftet und zusammen mit anderen jüdischen kommunistischen Intellektuellen 1952 hingerichtet wurde, verkündete dasselbe. In seinem von Elie Wiesel erdachten Testament verteidigte sich Paltiel Kossover vor dem „Bürgermagistrat", der ihn verurteilen sollte: „Ich verteidige die jüdische Sache, ich verteidige sie voll und ganz; ja, ich betrachte mich als solidarisch mit den Juden, wo immer sie sind; ja, ich bin ein jüdischer Nationalist im historischen, kulturellen und ethischen Sinne; ich bin vor allem Jude, und ich bedaure nur, dass ich das nicht früher und an anderer Stelle bekräftigt habe[543]".

In der April-Ausgabe 2003 des *Israel-Magazins* erklärte Dr. Itzhak Attia: „Die jüdische Solidarität drückt sich folgendermaßen aus: '*Kol Israelarévim zé lazé*', jedes Mitglied des Volkes Israel ist der Bürge eines anderen. Diese Realität hat zahlreiche rechtliche Konsequenzen und ist vor allem die Garantie für unsere Existenz". Camille Marbo drückte in *Jewish Flames* dasselbe aus, nämlich die „Verpflichtung zur Solidarität, die Juden einander gegenüber haben[544]". Dieses Gefühl der Zugehörigkeit zur Gemeinschaft zeigte sich beispielsweise bei dem österreichischen Romancier Arthur Schnitzler, als er 1908 über das Wien von Freud und Stefan Zweig schrieb: „Ich kann nicht leugnen,

---

[541] Bernard-Henri Levy, *Questions de principe*, Grasset, 1986, S. 306; vgl. *Les Espérances planetariennes*, S. 87 ff.

[542] Bernard-Henri Levy, *Récidives*, Grasset, 2004, S. 413-415.

[543] Elie Wiesel, *Le Testament d'un poète juif assassiné*, 1980, Point Seuil, 1995, S. 33.

[544] Camille Marbo, *Flammes juives*, 1936, Les Belles Lettres, 1999, S. 25, vgl. *Psychanalyse du Judaisme*, S. 86.

dass ich mich, wenn sich ein Jude in meiner Gegenwart ungebührlich oder lächerlich benimmt, so schäme, dass ich am liebsten verschwinden, untertauchen würde[545]."

„Jedes Mitglied der Bruderschaft Israels ist für alle anderen verantwortlich", schrieb Israel Zangwill. Was ihn übrigens nicht daran hinderte, am Ende seines Buches den Zustand der Juden zu beklagen: „Wenn ein Christ etwas falsch macht, liegt die Verantwortung beim Einzelnen. Wenn er ein Jude ist, liegt sie bei der Nation.[546]?"

Israel Zangwill (1864-1926) wurde als Sohn von Eltern geboren, die aus Polen und Lettland nach Whitechapel ausgewandert waren, einem Viertel im Londoner East End, in dem sich Juden aus Russland und Mitteleuropa drängten. Er war ein produktiver Schriftsteller in englischer Sprache, bekannt für seine jüdischen Kurzgeschichten: *The Children of the Ghetto* (1892), *The King of Schnorrer* (1894), *Ghetto Tragedies* (1899), *Ghetto Comedies* (1907). Im Folgenden wird eine Passage wiedergegeben, die die Stärke dieses Gemeinschaftsgefühls zeigt. Es handelt sich um einen Dialog zwischen einem Vater und seinen Töchtern, die beschließen, ihm zu sagen, dass eine von ihnen einen Christen heiraten möchte.

„Der Vater bemerkte, dass seine Töchter einen seltsamen Ausdruck im Gesicht hatten:

- Haben Sie schlechte Nachrichten? rief er aus. Die Gesichter verfinsterten sich, die Köpfe nickten.

- Von Schnapsie? rief er und sprang über sich selbst.

- Setz dich hin, setz dich hin, er ist nicht tot", sagte Lea verächtlich.

Er setzte sich.

- Was geht hier vor? Was passiert hier?

- Er ist eine Verpflichtung eingegangen!

Diese Worte aus dem Mund von Lea klangen wie ein Weckruf.

- Verlobt! Er keuchte und stellte sich das Schlimmste vor.

- Mit einem Christen! Daisy sagte brutal

---

[545] Arthur Schnitzler, *Der Weg ins offene Land*

[546] Israel Zangwill, *Rêveurs de ghetto*, 1898, Éd. Complexe, 1994, S. 17, 236

Er brach zusammen, bleich und zitternd. Eine angespannte Stille herrschte im Raum...

Die Töchter kamen zur Vernunft und sprachen nun alle gleichzeitig...

-Ein furchtbarer christlicher Freak...

Es ist eine schreckliche Schande für uns alle[547]."

Erinnern wir uns an die Worte von Golda Meir, der Ministerpräsidentin des Staates Israel, die diesen Punkt unterstrichen: „Einen Nicht-Juden zu heiraten ist so, als würde man sich den sechs Millionen" ausgelöschten Juden anschließen. 1970 bewertete der Zionist Victor Tibika den Grad der Integration der Juden in den Nationen, in denen er lebte: „Es ist praktisch unmöglich, einen Juden zu integrieren, es sei denn, er konvertiert zu einer anderen Religion oder gibt das Judentum völlig auf[548]."

In *Tribe Nummer 13*, veröffentlicht 1976, gab Arthur Koestler einige Informationen über diese Religion und dieses „eigensinnige" Volk: „Die israelitische Religion geht, anders als das Christentum, der Islam und der Buddhismus, von der Zugehörigkeit zu einer historischen Nation, einem auserwählten Volk aus. Alle israelitischen Feste gedenken und feiern Ereignisse der nationalen Geschichte: den Auszug aus Ägypten, den Aufstand der Makkabäer, den Tod des Unterdrückers Haman, die Zerstörung des Tempels. Das Alte Testament ist in erster Linie ein Buch der nationalen Geschichte; obwohl es der Welt den Monotheismus schenkte, ist sein Glaubensbekenntnis doch eher stammesbezogen als universell. Jedes Gebet, jeder Ritus verkündet die Zugehörigkeit zu einer alten Rasse, was die Juden automatisch außerhalb der rassischen und historischen Vergangenheit der Völker stellt, unter denen sie leben. Die israelitische Religion, das zeigen die Tragödien der letzten zweitausend Jahre, erzeugt ihre nationale und soziale Absonderung. Sie grenzt den Juden ab und lädt ihn ein, sich abzugrenzen. Sie schafft automatisch materielle und kulturelle Ghettos[549]."

---

[547] Israel Zangwill, *Les Tragédies du Ghetto*, 1899, 1984, Éd.10/18, S. 98, 99

[548] Victor Tibika, *1967, Réveil et unité du peuple juif*, 1970, S. 34.

[549] Arthur Koestler, *La treizième Tribu*, C. Levy, 1976, Poche, 1978, S. 280-281. „Alle jüdischen Praktiken zielen darauf ab, uns von den Nicht-Juden zu trennen; das ist der Grundgedanke". (Jean-Paul Elkann in André Harris, Alain

Der Romancier Isaac Bashevis Singer hat ein sehr klares Bild von diesem Leben in den Ghettos gezeichnet. Er beschrieb das Leben der Juden im Polen des 17. Jahrhunderts. Christen wurden sorgfältig vom Ghetto ferngehalten. „In der Stadt selbst gab es nur sehr wenige Nichtjuden. Diese verrichteten am Sabbat die notwendigen Arbeiten, die den Juden verboten waren. Unter ihnen befanden sich ein Bademeister und einige andere, die in Seitenstraßen lebten und deren Häuser von hohen Palisaden umgeben waren, damit sie nicht auffielen[550]."

Duplizität

Jacques Lanzmann, ein zweitklassiger Schriftsteller, demonstrierte die für das Judentum so typische Doppelzüngigkeit. In seinem 1955 erschienenen Buch *Die Ratte von Amerika* erzählt er die Geschichte eines jungen Juden aus dem Elsass, dem es während der Besatzungszeit gelang, den Deutschen zu entkommen. Eines Tages wurde er von der Miliz verhaftet und in Clermont-Ferrand interniert: „Am Nachmittag holten sie mich ab, um mich zu einem deutschen Oberst zu bringen.

- Fridman? Fridman? Das ist ein jüdischer Nachname... Du bist *Jude*!

- Herr Oberst, ich bin kein *Jude*, ich bin Elsässer.

Ich hatte die Lektion wiederholt, die mir mein Vater beigebracht hatte. Ich war Elsässerin, so wie die Deutschen am Ende des Krieges Österreicher waren.

- Colonel, ich kann Ihnen das beweisen.

Es war mir furchtbar peinlich und unangenehm, meine Eichel vor so vielen Deutschen herausziehen zu müssen. Da ich nicht beschnitten war, wusste ich, dass es überzeugend sein würde."

Einige Jahre später, in Südamerika, erkrankt der Protagonist schwer. Als ein Priester ihm die Sterbesakramente erteilen wollte, fand er noch die

---

de Sédouy, *Juifs et Français*, Grasset, 1979, Poche, S. 239).

[550] Isaac Bashevis Singer, *Satan in Goray*, PDF, Digitaler Verlag Epublibre, Deutsch25, 2017, S. 23

Kraft zu schreien: „Ich will die Sterbesakramente nicht empfangen, ich bin kein Katholik, ich bin Jude, ein Jude... Lassen Sie mich in Ruhe[551]!"

Der Schriftsteller und Geschäftsmann Paul-Loup Sulitzer hinterließ ein ähnliches Zeugnis in seinem Roman *Hannah*, in dem er das Leben von Helena Rubinstein, einer polnischen Jüdin, die es in der Kosmetikindustrie zu Ruhm bringen sollte, nachzeichnete. Am Anfang des Buches wird von den abscheulichen Pogromen berichtet, die 1882 von den Kosaken an unschuldigen Juden verübt wurden. Dies war Mendel Visoker. Er war „der verrückteste aller Juden in Polen... Er ist immer unterwegs, von einem unbändigen Bewegungsdrang ergriffen": „Bist du ein Jude? -Das kommt auf den Tag an, antwortet Mendel auf Russisch. In letzter Zeit nicht, nein. Ich bin kein Jude mehr, seit man mich vor kurzem gebeten hat, kein Jude mehr zu sein[552]." Das erinnert uns an die Worte des ehemaligen Gesundheitsministers Bernard Kouchner, als er seinem Freund Cohn-Bendit antwortete: „Ich bin Jude, wenn ich es will,[553] ", sagte er. Kurz gesagt, tagsüber Franzose und nachts Jude.

Wir haben bereits in *Psychoanalyse des Judentums* gesehen, wie Juden mit „erstaunlicher Plastizität" ihre Identität wechseln und überraschende Verkleidungen annehmen können: „Reiner Deutscher, neu angekommener katholischer Brasilianer, alter Indianerhäuptling, schnauzbärtiger Kosak, Gangster, der sich in eine Schwester der Nächstenliebe verwandelt hat, spanischer oder holländischer Katholik, türkischer muslimischer Pascha, polnischer Aristokrat, jakobinischer Revolutionär, buddhistischer Mönch oder chinesischer Verschwörer - die Verkleidungen dieser Juden sind immer provisorisch und nicht mehr als eine Maske, die sie zu gegebener Zeit ablegen werden."

Ein weiteres Beispiel ist Albert Cohens Roman *Nussfresser*. Der Protagonist Nussfresser ist ein Fälscher, der seinen Kindern verschiedene Namen gibt: „Das waren die intimen Namen des Dreijährigen, dessen offizieller Name Lenin war. Der Älteste hingegen wurde Mussolini genannt. Auf diese Weise fühlte sich der Sklavenfresser vor jeglichem Risiko sicher: Im Falle sozialer Unruhen würde er den entsprechenden Namen vorbringen und sich je nach Fall

---

[551] Jacques Lanzmann, *Le rat d'Amérique*, 1955, Pocket, 1977, S. 56, 142.

[552] Paul-Loup Sulitzer, *Hannah*, Stock, 1985, Poche, 1987, S. 58, 59, 42

[553] Daniel Cohn-Bendit, Bernard Kouchner, *Quand tu seras président*, Robert Laffont, 2004, S. 347.

zum überzeugten Kommunisten oder zum vollwertigen Faschisten erklären[554]."

In *Dreamers of the Ghetto (Träumer des Ghettos)* beschwört Israel Zangwill die Persönlichkeit von Uriel da Costa (1585-1640) herauf, einem tragischen Symbol für den Zustand der Juden. Er stammte aus einer portugiesischen Marranenfamilie, die fälschlicherweise zum Katholizismus konvertiert war und nach Holland ins Exil ging, um zum jüdischen Glauben zurückzukehren. Uriel da Costa entdeckte dann, dass seine neue Religion sehr restriktiv war: „Das Erstaunen wich der Bestürzung, die Bestürzung der Empörung und dem Entsetzen, als er erkannte, in was für ein Durcheinander von Riten er sich verwickelt hatte. Er entdeckte, dass der Pentateuch selbst, mit seinem komplexen Kodex von sechshundertdreizehn Geboten, nur der gerodete Boden für eine parasitäre Vegetation war, deren unendliche Verästelungen bis ins Innerste der Existenz reichten. Wie! Hatte er durch diese rabbinische Erfindung das majestätische Zeremoniell des Katholizismus verändert?"

Er kritisierte und widerlegte die Autorität der Rabbiner: „Keine ihrer Lehren bezieht sich auf die Unsterblichkeit der Seele, ihre Religion spricht nur von der Erde, sie ist sehr prosaisch...". Er hatte sich bei Joseph darüber beschwert, dass die Rabbiner sich wenig um die Unsterblichkeit kümmerten, aber eine gründlichere Untersuchung des Pentateuch zeigte ihm, dass auch Moses selbst keine Rücksicht darauf nahm und dass er nie versucht hatte, die Moral des Augenblicks mit dem Schrecken eines posthumen Morgens zu untermauern".

Schließlich wurde der Bann über ihn verhängt: „Von diesem Tag an wagte es niemand mehr, weder Mann noch Frau noch Kind, mit ihm zu sprechen oder neben ihm zu gehen. Bettler verweigerten ihm das Almosen, Hausierer spuckten ihm in den Weg. Seine eigene Mutter und sein Bruder, die nun ganz unter dem Einfluss ihrer neuen jüdischen Umgebung standen, vermieden es, durch seine Anwesenheit beschmutzt zu werden, und ließen ihn mit seinem schwarzen Diener in ihrem Haus allein. Jeder mied dieses große Haus, als wäre es mit einem Kreuz gekennzeichnet, das auf die Pest hinweist... Er wurde als tot und begraben angesehen, vergessen... Jahrelang sprach er mit niemandem außer seinem maurischen Diener." Schließlich beschloss er, seine Fehler wiedergutzumachen, indem er bei den Rabbinern umkehrte,

---

[554] Albert Cohen, *Comeclavos*, Anagrama, 1989, Barcelona, S. 50.

„Lippenbekenntnisse zu seinen Idealen ablegte und sie innerlich auslachte... Auf der Halbinsel hatte er sich als Christ verkleidet; er würde sich auch als Jude verkleiden, als ein Affe unter den alten Affen[555]."

Diese spezifisch jüdische Doppelzüngigkeit wurde auch bei dem „deutschen" Dichter Heinrich Heine aus dem 19. Während er sich über den Patriotismus anderer lustig machte und obwohl er zum Christentum konvertiert war, verherrlichte Heine das jüdische Volk. Dies veranlasste ihn, zu Israel Zangwill zu sagen: „Ich bin nie zum Judentum zurückgekehrt, weil ich es nie verlassen habe. Meine Taufe war nur ein Eintauchen. Ich habe in allen meinen Büchern mit H unterschrieben, nie mit Heinrich, und ich habe nie aufgehört, für meine Mutter „Harry" zu sein. Obwohl mich die Juden noch mehr hassen als die Christen, habe ich meine Brüder immer unterstützt[556]."

Joseph Goebbels, der Propagandaminister des Dritten Reichs, war sich der Natur der Juden wahrscheinlich sehr bewusst. Als er auf der Suche nach einem Filmemacher war, der einen großen Film zur Verherrlichung des nationalsozialistischen Regimes drehen sollte, wandte er sich an Fritz Lang, der 1926 *Metropolis* gedreht hatte, das märchenhafte futuristische Fresko, das den Führer fasziniert hatte. Um Goebbels davon abzuhalten, ihn als offiziellen Filmemacher zu rekrutieren, behauptete Fritz Lang, seine Mutter sei Jüdin, was nicht stimmte. Goebbels wies den Einwand einfach mit den Worten zurück: „Wir entscheiden, was jüdisch ist.

In der Tat erkennt man einen Juden eher daran, was er sagt, was er schreibt und was er tut, als an seinem Vor- und Nachnamen oder an seinem Gesicht. Und da Juden die Angewohnheit haben, sich hinter einer Maske zu verstecken, ist es für die Gojim völlig legitim zu definieren, was jüdisch ist und was nicht.

Der Denker Albert Caraco hat ausdrücklich zum Ausdruck gebracht, was tief im jüdischen Geist verborgen zu sein scheint. Sein extrem schwerer und verdrehter Stil ist schwer zu lesen. Dennoch ist es uns gelungen, einige beredte Passagen aus seinen Aphorismen zu extrahieren: „Es gebührt den Juden zu lügen, unermüdlich, denn wenn sie nicht lügen würden, wären sie tot... Lüge, eines Tages wirst du

---

[555] Israel Zangwill, *Rêveurs de ghetto*, 1898, Éd. Complexe, 1994, S. 102-115.

[556] Israel Zangwill, *Rêveurs de ghetto*, 1898, Éd. Complexe, 1994, S. 141. „Harry" statt „Ari", Löwe auf Hebräisch.

sprechen, der Tag, an dem deine Wahl die einzige sein wird... Dann werdet ihr die Maske lüften, wo die Stirnen im Staub liegen". (p.53,54). „Seid schuldig und Lügner, ihr werdet mit dem Reich ausgestattet und Fürsten werden, ihr werdet hier in dieser Welt die Gerechten sein dürfen, die ihr seid, Herren in Gottes Namen des ganzen Universums." (p.54). Sie sind „das Volk der Lüge, dessen Fabel tötet, sie werden lügen, um zu leben... Ohne ihre Fabel wäre das Universum ohne Hoffnung, und vor dem Ewigen rechtfertigt es sie." (p.65)

Karakus enthüllte eines der Geheimnisse der Juden: „Was sie vor dem Tod rettet, ist, schwach und schuldig zu erscheinen, *solange sie nicht die Kraft haben, zu überwältigen**". Und er betonte: „Ihre Stärke ist es, schwach zu erscheinen"; „Sie rühmen sich nie ihrer Stärke und beklagen immer, dass sie schwach sind, denn durch das Seufzen werden sie das Universum ergreifen, das ihnen am Vorabend des Triumphs noch Almosen geben wird[557]."

Jeder Jude hat daher die unbedingte Pflicht, die Geheimnisse Israels nicht zu verraten: „Wer unter den Juden die Maske lüften würde, würde Unruhe unter den Mitgliedern der Sekte verursachen" (S.52). (p.52). Und dann können wir den literarischen Stil von Albert Caraco schätzen, wenn er schreibt: „Wir werden euch versammeln, die Zeit, um euch zu vernichten, und dann werden wir die Maske abnehmen, der Tag, an dem die Kinder das Grab ihrer Väter niederreißen werden, um euch darin zu verwunden. Verzeiht ihr? Gute Bitte! Du wirst bis zum Tod kämpfen und trotzdem untergehen, wenn du den Kampf nicht kämpfst". (S.94) Schließlich verspricht uns Caracus große Zeiten des Jubels und der Feier, wenn die Juden ihre absolute Herrschaft errichtet haben werden: „Ihre Unschuld wird mehr Schaden anrichten als die zehn Plagen Ägyptens, das Feuer des Himmels wird in ihren Händen sein und die Erde unter ihren Schritten. Zweifelt nicht, die Zeit ist nahe, und nahe ist die Erlösung, die ihr mehr fürchtet als den Tod, das Nichts und den Teufel[558]." Albert Caraco hat wahrscheinlich zu früh Selbstmord begangen.

---

[557] Albert Caraco, *Apologie d'Israël*, 1957, L'Age d'homme, 2004, S. 180, 186, 181.

* *Tant qu'ils n'ont pas la force de raison garder*" auf Französisch im Originaltext.

[558] Albert Caraco, *Apologie d'Israël*, 1957, L'Âge d'homme, 2004, S. 100.

Derart rücksichtslose Enthüllungen sind in der jüdischen Literatur offensichtlich die Ausnahme. Einer alten Gewohnheit folgend, haben andere jüdische Intellektuelle ihre eigene Neigung zur Verstellung auf andere projiziert. Der Romancier Philip Roth schrieb: „Doktrinär gesprochen ist Verstellung Teil der islamischen Kultur; und die Erlaubnis zur Verstellung ist weit verbreitet. In dieser Kultur erwartet niemand, dass man sich in einer Weise ausdrückt, die einem schaden könnte, und natürlich auch nicht, dass man offen und aufrichtig ist. Man würde für dumm verkauft werden, wenn man das täte. Die Menschen sagen etwas, nehmen in der Öffentlichkeit eine bestimmte Position ein, und dann sind sie innerlich ganz anders, und privat handeln sie ganz anders. Es gibt einen Ausdruck, der auf diesen Fall zutrifft: „shifting sands", *ramál mutaharrika...* Verstellung, Doppelzüngigkeit, Geheimniskrämerei... Das sind alles Dinge, die... die sie sehr schätzen. Sie sind nicht der Meinung, dass die Menschen wissen müssen, was sie wirklich in ihrem Kopf haben. Darin unterscheiden sie sich sehr von den Juden[559]... „Die Juden sind in der Tat aufrichtig, offen und ehrlich. In der Tat sind sie dafür seit Jahrhunderten bekannt.

---

[559] Philip Roth, *Operación Shylock*, Debolsillo, Editorial Mondadori, 2005, Barcelona, S. 167.

TEIL DREI

PSYCHOPATHOLOGIE DES JUDENTUMS

Paradies Mombasa

Am 22. November 2002 wurde das *Paradise Mombasa* Hotel, ein israelisches Luxushotel an der kenianischen Küste, von einer Terrorgruppe angegriffen, die mit der islamischen Gruppe Al Qaeda verbunden ist. Die Anlage war für den israelischen Tourismusmarkt gebaut worden. Das Hotel wurde 2005 wiedereröffnet, aber das neue Management versucht nun, mit dem europäischen Markt zusammenzuarbeiten, um das Blatt zu wenden und die schlechten Erinnerungen, die die israelischen Kunden bei der lokalen Bevölkerung hinterlassen haben, auszulöschen. Wir fassen hier die Übersetzung eines Artikels zusammen, der am 14. Oktober 2005 in der Tageszeitung *Maariv*, der zweitgrößten Zeitung Israels [560], auf Hebräisch veröffentlicht wurde.

Ende der 1990er Jahre hatten zwei Israelis, Yeuda Sulami und Itzik Mamman, die Idee, ein Hotel an der kenianischen Küste mit Blick auf das Meer zu bauen und Reisepakete mit Flug, Aufenthalt, Aktivitäten und lokalen Erlebnissen zu verkaufen. Das Resort wurde 2001 eröffnet, war vollständig *koscher* und verfügte über eine eigene Synagoge. Es war sofort sehr erfolgreich, und schon bald landeten jede Woche 250 Israelis auf dem Flughafen von Mombasa. Das Geschäft florierte für die Eigentümer, aber die Begeisterung des einheimischen Personals ließ schnell nach.

Vor allem die Frauen des Animationsteams haben eine eher unangenehme Erinnerung an das Urlaubskonzept von *Mombassa Paradise*. Dorothy Maly, eine Tänzerin, erzählte, wie einmal in der Woche, am Tag der Ankunft der Kunden, fünf von ihnen zum Flughafen

---

[560] www.makorrishon.co.il/nrg/online/1/ART/995/971.html

von Mombasa gebracht wurden: „Wir sangen *Jambo, Jambo!* (Hallo, Hallo!) und *Evenu Shalom Aleichem*. Die einheimischen Kenianer sahen uns an, als kämen wir aus dem Irrenhaus, aber die Israelis waren begeistert. Sie liebten den Lärm. Als wir im Hotel ankamen, begannen wir wieder zu singen und zu schreien. Der Manager befahl den Mädchen, die Tanzfläche nicht zu verlassen, bis die letzten Gäste gegangen waren. Wenn ein Gast nicht schlafen wollte, mussten wir bei ihm bleiben, bis er ins Bett ging. Wir mussten fast 24 Stunden am Tag Lärm machen. Wenn wir eine Pause machten, kam der Manager und schrie uns an: „Was ist los mit euch, schlaft ihr? Ich werde es euch vom Lohn abziehen, beeilt euch...".

Rahima Raymond, eine Masseurin, sagte: „Wir wurden gebeten, bis spät in die Nacht bei den Gästen zu bleiben. Wir mussten mit ihnen rausgehen, mit ihnen reden und sie unterhalten. Sulami machte uns klar, dass wir die Gäste die ganze Zeit über glücklich machen mussten. In den Nachtclubs tanzten wir mit den Männern, damit sie nicht einsam waren. Wenn wir nicht taten, was sie wollten, beschwerten sie sich bei der Geschäftsleitung: Warum will das Unterhaltungspersonal nicht mit uns ausgehen? Wir wollen die afrikanische Nacht sehen. Es war ihnen egal, dass wir Familien hatten, die zu Hause auf uns warteten. Natürlich haben sie uns die Überstunden nicht bezahlt. Am nächsten Tag, als sie noch in ihren Zimmern schliefen, mussten wir den Tag um acht Uhr morgens wieder beginnen. Das Motto 'der Kunde hat immer Recht' wurde wortwörtlich angewandt".

Einer der Köche, Josef Katan, erinnerte sich ebenfalls: „Sie konnten mich aus der Küche holen und mir sagen, dass die Gäste sich jetzt amüsieren wollten und ich mit ihnen ausgehen musste. Wie sollte ich gleichzeitig das Gebäck zubereiten und mit ihnen tanzen? Das ganze Hotel war ein Unterhaltungsteam. Das Küchenpersonal war Teil des Unterhaltungsteams, ebenso wie das Personal an der Rezeption, die Gärtner und so weiter". Er fügte hinzu: „Es gab zum Beispiel religiöse Juden, die die Quittungen für den Zimmerservice von Freitag bis Samstag, dem Sabbat, nicht unterschreiben konnten. Wir schrieben ihre Zimmernummern auf und warteten bis zum Sonntag, um ihnen die Rechnung zu stellen. Nach dem Sabbat weigerten sich einige, zu zahlen. Sie sagten: „Ihr habt euch das ausgedacht, ihr habt meine Unterschrift gefälscht". Am Ende glaubte ihnen die Direktion immer und zwang uns zu zahlen. Ich hätte nie geglaubt, dass Menschen sich so verhalten können".

Dorothy Maly erzählte weiter, dass „die Angestellten gezwungen waren, sehr leichte Kleidung zu tragen, um „den wahren afrikanischen Geist" zu erhalten. Im Gegensatz zu den anderen Hotels, in denen die Männer in Uniform dienten, waren die männlichen Angestellten halbnackt und barfuß. Die Frauen wurden aufgefordert, sich ein kleines Tuch um Brust und Schambereich zu binden. Selbst wenn es kühl war, durften wir nichts tragen, um uns zu bedecken. Sulami wollte, dass wir 'authentisch' aussehen.

Das Paradise Mombassa liegt 8 Kilometer von der Hauptstraße entfernt. Die unbefestigte Straße, die zum Hotel führt, verläuft durch eine wilde Savanne, so dass das Problem des Transports des Hotelpersonals gelöst werden musste. So wurde für die vierzig Angestellten ein Transport in einem Lastwagen für Waren und Tiere zum Luxusresort organisiert. „Es war ein geschlossener Lastwagen ohne Sitze. Die Menschen waren so dicht gedrängt, dass die hinteren Türen des Lastwagens offen gelassen werden mussten. Wir fühlten uns wie Tiere. Manchmal ging dem Lastwagen fast der Sauerstoff aus, aber wir wussten, wenn wir uns beschweren würden, müssten wir im Hotel bleiben und könnten nicht nach Hause zu unseren Familien fahren. Also haben wir nichts gesagt."

Auch bei den Mahlzeiten mussten sich die Angestellten so gut es ging behelfen. Saline Achling, eine junge Kellnerin im Hotel, erklärte die Lösung des Managers: „Manchmal war Sulami so freundlich, uns die Reste der Gäste essen zu lassen. Unser Glück war, dass ihre Augen größer waren als ihre Mägen. Sie gingen zum Buffet und füllten ihre Teller bis oben hin mit Salat und großen Fleischstücken. Sie berührten das Essen und ließen drei Viertel davon auf den Tellern liegen."

„*Akol kalul*", sagten sie: „all inclusive". Das war die Philosophie des Resorts. Alle Hotelleistungen waren in dem in Israel vermarkteten Urlaubspaket enthalten. Die Angestellten verstanden schnell, was diese Worte für die Israelis bedeuteten. Den ganzen Tag über hörte man die Gäste im Hotel „*Akol kalul*" rufen", sagt Saline Achling. Es gab welche, die mich am Arm packten und mir '*Akol kalul*' ins Gesicht riefen. Selbst am Strand riefen sie den Leuten „all inclusive, all inclusive" zu. Ich fragte sie: „Was ist *Akol kalul*?", und sie antworteten: „All inclusive, sogar du", womit sie mich meinten. Ich sagte ihnen, dass ich nicht zu Sulami gehöre. Das Hotel gehöre ihm, aber nicht mir. Und ich dachte mir: „Mein Gott, werden sie sich in ihren eigenen Ländern auch so verhalten?

Natürlich vergaß keiner der Gäste sein Recht auf eine kostenlose Massage einmal am Tag: „Das erste, was die Männer taten, wenn sie vom Flughafen ankamen, noch bevor sie ihre Koffer auf ihre Zimmer brachten, war, zum Massageraum zu laufen. Sie betraten das Hotel mit offenen Augen und fragten mit ihren Koffern auf dem Kopf: 'Wo ist der Massageraum? Ich habe es auf mich genommen, einen Zeitplan aufzustellen, denn es gab einen Wettbewerb unter den Männern, wer der Erste sein würde".

Dorothy Maly, die Tänzerin, arbeitete ebenfalls im Massageraum: „Meine Aufgabe war es, ihnen zu sagen: 'Ich bin Dorothy und ich bin Masseurin im Hotel'. Kaum hatte ich diesen Satz ausgesprochen, fingen sie an zu schreien: „Massage, Massage!" Die meisten von ihnen konnten kein Englisch sprechen. Sie sagten „Ai Kam Nao" (ich komme jetzt). Ein Tourist aus einem anderen Land hätte zwei Wochen gewartet, aber im *Paradies* verlangten sie diese Dienstleistung sofort, manchmal sogar vor dem Frühstück. Sie kamen und sagten: „Ich komme für eine *akol kalul* Massage. Ich will *harpaya*" (Ejakulation). Als ich fragte, was „*harpaya*" bedeute, antworteten sie: „Nicht nur *harpaya*, wir wollen „all inclusive", „full sex", „full sexual intercourse". Ich sagte ihnen, dass wir das nicht tun würden, aber dann antworteten sie: „Hört mir zu, Frauen sind auch dabei! Der Direktor versprach uns im Büro in Tel Aviv, dass es *akol kalul* sei. Manchmal schlug einer der Manager vor, dass wir den Launen der Kunden nachgeben sollten".

Katherine Kaha, eine andere Masseurin, schilderte ihre Erfahrungen: „Ich fing an zu massieren, und dann sagte der Mann: 'Mach es am ganzen Körper, du musst es machen'. Wenn ich nicht getan hätte, was er wollte, hätte er mich bei der Geschäftsleitung angezeigt. Es hat mir nicht gefallen, aber ich habe es gemacht. Am Ende bekam ich einen Dollar, manchmal zwei Dollar. Ich fühlte mich schrecklich. Ich fühlte mich schmutzig."

Ein israelischer Gast, der das Hotel von Zeit zu Zeit besuchte, gab folgendes Zeugnis ab: „Es gab immer Probleme mit der Massage. Sie nutzten die Massage aus, um die Mädchen bis zum Äußersten zu missbrauchen. Es war erbärmlich. Es gab einige Gruppen, die mich in Verlegenheit brachten, und ich vermied den Umgang mit ihnen. Sie waren so arrogant. Sie kamen und hatten das Gefühl, dass ihnen alles gehörte, sie dachten, sie könnten tun, was immer sie wollten oder was ihnen in den Sinn kam."

Rahima sagte: „Einer der Israelis sagte einmal zu mir: 'Weißt du, ich war letzte Nacht mit einem kleinen Mädchen zusammen, sie war erst 13 Jahre alt. Ich habe mit ihr geschlafen, sie gefickt und ihr fünf Dollar gegeben, weil sie nicht einmal Geld für Kleidung hatte". Ich sagte: „Sie könnte so alt sein wie deine Enkelin. Sie hat nicht geantwortet. „Hier in Afrika ist es nicht üblich, es allen zu erzählen, nachdem man mit einem

Mädchen zusammen war. Aber die Israelis verheimlichten nichts, und am Morgen im Restaurant erzählten sie sich die Einzelheiten der Nacht: „Ah, ich bin mit ihr gegangen, ich habe sie die ganze Nacht lang gefickt, immer und immer wieder, und ich habe nur einen Dollar bezahlt"; „Afrikanische Frauen sind sehr billig und gut"; „*Mechona tova, mechona tova*" (gute Maschine, gute Maschine). Wir haben genau verstanden, was sie sagten. Als die erste Gruppe von Israelis ankam, dachte ich, dass die nächste Gruppe wahrscheinlich anders sein würde. Aber nein, es war genau dasselbe. Manchmal bestellten sie Essen für das Zimmer, und wenn das Mädchen hereinkam, versuchten sie, sie zu begrapschen und zu betatschen. Die Kellnerinnen hatten Angst und wollten das Essen nicht mehr auf die Zimmer bringen. Bei mir war das anders, ich habe mich respektiert. Dann nannten sie mich „Großarsch". Für mich war das besser, als eine Sexsklavin zu sein.

Auch verheiratete Männer nutzten die Mädchen im Hotel aus. Ich sah, wie einer von ihnen zu seiner Frau sagte: „Geh in den Speisesaal, ich warte dort", und bis zum nächsten Tag verschwand. Wir wurden Zeuge, wie die Frau ihren Mann beim Frühstück anschrie. Einmal antwortete ein Mann seiner Frau: „Die Frauen in Kenia sind wunderbar, sie haben so ein kleines Loch, so weich, und du hast so ein großes, dummes Loch!" „Das alles im Esszimmer, in der Öffentlichkeit!" In solchen Fällen wurde der Rabbiner hinzugezogen, um die Gemüter zu beruhigen. Es kam vor, dass die Männer im Speisesaal saßen, während sich draußen die Esel des Hotels gegenseitig um Sex buhlten. Wenn die männlichen Gäste dies bemerkten, standen sie auf und feuerten die Esel an: Gut, gut, vorwärts, zurück, so! „Einmal kam jemand zu mir und sagte vor allen: „Ich werde meine Viagra-Pillen nehmen, und danach werde ich Macht haben, Macht zum Ficken. Macht zum Ficken. Wie heißt du eigentlich? „Rahima." Okay, Rahima. Ich will dich heute ficken! Ein anderes Mal fragte mich ein Kunde: „Kennst du ein Mädchen aus dem Unterhaltungsteam namens Charlie?" Ich ging mit ihr in die Disco, ich fickte sie, aber sie war nicht gut. Ich wollte ihr zehn Dollar geben, aber ich habe ihr nur einen Dollar gegeben. Ich schrie wie verrückt, als dann der kleine Charlie hereinkam. Er zeigte auf sie und schrie: „Da ist sie, das ist sie."

Dies veranlasste Karen Tiglo, eine Putzfrau, zu der Aussage: „Wir wussten nicht, ob die israelischen Gäste Tiere oder Menschen waren". Stela Matawa, eine Kellnerin, sagte: „Einmal kam ein Mann auf mich zu und machte mich an. Weil ich nicht einverstanden war, hörte ich am nächsten Tag im Speisesaal, wie er den anderen zurief: 'Dieses

Mädchen taugt nichts, sie ist ein Stück Dreck, lasst sie in Ruhe, ich habe sie auf das Zimmer eingeladen und sie war eine Null"'.

Catherine Blunt hatte ein traumatisches Erlebnis mit einem 70-jährigen israelischen Gast, der beschloss, in sie verliebt zu sein. „Ich mochte ihn überhaupt nicht. Wir gingen zusammen in eine Disco. Ich dachte, ich würde ihn nur begleiten, um seine Langeweile zu vertreiben. Auf dem Rückweg haben er und der Taxifahrer mich reingelegt. Statt zurück ins Hotel zu fahren, kamen wir an einem Ort an, wo man Zimmer für eine Nacht vermietet. In dem Zimmer versuchte er, mich zu zwingen, mit ihm zu schlafen, aber ich konnte nicht. Als wir ins Hotel zurückkehrten, schrie er mich an, dass er mich nie wieder sehen wolle und dass er mich am nächsten Tag dem Manager melden würde, weil ich sein Geld verschwendet hätte. Der Manager hat mich nach der Meldung für zwei Wochen suspendiert[561]."

Aber auch die Hotelleitung ging gegenüber den Frauen zu weit. Nach Angaben einiger weiblicher Angestellter haben israelische Manager ein solches Verhalten nicht nur nicht verurteilt, sondern sich teilweise sogar an solchen Misshandlungen beteiligt. „Einer der Hoteldirektoren mochte Massagen. Er sagte: 'Mach es mir hier und so', genau wie mit den Kunden. Es musste getan werden... Ein anderer Manager nahm die Frauen aus dem Unterhaltungsteam mit aufs Zimmer und sagte: 'Ich bin der Manager, also wird dich niemand fragen, wohin du gehst'. Ich musste das akzeptieren, obwohl es sehr schlimm war. Am nächsten Tag, als ich ihn im Hotel sah, ging er an mir vorbei, ohne mich zu beachten. Nach der Show des Unterhaltungsteams verschwand immer ein Tänzer in einem der Zimmer der Führungskräfte. Zuerst dachten die Mädchen, dass es sich um einen Verweis handelte, weil der Tanz nicht gelungen

---

[561] Im Oktober 2006 erfuhren wir, dass der israelische Staatspräsident Moshe Katzav wegen der Vergewaltigung seiner ehemaligen Sekretärin und einer Mitarbeiterin endgültig verurteilt wurde. Moshe Katzav, der verheiratet ist und fünf Kinder hat, wurde außerdem der sexuellen Belästigung von fünf weiteren Frauen, unanständiger Handlungen, des Abhörens, der Behinderung der Justiz und der Ausflucht beschuldigt. Er behauptete, er sei unschuldig und Opfer eines „Komplotts": „Die Presse führt eine Hexenjagd gegen mich und einen öffentlichen Lynchmord durch", sagte er am 21. September 2006 in einer Sendung des Militärradios. „Es gibt ein Komplott, das seit langem von einer Bande von Kriminellen gegen mich ausgeheckt wurde", prangerte er an, weigerte sich aber, die Identität der Urheber des Komplotts zu veröffentlichen.

war, aber im Zimmer verstanden sie, dass die Absichten ganz andere waren."

Jede Woche, am Tag der Abreise der israelischen Gäste, wenn sie fertig waren und den Bus zum Flughafen bestiegen, läutete die Glocke und der Leiter des Unterhaltungsteams wurde hysterisch: „Macht euch bereit, die Gäste reisen ab! Er befahl den Frauen, sich am Ausgangstor zu versammeln und den Bus mit den weinenden Gästen zu verfolgen. Sie mussten mit tränenüberströmten Augen auf den Bus einschlagen und schreien: „Geht nicht weg, wir lieben euch, bitte kommt zurück, bleibt!" Diese Liebesbekundungen waren Teil des touristischen Rundum-Sorglos-Pakets und sollten den israelischen Kunden unvergessliche Erinnerungen an ihren Urlaub bescheren.

Rahima erinnerte sich an diese Szenen: „Wenn man nicht weinte, konnte man seinen Job verlieren. Uns wurde gesagt, wir sollten an etwas wirklich Trauriges denken, das uns passiert war, um wirklich zu weinen. Aber ich habe nicht geweint. Catherine Khaa gestand: „Ich habe nicht geweint, wie sollte ich auch? Ich habe sie nicht gemocht. Eigentlich habe ich sie gehasst.

Es war eine seltsame Erfahrung", sagt Saline Achling, die Leiterin des Massagesalons im Hotel, lachend und ein wenig verlegen. Uns wurde befohlen, dem Bus hinterherzulaufen, zu singen und zu weinen, um die Kunden wissen zu lassen, dass wir sie lieben und wollen, dass sie zurückkommen. Ich weiß noch, wie ich wie eine Verrückte hinter dem Bus herlief, mit den Fäusten auf ihn einschlug und die Kunden anbrüllte: „Warum verlasst ihr uns, wir vermissen euch, wir lieben euch! Die Israelis beobachteten uns von den Fenstern aus. Einige haben uns gefilmt.

Sexbesessene

1981 veröffentlichte Dr. Georges Valensin eine interessante Studie über das *jüdische Sexualleben*, die ein besseres Verständnis für das Verhalten dieser israelischen Touristen und der Juden im Allgemeinen vermittelt. „Georges Valensin wurde in der bedeutenden jüdischen Gemeinde von Algier geboren und war Doktor der Medizin an der Universität von Algier. „Er gilt allgemein als einer der Pioniere der modernen Sexualwissenschaft und hat fünfzehn Bücher zu diesem Thema veröffentlicht. In der Präambel seines Werkes erklärt der Autor, dass er „aus alten spanischen sephardischen Familien stammt... durch seinen Vater Levi Valensin und seine Mutter Aboulker" und fügt hinzu, dass

„ich während meiner gesamten Forschung versucht habe, von meiner Herkunft zu abstrahieren und jegliche Werturteile zu vermeiden. Nur die Fakten in den Akten zählen, auch wenn einige Antisemiten und Prosemiten sie benutzen, um nach ihren Wünschen zu argumentieren".

So erklärt er die mangelnde Gelassenheit und Enthemmung der Juden: „Der junge Jude wurde bereits im Alter von zehn Jahren durch die Lektüre des Talmuds auf das Wesen der sexuellen Beziehungen aufmerksam gemacht, was für ihn sehr wichtig war, wenn er, wie es oft der Fall war, früh heiratete. Bei dieser Lektüre fand er sehr rassige sexuelle Geschichten; Geschichten mit vielen Anmerkungen und leidenschaftlichen Kommentaren, die ihm halfen, frei über Sexualität zu sprechen." Dr. Valensin fuhr fort: „Sie besprechen ihre sexuellen Probleme bereitwillig mit dem Rabbiner, obwohl der Rabbiner gebeten wird, nicht allein mit einer weiblichen Beraterin zu sein, oder zumindest von seiner Frau oder einer Sekretärin begleitet zu werden. Viele Rabbiner sind als Sexualberater ausgebildet". Ein anderer Sexualwissenschaftler, Kinsey, erklärte ebenfalls, dass er von der Redefreiheit in sexuellen Angelegenheiten unter jungen amerikanischen Juden beeindruckt gewesen sei. Kinsey schrieb: „Juden sprechen über sexuelle Angelegenheiten mit viel weniger Zurückhaltung als andere Männer, und das ist wahrscheinlich der Grund, warum sich die Legende verbreitet hat, dass sie sexuell sehr aktiv waren[562]."

Aber in Wirklichkeit, so erklärt Dr. Valensin, „hat die Fülle der Details in Kinseys Untersuchungen wenig mit seiner tatsächlichen Tätigkeit zu tun[563]." In der Tat stellte er zu Beginn seines Buches die Besonderheiten des ehelichen Lebens der Juden in aller Welt dar, insbesondere die Verpflichtung zur Enthaltsamkeit aufgrund des „unreinen" Zustands der Frauen während ihrer Regeln: „Die Einhaltung der rituellen Reinheit hat viel zu der traditionellen Enthaltsamkeit der Juden von früher und einigen von heute beigetragen. Zusätzlich zu der zweiwöchigen Enthaltsamkeit vom Tag vor der Periode bis zum rituellen Bad gab es weitere Rückschläge, die die eheliche Enthaltsamkeit verlängern konnten... Der Ehemann musste seine Frau beim Wort nehmen; sie konnte dies jedoch ausnutzen und so tun, als stünde ihre Periode

---

[562] A. Kinsey, *Le Comportement sexuel de l'homme*, Éd. Du Pavois, Paris, 1950, S.617.

[563] Georges Valensin, *La Vie sexuelle juive*, Éditions philosophiques, 1981, S. 170.

unmittelbar bevor oder als sei ein roter Fleck verdächtig erschienen. Eine launische Menstruation konnte verhindern, dass die Tage der weiblichen Reinheit mit den Tagen der ehelichen Verfügbarkeit zusammenfielen; vor allem aber schränkte eine zu enge Menstruation die Möglichkeit von Beziehungen weiter ein: Bei einem weiblichen Zyklus von drei Wochen waren nur sechs oder sieben Tage im Monat frei".

Dr. Valensin fügte hinzu: „Kontinenz wurde außerdem durch Prüderie begünstigt... Maimonides lobte Aristoteles, weil er lehrte, dass sexuelle Bedürfnisse schändlich seien[564]. Im 15. Jahrhundert waren Salomon Duran und andere Rabbiner stolz darauf, dass „das jüdische Volk das ärmste von allen ist, was die Zahl der Huren angeht[565]„. Von dieser jüdischen Enthaltsamkeit ist heute noch etwas übrig geblieben. Laut Kinsey ist die sexuelle Aktivität von praktizierenden Juden deutlich geringer als die von praktizierenden Katholiken oder Protestanten[566]. Ein talmudischer Rabbiner schrieb: „Es gibt ein Glied im Menschen, das gefühllos ist, wenn es hungrig ist, und unersättlich, wenn es gefüttert wird[567]. Praktizierende Juden, die verschiedenen sexuellen Einschränkungen unterworfen sind, gewöhnen sich daran und haben weniger Verlangen; ihre Enthaltsamkeit ist leichter".

Andere Faktoren, die spezifisch jüdisch sind, tragen zu dieser Enthaltsamkeit bei, erklärt Georges Valensin: „Eine Frau, die oft unter Verwandten ausgewählt wird, wird eher als Schwester oder Mutter betrachtet, so dass die Chancen, einen Ehemann zu begeistern, geringer sind als die einer Ausländerin, und außerdem ist die jüdische Angst nicht zu großen amourösen Gefühlen prädisponiert... Die übermäßig strenge Enthaltsamkeit vieler Juden in der Vergangenheit und auch heute noch hat zu vorzeitiger Impotenz geführt. Laut Stekel, einem Pionier der Wiener Sexualwissenschaft, war Impotenz zu Beginn des Jahrhunderts eine echte Gesellschaftskrankheit unter russischen und galizischen* Juden, allesamt extreme Praktiker: „Ich habe diese

---

[564] Maimonides, in *Encyclopedia Judaïca*, Jerusalem, 1971, Band VIII, S. 49.

[565] Rab. Borowitz, *Choosing a sex ethic*, New York, 1974, S. 96.

[566] A. Kinsey, *Le Comportement sexuel de l'homme*, Éd. Du Pavois, Paris, 1950, S. 595.

[567] M. Schvab, *Le Talmud de Jérusalem*, Bd. I, S. 42 von

* Aus dem polnisch-ukrainischen Galizien

Beobachtung oft gemacht und sie wurde von mehreren Kollegen bestätigt[568]". Die Lektüre mehrerer amerikanisch-jüdischer Romanciers zeigt, dass sie sich mehr als arische Schriftsteller mit Problemen der Impotenz befassen; das Interesse, das sie an perverser oder ungezügelter Sexualität zeigen, könnte darauf zurückzuführen sein, dass sie ihre eigenen Begierden, die sie nicht befriedigen können, auf ihre Helden übertragen". Dr. Valensin führt weiter aus: „Ein weiterer Faktor für die Impotenz der Juden ist die Häufigkeit von Diabetes, an der sie leiden, so dass man sie als jüdische Krankheit bezeichnet. Im israelitischen Krankenhaus auf Long Island in New York wurden von den 359 Juden, die wegen sexueller Mängel in die Sprechstunde kamen, bei erstaunlich vielen Ehemännern hohe Zuckerwerte festgestellt[569]".

Abschließend heißt es in dem Kapitel: „Wir wissen, dass das Volumen des Penis bei häufigem Geschlechtsverkehr zunimmt. L. Strominger war vierzig Jahre lang Leiter einer urologischen Abteilung in Bukarest und stellte fest, dass er während des Krieges 1914-1918 bei der Untersuchung zahlreicher mobilisierter und ziviler Juden zu dem Schluss gekommen war, dass ihre Schwänze ein kleineres Volumen als normal aufwiesen; alle diese rumänischen Juden praktizierten ein glühendes Judentum[570]".

Hier sei daran erinnert, dass der berühmte Chirurg, der sich auf Penisvergrößerungen spezialisiert hat, der jüdische Arzt Melvyn Rosenstein ist. Die Zeitung *Metroactive* vom 8. Februar 1996 berichtete, dass er Ärger mit der amerikanischen Justiz hatte. Die kalifornische Ärztekammer hatte ihm aufgrund mehrerer Klagen von Patienten, deren Operationen misslungen waren, die Zulassung entzogen. Mit seinen 56 Millionen Dollar, die er in zwei Jahren eingesackt hatte, verfügte der berühmte „Dr. Dick" über ein gutes finanzielles Polster für den Rest seines Lebens.

Es gibt ein weiteres interessantes Zeugnis, das die Prävalenz des sexuellen Ungleichgewichts in der jüdischen Gemeinschaft bestätigt. Es handelt sich um das autobiografische Buch von Xaviera Hollander, *La Alegre Madam*, das 1972 veröffentlicht wurde und dessen

---

[568] Stekel, *L'Homme impuissant*, Gallimard, 1957, S. 246.

[569] S. Chumacher und C. Lloyd, Congrès international de sexologie, Paris, 1974.

[570] Georges Valensin, *La Vie sexuelle juive*, Éditions philosophiques, 1981, S. 31-33.

Originaltitel *The Happy Hooker* lautet. Es war ein legendärer *Bestseller* der 1970er Jahre, von dem weltweit 17 Millionen Exemplare verkauft wurden. Es ist die Lebensgeschichte einer 35-jährigen Frau, die eine Zeit lang das berühmteste Bordell der Vereinigten Staaten leitete. Ihre Mutter, ein Einzelkind, war eine schöne „Aschblondine germanischer und französischer Abstammung". Ihr Vater war ein holländischer Jude, Arzt und Besitzer eines großen Krankenhauses in Indonesien, bevor er mit der Ankunft der Japaner während des Zweiten Weltkriegs alles verlor.

Die Familie lebte in Amsterdam. „In meinem Haus wurde Sex als etwas Natürliches und Schönes angesehen, und ich sah meine Eltern oft halb oder ganz nackt im Haus herumlaufen". Schon als Teenager war das junge Mädchen sexuell sehr offen und versuchte, Männer zu verführen: „Mein erster Versuch war mit einem Bruder meiner Mutter, meinem Lieblingsonkel, der mich als Kind mit väterlicher Liebe angebetet hatte, dessen Zuneigung sich aber in eine eher fleischliche Form verwandelte, als ich ein Teenager wurde." Der Sohn eines anderen Onkels, ein junger Deutscher, der gekommen war, um seine Familie zu besuchen und Holland kennen zu lernen, sollte ihre „zweite familiäre Liebesbeziehung" werden.

Xaviera Hollander fühlte sich als Jüdin, wahrscheinlich auch wegen der antisemitischen Repressionen, denen ihre Eltern während der japanischen Besetzung Indonesiens ausgesetzt waren. So beschrieb sie einen ihrer zahlreichen Liebhaber. Er hieß Carl und war ein Amerikaner, der „alles in seiner Macht stehende tat, um seine jüdische Herkunft zu verbergen". Er war sogar Mitglied des angeblich antisemitischen New York Athletic Club, und einmal, als er mich zu einem Hochsprungwettbewerb mitnahm, musste ich meinen Davidstern verstecken". Verstecke ihn unter deinem Pullover", murmelte er, „und sie werden nie wissen, dass du Jude bist, weil du nicht jüdisch aussiehst. Ein anderes Mal, wenn wir Gäste zum Mittagessen hatten, zwang er mich, eines meiner liebsten Dinge zu verstecken, eine wunderschöne kupferne Menora, die mir meine Familie geschenkt hatte und die das einzige war, was ich in diesem Land besaß, das für mich einen sentimentalen Wert hatte[571]."

---

[571] Xaviera Hollander, *La Alegre Madame*, 1972, Editorial Grijalbo, México DF, S. 19, 22, 28, 58, 59

* *Jiddisches Medel* in der Originalfassung.

Später lernte sie Pearl Greenberg kennen. Sie war es, die sie davon überzeugte, ihren unstillbaren sexuellen Appetit zu nutzen und sich der Prostitution zuzuwenden. Xaviera bewies ihren Wert mit „einem fetten, hässlichen jüdischen Mann" und Pearl Greenberg war begeistert: „Pearl war so begeistert von ihrer Entdeckung, dass sie mit jedem in Manhattan telefonierte und verkündete: 'Ich habe dieses reizende jüdische Mädchen* aus Holland, das Sex liebt und alles tun wird, was du willst'. Dies war der Beginn einer angenehmen, wenn auch nicht sehr produktiven Beziehung zu Pearl. Sie war das, was man auf Jiddisch als *mensh* kennt, gutherzig, immer gut gelaunt, spontan und zärtlich[572]."

„Ich liebe es, Jungen zu verführen, die höchstens siebzehn oder neunzehn Jahre alt sind. Die meisten Jungen gehen mit ihren Vätern nach Puerto Rico, also musste ich mich ihnen nähern, als wäre ich der mütterliche Typ, um keinen Verdacht zu erregen... Wenn ich mal nicht bescheiden sein darf, kann ich sagen, dass ich schätze, dass fünfundzwanzig Prozent der jungen Juden, die zwischen Februar und April 1970 in Puerto Rico Urlaub gemacht haben, bei mir die Kunst der Liebe gelernt haben". Nach diesem Urlaub beschloss er, sich selbständig zu machen. „Im Sommer 1970 beschloss ich, dass ich nicht nur eine Madame sein würde, sondern die beste Madame in New York[573]."

Von da an begann Xaviera Hollander, Mädchen zu rekrutieren. Die Polizei war natürlich ständig hinter ihr her, und sie musste neben Anwaltskosten und Bestechungsgeldern auch hohe Kautionssummen und immer höhere Geldstrafen zahlen. Auch mit den Kunden gab es Probleme: „Ein Nachbar könnte Sie wegen Ruhestörung anzeigen, eine rivalisierende Madame auch, um die Konkurrenz einzuschränken, und manchmal ist es ein unzufriedener Kunde, der aus Rache die Polizei ruft. Ich glaube, so war es auch bei meiner zweiten Verhaftung. Ein Verrückter namens Nicky, den ich aus meinem Haus geworfen hatte, weil er die Mädchen zu sehr belästigte und die anderen Kunden störte, ging zur Polizeiwache und füllte ein Beschwerdeformular aus.

- Sie haben dort ein Haus der Prostitution und diskriminieren jüdische Menschen", sagte er ihnen.

---

[572] Xaviera Hollander, *La Alegre Madame*, 1972, Editorial Grijalbo, Mexiko DF, S. 68.

[573] Xaviera Hollander, *La Alegre Madame*, 1972, Editorial Grijalbo, Mexiko DF, S. 124, 138

Die Wahrheit ist, dass ich ihn wegen seines verrückten Verhaltens aus meinem Haus entfernt hatte, aber keineswegs, weil er ein verrückter Jude war. Aber infolgedessen mischte sich die Polizei in die finanzielle Seite meiner Geschäfte ein... und sie sagten dem Richter, dass ich die wichtigste Madame in New York City sei. Zuerst sah es so aus, als würde es sehr schlecht laufen, aber mein Anwalt erreichte, dass die Anklage auf eine Ordnungswidrigkeit reduziert wurde, und als alles vorbei war, kam ich mit einer Geldstrafe von nur hundert Dollar davon. Dazu kam natürlich noch eine saftige Anwaltsgebühr[574]."

„Ein weiterer erbärmlicher Fall ist der des deutschen George, der grausam erniedrigt werden muss, um Hilfe zu bekommen. Er ist ein fünfundvierzigjähriger Geschäftsmann, sehr reich... Ich lernte German George kennen, als er in dem Haus anrief, in dem ich arbeitete, bevor ich Madame wurde, und um die Dienste eines Mädchens bat, das fließend Deutsch sprach, einigermaßen stark war und einen Mann foltern konnte. Die Madame versicherte ihm, dass ich für diesen Akt wie geschaffen sei, und schickte mich in ihre Wohnung in einem luxuriösen Hochhaus in der East Fiftieth Street. Nachdem German George mich an der Tür höflich begrüßt hatte, wollte er gleich zur Sache kommen, und als erstes führte er mich zu einem verschlossenen Kleiderschrank im Eingangsbereich.

Der Mann, blass und dünn, spähte durch das Schlüsselloch, und so wie er sich verhielt, dachte ich, er bewahre die Kronjuwelen darin auf. Aber als er die Schranktür mit einer majestätischen Geste öffnete, sah ich, dass sie nichts enthielt außer sechs oder sieben Original-S.S. Mackintoshes...

Der Mann forderte mich auf, mich zu entkleiden, stülpte eine der Mackintoshes über meinen nackten Körper und holte eine Nachahmung der von der SS verwendeten Knüppel heraus. „Vergiss nicht, deinen Gürtel anzulegen", erinnerte er mich, während er mir ein Hakenkreuz auf den Arm zeichnete und mir eine Spielzeugpistole reichte. Vergiss nicht, deinen Gürtel anzulegen", erinnerte er mich, als er mir ein Hakenkreuz auf den Arm drückte und mir eine Spielzeugpistole reichte. Die Szene setzte sich fort, als ich das Schlafzimmer verließ, während er nackt auf dem Bett lag und den Kopf in Richtung der geschlossenen Tür hielt.

---

[574] Xaviera Hollander, *La Alegre Madame*, 1972, Editorial Grijalbo, Mexiko DF, S. 107, 108

Draußen vor der Tür musste ich mit den Fäusten schlagen und auf Deutsch schreien: „Hier ist die Gestapo, macht sofort die Tür auf!"

Aber niemand antwortete. Also trat sie die Tür auf, stürmte hinein und fand ihn mit seinem Penis in der Hand vor. Herr Cohen", befahl sie ihm mit drohender Stimme.

„Nein, nein, ich bin Herr Smith", sagte er mit einer Grimasse und tat so, als ob er zitterte.

„Lüg mich nicht an, du bist ein Jude, verdammter Jude, Schweinhund". Bam, bam, ich schlage ihm ins Gesicht.

Der kleine deutsche George erschaudert, bekommt eine Erektion und ist sehr erregt. Er fängt an, über die „verdammten Juden" zu schimpfen und zu betonen, wie sehr er möchte, dass jeder einzelne von ihnen bekommt, was er verdient.

„Halt's Maul, Jude", befehle ich ihm, und um sicherzugehen, dass er mir gehorcht, setze ich mich auf sein Gesicht und zwinge ihn, mich zu lecken. Dann werde ich wütend, weil er es nicht richtig macht, und ich nehme meinen Gürtel ab und stoße ihn, bis er kurz vor dem Höhepunkt ist, aber in diesem Moment bittet er mich, die Aktion zu beenden.

„Lass uns aufhören und wieder anfangen", sagt er. Also wiederholen wir die Szene noch einmal, und beim dritten Mal, während ich ihn stoße, kommt Germán George zur Ejakulation.

Der arme Mann ist glücklich und freut sich, mich zu bezahlen, aber diese Dinge machen mich traurig, denn auch ich bin Jüdin, und obwohl ich während des Zweiten Weltkriegs nur ein kleines Baby war, hasse ich es, mit solchen Situationen konfrontiert zu werden.

Ein anderer verkommener Mann, dessen Schwäche aus dem Krieg kommt, ist ein Rabbi, der es nur mit nicht-jüdischen Mädchen treiben kann, selbst nachdem sie seinen ganzen Körper mit Hakenkreuzen bemalt haben[575]."

Verstöße in der Psychiatrie

Diese Veranlagung zum Sex muss sich in der großen Zahl jüdischer Sexualwissenschaftler widergespiegelt haben, und diese

---

[575] Xaviera Hollander, *La Alegre Madame*, 1972, Editorial Grijalbo, Mexico DF, S. 196-197.

„Überrepräsentation" war natürlich auch in den Berufen der Psychiatrie und Psychoanalyse zu beobachten. Das folgende Rätsel ist wohlbekannt: „Was ist der Unterschied zwischen einem kleinen jüdischen Schnitzer und einem Psychoanalytiker? Antwort: Eine Generation". Gerade diese Berufe sind es, die bei Vergewaltigungen von Patienten regelmäßig zur Debatte stehen. Die „Bürgerkommission für Menschenrechte" hat einen sehr aussagekräftigen Bericht zu diesem Thema mit dem Titel *Vergewaltigung in der Psychiatrie*[576] veröffentlicht. Bei einer Suche im Internet kann man feststellen, dass diese „Kommission" eine Struktur war, die von der berühmten Scientology-Kirche abhing. Was auch immer man über diese Sekte denken mag, die von dieser Kommission gesammelten Informationen helfen zu verstehen, warum sie das Ziel von Angriffen der Medienmafia ist.

Die von der US-amerikanischen Ärztekammer gegen 761 Ärzte eingeleiteten Verfahren wegen sexueller Übergriffe zwischen 1981 und 1996 zeigen ein bemerkenswertes Übergewicht der psychiatrischen und pädopsychiatrischen Branche. Obwohl sie nur 6% der US-Ärzte ausmachen, stellen sie 28% der wegen Sexualdelikten Verurteilten. Demnach sollen zwischen 10 und 25% der psychiatrischen Fachkräfte ihre Patienten sexuell missbraucht haben. Nach Angaben der American Psychological Association aus dem Jahr 1998 verlieren jedes Jahr hundert Psychologen wegen „sexuellen Fehlverhaltens" ihre Approbation. Dieses Berufsverbot ist jedoch oft nur vorübergehend, und die American Psychological Association selbst schloss nur zehn Mitglieder aus, die mit ihrem APA-Mitgliedsausweis auf jeden Fall ohne Lizenz weiter praktizieren können. Psychiater sprechen in der Tat nicht von Vergewaltigung, sondern von „sexuellen Beziehungen", und der Vorstand des Berufsverbandes behandelt die Fälle als einfaches „berufliches Fehlverhalten".

Eine britische Studie ergab, dass 25% der Psychotherapeuten berichteten, Patienten gehabt zu haben, die bereits mit einem anderen Therapeuten sexuell verkehrt hatten[577]. Dr. Roger Kahns Buch nennt höhere Zahlen für die Vereinigten Staaten: Obwohl nur 10% der Psychiater zugaben, ihre Patienten sexuell missbraucht zu haben, gaben 65% an, dass ihre neuen Patienten berichteten, von ihrem früheren Psychiater sexuell missbraucht worden zu sein. Es sei daran erinnert,

---

[576] http://h11.protectedsite.net/uploads/fr/FRE%20-%20rape.pdf

[577] Doctor Bill médicare „for sex", *The Daily Telegraph-Mirror*, 8. Juli 1993

dass „der Berufsstand ein weitgehend jüdisches Monopol ist", wie Roger Kahn selbst schrieb[578]. Die Zahlen zeigen also, dass eine Frau „statistisch gesehen eher auf der Couch eines Psychiaters vergewaltigt wird als beim *Joggen* im New Yorker Central Park".

Nach einer US-amerikanischen Untersuchung von 1986 über Sex zwischen Psychiatern und Patienten gaben 73% der Psychiater, die zugaben, Sex mit ihren Patienten zu haben, an, dies im Namen der „Liebe" oder des „Vergnügens" getan zu haben; 19% behaupteten, es sei geschehen, um „das Selbstwertgefühl des Patienten zu steigern". Andere Ausreden waren „Kontrollverlust", Impulsivität, „Wertschätzung des Therapeuten" und „persönliche Bedürfnisse[579]". Kurz gesagt, Psychiater befreien ihre Patienten, indem sie ihnen beibringen, ihre sexuellen Funktionsstörungen zu überwinden und zum Orgasmus zu kommen. Einige Psychiater behaupten also, ihre Verbrechen zu entkriminalisieren, aber diese Handlungen „werden niemals wirklich therapeutisch sein".

Ein Beispiel ist der australische Psychiater Paul Stenberg, der laut einem Artikel in der *Courier Mail* im April 2002 sagte: Die „Therapie", die er seinen Patienten vorschlug, bestand darin, sie in das Krafttrainingszentrum eines Kurortes zu bringen, um Sex zu haben. Er schlug auch den Gebrauch von Heroin vor. Im Jahr 2000 gab Stenberg seine Zulassung freiwillig ab und versprach der Ärztekammer, nie wieder zu praktizieren. Doch nur zwei Jahre später machte Stenberg erneut Schlagzeilen wegen des Missbrauchs von Patienten. „Anne" hatte ihn um Hilfe gebeten, um die jahrelange sexuelle Gewalt zu vergessen, die ihr Vater ihr und ihrer Schwester angetan hatte. Während ihre Mutter diese Schrecken als „Familiengeheimnis" behielt, suchte Anne Hilfe, um „ihre Erinnerungen zu bewältigen". Die therapeutischen Methoden von Paul Stenberg trugen wahrscheinlich nicht dazu bei, ihre Seele zu beruhigen.

Die Rechtfertigungen sind immer dieselben: „Sex ist eine legitime Form der Behandlung". Im Jahr 2001 wurde der australische Psychiater Clarence Alexander Gluskie aus Sydney aus dem Arztregister gestrichen, weil er Sex mit einer Patientin hatte. Er hatte jedoch 1999 die höchste Auszeichnung der Regierung, den Order of Australia, erhalten. Gluskie hatte, wie er sich ausdrückte, während der

---

[578] Roger Kahn, *The Passionate People*, William Morris, Inc. 1968, S. 53.

[579] *American Journal of Psychiatry*, Bd. 143, September 1986, S. 1128.

Therapiesitzungen einer Frau die „Rolle des Vaters" übernommen und sie ermutigt, sich in den Zustand der Kindheit zurückzuversetzen. Auf diese Weise kam das kleine Mädchen, zu dem sie geworden war, auf seinen Schoß. Ihm zufolge fühlen sich Kinder oft zu ihren Eltern hingezogen. Gluskie behauptete, dass „genitale Stimulation Chemikalien im Gehirn freisetzt, die die Bindung zwischen Kindern und Erwachsenen fördern".

Der APA-Psychiater Richard Simons bot eine Erklärung für diese Ausschreitungen an. Ihm zufolge sind es „die Patienten, die die Therapeuten unbewusst provozieren, sie entweder im Stich zu lassen oder sie sadistisch zu misshandeln". Diese Patienten leiden häufig an einer „masochistischen Persönlichkeitsstörung".

Ein weiteres Beispiel ist diese Geschichte aus Missouri vom 11. Februar 1998: Der Psychiater William Cone wurde zu 133 Jahren Gefängnis verurteilt, weil er mehrere Patienten sexuell missbraucht hatte. Cone hatte ihnen eingeredet, dass sie „ihre Beziehung zu ihren Eltern wiederherstellen" müssten, was sie dazu zwang, mit ihm Sex zu haben. Um sie davon zu überzeugen, hatte er ihnen große Mengen an Psychopharmaka verschrieben, die sie stark abhängig machten. Der Staatsanwalt erklärte in seinem Prozess: „Er ist ein Raubtier. Diese Menschen kamen zu ihm, um sich behandeln zu lassen, und sie waren empört. Ich habe noch nie einen Angeklagten gesehen, der so vielen Menschen so viel Schmerz und Schaden zugefügt hat." Eine seiner ehemaligen Patientinnen sagte aus: „Ich war unglaublich anhänglich an ihn. Ich war von ihm abhängig. Er sagte mir: 'Psychiatrie funktioniert am besten, wenn sie geheim gehalten wird.' Er verbot mir, irgendjemandem von diesen sexuellen Beziehungen zu erzählen und warnte mich, dass ich niemandem trauen könne."

Alle beteiligten Psychiater behaupteten, ihr Patient habe eingewilligt. Allerdings unternehmen etwa 14% der von ihrem Therapeuten missbrauchten Patienten einen Selbstmordversuch, und 1% gelingt es. In der Realität trauen sich jedoch nur wenige Patienten, dies anzuzeigen: Nur 1% der Opfer berichtet über den erlittenen Missbrauch. Tausende von „Psychiatrie"-Patienten haben Selbstmord begangen, und Tausende weitere wurden aufgrund der erlittenen Schäden in Krankenhäuser eingewiesen. Dank des Mutes und der Entschlossenheit der Frauen, die sich gemeldet haben, konnten einige dieser Psychiatrie-Misshandler endlich vor Gericht gestellt werden.

Die Website jewwatch.com hat eine Reihe solcher Fälle in der US-Presse zusammengestellt. Wir sehen, dass der Missbrauch nicht nur die psychiatrischen Berufe betrifft. Die *Arizona Republic* vom 26. Oktober 2001 berichtete, dass Dr. Brian Finkel, 51, Inhaber der Metro Phoenix Klinik und Abtreibungsspezialist, nach Beschwerden von etwa vierzig Patientinnen inhaftiert wurde. Sie beschuldigten ihn, während der Konsultationen und sogar während der Abtreibung Cunnilingus an ihnen vollzogen zu haben.

Die *Detroit Now News* vom 20. Februar 2002 berichtete, dass der Zahnarzt Kenneth Friedman von einem Dutzend Patienten beschuldigt wurde, sie in seiner Praxis missbraucht zu haben. Der Mann bekannte sich schuldig.

In Frankreich ist der Fall Tordjmann am emblematischsten. Der bekannte Sexualwissenschaftler Gilbert Tordjmann war der Begründer und „Papst" der Sexologie in Frankreich. Die erste Anzeige gegen ihn wurde 1999 erstattet, doch es folgten viele weitere. Zahlreiche Patienten klagten über Berührungen, Masturbation und „erzwungene" Liebkosungen, die bis zur Penetration gingen. Gilbert Tordjmann wurde im März 2002 angeklagt. Insgesamt gaben vierundvierzig ehemalige Patienten an, von diesem „Spezialisten" missbraucht worden zu sein. Am 4. Mai 2005 berichtete *Le Figaro*, dass er an die Zweite Kammer verwiesen worden war. Natürlich hat Gilbert Tordjmann all diese Anschuldigungen stets bestritten: „Ein großer Teil des Falles wurde abgewiesen", sagte eine seiner Anwältinnen, die den Beruf ihres Mandanten als Gynäkologen hervorhob, um die aufdringlichen „Untersuchungen" zu rechtfertigen. Der Sexologe würde also erneut die Abweisung des Verfahrens mit der Begründung beantragen, dass diese Gesten durch die medizinische Praxis[580] indiziert seien.

Der hippokratische Eid, zu dessen Einhaltung sich alle Psychiater verpflichten, verbietet sexuelle Beziehungen zwischen Ärzten und Patienten, aber man könnte meinen, dass dieser Eid für einige „Therapeuten" wenig Wert hat. Man könnte sogar meinen, dass sich einige von ihnen davon befreit fühlen, wenn ihre Patienten nichts von der sexuellen Beziehung wissen.

So ist der kalifornische Psychiater James Harrington White vorgegangen. Er setzte seine Patientinnen unter Drogen, vergewaltigte sie und filmte die Szenen. Er wurde zu sieben Jahren Gefängnis verurteilt.

---

[580] Seltsamerweise wurden zwei Jahre später keine Informationen über diesen Prozess veröffentlicht.

Der berühmte Arzt Jules Masserman, ein hervorragender Spezialist, der von seinen Kollegen in der ganzen Welt hoch geachtet wird und ehemaliger Ehrenpräsident der Weltvereinigung für Sozialpsychiatrie war, hatte 1987 ebenfalls einen Skandal ausgelöst, nachdem er von mehreren seiner Patienten beschuldigt worden war. Jules Masserman hatte die Angewohnheit, seine Patienten mit Amobarbital zu betäuben, einem Barbiturat, das das Gedächtnis blockiert. Während einer seiner zahlreichen Sitzungen wachte Barbara Noel, eine der Klägerinnen, auf und entdeckte das schreckliche Gesicht des Mannes, der über ihr nach Luft rang. „Ich habe noch nie ein solches Gefühl des Verrats empfunden", sagte Noel. Jahrelang hatte Masserman sie im Schlaf unter Drogen gesetzt und vergewaltigt. Während des Prozesses behauptete er weiterhin, seine Anklägerin sei „geisteskrank" und ein Schwindler. Barbara Noel weigerte sich, nachzugeben und führte einen siebenjährigen Rechtsstreit, in dem sie andere Frauen ermutigte, öffentlich auszusagen. Die APA (American Psychiatric Association) unterstützte schließlich die Entscheidung der Psychiatrischen Gesellschaft von Illinois, Massermann die ärztliche Zulassung zu entziehen, aber diese Suspendierung war nur für fünf Jahre gültig und erfolgte nicht wegen Vergewaltigung, sondern wegen Drogenkonsums. Die Versicherungen hatten mehr als 350.000 Dollar Entschädigung an seine Opfer gezahlt.

Die *Associated Press* berichtete am 3. Januar 2002 über einen weiteren Prozess. Es handelte sich um den Prozess gegen Andrew Luster, 39, den Enkel des Kosmetikmagnaten Max Factor, der im Jahr 2000 wegen Vergewaltigung zweier Frauen verhaftet worden war, nachdem er sie in einer Bar in Santa Barbara unter Drogen gesetzt und sie auf Video aufgenommen hatte. Die Polizei hatte in seinem Haus 17 Videobänder gefunden, die ihn beim Sex mit offenbar bewusstlosen Frauen zeigen.

Auch der Fall von Thierry Chichportich erregte großes Aufsehen. Der „Masseur der Stars", der von der Weltelite des Kinos den Spitznamen „Mann mit den goldenen Händen" erhalten hat. Wie *Le Parisien* am 20. Mai 2006 berichtete, wurde er vom Strafgericht von Nizza wegen Vergewaltigung von 13 Frauen zu 18 Jahren Gefängnis verurteilt. Sie waren mit Beruhigungsmitteln, die ihnen ohne ihre Zustimmung verabreicht wurden, in den Schlaf versetzt worden. Die erste Anzeige wurde erstattet, nachdem eines der Opfer während der Vergewaltigung aufgewacht war. Die Entdeckung der Videoaufnahmen seiner Vergewaltigungen und der verwendeten Drogen durch die Polizei führte zu seiner Verurteilung.

Auch das können wir im Buch von Dr. Valensin nachlesen: „Jüdische Ärzte, Zahnärzte und Psychoanalytiker sind oft beschuldigt worden, ihre Patienten zu missbrauchen. Bereits ein Jahrhundert zuvor wurde in Rouen der Zahnarzt Levy der Vergewaltigung einer jungen Patientin, die schwanger geworden war, unter Hypnose beschuldigt; sie stellte sich als hysterisch heraus, und die Vergewaltigung war zweifelhaft[581]. Im Januar 1935 konnte man in einer medizinischen Zeitschrift der Nazis lesen: „Jüdische Ärzte vergewaltigen narkotisierte Patientinnen[582]...". Am 14. August 1935 meldete der „*Völkische Beobachter*", eine Hitler-Zeitung, dass der hebräische Arzt Ferdinand Goldstein aus Constantia in ein Konzentrationslager eingeliefert worden war, nachdem er ein junges deutsches Mädchen geschändet hatte; Hunderte von Opfern wurden ihm zugeschrieben[583]."

Auch das Buch von Xaviera Hollander bestätigt diese starke Neigung: Die amerikanischen Juden „gehören zu meinen Lieblingskunden und auch zu meinen eifrigsten Kunden. Und obwohl es traurig ist, muss ich auch sagen, dass sie meine extravagantesten und verdorbensten Klienten sind. Viele von ihnen scheinen mit Problemen in die Psychoanalyse zu gehen, die dadurch entstanden sind, dass sie eine übermäßig herrschsüchtige Mutter oder eine Ehefrau haben, die eine jüdisch-amerikanische Prinzessin ist und versucht, sie zu dominieren... Viele der jüdischen Ärzte, die zu mir kommen, sind extravagant und wünschen sich meist, Sklaven zu sein. Kürzlich hörte ich jedoch von einem Kunden, der zu einem der Mädchen sagte: „Sei absolut still, sag kein Wort, tu so, als wärst du tot". Das ist ein Nekrophilie-Syndrom, also der Wunsch, mit einem Toten zu kopulieren[584]."

Das gleiche abweichende Verhalten finden wir in den Filmen einiger jüdischer Regisseure. Ingmar Bergman, ein „schwedischer" Regisseur, schockierte die Zuschauer regelmäßig. In *Das Schweigen* (1963) bezieht sich ein Dialog auf die Kopulation in einer Kirche. Die schwedischen Kritiker benutzten das Adjektiv „zum Erbrechen". Nach „*Zirkusnacht*" und „*Das Lächeln einer Sommernacht*" fragte ihn ein

---

[581] Brouardel, Annales d'hygiène et de médecine légale, t.I, 1879, S. 39.

[582] Deusch Volkgesundheit aus Blut und Boden, 1. Januar 1935

[583] Georges Valensin, *La Vie sexuelle juive*, Éditions philosophiques, 1981, S. 145.

[584] Xaviera Hollander, *La Alegre Madame*, 1972, Editorial Grijalbo, Mexico DF, S. 181-182.

Journalist: „Machen Sie absichtlich Pornografie oder wissen Sie einfach nicht, wie man etwas anderes macht?

Ingmar Bergman erzählte in seinen Memoiren, dass die Entdeckung einer Frauenleiche in einer Leichenhalle, als er zehn Jahre alt war, ihn dazu brachte, Nacktheit und Erotik lange Zeit mit dem Tod zu assoziieren. „Diese Vision hat ihn zu mehreren freudianischen Szenen inspiriert, vor allem in *Die Stunde des Wolfes*, als Ingrid Thulin nackt auf einem Autopsietisch liegt und aufwacht, als Max von Sydow sie berührt, und in *Das Schweigen*, als der Junge, der seine Tante mit Rasselgeräuschen im Bett dösen sieht, das Bild ihrer Leiche projiziert. In *The Maiden's Spring* provoziert die Nacktheit eines jungen Mädchens das Unbehagen des Publikums, da es sich um ein vergewaltigtes und ermordetes Mädchen handelt, und in *Cries and Whispers werden* wir direkt mit der Leichenwäsche einer sterbenden Frau konfrontiert[585]."

Diese makabre Neigung zeigte sich auch bei dem mexikanischen Filmemacher und Atheisten Luis Buñuel. In *Un perro andaluz* (1928), einem Film, der aus Träumen entstanden ist, sieht man, wie eine Rasierklinge einer Frau ein Auge ausschneidet und ein Mädchen mit einer abgetrennten Hand spielt. *Das Goldene Zeitalter (*1930) ist ein Aufruf zur Revolte gegen die traditionelle Gesellschaft: Ein Mann und eine Frau versuchen, sich zu treffen, obwohl ihnen Polizei, Nonnen und Vertreter der etablierten Ordnung immer wieder Steine in den Weg legen. In Frankreich verbot der Präfekt Chiappe den Film wegen Störung der öffentlichen Ordnung. 1961 zeigte Buñuel in *Viridiana den* „libidinösen Trieb eines alten Mannes, der seine junge Nichte missbraucht, nachdem er ihr ein Rauschgift verabreicht hat". Der Film wurde in Spanien, der Schweiz und Italien verboten[586]. In *Belle de jour (*1966), der auf dem Roman des jüdischen Schriftstellers Joseph Kessel basiert, war einer der Bordellkunden ein Nekrophiler und ließ eine Prostituierte in einem Sarg liegen.

---

[585] Jean Luc Doin, *Dictionnaire de la censure au cinéma*, PUF, 1998, S.55. Édouard Drumont bemerkte 1886: „Sarah Bernardt, mit ihrer makabren Phantasie, ihrem weißen Satinsarg in ihrem Zimmer, ist offensichtlich eine kranke Frau". (*La France juive*, tome I, S. 107)

[586] Jean Luc Doin, *Films à scandale*, Éditions du Chêne, 2001, S. 42.

Ein weiterer Bericht der „Citizens Commission on Human Rights" lieferte weitere Beweise für Korruption im psychiatrischen Sektor in den Vereinigten Staaten[587]. Versicherungsbetrug ist weit verbreitet. So könnte beispielsweise einem Pflegeheimpatienten eine Psychotherapie in Rechnung gestellt werden, obwohl er im Koma liegt, oder es könnten tägliche „Gruppentherapiesitzungen" verschrieben werden, bei denen es sich in Wirklichkeit um Musik und Teegespräche handelt. Diesem Bericht zufolge werden 40% der Psychiater in den USA im Laufe ihrer Karriere wegen beruflichen Fehlverhaltens belangt.

So wurde der Psychiater Robert Hadley Gross im April 2004 zu mehr als einem Jahr Gefängnis verurteilt, weil er seinen Patienten Eingriffe in Rechnung gestellt hatte, die er nie durchgeführt hatte, und weil er von Krankenhäusern, an die er Anfang der 90er Jahre Patienten überwiesen hatte, 860.000 Dollar an Provisionen angenommen hatte. Dieser Skandal hatte eine Kettenreaktion in dem Land ausgelöst, und viele private psychiatrische Krankenhäuser mussten Millionen an Rückerstattungen, Strafen und Entschädigungen zahlen.

Ein anderer Psychologe aus New Jersey, Karl Lichtman, hatte 36 Versicherer um insgesamt 3,5 Mio. USD für nicht existierende Therapiesitzungen betrogen. Im Mai 1996 wurde er zur Rückzahlung von 2,8 Mio. USD an die privaten Versicherer und von 200.000 USD an die Verwaltung verurteilt.

Viele skrupellose Psychiater haben nicht gezögert, sich die umfassende medizinische Abdeckung psychischer Störungen durch die Krankenkassen zunutze zu machen, die nach lokalen und nationalen Gesetzen obligatorisch ist. Darüber hinaus üben Psychiaterverbände starken Druck auf Kinder und Erwachsene aus, sich bei Routineuntersuchungen untersuchen zu lassen. Es dürfte in der Tat nicht schwer sein, bei jedem Patienten etwas zu finden, das man verschreiben kann, zumal die Liste der psychischen Störungen erheblich länger geworden ist. So gibt es heute so etwas wie eine „Schlaf-Terror-Störung" oder eine „Alptraum-Störung". Im „Diagnostischen und Statistischen Handbuch Psychischer Störungen" (DSM) werden für Kinder „Artikulationsschwierigkeiten", „Störungen des schriftlichen Ausdrucks", „Aufmerksamkeitsdefizitsyndrom", „Verhaltensstörungen" oder „Stotterstörungen" usw. aufgeführt. Früher

---

[587] *Psychatrie, un secteur corrompu:*
http://h11.protectedsite.net/uploads/fr/FRE%20-%20fraud.pdf

wurden im DSM 112 Störungen klassifiziert, aber in einer der letzten Aktualisierungen wurden 374 neue Störungen aufgenommen. Diese neue Nomenklatur ist nicht unproblematisch, denn sie ermöglicht die Einweisung von jedermann in ein Krankenhaus und bringt den Krankenkassen und der Verwaltung Geld ein. Die „Bibel der psychiatrischen Abrechnung" ermöglicht es auch, die Schuldigen von ihren kriminellen Handlungen freizusprechen, indem sie sich auf Unzurechnungsfähigkeit berufen. So kann der Dieb vor den Richtern behaupten, er sei ein „pathologischer Dieb", und der Pädokriminelle wird sagen, er leide an einer „Impuls- und Verhaltensstörung".

Pädokriminalität

Eine Studie aus dem Jahr 2001 in den Vereinigten Staaten ergab, dass einer von zwanzig Patienten, die von einem Therapeuten sexuell missbraucht wurden, minderjährig war. Das Durchschnittsalter lag bei sieben Jahren für Mädchen und zwölf Jahren für Jungen. Der Bericht mit dem Titel *Vergewaltigungen in der Psychiatrie*[588] enthüllte zum Beispiel den Fall von Donald Persson. Dieser Psychologe aus Utah wurde 1993 wegen der Vergewaltigung eines 12-jährigen Mädchens zu 10 Jahren Gefängnis verurteilt. Der Psychiater Markham Berry bekannte sich der Vergewaltigung von sechs Kindern schuldig. Im Jahr 2000 wurde der kalifornische Psychiater Burnell Gordon Forgey wegen Vergewaltigung eines Teenagers zu 15 Jahren Gefängnis verurteilt. 1992 wurde der New Yorker Psychiater Alan Horowitz wegen Vergewaltigung von drei Jungen im Alter von 7 bis 9 Jahren und eines 14-jährigen Mädchens zu 20 Jahren Gefängnis verurteilt. Horowitz arbeitete für eine städtische Organisation, die Kindern in Armenvierteln half.

In den letzten Jahren hat die amerikanische Website jewatch.com zahlreiche Presseartikel gesammelt, in denen Rabbiner in diese Art von Fällen verwickelt werden. Am 18. Oktober 1996 berichtete das *Jewish Bulletin* of Northern California über den Fall von Rabbiner Robert Kirshner, einer prominenten Persönlichkeit des kalifornischen Judentums. Er war 1992 abrupt seines Amtes enthoben worden, nachdem er acht weiblichen Angestellten der Verbände und der Synagoge sowie zwei Studentinnen des Berkeley Theological Seminary sexuelle Gewalt vorgeworfen hatte.

---

[588] http://h11.protectedsite.net/uploads/fr/FRE%20-%20rape.pdf

Das Los Angeles *Jewish Journal* berichtete in seiner Ausgabe vom 15. Dezember 2000, dass einer der bekanntesten liberalen Rabbiner Kaliforniens, Sheldon Zimmerman, wegen „sexueller Unanständigkeit" suspendiert worden war.

Rabbiner Baruch Lanner aus New Jersey wurde im März 2000 beschuldigt, während seiner Karriere als Erzieher und Leiter der Nationalen Konferenz der Orthodoxen Union mindestens 20 Mädchen missbraucht zu haben. Ein 19-jähriges Mädchen beschuldigte ihn, sie als 14-Jährige in den Jahren 1995-1996 fast jeden Tag in seinem Büro missbraucht zu haben. Das Rabbinatsgericht tat sein Bestes, um den Fall zu vertuschen, indem es die Eltern unter Druck setzte, ihn nicht anzuzeigen, aber die Eltern standen schließlich zu ihren Anschuldigungen. (*Jewish Week*, 16. März 2000)

Das *Jewish Journal of Greater Los Angeles* vom 4. Dezember 2001 berichtete, dass Rabbi Mordechai Yomtov, 36, ein verheirateter Vater von vier Kindern, wegen sexueller Übergriffe auf drei Kinder im Alter von 8-10 Jahren in einem Grundschulklassenzimmer verhaftet worden war.

Erinnert sei auch an den Fall des Synagogenbeamten Jerrold Levy, der beschuldigt wurde, Kinderpornographie verbreitet zu haben (*Sun-Sentinel*, 20. Juli 2001). In ähnlicher Weise wurde David Webber, 35, ein ehemaliger Mitarbeiter des Calgary Jewish Community Council, am 22. Februar 1990 verhaftet. In seiner Wohnung wurden zahlreiche Polaroid-Fotos von nackten Kindern im Alter von 10 bis 14 Jahren entdeckt. Vor seinem Umzug nach Calgary war Webber der junge Direktor der Beth Israel Synagoge in Edmonton gewesen, wo er bereits der Pädophilie beschuldigt worden war.

Newsday vom 20. Februar 2002 berichtete, dass Howard Nevison, 61, der „Kantor" der größten Synagoge der Welt in Manhattan, verhaftet wurde. Der Mann wurde beschuldigt, seinen Neffen zwischen 1993 und 1997 sexuell missbraucht zu haben, als der Neffe zwischen 3 und 7 Jahre alt war. Der Junge wollte nicht gegen ihn aussagen und behauptete, der Kantor habe eine laute Stimme und furchteinflößende Augen und habe ihm gedroht, ihn umzubringen, wenn er etwas sage.

In einem anderen Fall, im Jahr 2002, wurde der 64-jährige Rabbiner Richard Marcovitz der sexuellen Gewalt gegen zwei minderjährige Mädchen beschuldigt (*Channel Oklahoma*, 27. Februar 2002). Einem anderen Rabbiner, Juda Mintz, der in Georgia lebte, drohten zwischen 27 und 33 Monaten Gefängnis, weil er auf einem Dutzend Computern pädophile Videos von Kindern unter zwölf Jahren gespeichert hatte (*Newsday*, 26. Februar 2002).

Die *New York Post* vom 31. März 2002 berichtete über den Fall von Sara Leven, die 1993 ihren 17-jährigen Sohn Daniel erhängt in ihrem Badezimmer fand. Der Rabbiner der orthodoxen Gemeinde, der 57-jährige Ephraim B. Bryks von der Queens Jeschiwa in Montreal, wurde, obwohl er von einem Familienverband angezeigt wurde, nie vor Gericht gestellt.

Im *Jewish Bulletin of Northern California* vom 21. Februar 1997 lesen wir folgendes: Rabbi Sidney Goldenberg von der Kongregation B'Nai Israel wurde beschuldigt, ein 12-jähriges Mädchen sexuell berührt zu haben. Mehrere Frauen in New York hatten sich an den Staatsanwalt in Santa Rosa, Kalifornien, gewandt und mitgeteilt, dass auch sie als Kinder Opfer des Rabbiners geworden waren. Charlotte Rolnick Schwab, eine New Yorker Psychotherapeutin, die ein Buch über die Sexualstraftaten einiger Rabbiner veröffentlicht hat, behauptete, Hunderte von Beschwerden von Frauen aus dem ganzen Land erhalten zu haben.

Nicht nur Rabbiner und Synagogenangestellte sind belastet. Auch israelische Diplomaten sind in die Schlagzeilen geraten. So wie dieser Fall, über den die *Jerusalem Post* am 6. Juli 2000 berichtete: Die brasilianische Polizei beobachtete das israelische Konsulat in Rio de Janeiro genau und vermutete, dass der Vizekonsul Aryeh Scher im Zentrum eines Pädophilenrings stand. Dem Mann gelang es, nach Israel zu fliehen, aber sein Komplize George Schteinberg, ein Hebräischlehrer, wurde wegen Besitzes und Verbreitung pädophiler Bilder über das Internet verurteilt. Wie Reuters berichtet, fand die Polizei in der Wohnung des 40-jährigen Lehrers George Schteinberg Hunderte von pädophilen Fotos und Videos. Scher und Schteinberg hatten auch intime Beziehungen. Die israelische Botschaft und das Konsulat lehnten eine Stellungnahme ab.

Tuvya Sa'ar, 65, Generaldirektor der Union israelischer Journalisten, wurde wegen Vergewaltigung eines 15-jährigen Mädchens in Tel Aviv verhaftet. Sa'ar war Jahre zuvor Direktor des israelischen Fernsehens gewesen (*Haaretz*, 15. August 2001).

Im Januar 2000 wurde ein Lehrer namens Ze'ev Kopolevitch von ehemaligen Schülern einer Jerusalemer Jeschiwa, der Mercaz Harav Jeschiwa, der sexuellen Gewalt beschuldigt. Der Direktor des Instituts, Avraham Shapira, wurde verdächtigt, den Lehrer gedeckt zu haben (*Jerusalem Post*, 12. Januar 2000).

Der Leiter der jüdischen Pfadfinderbewegung *Upper East Side's Boy Scout Troop 666*, Jerrold Schwartz, 42, wurde ebenfalls wegen Kindesmissbrauchs vor dem Obersten Gericht von Manhattan angeklagt. Der Staatsanwalt präsentierte fünf glaubwürdige Opfer. „Zehn Minuten mit mir in einem Raum, das ist nur eine Bestrafung", sagte eines der 20-jährigen Opfer während des Prozesses. Sie war Alkoholikerin, kokainsüchtig und hatte seither Alpträume. Der Mann unternahm mehrere Selbstmordversuche durch Selbstverstümmelung (*New York Post*, 19. Dezember 2001).

Wir wissen auch, dass der Filmregisseur Roman Polanski 1978 aus den Vereinigten Staaten fliehen musste, nachdem er ein 13-jähriges Mädchen unter Drogen gesetzt und vergewaltigt hatte. Heute wird er immer noch von der US-Justiz gesucht und ihm drohen bis zu 50 Jahre Gefängnis. Aus diesem Grund nahm er auch nicht an der Oscar-Verleihung 2003 teil, für die sein Film *Der Pianist* nominiert war. Auch Woody Allens pädophile Neigungen sind nach den Aussagen von Mia Farrow in ihren Memoiren (1997) allgemein bekannt.

Es gibt noch viele weitere Fälle zu berichten: Shlomo Nur zum Beispiel wurde 1998 der Vergewaltigung von Linor Abergil, der Miss Universe, überführt, als sie gerade in Italien die Krone erhalten hatte (*Jerusalem Post*, 29. Dezember 1999). Er wurde in Tel-Aviv zu 16 Jahren Gefängnis verurteilt. Steven Gary Cohen wurde 2001 verhaftet, weil er Sex mit einem 14-jährigen Mädchen hatte (*Westchester News*). Steven Berkoff, 64, wurde wegen Vergewaltigung verurteilt (*Totally Jewish*, 16. August 2001).

Vier Jahre zuvor hatte Samuel Cohen mehrere Monate lang zwei Mädchen im Alter von 7 und 8 Jahren vergewaltigt, die Töchter des Babysitters, der zu ihm nach Hause in Philadelphia kam. Eines der Mädchen musste nach einer besonders brutalen Vergewaltigung ins Krankenhaus eingeliefert werden (6. April 2000, philly.com).

Das *Las Vegas Review-Journal* vom 4. Juli 2000 berichtete, dass Russel D. Cohen, 41, sich der Vergewaltigung von Kindern unter 14 Jahren schuldig bekannt hat. Seine Opfer waren kleine Jungen, die er dafür bezahlte, Flugblätter zu verteilen. Er wurde zu 45 Jahren Gefängnis verurteilt.

Erinnern wir uns auch an den Fall des 39-jährigen Seth Bekenstein, der in der Presse beschuldigt wird, einer der führenden Verteiler von pädophilen Videos in den USA und der Welt zu sein (*San Ramon Valley*, 5. Januar 2002).

Am Rande der Legalität verkaufte ein Unternehmen namens Webe Web in Südflorida online Sex mit Links zu mindestens 14 pornografischen Seiten. Webe Web, das auf Kindererotik spezialisiert ist, wurde von Marc Greenberg und Jeff Libman geleitet, die beide 12-jährige Mädchen fotografierten (NBC 6. und 8. November 2001).

News Making News berichtete am 29. März 2001, dass David Asimov, der Sohn des berühmten Science-Fiction-Autors Isaac Asimov, in Santa Rosa wegen Besitzes von Kinderpornographie zu sechs Monaten Gefängnis verurteilt worden war. Zuvor war er zu fünf Jahren Gefängnis verurteilt worden, nachdem er sich schuldig bekannt hatte, wurde aber auf mysteriöse Weise freigelassen.

In der israelischen Tageszeitung *Ha'aretz* vom 4. November 2002 erschien ein weiterer Fall: Die Tel-Aviver Richter lehnten den Antrag auf Freilassung von Ya'akov Ha'elyon ab, der wegen Vergewaltigung und sexueller Gewalt gegen ein 14-jähriges Mädchen inhaftiert war. Ya'akov Ha'elyon war der Ehemann von Yael Ha'elyon, die tot am Fuße ihres Hauses auf einem Tel-Aviver Boulevard gefunden wurde. Die Polizei kam zu dem Schluss, dass sie Selbstmord beging, indem sie sich aus dem achten Stock ihrer Wohnung stürzte, wahrscheinlich nachdem sie erfahren hatte, dass ihr Mann verurteilt worden war.

In der französischen und europäischen Presse erscheinen derartige Informationen kaum oder nur in sehr kleinem Druck. So berichtete *Le Figaro* am 21. September 2006 in seinem internationalen Teil diskret: „In den Vereinigten Staaten: Howard Nevison, 65, der sehr beliebte Rabbiner einer Synagoge in Manhattan, New York, hat eine zwölfjährige Bewährungsstrafe erhalten, weil er ein Kind sexuell berührt hat. Außerdem wurde ihm jeglicher Kontakt mit Kindern unter zwölf Jahren untersagt". Diese Fälle kommen nicht auf die Titelseiten und auch nicht in die Nachrichten. Die Herren der Medien ziehen es vor, diese Anschuldigungen auf die Priester der katholischen Kirche zu projizieren und die katholische Kirche in den Mittelpunkt zu stellen, wenn solche Fälle auftreten.

Im Oktober 2005 berichtete die AFP (Agence France Presse), dass ein „renommierter Werbefachmann" wegen der Vergewaltigung seiner beiden Enkeltöchter vor Gericht stand. Der Mann, der während des Prozesses abwesend war, weil er sich für „krank" erklärte, wurde am 7. November zu drei Jahren Gefängnis verurteilt. Die AFP nannte den Namen des Angeklagten nicht, was äußerst selten vorkommt, aber *Le Figaro hat* das Schweigen gebrochen: Es handelt sich um Pierre de Blas, PDG (Präsident und CEO) mehrerer Werbekonzerne und Kommentator des Wirtschaftsradios BFM. *Faits-et-documents*, der wertvolle vertrauliche Brief von Emmanuel Ratier, enthüllte, dass Graf Pierre de Robinet de Plas der Sohn eines Aristokraten aus Vandea war, ein Pionier des Handels mit dem kommunistischen Block, und dass er seine Romane mit dem Namen seiner Mutter, de Beer, unterzeichnete und so seine jüdische Herkunft rechtfertigte, wie er es bereits in *Tribune juive* getan hatte.

Emmanuel Ratier teilte am 23. Mai 2007 mit, dass ein Rabbiner nach elfmonatiger Fahndung in Südindien verhaftet worden sei. Der 60-jährige Rabbiner Jay Horowitz wurde von Interpol aufgrund eines von der New Yorker Polizei ausgestellten Haftbefehls gesucht. Der Sexualstraftäter war 1992 wegen der Vergewaltigung von Kindern und Jugendlichen im Alter von 10 bis 17 Jahren zu 15 Jahren Gefängnis verurteilt worden. Nach seiner Freilassung im Jahr 2004 wurde gegen ihn ein Ausreiseverbot verhängt, und er sollte an die Vereinigten Staaten ausgeliefert werden.

Wir wissen, dass der Einfluss von Freud, der Freudo-Marxisten der Frankfurter Schule und der Psychoanalyse in diesem Bereich zutiefst schädlich war [589]. So kommentierte der Kinderarzt Alexandre Minkowski 1975, nachdem er an einem Kolloquium an der Universität Yale teilgenommen hatte: „In nur fünfzehn Jahren ist das Sexualleben unter dem Einfluss der *Freizügigkeit,* der Psychoanalyse und der Befreiung der Komplexe sehr frei, aber auch sehr frühreif geworden... Man erzählte uns von Highschool-Klassen, in denen von fünfundzwanzig dreizehnjährigen Mädchen nur zwei Jungfrauen waren, und man zeigte mit dem Finger auf sie[590]!"

Es stimmt, dass in den alten jüdischen Gemeinden die Heirat immer sehr früh stattfand. In dem Roman „*Satan in Goray"* des Schriftstellers Isaac Bashevis Singer schrieb Dr. Valensin: „An den Tagen zwischen den Feiertagen wurden in jedem Haus, in dem ein Mädchen über acht Jahre alt war, Eheverträge aufgesetzt und Glücksschalen zerbrochen [591]." So schildert der Schriftsteller die Bräuche jener

---

[589] Vgl. unsere früheren Bücher: *Les Espérances planétariennes*, S. 69-81; *Psychanalyse du Judaisme*, S. 351-366.

[590] Alexandre Minkowski, *Le Mandarin aux pieds nus*, Points Seuil, 1977, S. 96.

[591] Isaac Bashevis Singer, *Satan in Goray*, PDF, Digital publisher Epublibre, German25, 2017, S. 82

polnischen Juden des 17. Jahrhunderts, die davon überzeugt waren, dass Sabbatai Zevi der lang erwartete Messias war: „Seit der Offenbarung von Sabbatai Zevi war das Verbot des Ehebruchs bedeutungslos. Es wurde gemunkelt, dass die jungen Männer ihre Ehefrauen ausgetauscht... Levi soll Glucke, die Tochter seines Bruders Özer, gezwungen haben, mit ihm zu schlafen, und Özer drei polnische Goldmünzen als Pfand dafür gezahlt haben, dass die Sünde nicht entdeckt würde. Die jungen Männer, die im Lehrhaus studierten, praktizierten alle Arten von Verderbtheit. Sie kletterten am helllichten Tag auf die Frauentribüne, frönten der Päderastie und vollzogen sodomische Handlungen an den Ziegen[592]." Schließlich erreichte die Ausschweifung in der Gemeinde ihren Höhepunkt: „Von da an gab sich Goray allen Arten von Ausschweifungen hin und wurde von Tag zu Tag verdorben... Die Praktiken der Gläubigen waren wahrlich eine Abscheulichkeit... Die Legende besagt, dass sie in die Keller der Burg gingen und sich an Tieren labten, Vögel mit den Händen rissen und sie verschlangen. Nach dem Festmahl trafen die Väter auf ihre Töchter, die Brüder auf ihre Schwestern und die Söhne auf ihre Mütter[593]." Inzest ist in der Tat ein wiederkehrendes Thema, das sich auf versteckte Weise durch das Judentum zieht.

Sexuelle Zweideutigkeit

Es ist eine unbestreitbare Tatsache, dass das Judentum eine besondere Verbindung zur Homosexualität hat, wenn man zum Beispiel die Filmproduktion von Regisseuren, die der Gemeinschaft angehören, und die Anzahl der Fernsehsendungen, die diesem Thema gewidmet sind, betrachtet. Es geht nicht nur um die Perversion der Nationen, wie Antisemiten vereinfachend behaupten, sondern um den Ausdruck der tiefen Identität des Judentums, dessen Hauptmerkmal die Zweideutigkeit ist. Im Judentum ist alles zweideutig und zweifelhaft. Die Identität und die kulturellen Grenzen sind unscharf und verschieben sich, und das gilt auch für die Sexualität. Es sollte uns nicht überraschen, wenn wir im kosmopolitischen Kino eine offensichtliche Gefälligkeit gegenüber Transgender-Figuren und Transvestiten feststellen. Das

---

[592] Isaac Bashevis Singer, *Satan in Goray*, PDF, Digital publisher Epublibre, German25, 2017, S. 88

[593] Isaac Bashevis Singer, *Satan in Goray*, PDF, Digitaler Verlag Epublibre, Deutsch25, 2017, S. 105, 106

Freudsche Konzept der „Bisexualität", das besagt, dass alle Männer ein bisschen weiblich und alle Frauen ein bisschen männlich sind, ist eigentlich ein jüdisches Konzept, das von einem Juden formuliert und vor allem auf die jüdische Gemeinschaft angewandt wurde, in der hysterische Zweideutigkeit weit verbreitet ist. Das liegt ganz einfach daran, dass Inzest, der die Ursache für diese Pathologie ist, in der jüdischen Gemeinschaft weit verbreitet war und wahrscheinlich immer noch praktiziert wird. Dies haben wir in unserem früheren Buch, *Psychoanalyse des Judentums,* gezeigt.

Die Filmproduktion ist besonders aufschlussreich für diese typisch hysterische Zweideutigkeit. *In and out* (USA, 1997) ist eine „urkomische" Komödie: Professor Howard Brackett lehrt Literatur an der Universität einer Kleinstadt in Indiana, USA. Er wird von all seinen Studenten und der örtlichen Gemeinde geliebt, bis eines Tages sein Ruf auf den Kopf gestellt wird, als sich ein ehemaliger Student, der zum Filmstar wurde, während einer Fernsehshow öffentlich bei seinem „schwulen" ehemaligen Professor bedankt. Natürlich ist der Lehrer schockiert über diese Aussage. Eltern, Schüler und Freunde beäugen ihn nun mit Argwohn. Er beschließt daher, seine Freundin schnell zu heiraten, um die Gerüchte im Keim zu ersticken. Aber er rechnet nicht mit dem Journalisten, der ihn überall mit der Kamera verfolgt und ihn zu seinem *„Coming-out"* ermutigt. Am Tag der Hochzeit, mitten in der Zeremonie vor dem Altar, als er seiner Braut gerade das Ja-Wort geben will, gibt er schließlich auf und erklärt halbherzig und resigniert: „Ich bin schwul". Die Anwesenden sind fassungslos und die Braut erleidet einen Nervenzusammenbruch. Die religiöse Zeremonie wird unterbrochen (eine weitere jüdische Obsession). Die Schlussszene ist ein weiterer großer Moment des kosmopolitischen Kinos: An der Universität, während der Abschlussfeier, erfahren Studenten und Eltern, dass der Professor gefeuert worden ist. Daraufhin stehen sie alle nacheinander auf und erklären, dass auch sie „schwul" sind - alle sind schwul! Der Film ist von Frank Oz, einem Juden.

Wassertropfen auf heißen Steinen (Frankreich, 1999) erzählt die Geschichte von Leopold, einem fünfzigjährigen Versicherungsmakler, der Franz, einen 19-jährigen Jungen, verführt. Es folgen Anna, die Freundin von Franz, und Vera, Leopolds ehemalige Geliebte, eine Transsexuelle aus Liebe. Der Film stammt von François Ozon (1999) und basiert auf dem Theaterstück von Rainer-Werner Fassbinder. In *Acht Frauen* (2001) zeigt der „gute Katholik" François Ozon Ehebruch, Homosexualität, Inzest, Heuchelei und sozialen Wandel. Man sagt, es sei ein „großer" Film.

Der erste Sommer (*Presque rien*, Frankreich, 1999) ist „ein Film über die Liebe, der versucht, die männliche Homosexualität zu trivialisieren, indem er sehr grobe Szenen zeigt", so der *Guide des films* von Jean Tulard. Der Film stammt von Regisseur Sebastian Lifshitz. In die gleiche Kerbe schlagen *Partyboys* von Dirk Shafer (USA, 2002) und *Der Mann seines Lebens* (*L'Homme de sa vie*, Frankreich 2006) von Zabou Breitman (Frankreich, 2006).

Jessica's Temptation (USA, 2001) ist ein weiteres Beispiel: Jessica Stein ist eine New Yorker Journalistin, die alles hat. Sie ist schön, sensibel und intelligent, aber ihr Junggesellendasein macht ihr zu schaffen. Nach einer Reihe ungeschickter Verabredungen bemerkt Jessica eine Anzeige, die ihre Neugierde weckt. Obwohl die Anzeige in der Rubrik „Frauen suchen Frauen" erscheint, beschließt sie, darauf zu antworten. So lernt sie in einer Bar die attraktive Helen Cooper kennen. Was, wenn sich der Mann ihres Lebens als Frau entpuppt? Der Film stammt von Charles Herman-Wurmfeld. Weibliche Homosexualität wird auch in *All Daddies Don't Pee Standing Up*, einem Film von Dominique Baron (Frankreich, 1998), gefördert: Simon ist kein Junge wie die anderen. Er hat zwei Mütter, Dan und Zoé, die ihn durch künstliche Befruchtung gezeugt haben.

Erinnern wir uns auch an diesen Film des Regisseurs Jean-Jacques Zilbermann aus dem Jahr 1998, der sich mit der Homosexualität innerhalb der jüdischen Gemeinschaft beschäftigt: *L'Homme est une femme comme les autres (Der Mann ist eine Frau wie jede andere Frau)*. Der Titel entspricht zweifellos einer neurotischen Projektion auf den Rest der Welt, denn Homosexualität ist in der jüdischen Bevölkerung wahrscheinlich viel weiter verbreitet, als man glaubt. Der Fernsehmoderator Stéphane Bern erklärte im Mai 2000 in *Libération* überraschend, dass „jüdische Mütter ausgezeichnete Homosexuelle" seien. Die Feminisierung der westlichen Gesellschaften und das Aufkommen der Homosexualität sind kein Zufall, sondern vielmehr die Folge einer Medienmacht, die sich eine große und einflussreiche Gruppe jüdischer Intellektueller und Journalisten angeeignet hat, die ihre Mission als „Priestervolk" zu erfüllen suchen. Es handelt sich also nicht nur um eine bewusste politische Aktion zur Zerstörung der europäischen Welt, die auf einem für das Judentum typischen prophetischen Wahn beruht, sondern auch um den Ausdruck einer sehr charakteristischen Neurose.

In dem Film *Ein Irrenhaus* (*L'Auberge espagnole*, Frankreich, 2002) entschied sich der Regisseur bewusst dafür, Cecile de France die Rolle einer Lesbe spielen zu lassen, die einen gut ausgestatteten Kopf hat und den anderen sogar intellektuell überlegen ist. Ein weiteres Beispiel ist die Fernsehserie *Die Kameraden (*2006) des jüdischen Regisseurs François Luciani, die die Geschichte einer Gruppe von Freunden nach der „Befreiung" erzählt, die alle Kommunisten sind und der Partei angehören. Alles läuft gut, bis die Parteiführung eines Tages die Homosexualität eines der „Genossen" entdeckt. François Luciani will die Intoleranz anprangern, die in der stalinistischen Partei unter dem Befehl der UdSSR herrscht, die nach der Eliminierung der „kosmopolitischen" Elemente „reaktionär" geworden ist.

American Beauty (USA, 1999) ist ein unterhaltsamer, aber in seinem Grad an Perversion außergewöhnlicher Film: In einer perfekten Mittelklassesiedlung in einer amerikanischen Großstadt steckt ein Ehepaar in einer Krise. Die Frau betrügt ihren Mann mit einem Immobilienmakler, während er in eine Freundin seiner erst fünfzehnjährigen Tochter verliebt ist. Seine Tochter, die ihn hasst, verliebt sich in den neuen Nachbarssohn, einen etwas seltsamen Jungen, der seine Tage damit verbringt, alles mit seiner Kamera zu filmen. Sein Vater ist ein rechtsradikaler Militär, der ihn regelmäßig brutal verprügelt. Als er den Verdacht hegt, dass sein Sohn zum Dealer und Liebhaber des Nachbarn geworden ist, gerät sein Blut in Wallung. Seine Verzweiflung wird seine... seine latente Homosexualität! Auch hier wird die Homosexualität wohlwollend dargestellt, mit dem kurzen Auftritt eines Nachbarspaares, das die einzigen wirklich glücklichen Menschen in der Nachbarschaft zu sein scheint. Entschuldigung des Ehebruchs, Drogen, Homosexualität, pädophile und inzestuöse Zweideutigkeit, Anprangerung der „extremen Rechten": Wir haben es mit einem durch und durch jüdischen Film zu tun. Sam Mendes war der Regisseur, und natürlich hat sein Film in Hollywood fünf Oscars gewonnen. „Ironisch, provokant, unbequem" war überall zu lesen.

Far From Heaven (USA, 2002) ist ebenfalls sehr charakteristisch für sein Genre: In einer bürgerlichen Wohnsiedlung im Amerika der 1950er Jahre entdeckt eine Frau einen Teil der „dunklen Vergangenheit" ihres Mannes. Eines Abends ruft er zu Hause an, um ihr mitzuteilen, dass er lange im Büro arbeiten wird. Seine Frau beschließt daraufhin, ihn zu überraschen, indem sie ihm sein Abendessen zur Arbeit bringt. Als sie im vierzehnten Stock des Gebäudes ankommt, in dem keine Angestellten mehr arbeiten, stürmt sie in das Büro und entdeckt, dass ihr Mann leidenschaftlich einen anderen Mann küsst...! Glücklicherweise findet die schöne Amerikanerin Trost bei ihrem Gärtner: einem großen, kräftigen Schwarzen, der sich um sie kümmert. Homosexualität für den weißen Mann und Rassenmischung für die weiße Frau: Was wir hier sehen, ist nicht so sehr die sexuelle Zweideutigkeit des Judentums, sondern der typische Hass des Juden auf die weiße Rasse. Der Film von Todd Haynes wurde natürlich mit vier Oscar-Nominierungen belohnt: „ein reiner Diamant", so *Les Inrockuptibles* (Serge Kaganski); „bewegend, ein Meisterwerk", für die Zeitschrift *Zurban*.

In *My beautifull laundrette* (UK, 1990) drückte der Regisseur Stephen Frears seinen Hass auf die weiße Rasse folgendermaßen aus: Omar, ein junger Pakistani, wird von seinem Onkel beauftragt, eine heruntergekommene Wäscherei in einem Londoner Slum wiederzubeleben. Da er sehr dynamisch ist, gelingt es ihm, die Wäscherei zu renovieren und das Geschäft wieder zum Laufen zu bringen. Er heuert einen alten Freund an, einen armen englischen homosexuellen Schläger, der sein Liebhaber wird. Seine Freunde lehnen sich dagegen auf, dass einer von ihnen für die „Pakis" arbeitet. Offensichtlich sind sie sehr rassistisch und sehr faul. Zum Glück sind die Pakis da, um die Wirtschaft anzukurbeln und die englischen Frauen zu schwängern, wie man im Film sehen kann. Entschuldigung von Rassenmischung und Homosexualität, Anprangerung von Rassismus: Der Film erhielt den Cesar für den besten ausländischen Film, obwohl er völlig einschläfernd ist.

Wenn wir in der Zeit zurückgehen, finden wir eine „Perle" von Serge Gainsbourg: *Je t'aime moi non plus* (Frankreich, 1975), über „die sodomitischen Liebesaffären eines flachbrüstigen Dienstmädchens und eines homosexuellen Chauffeurs". Bereits in den 1960er Jahren versuchten jüdische Regisseure, ihr obsessives Unkraut und ihre Neurosen auf das nichtjüdische Publikum abzuladen. In *The Slander* (USA, 1962) zeigt William Wyler zwei Freunde, die eine High School für junge Mädchen leiten und beschuldigt werden, Sex zu haben. Das Gerücht wird verstärkt und die Eltern ziehen ihre Töchter aus dem Institut ab. „Ein gewagtes Thema für die damalige Zeit", schrieb Jean Tulard in seinem *Guide to the Movies*. Wyler prangert den Puritanismus an und ernennt sich selbst zum Apostel der „Befreiung" der Sitten. In diesem Sinne erzählt *A Taste of Honey* (UK, 1961) die Geschichte der Beziehung zwischen zwei Ausgestoßenen: einer Teenagerin, die nach einem One-Night-Stand mit einem Schwarzen schwanger ist, und einem Homosexuellen. Der Regisseur ist Tony Richardson. In *Storm Over Washington* (USA, 1961) versuchte Otto Preminger ebenfalls, das Bewusstsein für Homosexualität zu schärfen und wagte es, schwule Bars zu zeigen. In der Entourage des US-Präsidenten wird ein Berater, der seine Homosexualität zu offenbaren droht, Opfer von Intoleranz und begeht schließlich Selbstmord[594].

In dem Dokumentarfilm *The Celluloid Closet* (1996) über hundert Jahre Homosexualität in Hollywood erinnerten Rob Epstein und Jeffrey Friedman an die zahllosen Umwege, die Regisseure nahmen, um die Zensur des heterosexuellen Puritanismus zu umgehen[595].

Bisexualität, ein Konzept, das mit Freud aufkam und von anderen jüdischen Psychoanalytikern popularisiert wurde, taucht ganz selbstverständlich im kosmopolitischen Kino auf. In *Together alone* (USA, 1991) zum Beispiel: „Bryan ist blond, Brian ist dunkel. Sie haben sich gerade ohne Kondom geliebt, in der Zeit von AIDS; kann dieser Vertrauensbeweis der ersten Lüge standhalten? Doch Bryan fühlt sich noch einsamer, als sein Partner ihm vor seiner Abreise mitteilt, dass er bisexuell, verheiratet und Vater ist." Der Film ist von P.J. Castellanta.

In *The Confusion of Genders* (Frankreich, 2000) erzählt der Regisseur Ilan Duran Cohen die Geschichte von Alain, einem vierzigjährigen Anwalt, dessen Sehnsüchte verwirrt sind. Er schwankt zwischen der Sicherheit einer festen Beziehung und dem berauschenden Verlangen des Flirtens. Was soll er tun? Seine Geliebte Laurence, selbst Anwältin, heiraten? Mit Christophe, einem jungen Mann, zusammenleben? Oder sich seinen Fantasien über Marc hingeben, einen Gefangenen, den er verteidigt? Es sei denn, sie gibt der Versuchung von Babette, seiner Freundin, nach.

Obwohl die Psychoanalyse in den meisten Teilen der Welt in Verruf geraten ist, haben ihre jüngsten Anhänger in Frankreich immer noch einen festen Platz im Mediensystem. Der Interralié-Preis 2006 wurde Michel Schneiders Buch über Marilyn Monroe, *Marilyn, letzte Sitzungen*, verliehen, ein Werk, das sehr aufschlussreich für die grundlegende Tendenz der Juden ist, ihre eigene Neurose auf das „Universelle" zu projizieren. *Le Nouvel Observateur* vom 14.

---

[594] Otto Preminger hat nach einer langen Karriere „sein pro-jüdisches und pro-israelisches Engagement erst dann öffentlich gezeigt, als es die Situation zuließ, d.h. ab den 1960er Jahren (*Exodus*, 1960). Jerry Lewis handelte 1963 mit *Der verrückte Professor* genauso" (Jean-Luc Doin, *Dictionnaire de la censure au cinéma*, Presse Universitaire de France, 1998, S.83). 14 Jahre nach *Exodus* kehrte Preminger mit *Rosebud* zurück und stellte sich auf die Seite der Palästinensischen Befreiungsarmee.

[595] Jean-Luc Doin, *Wörterbuch der Filmzensur*, PUF, 1998.

September 2006 veröffentlichte eine Zusammenfassung des Buches: „Hat sie Selbstmord begangen? Wahrscheinlich, ist sie ermordet worden? Nicht auszuschließen. Marilyns Psychiater Ralph Greenson, „dessen richtiger Name Romeo Greeschpoon war, der berühmteste Psychiater der Welt", wie Philippe Sollers schreibt, war der einzige Mann, der dem Filmstar helfen konnte. Greenson „erkennt die ungesunde Angst seines Patienten vor Homosexualität, der sich seiner Frigidität vielleicht gar nicht bewusst ist, und gibt sich voll und ganz einem sehr profitablen Rettungsversuch hin. Schneider weist scharfsinnig darauf hin, dass er Marilyn nicht auf den traditionellen Vater-Leben-Liebe-Sehnsucht-Weg bringt, sondern sie in ihre Mutter-Homosexualität-Sexualitäts-Todesangst stürzt."

Werfen wir auch einen Blick auf die Besessenheit mit Transvestiten und Transsexuellen in den Filmen kosmopolitischer Regisseure. In der *Torch Song Trilogy* (USA, 1989) zum Beispiel spielte Harvey Fierstein, der Drehbuchautor des Films, auch die Hauptfigur: einen Homosexuellen, der in einem Transvestitenclub singt. Der offen schwule und jüdische Travestiekünstler Arnold lebt ein intensives Leben zwischen seinem Flirt mit Ed, der ihn wegen einer Frau verlassen hat, seiner Liebesaffäre mit dem jungen Alan, seiner Verlobung mit David, seinem Adoptivsohn, und seinen stürmischen Beziehungen zu seiner jüdischen Mutter.

Tootsie ist ein Film von Sidney Pollack (USA, 1983): Dorsey ist ein anspruchsvoller, aber arbeitsloser Schauspieler. Um eine Rolle zu bekommen, verkleidet er sich als Frau und wird zu Tootsie. Seine Verkleidung verschafft ihm eine Rolle in einer Fernsehserie und eine Menge Fans. Doch schon bald befindet er sich in einem Dilemma: Wie soll er seiner Kollegin, die ihn zu ihrem Vertrauten gemacht hat, sagen, dass er in Wirklichkeit ein Transvestit ist und sich in sie verliebt hat?

Alles über meine Mutter (Spanien, 1999) ist ein Film von Pedro Almodóvar: Manuela, eine Krankenschwester, lebt allein mit ihrem 17-jährigen Sohn Esteban. Esteban wird auf tragische Weise von einem Auto überfahren. Manuela (Cecilia Roth) reist daraufhin nach Barcelona, um den Vater ihres Sohnes zu suchen. Auf ihrer Suche lernt sie Agrado, einen Transsexuellen, Huma, eine Theaterschauspielerin, und Rosa, eine junge Frau, die für eine katholische Hilfsorganisation arbeitet, kennen. Sie wird von Lola, Estabans Vater, geschwängert, der sich als Transvestit entpuppt, und überträgt dabei AIDS auf ihn. Almodóvar freut sich auch darüber, dass er uns ein sehr multirassisches Spanien zeigt, was auch sehr symptomatisch ist. Der von Michel Ruben produzierte Film wurde in Frankreich von Claude Berri (Langman) auf

DVD präsentiert. Natürlich wurde Almodóvar bei den Filmfestspielen von Cannes 1999 mit dem Preis für die beste Inszenierung ausgezeichnet. „Ich widme diesen Preis der spanischen Demokratie. Ich habe religiösen Fundamentalismus, Polizeibrutalität und den Hass auf alles, was anders ist, kennen gelernt", erklärte er auf dem Podium. Bereits in *Tacones lejanos* (1991) zeigte Almodóvar eine Szene der Vergewaltigung durch einen Transvestiten. Vielleicht ist in diesem Film auch eine Figur zu sehen, die auf ein Kruzifix ejakuliert.

Chouchou (2003) ist ein Film von Merzak Allouache, einem in Algerien geborenen „französischen" Regisseur: Chouchou ist ein junger Maghrebiner, der heimlich in Paris an Land geht, um seinem Neffen zu folgen. Er findet eine Anstellung als Handwerker im Büro einer Psychoanalytikerin und empfängt ihre Kunden. In der Zwischenzeit hat sich ihr Neffe in „Vanessa" verwandelt, eine romantische Sängerin in einem Kabarett, und Chouchou beschließt, sich in ihrer Freizeit zu verkleiden. Der Film ist der Fantasie seines Drehbuchautors Gad Elmaleh entsprungen, der auch die Hauptrolle im Film spielt. In *Mrs. Doubtfire, Daddy for Life* (USA, 1993), erzählt Chris Columbus die Geschichte eines geschiedenen Ehepaars. Der Ehemann, der seine Kinder wiedersehen will, verkleidet sich als Kindermädchen und wird von seiner Ex-Frau angeheuert. Das Drehbuch stammt von Randi Mayem Singer.

Transsexualität ist das Hauptthema von *Thelma*, einem Film von Pierre-Alain Meier (Frankreich, 2002): Vincent ist ein desillusionierter Taxifahrer aus Lausanne. Eines Nachts trifft er im Wald auf die schöne Thelma, die gerade einen Streit mit einem Mann hat. Sie steigt in sein Taxi und bietet ihm gegen Geld an, ihr zu helfen, sich an einem ehemaligen Liebhaber zu rächen. Vincent weiß nicht, dass Thelma früher ein Mann namens Louis war. *Mein Leben in Rose* von Alain Berliner (Frankreich, 1997) ist die Beschwörung des Andersseins durch die Geschichte von Ludovic, einem Jungen, der überredet wird, ein Mädchen zu sein.

Bereits 1959 erzählte der talentierte Billy Wilder in *Some Like It Hot* (USA) eine Geschichte von Transvestiten in einer urkomischen Komödie: Zwei arbeitslose Jazzmusiker, die unwissentlich in eine Gangstermasche verwickelt sind, verwandeln sich in Musiker, um zu entkommen. Sie reisen mit einem Frauenorchester nach Florida und verlieben sich in ein charmantes Geschöpf (Marilyn), das einen Millionär heiraten will.

Natürlich werden nicht alle Filme über Homosexualität, Transvestiten und Transsexuelle von Juden gedreht. *Tenue de soirée* (Frankreich, 1986) zum Beispiel wurde von Bertrand Blier inszeniert. Er ist kein Jude, aber vielleicht stand er unter dem Einfluss seiner Frau (Anouk Grinberg). *The Adventures of Priscilla, Queen of the Desert* (Australien, 1994) erzählt die Geschichte von drei „verrückten" Kabarettistinnen aus Sydney, zwei Transvestiten und einem „Trans", die beschließen, in einem alten Bus, den sie Priscilla taufen, durch das Zentrum des Landes zu reisen. Natürlich gewann der Film von Stephan Elliott 1994 in Cannes den Publikumspreis. Auch Jim Sharman, der Regisseur des legendären Films *The Rocky Horror Picture Show* (USA, 1975), eines Schundfilms, der keinen anderen Sinn ergibt, als einen Transsexuellen als Hauptdarsteller zu besetzen, ist kein Jude. Aber die drei Produzenten Michael White, John Goldstone und Lou Adler sind es mit Sicherheit. Gewiss, es gibt eine Art Symbiose, eine Interessenkonvergenz zwischen diesen beiden Lobbys, die in allen Mediensystemen der westlichen Demokratien vorherrschen.

Als Anekdote sei erwähnt, dass der Eurovision Song Contest 1998 von einer israelischen Pioniersängerin gewonnen wurde, die „Llady Dana international" hieß. Dieses Mädchen, das früher Yaron Cohen hieß, war eine Transsexuelle. Zu erwähnen ist auch Steven Cohen, ein südafrikanischer Künstler, „weiß, jüdisch, homosexuell und transvestitisch", dessen zeitgenössische Tanzperformances um das Konzept des Transvestismus kreisen.

Die Sexologin Elisabeth Badinter, Ehefrau des ehemaligen sozialistischen Justizministers und sehr reiche Erbin des Publicis-Konzerns, spiegelte die jüdische Neurose sehr gut wider, als sie sagte, das Geschlecht eines Menschen sei eher das Produkt seiner Erziehung als ein natürliches Attribut. Die ganze hysterische Zweideutigkeit, die dem Judentum eigen ist, kam zum Vorschein, als sie 1986 in ihrem Buch mit dem Titel *Der eine ist der andere* schrieb: „Es liegt nicht an einer angeborenen Kraft, dass das Baby weiß, dass es ein Junge ist und dass es männlich sein wird. Die Eltern bringen ihm das bei, und sie könnten ihm sehr wohl etwas anderes beibringen. Von dem Moment an, in dem sie wissen, dass sie einen Jungen bekommen, setzen sie einen Prozess in Gang, der, je nachdem, was sie als Männlichkeit ansehen, bestimmte Verhaltensweisen fördert und andere vermeidet. Die Wahl des Namens, der Kleidungsstil, die Art und Weise, wie das Kind getragen wird, die Art des Spiels usw. bilden den größten Teil der Ausbildung des Kindes für die Entwicklung seiner Geschlechtsidentität". Elisabeth Badinter weiter: „Bei einem transsexuellen Kind bleiben Mutter und Kind miteinander verbunden: Die Mutter lebt mit dem Kind in einer so engen Symbiose, dass sie es behandelt, als wäre es ein Teil ihres Körpers und es sich auch so fühlt. Den Müttern von Transsexuellen ist gemeinsam, dass sie sich dem Kind, das in ständigem Körperkontakt mit ihr lebt, vollkommen verbunden fühlen. Das Kind hat Zugang zu ihrer Nacktheit und Intimität. Es schläft in ihrem Bett, als ob es keine Grenze zwischen ihren Körpern gäbe. Dieser Kontakt befriedigt ein Bedürfnis der Mutter, das sie sehr genießt und das niemals gestillt wird[596]".

Natürlich hat Elisabeth Badinter nicht erwähnt, dass sie wie Freud ihre Erkenntnisse aus dem Studium des Judentums und dem Verhalten der jüdischen Mutter bezog, die sich wahrscheinlich einbildet, den lang erwarteten Messias geboren zu haben.

Dr. Georges Valensin wies darauf hin, dass das Phänomen der Transsexualität von einem einflussreichen jüdischen Sexualwissenschaftler im Deutschland der Zwischenkriegszeit, Magnus Hirschfeld, ins Leben gerufen wurde: „Er führte etwa 10 000 Interviews mit Homosexuellen in Deutschland durch, die wertvoller waren als die von Kinsey. In den 1920er Jahren gründete er das Berliner Institut für Sexologie, wo die ersten chirurgischen Geschlechtsumwandlungen und Informationsveranstaltungen für Homosexuelle stattfanden. In den 1920er Jahren gründete er das Berliner Institut für Sexualwissenschaft, in dem die ersten chirurgischen Geschlechtsumwandlungen und Informationsveranstaltungen für Homosexuelle stattfanden. Hirshfeld sollte eine Schule gründen; er war von einem Team von Mitreligiösen umgeben. Er begann mit der Rehabilitierung von Homosexuellen und war der erste, der den Begriff „drittes Geschlecht" für sie verwendete[597]." Sein Institut wurde geschlossen, sobald Hitler an die Macht kam, und seine Werke wurden für die berühmten Bücherverbrennungen verwendet.

Es ist nicht überraschend, dass die Pornoindustrie weitgehend von jüdischen Produzenten beherrscht wird. Es ist allgemein bekannt, dass die jüdische Gemeinschaft seit den Anfängen dieser Branche nahezu

---

[596] Elisabeth Badinter, *L'un est l'autre*, Éd. Odile Jacob, 1986, S. 292, 293

[597] Georges Valensin, *La Vie sexuelle juive*, Éditions philosophiques, 1981, S. 170.

eine Monopolstellung innehat. Georges Valensin hat diesbezüglich interessante historische Daten geliefert: „In Schweden ist Ingmar Bergman, ein Anhänger der Introvertiertheit und besessen von der Sexualität, ein Israeli". In der Tat wurde *Das Schweigen* (Schweden, 1963) wegen einer Masturbationsszene zensiert. Er fügte hinzu: „Das deutsche Kino hatte vor den Nazis dank der Juden einen überraschenden Aufschwung erlebt. Sternberg führte Regie bei *Der blaue Engel*, dessen Erotik erschütternd war. Fritz Lang war der Autor von *M, der Vampir von Düsseldorf*: die Geschichte eines Sexualverbrechers und Pädophilen, gespielt von seinem Glaubensbruder Peter Lorre, der eine angeborene jüdische Angst auf die Leinwand brachte... Das pornografische Kino hatte auch in Frankreich seine Israelis. Bernard Nathan hat mit seiner *Schwester Vaseline* diese Art von Kino für das breite Publikum eingeführt; heute ist ihr prominentester Vertreter Joseph Benazeraff, der in fünfzehn Jahren vierzig pornografische Filme produziert hat[598]". Dr. Valensin fuhr fort und zögerte nicht, andere Autoren zu zitieren: „Schon in der Mitte des letzten Jahrhunderts behauptete ein deutscher Schriftsteller, dass in Hamburg „die obszönsten Stiche und Bücher von den Juden verkauft wurden"; als Hausierer war es für sie ein Leichtes, sie zwischen zwei romantischen Almanachen oder sogar zwischen frommen Bildern anzubieten[599]." Wir wissen auch, dass Edouard Drumont 1886 in *La France Judaise* denselben Vorwurf erhebt. Georges Valensin zitiert sogar antisemitische Autoren und Publikationen: „1934 antwortete der Kardinalprimas von Polen auf die Frage, ob er gegen die Rassenverfolgungen Hitlers protestieren wolle, dass er nur eingreifen werde, wenn die Juden aufhörten, den Kommunismus und pornografische Bilder zu verbreiten. In Berlin gab der Journalist Hugo Bettauer 1921 eine Wochenzeitung heraus, die sich auf freizügige Geschichten spezialisierte; ein nationalistischer Student tötete ihn, weil er in ihm einen Juden sah, der die Jugend verdarb[600]."

In den 1930er Jahren waren die gewissenhaften Nichtjuden bereits besorgt über die außerordentliche Aggressivität des jüdischen Kinos. In den Vereinigten Staaten forderte die *„Legion of Decency"* die

---

[598] Georges Valensin, *La Vie sexuelle juive*, Éditions philosophiques, 1981, S. 164.

[599] J. Gross, Hoffinger, *Le sort des femmes*, Leipzig, 1857

[600] H. Andics, *Histoire de l'antisémitisme*, Éd. Albin Michel, 1967, S. 213. in Georges Valensin, *La vie sexuelle juive*, S. 168.

Einrichtung eines regelrechten „Anstandskodex", um den Inhalt von Spielfilmen zu überwachen und zu überprüfen, ob die „amerikanischen Werte" respektiert werden. Ein Teil der katholischen Hierarchie beteiligte sich an dieser Kampagne. Der Erzbischof von Cincinnati (Ohio), Monsignore John McNicholas, erklärte 1933: „Ich schließe mich all jenen an, die gegen diese Bilder protestieren, die eine ernste Bedrohung für das Familienleben, die Nation und die Religion darstellen". Im Frühjahr 1934 rief der Kardinal von Philadelphia, Monsignore Denis Dougherty, alle Katholiken in den Vereinigten Staaten zum Boykott von Hollywood-Produktionen auf, „die von jüdischen Geschäftsleuten beherrscht werden", und etwa 11 Millionen Gläubige folgten seinem Aufruf[601]. Die Ergebnisse des Boykotts ließen nicht lange auf sich warten: Die Kinosäle leerten sich und die Gewinne der Filme sanken. Der Hays-Kodex von Präsident William Hays, der strenge Regeln für den Anstand vorschrieb, wurde 1934 in Kraft gesetzt. Die Produktionen sollten von der Production Code Commission unter dem Vorsitz von Joseph Breen zensiert werden, einem Katholiken, der zwanzig Jahre lang eine gewisse Macht über die moralischen und politischen Standards Hollywoods ausübte und dessen Politik in den 1950er Jahren von McCarthy fortgesetzt wurde.

Fünfzig Jahre später sind fast alle Dämme unter dem gemeinsamen Druck der kosmopolitischen Hochfinanz und der libertären Bewegungen gebrochen, deren Aktivisten sich für „revolutionär" halten, in Wirklichkeit aber nur wie Papageien die kosmopolitischen Slogans ihrer Führer und Doktrinäre wiederholen. Im Jahr 2005 wurde die katholische Reaktion auf die Welle von Fernseh- und Filmschmutz von William Donohue, dem Präsidenten der Liga der amerikanischen Katholiken, zum Ausdruck gebracht. Als Mel Gibsons Film über die *Passion Christi*, der von den offiziellen Medien so kritisiert wurde, in die Kinos kam, zögerte er nicht, vor den Fernsehkameras zu erklären: „Hollywood wird von säkularen Juden kontrolliert, die das Christentum hassen. Das ist kein Geheimnis und ich habe keine Angst, es zu sagen. Deshalb hassen sie diesen Film, weil er von Jesus Christus handelt". Er fügte hinzu: „Ich liebe die Familie, während Hollywood Analsex liebt[602]."

---

[601] Siehe Thomas Dougherty, *Pré-code Hollywood: Sex, Immorality and Insurrection in American Cinema*, New York, Columbia University Press, 2000. Und auch: *Courrier international*, 3 février 2000.

[602] *Tatsachen und Dokumente* vom 15. Januar 2005

Dies war schon in der Antike der Fall, wenn man einigen historischen Zeugnissen glauben darf. Im Spanien des 15. Jahrhunderts zum Beispiel veröffentlichte der Franziskaner Alonso de Espina 1487 sein *Fortalitium fidei contra Judeos*, in dem er diese Besonderheit zusammen mit den anderen Anschuldigungen gegen die Juden erwähnte: „Geist des Verrats, rituelle Verbrechen, Vergiftung von Ärzten, Zerstörung von Christen durch die unerhörte Praxis des Wuchers, falsche Juden und Sodomiten usw.". Das *Buch Alboraique*, das 1488 von einem anonymen Autor veröffentlicht wurde, „fasste auf einem Dutzend Seiten die beliebten Anschuldigungen zusammen, die sich diesmal sowohl gegen die Neuchristen als auch gegen die Juden richteten: betrügerisch, eitel, feige, Gotteslästerer, Frevler und Sodomiten".

Ebenfalls 1623 veröffentlichte Vicente Acosta, ein portugiesischer jüdischer Konvertit, ein 428 Seiten umfassendes Buch gegen seine ehemaligen jüdischen Mitbürger. Sein Werk wurde sofort unter dem Titel *Discurso contra los Judios* ins Spanische übersetzt. Die Juden wurden von der Natur als „gierig, rebellisch und Lügner" beschrieben... Es wäre unmöglich, alle ihre Laster aufzuzählen: Neid, Stolz, ihre edlen Anmaßungen, ihren protzigen Luxus, den sie täglich in Portugal und noch mehr in Madrid zur Schau stellen, sowie ihre Anmaßung und ihre *„Ausschreitungen"*. Die Sodomie (der er ein eigenes Kapitel widmet) ergibt sich aus ihrer natürlichen Laszivität und dem Müßiggang, dem sie sich hingeben... In der Tat vergewaltigen die Juden in Nordafrika regelmäßig ihre Frauen und Kinder[603]!" Daniel Tollet, der das Buch veröffentlicht hat, in dem wir diese Zeugnisse sammeln, gab vor, diese grotesken Anschuldigungen nicht ernst zu nehmen. Aber wir haben in der *Psychoanalyse des Judentums* gesehen, dass diese Praktiken tatsächlich durch den Talmud gefördert wurden. Man sagt, dass das Judentum von der Mutter vererbt wird, aber manchmal hat man den Eindruck, dass es eher von der c... Endlich haben Sie verstanden.

In diesem Kapitel können wir erneut das Zeugnis von „Madame" Xaviera Hollander zitieren, in einer Episode ihres bewegten Lebens. Diesmal sehen wir sie in den Ferien im Haus ihrer Stiefschwester in Südafrika: „Eines Tages, als ich mich am Pool ausruhte und dachte, dass ich verrückt werden würde, wenn ich meine sexuellen Gelüste nicht

---

[603] Daniel Tollet, *Les Textes judéophobes et judéophiles dans l'Europe chrétienne à l'époque moderne*, Presses universitaires de France, 2000, S. 30, 34, 39.

befriedigen würde, bemerkte ich, dass der große deutsche Schäferhund neben mir lag und sehr nervös war. Dieser Hund hatte mich in den ersten fünf Tagen nach meiner Ankunft im Haus ziemlich verwirrt, er folgte mir und schnüffelte an meinen Beinen. Offenbar erregte ihn sein Schnüffeln sexuell, und ich war an einem Punkt angelangt, an dem ich nicht mehr wählerisch sein konnte, also beschloss ich, dass er - grotesk oder nicht - mein erster südafrikanischer Liebhaber sein würde... Ich begann, seinen Penis zu reiben, der rot und glitzernd aus seiner Haut herauskam und dessen Anblick mich wirklich erregte[604]... „Wir werden nicht weiter auf diese interessante Erfahrung eingehen, aber der Leser sollte wissen, dass die Zärtlichkeiten ausreichten, um Xavieras Erregung zu besänftigen.

Die zweifelhaften Bräuche der Juden hatten bereits den Sarkasmus von Voltaire provoziert, der im Abschnitt „Juden" seines *Philosophischen Wörterbuchs* schrieb: „Das jüdische Gesetz verbietet den Frauen, sich mit Pferden und Eseln zu paaren, so dass es für die Durchsetzung dieses Verbots notwendig war, dass die jüdischen Frauen mit solchen Affären beschäftigt waren... Männern ist es verboten, Moloch Sperma zu opfern, und damit sie nicht denken, dass dies eine Metapher ist, wiederholt das Gesetz, dass es sich auf das Sperma des Mannes bezieht. Die Juden behaupten, das sei nicht wahr, aber in diesem Fall „Sagt mir, meine Herren, warum seid ihr das einzige Volk auf der Erde, dessen Gesetz ein solches Verbot auferlegt hat? Hätte es ein Gesetzgeber gewagt, dieses seltsame Gesetz zu erlassen, wenn das Verbrechen nicht allgemein[605] wäre?"

Das *New York Times Magazine* vom 25. März 2001 schrieb einen Artikel über einen gewissen Tobias Schneebaum, der ebenfalls „alle Grenzen überschreiten" und sich neuen „befreienden Erfahrungen" hingeben wollte, weit weg von den starren Normen dieser christlichen Gesellschaft. 1973 hatte dieser Homosexuelle seine erste Reise in den Dschungel von Neuguinea unternommen. Dort sollte er mehrere Jahre in der Gesellschaft seiner neuen Freunde vom Stamm der Arakmbut verbringen. Er wollte, wie die Zeitung berichtet, „der Unterdrückung durch die westliche Zivilisation entkommen und eines der letzten Tabus

---

[604] Xaviera Hollander, *La Alegre Madame*, 1972, Editorial Grijalbo, México DF, S. 37, 38

[605] Voltaire, *Dictionnaire philosophique*, Librodot PDF, S. 613 und auf Französisch unter voltaire-integral.com/19/juifs.htm (ungeschwärzte Fassung)

brechen: Kannibalismus". Dies ist ein extremes Beispiel dafür, was eine jüdische Neurose hervorbringen kann.

Feminismus

Elisabeth Badinter ist eine der großen Persönlichkeiten des Feminismus in Frankreich. In ihrem 1986 veröffentlichten Buch *„Der eine ist der andere"* stellt sie mit Genugtuung das Verschwinden des patriarchalischen Familienmodells fest, auf dem die christliche Zivilisation beruhte: „Die väterliche und eheliche Macht ist dabei zu verschwinden. Die ideologische, soziale und politische Macht des Mannes ist ernsthaft erodiert... In den meisten westlichen Demokratien hat das patriarchalische System in den letzten zwei Jahrzehnten den Gnadenstoß erhalten... Das 20. Jahrhundert hat das Ende der männlichen Werte im Westen markiert".

Und natürlich wird es nichts zu bereuen geben: „Es waren archaische männliche Werte", schrieb Badinter und setzte „Männlichkeit" mit den kriegerischen Werten des Westens und vor allem mit dem Zweiten Weltkrieg gleich: „Die Männlichkeit hat ihr abscheulichstes Gesicht gezeigt, nämlich ihr mörderischstes Gesicht[606]."

---

[606] Elisabeth Badinter, *L'un est l'autre*, Éd. Odile Jacob, 1986, S. 214-217. Elisabeth Badinter stellte wie William Reich (vgl. *Planetary Hopes*, S. 73, 74) fest, dass die anfangs so „fortschrittliche" sowjetische Politik in diesem Bereich später die traditionelle Familie begünstigte: „Obwohl die junge Sowjetunion Gesetze erlassen hatte, um die Frauen zu befreien und den Männern alle Vorrechte über ihre Familienmitglieder zu entziehen, scheiterte das Experiment. Die russische Gesellschaft erlebte eine sexuelle Konterrevolution, die sie den anderen europäischen Ländern immer ähnlicher werden ließ. Unter Stalin wurde die traditionelle Familie mit demselben Eifer verteidigt wie in Nazideutschland. Alle befreienden Gesetze Lenins wurden zugunsten von repressiven Bestimmungen aufgegeben". Elisabeth Badinter schreibt in einer Fußnote: „Ab 1932, auf dem Kiewer Kongress, wurde die Abtreibung verunglimpft. Es wurde von der Erhaltung der Rasse gesprochen. 1944 wurde der Schwangerschaftsabbruch abgeschafft... 1936 wurde ein neues Scheidungsgesetz erlassen, das die Ehescheidung unter Strafe stellte, und 1944 wurde ein noch härteres Gesetz verabschiedet. Die Unehelichkeit wurde erneut kriminalisiert und für Mutter und Kinder stigmatisiert. Der Vater war nicht mehr verantwortlich. Die Gesetze von 1936 und 1946 verschafften den Müttern von sechs Kindern usw. Vorteile" (S. 213, 214).

Die feministischen Bewegungen, die Ende der 1960er Jahre in den westlichen Ländern en vogue waren, müssen im Zusammenhang mit der Entkolonialisierung und der Befreiung der Völker der Dritten Welt gesehen werden. Feministinnen sagten, dass sie „genauso ausgebeutet wurden, wie die Kolonisierten in der Vergangenheit vom weißen Mann ausgebeutet wurden". In den Augen dieser Feministinnen, zumeist Frauen aus dem hebräischen Volk, war der weiße Mann tatsächlich die Personifizierung des Bösen. „In den USA verglichen sie seine Situation mit der der schwarzen Gemeinschaft. Dort, unter der Führung von Betty Friedan oder in Frankreich... erstellten militante Feministinnen eine Liste der Ausbeutungen, deren Opfer sie waren: sexuell, häuslich, wirtschaftlich, sozial und politisch." In einer Fußnote wies Badinter darauf hin, dass Betty Friedan die erste große feministische Bewegung in den Vereinigten Staaten gegründet hatte: NOW (National Organisation of Women). In Frankreich gründete Anne Tristan im Mai 1968 „Feminine-Masculine-Future[607]". In den 1970er Jahren begann die Presse von der Frauenbefreiungsbewegung zu sprechen, die zunächst nur ein Nebel aus kleinen, flüchtigen Formationen war.

Ab den 1970er Jahren priesen die Feministinnen die Einsamkeit. „Inspiriert von Virginia Woolf forderten sie das Recht auf ein „eigenes Zimmer", sogar auf ein „eigenes Bett" oder einen freien Platz zum Leben... Zu dieser Zeit beschlossen viele Feministinnen, allein zu leben... In der „Gemeinsamen Agenda für Frauen" schlug Gisele Halimi 1978 vor, dass die Abschaffung der patriarchalischen Familie vielleicht die Abschaffung des Zusammenlebens von Paaren für eine Generation erforderte. Einige, wie Jerry Rubin, ein ehemaliger amerikanischer Anti-Establishment-Führer, gingen so weit, den Verzicht auf die Liebe zu befürworten, um „mich selbst genug zu lieben und niemanden mehr zu brauchen, der mich glücklich macht". Diese ständigen Pressekampagnen, die sich durch das gesamte Mediensystem ziehen, haben offensichtlich Folgen: „Die Zahl der Ein-Personen-Haushalte hat in den letzten dreißig Jahren dramatisch zugenommen[608]."

Diese jüdischen Aktivisten spielten eine führende Rolle bei der Verabschiedung von Gesetzen zur Legalisierung der Abtreibung. In den Vereinigten Staaten war Margaret Sanger „die Pionierin der

---

[607] Elisabeth Badinter, *L'un est l'autre*, Éd. Odile Jacob, 1986, S. 217, 218. Der richtige Name von Anne Tristan, einer hysterischen antifaschistischen Aktivistin, ist Anne Zelansky.

[608] Elisabeth Badinter, *L'un est l'autre*, Éd. Odile Jacob, 1986, S. 319-321, 333

Geburtenkontrolle". Ihr Gesetz wurde 1973 verabschiedet. In Westdeutschland wurde es 1974 und in Frankreich 1975 auf Betreiben von Simone Veil verabschiedet. „Die weibliche Empfängnisverhütung versetzte der patriarchalischen Familie einen tödlichen Schlag, indem sie die Domäne der Fortpflanzung der anderen Partei überließ... Das Machtgleichgewicht hat sich völlig umgekehrt, zum Nachteil des Vaters, der damit einer wesentlichen Macht beraubt wird". Andererseits hatten die Männer weniger Angst vor Bastarden, wenn die Treue der Frau der Überwachung durch den Ehemann entging. Diese Revolution und der Verlust traditioneller sexueller Rollenbezüge durch die Bereitschaft der Frauen, die wirtschaftliche Macht mit den Männern zu teilen, schwächten das patriarchalische System. Elisabeth Badinter begrüßte die Explosion der traditionellen Familie: „Bis vor wenigen Jahrzehnten war die Ehe ein Synonym für Sicherheit, Seriosität und Fruchtbarkeit. Heute hat sie diese drei wesentlichen Eigenschaften verloren... Der beträchtliche Verlust des Einflusses der Religion hat die Entwicklung von zwei neuen Bräuchen ermöglicht, die in früheren Zeiten unbekannt waren: Scheidung und Lebensgemeinschaften[609]." An dieser Stelle sei daran erinnert, dass der Vorläufer des Scheidungsgesetzes in Frankreich im Jahr 1882 ein anderer Israelit namens Alfred Naquet war.

Die Folgen dieser Kulturrevolution auf die Geburtenrate in Europa ließen nicht lange auf sich warten, insbesondere der Geburtenrückgang, der durch die Erfindung der Abtreibungspille RU 486 ausgelöst wurde. Diese Abtreibungspille, die von Professor Etienne Beaulieu entwickelt und produziert wurde, brachte dem Roussel-Uclaf-Monopol und seinem „genialen" Erfinder Milliarden ein. Ein Zufall: Professor Beaulieu war auch Israelit: „Er wurde am 12. Dezember 1926 in Straßburg als Sohn von Leonce Arrodi Blum, geboren im Elsass, und seiner Frau Therese Lion, geboren in Caen, geboren. Leonce Blum war der Sohn des Rabbiners Felix Blum. Nach der Volksfront war der Nachname Blum schwer zu ertragen, so dass die Blums eine Änderung des Nachnamens beantragten, die 1947 per Dekret gewährt wurde. Von da an nahmen sie den Nachnamen Beaulieu[610] an."

Dr. Georges Valensin berichtete über diese Abtreibungspraktiken und notierte dieses Zeugnis aus der Zwischenkriegszeit: „Die israelischen Ärzte wurden der Unmoral beschuldigt, weil sie sich leicht dazu

---

[609] Elisabeth Badinter, *L'un est l'autre*, Éd. Odile Jacob, 1986, S. 230, 231. Zum Scheidungsrecht: siehe *Planetary Hopes*, S. 79.

[610] Henry Coston, *Les Financiers qui mènent le monde*, Ausgabe 1989, S. 520.

hergaben, die Geburten zu begrenzen. Laut der *Libre Parole* vom 1. Dezember 1935 war die Ablation von Eierstöcken zur Sterilisation ihrer Klientinnen an der Tagesordnung[611]."

Nach Sigmund Freud versuchten auch die Freudo-Marxisten der Frankfurter Schule und die Bataillone von Feministinnen, die Homosexualität zu trivialisieren, indem sie die Idee der Bisexualität aller Menschen verteidigten. So schreibt Elisabeth Badinter in einem Kapitel mit dem Titel „Das Aufkommen des Androgynen": „In Wirklichkeit sind wir alle androgyn, denn der Mensch ist bisexuell, in verschiedenen Aspekten und in unterschiedlichem Maße. Das Männliche und das Weibliche überschneiden sich in jedem von uns". Die traditionelle Erziehung, die bisher die Aufgabe hatte, „Männer" und „Frauen" zu produzieren, muss ihrer Meinung nach nun neuen Normen Platz machen: „Es war Aufgabe der Erziehung, Uneindeutigkeiten zu unterdrücken und zu lehren, den anderen Teil von sich selbst abzulehnen. Ein 'männlicher' Mann, eine 'weibliche' Frau... Die auferlegte Norm war der Kontrast und der Gegensatz". Es gibt jedoch „eine ganze Reihe von möglichen Zwischenstufen zwischen den beiden Idealtypen. In der Realität erreicht die Erziehung mehr oder weniger ihr Ziel, und der Erwachsene behält immer einen unzerstörbaren Teil des Anderen in sich. Das Modell der Ähnlichkeit ist für die Integration unserer androgynen Natur förderlich". Und er fügte hinzu: „Es ist heute weithin anerkannt, dass die persönliche Entfaltung des Individuums durch die Anerkennung seiner oder ihrer Zweigeschlechtlichkeit erfolgt[612]." Offensichtlich bezog sich die unpersönliche Form „es ist weithin akzeptiert" hauptsächlich auf die Welt der jüdischen Intellektuellen, die ihre eigenen persönlichen Fälle analysieren.

Daher sollten Unterschiede zwischen Männern und Frauen nicht oder so wenig wie möglich bestehen. „Jetzt, da die sozialen Bezüge verblassen, die Plastizität der Geschlechterrollen auferlegt wird und Frauen sich dafür entscheiden können, keine Mütter zu sein, werden die spezifischen Unterschiede zwischen dem Einen und dem Anderen immer schwieriger wahrzunehmen... Abgesehen von der nicht reduzierbaren chromosomalen Differenz beschränken wir uns auf die Unterscheidung von mehr und weniger. Sicherlich gibt es mehr männliche Hormone bei der einen und weibliche Hormone bei der

---

[611] Georges Valensin, *La Vie sexuelle juive*, Éditions philosophiques, 1981, S. 145.

[612] Elisabeth Badinter, *L'un est l'autre*, Éd. Odile Jacob, 1986, S. 269.

anderen, aber beide Geschlechter produzieren männliche und weibliche Hormone. Männer sind muskulöser und aggressiver als Frauen, aber diese Unterschiede variieren stark zwischen den Individuen". Es gibt also in Wirklichkeit „mehrere Zwischentypen zwischen den als weiblich und männlich definierten Typen", schrieb Badinter, der zur Untermauerung seiner These Professor Etienne Beaulieu zitierte, der ebenfalls argumentierte, dass es „eine große anfängliche Ähnlichkeit und eine gewisse Plastizität in der Differenzierung der beiden Geschlechter" gebe und „dass es keine unüberwindbaren Grenzen zwischen dem Männlichen und dem Weiblichen gibt[613]„.

Ein anderer führender Soziologe, James Levine, „der die neue Vaterschaft in den Vereinigten Staaten untersucht", unterstützte diese Ansichten und stellte fest, dass „die Grenze zwischen Mutterschaft und Vaterschaft allmählich verschwimmt", und wies darauf hin, dass bei Scheidungen „der Prozentsatz der Väter, die das Sorgerecht für ihre Kinder erhalten, in den letzten zehn Jahren stetig gestiegen ist". Die Feministinnen haben der „geschlechtlichen Arbeitsteilung" ein Ende gesetzt.

Elisabeth Badinter zitiert weiter den Soziologen Edgar Morin, der „die Feminisierung der Männer und die Virilisierung der Frauen" als „Fortschritt auf dem Weg zur Humanisierung" betrachtet. Und er fügte in *The Lost Paradigm* (S.87) hinzu: „Unserer Meinung nach besteht kein Zweifel, dass der Mensch sich vermenschlicht, indem er seine genetische und kulturelle Weiblichkeit entwickelt[614]."

„Das Ideal ist, einen eingeschlechtlichen Menschen zu gebären", so Elisabeth Badinter weiter. „Indem wir uns endlich der physischen und psychischen Bisexualität bewusst werden, die lange geleugnet wurde, können wir die Andersartigkeit der beiden Geschlechter auf ein Minimum reduzieren. Der einzige Unterschied, der wie ein ungreifbarer Felsen bleibt, ist vorerst die Tatsache, dass es die Frauen sind, die die Kinder der Männer gebären und nicht umgekehrt... Indem sie sich von der Mutterschaft distanzieren, gehen die Frauen implizit einen Schritt auf ihre Partner zu". Aber dieser letzte Unterschied wird verschwinden, und vielleicht werden Männer bald „in der Lage sein, ein Kind ohne Mutter zu gebären, so wie manche Frauen Kinder ohne Vater gebären." Elisabeth Badinter hat „die Möglichkeit des schwangeren Mannes" auf

---

[613] Elisabeth Badinter, *L'un est l'autre*, Éd. Odile Jacob, 1986, S. 249.

[614] Elisabeth Badinter, *L'un est l'autre*, Éd. Odile Jacob, 1986, S. 257, 288.

den Tisch gelegt: Wahnvorstellung? Science Fiction? „Vielleicht nicht. Die beiden Hauptverantwortlichen für das erste französische Retortenbaby haben bereits Zweifel an seiner Unmöglichkeit geäußert." Im April 1985 hatte Professor René Frydman auf die Frage einer Frauenzeitschrift: „Ist der schwangere Mann wirklich möglich?" geantwortet: „Vor zwei Jahren hätte ich nicht daran geglaubt. Aber jetzt weiß ich es, ehrlich gesagt, nicht mehr." Einige Monate später äußerte sich Frydman in einer anderen Zeitschrift „deutlich positiver": „Technisch ist es möglich... der Mythos der männlichen Schwangerschaft könnte eines Tages Wirklichkeit werden." (*Actuel*, Februar 1986)

Das würde den Geschlechtsunterschieden und damit auch den „Diskriminierungen" ein Ende setzen. „Die bisexuelle Menschheit bringt die Geschlechter so nah wie möglich zusammen. Auf diese Weise ermöglicht sie den Ausdruck aller persönlichen Unterschiede. Sie ist nicht mehr in zwei heterogene Gruppen aufgeteilt, sondern besteht aus einer Vielzahl von Individualitäten, die sich sowohl ähneln als auch durch unendlich viele Nuancen unterscheiden[615]."

Wir erkennen hier den Gleichmacherei-Fanatismus des Judentums wieder: die immer gleiche Besessenheit, die Unterschiede zwischen den Menschen zu nivellieren. Die Feministinnen behaupten, dass es keine Unterschiede zwischen den Geschlechtern gibt, so wie früher die Marxisten versprachen, dass die sozialen Klassen abgeschafft werden, und so wie heute die Demokraten eine Welt ohne Grenzen vorhersagen, die die gemischte Menschheit vereinen und umfassen wird. Das Ziel ist immer, Identitäten aufzulösen, seien sie sexuell, sozial oder national, und dann die atomisierten Partikel zu koagulieren, um die Welt zu vereinen und einen ultimativen „Frieden" herbeizuführen, der der Frieden Israels sein wird, die *pax Judaica*: auflösen und koagulieren.

Einer der großen jüdischen Denker des 20. Jahrhunderts, Martin Buber, ein früher österreichischer Atheist und Zionist, hat diese permanente Spannung des Judentums zur Einheit sehr gut ausgedrückt: „Es ist diese Spannung des Juden zur Einheit, die das Judentum zu einem Phänomen der Menschheit und die jüdische Frage zu einer menschlichen Frage macht... Das Streben nach Einheit ist überall. Nach der Einheit im Individuum. Zur Einheit zwischen den geteilten Mitgliedern des Volkes und zwischen den Nationen. Zur Einheit des Menschen und aller

---

[615] Elisabeth Badinter, *L'un est l'autre*, Éd. Odile Jacob, 1986, S. 244, 303.

Lebewesen, zur Einheit von Gott und der Welt... Es ist diese Spannung zur Einheit, die den Ursprung der Kreativität des Juden darstellt. In seinem Bemühen, aus der Spaltung des Selbst zur Einheit zu gelangen, hat er die Idee des einen Gottes entwickelt. Aus dem Bemühen, die Einheit aus der Spaltung der Gemeinschaft herauszuholen, entwickelte er die Idee der universellen Gerechtigkeit. Aus dem Bemühen um Einheit aus der Spaltung von allem, was lebt, entwickelte er die Idee der universellen Liebe. Aus dem Streben nach Einheit aus der Spaltung der Welt heraus konzipierte er das messianische Ideal, das er in einer späteren Epoche, wiederum unter Beteiligung der Juden,... Sozialismus nannte[616]."

Aber diese „Spannung zur Einheit", von der Martin Buber sprach, übersetzt sich vor allem in eine Destruktivität gegenüber dem Rest der Menschheit, denn es ist unbestreitbar, dass die „Kreativität des Juden" wie ein mächtiges Lösungsmittel für die Traditionen der Völker wirkt, in deren Mitte sie sich eingerichtet hat. Manche mögen in dieser Definition des Judentums eine gewisse „Spannung" zum Totalitarismus sehen. Andere könnten darin sogar das Zeichen des Teufels sehen: „*Solve et coagula*" ist das Motto, das auf Satans Arm eintätowiert ist: „*Solve et coagula*".

Elisabeth Badinter räumt ein, dass die ideale eingeschlechtliche Gesellschaft, in die sie uns hineinziehen will, ein Novum in der Menschheitsgeschichte darstellt. Das „neue Nachdenken über die Geschlechter ist umso schwieriger und riskanter, als es kein Modell gibt, auf das es sich stützen könnte[617]." Um es ganz offen zu sagen: Diese militanten Israeliten wissen nicht so recht, wohin sie uns führen wollen. Aber das Wichtigste ist offensichtlich, sich gegen den natürlichen Zustand zu stellen: „Die Kontrolle der Natur nimmt ab und mit ihr der Unterschied zwischen den Geschlechtern... Die Gleichheit ist dabei, sich zu verwirklichen; sie erzeugt die Ähnlichkeit, die dem Krieg ein Ende setzt... Das 20. Jahrhundert hat in unserem Teil der Welt so etwas wie eine neue Ära eingeläutet", schreibt Badinter und weist die Einwände zurück: Die Moralisten „werden in diesem Wandel, der der natürlichen Ordnung so sehr zuwiderläuft, nichts anderes als eine Dekadenz sehen, wie so viele andere, die die Geschichte kennt[618]."

---

[616] Martin Buber, *Judaïsme*, Édition Verdier, 1982, S. 34-37

[617] Elisabeth Badinter, *L'un est l'autre*, Éd. Odile Jacob, 1986, S. 249.

[618] Elisabeth Badinter, *L'un est l'autre*, Éd. Odile Jacob, 1986, S. 245, 250.

Diese Aussagen könnten mit denen des Schriftstellers Albert Cohen in einer Passage aus „*Die Schöne des Herrn*" verglichen werden. Am Ende des Buches imitiert Cohen den Bewusstseinsstrom von James Joyce*, indem er über mehrere Seiten ein aufschlussreiches messianisch-weltliches Geschwätz von sich gibt: „Israel ist das Volk der Unnatur, das eine verrückte Hoffnung trägt, die die Natur verabscheut, die edelsten Teile der Menschheit sind von jüdischer Seele und stehen fest auf ihrem Felsen, der die Bibel ist, oh meine Juden, zu denen ich leise spreche, kennt euer Volk, verehrt es, weil es Spaltung und Trennung gewollt hat, weil es den Kampf gegen die Natur und ihre Gesetze geführt hat[619]."

„Die Tatsache, dass immer mehr von unserer bisexuellen Natur ans Tageslicht kommt, verwirrt uns", räumte Elisabeth Badinter ein. „Das neue Modell, das vor unseren Augen konstruiert wird, ist beunruhigend. Als Akteure einer Revolution, die gerade erst begonnen hat, Gestalt anzunehmen, haben wir unsere alten Bezüge verloren, ohne uns der neuen sicher zu sein... Wir sind von diesem gewaltigen Zivilisationswandel, den wir herbeigeführt haben, überrascht worden... Wir wollen mit der alten Zivilisation brechen, aber gleichzeitig haben wir Angst vor der neuen[620]."

Und wir müssen erkennen, dass diese zivilisatorische Revolution bisher nicht zur Entfaltung der westlichen Männer beigetragen hat: „Die vergangenen Jahre scheinen darauf hinzuweisen, dass nur eine Minderheit der Männer positiv auf das neue Modell reagiert. In der Regel bringen sie - in dieser ersten Phase einer gerade begonnenen Entwicklung - auf unterschiedliche Weise zum Ausdruck, dass sie nicht die Zwillinge der Frauen sein wollen... Männer, die sich in ihrer eigenen sexuellen Identität nicht ausreichend verankert fühlen, befürchten, dass die Ausführung traditionell weiblicher Aufgaben homosexuelle Impulse in ihnen weckt[621]." Elisabeth Badinter beruft sich hier auf einen anderen Sexualwissenschaftler: Nach R. Stoller ist Männlichkeit

---

* Ein ununterbrochener Fluss ohne Interpunktion oder typografische Differenzierung, in dem die Gedanken und Eindrücke der Figur hervortreten (aus dem berühmten Selbstgespräch von Molly Blum in Joyce' *Ulysses*).

[619] Albert Cohen, *Bella del Señor*, Editorial Anagrama, Barcelona, 1992, S. 562, 563.

[620] Elisabeth Badinter, *L'un est l'autre*, Éd. Odile Jacob, 1986, S. 249, 247

[621] Elisabeth Badinter, *L'un est l'autre*, Éd. Odile Jacob, 1986, S. 280, 282.

tatsächlich nicht von Geburt an vorhanden: „Da das Gefühl, männlich zu sein, bei Männern weniger verankert ist, wird Homosexualität als tödliche Bedrohung ihrer Identität empfunden."

Angesichts dieser „tödlichen Bedrohung" reagieren die westlichen Männer kaum: „Es mag überraschen, wie schweigsam die Männer seit Beginn dieser außergewöhnlichen Mutation, die vor zwanzig Jahren begann, sind. Keine Bücher, keine Filme, keine tiefgreifenden Überlegungen über ihren neuen Zustand. Sie bleiben stumm, als wären sie von einer Entwicklung betäubt, die sie nicht kontrollieren können... Es gibt kein kollektives männliches Bewusstsein für die neuen Beziehungen zwischen den Geschlechtern. Sie leugnen es, nehmen es hin oder kehren schweigend zurück. Das Schweigen der Hälfte der Menschheit ist nie ein gutes Omen". Ihre Reaktion „wird sicherlich davon abhängen, wie sie ihre Identitätsprobleme lösen werden: Werden sie mit ihrer inneren Weiblichkeit besser zusammenleben können oder werden sie im Gegenteil mehr Angst um ihr Selbstbewusstsein und ihre Männlichkeit haben [622]?" Elisabeth Badinter schloss ihr Buch mit diesem Satz: „Das Ende des Menschen? Nein, ein neuer Mensch." Das wiederum war schon das Ziel der Bolschewiki.

Auf der Rückseite von Badinters Buch rezensierte Rachel Assouline von der Zeitschrift *L'Événement du jeudi*: „Die tief verwurzeltsten Vorurteile über die Beziehungen zwischen Männern und Frauen werden über den Haufen geworfen. Wenn man das Talent einer Essayistin an dem intellektuellen Juckreiz und der Erheiterung misst, die sie hervorruft, dann ist Elisabeth Badinter besonders gut". Wieder einmal zeigt sich die typische Neigung jüdischer Intellektueller, „Juckreiz zu provozieren [623] „, ihr krankhaftes Bedürfnis, die Nichtjuden zu provozieren. Sie sind es, die sich dann darüber wundern, „verfolgt" zu werden. Wie Vincent Acosta 1623 in seiner *Abhandlung gegen die Juden* schrieb: „Sie sind gierig, bösartig, neidisch, mörderisch, perfide, von Gott und den Menschen gehasst, Erfinder aller möglichen Übel, rebellisch, ohne Glauben, ohne Liebe, ohne Wahrheit... Todfeinde der Menschheit[624]."

---

[622] Elisabeth Badinter, *L'un est l'autre*, Éd. Odile Jacob, 1986, S. 341.

[623] Zum „Juckreiz": siehe *Psychanalyse du Judaisme*, S. 69.

[624] Daniel Tollet, *Les Textes judéophobes et judéophiles dans l'Europe chrétienne à l'époque moderne*, Presses universitaires de France, 2000, S. 45.

Inzest

Die Frage des Inzests ist ein wichtiges Thema in der literarischen und filmischen Produktion des Judentums. In *Psychoanalyse des Judentums* haben wir gesehen, dass die Tora zahlreiche Beispiele für inzestuöse Beziehungen enthält. Natürlich ist Inzest im Judentum streng verboten, wie in der Tora (Levitikus, 18) und im babylonischen Talmud (Yebamot, 2a) festgelegt. Dies hat Gérard Haddad in seinem Buch *The Talmudic Sources of Psychoanalysis*[625] zu erklären versucht, übrigens mit einer gewissen Zweideutigkeit. Denn im Judentum ist alles zweideutig, und es ist unbestreitbar, dass die Juden wissen, wie man mit biblischen Texten umgeht. In seinem Buch über den *jüdischen Messianismus* erklärt Gershom Scholem, einer der größten Spezialisten der Kabbala, dass auch die chassidischen Juden das Gesetz auf ihre Weise zu interpretieren wussten, und erinnert daran, dass die Juden, die der häretischen Sekte der Sabbatianer angehörten, eine Verhaltensregel angenommen hatten, die es ihnen erlaubte, systematisch gegen alle Verbote der Tora zu verstoßen, insbesondere gegen das Verbot des Inzests, das sie für abgeschafft erklärt hatten [626]. Was bei den talmudischen Juden zu einer zweideutigen Auslegung führt, wird von den chassidischen Juden klarer und von den sabbatäischen Juden ganz eindeutig interpretiert. Zu diesem Thema verweisen wir auf unser früheres Buch *Psychoanalyse des Judentums*.

Der jüdisch-amerikanische Forscher David Bakan bestätigte, dass solche Praktiken in jüdischen Gemeinden üblich waren. In seinem Buch *Freud and the Jewish Mystical Tradition* hinterfragt er „die Rolle des Inzests in der jüdischen Geschichte" und versucht, Freuds „wiederholte Bezugnahme darauf" zu verstehen. „Aufgrund ihrer Endogamie war das Problem des Inzests ein charakteristisches Merkmal der jüdischen Gemeinschaften, so dass die Rolle der jüdischen Mystik (d.h. des Chassidismus) zum Teil darin bestand, Mittel zur Bewältigung der intensiven Schuldgefühle bereitzustellen, die sich aus inzestuösen Begierden ergaben." In der Tat lebten Juden, vor allem in Osteuropa, in der Regel in kleinen Gemeinschaften, „so dass die Auswahl eines Partners äußerst begrenzt war", und es war natürlich verboten, einen

---

[625] Gérard Haddad, *Les Sources talmudiques de la psychanalyse*, Desclée de Brouwer, 1981, Poche, 1996.

[626] Gershom Scholem, *Le Messianisme juif*, 1971, Éd. Calmann-Levy, 1974, S. 135-137.

Nichtjuden zu heiraten. Die traditionelle Heiratsvermittlung durch die Ältesten der jüdischen Gemeinde war zum Teil darauf zurückzuführen, „dass die Ältesten die wesentlichen Informationen über die Verwandtschaftsgrade kannten."

Im Übrigen wissen wir, dass sephardische und aschkenasische Juden ihre Kinder sehr jung, im Alter von 12 oder 13 Jahren, verheiratet haben[627]. „Der Brauch der frühen Eheschließungen war vielleicht nicht nur durch den Realismus gerechtfertigt, den man im Allgemeinen gegenüber den sexuellen Impulsen der Juden an den Tag legte, sondern auch durch die Notwendigkeit, die inzestuösen Tendenzen zu mildern". David Bakan kam zu dem Schluss: „Inzestuöse Versuchungen sind vielleicht, wie Freud andeutet, allgemein verbreitet, aber sie waren bei Juden besonders ausgeprägt, was die Ausarbeitung intensiver Gegenmaßnahmen und folglich ein übermäßiges Schuldgefühl zur Folge hatte[628]."

Die Bräuche der Juden unterscheiden sich zweifelsohne von den europäischen. In der *Psychoanalyse des Judentums* haben wir gesehen, dass sich der Talmud sehr deutlich zu diesem Thema geäußert hat. Die Lektüre dieser Texte ist ermüdend, so dass wir uns darauf beschränken, zwei beispielhafte und erstaunliche Passagen aus dem Traktat Sanhedrin 55a-55b (Babylonischer Talmud) zu erwähnen: „Bei allen Verbrechen des Inzests [durch ein Kind] macht sich der passive Erwachsene nicht schuldig, wenn die andere Partei nicht mindestens neun Jahre und einen Tag alt ist. Daher unterstützt die Baraitha Rabs Behauptung, dass neun Jahre und ein Tag das Mindestalter des passiven Partners ist, damit der Erwachsene haftbar gemacht werden kann." (Sanhedrin, 55a, Anmerkung 1). „Ein Mädchen von drei Jahren und einem Tag, dessen Vater ihre [Heirats-]Verlobung arrangiert hat, ist zum Geschlechtsverkehr verpflichtet, da der rechtliche Status des Geschlechtsverkehrs mit ihr der des vollen Geschlechtsverkehrs ist. Stirbt der kinderlose Ehemann eines drei Jahre und einen Tag alten Mädchens, so erwirbt ihr Bruder, wenn er mit ihr Geschlechtsverkehr hat, sie als seine Frau." (Sanhedrin, 55b).

Die Frage des Inzests wird jedoch in der Literatur des Judentums eher selten angesprochen. Wir wissen, dass das jüdische Volk das Geheimnis und die Geheimhaltung liebt, und gerade der Inzest ist eines der

---

[627] Vgl. *Psychanalyse du Judaisme*, S. 350.

[628] David Bakan, *Freud et la tradition mystique juive*, 1963, Payot, 2001.

Geheimnisse, wenn nicht „DAS" Geheimnis des Judentums. Dennoch taucht er hier und da anekdotisch in der Feder einiger Romanautoren auf. In der Studie über Romain Gary, die wir bereits gesehen haben, informieren uns die *Cahiers de l'Herne*, dass sein Werk in vielerlei Hinsicht die Neurose des Judentums widerspiegelt: „Inzestphantasien werden in ihrer ganzen Ambivalenz gezeigt. Momo [der Held eines seiner Romane] schwankt bei den jungen Frauen, die er trifft, zwischen einer Liebesbeziehung und einer mütterlichen Suche. Unter dem Vorwand der universellen Liebe schläft Jean mit einer Frau, die sehr wohl seine Mutter sein könnte". Die sexuelle Zweideutigkeit ist natürlich vorhanden: „Der Unterschied zwischen den Geschlechtern wird unsicher: Lola, als Mann geboren, hat sich für eine weibliche Identität entschieden, und es ist nicht mehr klar, ob Rosa, gealtert, immer noch eine Frau ist[629]." (*Life Ahead*).

Sehen Sie nun, was Elie Wiesel in *Talmudic Celebration* schrieb, als er ein willkürliches Beispiel nahm, um den Talmud zu erklären: „Manchmal zieht der talmudische Satz zehn andere mit sich, manchmal reichen ein paar Zeilen, um eine Geschichte zu erzählen. Ein Beispiel? Eine Frau wollte Rabbi Eliezer wegen eines ernsten Problems konsultieren, aber er weigerte sich, ihr zu helfen. Daraufhin wandte sie sich an Rabbi Yeoshua, der wohlwollender war. Was war das Problem? *B'ni hakatan mibni hagadol*, mein jüngerer Sohn hat meinen älteren Sohn zum Vater. Hätte Dostojewski über diese inzestuöse Frau, die von Gewissensbissen und dem Wunsch zu gestehen geplagt wird, nicht sechshundert Seiten schreiben können[630]?"

Elie Wiesel zitiert in seinem Buch den Fall von Rabbi Elisa, der im zweiten Jahrhundert, zur Zeit Hadrians und des Krieges in Judäa, lebte. Wiesel sagte uns, dass er das „Symbol des Abschwörens und des Verrats" war... Er hatte die Taschen voll mit antijüdischen Pamphleten... Schlimmer noch: Er begann für die Zwangsassimilation zu werben... Er sympathisierte mit den Besatzern, wurde zum Kollaborateur und schließlich zum Komplizen der römischen Armee." Dieser Rabbi Elisa „war Akher - er repräsentierte die dunklen Kräfte der Juden, die Kräfte des menschlichen Bösen... Er wurde zuerst Rabbi Elisa genannt, dann Elish ben Abouya, dann ben Abouya und schließlich Akher." Was könnte der Ursprung dieses inakzeptablen Dissenses sein? „Die erste

---

[629] *Emil Ajar, Romain Gary*, Les Cahiers de l'Herne, 2005

[630] Elie Wiesel, *Célébration talmudique*, Éd. Seuil, 1991, S. 12

Hypothese deutet auf die Schuld - natürlich - seiner? seiner Mutter. Jüdische Mütter sind immer schuld an dem, was ihren geliebten Kindern zustößt." Und Wiesel fügte elliptisch hinzu: „Wie ein guter Jude liebte er seine Mutter - ein bisschen zu sehr[631]."

Wir wissen, dass Jacques Attali diese Frage 1994 in einer Passage seines Romans mit dem Titel Il *viendra* (*Die Ankunft*) ebenfalls heimlich ansprach. Auch in seinem ersten Roman von 1989 hatte er darauf angespielt. Das *ewige Leben* ist ein mehr oder weniger unverständlicher und auf jeden Fall furchtbar langweiliger Roman, was den Autor nicht daran hinderte, den Grand Prix *du Roman de la Société des gens de Lettres* zu gewinnen (*Grand Prix du Roman de la Société des gens de Lettres*). Es ist ein Buch für Eingeweihte. Der Autor drückte sich in Ellipsen aus, damit nur Juden verstehen konnten, worum es in der Geschichte geht. Auf der Titelseite ist Folgendes zu lesen: „Dort drüben, auf einer einsamen Insel - oder dort oben, auf einem fernen Stern - wiederholt ein Volk, das durch eine große Katastrophe von allem abgeschnitten ist, die Geschichte der Menschheit von ihren Anfängen an, einschließlich der Verfolgung, Verbannung und des Massakers an einer Minderheit, die sich durch ihre Traditionen, ihre magischen Kräfte und das ewige Leben, das sie haben soll, auszeichnet... Erinnerung und Prophezeiung vermischen sich, und dieses „Zeugnis aus dem Jenseits" beginnt, den ältesten Geschichten, die die Menschheit je erlebt hat, zu ähneln und sich mit ihnen zu vermischen, indem es an die barbarischen Exzesse der schlimmsten Völkermorde und die wildesten Hoffnungen der Macher der Ewigkeit erinnert". Und die fragliche „Menschheit", Sie haben es richtig verstanden, sieht seltsamerweise aus wie ein kleines, bekanntes Dorf.

Das Buch beginnt gut und verspricht dem Forscher einige Perlen wie diese: „In diesem kleinen Kanton des Universums überlebten siebzehn Millionen Männer und Frauen in Buße, gefangen von ihren Rätseln, beschämt von ihren Triumphen, betrübt von ihrer Vergesslichkeit, erschrocken von ihren Hoffnungen, betrunken von ihrer Einsamkeit". (p. 15). Die ganze Hysterie des Judentums lässt sich kaum in weniger Worten zusammenfassen.

Leider ist der Rest des Buches ein Kauderwelsch ohne Sinn und Verstand, in dem Jacques Attali versucht, seinen Kollegen klarzumachen, dass er sich auf sie bezieht, nur auf sie, und auf

---

[631] Elie Wiesel, *Célébration talmudique*, Éd. Seuil, 1991, S. 182-191.

niemanden außer ihnen. So erklärt er zum Beispiel, dass „die 'Siv' renommierte Professoren, umsichtige Bankiers, effiziente und anerkannte hohe Beamte geworden sind" (S. 63). (p. 63). Am Ende seines Buches erklärt Attali, dass die Juden definitiv die einzige „Menschheit" sind, die ihr Salz wert ist: „Jetzt liegt es an euch, es liegt an euch. Ich verlasse mich auf euch. Ich bitte Sie, schützen Sie sich: Sie sind die letzte Flamme der Menschheit[632]."

Aber in dieser absurden Geschichte ging es auch um ein „Großes Buch des Geheimnisses", um einen „Großen Sprecher". Die Heldin hieß Golischa: „Von ihrem Vater wusste ich nichts: weder seinen Namen, noch sein Gesicht, noch seine Geschichte. Sie hatte von einigen Offizieren der Garde gehört, dass er ein Abenteurer gewesen war, der noch vor seiner Geburt in einem Hinterhalt getötet worden war... Eines Tages hörte er sogar, wie einer seiner Diener in vertraulichen Kreisen behauptete, sein Großvater sei auch sein Vater, was die Niedergeschlagenheit der Mutter und die Abgeschiedenheit der Tochter erklärte[633]." Kurzum, ihr Großvater hatte mit seiner eigenen Tochter geschlafen.

Schließen wir dieses Kapitel über den Inzest mit einer Analyse der Filmproduktion ab, auch wenn sie höchstwahrscheinlich unvollständig ist. Um dies zu tun, müssten wir alle Filme der jüdischen Regisseure noch einmal sehen, aber diesmal mit dem schärferen Blick, den uns dieses neue Wissen über das besondere mentale Universum der jüdischen Intellektuellen verschafft.

Als wir vor Jahren Roman Polanskis Film *Chinatown* (1974) zum ersten Mal sahen, konnten wir nichts spezifisch Jüdisches entdecken, aus dem einfachen Grund, dass wir nicht darauf geachtet haben. Erinnern wir uns kurz an die Geschichte: Im Los Angeles der 1930er Jahre zwingt eine Dürre die Kleinbauern dazu, ihr Land zu verkaufen. Das Land wird von Großgrundbesitzern unter Mitwirkung der Stadtverwaltung, die das wertvolle Wasser nachts abfließen lässt, zu einem Schnäppchenpreis aufgekauft. Jack Nicholson, ein Privatdetektiv, ermittelt in diesem Fall, der nicht allen gefällt. Er erhält eine strenge Verwarnung und eine ordentliche Schnittwunde an der Nase. Als er den Verband anlegt, wird er gefragt: „Tut es weh?" Nur wenn ich atme! Am Ende des Films verrät

---

[632] Jacques Attali, *La Vie éternelle*, Éd. Fayard, 1989, S. 241

[633] Jacques Attali, *La Vie éternelle*, Éd. Fayard, 1989, S. 16

die schöne Faye Dunaway, die von Nicholson geohrfeigt wird, endlich, wer das junge Mädchen ist, das sie im Verborgenen hält: Sie ist seine Tochter und gleichzeitig seine Schwester. Sie hatte eine Tochter mit dem Ungeheuer von Vater, dem Großgrundbesitzer. In diesem Film hat Roman Polansky ein Problem, das die jüdische Gemeinschaft quält, auf die Gojim projiziert. Es ist allgemein bekannt, dass Polansky immer noch von der US-Justiz im Zusammenhang mit einem Pädophiliefall gesucht wird.

Schauen wir uns den Film des berühmten Regisseurs Joseph Mankiewicz, *Plötzlich letzter Sommer* (1960), *an:* Eine reiche Amerikanerin (Katherine Hepburn), die durch den Tod ihres Sohnes traumatisiert ist, nimmt die Dienste eines berühmten Arztes in Anspruch, um eine Lobotomie an ihrer Nichte (Elizabeth Taylor) vorzunehmen, die sich in einer psychiatrischen Klinik befindet und der sie vorwirft, sie von ihrem „geliebten Sohn" getrennt zu haben. Die inzestuöse Beziehung - hier zwischen Mutter und Sohn - wird stark angedeutet. Auch hier hat der Regisseur seine Obsessionen in typischer Weise auf eine christliche Familie projiziert. Es sei darauf hingewiesen, dass die einzige vernünftige Figur in der Geschichte der „große Chirurg namens Cukrowicz" ist, den Joseph Mankiewicz jedoch als gutaussehenden Arier (Montgomery Clift) besetzt, um den Zuschauer in die Irre zu führen.

Der Film Der Atem des Herzens (1971) von Louis Malle handelt ebenfalls von Inzest. Dies legt die Vermutung nahe, dass Louis Malle angesichts der übrigen, zumindest „kompromittierten" Produktion jüdischer Herkunft ist. Die Geschichte ist die einer bürgerlichen Familie in Dijon im Jahr 1954, dem Jahr des Endes des Indochinakrieges. Der Vater ist ein vielbeschäftigter Gynäkologe; Clara, die Mutter, kümmert sich um ihren Sohn Laurent, den Jüngsten, der an einem Herzleiden leidet. Sie begleitet ihn zu einer Kur, und ihre Komplizenschaft führt zu einer inzestuösen Beziehung. Louis Malle „kritisiert die Zwangsjacke der Gesellschaft", applaudiert der Kritik... So schrieb der Linke Jean-Luc Doin in seinem Buch *Films de scandale* über Louis Malle: „Er irritiert die Biemensens, indem er in *The Heartbeat* (1971) einen Mutter-Sohn-Inzest vor einem Jazz-Hintergrund und in *Wounded* (*Fatale*, 1992) die feurige Liebesaffäre zwischen einem britischen Abgeordneten und der Freundin seines Sohnes darstellt[634]."

---

[634] Jean-Luc Doin, *Films à scandale*, Éditions du Chêne, 2001, S. 38. In einem Buch mit Dialogen mit Louis Malle, das 1993 veröffentlicht wurde, erfährt

1997 präsentierte der kosmopolitische Regisseur Milos Forman *Larry Flint*, einen Film über das skandalöse Leben des pornografischen Pressemagnaten, der in den USA zum Vorkämpfer gegen die moralische Ordnung wurde. Die kürzliche Wiederveröffentlichung des Films hat uns gezeigt, dass die Frage des Inzests ebenfalls präsent ist. Wir sehen, wie dieser „Porno-Papst" - dargestellt mit den Zügen eines Nichtjuden - vom Vertreter der „moralischen Ordnung" vor Gericht gestellt wird, weil er in einer Zeitung karikiert wurde, wie er mit seiner eigenen Mutter auf dem Klo Sex hatte. Einmal mehr bestätigt sich die anklagende Projektion. In Frankreich hatten katholische Verbände erreicht, dass das Filmplakat, das einen gekreuzigten Mann im Schritt einer Frau zeigt, zurückgezogen wurde.

In *Coming out of the Closet* (Frankreich, 2001) erzählt Francis Veber die Geschichte eines langweiligen Buchhalters ohne Persönlichkeit, der kurz vor seiner Entlassung steht. Auf Anraten seines Nachbarn, eines alten Homosexuellen, beschließt er, sich als homosexuell auszugeben, um seinen Job zu behalten. Um ihn herum ändern sich die Blicke der anderen, und alles geht gut für ihn aus. Es scheint, dass der Regisseur Francis Veber „die Herrschaft der politischen Korrektheit anprangert". Der Film trivialisiert Homosexualität und stellt Menschen, die noch etwas zurückhaltend sind, als intolerante und brutale Idioten dar, die wahrscheinlich eine „unterdrückte Homosexualität" verbergen. In der 47. Minute des Films wurde in einem Dialog zwischen zwei Angestellten das Thema Inzest angesprochen. Es ging um einen Film, der am Tag zuvor im Fernsehen gezeigt worden war: die Geschichte eines Mädchens, das in einen Mann verliebt ist, der schließlich entdeckt, dass er ihr Vater ist. Jüdische Filmemacher bauen oft solche Augenzwinkern in ihre Filme ein, die nur Eingeweihten auffallen.

Serge Gainsbourgs *Charlotte for Ever* (1986) erzählte von der gestörten Beziehung zwischen dem betrunkenen Vater Stan und seiner fünfzehnjährigen Tochter. Diese Anziehungskraft auf junge Menschen zeigte sich beispielsweise auch in Stanley Kubricks Film *Lolita* (1962), der auf Vladimir Nabokovs Roman basiert: Humbert, ein geschiedener und attraktiver Literaturprofessor, mietet ein Zimmer im Haus von Charlotte, einer kultivierten Witwe. Sie versucht, ihn zu verführen, aber

---

man, dass der Regisseur ursprünglich aus Nordfrankreich stammt. Sein Vater war Direktor einer Zuckerfabrik, die der Familie Beghin gehörte. Françoise, seine Mutter, war eine Miss Beghin (Philip French, *Conversation avec Louis Malle*, Denoël, 1993, S. 207).

er fühlt sich zu ihrer jugendlichen Tochter Lolita hingezogen. Schließlich heiratet er ihre Mutter, damit er in der Nähe ihrer Tochter bleiben kann. Als Charlotte stirbt, nimmt Humbert Lolita mit auf eine bedauerliche Reise in die Vereinigten Staaten, die in seinem Umfeld Misstrauen erregt.

Das Thema wurde auch in Elia Kazans *Baby Doll* (1957) aufgegriffen: In einem amerikanischen Kaff ist Archie, ein Mann, der seit dem Konkurs seiner Firma ein wenig verloren ist, mit einem sexy Mädchen verheiratet, das beschlossen hat, mit dem Vollzug der Ehe bis zu ihrem zwanzigsten Lebensjahr zu warten. Er kann jedoch nicht verhindern, dass ein Rivale seine hübsche, unreife Frau verführt.

Natürlich sind nicht alle Filmemacher, die sich mit Inzest befasst haben, Juden, auch wenn man an ihrer Herkunft zweifeln kann, da das Jüdischsein oft im Verborgenen gelebt wird. In *La Luna* (1979) erzählt der linksgerichtete Filmemacher Bernardo Bertolucci die Geschichte von Caterina. Die berühmte Opernsängerin verlässt nach dem Tod ihres Mannes die Vereinigten Staaten für immer. Sie lässt sich mit ihrem Sohn Joe in Italien nieder. Als sie zu ihrem Entsetzen feststellt, dass Joe Drogen nimmt, wird ihr klar, dass sie zu nachlässig war, und sie beschließt, sich um ihn zu kümmern.

Der sehr provokante und antiklerikale mexikanische (ehemalige spanische) Filmemacher Luis Buñuel drehte 1961 den Film *Viridiana*: Das Ende des Films deutete eine Inzestszene zwischen einer jungen Frau und ihrem Cousin an. Doch die Zensur zwang den Filmemacher, um den heißen Brei herumzureden. So schreibt Jean-Luc Doin in seinem *Lexikon der Zensur im Kino*: „In einer ersten Fassung zeigte Buñuel, wie die Heldin an die Tür ihres Cousins klopft. Die Tür öffnete sich, sie trat ein, und die Tür schloss sich wieder. Da die Zensur diesen inzestähnlichen Epilog ablehnte, zeigte Buñuel, wie Viridiana mit ihrem Cousin und ihrem Liebhaber ein Kartenspiel spielt. Der Cousin sagte zum Schluss: „Ich wusste, dass du am Ende mit uns spielen würdest". Ein heimtückisches Ende, denn es suggeriert eine *ménage à trois*.[635]"

Der Film *Festen* wurde vom dänischen Regisseur Thomas Vintergerg (1998) gedreht: In einer sehr angesehenen Familie sind alle eingeladen, den sechzigsten Geburtstag des Familienoberhaupts zu feiern. Doch

---

[635] Jean-Luc Doin, *Dictionnaire de la censure au cinéma*, Presse Universitaire de France, 1998, S. 307.

schon bald kommen schreckliche Geheimnisse ans Licht: Der Vater hat seine Tochter und seinen Sohn jahrelang sexuell missbraucht.

In *Sitcom*, einem Film von François Ozon, wird Inzest thematisiert. Er zeigt eine sehr friedliche französische Familie, bis der Vater auf die seltsame Idee kommt, eine Ratte zu kaufen und sie seinen Kindern zu schenken. Von diesem Moment an geht alles schief: Der Sohn entdeckt, dass er homosexuell ist und beginnt, mit dem Ehemann des Hausmädchens, einem Schwarzen, Sex zu haben; die Tochter wird sadistisch und versucht, Selbstmord zu begehen; die Mutter hat inzestuöse Gelüste mit ihrem Sohn, während der Ehemann teilnahmslos bleibt, als wäre er abwesend. In einer eher symptomatischen Szene verwandelt sich der Mann in eine riesige Ratte und vergreift sich im Schlafzimmer an seiner Frau. Schließlich wird er von seiner Tochter erdolcht. Die letzte Szene des Films ist die folgende: Mutter, Sohn und Tochter meditieren an seinem Grab. In einem Spiegel erscheint das umgedrehte, satanische Kruzifix auf dem Grabstein. Und wieder einmal sehen wir die Konvergenzen zwischen militanter Homosexualität und den Obsessionen des Judentums. Der Film ist „bissig, urkomisch und absolut ikonoklastisch", so *Le Parisien* (15. Juli 2006). Wenn es darum geht, die Werte der Familie zu beschmutzen, den Katholizismus in den Dreck zu ziehen und auf die Werte der europäischen Zivilisation zu spucken, kommt immer ein kosmopolitischer Journalist und nennt es „genial", „verstörend", „irritierend", bis die „Biemenspensanten" versuchen, diese widerlichen Parasiten abzuschütteln.

In diesem Kapitel sollte auch Jonathan Litell erwähnt werden, der 2006 den Goncourt-Preis für seinen Roman *The Benevolent Ones erhielt*. Der Autor beschreibt das Leiden der Juden während des Zweiten Weltkriegs anhand einer ganz besonderen Figur: einem homosexuellen, pädophilen SS-Offizier, der angeblich sexuelle Beziehungen zu seiner Zwillingsschwester hatte. Wie wir sehen, sind Homosexualität und Inzest auch im Judentum sehr präsent. Aber hier wie anderswo projizieren jüdische Intellektuelle ihre Neurosen auf andere, auf „die ganze Menschheit". Es scheint uns klar zu sein, dass dieser Jonathan Littell seine Identitätsstörung und seinen unbewussten Hass auf das eigene Volk auf die Nazis projiziert hat, indem er sich als SS-Offizier verkörperte. Die *Wohlwollenden hingegen* sind mythologische Kreaturen aus der Hölle, „die gegen Orestes wüten, nachdem er seine Mutter getötet hat". Wir haben bereits gesehen, was Xaviera Hollander schrieb: Amerikanische Juden"... sind meine extravagantesten und verdorbensten Kunden. Viele von ihnen scheinen mit Problemen in die Psychoanalyse zu gehen, die darauf zurückzuführen sind, dass sie eine übermäßig dominante Mutter oder eine Ehefrau haben, die eine jüdisch-amerikanische Prinzessin ist und versucht, sie zu dominieren... Viele der jüdischen Ärzte, die in mein Haus kommen, sind extravagant und wünschen sich gewöhnlich, Sklaven zu sein." (*The Merry Madame*, S. 181). Aus diesem Grund hat sich Jonathan Litell, der unbewusst seine Mutter und das gesamte jüdische Volk umbringen möchte, als sadistischer SS verkörpert und *Die Wohlgesinnten* als Titel für seinen Roman gewählt. All dieser Unsinn und diese Falschdarstellung werden ihn nicht daran hindern, ein „Fürst der Literatur" zu werden. Angeblich haben bereits mehr als 200.000 Juden sein Buch gekauft...

In diesem Sinne könnte man auch Woody Allens Film *Disassembled Harry* (USA, 1997) betrachten. Der Regisseur spielt darin die Rolle eines gequälten jüdischen Schriftstellers, der sich selbst schlecht fühlt. Er bittet eine Prostituierte, ihn an ein Bett zu fesseln, ihn zu verletzen, indem sie ihn auspeitscht, bevor er mit einer Fellatio endet: ein weiteres „wohlwollendes"!

Elisabeth Badinter hat eine recht deutliche Passage zum Thema Inzest hinterlassen, als sie die Entwicklung unserer europäischen Gesellschaften analysierte, die dem Wahn des kulturellen Judentums unterworfen sind. Sie versuchte auf verwirrende Weise, den Inzest zu rechtfertigen, indem sie vorgab, ihn als natürliche Entwicklung der Gesellschaft zu sehen, um schließlich seine Praxis als Befreiung darzustellen: „Wir nehmen immer weniger das umfassende System des sozialen Austauschs wahr, das dem Gesetz der Exogamie, d.h. dem Verbot des Inzests, seinen positiven Charakter gab. Da Frauen keinen Tausch- oder Friedenswert mehr haben, verliert das notwendige Inzestverbot eine seiner wichtigsten Begründungen. Nach den biologischen Begründungen für das Inzestverbot - wir wissen inzwischen, dass endogame Verbindungen nicht schädlicher sind als andere Verbindungen - schwindet nun auch der soziale Vorteil von notwendigen Verbindungen. Aber der Menschheit sind die Argumente nicht ausgegangen, um zu vermeiden, was sie verabscheut: Die Aufrechterhaltung des Tabus wird auf andere Weise gerechtfertigt. Der Diskurs ist nicht mehr derjenige der Biologie oder der Anthropologie, sondern derjenige der Psychoanalyse. Der Wahnsinn ist heute die letzte Barriere gegen den Inzest. Sexuelle Beziehungen zwischen Brüdern und Schwestern und vor allem zwischen Eltern und Kindern werden als pathologisch und als Ursache des Unglücks erklärt. Doch zum ersten Mal wagen es einige Menschen, das Recht auf Inzest offen einzufordern, während andere versuchen, ihn zu verharmlosen. So erklärt Wardell

Pomeroy... gelassen fest, dass „die Zeit gekommen ist, um anzuerkennen, dass Inzest nicht unbedingt eine Perversion oder eine Form von Geisteskrankheit ist und dass er manchmal sogar nützlich sein kann". Elisabeth Badinter fügt hinzu: „Die Verbote wiegen immer weniger, und da die Versuchungen, sich ihnen zu widersetzen, immer größer werden, werden sie vielleicht dazu führen, dass das allgemeine Inzesttabu in Vergessenheit gerät[636]."

In seinem Buch über den Antisemitismus hat uns Stéphane Zagdanski ermahnt, seine Worte zu „entschlüsseln" und den Sinn seiner Sätze wiederherzustellen. Zum Thema „Antisemiten" schrieb er: „Zu entschlüsseln: Sie frönen egoistisch den dunklen Freuden des Inzests, zu denen uns der Zugang verwehrt wurde. Man muss verstehen, dass der Antisemit sehr besorgt über den Inzest ist, was logisch ist, da er an einem Mangel seiner Grenzen leidet[637]."

Dr. Georges Valensin erinnerte daran, dass die Psychoanalyse, die alles in den Bereich der Sexualität bringt, dem Gehirn eines Juden entsprungen ist, nämlich dem von Sigmund Freud: „Begabt mit einem talmudischen Geist, mit seinem Bedürfnis zu forschen und zu diskutieren, entdeckte er überall Sex. Die Psychoanalyse war eine jüdische Angelegenheit[638]." In der Tat war Freud, der vom Judentum durchdrungen war, in einer gläubigen Familie in Mähren aufgewachsen. „Wahrscheinlich hatte er den Zohar gelesen, demzufolge „der ganze Kern, der ganze Saft und die ganze Kraft des Lebens aus den Geschlechtsorganen kommt"."

In Wien, wo er lebte, waren die Juden „sehr zahlreich, besonders in den mittleren und intellektuellen Klassen", wo er seine Klientel rekrutierte.

---

[636] Elisabeth Badinter, *L'un est l'autre*, Éd. Odile Jacob, 1986, S. 239.

[637] Stéphane Zagdanski, *De l'Antisémitisme*, Climats, 1995, 2006, S. 206; vgl.: *Psychanalyse du Judaisme*, S. 357.

[638] Dr. Valensin erwähnte, was wir in *Psychoanalyse des Judentums* über die jüdischen Ursprünge der Inspiration Sigmund Freuds analysiert hatten: „Er gab dem Studium der Träume einen neuen Impuls; in Jerusalem gab es bereits 24 professionelle Traumdeuter, wie der Talmud berichtet, der voll von Traumgeschichten mit divinatorischer Bedeutung ist". (Encyclopedia Judaïca, Bd. XIII, Art. *Les rêves*). „In Marrakesch stellte ein Reisender mit Erstaunen fest, dass im jüdischen Viertel Träume ein ständiges Gesprächsthema waren". (J. Benech, *Essai d'explication d'un mellah*, Marrakesch, 1936, S. 114). Die Deutung von Träumen war in Babylonien und Sumer eine gängige Praxis.

George Valensin schrieb: „Seine eigene jüdische Herkunft muss einen großen Teil der christlichen Patienten ferngehalten haben, die weniger neurotisch waren als die Kinder Israels, die ständig rastlos waren... Viele beschnittene Klienten könnten die exorbitante Bedeutung erklären, die der Vater der Psychoanalyse dem Kastrationskomplex beimaß: der Penisneid, eine weitere Freudsche Entdeckung, ließe sich durch die extreme Vorliebe für Jungen in jüdischen Familien erklären; Mädchen müssen es zutiefst bedauert haben, kein Junge zu sein".

Zum Inzest sagte Dr. Valensin mit einem sanften Euphemismus: „Der Ödipuskomplex, die Liebe zum Elternteil des anderen Geschlechts, trat in der jüdischen Familie intensiver auf, weil diese mehr in sich selbst geschlossen lebte". Das ist in der Tat der Fall: „in sich selbst verschlossen". Wir können also mit Georges Valensin schlussfolgern: „Freud hat die Hemmungen verallgemeinert, die bei den durch ihre Moral gezügelten Juden wahrscheinlich viel häufiger sind... Durch die Psychoanalyse wurde das Christentum noch stärker mit dem Judentum imprägniert[639]".

Es ist wahr, dass der Psychoanalytiker den Priester in der Seelsorge abgelöst hat, aber mit dem Unterschied, dass der eine es umsonst macht, während der andere dafür bezahlt werden will. Es ist amüsant festzustellen, dass diese „kranken Menschen[640]" die Mehrheit der Bataillone derer bilden, die behaupten, die Menschheit zu heilen. Aber das ist nur eines der vielen „Paradoxien" des Judentums. Die Wahrheit ist, dass all diese jüdischen Psychoanalytiker ihren Beruf nicht so sehr ausüben, um ihre Patienten zu heilen, sondern um zu versuchen, sich selbst durch sie zu heilen. Es ist kein Zufall, dass Freud seine Karriere auf der Analyse der hysterischen Pathologie aufbaute, denn zum einen war er selbst direkt betroffen, und zum anderen konnte er sehen, dass die Krankheit in der jüdischen Gemeinschaft weit verbreitet war, und zwar aus dem einfachen Grund, dass der Inzest, der die Ursache dafür ist, in der jüdischen Gemeinschaft viel häufiger vorkommt als in der

---

[639] Georges Valensin, *La Vie sexuelle juive*, Éditions philosophiques, 1981, S. 171, 172.

[640] Jacques Attali erwähnt die Vertreibung der Juden aus Ägypten folgendermaßen: „Der Überlieferung nach fand dieser Auszug im Jahr -1212 statt. Ägyptische Texte aus dieser Zeit erwähnen auch die Vertreibung eines kranken Volkes oder eines Volkes mit einem leprakranken König und einen Aufstand ausländischer Sklaven". (*Los Judios, el mundo y el dinero*, Fondo de cultura económica de Argentina, Buenos Aires, 2005, S. 29).

übrigen Gesellschaft. Mit seiner Theorie des Ödipuskomplexes hatte Freud lediglich eine jüdische Besonderheit auf die gesamte Menschheit projiziert, denn in Wirklichkeit ist der berühmte „Ödipuskomplex" vor allem ein „Israelkomplex", nämlich der einer Mutter, die mit ihrem eigenen Kind schläft. Als er behauptete, die Neurosen hätten ihren Ursprung in der Unterdrückung der sexuellen Impulse durch die christliche Moral, projizierte er in Wirklichkeit seine eigene Neurose und die Neurose des Judentums auf eine Zivilisation, die er bewusst hasste. In der Tat hatte er uns selbst bei der Landung in Amerika gewarnt: „Ihr wisst nicht, dass wir euch die Pest bringen!

Jüdische Ängste

Die jüdische Neurose wird auf religiöser Ebene durch ein größenwahnsinniges Projekt mit universellem Anspruch umgesetzt. Das Ziel ist die Vereinigung der Erde, das Verschwinden von Rassen, Religionen und Nationen in einer großen planetarischen Vermischung, die zu einer Welt des „Friedens" führt, dem Vorspiel zum Kommen des Messias. Auf individueller Ebene zeigt diese Neurose manchmal ein Gesicht, das Mitgefühl erwecken kann, wenn es aufrichtig ausgedrückt wird. Der berühmte amerikanische Schriftsteller Philp Roth hat mit seinem 1967 erschienenen Roman *Portnoy's Evil* ein Zeugnis in dieser Hinsicht hinterlassen. In diesem Buch, von dem weltweit fünf Millionen Exemplare verkauft wurden[641], kommt der Autor wahrhaftig als Sexbesessener daher. Auf den ersten Seiten wird dem Leser das Wesen der „Portnoy-Krankheit" erklärt: „Eine Störung, bei der altruistische und moralische Impulse mit großer Intensität ausgelebt werden, aber in ständigem Krieg mit dem extremsten und manchmal perversen sexuellen Verlangen stehen. Spielvogel sagt dazu: „Exhibitionismus, Voyeurismus, Fetischismus und Autoerotik sind weit verbreitet, ebenso wie Oralverkehr... Spielvogel geht davon aus, dass diese Symptome auf die Bindungen zurückzuführen sind, die in der Mutter-Kind-Beziehung vorherrschen". In diesem Fall, Sie haben es natürlich erraten, ist es eine jüdische Mutter.

Philip Roth war davon offensichtlich tief betroffen: „Herr Doktor Spielvogel, das ist mein Leben, und zufälligerweise ist das alles ein

---

[641] Wir müssen verstehen, dass es ein großer Erfolg innerhalb der jüdischen Gemeinschaft war.

* Penis

jüdischer Witz. Ich bin der Sohn eines jüdischen Witzes, aber überhaupt kein Witz! Bitte, wer hat uns so verkrüppelt, wer hat uns so krankhaft, so hysterisch und so schwach gemacht?... Herr Doktor, wie würden Sie diese Krankheit nennen, an der ich leide? Ist es das jüdische Leiden, von dem ich so viel gehört habe? Herr Doktor, ich kann es nicht mehr ertragen, ich kann es nicht ertragen, so verängstigt für nichts zu leben. Gib mir den Segen der Männlichkeit! Mach mich tapfer! Mach mich stark! Mach mich gesund! Ich habe es satt, ein netter jüdischer Junge zu sein, es meinen Eltern in der Öffentlichkeit recht zu machen, während ich privat mit dem *Idioten ficke*. Das ist* genug[642]!"

Die Familie Roth erfuhr eines Tages, dass sich ein fünfzehnjähriger Junge namens Ronald Nimkin, ein Nachbarskind, im Badezimmer erhängt hatte. Im Haus kommentierten die Frauen diese Tatsache mit den Worten: „Es gibt keinen Jungen, der mehr in seine Mutter verliebt ist als Ronald! Und Philip Roth entrüstete sich: „Ich schwöre Ihnen, ich erfinde das nicht, das ist keine manipulierte Erinnerung, das sind genau die Worte, die diese Frauen benutzen... Meine eigene Mutter... begrüßt mich mit der folgenden Telefonansage: „Nun, wie geht es meinem Liebsten?" Ihre Liebste ruft mich an, während ihr Mann zuhört... Und es kommt ihr nie in den Sinn, dass, wenn ich ihre Liebe bin, wer ist er, der *Schmegeggy**, mit dem sie lebt?" Jüdische Mütter, die in ihre Kinder „verliebt" sind, stellen sich wahrscheinlich vor, dass sie den lang erwarteten Messias Israels zur Welt gebracht haben. Philip Roth fügte hinzu: „Was war mit diesen jüdischen Eltern los, was konnten sie uns jungen Juden einerseits glauben machen, dass wir Prinzen seien, einzigartig auf der Welt, wie Einhörner, Genies, brillanter als alle anderen und schöner als alle anderen Kinder der Geschichte? Erlöser, reine Perfektion[643]... „

Dies mag zum Teil erklären, warum so viele Journalisten die Angewohnheit haben, ihre Schriftstellerkollegen auf die unanständigste Weise zu loben und ihre Werke als „genial", „unvergleichlich", „großartig" usw. zu bezeichnen. Der Schriftsteller machte seinem Unmut über seine Eltern Luft: „Ich habe nämlich die Nase voll von

---

[642] Philip Roth, *El mal de Portnoy*, Seix Barral, Barcelona, 2007, Debolsillo, Mondadori, 2008, S. 35.

[643] Philip Roth, *El mal de Portnoy*, Seix Barral, Barcelona, 2007, Debolsillo, Mondadori, 2008, S. 94, 116

*Hahnrei

diesem ganzen Gerede über 'goyische patatín' und 'goyische patatán'. Wenn er schlecht ist, ist er ein Gojim, wenn er gut ist, ist er ein Jude. Begreift ihr nicht, liebe Eltern,... dass eine solche Denkweise ein bisschen barbarisch ist, dass ihr in Wirklichkeit nur eure Angst offenbart? Der erste Unterschied, den ich von euch gelernt habe, war sicher nicht der zwischen Tag und Nacht und auch nicht der zwischen Kälte und Hitze, sondern der zwischen dem Goyischen und dem Jüdischen... du engstirniger *Trottel*** - was habe ich für einen Hass auf deine engstirnige jüdische Mentalität[644]!"

Philip Roths Roman ist natürlich überladen mit pornografischen Szenen. Am Ende des Buches reist sein Held nach Israel, in der Hoffnung, dass seine Zwangsneurose endlich nachlässt. An einem Strand in Tel Aviv teilt er uns sein Erstaunen mit: „Ich verlasse das Zimmer und gehe ins Meer, um mit den glücklichen Juden zu planschen. Ich schwimme dort, wo das Gedränge am größten ist. Ich tummle mich in einem Meer voller Juden! Tummelnde Juden, die herumspringen! Ihre jüdischen Glieder wippen im Wasser, nicht weniger jüdisch! Die jüdischen Kinder lachen, als wären sie die Herren des Ortes!... Tatsache ist, ja, dieser Ort gehört ihnen! Und der Bademeister, ein weiterer Jude! Strand oben, Strand unten, soweit ich sehen kann. Alles Juden, und noch mehr, die an diesem schönen Morgen wie aus einem Füllhorn strömen. Ich lege mich an den Strand und schließe die Augen. Von oben höre ich ein Motorengeräusch: nichts zu befürchten, es ist ein jüdisches Flugzeug. Unter mir ist der Sand warm, und er ist jüdisch. Ich kaufe ein jüdisches Eis von einem Eismann, der nicht weniger jüdisch ist". Was für ein Ding", sage ich mir: „ein jüdisches Land!"... Alex im Wunderland[645]."

Alles läuft gut, aber leider scheint ihn seine jüdische Neurose bis zum Ende zu verfolgen. Während er mit einem jungen israelischen Armee-Leutnant in seinem Hotelzimmer zusammen ist, entdeckt er, dass er impotent ist: impotent in Israel[646]! All diese Missgeschicke bringen ihn

---

[644] Philip Roth, *El mal de Portnoy*, Seix Barral, Barcelona, 2007, Debolsillo, Mondadori, 2008, S. 72, 73

** Dumm

[645] Philip Roth, *El mal de Portnoy*, Seix Barral, Barcelona, 2007, Debolsillo, Mondadori, 2008, S. 253, 254

[646] „Ich konnte im Gelobten Land keine Erektion halten!"

schließlich dazu, über seinen erbärmlichen Zustand als Jude nachzudenken: „Wir, die gefallenen psychoneurotischen Juden... „

In *The Modern World and the Jewish Question (Die moderne Welt und die Judenfrage)*, das 2006 veröffentlicht wurde, projiziert der Planetensoziologe Edgar Morin seine Fehler ebenfalls auf andere, nachdem er wegen seiner Äußerungen zur israelischen Politik einige Unannehmlichkeiten mit seiner eigenen Gemeinschaft erlebt hatte. Er gibt vor zu entdecken, dass die „jüdische Psychopathologie" ein neues Phänomen ist: „Nach der antisemitischen Psychopathologie, die von dem allgegenwärtigen und bedrohlichen Juden besessen ist, ist eine zwanghafte jüdische Psychopathologie entstanden, die den allgegenwärtigen und bedrohlichen Antisemitismus aufspürt[647]."

Aber wir wissen sehr wohl, dass diese jüdische Angst, die oft den Anschein reiner Paranoia hat, seit der Antike tief in der jüdischen Seele verwurzelt ist; und der Antisemitismus, den die Juden gerne maßlos übertreiben, hat wenig damit zu tun. Hören wir auf den Schriftsteller Georges Perec: „Das Jüdischsein ist nicht an einen Glauben, eine Religion, eine Praxis, eine Kultur, eine Folklore, eine Geschichte, ein Schicksal, eine Sprache gebunden. Es ist vielmehr eine Abwesenheit, eine Frage, ein Zögern, eine Unruhe: eine beunruhigende Gewissheit, hinter der sich eine andere Gewissheit verbirgt, abstrakt, schwer, unerträglich: die, als Jude und damit als Opfer bezeichnet worden zu sein[648]."

Vor drei Jahren, vor der Veröffentlichung des ersten Bandes dieser Studie über das Judentum, hatten wir dieses Zeugnis als eine weitere Manifestation der „Perfidie" der Juden abgetan, immer bereit, Scheremiaden zu machen, um die Nichtjuden zu täuschen. Heute sind wir der Meinung, dass es unmöglich ist, die jüdische Seele zu verstehen, ohne diese Existenzangst zu berücksichtigen, die die meisten Juden, zumindest die Intellektuellen, untergräbt. Hören wir auch auf Georges Friedmann, der 1965 schrieb: „Die jüdische Unruhe ist eine psychologische, ethische und soziale Tatsache... Die Bandbreite reicht

---

[647] Edgar Morin, *Le Monde moderne et la question juive*, Éd. Seuil, 2006, S.152

[648] Georges Perec, *Je suis né*, Éd. Seuil, 1990, S. 99

von schwachen, sporadischen Erscheinungen bis hin zu den typischen Formen von Angst, Beklemmung und Neurose[649]."

Im Jahr 2002 veröffentlichte ein gewisser Joseph Bialot ein Buch der Erinnerungen. Die Zeitung *„Le Monde"* widmete ihm großzügig eine ganze Seite. Der 1923 in Warschau geborene Autor hatte sich in Paris mit seiner Familie im Arbeiterviertel Belleville niedergelassen. Natürlich hatte auch er die Todeslager erlebt. „Die Juden Westeuropas, die perfekt integriert waren, waren auf das Grauen völlig unvorbereitet". Wie Hunderttausende andere kehrte er lebendig zurück, um seine Geschichte zu erzählen. Aber Joseph Bialot drückt es offen aus: Sein Trauma war weniger auf die Erfahrung im Konzentrationslager zurückzuführen als auf die Erziehung, die er genossen hatte: „Vor allem musste ich mich von einer Familienneurose heilen, die auf 'Überbehütung' zurückzuführen war". Tatsächlich war das kommunistische Parteimitglied seit neun Jahren bei einem Psychoanalytiker in Behandlung.

„Es gibt vielleicht zwei Möglichkeiten, mit der jüdischen Neurose umzugehen: die Psychoanalyse und den Zionismus". Dies erklärte Michael Bar-Zvi, der Autor einer *Philosophie der jüdischen Nation, 2006* in *Radio J*.

Jacques Kupfer, der in den 1980er Jahren als Betar-Führer in Frankreich tätig war, hat ein bestätigendes Zeugnis abgelegt. Im Jahr 1979 war dieser Jude russisch-polnischer Herkunft dreißig Jahre alt und entschlossen, durch Konferenzen und Treffen französische Juden davon zu überzeugen, sich in Israel niederzulassen, ihre *„Alja"* zu machen, wie man sagt. Er definierte sich selbst als Jude, ausschließlich als Jude: „Ich bin nur Jude, überhaupt kein Franzose... Ich pfeife auf Frankreich... Wenn mein Vater nicht gewesen wäre, wäre ich schon längst in Israel... Ich bleibe nicht aus freien Stücken in Frankreich: Ich will meine Eltern nicht verlassen, die zu alt sind, um ihr Leben wieder aufzubauen". Für ihn sind die Juden in der ganzen Welt dazu bestimmt, in Israel zu leben. Und auf die Frage des Journalisten: „Wie erklären Sie sich, dass nur sehr wenige französische Juden nach Israel gehen?", antwortete er: „Weil sie krank sind! Ich sage das ohne Häme, denn auch ich habe Spuren dieser Krankheit. Zweitausend Jahre im Ghetto, ich wiederhole: es ist eine Krankheit, die es sehr schwierig macht, sich zu verpflanzen".

---

[649] Georges Friedmann, *Fin du peuple juif?* éd. Gallimard, 1965, S. 341.

Und er beharrte auf diesem Punkt: „Das jüdische Volk ist krank von zweitausend Jahren *Gola*[650]."

Der Historiker Henri Minczeles, der die Entwicklung der zionistischen Ideen in den russischen Gemeinden zu Beginn des 20. Jahrhunderts untersuchte, warf diese Frage ebenfalls auf. Zu dieser Zeit hatte Leo Pinsker ein Buch mit dem Titel *Selbstemanzipation* veröffentlicht, in dem er den Versuch unternahm, „das jüdische Problem durch Territorialismus zu lösen". Das Buch bildete den Auftakt zur Gründung der Gruppe Am Olam (Das ewige Volk), die die zionistische Bewegung in ihren Anfängen beeinflusste: „Als Vorläufer des Zionismus charakterisierte Pinsker das jüdische Volk als eine Gemeinschaft von Kranken. Um dieser anomalen, fast verzweifelten Situation abzuhelfen, war es notwendig, nach unberührten Gebieten mit Einwohnern zu suchen, wo immer[651]."

Auch der Schriftsteller Romain Gary hat in einem seiner Romane diese für das Judentum so spezifische Neurose hervorgehoben: „Verkörpert durch eine Figur, die wegen „echter Persönlichkeitsstörungen" in eine psychiatrische Klinik eingewiesen wurde, erkundet *Pseudo* auf privilegierte Weise die schwankenden Grenzen, die Vernunft und Wahnsinn trennen... Momo selbst erlebt gelegentliche Gewaltkrisen, die ihn überwältigen: „Es ist, als hätte ich einen Bewohner in mir[652]."

Das Dossier des *Nouvel Observateur* vom 26. Februar 2004, das der Veröffentlichung einer Biographie von Myriam Anissimov mit dem Titel *Romain Gary, der Kameleon* gewidmet war, enthüllte eine andere Seite des Charakters: „Gary hat oft gelogen, ohne zu erröten, und die Verstellung in den Rang der Menschenrechte erhoben". So erzählte er zum Beispiel, er sei der „Sohn von Iwan Mosjoukine, einem würdigen und schönen Schauspieler, der im Russland der 1930er Jahre berühmt war". Die Journalistin antwortete: „Myriam Anissimov ist kategorisch: unmöglich. Mina Kacew, die Mutter von Romain, hat niemals das Theater betreten, in dem der Schriftsteller behauptet, dass sie sich

---

[650] André Harris und Alain de Sédouy, *Juifs et Français*, Grasset, 1979, Poche, 1980, S. 328-344. „*Gola*: Exil.

[651] Henri Minczeles, *Histoire générale du Bund*, 1995, Denoël, 1999, S. 26.

[652] *La Vie devant soi*, S. 56 *in Emil Ajar, Romain Gary*, Les Cahiers de l'Herne, 2005

geliebt haben". Später, in *Das Versprechen der Morgenröte*, macht Gary Mina zu einer berühmten Pariser Designerin. „Ihre Mutter war in Wirklichkeit eine bescheidene Hutmacherin, die in den schmutzigen Vorstädten von Wilno, Polen, schuftete. Die Arbeit der Biographen ist schonungslos", fügte der Journalist hinzu, der auch schrieb: „Lügen war für ihn eine Höflichkeit, eine Visitenkarte." Auch die Waffentaten dieses „Helden des freien Frankreichs" wurden nicht erwähnt...

Wie Romain Gary hatte auch Elie Wiesél einen „Bewohner" in sich - einen „*Dibbouk*" -, wie er in seinem letzten, 2006 erschienenen Roman *Ein verrücktes Verlangen zu tanzen* gestand: Sein Held, der „an einem Wahnsinn aufgrund eines Übermaßes an Erinnerung" leidet, gestand einem Psychoanalytiker: „Wie der Dibbouk suche ich in meinem Wahnsinn Zuflucht wie in einem warmen Bett in einer Winternacht. Ja, das ist richtig. Es ist ein Dibbouk, der mich heimsucht, der in mir lebt, der meinen Platz einnimmt. Er, der meine Identität an sich reißt und mir sein Schicksal aufzwingt... Woher kommt mein großes Unbehagen, diese Veränderungen, diese plötzlichen Metamorphosen, ohne Erklärungen oder Übergangsriten, dieses Dahinsiechen am Rande der Verdummung, dieses Schwanken des Seins, das mein Unwohlsein kennzeichnet?", fragte sich Wiesel voller Angst über seine Figur: „Bin ich paranoid, schizophren, hysterisch, neurotisch[653]?"

Und wie Romain Gary neigte auch Elie Wiesel zur Fabulierkunst. Wir kennen die bedauerliche Tendenz vieler jüdischer Intellektueller, die Realität zu verzerren und Unsinn zu erzählen. In *Psychoanalyse des Judentums haben* wir uns ausführlich mit den Aussagen von Elie Wiesel, Samuel Pisar und Marek Halter befasst. Zitieren wir hier den Historiker Pierre Vidal-Naquet, der eines Tages über Elie Wiesel erklärte: „Rabbi Kahane, dieser jüdische Extremist... ist weniger gefährlich als ein Mann wie Elie Wiesel, der nichts als Unsinn erzählt... Man muss nur *„Die Nacht"* lesen, um zu erkennen, dass einige seiner Beschreibungen nicht zutreffend sind und dass er am Ende zum Holocaust-Hausierer wird... Denn auch ihm mangelt es an Wahrheit, an einem immensen Mangel an historischer Wahrheit[654]."

Aber auch andere, vernünftigere jüdische Schriftsteller ließen sich von der Phantasie dieser Fabelwesen täuschen. So wiederholte Arthur Koestler im Vorwort zu einem Buch über das Drama des Zweiten

---

[653] Elie Wiesel, *Un Désir fou de danser*, Éd. Seuil, 2006, S. 29, 13

[654] Pierre Vidal-Naquet in *Zéro*, April 1987, S. 57.

Weltkriegs naiv einen Humbug, den heute niemand mehr glaubt: „Hunderte von Büchern wurden der Erhaltung und Reinigung der Herrenrasse gewidmet, während gleichzeitig Leichen eingeschmolzen und zu Seife verarbeitet wurden[655]." Noch im April 2003 konnte man im *Israël Magazine* lesen, wie Frederic Stroussi ernsthaft schrieb: „SS-Letton Cukurs hatte das Hobby, jüdische Babys in die Luft zu werfen und ihnen in den Kopf zu schießen, wie beim Untertassenschießen." Wer die *Psychoanalyse des Judentums* liest, weiß, dass das Fabulieren eines der Symptome der hysterischen Pathologie ist. Aber es ist wahr, dass die Autoren bei diesen Themen oft die unglückliche Angewohnheit haben, sich gegenseitig zu kopieren.

Romain Gary war auch ein „großer Depressiver", so der *Nouvel Observateur* vom 26. Februar 2004, in dem es heißt: „Gequält, seine große Güte hinter groben Manieren und einer phantasievollen Ironie versteckend, emotional bis zu dem Punkt, an dem er stundenlang auf dem Boden liegt, ohne ein Wort zu sagen, ungesund gestört", war er offensichtlich selbstmordgefährdet. In seinen Briefen an René Agid schreibt er 1955: „Ein fehlender Knopf, ein sehr kleiner Schuh, ein verlorener Schlüssel, und ich sehe den unabänderlichen Frieden des Selbstmords als einzige Lösung". Der Gedanke an Selbstmord taucht in der Tat immer wieder in seinen Büchern auf. Am Ende eines seiner Romane begeht sein Held namens Tulipe Selbstmord „aus tiefstem Protest" gegen „das kleine Dorf nebenan, wo die Bauern glücklich waren, obwohl sie neben einem Konzentrationslager lebten [656]". Typischerweise versucht der jüdische Intellektuelle, den Nichtjuden die Schuld zu geben, indem er sie für all ihre Übel verantwortlich macht. Die ganze Welt ist schuldig an der Selbstgefälligkeit gegenüber den Nazis. Dieses Bild findet sich bei vielen jüdischen Intellektuellen. Siehe wieder Elie Wiesel: „Was können wir über den Tod von einer Million jüdischer Kinder in einer gleichgültigen und selbstgefälligen Welt sagen[657]?"

Es sei daran erinnert, dass die Schauspielerin Jean Seberg, die schöne kleine Verkäuferin der *Herald Tribune* in Jean-Luc Godards *Am Rande*

---

[655] Fred Uhlman, *L'ami retrouvé*, 1971, Éd. Gallimard, 1978, Folio, 1983, S. 11.

[656] *Emil Ajar, Romain Gary*, Cahiers de l'Herne, 2005, S. 78-80

[657] Elie Wiesel, *Célébration talmudique*, Éd. Seuil, 1991, S. 210. Siehe die Kapitel über „Schuld" in unseren früheren Büchern.

des Abgrunds (1960), die Partnerin von Romain Gary, den Schriftsteller in seinem politischen Wahn begleitet und die Aktivisten der Black Panther Party finanziert hatte. Am Ende verfällt er dem Wahnsinn und begeht 1979 Selbstmord. Die hysterische Pathologie, die das Judentum so gut charakterisiert, ist in der Tat äußerst ansteckend. Gary beging am 2. Dezember 1980 Selbstmord. „Es ist unbestreitbar, dass ich durch meine Mutter eine jüdische Sensibilität habe. Sie kommt in meinen Büchern zum Vorschein, und wenn ich sie wieder lese, spüre ich sie selbst[658]." Das dachten wir auch.

Obwohl es keine Statistiken zu diesem Thema gibt, können wir mit Sicherheit sagen, dass Selbstmorde im Judentum sehr häufig sind. Der berühmte Schriftsteller Stefan Zweig, einer der wenigen jüdischen Schriftsteller mit schriftstellerischem Talent, war in den 1930er Jahren aus Österreich geflohen und beging 1942 in Brasilien Selbstmord, am Boden zerstört durch die Siege der Feinde seines Volkes in Europa. Bei genauerem Hinsehen wird jedoch deutlich, dass seine Selbstmordgedanken schon von Anfang an tief in ihm verankert waren. Wie die anderen Juden fühlte auch dieser „Weltbürger" ein starkes Gefühl des Identitätsbruchs. Obwohl Zweig keinen Hehl aus seinem Jüdischsein machte, behauptete er wie seine jüdischen Mitbürger, ein „integrierter" Jude zu sein. Die Identitätsbesessenheit, ein konstituierendes Element der jüdischen Neurose, taucht zum Beispiel in dem Roman *Das gefährliche Mitleid* auf, in dem sich ein respektabler ungarischer Kastilier als Jude entpuppt, der alles daran setzt, seine Vergangenheit zu verbergen. Diese Geschichte, schrieb Jacques Le Rider im Juni 1995 in der Literaturzeitschrift *Europe*, „ist ein bewegendes Zeugnis einer tiefen inneren Krise und zugleich ein Symptom einer fast pathologischen Regression" (S. 42). (p. 42).

In seinem unvollendeten Roman *Clarissa* porträtiert Stefan Zweig einen jüdischen Neurologen namens Silberstein, der dem Autor in jeder Hinsicht ähnelt. Silberstein ging sogar so weit, zu gestehen: „Eigentlich bin ich ein Mensch der Nervosität. Das habe ich meiner jüdischen Abstammung zu verdanken. Von Kindheit an hat sie sich zu einer Morbidität entwickelt" (S. 49). (p. 49). In einer jugendlichen Erzählung aus dem Jahr 1901 mit dem Titel *Im Schnee* ließ Stefan Zweig bereits eine fast morbide Tendenz und eine selbstmörderische Resignation

---

[658] *Emil Ajar, Romain Gary*, Les Cahiers de l'Herne, 2005. Interview veröffentlicht in der jüdischen Monatszeitschrift *L'Arche*, 26. April 1970, S. 40-45.

erahnen: In dieser Geschichte war eine jüdische Gemeinde in einem deutschen Dorf nahe der polnischen Grenze auf der Flucht vor dem Eintreffen einer Bande judenfeindlicher Geißler. Die fliehende Karawane von Juden geriet nachts in einen Schneesturm. Plötzlich erlagen sie alle der Versuchung, sich in den kollektiven Tod zu flüchten, und ließen sich erfrieren.

In der Juni-Ausgabe 1995 der Zeitschrift *Europe*, die Stefan Zweig gewidmet war, erschien ein Artikel von Monique Bacelli, die dieselbe Analyse des letzten Romans von Stefan Zweig aus dem Jahr 1940 mit dem Titel *Schachnovelle* vornahm: Zweig, so schrieb die Journalistin, „hat Schiffbruch erlitten in einer neurotischen Spaltung". Tatsächlich schrieb der Autor in dem Roman:"... ich hatte nichts anderes zur Verfügung als dieses sinnlose Spiel gegen mich selbst, meine Wut, mein Wunsch nach Rache, stürzte sich fanatisch darauf. Etwas in mir schrie nach Gerechtigkeit, und in mir hatte ich niemanden, der mich bekämpfte, außer meinem anderen Ich". Das Thema der Rache kommt im Judentum immer wieder vor, aber hier soll vor allem darauf hingewiesen werden, dass Stefan Zweigs Selbstmordgedanken nicht nur von den politischen Ereignissen seiner Zeit abhängig waren, sondern auch konstitutiv für seine Persönlichkeit.

Wie alle anderen jüdischen Intellektuellen wurde auch Zweig vom Universalismus des Judentums gequält. Er wandte sich gegen das Projekt der Zionisten, nach Israel zurückzukehren, und schrieb: „Innerhalb der jüdischen Gemeinschaft hat es immer zwei Parteien gegeben, die eine, die glaubt, dass das Heil im Tempel liegt, und die andere, die glaubt, dass nach der Zerstörung des Tempels bei der Belagerung Jerusalems die ganze Welt zum Tempel werden würde. Ich glaube, dass „Jude" und „Mensch" identisch bleiben müssen, und ich betrachte jede Arroganz, die darauf abzielt, die jüdische Gemeinschaft zu isolieren, als eine große moralische Gefahr". Dieser Gedanke der Gleichsetzung von „Jude" und „Mensch" entspricht genau den Worten von Elie Wiesel und anderen jüdischen Intellektuellen.

Als großer Bewunderer von Freud schickte Zweig seine Bücher systematisch an den Meister der Psychoanalyse. Im Jahr 1926 legte er Freud mehrere Novellen vor, die später veröffentlicht wurden, und Freud zeigte großes Interesse daran, sie zu kommentieren: *„Vierundzwanzig Stunden im Leben einer Frau"*, dessen Heldin sich einem jungen Baron hingibt, um ihn vor seiner selbstmörderischen Spielleidenschaft zu bewahren, überträgt seiner Meinung nach die Probleme einer Mutter, die ihren Sohn in sexuelle Beziehungen einführt, um ihn vor den Gefahren der Onanie zu bewahren: Das Spiel sei nur ein

Ersatz für die Selbstbefriedigung, und die beschriebenen „weiblichen Impulse" seien charakteristisch für die „libidinöse Fixierung" aller Mütter auf ihre Kinder. Was die *Zerstörung eines Herzens* betrifft, so dreht sie sich um die Eifersucht eines Vaters, der die Sexualität seiner Tochter im Teenageralter entdeckt, obwohl sie ursprünglich sein Eigentum war" (S. 33). Interessanterweise, so schreibt Lionel Richard (*Europa*), hatte Zweig keine Vorbehalte gegenüber diesen Interpretationen Freuds durch das Prisma der Sexualität allein... In seinem Dankesbrief an Freud vom 8. September 1926 beschränkte er sich darauf, seine Bewunderung auszudrücken.

Einmal mehr zeigt sich, wie sehr jüdische Intellektuelle von inzestuösen Trieben besessen sind. Es ist eine Tatsache, dass die Selbstmordrate von Psychiatern und anderen Psychologen die höchste von allen Berufen im medizinischen Bereich ist. Es war sicherlich nicht der Nationalsozialismus, der Stefan Zweig umbrachte, sondern das Judentum, das ihn in den Selbstmord trieb.

Der Schriftsteller Arthur Schnitzler, ein Zeitgenosse und Landsmann von Stefan Zweig, hatte ebenfalls unter dem Selbstmord seiner Tochter zu leiden. „Schnitzler war ein Pessimist, ein Skeptiker, ein gequälter Mann, der unter Zensur, Antisemitismus und lebenszerstörenden Dramen litt. Seine Tochter Lili beging 1928 in Venedig Selbstmord. Sie war neunzehn Jahre alt. In ihrem Roman *Der Weg ins Freie* ist die Hauptfigur Georg von Wergenthin ein gespaltener Aristokrat, ein „innerlich völlig gebrochener Dandy, ein Symbol für das Chaos und das Ende einer Gesellschaft". Regine Robin schreibt weiter: „Phantasien der Zersplitterung auch bei Kafka, dessen Hybride und Doppelgänger die emblematischen Figuren sind. Überall eine unauffindbare Identität, unbequemes Kommen und Gehen, nostalgische Fixpunkte, Konversionen und Rekonversionen, Verankerungspunkte in einem oft phantasmagorischen Jüdischsein. Ewiges Schwanken zwischen universalistischem sozialistischem Messianismus und nationalistischem jüdischem Messianismus der Diaspora oder Zionismus". Hier ist wieder Jiri Langer aus Prag, Kafkas Freund, „in Auflehnung gegen das *Nichts von Judentum* seiner assimilierten bürgerlichen Familie[659]".

---

[659] CinémAction, *Cinéma et judéité*, Annie Goldmann (Hrsg.), Cerf, 1986, S. 10.

Wir haben bereits in unseren früheren Büchern gesehen, wie häufig Selbstmorde in der Umgebung von Elie Wiesel vorkamen, was in den beiden Bänden seiner Biographie nachgezeichnet wurde. In seinem *Testament eines ermordeten jüdischen Dichters* erinnerte er an den Selbstmord eines gewissen Bernard Hauptmannn nach dem Wahlsieg der Nazis im Jahr 1932. Auch hier könnte man meinen, dass der Ärger über das Ausmaß des Widerstands gegen das Judentum diesen kommunistischen Führer in den Selbstmord trieb. Aber schließlich musste Elie Wiesel es zugeben: „Traub behauptete, dass Bernard schon seit einiger Zeit von der Idee des Selbstmords angezogen war". Die ganze Egozentrik des Judentums zeigt sich in folgendem Satz: „Inge hingegen behauptete, Hauptmanns Geste habe sich gegen die Menschheit und nicht gegen ihn selbst gerichtet. Er habe sich umgebracht, weil wir gerade Zeuge der Dekadenz, des Todes der menschlichen Gattung geworden seien[660]."

Der Untergang des Judentums ist der Tod der menschlichen Gattung. Manes Sperber hat es sehr gut ausgedrückt: „Der Völkermord an den Juden war ein Verbrechen an der menschlichen Gattung[661]." Hier zeigt sich einmal mehr, dass Juden nur nach ihren eigenen Maßstäben und ihrer eigenen Identität denken und dass sie sich in sich selbst verschließen, isoliert sind und nicht verstehen können, dass man die Welt auch anders als durch das Judentum sehen kann. Außerdem haben sie immer das Bedürfnis, ein Problem, das sie im Besonderen betrifft, auf eine universelle Ebene zu projizieren. Als es 2003 so aussah, als würden der Irak und Saddam Hussein Israel bedrohen, trat Elie Wiesel ins Rampenlicht, um zu erklären, dass die gesamte Menschheit bedroht sei. Die gleichen Reden klingen auch heute noch nach, wenn sich jüdische Gemeinden in aller Welt über die westlichen Medien auf einen Krieg gegen den Iran vorbereiten. In *Biblical Celebration* schrieb Wiesel: „Indem er für sein Volk arbeitet, hilft der Jude der Menschheit[662]."

Die jüdische Neurose kann im Kino durch eine kompensatorische Schöpfung umgesetzt werden. Der verfolgte kleine Jude, der

---

[660] Elie Wiesel, *Le Testament d'un poète juif assasiné*, 1980, Points Seuil, 1995, S. 135.

[661] Manès Sperber, *Être Juif*, Éd. Odile Jacob, 1994, S. 81.

[662] Elie Wiesel, *Célébration biblique*, Éditions du Seuil, 1975, S. 142.

intelligente, aber unglückliche „*schlémiel*", der nach der Schule verprügelt wird, hat sich Figuren ausgedacht, die sich in Wesen verwandeln können, die mit außergewöhnlichen Kräften ausgestattet sind. So wurden die Superhelden geboren. Robert L. Liebmam schrieb: „Die Idee, dass Jüdischsein ein äußerst nachteiliger Zustand ist, vor dem man natürlich fliehen möchte, ist der Kern der Erfindung von Superman. Superman wurde in den frühen 1930er Jahren von zwei jungen Juden aus Cleveland [Jerome Siegel und Joseph Shuster] erdacht, die sich nicht bewusst waren, dass ihr Jüdischsein im kreativen Prozess eine Rolle spielte; die Geschichten des „Superman"-Zyklus enthalten keinen ausdrücklichen Hinweis auf das Jüdischsein, aber das Schlémiel-Superman-Thema ist mit jüdischen religiösen und kulturellen Traditionen verbunden. Der Dualismus von Clark Kent und Superman, der im Mittelpunkt der fantastischen Geschichte steht, entspricht einer typisch jüdischen Vorstellungswelt; dass der Mann aus Stahl von zwei Juden erdacht wurde, ist nicht das Ergebnis eines Zufalls oder einer Fügung. Im Vergleich zu Kafka, der einen jungen Mann in ein Insekt verwandelte, ist Superman unbestreitbar ein Fortschritt.

Die berühmte Legende vom Golem passt in die gleiche Gedankenwelt des Judentums. In der vielfach nachgedruckten Version von Péretz drohte den Prager Juden im 16. Jahrhundert die sichere und unmittelbare Vernichtung. Ihr Rabbi formte daraufhin eine Tonfigur, die er zum Leben erweckte, indem er in ihre Nasenlöcher blies und ihr den „Namen" ins Ohr flüsterte. Sie verwandelte sich in einen unverwundbaren und unbesiegbaren Rächer, der die „Nichtjuden" abschlachtete, die Pogrome stoppte und so die überlebenden Juden rettete.

In Charlie Chaplins *Der Diktator* „übernimmt der Jude die Macht, indem er sich in seinen nichtjüdischen Feind verwandelt und dessen Platz einnimmt...; auch in Superman ermächtigt sich der kleine Mann, indem er sein Jüdischsein ablegt und nichtjüdische Eigenschaften annimmt". Und Robert Liebman fügte hinzu: „Ich bin überzeugt, dass die Träume von Nicht-Juden ganz anders sein müssen als die von Juden."

Die Analyse des Films *Der verrückte Professor* (1963) von Jerry Lewis zeigt denselben projektiven Prozess. Es ist die Geschichte eines unbedeutenden kleinen Mannes, der die Formel für einen Zaubertrank entdeckt, mit dem er sich in einen Supermann verwandeln und die Frau verführen kann, in die er verliebt ist. „Julius Kelp ist der Inbegriff des *Schlémiels*", schrieb Liebman. Er ist kurzsichtig, bescheiden und tollpatschig. Buddy Love hingegen ist nicht nur gutaussehend, tüchtig und selbstbewusst, er ist auch außerordentlich talentiert und sportlich, kurzum, er hat übermenschliche Eigenschaften. „Weder die ethnische Zugehörigkeit noch die Religion der Figur werden erwähnt, aber es scheint klar, dass Jerry Lewis (geboren als Joseph Levitch) von jüdischen Stereotypen inspiriert ist. Sein Name und sein Beruf machen deutlich, dass Julius Kelp der typische gute jüdische Student aus Romanen und Filmen ist; Buddy Love, mehr sinnlich als intellektuell, trinkfest, frauenliebend und rauflustig, ist das mythische Bild des introvertierten jungen jüdischen 'Goy': ein heißblütiger Rohling, dessen Leben eine ununterbrochene sinnliche Party ist. Die Sorgen und Phantasien, die Lewis seiner Figur mit auf den Weg gibt, sind dieselben, die Philip Roth Jahre später in *Portnoys Böses* als typisch jüdisch bezeichnen würde. Sein Portnoy... ist ein eingefleischter Frauenheld, der sich in seiner Jugend wegen seines Jüdischseins bei Frauen benachteiligt fühlte[663]."

In diesem Wettbewerb zwischen dem Schüchternen und dem „Galanten" wird die junge Frau natürlich den *Schlémiel*, den schüchternen kleinen Juden, bevorzugen. In *Dreams of a Seducer* (1972) lehrte Woody Allen die Juden, dass sie sie selbst sein sollten. In *Annie Hall* (1977) war es sogar ein sexueller Vorteil, Jude zu sein.

Die Untersuchung der kulturellen Produktion des Judentums zeigt auch, dass die Juden offenbar sehr unter der fehlenden Liebe der übrigen Menschheit leiden, die die Mission des „auserwählten Volkes" nicht zu verstehen scheint. Jüdische Regisseure kompensieren dieses Leiden, indem sie sich vorstellen, dass der Jude endlich als das anerkannt wird, was er ist: ein geniales Wesen, ein absolutes Genie, das es verdient, gefeiert und beklatscht zu werden.

Dieses Bild war am Ende des Films *Der letzte Untergrund* (1980) von François „Truffaut" (Levy) zu sehen: Lucas Steiner, ein Theaterdirektor, der sich während des gesamten Krieges in einem Keller verstecken musste, offenbart sich schließlich im Moment der „Befreiung" seinem Publikum. Nach einer Aufführung betritt er mit den Schauspielern die Bühne und wird von den begeisterten Gojim, die seine Genialität erkennen, frenetisch beklatscht. Dieses Bild finden wir am Ende von Woody Allens Film *Disassembling Harry* (USA, 1997): Der Held des

---

[663] CinémAction, *Cinéma et judéité*, Annie Goldmann (Hrsg.), Cerf, 1986, S. 115-121. In den anderen Filmen von Jerry Lewis vervielfältigen die Figuren ihre Identitäten (*The Family jewels*, 1965; *Three on a Couch*, 1966; *The Big Mouth*, 1967).

Films, ein Romanautor, wird von all seinen Figuren ausgiebig beklatscht. Der kleine Jude wird inmitten seiner Figuren mit einer *Standing Ovation* begrüßt. In Norman Jewisons *Rollerball* (USA, 1975) findet die Handlung im Jahr 2018 statt; zu diesem Zeitpunkt sind die Nationen abgeschafft und die Politiker durch Technokraten ersetzt worden. Es hat sich eine Freizeitzivilisation mit einem Spiel entwickelt, das den ganzen Planeten beherrscht. Jonathan (James Caan) ist der beliebteste unter diesen neuen Helden. Die Menge singt seinen Namen ohne Unterlass. Betrachten wir den Film *Barton Fink* der Coen-Brüder (USA, 1991): Zu Beginn des Films wird der junge Dramatiker vom Publikum frenetisch beklatscht: Es ist der Beginn einer großen Karriere in Hollywood. Dieses Bild findet sich auch auf kuriose Weise in einem Kurzroman von Jacques Lanzmann mit dem Titel *Der siebte Himmel*: Ein gewisser Moses hat die Frechheit, sein Vollblutpferd „Es leben die Juden" zu taufen, so dass die Menge ihm mit Inbrunst zujubelt[664]. Dieses Bedürfnis, geliebt und anerkannt zu werden, wird in Woody Allens Film *Zelig* (1983) angedeutet: „Einer von Woody Allens letzten Filmen", schreibt Dominique Cohen, „erzählt die Geschichte von Zelig, einem Chamäleon von einem Mann, der immer wie der Andere aussehen will, um geliebt zu werden. Er geht so weit, dass er sich bei der SS meldet, als der Nazismus die Unterstützung der Mehrheit erhält[665]."

Juden brauchen, wie wir sehen, viel Liebe. Der Schriftsteller Philip Roth stellte sich in *Operation Shylock* vor, dass die Juden eines Tages Israel verlassen und in die mitteleuropäischen Länder, in denen sie einst lebten, zurückkehren würden. Diese Passage aus seinem Buch ist symptomatisch für die Qualen der jüdischen Seele, die danach dürstet, endlich geliebt und anerkannt zu werden: „Wissen Sie, was am Warschauer Bahnhof passieren wird, wenn die erste Zugladung Juden ankommt? Eine Menschenmenge wird ihnen entgegenkommen. Es wird Jubel geben. Es wird Tränen geben. Sie werden rufen: „Unsere Juden kommen nach Hause! Unsere Juden kommen nach Hause!". Das Spektakel wird live im Fernsehen in die ganze Welt übertragen. Und was für ein historischer Tag für Europa, für das Judentum, für die gesamte Menschheit... Ein historischer Tag für die menschliche Erinnerung, für die menschliche Gerechtigkeit und auch für die Sühne.

---

[664] Jacques Lanzmann, *Le Septième Ciel*, J. C: Lattès, Poche, S. 17

[665] CinémAction, *Cinéma et judéité*, Annie Goldmann (Hrsg.), Cerf, 1986, S. 51.

Das Gewissen Europas wird erst in jenen Bahnhöfen wieder weiß werden, wenn dort die Massen weinen und singen und ihrem Jubel Ausdruck verleihen, wenn dort die Christen im Gebet zu Füßen ihrer jüdischen Brüder auf die Knie fallen[666]..."

Wenn man das Gute betrachtet, so besteht in ihnen vor allem das Bedürfnis, die Gojim zu beschuldigen, um sie in die Knie zu zwingen, zu den Füßen der Juden. Der berühmte jiddische Schriftsteller Sholem-Aleichem hat uns seine Hoffnungen für Israel vermacht. Der 1859 in Russland geborene Schriftsteller war der Meister der jiddischen Literatur, einer Sprache, die bis dahin von den Gelehrten verschmäht wurde. In *den Abenteuern des Menahem-Mendl*, die 1913 veröffentlicht wurden, schrieb er: „Der Krieg, der ausbrechen wird - ich spreche vom Großen Krieg - wird weder auf dem Meer noch auf dem Land stattfinden, sondern in der Luft... Sein großer Vorteil ist, dass er nicht von Dauer sein wird. Wenn der erste Riss auftaucht, ein Zeichen der Schwächung, wird ein Schrei ertönen, der die ganze Welt erschüttern wird - und in diesem Moment wird es Frieden, Eintracht, allgemeines Glück geben müssen - und dann wird auch unsere Zeit kommen, Brüder, Kinder Israels. Es werden die anderen sein, die sich auf unsere Seite stellen werden. Feinde werden zu guten Freunden werden. Wir werden nicht mehr beschimpft werden. Die Polen werden mit ihrem Boykott unbemerkt bleiben. Sie werden sich schämen, zuzugeben, dass sie uns in der Vergangenheit boykottiert haben. Und es wird unzählige geben, die sich schämen und bedauern werden, dass sie unser Blut zum Fließen gebracht haben. Aber all das wird zu seiner Zeit kommen, eines Tages[667]..."

Den Juden fällt es oft schwer zu verstehen, warum die Menschheit sie ablehnt, was sie umso mehr schmerzt, als sie zutiefst davon überzeugt sind, dass sie die Vertreter des Guten auf Erden, des Guten, des Schönen und der universellen Moral sind. René Neher, ein ehemaliger Widerstandskämpfer, drückte „diesen Wunsch aus, dafür zu sorgen, dass die Moral in der Welt respektiert wird. Sie bleibt unsere Daseinsberechtigung... Der Antisemitismus, der im Wesentlichen aus religiösen Gründen entstanden ist, wird eines Tages verschwinden.

---

[666] Philip Roth, *Operación Shylock*, Debolsillo, Editorial Mondadori, 2005 Barcelona, S. 49.

[667] Cholem-Aleikhem, *La Peste soit de l'Amérique*, 1913, Liana Levi, 1992, S. 195.

Eines Tages werden die Menschen erkennen, dass wir niemandem Böses wünschen[668]."

Der berühmte „Nazi-Jäger" Simon Wiesenthal, der 2006 im Alter von 96 Jahren in Wien starb, hatte ebenfalls zur Durchsetzung der Moral in der Welt beigetragen. Seine unermüdliche Suche nach dem Zweiten Weltkrieg führte zur Verhaftung von rund 1100 „Verbrechern", von denen einige noch nicht einmal ein Jahr alt waren, die alle vor Gericht gestellt und verurteilt wurden. Seine größte Leistung war es, Adolf Eichmann, den Drahtzieher der „Endlösung", vor Gericht gebracht zu haben. Simon Wiesenthal begann diese lange Jagd, „sobald er das Vernichtungslager Mauthausen verließ". Man muss jedoch bedenken, dass er in fünf anderen Vernichtungslagern gewesen war, aus denen er wie Hunderttausende andere Überlebende wie durch ein Wunder lebend herausgekommen war. Sein Rachedurst trieb ihn bis ans Ende seiner Tage an, aber er hat die Gerüchte über die „Wiesenthal-Kommandos", die versteckte Nazis aufgespürt und liquidiert haben, stets dementiert. Dieser große Mann erhielt natürlich unzählige Auszeichnungen für seine Taten. Moshe Katzav, der israelische Staatspräsident, erklärte anlässlich seines Todes: „Er vertrat die Moral der Menschheit, er vertrat die freie und demokratische Welt".

Die moralischen Ansprüche der Juden sind so hoch, dass die Menschheit nicht immer in der Lage ist, die Lehren des jüdischen Volkes zu verstehen. Um sich besser verständlich zu machen, verwenden sie manchmal andere Argumente, bei denen man eine gewisse Bedrohung spürt: „Man wird die Juden lieben, schrieb Albert Caraco, nicht wenn man sie ertragen muss, sondern wenn man sie fürchtet" (S. 177). (p. 177). „Man wird sie hassen, wenn sie verachtet werden, und man wird sie lieben, wenn sie furchterregend sind, denn so müssen sie werden, um das Volk vom Hass zu befreien" (S. 180). (p. 180). „Man wird ihnen vergeben, wenn sie triumphieren, denn so werden sie zu den Heiligen, die sie waren. Ohne die Kraft werden sie die Gnade nicht haben[669]."

---

[668] Serge Moati, *La Haine antisémite*, Flammarion, 1991, S. 165.

[669] Albert Caraco, *Apologie d'Israël*, 1957, L'Âge d'homme, 2004, S. 187.

Demenz

Die jüdische Neurose kann sich auch in einer noch ekstatischeren Form manifestieren. Vor allem in der chassidischen Strömung, wo diese Neurose ohne Komplexe während religiöser Zeremonien nach außen getragen wird. Diese im 18. Jahrhundert von Baal Shem Tov („Besht") gegründete Strömung hatte später einen großen Einfluss auf das aschkenasische Judentum. Der englische Schriftsteller Israel Zangwill hat uns in *The Ghetto Dreamers* darüber informiert, dass Besht's Großvater ein Schabb - ein Sabbatier - war, ein häretischer jüdischer Anhänger der berühmten Sekte von Shabtai Tzvi.

Der Besht wurde 1700 (5459) in Ukop in der Bukowina, im Norden des heutigen Rumäniens, geboren. Im Alter von 42 Jahren begann er, durch Podolien und die Walachei zu reisen und seine Lehren zu predigen. Die Kabbalisten interpretieren sein Geburtsdatum wie folgt: „Die Eigenschaften der Zahlen sind wunderbar, denn die Fünf, das Symbol des Fünfecks, ist der Schlüssel zu allem. Daraus folgt, dass wir fünf finden, wenn wir die ersten beiden von den letzten beiden subtrahieren, und während die erste Zahl multipliziert mit der dritten das Quadrat von fünf ergibt, ergibt die zweite Zahl multipliziert mit der vierten das Quadrat von sechs, und ebenso ergibt die erste Zahl addiert mit der dritten die Zahl zehn, die die Zahl der Gebote ist, und die zweite Zahl addiert mit der vierten die Zahl dreizehn, die die Zahl der Glaubensgrundsätze ist. Selbst die Christen, die dieses Jahr 1700 nennen, weisen darauf hin, dass es den Beginn einer neuen Ära markiert[670]."

Bald waren die Anhänger des Besht in aller Munde. Israel Zangwill beschrieb sie folgendermaßen: „Man hielt sie für einen Haufen ausschweifender, fanatischer Tänzer. Um die Wahrheit zu sagen, dämpfte eine Zeremonie in der Stadt, der ich beiwohnen konnte, meine Hoffnungen erheblich. Die Anbeter schrien, schlugen sich auf die Brust, zogen an ihren Locken, sprangen wie Wilde auf und ab und hatten sogar Schaum vor dem Mund. Ich konnte nicht erkennen, welche erhabene Idee sich hinter all diesem Wahnsinn verbarg[671]."

---

[670] Israel Zangwill, *Rêveurs du ghetto*, tome II, 1898, Éd. Complexe, 2000, S. 21

[671] Israel Zangwill, *Rêveurs du ghetto*, tome II, 1898, Éd. Complexe, 2000, S. 39

Nach dem Tod des Besht im Jahr 1760 setzten seine Schüler die Verkündigung seiner Lehren fort und schafften es, die meisten Juden Mitteleuropas zusammenzuführen. In *Chassidic Celebrations* würdigte Elie Wiesel die großen Tzaddikim[672] der chassidischen Bewegung, wie den großen Maggid von Mezeritch, der 1772 starb: „Wie alle chassidischen Lehrer wartete er sein ganzes Leben lang auf das Kommen des Messias". Und Rabbi Levi-Yitzhk von Berditchev, der 1809 starb: „Er betete mit einer solchen Selbstaufgabe, dass sich die Gläubigen vor Angst instinktiv abwandten. Er gestikulierte, brüllte, tanzte, sprang auf und ab, stieß und stieß alle um. Niemand existierte für ihn... Mehr als alles andere auf der Welt glaubte er an das Kommen des Messias. Als sie den Hochzeitsvertrag für seinen Sohn aufsetzten, notierte der Schreiber, dass die Hochzeit an diesem Tag in Berditschew stattfinden sollte. Levi-Jitzhak zerriss ihn wütend: „Berditchev? warum Berditchev? schreib! Die Hochzeit wird an diesem Datum in Jerusalem stattfinden, es sei denn, der Messias ist noch nicht eingetroffen; in diesem Fall wird die Zeremonie in Berditchev stattfinden[673]"."

Rabbi Nahman von Bratzlav, der 1810 starb, war ein weiteres „Phänomen". Wie die meisten Juden hatte er sehr jung geheiratet, im Alter von dreizehn Jahren: „Er ist nie er selbst, aber er ist immer er selbst; es scheint wie eine Spaltung des Selbst: der Heilige verhält sich manchmal wie ein Komiker". Ein bisschen wie Elie Wiesel, kurz gesagt. „Als Jugendlicher entdeckte er seinen Körper und musste gegen seine Begierden ankämpfen... „Für mich ist ein Mann oder eine Frau dasselbe. Ich reagiere auf beides gleich." Rabbi Nahman führte ein „intensives Leben, mit „schwindelerregenden Abstürzen und Aufstiegen", begleitet von Fasten und Schlaflosigkeit. Er litt im Stillen - „er knirschte so stark mit den Zähnen, dass er ein Stück Holz schleifen konnte", manchmal „schrie und heulte er mit halber Stimme". Er führte ein unausgeglichenes Leben, unterbrochen von Geistesblitzen, schmerzhaften und erhabenen Visionen... Unbeständiges Temperament, überempfindlich, lebhafte und frühreife Intelligenz, er empfand und empfing das Leben wie eine Wunde".

---

[672] Der Tzaddik ist auf Hebräisch der Gerechte. Er ist das Gegenteil von Rasha, was soviel wie böse bedeutet: „Wer die Gemeinschaft verlässt, ist ein Rasha" (Elie Wiesel, Célébration biblique, Éditions duuil, 1975). (Elie Wiesel, Célébration *biblique, Éditions du* Seuil, 1975). Das Oberhaupt einer chassidischen Gemeinschaft wird auch „Tzadik" oder Rebbe genannt.

[673] Elie Wiesel, *Célébration hassidique*, Éd. Seuil, 1972, a.a.O., S. 94, 112, 113.

Elie Wiesel stellte uns dann den 1859 verstorbenen Rabbi Menahem-Mendl von Kotzk vor: „In Kotzk redet man nicht, man schreit oder hält den Mund. Sie verbringen ihre Zeit damit, das Verlangen zu bekämpfen, es zu vereiteln; sie tun das Gegenteil von dem, worauf sie Lust haben. Sie essen, wenn sie nicht hungrig sind, sie trinken kein Wasser, wenn sie durstig sind. Sie beten später oder früher als gewöhnlich: Der Rabbiner sagt: „Wenn man Lust hat zu schreien und nicht schreit, dann schreit man wirklich[674]"."

Eine Passage des Buches klärt uns über die zahllosen Widersprüche und Paradoxien auf, denen wir bei der Lektüre fast aller jüdischen Autoren begegnen: „Der Chassidismus hat keine Angst vor Widersprüchen: Das Leben ist voll von ihnen, nur der Tod hebt sie auf... Zweideutigkeiten, Verwechslungen von Orten und Daten, Paradoxien und Kontroversen sind in der Legende von Baal-Shem reichlich vorhanden". In Bezug auf die bei jüdischen Autoren so weit verbreitete Fabulierkunst schrieb Elie Wiesel: „Das Reale und das Imaginäre, das eine wie das andere sind Teil der Geschichte: das eine ist die Rinde, das andere der Saft[675]".

Im *Testament eines ermordeten jüdischen Dichters* lässt Wiesel seinen Helden Paltiel Kossover sagen: „Seit meiner Kindheit fühlte ich mich von den Verrückten ebenso angezogen wie sie von mir. Maimonides hat recht: eine Welt ohne Verrückte würde nicht existieren[676]." In der Tat wiederholte Wiesel in einem anderen seiner Bücher, *A Mad Desire to Dance*, was Maimonides zu seiner Zeit verurteilt hatte: „Die Welt wird von Verrückten gerettet werden[677]." Erinnern wir uns daran, dass Moses ben Maimon, Maimonides, Autor von zwei bahnbrechenden Büchern im 12. Jahrhundert, dem *Guide for the Perplexed* und der *Mishneh Torah*, die einflussreichste Persönlichkeit im gesamten nachtalmudischen Judentum ist.

Alexandre Minkowski hatte in seinem Buch *Der barfüßige Mandarin* ein bestätigendes Zeugnis für diese Neigungen hinterlassen. Seine Eltern praktizierten Psychiatrie. Sein Vater, der Sohn eines Warschauer

---

[674] Elie Wiesel, *Célébration hassidique*, Éd. Seuil, 1972, a.a.O., S. 182-184, 250.

[675] Elie Wiesel, *Célébration hassidique*, Éd. Seuil, 1972, a.a.O., S. 22, 23.

[676] Elie Wiesel, *Le Testament d'un poète juif assassiné*, 1980, Points Seuil, 1995, S. 148.

[677] Elie Wiesel, *Un Désir fou de danser*, Éd. Seuil, 2006, S. 14

Bankiers, dessen Vorfahren Rabbiner waren, hatte sich „in der französischen Psychiatrie einen bemerkenswerten Namen gemacht... Bergson war sein Lehrer und ein nachdenklicher Freund". Seine Mutter war Assistentin in einer psychiatrischen Klinik im Kanton Zürich. Alexandre Minkowski erklärt: „Mein Vater empfing geistig gestörte Patienten in einem Nebenzimmer". Seine Mutter, ein wenig besorgt, „sagte jedoch: „Wir lieben die Geisteskranken[678]."

All dies mag erklären, warum ein Filmemacher wie Milos Forman in *Einer flog über das Kuckucksnest* (1975) versuchte, uns glauben zu machen, dass die Entfremdeten gar nicht so verrückt sind, wie sie zu sein scheinen, und dass sie zumeist Opfer einer unterdrückerischen Gesellschaft sind. Das war das Ziel der antipsychiatrischen Schule, die in den 1970er Jahren mit David Cooper, Aaron Esterson und Ronald D. Laing ihre Blütezeit hatte: Es gibt keine psychisch Kranken, sondern die Gesellschaft bringt sie hervor. Wieder diese Unfähigkeit, aus sich selbst herauszugehen, und dasselbe Bedürfnis, ein sehr spezielles Problem auf eine universelle Ebene zu projizieren. Aber vielleicht wird Israels Beharrlichkeit eines Tages Erfolg haben, und wie Israel Zangwill prophezeite: „Es wird der Tag kommen, an dem Gott die verdrehten[679] geradebiegen wird."

„Verdreht" ist zweifellos das treffendste Wort, um eine bestimmte künstlerische Produktion zu beschreiben. Man muss sich nur die Gemälde in den Kunstgalerien oder die Skulpturen auf den Plätzen und Kreisverkehren unserer Städte ansehen, um die neurotische Unordnung zu erkennen. Aber es ist wahr, dass „Schönheit - physische, äußere, materielle Schönheit - in talmudischen Kreisen nicht hoch geschätzt wird", wie Elie Wiesel zugab. Das Lob der körperlichen Hässlichkeit zeigte sich zum Beispiel bei diesem Rabbi Yeoshoua: „Er hatte keinen anmutigen Körperbau. In den Texten wird dieser Charakterzug mit einer Anekdote illustriert. Als eine römische Prinzessin ihn eines Tages sah, war sie von seinem Mangel an Anmut beeindruckt und stellte ihm die folgende Frage: 'Wie kann so viel Weisheit in einem so hässlichen Körper Platz finden? Er antwortete: „Wo bewahrt dein Vater seinen besten Wein auf, in goldenen Krügen oder tönernen Amphoren? Wein verdirbt in Gold oder Silber, aber sein Geschmack bleibt in einem

---

[678] Alexandre Minkowski, *Le Mandarin aux pieds nus*, 1975, Points Seuil, 1977, S. 19, 20, 13.

[679] Israel Zangwill, *Rêveurs du ghetto*, tome II, 1898, Éd. Complexe, 2000, S. 255

einfachen Krug besser erhalten, auch wenn er hässlich ist". Eine logische Antwort, aber die Prinzessin beharrte: „Ich kenne viele Menschen, die Weisheit und Schönheit zugleich besitzen." Rabbi Yeosshoua blieb ruhig: „Stimmt. Aber sie wären wahrscheinlich weiser, wenn sie weniger schön wären."[680]."

Sigmund Freud, der aus einer Familie chassidischer Juden stammte, konnte nicht anders, als anzuerkennen: „Die Harmonie zwischen der Kultur der geistigen und körperlichen Aktivitäten, wie sie von den Griechen erreicht wurde, blieb den Juden verwehrt[681]."

Diese Neurose, die in der Literatur und im Film durch sexuelle Verderbtheit zum Ausdruck kommt, kann sich auch in den blutrünstigsten und wahnsinnigsten Formen der Gewalt manifestieren, wie in Gore-Filmen. Der Film *Hostel* (USA, 2005), um nur ein Beispiel zu nennen, erzählt die Geschichte von zwei amerikanischen Studenten, die in Europa Urlaub machen. Mit einem jungen Isländer, den sie in Amsterdam kennen lernen, beschließen sie, in die Slowakei zu reisen, ein Land voller schöner, promiskuitiver Mädchen, die ihnen als Paradies der Ausschweifung beschrieben werden. Sie kommen mit dem Zug am Bahnhof einer kleinen slowakischen Stadt an, die vielversprechend ist, wie man ihnen sagt, und werden sofort von jungen Schönheiten verführt. Doch in Wirklichkeit sind sie nur in eine Falle getappt, und schon bald erwartet sie ein echter Albtraum. Einer nach dem anderen werden sie von einer Gruppe sadistischer Männer entführt und müssen die schlimmsten Folterungen erleiden. Mitten auf dem Lande wurde eine stillgelegte und verlassene Fabrik in ein riesiges Schlachthaus für Menschenfleisch verwandelt. Gefoltert wird auf jeder Etage und in jeder Form: mit Scheren, mit Zangen, mit Kettensägen. Westliche Geisteskranke zahlen ein Vermögen, um diesem Vergnügen zu frönen, und diese grausamen Slowaken geben ihnen, was sie wollen. Glücklicherweise gelingt es dem letzten amerikanischen Studenten zu entkommen, wenn auch mit einigen amputierten Fingern. Sein Peiniger ist in einer Blutlache ausgerutscht und die Kettensäge ist auf ihn gefallen, als er unseren Helden gerade in Stücke reißen wollte. Ihm gelingt die Flucht aus der Fabrik des Todes in Begleitung eines jungen

---

[680] Elie Wiesel, *Célébration talmudique*, Éd. Seuil, 1991, S. 274, 95.

[681] Sigmund Freud, *L'Homme Moïse et la religion monothéiste*, 1939, Gallimard, 1986, S. 215.

japanischen Mädchens, das durch ein Schweißgerät entstellt ist und ein Auge in den Händen hält. Die Verfolgungsjagd durch die engen Gassen der Stadt endet für die slowakischen Verfolger böse: Sie stecken in einer Sackgasse fest und werden von mutigen Zigeunerkindern angegriffen und zu Tode gesteinigt. Offensichtlich mag Regisseur Eli Roth die Slowaken nicht besonders; vielleicht eine schlechte Erinnerung? Als der Film herauskam, machten sie ihm klar, dass dies auf Gegenseitigkeit beruhte. Man beachte, dass der Film von einem seiner Freunde produziert wurde: Quentin Tarentino. Die Schlussszene endet mit der Ermordung eines der Henker in einem deutschen Bahnhof, dessen Kehle unser Held über einer Toilettenschüssel aufschlitzt. Toilettenschüsseln kommen in dieser Art von Filmen häufig vor...

Der Erfinder des Horrorfilms war Herschell Gordon Lewis, der sich einen Namen machte, indem er das Horrorgenre mit *Blood Feast* aus dem Jahr 1963 revolutionierte. Später wurde er wegen Betrugs bei einem dubiosen Geschäft mit einer Autovermietung verhaftet. Seine Verurteilung beendete seine Karriere im „Kotzkino".

Durch Film und Literatur kann die jüdische Neurose immer freier zum Ausdruck kommen. Es ist klar, dass Juden ein krankhaftes Bedürfnis haben, ihr Unwohlsein dem Rest der Menschheit mitzuteilen. Georges Bernanos, der den jüdischen Fanatismus während der Dreyfus-Affäre anprangerte, hatte in seinem 1931 erschienenen Werk *Die große Angst der Biemensanten* diese ständige und ermüdende Erregung bereits erkannt: „Es ist klar, dass die frenetische und krampfhafte Erregung der jüdischen Welt ein Volk, das bereits von dieser orientalischen Neurose befallen ist, auf lange Sicht an den Rand eines Nervenzusammenbruchs bringen wird". Und Bernanos fügte hinzu, vielleicht ohne sich der Richtigkeit der Diagnose bewusst zu sein: „So triumphiert eine hysterische Frau über den besten Mann[682]."

In seiner unerträglichen *Apologie für Israel* bestätigt Albert Caraco, dass sich einige Juden dieser ständigen und permanenten Aufregung bewusst sind: „Blutig, Opfer oder Herrscher, Henker, niemals in Frieden mit dieser Welt" (S.137), „Sie sind gekommen, um die Welt zu verändern und ihre Völker leben in Zittern, weit weg von der Ruhe, wo der Ewige nicht bleiben will, und ihre Exzesse unterdrückt niemand auf der Erde... Die Ruhe flieht vor ihnen, wenn sie sie erreichen. Sobald die

---

[682] Georges Bernanos, *La grande peur des bien-pensants, Edouard Drumont,* 1931, Grasset, Poche, 1969, S. 323.

Mauern sie nicht mehr einschließen, scheint das Universum zu gurgeln" (S. 65). Caracus hätte sagen können: „dass das Universum rinnt", wie der Schriftsteller Albert Cohen schrieb, um die Juden der Ionischen Inseln zu beschreiben: „Alle Juden, samtig oder zerlumpt, rennend und gestikulierend, warfen sich in die vier Ecken der Erde... Und die ganze Insel war ein Gewimmel... ein großer Saal, in dem sie randalierten. Sie beteten zu Gott, sie flehten ihn an, die Güte zu haben, ihrem lieben kleinen Dorf zu helfen[683]."

Auch der junge österreichische Schriftsteller Otto Weininger zog einen ähnlichen Vergleich: „Das Symbol des Jüdischen ist die Fliege: es gibt viele Analogien: der Zucker, die Allgegenwart, das Summen, die Invasion und die falsche Vortäuschung von Treue in den Augen[684]„.

Dieses Summen, begleitet von dem bereits erwähnten Juckreiz, erinnert uns an die Worte von Daniel Cohn-Bendit, Georges Steiner und Emmanuel Lévinas, als sie wirklich erkannten, dass die Juden dazu da sind, andere zu ärgern, sie daran zu hindern, friedlich zu leben[685]. Es ist dasselbe unaufhörliche Treiben auf dem Planeten Erde einer bestimmten herrschenden Klasse, wie Hannah, die Heldin eines Romans von Paul-Loup Sulitzer, die keine andere als Helena Rubinstein ist. Am Ende des Buches hat Hannah es geschafft, ihr Imperium in der Kosmetikindustrie zu gründen: „Bis zum 15. Februar muss ich in New York sein. Aber vorher fahre ich zurück nach Rom und Mailand, die gerade eröffnet werden, dann nach Madrid und Lissabon aus dem gleichen Grund. Und dann Berlin, Paris und London. Danach sofort nach Amerika[686]."

Auch der sehr einflussreiche Jacques Attali hat dazu etwas zu sagen. Erinnern wir uns daran, dass diese graue Eminenz des Präsidenten François Mitterrand, und auch spätere, das politische Projekt des Judentums theoretisiert, es aber säkularisiert hat, damit die breite Öffentlichkeit sich ihm leichter anschließen kann. In all seinen Büchern

---

[683] Albert Cohen, *Comeclavos*, Anagrama, 1989, Barcelona, S. 15, 36

[684] Otto Weininger, *Sexe et caractère*, L'Age d'homme, 1975, S. 140. Als Kuriosität symbolisiert die Fliege Beelzebub, den „Herrscher der Fliegen". In David Cronenbergs Film *Die Fliege* (1986) verschmilzt Jeff Goldblum mit einer Fliege.

[685] Eine Art Syndrom der lahmen Fliege. Vgl. *Psychanalyse du Judaisme*, S. 69.

[686] Paul-Loup Sulitzer, *Hannah*, Stock, 1985, Poche, 1987, S. 617.

beschreibt Attali köstlich die „nomadische Welt", die er und seinesgleichen für uns vorbereiten, und in der die „Hypernomaden" seiner Meinung nach die neue herrschende Klasse des Planeten bilden werden. Sein jüngstes Buch, das 2006 erschienen ist und bezeichnenderweise den Titel *Eine kurze Geschichte der Zukunft* trägt - in der großen Tradition des jüdischen Prophetismus - enthält eine Passage, in der diese „Hypernomaden" näher vorgestellt werden: „Hypochonder, Paranoiker und Größenwahnsinnige, Narzissten und Egozentriker, alle auf einmal, die Hypernomaden... werden so das Beste und das Schlimmste einer unbeständigen, sorglosen, egoistischen und prekären planetarischen Gesellschaft erfinden. Als Schiedsrichter der Eleganz und Herren des Reichtums und der Medien werden sie sich weder zu einer nationalen, noch zu einer politischen, noch zu einer kulturellen Zugehörigkeit bekennen[687]."

Die „Mission" des jüdischen Volkes scheint ihren Abschluss in jener endgültig vereinigten Welt zu finden, in der die Juden von allen als die herrschende Klasse anerkannt werden. Albert Caraco drückte seinen Glauben an die Mission des jüdischen Volkes und an den Endsieg nachdrücklich aus: „Sie marschieren von Jahrhundert zu Jahrhundert wütender, bedrohter und triumphierender zwischen den Scheiterhaufen und den Gräbern, mit hundert Völkern auf den Armen und dem Sieg für das Asyl". Und Caraco fuhr fort, immer in seinem unnachahmlichen Stil: „Wer würde dir, o Jude, verzeihen, dass du gegen die ganze Welt Recht hast? Vor dir sind die Besten manchmal Verbrecher. Du fälschst alle Maßstäbe und das Universum ächzt unter der Last deiner Schuld. Die Verrückten, die dich verachten, sind die gleichen, die die Fetzen deiner Legende verlosen[688]."

Die Verrückten sind offensichtlich alle Menschen, die die Größe der Mission der Juden nicht verstehen: „Eine Milliarde Menschen kann es nicht ertragen, vor einer Handvoll Hebräer im Unrecht zu sein". (p. 271). „Der Tempel wird wieder aufgerichtet werden", versichert Karakus, und diejenigen, die die Juden nicht wollen, werden „in die Abgründe getrieben", dann „wird die Wunde geschlossen." (p. 254). Und „wenn der Tempel aufgerichtet wird, wird er wieder geopfert werden". (p. 231).

---

[687] Jacques Attali, *Breve historia del futuro*, Ediciones Paidós Ibérica, 2007, Barcelona, S. 176, 177.

[688] Albert Caraco, *Apologie d'Israël*, 1957, L'Âge d'homme, 2004, S. 256.

Solche Gewissheiten kommen nicht ohne eine gewisse Dosis Wahnsinn aus, wie Albert Caraco selbst einräumte: „Sie vermitteln der Spezies einen unersättlichen Wahnsinn... Sie säen Spaltung, Fanatismus entsteht in ihren Fußstapfen... Die Verwirrung hebt sie empor und die Ordnung bringt sie zu Fall... Keine Gewissheit beruhigt sie und kein Temperament besänftigt sie... Ihr Zorn dient den Plänen des Ewigen, und ihr Wahnsinn gefällt Gott... Sie verschließen die Wege der Zukunft und ihr Wahnsinn wacht über die Welt". Und schließlich: „Sie sollen nicht aufhören in ihrem Wahnsinn und ihn bis zum Ende ausreizen[689]."

Ihr Glaube an den Endsieg ist offensichtlich unerschütterlich, und alle Strafen, die ihnen auferlegt werden könnten, würden sie nur in ihrer Überzeugung bestärken. Erinnern wir uns noch einmal an das, was Manes Sperber schrieb: „Gott war gerecht, denn er verurteilte seine Feinde dazu, Mörder zu werden, und ihnen [den Juden] gewährte er die Gnade, die Opfer zu sein, die im Tod den Allmächtigen heiligen würden. Von Johannes Chrysostomus bis zum letzten pogromistischen Mudschik ahnten die Verfolger nicht, wie sehr ihr momentaner Triumph die Überzeugung der Verfolgten stärkte, dass sie das auserwählte Volk sind[690]."

Wie Rabbi Akiba, der zur Zeit des Kaisers Hadrian lebte, sagte: „Alle Juden sind Fürsten", daher ist es richtig, dass die Welt ihnen gehört. Das sagte auch Rabbi Shimon bar Yohai, dem der Zohar, das Buch der Kabbala, manchmal zugeschrieben wird, und der zur Zeit von Marcus Aurelius lebte. In *Talmudic Celebration* bezog sich Elie Wiesel auf diese Worte: „Was er über die Heiden - oder die Nichtjuden? - klingt heute unangenehm. „Nur die Juden sind Menschen. Schlimmer noch: „Dem besten der Heiden muss man den Kopf zertreten wie einer Schlange". Was die Juden betrifft, so preist er immer wieder ihre Vorzüge an. „Gott hat ihnen drei Geschenke gemacht: die Tora, das Land Israel und die kommende Welt; und alle drei können nur durch Leiden erworben werden", und wie wir wissen, ist das Leiden der Juden äußerst schmerzhaft. Über Rabbi Hillel und Rabbi Schammai, die ersten beiden Lehrer des Talmuds, die zur Zeit der römischen Eroberung lebten, schrieb Elie Wiesel: „Ich liebe ihre extreme Leidenschaft für die Wahrheit, ich liebe ihre Wahrheit sogar in der Gewalt. Fanatiker? Ja,

---

[689] Albert Caraco, *Apologie d'Israël*, 1957, L'Âge d'homme, 2004, S. 143, 144, 153, 226, 26, 145.

[690] Manès Sperber, *Être Juif*, Éd. Odile Jacob, 1994, S. 60.

das sind sie. Aber obwohl alles in mir gegen Fanatismus ist, bin ich ihnen nicht völlig abgeneigt⁶⁹¹."

Zweitausend Jahre später brachte der Philosoph Bernard-Henri Levy in seinem 1979 erschienenen Buch *Das Testament Gottes* seine Faszination für die Beharrlichkeit und den Eigensinn des Judentums über die Jahrhunderte hinweg zum Ausdruck. Hören wir ihm zu, wie er vom Geheimnis des Schicksals des jüdischen Volkes schwärmt: „Eine zeitlose, buchstäblich unsterbliche Ungehorsamkeit, die seit zweitausend Jahren unaufhörlich die längste, hartnäckigste und zäheste Verweigerung geltend macht, die die menschliche Chronik bis zum heutigen Tag aufgezeichnet hat. Ein absolut einzigartiger Fall von Rebellion gegen jede Logik, gegen das Vergessen oder den Völkermord, von Hartnäckigkeit, Nein zu sagen, das Urteil der Tatsachen zu leugnen, der Maschinerie der Jahrhunderte in ihrer Abfolge von Verweisen und mörderischen Todesfällen zu trotzen".

Aber diese Hartnäckigkeit des jüdischen Volkes ist vor allem wie die Fliege, die immer wieder gegen die Scheibe schlägt, wenn das Fenster geöffnet ist. Diese „einzigartige, unglaubliche Erfahrung" begeisterte Bernard-Henri Levy: „Ich spreche natürlich vom jüdischen Volk. Von diesem unbezwingbaren Volk, dessen Beharrlichkeit im Sein eines der tiefsten Rätsel des zeitgenössischen Bewusstseins bleibt... Ich erkläre hiermit unmissverständlich, dass ich mich mit dieser Gemeinschaft identifiziere. Ich trage und verteidige ihre Farben mit Eifer und Stolz⁶⁹²."

Der einflussreiche Pressedirektor Jean Daniel sagte nichts anderes: „Das jüdische Mysterium ist ein bewegendes Phänomen, das mystische Fragen aufwerfen und manche Menschen dazu bringen kann, an die Wahl eines Volkes zu glauben⁶⁹³." Man hört hier das Echo des Philosophen André Glucksmann:"... Zwei Jahrtausende, in denen wir eine lebendige Frage für unsere Umwelt waren. Zwei Jahrtausende der Unschuld, ohne mit irgendetwas zu tun zu haben⁶⁹⁴." Wir wollen hier die medizinische Diagnose wiedergeben, die wir in der *Psychoanalyse des Judentums dargelegt haben*: „Unabhängig von Ort und Zeit sind die

---

⁶⁹¹ Elie Wiesel, *Célébration talmudique*, Seuil, 1991, S. 154, 237, 37.

⁶⁹² Bernard-Henri Levy, *Le Testament de Dieu*, Grasset, 1979, S. 8, 9.

⁶⁹³ Jean Daniel, *La Blessure*, Grasset, 1992, S. 259.

⁶⁹⁴ André Glucksmann, *Le Discours de la haine*, Plon, 2004, S. 73, 86, 88

Symptome immer Ausdruck des ständigen Wunsches des Hysterikers, ein Rätsel für die wissenschaftliche Logik darzustellen und seinen Körper dem prüfenden und wissenden Blick des Arztes anzubieten".

Es ist wirklich außergewöhnlich, aus der Feder eines jüdischen Intellektuellen eine einigermaßen rationale Analyse zu lesen. Diejenige, die wir in der Ausgabe des *Israël Magazine vom* April 2003 entdeckt haben, ist zu selten, um nicht erwähnt zu werden. Dr. Itzhak Attia, „Direktor der französischsprachigen Seminare an der Internationalen Schule für das Studium des Holocausts am Yad Vashem Institut", hat in seiner Analyse des antisemitischen Phänomens eine außergewöhnliche Schärfe bewiesen. Während die meisten jüdischen Denker den Antisemitismus als „Krankheit" analysieren und dabei typischerweise ihre eigenen Fehler auf ihre Feinde projizieren, schien Itzhak Attia im Gegenteil die Besonderheit des jüdischen Volkes zu erkennen: „Was ist es in mir, das bei Nicht-Juden so viel Angst und Hass hervorruft?"fragte er sich, bevor er schrieb: „Der Antisemitismus, der uns seit Beginn unserer Existenz verfolgt, ist weder eine Krankheit, die auf eine mögliche Heilung wartet, noch eine Geißel, die wir unheilbar ertragen müssen, sondern der Zerrspiegel unserer Identität, der spezifischen Identität des Volkes Israel". Gut, dass wir ihn los sind!

Itzhak Attia schien jedoch von seiner eigenen Kühnheit erschreckt zu sein und nahm sofort den messianischen Diskurs des Judentums wieder auf, der mit Sicherheit besagt, dass der Messias bald kommen wird, dass die Juden von all ihrem Leid erlöst werden und dass „universeller Frieden im postmodernen globalen Dorf herrschen wird, in dem die gesamte Menschheit lebt".

Das Judentum ist eine ewige Flucht nach vorn. Itzhak Attia drückte es in sehr deutlichen Worten aus, mit einer für jüdische Intellektuelle ungewöhnlichen Klarheit, wahrscheinlich weil er dies in einer der jüdischen Gemeinschaft vorbehaltenen Zeitschrift tat: „Obwohl die Vernunft uns mit aller Macht die Absurdität dieser Konfrontation zwischen einem kleinen unbedeutenden Volk wie Israel und dem Rest der Menschheit zuruft... wie absurd, inkohärent und monströs sie auch erscheinen mag, sind wir in der Tat in einen intimen Kampf zwischen Israel und den Nationen verwickelt, der nur völkermörderisch und total sein kann, da unsere jeweiligen Identitäten davon abhängen". Sie haben richtig gelesen: zwischen dem jüdischen Volk und dem Rest der Menschheit kann der Kampf nur „völkermörderisch und total" sein. Und in der Tat, das ist es, was wir bereits verstanden hatten. Das

Judentum ist eine Kriegsmaschine gegen den Rest der Menschheit. Juden erwecken unweigerlich einen Hass, der so alt ist wie das Judentum selbst.

In ihrer Torheit kommt es jedoch gelegentlich vor, dass sich einige Juden bewusst werden, dass die Kinder Israels einige Fehler gemacht haben könnten. So räumte Theo Klein, ehemaliger Präsident der Krif, öffentlich ein: „Die Juden haben einen erheblichen Beitrag zur Entwicklung der Welt geleistet; sie haben wahrscheinlich auch zu einigen Fehlern beigetragen[695]... „Viel mehr hat der Mann nicht gesagt, aber er hat sicher an die Gräueltaten seiner jüdischen Mitbürger im bolschewistischen Russland gedacht, die nach der maoistischen Tragödie das größte Massaker in der Geschichte der Menschheit darstellen. Ich hätte auch die überwältigende Verantwortung jüdischer Händler im europäischen und schwarzen Sklavenhandel erwähnen können, oder die Rolle bedeutender Juden bei der Auslösung des Zweiten Weltkriegs. Aber wie Albert Caraco in seiner unverzichtbaren *Apologie für Israel* zu Recht sagte: „Die Welt wurde eher in Asche verwandelt als die Juden verworfen" (S. 77). (p. 77).

Aber es gibt zumindest einen Tag der Weisheit im Judentum: Jom Kippur. Alfred Kazin, ein bekannter amerikanischer Literaturkritiker, gab in seinem 1951 erschienenen Buch *A Stroller in New York* einige Informationen über die Riten dieses geheimnisvollen Volkes. Am Kippur-Tag, einem Tag des Fastens und Betens, gehen die Juden in die Synagoge: „Ich hatte meinen Arm in die schwarzen Bänder des Phylakteriums gewickelt; ich band es mir auf die Stirn". In dem Moment, in dem die Gläubigen ihr Haupt neigen, schlägt sich jeder Mann „an die Brust als Zeichen der Bitterkeit und der Reue für jede Sünde, die er im Laufe des Jahres begangen hat". In diesem Moment beginnen die Juden im Chor eine „lange Litanei": „Wahrlich, wir bekennen, wir haben gesündigt. Wir haben das Gesetz gebrochen. Wir haben verräterisch gehandelt. Wir haben gestohlen. Wir haben verleumdet. Wir haben Ungerechtigkeit begangen. Und wir haben grausam gehandelt. Wir sind anmaßend gewesen. Wir sind gewalttätig gewesen. Wir haben die Unwahrheit gesagt. Wir haben zum Bösen geraten. Wir haben Lügen gesprochen. Wir haben verhöhnt. Wir haben

---

[695] Théo Klein, *Dieu n'était pas au rendez-vous*, Bayard, 2003, S. 102.

rebelliert. Wir haben gelästert. Wir haben frevelhaft gehandelt. Wir haben gegen das Gesetz verstoßen⁶⁹⁶."

Aber das Judentum ist nicht nur eine Religion, denn wie wir wissen, sind viele Juden Atheisten oder Agnostiker und betrachten sich deshalb nicht als weniger jüdisch. Es handelt sich auch nicht um eine Rasse, obwohl ein geübtes Auge den „jüdischen Typ" erkennen kann, d. h. eine charakteristische Physiognomie, die das Ergebnis jahrhundertelanger Inzucht ist. In der Tat haben die Juden jahrhundertelang Beziehungen zur nichtjüdischen Welt vermieden, und es war undenkbar, außerhalb der Gemeinschaft zu heiraten: Gottes „auserwähltes Volk" musste sein Blut vor jeglicher Unreinheit von außen bewahren.

Heute gibt es jedoch Mischehen, die zur Erneuerung des Blutes Israels beitragen. Wichtig bei diesen Mischehen ist, dass die Mutter jüdisch ist, da die orthodoxen Rabbiner eine Person, die von einer jüdischen Mutter geboren wurde, als jüdisch anerkennen. Manchmal reicht aber auch ein jüdischer Vater oder sogar ein jüdischer Großvater aus, um sich voll mit dem Judentum zu identifizieren. Jüdischsein ist also ein Gefühl der Zugehörigkeit zu einem Volk, eine gemeinsame Erinnerung, mit der man verbunden ist. Es ist auch die Zugehörigkeit zu einem politischen Projekt, das auf der messianischen Hoffnung einer Stammesreligion beruht, deren Ziel es ist, auf der Erde einen ewigen „Frieden" auf den Trümmern der Völker und Nationen zu errichten.

Zu diesem Zeitpunkt ist die Entstehung der Psychoanalyse jedoch noch nicht vollständig verstanden. Ein zweitklassiger Schriftsteller, Michel Herszlikowicz, ist, soweit wir wissen, einer der wenigen jüdischen Intellektuellen, die es gewagt haben, sich dem Abgrund zu nähern. In seiner *Philosophie des Antisemitismus* schrieb er heimlich, als erschrecke er vor seiner eigenen Kühnheit: „Die Psychoanalyse lässt den Antisemitismus hinter sich, wenn sie den nichtjüdischen Ursprung des jüdischen Volkes untersucht⁶⁹⁷."

Stéphane Zagdanski hat diesen Gedanken ebenfalls geäußert, aber die Formel umgedreht: „In diesem Buch biete ich eine Interpretation des Warum des uralten Antisemitismus. Ich zeichne die Genealogie dieses

---

⁶⁹⁶ Alfred Kazin, *Retour à Brooklyn*, Éditions Seghers, 1965, S. 135.

⁶⁹⁷ Michel Herszlikowicz, *Philosophie de l'antisémitisme*, Presse Universitaire de France, 1985, S. 154.

Hasses nach, der jahrhundertelang in Form einer tiefen religiösen Neurose ausgebrütet wurde, die mit heftigen symptomatischen Eruptionen einhergeht[698]."

In der Tat ist das Judentum im Wesentlichen eine Neurose, eine Krankheit des Geistes; eine perfekt identifizierte Krankheit, die ihren Ursprung im Inzest hat. Diese Pathologie, die im Mittelpunkt der Arbeit von Sigmund Freud stand, entsprach genau dem, was der Vater der Psychoanalyse um sich herum, in seiner eigenen Gemeinschaft, beobachten konnte. In der Tat ist es das Judentum als Ganzes, die jüdische „Mission" mit universellem Anspruch in ihren verschiedenen politischen, intellektuellen und künstlerischen Ausdrucksformen, die eine Manifestation der Hysterie zu sein scheint. Egozentrik, Paranoia, Angst, Introspektion, Manipulation, Identitätsplastizität, „Mission", selektive Amnesie oder Fabulierung: alles im Judentum entspricht genau den Symptomen der Hysterie. Das haben wir in unserem letzten Buch gezeigt.

Zu Beginn des 20. Jahrhunderts hatte sich auch der berühmte Wiener jüdische Journalist Karl Kraus dem Abgrund genähert. Der Mann hatte eine schlechte Meinung von Freud: „Die Psychoanalyse ist jene Geisteskrankheit, von der sie behauptet, die Heilung zu sein[699]." Die Wahrheit ist, dass das Judentum jene Geisteskrankheit ist, von der die Psychoanalyse behauptet, sie heilen zu können. Und die fieberhafte Erwartung des Messias ist nur ein weiteres Symptom: Sie entspricht der typischen imaginären Schwangerschaft der hysterischen Frau. Denn für die Juden selbst ist die jüdische Gemeinschaft eine Frau, die Braut Gottes, die einen Messias „zeugen" und gebären muss. So schreibt Manes Sperber über das *Hohelied*: „Wir lesen diesen Text als ein Fragment der Liebesgeschichte zwischen Gott und dem jüdischen Volk. Die Frau war das Volk, das eine Sünde gegen Gott begangen hatte, indem es die Tür nicht rechtzeitig öffnete. Nun war Gott weggegangen, hatte der Frau vorübergehend seine Gnade versagt. Und das Volk sucht Gott wieder unter den Fremden in der Nacht[700]."

Die Frage ist nun, ob die Aggressivität des Judentums neutralisiert werden kann, um die Menschheit von Übeln zu befreien, die sich als

---

[698] Stéphane Zagdanski, *De l'Antisémitisme*, Climats, 1995, 2006, S. 20, 11

[699] Françoise Giroud, *Alma Mahler*, Robert Laffont, 1988, P. Pocket 1989, S. 65.

[700] Manès Sperber, *Être Juif*, Odile Jacob, 1994, S. 37.

schlimmer erweisen könnten als Marxismus, Psychoanalyse und globalistische Ideologie zusammengenommen. Zunächst muss man erkennen, dass es dem christlichen, muslimischen und hitleristischen Antisemitismus nach Jahrhunderten des gegenseitigen Missverständnisses nicht gelungen ist, die „Judenfrage" zu lösen. Tatsache ist, dass die Juden sich von dem Hass ernähren, den sie überall und bei allen Völkern der Welt hervorrufen. Dieser Hass ist für ihr genetisches und geistiges Überleben unverzichtbar, denn er ermöglicht es der Gemeinschaft, zusammenzuhalten und die Jahrhunderte zu überdauern, wenn andere Zivilisationen endgültig verschwunden sind.

Die Rabbiner tun ihrerseits alles in ihrer Macht Stehende, um den Juden zu versichern, dass ihr Jüdischsein in ihren Genen eingeschrieben ist, dass selbst ein abtrünniger Jude immer noch ein Jude ist und dass es daher völlig sinnlos ist, aus dem Gemeinschaftsgefängnis ausbrechen zu wollen. Zu behaupten, dass ein Jude nur Jude bleiben kann, bedeutet, die Mauern dieses Gefängnisses zu festigen. Im Gegenteil, es muss alles getan werden, um die Kranken unter uns aufzunehmen. Wir müssen die Juden lieben und sie aufrichtig lieben, um sie aus dem Gefängnis zu befreien, in dem sie gefangen sind. Nur so können wir uns aus ihrer Kontrolle befreien und sie gleichzeitig von dem Bösen befreien, das in ihnen wohnt und die ganze Menschheit bedroht.

Dieser Beweis kann durch das erschreckende Bild eines Prozesses gegen einen Serienmörder in den Vereinigten Staaten veranschaulicht werden, der live im Fernsehen übertragen wurde. Der Mann, der etwa dreißig junge Frauen ermordet hatte, erschien in der orangefarbenen Uniform eines gefährlichen Häftlings vor Gericht. Der Gerichtssaal war voll besetzt, mit allen Eltern der Opfer, die gekommen waren, um auszusagen. Dann sahen wir einen jungen asiatischen Mann, der wütend versuchte, sich dem Monster zu nähern, der schreckliche Drohungen ausstieß und dessen Gesicht vor Hass verzerrt war. Wir können uns vorstellen, dass seine Schwester oder seine Frau getötet wurde, und seine Reaktion war sicherlich legitim. Doch so groß sein Hass auch sein mag, seine Gewaltausbrüche scheinen den Psychopathen nicht zu beeindrucken, der völlig teilnahmslos bleibt. Nicht eine Regung, nicht eine einzige Emotion zeigte sich auf seinem Gesicht. Inmitten des Geschreis verschaffte sich eine Frau Gehör, deren Tochter sicherlich die schlimmsten Gräueltaten erlitten hatte. Ihre Worte erregten die Aufmerksamkeit des ganzen Raumes, und es herrschte Schweigen: Natürlich nicht, sie hasste den Mann nicht, im Gegenteil. Man müsse versuchen, das Leid zu verstehen, das ihn dazu gebracht habe, all diese

Verbrechen zu begehen. In jedem Menschen steckt etwas Gutes, auch wenn er ein Mörder ist, sagte sie mit Überzeugung... Diese ältere Dame äußerte sich so würdevoll und gläubig, dass der Gefangene in Tränen ausbrach. Die Kamera zoomte auf ihr Gesicht, und ihre Augen waren in Tränen gebadet.

Paris, Juni 2007.

Andere Titel

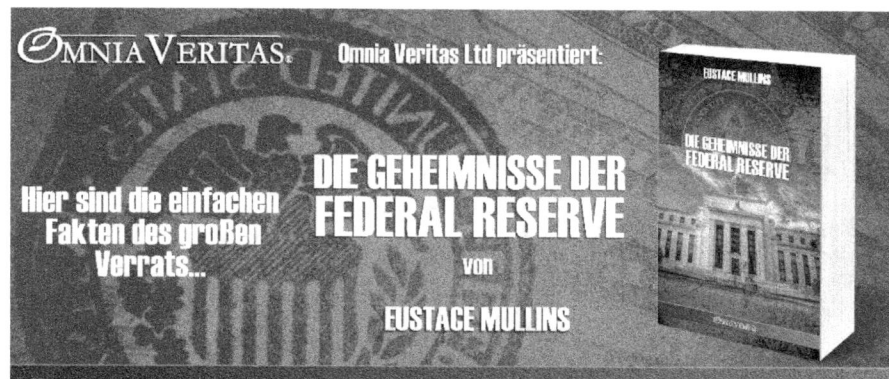